Über diesen Band

Karl Abraham ist der erste Psychoanalytiker in Deutschland. Seine Schriften zählen zu den klassischen Grundlagentexten der Psychoanalyse. Sie sind heute noch ebenso aktuell wie zur Zeit ihrer Entstehung.

Der Autor

KARL ABRAHAM, geb. 1877 in Bremen, Studium der Medizin in Würzburg, Berlin und Freiburg im Breisgau. Nach vierjähriger Tätigkeit an der Berliner Irrenanstalt Dalldorf Anstellung an der psychiatrischen Klinik Burghölzli in Zürich. Durch deren Direktor, Eugen Bleuler, und dessen Oberarzt, C. G. Jung, kam er erstmals mit den Schriften und der Theorie Freuds in Berührung, in die er sich rasch einarbeitete. Mit einem Vortrag über ein psychoanalytisches Thema auf der Jahresversammlung der Deutschen Psychiatrischen Gesellschaft 1907 begann die lebenslange Freundschaft und Zusammenarbeit mit Freud. Im gleichen Jahr eröffnete Abraham eine nervenärztliche Praxis in Berlin, die es ihm ermöglichte, Technik und Theorie der Psychoanalyse weiter zu erproben und auszubauen. 1910 gründete er die erste Psychoanalytische Zweigvereinigung der ›Internationalen Psychoanalytischen Vereinigung‹, 1920 das Berliner Psychoanalytische Institut, das zum Modell für viele Lehrinstitute in der übrigen Welt wurde, sowie die Psychoanalytische Poliklinik, Berlin. 1914 übernahm er die Redaktion des *Jahrbuchs der Psychoanalyse*, seit 1919 gehörte er auch zum Redaktionsstab der *Internationalen Zeitschrift für Psychoanalyse*; er war ständiger Mitarbeiter des *Zentralblatts für Psychoanalyse*. 1925 starb Abraham unerwartet an den Folgen einer septischen Bronchopneumonie. (Siehe auch die ausführliche Schilderung des Lebens von Karl Abraham in der Einleitung des Herausgebers.)

Der Herausgeber

JOHANNES CREMERIUS, Dr. med., o. Professor für Psychotherapie und Psychosomatische Medizin und Ärztlicher Direktor der Abteilung Psychotherapie und Psychosomatische Medizin im Klinikum der Albert-Ludwigs-Universität Freiburg i. Br. Facharzt für Psychiatrie und Neurologie, Facharzt für Innere Medizin, Psychoanalytiker (IPV). – 1968 Auszeichnung mit dem Forschungspreis der Schweizerischen Gesellschaft für Psychosomatische Medizin. Ehrenmitglied der Italienischen Gesellschaft für Psychosomatische Medizin. Veröffentlichungen: Neben zahlreichen Aufsätzen in Fachzeitschriften über Psychosomatik, Psychoanalyse und Didaktik der Psychotherapie folgende Buchveröffentlichungen: *Psychotherapie als Kurzbehandlung in der Sprechstunde* (1951); *Was ist Süchtigkeit?* (1961); *Die Beurteilung des Behandlungserfolges in der Psychotherapie* (1962); *Die Prognose funktioneller Syndrome* (1968); *Zur Theorie und Praxis der Psychosomatischen Medizin* (1978); *Psychoanalyse, Über-Ich und soziale Schicht* (1979); Herausgeber der zweibändigen Abraham-Ausgabe *Psychoanalytische Studien* (1969 u. 1971); *Psychoanalyse und Erziehungspraxis*, Hrsg. (1968); *Neurose und Genialität*, Hrsg. (1971); *Psychoanalytische Textinterpretation*, Hrsg. (1974); *Die Rezeption der Psychoanalyse in der Soziologie, Psychologie und Theologie im deutschsprachigen Raum bis 1940*, Hrsg. (1981). Von 1969 bis zum Abschluß der Reihe als Berater bei der Planung und Herausgabe der Reihe CONDITIO HUMANA im S. Fischer Verlag tätig.

KARL ABRAHAM

Gesammelte Schriften in zwei Bänden

BAND II

Herausgegeben und eingeleitet
von Johannes Cremerius

FISCHER TASCHENBUCH VERLAG

FISCHER WISSENSCHAFT

Die Arbeiten dieses Bandes erschienen ursprünglich
in anderer Zusammenstellung im Rahmen der S. Fischer-Reihe
CONDITIO HUMANA
ERGEBNISSE AUS DEN WISSENSCHAFTEN VOM MENSCHEN
(Herausgeber Thure von Uexküll und Ilse Grubrich-Simitis;
Berater: Johannes Cremerius, Hans J. Eggers, Thomas Luckmann)
in einer zweibändigen Ausgabe unter dem Titel
Psychoanalytische Studien; Gesammelte Werke in zwei Bänden.
Der vorliegende Abdruck übernimmt in vereinheitlichter Fassung die Texte
der zweiten, ergänzten Auflage von 1971 des Bandes I
und der ersten Auflage von 1971 des Bandes II.
Für die Gründe der Änderung von Zusammenstellung und Titel
verweisen wir den Leser auf die Vorbemerkung ›Zu diesem Buch‹, S. Vf.

Fischer Taschenbuch Verlag
Dezember 1982

Umschlaggestaltung: Mendell & Oberer
Druck und Bindung: Clausen & Bosse, Leck
Printed in Germany
2980-ISBN-3-596-27320-X

Zu diesem Buch

Karl Abraham, der erste Psychoanalytiker in Deutschland, gilt heute (neben Sándor Ferenczi) als der bedeutendste Schüler und Mitarbeiter Sigmund Freuds. Seine Schriften zählen zu den klassischen Grundlagentexten der Psychoanalyse. Seit die Nationalsozialisten sie 1933 verbrannten, waren sie fast ein halbes Jahrhundert lang unzugänglich gewesen.

In der S. Fischer-Reihe CONDITIO HUMANA war erstmals 1969 eine einbändige Auswahl unter dem Titel *Psychoanalytische Studien zur Charakterbildung; Und andere Schriften* wieder im Druck erschienen. Die überraschend positive Aufnahme dieser Auswahl, auch und gerade in Kreisen außerhalb der engeren Fachwelt, hatte 1971 Verlag und Herausgeber bewogen, jenen Band durch einen zweiten zu *Gesammelten Werken* zu ergänzen. Der naheliegende Gedanke, daraufhin die beiden Bände nach Themengruppen neu zu gliedern, also insgesamt einen veränderten Inhaltsplan nach systematischer Ordnung zu entwerfen, ließ sich damals nicht verwirklichen. Man hätte die Gliederung des ersten Bandes auflösen und die in ihm enthaltenen Arbeiten, vermischt mit den bis dahin noch nicht wieder veröffentlichten Schriften, auf die beiden neuen Bände verteilen müssen. Für die Käufer des 1969 erschienenen Bandes hätte dies bedeutet, daß sie anstatt *eines* weiteren Bandes zwei neu edierte Bände mit teilweise identischen Arbeiten hätten erwerben müssen, um sämtliche wieder zugänglichen Abraham-Texte zu besitzen. Dieses Opfer erschien als unzumutbar. Deshalb wurden in den zweiten Band 1971 alle jene Arbeiten übernommen, die im ersten fehlten. Der Titel der neuen Ausgabe lautete von da an für beide Bände: *Psychoanalytische Studien; Gesammelte Werke in zwei Bänden.* Gleichzeitig mit der Erstauflage von Band II erschien 1971 eine Neuauflage des ersten Bandes.

Aufgrund des anhaltenden, durchaus nicht nur historischen Interesses an diesem Autor aus den Anfängen der Psychoanalyse hat sich der

Fischer Taschenbuch Verlag entschlossen, die seit einiger Zeit vergriffenen beiden Bände in seine neue Reihe ›Fischer Wissenschaft‹ zu übernehmen. Dadurch ergibt sich die Möglichkeit, die seinerzeit unterlassene Neugruppierung nunmehr nachzuholen. Um Verwechslungen zu vermeiden, erscheint die vorliegende zweibändige Ausgabe unter dem geänderten Titel *Gesammelte Schriften in zwei Bänden*. Das Material ist dasselbe geblieben, doch sind die Aufsätze jetzt nach Themenkreisen zusammengestellt und innerhalb dieser chronologisch aneinandergereiht. Beide Bände bilden damit eine Einheit, die Anhänge finden sich – in überarbeiteter Fassung – im zweiten Band. Weitere editorische Fragen erläutert der Herausgeber in seiner Einleitung im ersten Band.
Die systematische Anordnung fortsetzend, beginnt der vorliegende, zweite Band mit dem vierten Abschnitt über Arbeiten zur Libidotheorie. Abrahams Entdeckungen auf dem Gebiet der Libidoentwicklung und der frühkindlichen Sexualität haben nichts an Aktualität verloren. Dies gilt vor allem für seine Differenzierung der von Freud aufgestellten Stadien der Triebentwicklung in weitere Untergruppen. Die zweite große Bearbeitung eines Gegenstandes betrifft die Charakterforschung. Abraham versteht zu zeigen, wie die verschiedenen Schicksale der Libido in der frühen Kindheit den Charakter des Menschen grundlegend prägen. Im fünften und letzten Absatz sind Arbeiten zur angewandten Psychoanalyse zusammengefaßt. Hier nutzte Abraham seine vielseitigen sprachwissenschaftlichen Kenntnisse für originelle Abhandlungen über vergleichende Völkerpsychologie, Symbolforschung und über die Verwandtschaft zwischen Traum und Mythus. Den Abschluß bilden Abrahams biographische Studien. Bei aller Kühnheit der Analyse verliert er sich dabei doch niemals in vagen Spekulationen.
In beiden Bänden werden Grundprobleme der Conditio humana – Triebkonflikte, Sexualität, Suchtneigung, Geisteskrankheiten, Charakterstörungen, Angst, Kriminalität u. a. – behandelt; daher wendet sich die Edition nicht nur an Psychoanalytiker und Psychiater, sondern ebenso an die Vertreter anderer humanwissenschaftlicher Fachrichtungen wie auch an den interessierten Laien.

Inhalt

BAND II

ABSCHNITT IV

ARBEITEN ZUR LIBIDOTHEORIE

A. Prägenitale Entwicklungsstufen der Libido und Psychose

* Die Jahreszahlen im Inhaltsverzeichnis geben das Datum der Erstpublikation an.

B. Biographische Studien

ANHANG

BAND I

ABSCHNITT I

ARBEITEN ZUR KLINIK DER PSYCHOANALYSE

A. Übertragungsneurosen

B. Narzißtische Neurosen

C. Infantile Sexualität und Libidoentwicklung

ABSCHNITT III
REZENSIONEN UND KRITISCHE SCHRIFTEN

ABSCHNITT IV

Arbeiten zur Libidotheorie

A. PRÄGENITALE ENTWICKLUNGSSTUFEN DER LIBIDO UND PSYCHOSE

B. LIBIDOENTWICKLUNG UND CHARAKTERBILDUNG

A. PRÄGENITALE ENTWICKLUNGSSTUFEN DER LIBIDO UND PSYCHOSE

Untersuchungen über die früheste prägenitale Entwicklungsstufe der Libido[1]

I

In den *Drei Abhandlungen zur Sexualtheorie*[2], welche zuerst im Jahre 1905 erschienen, hatten Freuds Anschauungen von der Sexualität des Kindesalters eine zusammenfassende Darstellung gefunden, die wir auch heute noch als grundlegend betrachten dürfen. In neuester Zeit haben diese Anschauungen eine Vervollständigung erfahren, von der auch die kürzlich erschienene dritte Auflage der genannten Schrift Zeugnis ablegt.

Die Fortschritte der psychoanalytischen Erfahrung nötigen zu der Annahme gewisser Stadien in der frühen Entwicklung der kindlichen Libido. Freud[3] bezeichnet sie, weil sie eine vorherrschende Bedeutung der Genitalorgane noch nicht erkennen lassen, als *»prägenitale Organisationen«* der Libido.

Die folgenden Ausführungen beschäftigen sich mit der frühesten der von uns angenommenen Entwicklungsstufen. Sie stützen sich auf ein

[1] [Bibl. Nr. 52. – Schon drei Jahre vorher kündigte Abraham in seinem Brief vom 3. 3. 1913 Freud diese Arbeit für die Zeitschrift an (Freud, 1965*a*). Hier sehen wir, wie gründlich Abraham seine Publikationen bearbeitete, ehe er sie in den Druck gab. Diese Arbeit zeigt auch besonders deutlich, wie sehr Abraham stets von der klinisch-empirischen Erfahrung ausging.
Nachdem Abraham die Arbeit Freud zu seinem Geburtstag 1916 gesandt hatte, schrieb ihm Freud: »Die Arbeit, mit der Sie mich beschenkt haben, ist so vortrefflich wie – alles, was Sie in den letzten Jahren machen, hervorragend durch Vielseitigkeit, Vertiefung, Korrektheit und nebenbei volle Übereinstimmung mit der Wahrheit, soweit sie mir bekannt ist. Sie ist so durchsichtig, daß sie nach einer graphischen Darstellung der sich kreuzenden und verzweigenden psychischen Kräfte zu schreien scheint.« (Ibid.)
Als 1918 zum erstenmal ein Preis für die beste ärztliche Arbeit auf dem Gebiet der Psychoanalyse – der von Freud so genannte Prix d'honneur – verliehen wurde, schlug Freud Abraham für denselben vor, um diese Arbeit auszuzeichnen.]

[2] Freud (1905*d*).

[3] [Ibid.]

umfangreiches Beobachtungsmaterial, welches ausschließlich einer Zeit entstammt, welche der theoretischen Aufstellung der erwähnten Entwicklungsstadien vorausging. Eine vorgefaßte Meinung im Sinne der Theorie von den prägenitalen Organisationen kann also bei der Gewinnung des Materials nicht beteiligt gewesen sein. Es scheint mir nicht überflüssig, darauf hinzuweisen; denn jede weitere Ausgestaltung der Sexualtheorie dürfte mit ähnlichen Einwänden aufgenommen werden, wie sie nach dem ersten Erscheinen der *Drei Abhandlungen* laut wurden.

Meine Beobachtungen und die Schlüsse, welche sich aus ihnen ergeben, kann ich jedoch nicht mitteilen, ohne einen Rückblick auf die Grundlagen zu werfen, auf welchen die Lehre von den prägenitalen Stufen der Libidoentwicklung entstanden ist.

In seinen Ausführungen über die frühesten Phänomene des kindlichen Geschlechtslebens konnte Freud sich auf einen Gewährsmann berufen, der lange vor ihm zu neuartigen und kühnen, aber überzeugenden Schlüssen auf diesem Gebiet gelangt war. Diese wichtige Vorarbeit hatte Lindner[4] 1879 mit seiner Studie über das Lutschen der Kinder geleistet. Dem genannten Autor war der libidinöse Charakter des Vorganges nicht entgangen; er machte darauf aufmerksam, wie das Lutschen, obwohl es nicht dem Zweck der Sättigung diene, vom Kinde mit einer Intensität betrieben werde, welche dessen Aufmerksamkeit gänzlich absorbiere. Lindner beobachtete ferner eine mit dem Lutschen einhergehende Erregung, die sich zu einer Art von Orgasmus steigerte, und er bewertete das Einschlafen des Kindes nach diesem Vorgang als einen Effekt der erreichten Befriedigung. Ferner betonte er die Erscheinungen des Greiftriebes, welche sich mit dem Lutschen verbinden, und erkannte die fließenden Übergänge vom Lutschen zur Masturbation, also zu einer unzweifelhaften Sexualbetätigung.

Freud[5] schloß sich Lindners Auffassungen an. Er vindizierte der kindlichen Sexualität bestimmte Eigentümlichkeiten, die sich gerade an dem Beispiel jener primitiven Triebäußerung, des Lutschens, besonders deutlich erkennen ließen. Erstens sei der Trieb nicht auf ein fremdes Objekt gerichtet, sondern er betätige sich *autoerotisch*. Zweitens sei die primitivste Sexualäußerung keine selbständige Erscheinung; sie lehne sich vielmehr an eine zur Erhaltung des Lebens wichtige Funktion – das Nahrungssaugen – an, sei also eigentlich die Reproduktion eines lust-

[4] [Siehe Freud (1905 *d*).]
[5] [1905 *d*.]

vollen Reizes, welchen das Kind beim Nahrungssaugen kennengelernt habe. Drittens sei die Erzielung der Lust an eine *»erogene Zone«* – die Lippenschleimhaut – gebunden. Die Befriedigung des Nahrungsbedürfnisses und die Befriedigung der erogenen Zone seien in ihren Ursprüngen nicht voneinander zu trennen. Die Lippenschleimhaut müsse übrigens eine dem Grad nach wechselnde, von Kind zu Kind schwankende, Erogeneität besitzen, da die Neigung zum Lutschen in sehr verschiedener Intensität auftrete.

Eine ähnliche Doppelfunktion wie dem Eingang des Darmkanals schrieb Freud dem Darmausgang zu. Auch dieser diene im frühen Kindesalter nicht lediglich der Exkretion, sondern er stehe als erogene Zone ebenfalls im Dienst der kindlichen Sexualität. Die mit der Darmentleerung notwendigerweise verbundenen Reizempfindungen suche das Kind wieder zu erleben; durch Anhalten des Darminhaltes vermöge das Kind diese Reize zu verstärken. Wie für die Lippenzone, so sei eine individuell schwankende Erogeneität auch für die Analzone anzunehmen. Die gewollte Steigerung des Lustnebengewinnes bei der Defäkation sei, ganz wie das Lutschen, als Reizung einer erogenen Zone gleichwertig der genitalen Masturbation, welche ebenfalls bereits dem frühen Kindesalter eigentümlich ist.

Neben den autoerotischen Phänomenen der frühen Kindheit beschrieb Freud gewisse Triebkomponenten, welche bereits auf andere Personen als Sexualobjekte angewiesen seien (Schau- und Zeigelust, aktive und passive Grausamkeitskomponente). Diese »Partialtriebe« seien zunächst noch nicht zu einem festen Verbande organisiert, sondern sie gehen selbständig auf Lustgewinn aus. Erst später ordnen sich die erogenen Zonen und die Partialtriebe dem *Primat der Genitalzone* unter; indem die Sexualität in den Dienst der Fortpflanzung trete, erreiche die Entwicklung ihren normalen Abschluß.

Diejenigen Entwicklungsstadien der Libido, welche der Einsetzung des Primates der Genitalzone vorausgehen, hat Freud[6] nun neuerdings mit dem eingangs erwähnten Namen als *»prägenitale«* bezeichnet. Es handelt sich um Vorstufen der späteren, »normalen« Sexualität, welche in der Regel von der Libido des Kindes durchlaufen werden, ohne daß die Umgebung von den sich vollziehenden Veränderungen Notiz nimmt. Dieselben Vorgänge, welche unter normalen Verhältnissen keine besondere Aufmerksamkeit auf sich ziehen, werden in patholo-

[6] [Ibid.]

gischen Fällen »aktiviert und für grobe Beobachtung kenntlich«. (Freud.)
Aus der Psychoanalyse der Neurosen konnten bisher zwei prägenitale Organisationen erschlossen werden. Die früheste ist die *orale* Organisation; man könnte sie – fügt Freud[7] hinzu – auch die *kannibalische* nennen. Wie früher ausgeführt wurde, ist in diesem Stadium die Sexualtätigkeit von der Nahrungsaufnahme noch nicht getrennt. »Das Objekt der einen Tätigkeit ist auch das der anderen, das Sexualziel besteht in der *Einverleibung* des Objektes.« (S. 60.[8]) Freud fügt eine für das Verständnis des Lutschens wichtige Bemerkung hinzu: »Als Rest dieser fiktiven, uns durch die Pathologie aufgenötigten Organisationsphase kann das Lutschen angesehen werden, indem die Sexualtätigkeit, von der Ernährungstätigkeit abgelöst, das fremde Objekt gegen eines am eigenen Körper aufgegeben hat.«
Eine weitere Form der prägenitalen Organisation wurde aus der Psychoanalyse der Zwangsneurose erschlossen. Freud[9] sagt von ihr: »Eine zweite prägenitale Phase ist die der *sadistisch-analen* Organisation. Hier ist die Gegensätzlichkeit, welche das Sexualleben durchzieht, bereits ausgebildet; sie kann aber nicht *männlich* und *weiblich*, sondern muß *aktiv* und *passiv* benannt werden. Die Aktivität wird durch den Bemächtigungstrieb von seiten der Körpermuskulatur hergestellt, als Organ mit passivem Sexualziel macht sich vor allem die erogene Darmschleimhaut geltend; für beide Strebungen sind Objekte vorhanden, die aber nicht zusammenfallen. Daneben betätigen sich andere Partialtriebe in autoerotischer Weise. In dieser Phase sind also die sexuelle Polarität und das fremde Objekt bereits nachweisbar. Die Organisation und die Unterordnung unter die Fortpflanzungsfunktion stehen noch aus.«
Mit den bisherigen Ausführungen ist der heutige Stand der Sexualtheorie, soweit er unser Thema angeht, in großen Umrissen skizziert. Während nun in der psychoanalytischen Literatur die Beobachtungen, welche zur Aufstellung der sadistisch-analen Organisation geführt haben, eine spezielle Berücksichtigung gefunden haben – besonders ist hier auf Jones'[10] wichtige Mitteilungen hinzuweisen –, harrt die früheste, »orale« Entwicklungsstufe der Libido noch der eingehenderen Untersuchung.

[7] [Ibid.]
[8] [Ibid.]
[9] [1913*i*.]
[10] [1912 und 1913(b).]

Ihre Annahme ist uns, wie Freud sich ausdrückt, von der *Pathologie* aufgenötigt worden. Damit ist bereits zum Ausdruck gebracht, daß es sich um Entwicklungsvorgänge handelt, die der direkten Beobachtung im Kindesalter wenig zugänglich sind. Das Kind kann in dieser frühen Zeit keinen Aufschluß über die Vorgänge seines Trieblebens geben. Unter normalen Verhältnissen spielt die Entwicklung in den ersten Lebensjahren sich auch so ruhig ab, daß meistens keine augenfälligen Erscheinungen dem Beobachter die sich vollziehenden Veränderungen kundgeben. Später, wenn erst die Verdrängung ihre Macht entfaltet hat, kann das Individuum naturgemäß über die frühesten Ereignisse am wenigsten Auskunft geben.

Die Tatsachen der normalen Erotik zeigen zwar deutlich, daß der Mund seine Bedeutung als erogene Zone keineswegs aufgibt. Mehr noch läßt das Studium der sexuellen Perversionen erkennen, daß der Mund vollkommen die Bedeutung eines Sexualorganes – eine Genitalrolle – übernehmen kann. Und weiter zeigt die Psychoanalyse der Neurosen, daß sehr häufig der Mund seine Bedeutung als erogene Zone nur im Bewußtsein verloren hat, daß diese im Unbewußten dagegen fortdauert und sich dem Bewußtsein durch Ersatzbildungen kundgibt, die wir als neurotische Symptome kennen. Der Psychoanalyse verdanken wir die Kenntnis, daß diesen Erscheinungen der Wert von Infantilismen zukommt; sie erklären sich teils aus einem Fortbestehen infantiler Triebe im Unbewußten, teils sind sie der Ausdruck einer nachträglichen Rückkehr zu bereits überwundenen Entwicklungsstadien der Libido. Daß jene verdrängten Infantilismen durch mannigfache Umwandlungen unkenntlich gemacht, ja in ihr gerades Gegenteil verkehrt sein können, erwähnte Freud[11] 1905 gerade im Zusammenhang mit den Erscheinungen, welche sich an der Mundzone abspielen. Neurotische, deren Mundzone ursprünglich durch besondere Erogeneität ausgezeichnet gewesen sei, die sich etwa durch jahrelang fortgesetztes Lutschen äußerte, seien im späteren Alter oft mit nervösem Erbrechen behaftet.

Mögen alle diese Erfahrungen uns nun auch ein gutes Recht geben, Rückschlüsse auf ein frühes, »orales« Stadium der Libido zu ziehen, so geben sie uns doch kein greifbares Bild, keine unmittelbare Anschauung dieses archaischen Zustandes, von welchem sich das Triebleben des normalen Erwachsenen außerordentlich weit entfernt hat. Ich möchte deshalb im folgenden auf Erscheinungen psychopathologischer Natur hin-

[11] [1905 *d.*]

weisen, die bisher nahezu unbekannt oder doch unbeachtet geblieben sind. Sie zeigen, daß bei erwachsenen Menschen ein positives und unverkennbares Verharren im Triebleben des Säuglings vorkommt und daß die Libido dieser Personen ein Bild darbietet, welches dem von Freud angenommenen oralen oder kannibalischen Stadium bis in die letzten Einzelheiten entspricht. Ich werde demnächst die äußerst krassen Erscheinungen eines derartigen Falles mitteilen, soweit sie in diesem Zusammenhange von Interesse sind. Von ihnen aus wird alsdann ein Licht auf eine ganze Reihe von psychopathologischen Erscheinungen fallen, denen bisher noch keine spezielle Untersuchung zuteil geworden ist. Endlich wird auf eine Frage einzugehen sein, die sich aus den neuen Veröffentlichungen zur Psychogenese der Zwangsneurose ergibt. Die Untersuchungen von Freud[12] und Jones[13] haben gezeigt, daß aus der Abwehr sadistisch-analer Triebregungen Zwangserscheinungen hervorgehen. Die Erwartung liegt nahe, daß die Abwehr eines drohenden Rückfalles in die orale Organisation ebenfalls zur Bildung ganz bestimmter typischer Symptome führe. Die Richtigkeit dieser Erwartung scheint in gewissen Ergebnissen der Psychoanalyse ihre Bestätigung zu finden. Es soll versucht werden, auf Grund der Ermittlungen über die früheste prägenitale Organisation einen zwiefachen Beitrag zur psychoanalytischen Theorie zu liefern, nämlich zur Frage der Entstehung psychischer Depressionszustände und zum Problem der »Neurosenwahl«.

II

Was ich hier zunächst an Materialien wiedergebe, entstammt der Psychoanalyse eines Falles von Dementia praecox (»Schizophrenie« Bleulers[14]). Der Patient bot jedoch nicht das allbekannte Bild einer Psychose mit Wahnvorstellungen, Sinnestäuschungen usw., sondern jene Spielart der Krankheit, welche man als »einfache« Dementia praecox bezeichnet hat. Die Kranken dieser Gruppe, die auch Bleuler neuerdings wieder als »Schizophrenia simplex« gesondert behandelt hat, lassen die bereits erwähnten groben Symptome der Geistesstörung vermissen. Sie weisen dagegen bestimmte assoziative Störungen und namentlich Veränderungen des Gefühls- und Trieblebens auf, wie man

[12] 1913*i*.
[13] 1913 [b].
[14] [Siehe Bleuler (1912).]

sie in ausgeprägten Fällen des Leidens neben den Wahnbildungen usw. findet. Die assoziative Tätigkeit solcher Kranken vollzieht sich insoweit in geordneten Bahnen, als man mit ihnen die Psychoanalyse ebensowohl wie mit einem Psychoneurotiker durchführen kann. Ja, diese Arbeit wird sogar durch den Wegfall mancher Hemmungen bei diesen Patienten erleichtert. Vieles, was beim Neurotiker durch intensive Verdrängung vor dem Bewußtwerden und damit vor der Aussprache behütet wird, liegt bei solchen Kranken dem Bewußtsein ganz nahe und wird unter Umständen widerstandslos ausgesprochen.

Mein Patient entstammte einer Familie, in welcher bereits Fälle von schwerer, katatonischer Dementia praecox vorgekommen waren. Intellektuell keineswegs schlecht begabt, hatte er eine höhere Schule absolviert. Dem Zwang der Schule entwachsen, kam er im akademischen Studium in keiner Weise vorwärts; vielmehr bildeten sich an ihm gewisse Eigenschaften, durch welche er schon als Schüler aufgefallen war, immer stärker aus. Als er in meine Behandlung trat, glich sein Verhalten in vielen Beziehungen demjenigen eines albernen Kindes. Weder sein Studienfach noch irgendwelche Vorgänge in der Außenwelt vermochten ein ernstes Interesse in ihm zu erregen. Er belustigte sich höchstens an Kleinigkeiten und Äußerlichkeiten, wandte aber seine Aufmerksamkeit hauptsächlich in stark narzißtischer Weise dem eigenen Ich zu. Kleine Einfälle, Wortspielereien u. dgl. konnten ihn intensiv und lange beschäftigen. Mehr als alles andere aber zog die eigene Körperlichkeit sein Interesse auf sich. Seine genitalen und analen Sensationen hatten für ihn die höchste Wichtigkeit. Er war übrigens ebenso der analen wie der genitalen Masturbation ergeben. In den Pubertätsjahren vergnügte er sich mit Kotspielereien, beschäftigte sich auch später viel mit seinen Körperabsonderungen, hatte z. B. auch Lust daran, das eigene Sperma zu genießen. Eine ganz besondere Rolle als erogene Zone spielte aber bei ihm der *Mund*. Wie man es in solchen Fällen oft erlebt, so war auch diesem Patienten der sexuelle Charakter gewisser Erscheinungen bewußt, welche der objektive Beobachter nicht sogleich in diesem Sinne bewertet haben würde. Der Patient lenkte meine Aufmerksamkeit auf die erogene Bedeutung des Mundes, als er eines Tages von »Mundpollutionen« berichtete, als wären diese etwas Selbstverständliches und Bekanntes. Er schilderte auf Befragen einen Vorgang, der sich bei ihm häufig wiederhole. Er erwache nachts aus einem erregenden Traum und bemerke, daß ihm der Speichel aus dem Munde laufe. Seinen Assoziationen freien Lauf lassend, ging der Patient dazu über, mir eine Fülle weiteren Materials über die erogene Bedeutung des Mundes vorzutragen; ich gebe die besonders beweisenden Tatsachen hier wieder.

Aus den Angaben des Patienten ging hervor, daß er sich als Knabe nicht vom *Milchgenuß* zu trennen vermochte. Als Schüler – so berichtete er – habe er nie genug Milch zu trinken bekommen können. Die Neigung sei auch jetzt noch vorhanden, habe sich aber in gewisser Hinsicht verändert.

Bis zu seinem fünfzehnten Lebensjahre habe er die Milch nicht einfach aus dem Gefäß getrunken, sondern er habe eine besondere Methode gehabt, sie

einzusaugen. Er trank, indem er die Zunge aufwärts krümmte und sie hinter den Oberzähnen an den Gaumen preßte und dann die Milch einsog. Die Milch durfte weder kalt noch heiß, sondern sie mußte körperwarm sein. Auf diese Weise habe er ein besonders angenehmes Gefühl erzielt. Spontan fügte er hinzu: »Es ist so wie ein Lutschen an der Brust.« »Ich sauge an meiner eigenen Zunge wie an der Brustwarze.« Mit 15 Jahren habe er sich diese Art des Saugens abgewöhnt, habe auch angefangen, Getränke in kaltem Zustande zu sich zu nehmen.
Das Verlangen nach Milch war damit jedoch keineswegs überwunden; ja, seine sexuelle Determinierung wurde in den folgenden Jahren überdeutlich durch häufige Vorkommnisse, von welchen der Patient wie von etwas ganz Selbstverständlichem berichtete. Er erwache nachts oft mit heftigem sexuellen Drang. Dann trinke er Milch, die er im Schlafzimmer bereitstehen habe. Oft sei er auch schon nachts aufgestanden und habe in der Küche nach Milch gesucht. Fand er einmal keine Milch vor, so setzte er seiner sexuellen Erregung durch *Masturbation* ein Ziel; andernfalls befriedigte er sich durch *Milchgenuß.* Er selbst empfand das Verlangen, Milch zu saugen, als den tiefsten und ursprünglichsten Trieb. Die genitale Masturbation, so stark sie ihn auch beherrschte, erschien ihm wie etwas erst Hinzugekommenes.

Die Tatsachen sprechen in diesem Falle, soweit ich ihn bereits mitgeteilt habe, für sich selbst. An der sexuellen Bedeutung des Milchsaugens, an der Rolle des Mundes als erogener Zone kann auch nicht der geringste Zweifel bestehen. Das nächtliche Verhalten des Patienten, wie er es selbst geschildert hat, ist aber, wie sich leicht ersehen läßt, eine Fortsetzung desjenigen Verhaltens, welches neurotisch veranlagte Kinder im ersten und zweiten Lebensjahr darbieten. Solche Kinder pflegen der Gewöhnung an einen ununterbrochenen Nachtschlaf große Schwierigkeiten zu bereiten. Sie erwachen während der Nacht einmal oder mehrmals und geben durch ihr Geschrei, oder wenn sie dazu bereits imstande sind, durch andere Zeichen zu erkennen, daß sie nach der Brust oder Milchflasche verlangen. Gibt man einem solchen Kinde Milch zu saugen, so tritt alsbald ein Zustand der Befriedigung und Ruhe ein; andernfalls vermag das Kind sich selbst eine Ersatzbefriedigung zu verschaffen, indem es den Mund durch den eingeführten Finger reizt, oder einer anderen erogenen Zone, etwa der Genitalzone, ihr adäquate masturbatorische Reize zuteil werden läßt.
Das Verhalten unseres Patienten deckt sich mit dem des Säuglings vollkommen. Indem er aber noch als Erwachsener diejenige Form der Befriedigung am intensivsten empfindet, welche den Charakter der *Einverleibung* trägt, gibt er deutlich kund, daß seine Libido in dem frühesten prägenitalen Stadium, dem oralen oder kannibalischen, eine starke Fixierung erfahren hat. Das Saugen dient dem Patienten als Methode

der Nahrungsaufnahme und als Methode der sexuellen Lustgewinnung. Die erstere Bedeutung des Saugens tritt freilich zurück gegenüber der letzteren. Es muß hier an die bereits erwähnten, vom Patienten so genannten »Mundpollutionen« erinnert werden. Wir betrachten den Speichelfluß im allgemeinen als Zeichen der Eßlust. Bei dem Patienten aber, dessen Mundzone in so hohem Maße der Sexualität dienstbar war, war sie die Begleiterscheinung eines im Schlafe aufgetretenen sexuellen Dranges. Die Libido zeigte also die Neigung, auf dem Wege der im frühesten Kindesalter bevorzugten erogenen Zone abzuströmen.
Von hohem Interesse ist nun, was die Psychoanalyse über die weitere Entwicklung der Libido bei dem Patienten ergeben hat.

Seine Assoziationen glitten vom Milchsaugen zwanglos hinüber auf die entwicklungsgeschichtlich spätere Form der Nahrungsaufnahme, auf das *Essen*. Der Patient brachte in diesem Zusammenhang eine Reminiszenz, an welche sich dann weitere wichtige Einfälle anschlossen. Als kleinem Knaben sei ihm die Vorstellung, jemanden lieb zu haben, ganz gleichbedeutend gewesen mit der Vorstellung, etwas Gutes zu essen. Er habe seit seiner Kindheit *»kannibalistische Vorstellungen«*.[15] Diese ließen sich auf assoziativem Wege zunächst bis in das vierte Lebensjahr zurückverfolgen. In diesem Alter – die Richtigkeit der zeitlichen Angabe ließ sich bestätigen – hatte er eine Pflegerin gehabt, der er sehr zugetan war. Sie war es, die im Mittelpunkt der kannibalistischen Phantasien stand. Der Patient wünschte sich noch in späterer Zeit oft, in sie hineinzubeißen und sie »mit Haut, Haaren und Kleidern zu verschlingen«. Die Psychoanalyse vermochte jedoch noch tiefer einzudringen.
Eine weitere Assoziation des Patienten besagte, daß der Geschmack des Fleisches ihn an denjenigen der Milch erinnere. Beides sei »fett und süß«. Wie er manchmal ein plötzliches Verlangen nach Milch verspüre, so auch nach Fleisch. *Es komme ihm vor, als suche er einen Ersatz für Menschenfleisch.* Von hier führte die assoziative Bahn weiter zu der *Phantasie, in die weibliche Brust zu beißen.* Hier war die unmittelbare Verknüpfung von Fleisch und Milch gegeben. Dazu muß bemerkt werden, daß die Säuglingsperiode für unseren Patienten ungewöhnlich reich an eindrucksvollen Erlebnissen gewesen war. Verschiedene Umstände hatten dazu genötigt, eine Reihe von Malen die Amme zu wechseln und ihm die Ernährung durch die Brust sehr lange zuteil werden zu lassen. Bei einem Kinde, in dessen Sexualkonstitution die Mundzone so stark betont war, konnten diese Vorgänge nicht ohne Folgen bleiben; sie mußten die Fixierung auf eine frühere Stufe der Libido-Entwicklung resp. die spätere Regression auf diese Stufe erleichtern.

[15] Vielleicht ist es nicht überflüssig zu betonen, daß sowohl der hier wiedergegebene Gedanke wie der Ausdruck vom Patienten stammen. Der Ausdruck »kannibalistische Vorstellungen« ist nicht etwa aus der Lektüre der *Drei Abhandlungen zur Sexualtheorie* entnommen. Die Psychoanalyse, aus welcher ich hier berichte, fand vor zwei bis drei Jahren statt, während die dritte Auflage der Freudschen Abhandlungen, welche den Ausdruck zuerst enthält, erst 1915 erschienen ist.

Zum Schluß sei aus der Geschichte des Kranken noch erwähnt, daß auch das *Essen* für ihn eine starke Lustqualität hatte; seine Neigung zu unmäßigem Essen legte Zeugnis davon ab. Diese Lustbetonung des Essens trug aber für das Gefühl des Kranken nicht den gleichen, sexuellen Charakter, erschien ihm auch als etwas erst Hinzugekommenes. Doch zeigt auch diese Erscheinung die Neigung des Patienten, seinen erogenen Zonen Reize aller Art zuzuführen. Fand seine Libido neue Lustquellen, so wurden dadurch die früheren in ihrer Bedeutung nicht geschmälert. Auch in der weiteren Entwicklung des Trieblebens trat bei dem Patienten diese Eigentümlichkeit sehr hervor. Sie macht es begreiflich, daß seine Libido im erwachsenen Alter niemals eine einheitliche Tendenz erhielt. Während er zu keiner normalen Gefühlseinstellung gegenüber anderen Personen, zu keiner Objektwahl gelangen konnte, behielten die verschiedenen erogenen Zonen nebeneinander ihre alte Bedeutung. Unter ihnen war es aber die Mundzone, deren Reizung der Patient weitaus am lustvollsten empfand und von deren Bedeutung er mit besonderem Affekt sprach.

Die Eigentümlichkeiten des geschilderten Krankheitsfalles lassen sich folgendermaßen zusammenfassen:

1. Die orale Zone überwiegt an Bedeutung die anderen erogenen Zonen. Insbesondere tritt die Saugelust hervor. Milchsaugen führt einen Zustand der Befriedigung herbei.

2. Sexualfunktion und Ernährungsfunktion sind im Saugeakt miteinander verknüpft.

3. Dem Objekt gegenüber, welches die Wunschphantasien des Patienten auf sich gezogen hat, besteht das Verlangen nach Einverleibung. (Vom Patienten selbst als kannibalische Regung bezeichnet.)

Das sind aber die gleichen Merkmale, welche Freud[16] *dem frühesten Stadium der Libido-Entwicklung im Kindesalter zuzusprechen genötigt war.*

Die Übereinstimmung ist vollkommen, überrascht aber denjenigen nicht, der aus eigener psychoanalytischer Arbeit erkannt hat, wie sehr die Theorien Freuds aus der unittelbaren Beobachtung hervorgehen und wie weit sie von weltfremder Spekulation entfernt sind.

Ein Erwachsener, dessen Libido sich in einem Zustande wie dem oben geschilderten befindet, weicht in ganz außerordentlichem Maße von der Norm ab. Das überaus Krasse der Erscheinungen eines solchen Falles eröffnet uns das Verständnis verwandter Phänomene, wenn sie uns bei anderen Personen in geringerer Ausprägung oder in stärkerer Verhüllung wiederbegegnen.

[16] [1905*d*.]

III

Schon bei gesunden Kindern gibt es beträchtliche Unterschiede hinsichtlich des Zeitpunktes der Entwöhnung. Diese Unterschiede sind zwar zu einem Teil in äußeren Verhältnissen begründet, zum Teil aber lassen sie sich nur aus individueller Verschiedenheit der Kinder erklären. So erfolgt der Übergang von der saugenden Nahrungsaufnahme zum Trinken im engeren Sinne des Wortes bald früher, bald später.

Von äußeren Gründen kommen ethnologische, soziale und familiäre in Betracht. Bei nicht wenigen kulturärmeren Völkern werden die Kinder erst mit vier oder gar mit sechs Jahren entwöhnt. Auch innerhalb der Bevölkerung eines Landes, ja einer Gegend erfolgt die Entwöhnung zu recht verschiedenen Zeiten. In den unteren Volksschichten ist es sogar bei uns nichts Seltenes, daß ein Kind von mehreren Jahren noch zeitweise die Brust der Mutter erhält, wenn diese wieder ein jüngeres Kind zum Stillen hat. Neurotische Mütter schieben manchmal die Entwöhnung ihrer Kinder lange hinaus, weil das Stillen ihnen die stärksten körperlichen Lustgefühle bereitet. Insbesondere sind es Frauen mit genitaler Frigidität, bei welchen die Brust eine übergroße Bedeutung als erogene Zone gewonnen hat.

Mehr interessieren uns hier jedoch die Fälle, in denen das Kind aus Gründen, die in ihm selbst liegen, der Entwöhnung Schwierigkeiten bereitet. Schon innerhalb des Zeitraums der saugenden Nahrungsaufnahme kann man bei einem Kinde diese Widerstände kennenlernen, wenn es von der Mutter- oder Ammenbrust zur Saugflasche übergehen soll. Hier beobachtet man sehr merkwürdige Unterschiede im Verhalten der Kinder. Viele gewöhnen sich im Laufe einiger Tage an die Veränderung. Manche Kinder, die es beim Trinken aus der Brust an der genügenden Energie des Saugens fehlen ließen, ziehen die Flasche sehr bald vor, weil ihnen die Nahrung mühelos aus ihr zufließt. Endlich aber gibt es Kinder, die sich mit großer Hartnäckigkeit gegen den Übergang zur Flasche sträuben. Vollends wird dies Widerstreben deutlich, wenn dem Kinde der endgültige Verzicht auf die saugende Nahrungsaufnahme zugemutet wird. Es kommt bei neurotisch veranlagten Kindern nicht selten vor, daß sie auf den Versuch der Entwöhnung mit so mangelhafter Nahrungsaufnahme reagieren, daß die Mutter zum vorläufigen Nachgeben gezwungen wird. Derartige Schwierigkeiten erstrekken sich in ausgeprägten Fällen bis in das schulpflichtige Alter. Ich erwähne beispielsweise ein neunjähriges Mädchen, das nicht zu bewegen war, am Morgen vor dem Schulgang sein Frühstück mit den Eltern und Geschwistern einzunehmen. Um die Kleine den Weg zur Schule nicht nüchtern antreten zu lassen, bringt die Mutter ihr allmorgendlich eine Saugflasche mit warmer Milch ans Bett. Die sonstigen Mahlzeiten des Tages nimmt die kleine Widerspenstige in normaler Weise mit der Familie. In einem von Gött mitgeteilten Fall mußte ein dreizehnjähriger Knabe von der Flasche entwöhnt werden. Wir werden hier an die besonders krasse Beobachtung erinnert, welche ich oben ausführlicher mitgeteilt habe.

Ein solches Verhalten des Kindes kann nicht anders erklärt werden als aus einem zähen Festhalten an dem Lustgewinn, welchen das Saugen dem Kinde durch Vermittlung der Lippen als erogener Zone gewährt. Die Erfahrung lehrt uns nun, daß Personen, welche an der kindlichen Saugelust festhalten, regelmäßig in der Entwicklung ihrer Sexualität schwer gehemmt werden. Nahrungstrieb und Sexualität bleiben bei ihnen in einem gewissen Umfang miteinander verflochten. Ihre Libido findet nicht in normaler Weise den Weg zum lebenden, menschlichen Objekt, sondern sucht ihre Befriedigung in erster Linie bei Gelegenheit einer saugenden Stoffaufnahme in den Mund.

Der Anteil der Sexualität an einer noch in späteren Jahren persistierenden Saugelust tritt vollends zutage bei jenen Personen, welche im erwachsenen Alter den Drang empfinden, an der weiblichen Brust zu saugen. Diese Art der Sexualbetätigung reizt sie stärker als die normale Kohabitation. Einer meiner Patienten erklärte mir, daß er sich bei einer solchen Liebesbetätigung in einem sonderbaren Zwiespalt der Gefühle befinde. Einesteils habe er Angst davor, daß aus der Brust Milch kommen könnte, anderseits sei er ärgerlich und enttäuscht, wenn sich keine Milch entleere. In diesem Falle ist das Sexualinteresse am Saugen das weitaus überwiegende; von der anderen Bedeutung des Saugens ist nichts übrig geblieben als ein neugieriges, gespanntes Warten, ob die Brust Milch hergeben werde.

Bekanntlich bleibt beim Kinde nach der Entwöhnung eine Neigung zum Aufsaugen (»Lutschen«) süßer Stoffe bestehen. Bei neurotischen Männern mit stark unterdrückter Libido findet sich nun nicht selten ein intensives, triebhaftes Verlangen nach Süßigkeiten. Sie haben eine besondere Lust daran, die Süßigkeiten langsam aufzusaugen. In zwei sehr ausgeprägten Fällen konnte ich mit aller Sicherheit feststellen, daß die vom kindlichen Autoerotismus stammende Saugelust es war, welche die aktiven Regungen der Libido beiseite drängte und den betreffenden

Patienten das stärkste Wohlbehagen brachte. Von dem einen Patienten erwähne ich hier, daß er mit Vorliebe abends im Bett Süßigkeiten lutschte, worauf er dann mit dem Gefühl der Befriedigung einschlief. Die Anlehnung an das Verhalten des Kindes im Säuglingsalter ist hier ganz unverhüllt zu erkennen. Die normale männliche Liebesbetätigung war in diesem Falle völlig unterdrückt. Der andere Patient bot infantile Züge in ungewöhnlicher Menge dar. Die männliche Aktivität fehlte seiner Libido vollkommen; um so intensiver nutzte er alle autoerotischen Lustquellen. Wenn er sich morgens auf den Weg zu seiner beruflichen Tätigkeit machte, pflegte er ein charakteristisches Spiel aufzuführen. Er tat, als ob er noch ein kleiner Knabe wäre, und sagte zum Abschied seiner Frau: »Bubi geht jetzt in die Schule.« Auf dem Wege kaufte er sich dann – wie Kinder zu tun pflegen – Süßigkeiten und hatte große Lust daran, sie gemächlich aufzusaugen. Von diesen kindlichen Belustigungen sprach der Patient mit lebhaftem Gefühlston, während das Geschlechtliche im Sinne normaler Männlichkeit mit abnorm geringem Interesse besetzt war. Im Laufe dieser Psychoanalyse ließ sich aus vielen Anzeichen mit Sicherheit entnehmen, daß das libidinöse Interesse, das der normalen Geschlechtsfunktion gebührt, durchaus den autoerotischen Vorgängen anhaftete. Daß gerade das Aufsaugen süßer Substanzen mit dem Munde eine so starke libidinöse Betonung zeigte, läßt die mangelnde Trennung der Nahrungs- und Geschlechtsfunktion auch hier deutlich erkennen.

Zeigt der soeben kurz skizzierte Fall ein Haftenbleiben des Patienten an der kindlichen Saugelust, so möge ein anderes Beispiel die nachträgliche Regression zu dieser Lustquelle demonstrieren.

Ein neurotisches junges Mädchen wird, nach jahrelang geübter Masturbation, eines Tages durch Lektüre darüber »aufgeklärt«, wie schädlich und sündhaft ihr Handeln sei. Sie wird von Angst ergriffen und gerät in eine langdauernde Verstimmung. Der Masturbation enthält sie sich vollkommen. In dieser Zeit der sexuellen Abstinenz und der Verstimmung wird sie nun öfter von einem heftigen Verlangen nach Süßigkeiten befallen. Sie kauft und verzehrt die Süßigkeiten mit größter Heimlichkeit und unter Gefühlen der Lust und Befriedigung, deren Intensität sie selbst in Erstaunen versetzt. Die Patientin, welche von jeher den äußersten Ekel vor der normalen Verbindung mit dem Manne empfand, hat durch das strenge Selbstverbot der Masturbation ihre genitale Sexualität völlig verworfen. So wird es begreiflich, daß ihre Libido den regressiven Weg einschlägt und sich in der geschilderten

Weise der Mundzone bemächtigt. Dazu muß noch bemerkt werden, daß die Psychoanalyse viele Anhaltspunkte für das Vorhandensein verdrängter Wunschregungen lieferte, die sich auf das Saugen am männlichen Genitale bezogen.

Nachdem sich uns ergeben hat, daß die saugende Aufnahme von Stoffen mit Hilfe des Mundes bei gewissen Menschen als sexuelle Handlung zu bewerten ist, werden gewisse andere, bei Neurotikern recht häufige Erscheinungen in ein neues Licht gerückt.

IV

Viele Neurotiker leiden an abnormen *Hungergefühlen*. Besonders Frauen sind mit diesem Symptom häufig behaftet, und wohl jedem Nervenarzt sind jene Patientinnen bekannt, die auf der Straße oder an anderen Orten plötzlich von Hunger befallen werden und Vorsorge halber stets Eßwaren bei sich tragen. Auch aus dem Schlaf werden sie durch nagenden Hunger geweckt und stellen darum am Abend einige Nahrungsmittel neben dem Bette bereit. Für diesen neurotischen Hunger ist charakteristisch, daß er ganz unabhängig vom Füllungszustande des Magens auftritt, daß er in unregelmäßigen Zeitabständen kommt und daß er anfallsweise und unter quälenden Begleiterscheinungen einsetzt, wie sie dem normalen Nahrungsbedürfnis nicht zugehören. Besonders sind hier Angstgefühle zu erwähnen.

Die Kranken klagen selbst über ihre »Anfälle von Heißhunger«. Sie spüren den Unterschied des normalen Hungers und dieses »Heißhungers«, neigen aber nichtsdestoweniger dazu, beide Zustände miteinander zu konfundieren. Sie legen die heftigsten Widerstände an den Tag, wenn die Psychoanalyse den Zusammenhang des neurotischen Heißhungers mit verdrängter Libido aufdeckt. Verräterisch weisen gewisse Anzeichen uns dennoch den richtigen Weg. Auffällig ist beispielsweise die große Häufigkeit dieser Hungeranfälle bei frigiden Frauen. Einer meiner Patienten, der das Symptom des neurotischen Hungers in ausgeprägter Weise darbot, hob hervor, daß das Hungergefühl nach den Hoden ziehe.

Starke libidinöse Regungen, gegen deren unverhülltes Auftreten das Bewußtsein sich wehrt, können sich besonders gut hinter einem Hungergefühl – wie hinter einer Maske – verbergen. Hunger, und auch einen übermäßigen, darf man sich selbst und anderen eingestehen. Keiner, auch der Patient selbst nicht, ahnt, aus welcher Quelle das neurotische Symptom seine Macht bezieht. Diese letztere ist in einzelnen Fällen so groß, daß die Kranken genötigt werden, dem krankhaften Nahrungsbedürfnis ihre ganze Lebensführung anzupassen und unterzuordnen. Ebendiese Gewalt, welche der neurotische Hunger über die Kranken erlangt, gestattet uns Rückschlüsse auf die Heftigkeit der verdrängten Triebregungen, die sich in ihm einen Ausdruck gesucht haben. Ich gebe hier beispielshalber aus einer meiner Psychoanalysen einige Tatsachen wieder, die nicht anders als monströs genannt werden können.

Eine von mir behandelte, schwer leidende Kranke wurde von Heißhunger befallen, sobald sie sich um wenige Schritte von ihrer Wohnung entfernte. Sie verließ niemals das Haus, ohne etliche Nahrungsmittel mit sich zu nehmen. Waren diese verzehrt, so suchte sie eine Konditorei oder sonst ein Lokal auf, um ihren Hunger zu stillen. Am stärksten wurde sie von diesem Bedürfnis jedoch bei Nacht bedrängt. Sie war im Laufe der Jahre dazu gelangt, in jeder Nacht zwei bis drei größere Mahlzeiten zu halten. Obwohl sie sich nicht mit der Abendmahlzeit begnügte, sondern unmittelbar vor dem Schlafengehen nochmals ausgiebig aß, wurde sie doch im Laufe jeder Nacht durch nagenden Hunger geweckt, dem sie regelmäßig nachgab. Die Folge der gehäuften Mahlzeiten war natürlich eine bedeutende Zunahme des Körpergewichts. Die Patientin genoß – angeblich weil sie dadurch am wenigsten Fett ansetzte – bei Nacht hauptsächlich Gemüse. Zur Zeit der psychoanalytischen Behandlung wohnte sie in einem Pensionat. Dort hatte sie große Vorräte von Gemüsekonserven aufgehäuft. Allabendlich bereitete sie sich die im Laufe der Nacht einzunehmenden Mahlzeiten. War sie etwa um 10 Uhr schlafen gegangen, so erwachte sie etwa um 1, 3 und 5 Uhr. Jedesmal nahm sie eine starke Mahlzeit zu sich. Früh zwischen 6 und 7 Uhr eilte sie bereits in die Küche und bat um ihr Frühstück. Das Verhalten der Patientin erinnerte lebhaft an dasjenige »verwöhnter« kleiner Kinder, welche nachts wiederholt erwachen und nur dadurch zu beruhigen sind, daß die Mutter ihnen zu trinken gibt. Übrigens war die Kranke das einzige Kind ihrer Eltern.

Das Verhalten solcher Kranker, die in kurzen Abständen nach Nahrung begehren und Qualen erleiden, wenn ihr Verlangen nicht befriedigt wird, erinnert anderseits in überraschender Weise an dasjenige der Morphinisten und mancher Trunksüchtiger. Hinsichtlich dieser Zustände ist der Psychoanalyse der Nachweis gelungen, daß das berauschende Gift dem Kranken eine Ersatzbefriedigung für ihm versagte Betätigungen seiner Libido gewährt. Das übermäßige, unter einem krankhaften Zwange erfolgende *Essen* mancher Neurotiker muß in ganz gleicher Weise bewertet werden.

Der zuletzt geschilderte Fall ist von den früher besprochenen dadurch unterschieden, daß die Kranke nicht nach dem Einsaugen von Milch oder sonstigen saugenden Betätigungen verlangte, sondern einen krankhaften Drang nach sehr häufiger Aufnahme fester Nahrung zeigte. Das gesamte Verhalten einer solchen Kranken wird uns erst verständlich, wenn wir den Lustwert erkennen, den das Essen für sie – bewußt oder unbewußt – hatte. Obwohl sie sich in keiner Nacht eines ruhigen, ununterbrochenen Schlafes erfreuen durfte, setzte sie der Analyse ihrer Hungeranfälle und der Entwöhnung von den nächtlichen Mahlzeiten den äußersten Widerstand entgegen. Auch war nicht bloß das Essen selbst bei der Patientin mit so starken Affekten betont; vielmehr genoß sie schon beim Einkauf ihrer Vorräte, bei der Zubereitung der Mahlzeiten usw. eine gewisse Vorlust.[17]

V

Die Neurotiker, deren Sexualität in solchem Maße verkümmert ist, daß sie mehr oder weniger an das Nahrungssaugen oder auch an das Essen gebunden bleibt, zeigen als Erwachsene nach meinen bisherigen Erfahrungen keine besondere Neigung zum Lutschen am Daumen. Diejenigen erwachsenen Neurotiker hingegen, welche ausgesprochene *Daumenlutscher* geblieben sind, zeigen in der Regel keine besondere libidinöse Betonung der Nahrungsaufnahme. Sehr häufig ist vielmehr bei ihnen der Ekel vor der Nahrung – und zwar besonders vor Milch und Fleisch – sowie Übelkeit und Neigung zum Erbrechen.

Es mag seltsam klingen, aber man darf dennoch behaupten, daß die erwachsenen Daumenlutscher gegenüber derjenigen Gruppe von Neurotikern, die uns bisher beschäftigt hat, ein fortgeschritteneres Stadium der Libido-Entwicklung repräsentieren. Ihre Libido hat sich gegenüber dem Nahrungstrieb insoweit eine gewisse Selbständigkeit verschafft, als die Lustgewinnung nicht mehr an das Nahrungssaugen gebunden ist. Die Mundzone hat freilich ihre vorherrschende Rolle auch bei ihnen beibehalten, und von einer erfolgreichen Übertragung ihrer Libido auf Objekte sind auch sie weit genug entfernt. Im Gegenteil bieten sie *im wirklichen Leben* vielerlei Anzeichen der stärksten Sozialablehnung. In ihren Phantasiegebilden spielt anderseits die Verwendung des Mun-

[17] Zur Ergänzung des obigen Auszuges aus einer Psychoanalyse, der weit von Vollständigkeit entfernt ist, sei hier noch auf die Bevorzugung der vegetabilischen Kost für die nächtlichen Mahlzeiten hingewiesen. Die von der Patientin selbst gegebene rationelle Erklärung ist unzureichend und nicht einmal sachlich richtig. Erblicken wir in dem ganzen Tun der Patientin eine Form autoerotischer Befriedigung, so wird das nächtliche Meiden des Fleisches leicht verständlich.

des zu sexuellen Zwecken (Fellatio, Cunnilingus) eine beherrschende Rolle, freilich meistens – wenn auch nicht immer – mit dem negativen Affekt des Ekels und Grauens versehen.

Die Zähigkeit, mit welcher diese Neurotiker in praxi an der autoerotischen Reizung der Lippenschleimhaut und – mindestens in ihrer üppigen Phantasietätigkeit – an der erotischen Verwendung des Mundes festhalten, wird uns leicht verständlich, wenn wir unseren Blick zu dem Verhalten des kleinen Kindes zurückwenden. Wir brauchen uns nur der Intensität zu erinnern, mit der das Kind sich schon in den frühesten Lebenstagen dem Wonnesaugen hingibt. Der Eifer des Säuglings, beide Hände in den Mund zu drängen, das heftige Schnappen nach den eigenen Fingern, die völlige Hingabe an das rhythmische Saugen und die endliche befriedigende Wirkung des ganzen Vorganges lassen uns erkennen, welche Macht den frühen Triebregungen innewohnt. Diese Macht offenbart sich besonders deutlich darin, daß manche Menschen ihr noch im erwachsenen Alter untertänig bleiben.

Das Verhalten solcher Neurotiker ähnelt aber noch in anderer Hinsicht dem des Säuglings. Nach meiner Erfahrung neigen die Neurotiker, welche das Lutschen nicht überwunden haben, auch in besonders hohem Maße zur autoerotischen Reizung anderer Zonen, besonders der Genitalien. Auch beim kleinen Kinde finden wir neben der Saugelust die Neigung, nach einer Stelle des eigenen Körpers zu greifen und an ihr rhythmisch zupfende Bewegungen auszuführen. Wir erinnern uns der Gewohnheit lutschender Kinder, während des Saugens am Daumen der einen Hand mit der anderen Hand am Ohrläppchen zu ziehen. Sehr gewöhnlich sucht auch die andere Hand die Genitalgegend auf, um sie durch ähnliche Bewegungen zu reizen.

Das Daumenlutschen erwachsener Personen, das uns so seltsam anmutet, wird uns noch erklärlicher, wenn wir uns der Tatsache erinnern, daß auch beim normalen Erwachsenen der Mund seine Rolle als erogene Zone nicht ganz verloren hat. Den Kuß betrachten wir als eine durchaus normale Äußerung der Libido. Freilich ist hier die erogene Zone in den Dienst der Objektliebe getreten. Auch beansprucht der Kuß nicht die Bedeutung eines eigentlichen Sexualzieles, sondern er stellt nur eine vorbereitende Handlung dar. Und doch sind auch hier die Grenzen fließend. Gewisse Formen des Kusses können das wesentliche Ziel des sexuellen Strebens ausmachen. Namentlich aber übernimmt mit einer Häufigkeit, die nicht unterschätzt werden darf, die Lippenzone eigentliche Genitalfunktionen.

Ich lasse nun wieder ausführlichere Mitteilungen aus zweien meiner Psychoanalysen folgen: sie zeigen die Schicksale des kindlichen Hanges zum Lutschen in besonders instruktiver Weise und ergänzen einander in mancherlei Beziehungen.

Ein Mann in mittleren Jahren litt an einer chronisch verlaufenden Neurose, unter deren Symptomen ihn die hartnäckige Schlaflosigkeit am meisten belästigte. Bei dem Versuch, den psychosexuellen Ursachen dieser Störung nachzugehen, kam über die Schicksale seiner Libido oder – was das gleiche besagt — über die Entwicklung seiner Neurose unter anderem folgendes zutage.
Der Patient neigte in der frühesten Kindheit in ungewöhnlichem Maße zum Lutschen am Daumen. Als er größer wurde und von seiner Gewohnheit nicht abließ, wurden die bekannten Mittel der Kinderstube zur Anwendung gebracht, und wirklich unterließ der Knabe das Saugen an dem Finger, der mit einer bitter schmeckenden Flüssigkeit bestrichen war. Doch der Erfolg war nur scheinbar. Tatsächlich benutzte der Kleine jetzt einen Zipfel seines Kissens oder seiner Bettdecke, um daran saugend und kauend einzuschlafen. Seine Erzieher mußten gegen diese neue Gewohnheit einschreiten, doch geschah dies wiederum mit dem Effekt, daß der Knabe sich zum Schein fügte, um sich eine neue Ersatzlust zu suchen. Bald entdeckte man Spuren seiner Zähne an dem hölzernen Bettgestell. Er hatte die Gewohnheit angenommen, abends das Holz zu benagen.
Im Laufe der Vorpubertätsjahre befestigte sich das Bedürfnis, vor dem Einschlafen dem Munde seine lustvollen Reize zu gewähren, immer mehr, und diese letzteren wurden zur *Bedingung des Einschlafens*. Unter den autoerotischen Schlafmitteln des Patienten spielte jahrelang die Masturbation eine wichtige Rolle. Nach der Pubertät, besonders um das zwanzigste Lebensjahr des Patienten, fanden lebhafte Abgewöhnungskämpfe statt, bei welchen alte Verbote aus der Kindheit wieder in Wirksamkeit traten. Die Abgewöhnung der Masturbation gelang oftmals für längere Zeiten, doch mußte der Patient diesen Erfolg durch ebenso lange Perioden hartnäckiger Schlaflosigkeit erkaufen. Von ärztlicher Seite erhielt er sodann Schlafmittel: an ihren Gebrauch gewöhnte er sich bald dermaßen, daß auch gegen sie ein Abgewöhnungskampf geführt werden mußte, welcher sich dann – abwechselnd mit dem Kampf gegen die Masturbation – im Laufe der Jahre öfter wiederholte. Als der Patient endlich in meine Behandlung getreten war und eine gewisse Besserung verspürte, verzichtete er an zwei aufeinander folgenden Abenden auf den Schlafmittelgebrauch. Am Tage, welcher der zweiten schlafmittelfreien Nacht folgte, erschien er in der Sprechstunde unter deutlichen Äußerungen des Unwillens. Als er sich dann in gewohnter Weise zur Behandlung niedergelassen und mir vom Verlauf der letzten Nacht erzählt hatte, beobachtete ich, wie der Patient den rechten Daumen zum Munde führte und, anstatt weiterzusprechen, am Daumen lutschte. Sein Widerstand hätte sich kaum deutlicher äußern können. Dieser Widerstand, ursprünglich gegen die Eltern und anderen Erzieher, jetzt – durch Übertragung – auf den Arzt gerichtet, besagte etwa: »Wenn ihr mir das Nagen am Bettuch, die Masturbation oder die Schlafmittel verbietet, so kehre ich zu meiner ältesten Befriedigung zurück.

Da seht ihr, daß ihr bei mir nichts erreichen könnt!« Daß das Lutschen gerade vor den Augen des Arztes geschah, ist ein unverkennbares Zeichen des Trotzes.

Läßt diese Beobachtung mit unübertrefflicher Deutlichkeit erkennen, in welchen Beziehungen das Daumenlutschen zur Sexualität steht, so möge der folgende Auszug aus einer anderen Psychoanalyse zeigen, welch komplizierte Erscheinungen sich von der kindlichen Saugelust ableiten. Es gibt eine nicht eben kleine Gruppe von Neurotikern, bei welchen die Saugelust von jeher abnorm stark betont ist, die im erwachsenen Alter zu perverser Verwendung des Mundes neigen und dennoch die heftigsten Widerstände gegen Handlungen dieser Art produzieren und die endlich nervöse Symptome darbieten, welche sich im Gebiet der Mundzone abspielen. Dieser Gruppe gehörte der Patient an, von dem ich zu berichten habe.

Der siebzehnjährige Patient, welcher mich auf Veranlassung seines Hausarztes aufsuchte, zeigte sich bei der ersten Konsultation äußerst einsilbig und verschlossen. Während ich nur mit Mühe einzelne kurze Antworten von ihm erhalten konnte, bemerkte ich, daß der Patient fast unausgesetzt etwas mit seinem Mund und den umgebenden Teilen vornahm. Bald biß er die Ober- oder Unterlippe, bald leckte er sie mit der Zunge. Oft sah man, daß er die Wangen saugend nach innen zog; dann wieder biß er die Kiefer so fest aufeinander, daß das Relief der Kaumuskeln deutlich vorsprang. Zuweilen riß der Patient den Mund weit auf, dann wieder schloß er ihn; andere Male war zu erkennen, daß er an den Zähnen oder am Zahnfleisch sog.

Als es der Behandlung gelungen war, die Sprachhemmungen des Patienten wenigstens zeitweise aufzuheben, berichtete er über eine Menge weiterer, an die Mundhöhle gebundener Vorgänge, denen allen ein lustvoller Charakter zukam. Besonders trat *ein unbezähmbarer Hang zum Saugen* hervor. Der Patient machte – gleichviel ob er allein oder unter anderen Menschen, ob er beschäftigt oder untätig war – beständig Saugbewegungen. Wegen einer Anomalie der Zahnstellung war ihm, als er ca. 13 Jahre alt war, ein Richtapparat angelegt worden. Der Druck des Apparates auf das Zahnfleisch war dem Patienten schmerzhaft; er verschwieg seine Beschwerden aber und reagierte auf den Reiz lieber mit einem fortwährenden Saugen an der betreffenden Kieferpartie. Weiter gestand der Patient, daß er sich noch auf sonstige Art Lustgefühle verschaffe. Er benutzte die Zunge, um am Gaumen streichende und kitzelnde Berührungen vorzunehmen, die er als wollüstig empfand. Dem Kranken war die sexuelle Natur seines Handelns durchaus nicht unbekannt. Man ist berechtigt, in derartigen Fällen von einer oralen Masturbation zu sprechen.

Gewisse Symptome des Patienten standen mit der Erogeneität der Mundhöhle in engstem Zusammenhang. Zunächst hatte das schon erwähnte Aufsperren des Mundes, das einen zwangartigen Charakter trug, zweifellos eine solche Herkunft. Sobald nämlich der Patient mit einer männlichen Person zusammen war, stellte sich bei ihm zwangartig die Phantasie ein, den Penis des anderen in den Mund zu nehmen. Während er sich nun unter einem Schauergefühl dieser Phantasie halb hingab, halb sie abzuwehren versuchte, kam es zu der schnappenden Mundbewegung, an deren Sinn kein Zweifel aufkommen kann.

Wir machen nun regelmäßig die Erfahrung, daß ein Organ, welches in zu hohem Maße als erogene Zone in Anspruch genommen wird, seine sonstigen Funktionen nicht mehr genügend zu erfüllen vermag.[18] In dem geschilderten Falle versagte der Mund diejenigen Funktionen, welche keinen sexuellen Charakter hatten. Sobald sich der Patient in Gesellschaft anderer Personen befand, war es ihm nahezu *unmöglich, zu sprechen oder zu essen*. So war er beispielsweise außerstande, sich mit seinen Kollegen in dem gemeinsamen Arbeitsraum zu unterhalten. Holten die andern im Laufe des Vormittags ein mitgebrachtes Frühstück hervor und verzehrten es, so war dem Patienten solches unmöglich. Er nahm sein Brot jeden Mittag, ohne einen Bissen genossen zu haben, wieder mit sich und warf es dann irgendwo auf der Straße fort. Letzteres tat er, um zu Hause keinen Fragen ausgesetzt zu sein. Bemerkenswert war hier die Wirkung der psychoanalytischen Behandlung. Kaum hatte die zwangartige, mit ständiger Angst verbundene homosexuelle Einstellung des Patienten einem normalen Interesse am weiblichen Geschlecht Platz gemacht, als er auch fähig war, gemeinsam mit seinen Kollegen zu essen und mit ihnen zu sprechen.

Die beiden mitgeteilten Fälle lassen erkennen, welchen beherrschenden Einfluß die im erwachsenen Alter persistierende Sauglust gewinnen, wie sie auf das gesamte Verhalten eines Menschen bestimmend wirken kann. Neben einer Minderheit von derart krassen Fällen gibt es in weit größerer Zahl Personen, die ihrer Mundzone fortdauernd einen gewissen Tribut zahlen müssen, ohne daß es bei ihnen zur Bildung schwerer neurotischer Symptome kommt. Der Widerstreit zwischen ihrem Autoerotismus und anderen Lebensinteressen ist durch Kompromißbildungen zum Ausgleich gebracht. Solche Menschen sind beispielsweise in ihrem Beruf tüchtig und leistungsfähig – sie vermögen einen Teil ihrer Libido mit Erfolg zu sublimieren –, aber ihr Autoerotismus schreibt ihnen Bedingungen vor, von deren Erfüllung ihre Leistungen abhängen. Ich behandelte einmal einen Neurotiker, der sich nur dann zu geistiger Arbeit sammeln konnte, wenn er vorher masturbiert hatte. In ähnlicher Weise können manche Personen nur dann intensiv nachdenken, wenn sie gleichzeitig einen Finger in den Mund stecken oder an den Fingernägeln kauen oder einen Federhalter benagen können. Wieder andere müssen bei intensiver Tätigkeit auf ihre Lippen beißen oder sie belecken. Ihr Autoerotismus läßt ein ununterbrochenes Arbeiten nur

[18] Freud hat diesen Vorgang besonders am Beispiel des Auges in seiner kleinen Arbeit über die »psychogene Sehstörung« (1910*i*) behandelt. Vgl. *Kleine Schriften*, Bd. III, S. 314.

dann zu, wenn ihm gleichzeitig ein gewisses Maß von Befriedigung zuteil wird. Daß bei nicht wenigen Männern das Rauchen zur Arbeitsbedingung wird, erklärt sich zu einem Teil auf diesem Wege; doch liegen hier kompliziertere Verhältnisse vor.

Eine scharfe Trennung zwischen normaler Neigung und Gewöhnung einerseits und pathologischem Zwange anderseits wird sich auf diesem Gebiet nicht durchführen lassen. Für praktische Zwecke aber wird man sich im allgemeinen an ein Kriterium halten dürfen: an die Art, wie das Individuum die zeitweise Entbehrung des gewohnten Reizes erträgt. Die Reaktion auf das Versagen einer Lustquelle, an welche das Individuum krankhaft fixiert war, trägt einen pathologischen Charakter. Sie besteht in neurotischer Symptombildung.

VI

Es ist nicht zweifelhaft, daß die Befriedigung der sexuellen Bedürfnisse beim normalen Menschen einen starken Einfluß auf das Gleichmaß seiner Stimmung ausübt. Doch ist der Gesunde fähig, den zeitweisen Mangel der gewohnten Befriedigung innerhalb gewisser Grenzen zu ertragen. Er vermag sich auch auf dem Wege der Sublimierung gewisse Ersatzbefriedigungen zu verschaffen. Das gleiche darf man auch von einem großen Teil der Neurotiker aussagen. Andere unter ihnen sind jedoch äußerst intolerant gegen jede Minderung der gewohnten Lust, und zwar um so mehr, je weniger sich ihr Triebleben von dem Niveau der früheren Kindheit entfernt hat. Sie gleichen in hohem Maße den »verwöhnten« Kindern. Ihre Libido verlangt unablässig die gewohnte Befriedigung. Sie werden infolgedessen vollkommen abhängig und reagieren mit großer Unlust, wenn sie ihrer gewohnten Lust entraten sollen. Diese Unlust aber geht in ausgesprochene *Verstimmung* über.

Dieser Ursprung neurotischer Verstimmungen scheint mir oft nicht genügend gewürdigt zu werden.

Für den Neurotiker hat die gewohnte autoerotische Befriedigung praktisch eine zweifache Bedeutung: sie dient zur Verhütung drohender und zur Beseitigung eingetretener Verstimmungen.

In ersterer Hinsicht diene als Beispiel, daß viele Neurotiker früh am Morgen sofort zu dem gewohnten Mittel der Befriedigung greifen, um sich vor einer Verstimmung zu schützen. Es handelt sich um Individuen, die sich morgens schwer vom Schlafe lösen können. Jeder Tag, jede Rückkehr in das wache Leben beginnt für sie mit lebhafter Unlust. Diese würde anhalten und ihnen den ganzen Tag verstören, wenn sie nicht zu der gewohnten Art der Befriedigung – als zum Prophylaktikum gegen ihre neurotischen Verstimmungen – greifen würden. Gerade die verschiedenen, bereits ausführlicher besprochenen Reizungen der Mundzone sind in dieser Hinsicht von besonderer Bedeutung.

Ein solches Verhalten neurotischer Personen kann nicht besser erklärt werden als durch den Hinweis auf ein bereits erwähntes Beispiel. Ich erinnere an die neunjährige Kleine, die am Morgen nicht zum Verlassen des Bettes zu bewegen war, bevor sie ihre geliebte Saugflasche mit Milch erhalten hatte.

Ausführlicher muß ich mich mit denjenigen Neurotikern beschäftigen, welche eine eingetretene Verstimmung durch einen lustvollen oralen Reiz verscheuchen. Ich gehe dabei absichtlich nicht auf den Alkohol als Stimmungskorrigens ein, weil hier die narkotische Wirkung das Bild kompliziert.

Besonders instruktiv ist der Fall einer jungen zyklothymen Kranken, die ich beobachtet habe.

Sie fand außerordentlich schwer einen seelischen Kontakt mit anderen Menschen, zog sich vielmehr von ihnen zurück und ergab sich ganz ihren autoerotischen Neigungen. Kam sie in deprimierte Stimmung, so half sie sich durch verschiedene Mittel, unter denen das hauptsächlichste hier von Interesse ist: sie kaufte sich etwas zu essen und spürte während des Essens alsbald eine Aufheiterung ihrer Stimmung. Bezeichnend für ihren Autoerotismus war auch ein anderes Mittel, das auf ihre Stimmung wirkte: sie fuhr stundenlang auf der Straßenbahn und zog daraus eine sehr ausgesprochene Bewegungslust.[19] Fühlte sie sich deprimiert, so verbrachte sie einen großen Teil des Tages mit Straßenbahnfahrten und mit dem Verzehren von Eßwaren, die sie bei sich trug.

Wie sehr alle solche Erscheinungen im Infantilen wurzeln, darüber belehrte mich die Psychoanalyse eines jungen Mannes, den ich wegen einer neurotischen Verstimmung behandelte.

Stark an seine Mutter fixiert, vermochte er auch längere Jahre nach der Pubertät seine Libido nicht auf andere weibliche Personen zu übertragen. Geraume Zeit hindurch fand er in seiner beruflichen Arbeit eine Ersatzbefriedigung, bis ihn gewisse Umstände in einen inneren Zwiespalt brachten, dessen er sich freilich nicht bewußt war. Die Fixierung an die Mutter und die Tendenz zur Ablösung von ihr gerieten in einen heftigen Widerstreit; die Arbeit hörte auf, den Patienten zu befriedigen. Das nächste Ergebnis

[19] Vgl. hiezu meinen Artikel ›Über eine konstitutionelle Grundlage der Straßenangst‹ [fehlerhafte Angabe; es muß heißen ›Über eine konstitutionelle Grundlage der lokomotorischen Angst‹], Bibl. Nr. 44 [in Band I der vorliegenden Ausgabe].

war eine Verstimmung, in deren Beginn ihn ein eigentümliches Vorkommnis überraschte. Von starker Lebensunlust befallen, schlafsüchtig und appetitlos, legte er sich eines Tages zu Bett. Seine Mutter brachte ihm eine Tasse mit Milch. Als er die Tasse an den Mund setzte und seine Lippen mit dem Getränk in Berührung brachte, hatte er, wie er sich ausdrückte, *»eine Mischempfindung von warm, weich und süß«;* sie befremdete ihn und kam ihm dennoch wie etwas aus ferner Vergangenheit Bekanntes vor, gleichzeitig aber übte sie eine ihm unerklärliche beruhigende Wirkung auf ihn aus.

Die Psychoanalyse brachte bald die Lösung des Rätsels. Der Patient war während seines ganzen ersten Lebensjahres von seiner Mutter gestillt worden und hatte – wie sich durch nachherige Befragung der Eltern ergab – mit besonderer Intensität gesogen. In den folgenden Kindheitsjahren hatte er noch oft nach der Brust der Mutter gegriffen und von ihr mit zärtlichen, der Kindersprache angehörigen Ausdrücken gesprochen. Als nun der erwähnte Ablösungsversuch gescheitert war und der Patient unter einer heftigen Verstimmung litt, *wandte er sich unbewußt der ältesten Lustquelle seines Lebens wieder zu.* Die von der Mutter gereichte Milch rief älteste, lustvolle Erinnerungsspuren wach und vermochte so, die Verstimmung vorübergehend zu mildern.
Ein dem Nervenarzt wohlbekanntes Phänomen wird in diesem Zusammenhang verständlich. Verstimmte oder erregte Neurotiker werden oft – freilich immer nur vorübergehend – durch das bloße Verschlucken eines Medikamentes günstig beeinflußt, auch dann, wenn dem Mittel keine sedative Wirkung zukommt. Man beruft sich zur Erklärung dieser Tatsache gern auf die suggestive Wirkung der ärztlichen Verordnung. Vielfache Erfahrung zeigt aber, daß der Neurotiker ein Irgendetwas durch den Mund zu sich nehmen kann – ohne ärztliche Verordnung – und damit für den Augenblick eine beruhigende Wirkung erzielt. Man übersieht hier leicht einen wichtigen Faktor. In jedes Menschen Leben gab es eine Zeit, da er von aller Erregung durch die Aufnahme einer Flüssigkeit befreit wurde. Die »suggestive« Wirkung der Arzneiflasche liegt keineswegs nur in dem behandelnden Arzt, sondern mindestens ebensosehr in ihrer Eigenschaft, dem Munde des Kranken etwas zu spenden, was in ihm die ältesten lustvollen Erinnerungen zum Mitschwingen bringt.
Die Neigung Nervöser, sich eine Diät und immer wieder eine neue Diät vorschreiben zu lassen, die sich möglichst einem rein flüssigen Regime nähert, erfährt ihre Erklärung zum Teil ebenfalls aus dieser Quelle. Es sei besonders an jene Kranken erinnert, die sich mit Vorliebe im Bett von einer Pflegerin päppeln lassen.

Vergessen wir aber darüber nicht die große Häufigkeit der *Nahrungsablehnung* bei unseren Patienten. Sie tritt im Rahmen der neurotischen Erkrankungen in mancherlei Gestalt und vielfach in verhüllter Form auf. Ich erinnere nur an Appetitlosigkeit, Ekel vor dem Essen, Übelkeit und Erbrechen. Über die Herkunft dieser Symptome ist dem bereits früher Gesagten nichts prinzipiell Neues hinzuzufügen.
Bei seelisch Verstimmten findet sich oft eine bewußte, auch offen ausgesprochene Tendenz zur Nahrungsverweigerung. Am ausgeprägtesten beobachtet man diese Erscheinung bei denjenigen Verstimmungen, die wir den Psychosen zurechnen. Die Erwartung ist daher berechtigt, daß die Psychoanalyse dieser Erkrankungen uns über die tieferen Ursachen der Nahrungsverweigerung Aufschluß geben werde.

VII

Unter den wichtigsten und hervorstechendsten Äußerungen depressiver Geistesstörungen finden sich zwei Symptome, welche auf die Nahrungsaufnahme unmittelbaren Bezug haben: *die Verweigerung der Nahrungsaufnahme und die Angst vor dem Verhungern.*
Als ich vor mehreren Jahren einen ersten Versuch[20] unternahm, die Struktur der depressiven Geistesstörungen auf psychoanalytischem Wege aufzuklären, habe ich den soeben genannten beiden Symptomen nicht die Beachtung geschenkt, die sie mir jetzt zu verdienen scheinen. Ich glaube, im folgenden einen weiteren Beitrag zur Psychogenese der Depressionszustände liefern zu können, bin mir aber wohl bewußt, wie weit ich von einer umfassenden und endgültigen Lösung des Problems entfernt bleibe.
Wer einen melancholisch Deprimierten aufmerksam beobachtet, wird bald den Eindruck gewinnen, daß der Kranke das Leben verneint. Es liegt darum sehr nahe, in der Verweigerung der Nahrung den Ausdruck einer Selbstmordtendenz zu erblicken. Gegen die Richtigkeit dieser Erklärung ist an sich nichts einzuwenden. Der Psychoanalytiker kann sich jedoch nicht mit ihr zufrieden geben, weil sie unvollständig und einseitig ist. Ihm drängt sich die Frage auf, warum denn der zum Sterben entschlossene Kranke den langsamen und unsicheren Weg des Hungertodes wähle. Auch schützt die psychoanalytische Erfahrung davor,

[20] ›Ansätze zur psychoanalytischen Erforschung usw.‹, Bibl. Nr. 26 [in Band I der vorliegenden Ausgabe].

allzu bereitwillig eine Auffassung zu akzeptieren, welche ein psychopathologisches Phänomen auf bewußte, logische Gründe zurückzuführen sucht.

Auch die Entstehung des zweiten der oben erwähnten Symptome – der Angst vor dem Verhungern – ist nicht durch ein paar einfache Überlegungen aufzuklären. Die Angst vor dem Verhungern findet sich mit besonderer Häufigkeit in den Depressionszuständen des Rückbildungsalters. Eine primitive psychologische Auffassung dieser Krankheitserscheinung würde etwa lauten: der Mensch, der sich altern fühlt, mache sich Sorgen um seine weitere Existenz. Da im Rückbildungsalter die Neigung zu nervösen und psychischen Störungen besonders groß sei, so finde die erwähnte Sorge – je nach der Disposition des Individuums – in einer krankhaften Angst oder auch in einer depressiven Wahnidee ihren Ausdruck.

Eine solche Auslegung trifft nicht das Wesen des Zustandes. Sie hält sich lediglich an den Wortlaut der krankhaften Vorstellung – an ihren manifesten Inhalt. Weder die treibenden Kräfte der Psychose noch der tiefere Gehalt der Symptome werden klargestellt.

Die Psychoanalyse spürt dem latenten Inhalt der krankhaften Vorstellungen nach. In dem früher zitierten Aufsatz konnte ich bereits nachweisen, daß die depressiv verstimmten Kranken ihrer verlorengegangenen Lebensfähigkeit nachtrauern. Gerade das Involutionsalter, in welchem Depressionszustände am häufigsten ausbrechen, bringt eine Entwertung der genitalen Erotik mit sich. Bei Frauen ist das Gefühl, nicht mehr Gegenstand der männlichen Wünsche zu sein, von besonderer Bedeutung. Doch ergibt die Psychoanalyse von depressiven Geistesstörungen in früherem Lebensalter, daß hier ein ganz ähnlicher Zusammenhang besteht. Das kranke Individuum wehrt die Wahrnehmung dieser inneren Veränderung von seinem Bewußtsein ab. Zu gleicher Zeit aber macht die Libido eine regressive Umwandlung durch, die wir als besonders tiefgreifend ansehen müssen.

Vertiefte Einblicke in die Struktur der depressiven Psychosen haben mich zu der Annahme geführt, daß bei den Kranken *die Libido auf das primitivste uns bekannte Stadium ihrer Entwicklung regrediere,* auf jenes Stadium, welches wir als das orale oder kannibalistische bezeichnen lernten.

Spuren einer Rückverwandlung der Libido lassen sich auch unter normalen Verhältnissen im Involutionsalter nachweisen. Bei neurotischen Personen treten die Anzeichen dieses Prozesses mit unverkennbarer

Deutlichkeit hervor. Nur handelt es sich im allgemeinen um eine weniger weitgehende Regression, welche überdies einen ruhigen, allmählichen Verlauf nimmt. Die einschlägigen Erscheinungen sind dem Psychoanalytiker so bekannt, daß einige Hinweise genügen werden.

Im Involutionsalter wird von vielen Personen der Ernährung eine gegenüber früheren Zeiten vermehrte Aufmerksamkeit zugewandt. Mit dem Rückgang der Sexualfunktionen (im engen Sinne des Wortes) wird dem Essen, seiner Auswahl und Beschaffenheit ein gesteigertes Interesse entgegengebracht. Die regressive Tendenz dieses Vorganges zeigt sich deutlich darin, daß häufig die kindliche Vorliebe für das Süße wiederkehrt. Bemerkenswert ist auch, daß gleichzeitig die Darmfunktionen vermehrte Beachtung erfahren. Je mehr die Genitalzone als Lustquelle außer Kurs gesetzt wird, desto mehr wenden sich viele Individuen zur Mund- und Anallust zurück. Nicht selten bemerkt man bei Personen im Involutionsalter die wachsende Neigung, die oralen und analen Interessen zum Gegenstand der Unterhaltung zu machen.

Wie erwähnt, finden sich derartige Erscheinungen bei Neurotikern in gesteigertem Maße. Die Vorstellungen, welche sich mit der Nahrungsaufnahme befassen, nehmen einen hypochondrischen[21] Charakter an.

Bei den melancholischen Depressionszuständen scheint mir nun die Libido bis auf die früheste uns bekannte Entwicklungsstufe zu regredieren. Das soll besagen: der melancholisch Verstimmte richtet in seinem Unbewußten auf sein Sexualobjekt den Wunsch der Einverleibung. In der Tiefe seines Unbewußten findet sich die Tendenz, das Objekt zu verschlingen, zu vernichten.

Als ich in meiner früher zitierten Schrift gewisse auffällige Übereinstimmungen in der Struktur der Melancholie und der Zwangsneurose nachwies, hob ich namentlich die Ambivalenz der Gefühlsregungen und das ursprüngliche Vorwiegen des Sadismus im Gefühlsleben der Kranken hervor. Ich sehe mich jetzt genötigt, eine – wie mir scheint – wesentliche *Verschiedenheit* der beiden genannten Krankheitszustände zu betonen. Unverändert bleibt freilich die Auffassung, daß die Libido des Kranken dem Objekt seines Begehrens vorwiegend feindlich gegenüberstehe und es zu vernichten trachte. Im Gegensatz zum sadistischen Gelüste des Zwangsneurotikers aber scheint mir die unbewußte Wunsch-

[21] Ich verweise hier auf Freuds Ausführungen über die Psychogenese der Hypochondrie. Sie beruht danach auf einer Regression zum Narzißmus, also ebenfalls einem der frühen Entwicklungsstadien der Libido. (Vgl. Freud, 1914c.)

tendenz beim Melancholiker eben dahin zu gehen, diese Vernichtung durch das Auffressen des Liebesobjektes zu vollziehen.
Ein Teil der schweren Selbstanklagen der Melancholischen weist den Kundigen auf solche Triebregungen hin, obwohl den Kranken der Zusammenhang gänzlich unbewußt ist.
Diese Selbstvorwürfe haben viel Typisches an sich. Mancher Kranke erklärt sich schlechtweg für den größten Verbrecher aller Zeiten, ja, er will alles Unglück, alle Sünde erst in die Welt gebracht haben. Wer die Ausdrucksweise der Neurosen und Psychosen kennt, wird den tieferen Sinn solcher hyperbolischen Selbstbezichtigungen unschwer verstehen. Der Kranke wehrt ganz bestimmte Vorstellungen von seinem Bewußtsein ab, die ihm besonders furchtbar und unerträglich wären, und ich glaube mich zu der Annahme berechtigt, daß es sich um die kannibalischen Triebregungen handle.
In gewissen Fällen ist dies unschwer ersichtlich. So führt Kraepelin[22] in seinem Lehrbuch der Psychiatrie unter anderen Beispielen an: »Der Kranke hat die ganze Welt ins Unglück gestürzt, die eigenen Kinder gegessen, die Gnadenquelle fortgetrunken.« Meist aber geht eine eigentümliche Entstellung mit den Selbstbezichtigungen des Kranken vor sich.
Mit aller Deutlichkeit spricht die kannibalische Wunschphantasie auch aus einer bestimmten Form depressiver Wahnbildung. In vergangenen Zeiten war die Wahnvorstellung, die ich im Auge habe, außerordentlich verbreitet, doch auch jetzt ist sie noch nicht ganz verschwunden. Es ist die *Wahnvorstellung, in ein wildes Tier verwandelt zu sein, das Menschen verschlingt.* Der älteren Psychiatrie war diese wahnhafte Selbstanklage so geläufig, daß man nach ihr einen bestimmten Zustand der »Besessenheit« als *Lykanthropie* bezeichnete. Es war der Wahn, in einen Werwolf verwandelt zu sein.
Häufiger aber vollzieht sich an den Selbstbezichtigungen der Kranken eine eigentümliche Entstellung. Während der Kranke die *Qualität* der erstrebten Handlung vor seinem Bewußtsein verleugnet, bezichtigt er sich einer *Quantität* von Untaten, wie er sie in Wirklichkeit gar nicht begangen haben kann.
Nehmen wir an, daß die tiefsten verdrängten Wünsche des Melancholischen kannibalischer Natur seien, daß seine »Sünden« im letzten Grunde auf ein verbotenes, ja verabscheutes Essen zurückgehen, so ver-

22 [1898.]

stehen wir die große Häufigkeit der Nahrungsverweigerung. Der Kranke benimmt sich, als könne nur *völliges Vermeiden jeder Nahrungsaufnahme* ihn vor der Betätigung seiner verdrängten Regungen bewahren. Zugleich aber verhängt er über sich diejenige Strafe, welche den unbewußten kannibalischen Antrieben allein adäquat ist: den Tod durch Verhungern.

Auch die Angst der Kranken vor dem Verhungern ist nunmehr leicht zu verstehen. Der Drang nach »Einverleibung«, nach dem Auffressen des begehrten Objektes stößt auf mächtige innere Widerstände. Ganz wie andere Triebregungen, so verwandelt auch das kannibalische Verlangen sich in neurotische Angst, wenn seine Verwirklichung auf übergroße Widerstände stößt. Es droht ihm das Schicksal, niemals erfüllt zu werden; nie soll die Mundzone jene vom Unbewußten ersehnte *Sättigung* erfahren. Die Angst vor dem *Verhungern* ist die Folge.

Ich kann das Thema der melancholischen Störungen nicht verlassen, ohne noch besonders zu betonen, daß ich im obigen nur den Wunschgehalt gewisser depressiver Wahnvorstellungen und die unbewußten Antriebe zu gewissen Eigentümlichkeiten im Verhalten der Melancholischen zu klären versucht habe, nicht dagegen die Ursachen der melancholischen Depression überhaupt. Dieses umfassende Problem zu lösen, lag nicht im Plan der vorliegenden Untersuchung.

VIII

Die unbewußten kannibalischen Regungen, welche mir bestimmten Symptomen der depressiven Geistesstörungen zugrunde zu liegen scheinen, existieren auch beim normalen erwachsenen Menschen. Sie kommen gelegentlich in seinen Träumen zum Vorschein.

Ein Bekannter berichtete mir einmal folgenden Traum. Er sah vor sich eine Schüssel mit Essen, das ihm seine Frau zubereitet hatte. Die Masse in der Schüssel sah wie Gemüse aus: darauf aber lagen – als wären sie in dem Gemüse gekocht – die Beine eines Kindes. Sie erinnerten den Träumer während seines Traumes an die Glieder seines kleinen Sohnes. Er erwachte mit größtem Entsetzen; aus dem Schlafe aufschreckend, wurde er sich klar darüber, daß er im Begriff gewesen war, im Traume Teile seines eigenen Kindes zu verzehren.

Das Entsetzen, welches dieser Mann bei dem bloßen Gedanken an eine solche Tat empfand, ist das gleiche, das uns alle gegenüber den Gewohnheiten der kannibalischen Völker erfüllt. Noch jetzt kommt es bei gewissen Völkern vor, daß ein Häuptling etwa seinen aufsässigen Sohn tötet oder töten läßt und ihn dann verspeist.

Und in verbreiteten Sagen der Kulturvölker begegnen wir dem Gotte, der seine eigenen Kinder verschlingt. Hier ist nicht der Ort, auf mythologische und ethnologische Einzelheiten einzugehen. Ich verweise darum auf das reichhaltige Material, welches Rank[23] in seinem Werk über das »Inzestmotiv« verarbeitet hat, besonders auf das Kapitel, welches dem »Motiv der Zerstückelung« gewidmet ist.

Alle die mannigfaltigen Tatsachen, die ich im obigen zusammengetragen habe, nötigen uns, Freuds[24] Annahme einer frühen kannibalischen Entwicklungsstufe der Libido anzuerkennen. Diese Phase des individuellen Trieblebens entspricht ganz der kannibalischen Kulturstufe, welche sich bei gewissen Völkern bis auf den heutigen Tag erhalten hat, die aber auch von den »Kulturvölkern« auf dem langen Wege ihrer Entwicklung einmal passiert wurde. Und wie gewisse psychische Produkte des gesunden und kranken Einzelwesens an jenes frühe Stadium seiner Kindheit erinnern, so bewahrt auch das Volk in Sagen und Märchen die Spuren seiner entferntesten Vergangenheit.

[23] [1912.]
[24] [1905*d*.]

Versuch einer Entwicklungsgeschichte der Libido auf Grund der Psychoanalyse seelischer Störungen[1]

ERSTER TEIL

Die manisch-depressiven Zustände und die prägenitalen Organisationsstufen der Libido

Einleitung

Vor mehr als zehn Jahren habe ich zuerst den Versuch gemacht, die Entstehung der manisch-depressiven Krankheitszustände auf psychoanalytischem Wege zu erklären. Der Unvollkommenheit des Versuches und seiner Ergebnisse war ich mir wohl bewußt und bemühte mich, sie schon in der Überschrift meiner Veröffentlichung (›Ansätze zur psychoanalytischen Erforschung‹ usw. [s. Bibl. Nr. 26]) zum Ausdruck zu bringen. Man tut gut, sich daran zu erinnern, wie wenig umfangreich damals noch die gesamte psychoanalytische Literatur war. Vorarbeiten bezüglich der zirkulären Geistesstörungen aber gab es nur in besonders geringfügigem Maße. Die freie psychotherapeutische Praxis bot wenig Gelegenheit zur Analyse solcher Zustände, so daß es dem einzelnen Beobachter unmöglich war, eine größere Reihe vergleichbarer Erfahrungen zu sammeln.

[1] [Bibl. Nr. 105. – Ein Teil dieser Arbeit wurde bereits am 27. 3. 1923 in der Berliner Psychoanalytischen Gesellschaft unter dem Titel ›Anfänge und Entwicklung der Objektliebe‹ (Bibl. Nr. 87) vorgetragen. Abraham schreibt über diese Arbeit am 1. 4. 1923 an Freud: »Ich habe damit in unserem Kreise außergewöhnliche Anerkennung gefunden und glaube selbst, daß es sich um eine wichtige Ergänzung der Sexualtheorie handelt, zugleich um meine beste bisherige Arbeit ... Dabei habe ich das Gefühl, daß das Ganze Ihren Anschauungen entspricht und auch Ihren Beifall finden wird ... Wären die Reiseverhältnisse nicht gar so schwierig, würde ich gern in nächster Zeit einmal nach Wien gekommen sein, um Ihre Ansicht zu hören.« (Freud, 1965*a*.) – Kapitel VII des ersten Teils dieser Arbeit schließt die Nummern 81 und 91 der Abraham-Bibliographie (am Schluß des vorliegenden Bandes) ein.]

Waren somit die Resultate jener ersten Untersuchung auch unzulänglich und lückenhaft, so haben sie sich doch in wesentlichen Beziehungen als richtig erwiesen. Die Auffassung, daß die Melancholie sich zum normalen Affekt der Trauer verhält wie die neurotische Angst zur Furcht, fand ihre Bestätigung in Freuds Aufsatz über ›Trauer und Melancholie‹[2]. Die psychologische Verwandtschaft der Melancholie mit der Zwangsneurose darf heute als feststehend gelten. Hinsichtlich der Abwendung der Libido des Patienten von der Objektwelt gilt das gleiche. Dagegen ließ sich über die *Trennungsstelle* der melancholischen und der zwanghaften Zustände nichts ermitteln, wie denn überhaupt die *spezifische Verursachung der zirkulären Störungen* völlig im Dunkeln blieb.

Ihr suchte ich auf den Grund zu kommen, nachdem Freud die Lehre von den *prägenitalen Organisationsstufen* der Libido aufgestellt hatte.[3] Die Psychoanalyse der Zwangsneurose führte ihn zur Annahme einer prägenitalen Phase der Libidoentwicklung, die er als die sadistisch-anale bezeichnete. Etwas später beschrieb er in der dritten Auflage der *Drei Abhandlungen zur Sexualtheorie* eine noch frühere Phase, die orale oder kannibalische, in bestimmten Umrissen. An einem umfangreichen empirischen Material konnte ich nun (1917 [fehlerhafte Angabe, die Arbeit erschien 1916; s. Bibl. Nr. 52, S. 3ff. in diesem Band]) den Beweis erbringen, daß gewisse Psychoneurosen deutliche Spuren jener frühesten Organisationsstufe der Libido enthalten, durfte zugleich aber die Vermutung äußern, daß das Krankheitsbild der Melancholie einem Regressionsvorgang entspringe, der die Libido des Kranken zu eben jenem frühen, oralen Stadium zurückführe. Einen zwingenden Beweis für diese Annahme ließ das in dieser Hinsicht lückenhafte Tatsachenmaterial nicht zu.

Fast zu gleicher Zeit griff Freud[4] das Problem der Melancholie von einer anderen Seite her an. Er tat den entscheidenden Schritt zur Aufdeckung des *melancholischen Mechanismus,* indem er zeigte, wie der Kranke sein Liebesobjekt verliert, es hernach aber auf dem Wege der *Introjektion* in sich selbst aufnimmt, so daß beispielsweise die melancholischen Selbstanklagen eigentlich dem verlorenen Objekt gelten.

Die seitherige Beobachtung hat mir die Bedeutung beider Vorgänge – der Regression der Libido zur oralen Stufe sowohl als des Introjek-

[2] [Freud (1917*e*).]
[3] [Freud (1905*d*).]
[4] [1917*e*.]

tionsprozesses – vollauf bestätigt, darüber hinaus aber ihre innige Zusammengehörigkeit erwiesen. Die Psychoanalysen, welche der vorliegenden Publikation zugrunde liegen, lassen in dieser Hinsicht keinen Zweifel übrig. Die Introjektion des Liebesobjektes ist, wie ausführlich nachgewiesen werden soll, ein Vorgang der Einverleibung, wie er einer Regression der Libido zur kannibalischen Stufe entspricht.
Noch zweier Fortschritte unserer Erkenntnis ist zu gedenken, die sich wiederum an Freuds[5] Namen knüpfen. Zunächst hat er dargelegt, daß beim Melancholiker der dem Krankheitsausbruch vorausgehende Objektverlust der fundamentale Vorgang sei, welcher der Zwangsneurose abgehe. Der Zwangsneurotiker befindet sich zwar in ausgeprägt ambivalenter Gefühlseinstellung zu seinem Liebesobjekt, ängstigt sich vor seinem Verlust, hält es aber letzten Endes fest. Der Nachweis dieses Unterschiedes in den beiden Krankheitsprozessen ist von großer Tragweite, die in den nachfolgenden Ausführungen erkennbar werden soll.
Des weiteren aber hat Freud neuerdings auch noch dem Verständnis der *manischen Exaltation* bestimmtere Bahnen gewiesen.[6] Es wird später ersichtlich werden, welchen Fortschritt seine Aufstellungen gegenüber meinem ersten tastenden Versuch (1911 [Bibl. Nr. 26]) bedeuten.
Als im Jahre 1920 der VI. Psychoanalytische Kongreß vorbereitet wurde, erging an mich die Aufforderung, ein Referat über die manisch-depressiven Psychosen zu übernehmen. Ich mußte das Ersuchen ablehnen, weil mir kein neues Beobachtungsmaterial zur Verfügung stand. Seither ist es mir möglich gewesen, die Psychoanalyse zweier ausgeprägter Fälle von zirkulärer Erkrankung fast bis zum Ende durchzuführen und außerdem fragmentarische Einblicke in den Aufbau einiger anderer Krankheitsfälle dieser Art zu gewinnen. Die Ergebnisse dieser Analysen bestätigen in überraschender Weise Freuds Auffassung von der Struktur der melancholischen und manischen Erkrankungen. Außerdem aber erbringen sie eine Reihe neuer Aufklärungen, welche Freuds Aufstellungen in wichtigen Hinsichten ergänzen.
Rücksichten der Diskretion legen mir eine weitgehende Zurückhaltung in der Mitteilung meiner Psychoanalysen auf. Insbesondere kann ich keine systematische Krankheitsgeschichte der beiden gründlich analysierten Fälle wiedergeben, sondern nur kurze Ausschnitte. Um diagnostischen Zweifeln im voraus zu begegnen, erwähne ich, daß beide Patienten wiederholt in Anstalten beziehungsweise Sanatorien unter-

[5] [Ibid.]
[6] Vgl. Freud (1921 *c*).

gebracht waren, wo sie sich in Beobachtung geschulter Psychiater befanden, außerdem auch konsultativ von hervorragenden Fachleuten untersucht worden sind. Das Krankheitsbild war in beiden Fällen so typisch, der zirkuläre Verlauf so charakteristisch, daß in praxi bezüglich beider Fälle nie ein diagnostischer Zweifel aufgekommen ist.
Eine gewisse Einseitigkeit meines Beobachtungsmaterials hebe ich selbst hervor, messe ihr freilich keine allzu große Bedeutung bei. Die manisch-depressiven Kranken, welche ich früher und auch neuerdings gründlich analysieren konnte, gehörten sämtlich dem männlichen Geschlecht an. Weibliche Kranke dieser Art habe ich nur vorübergehend in psychoanalytischer Beobachtung gehabt, mit Ausnahme einer neueren, noch in Gang befindlichen Analyse.
Ich kann nicht annehmen, daß die Analyse weiblicher Patienten grundsätzlich verschiedene Resultate ergeben würde, zumal wenn man in Betracht zieht, daß die Patienten beiderlei Geschlechts in ihren Symptomen eine auffallend betonte Bisexualität aufweisen, wodurch sie einander zweifellos angenähert werden.
Als ich einen Teil der nachstehenden Ausführungen dem VII. Psychoanalytischen Kongreß in Berlin (1922) vorlegte, zeigte sich die Aktualität der behandelten Fragen darin, daß die Vorträge anderer Referenten von völlig verschiedenen Ausgangspunkten her zu gewissen, auffallend ähnlichen Resultaten gelangten. Besonders muß ich Róheims bedeutungsvolle Untersuchung[7] erwähnen, die uns über die Psychologie des Kannibalismus weitgehende Aufklärung gebracht hat.
Die erste der beiden folgenden Abhandlungen wird gewisse Fragen der manisch-depressiven Zustände nur unvollständig erörtern, so besonders das Verhältnis des Kranken zum Liebesobjekt während der Depression beziehungsweise Manie und im »freien Intervall«. Die zweite Untersuchung wird diese Fragen auf breiterer Grundlage behandeln, indem sie der gesamten Entwicklungsgeschichte der Objektliebe ihr Interesse zuwendet.

[7] Róheim (1923 [a]).

I

Melancholie und Zwangsneurose
Zwei Stufen der sadistisch-analen Entwicklungsphase der Libido

Zum Ausgangspunkt einer Untersuchung über die melancholische Seelenstörung eignet sich auch jetzt noch ein Vergleich mit der Zwangsneurose, die ihr in psychologischer Hinsicht verwandt ist, aber einen Teil ihrer Rätselhaftigkeit durch die psychoanalytische Forschung verloren hat.

An übereinstimmenden Zügen im Bilde und Aufbau beider Zustände erwähnte ich schon 1911 [Bibl. Nr. 26] die Häufigkeit von beigemengten Zwangssymptomen in der Melancholie und die depressiven Verstimmungen der Zwangsneurotiker. Sodann hob ich hervor, daß beiden Krankheitsformen ein hohes Maß von Ambivalenz im gesamten Triebleben eigen sei; besonders komme dies zum Ausdruck in dem mangelnden Ausgleich zwischen Regungen der Liebe und des Hasses, zwischen heterosexuellen und homosexuellen Antrieben.

Nach meinen neueren Erfahrungen scheinen mir nun Ähnlichkeiten nicht nur in den ausgeprägten Krankheitserscheinungen der Zwangsneurose und der Melancholie zu bestehen; auch die *Ruhezustände* beider Krankheitsformen weisen bemerkenswerte Vergleichspunkte auf. Mit anderen Worten: Die vorliegende Untersuchung der Melancholie nimmt nicht das vollendete Krankheitsbild zu ihrem Ausgangspunkt, sondern das sogenannte »freie Intervall«, welches sich zwischen zwei Krankheitsperioden einschiebt.

Für den klinischen Beobachter ist der Verlauf der manisch-depressiven Zustände *intermittierend*. Die Zwangszustände bieten demgegenüber im ganzen eine *chronische* Verlaufsweise, lassen aber mit Deutlichkeit die Neigung zu erheblichen *Remissionen* erkennen. Ja, gewisse Fälle verlaufen in akuten Schüben, die den periodischen Krankheitsausbrüchen der Melancholie weitgehend ähneln. Die aufmerksame Beobachtung durch längere Zeiträume läßt uns, wie auf so vielen anderen Gebieten, auch hier fließende Übergänge sehen, wo ursprünglich schroffe Gegensätze vorzuliegen schienen.

Die eingehende psychologische Untersuchung aber bestärkt uns noch weiter in dieser Auffassung. Der zu periodischen Depressionen und Exaltationen Neigende ist nämlich im »freien Intervall« nicht wirklich »gesund«. Schon eine gründliche Befragung solcher Individuen ergibt, daß sie während eines langdauernden Intervalles gelegentlich Depressionen oder hypomanischen Anwandlungen unterworfen sind. Der Psychoanalytiker aber muß besonderes Gewicht darauf legen, daß sich bei allen zyklisch Kranken im Intervall eine *abnorme Charakterbildung* nachweisen läßt. Und diese fällt in unverkennbarer Weise mit derjenigen der Zwangsneurotiker zusammen. Nach meinen bisherigen Erfahrungen wenigstens ist eine bestimmte Sonderung des Charakters der Melancholiker vom sogenannten »Zwangscharakter« nicht durchführbar. Wir finden bei unseren zirkulären Kranken im »Intervall« die gleichen Eigenheiten in bezug auf Ordnung und Reinlichkeit, die nämliche Neigung zu Eigensinn und Trotz im Wechsel mit abnormer Nachgiebigkeit und »Übergüte«, dieselben Anomalien des Verhältnisses zu Geld und Besitz, die uns aus der Psychoanalyse der Zwangsneurose geläufig sind. Sie sind uns hier wie dort ein wichtiger Hinweis auf enge psychologische Beziehungen beider Krankheitszustände zu der gleichen prägenitalen Phase der Libidoentwicklung. Nehmen wir nun eine so weitgehende Übereinstimmung in der charakterologischen Konstitution der zur Melancholie und der zur Zwangsneurose neigenden Personen an, so wird es uns vollends unverständlich, wenn eine aus der nämlichen Charakterbildung entspringende Erkrankung in einem Falle diesem, im anderen jenem Typus angehört. Wohl hat sich uns die Auffassung ergeben, daß dem Melancholischen die psychosexuelle Beziehung zum Objekt verloren geht, während der Zwangsneurotiker dieser Gefahr letzten Endes auszuweichen vermag. Allein wir begreifen dann wiederum nicht, warum bei der einen Gruppe der Kranken die Objektbeziehungen so viel labiler sind als bei der anderen.

Bis zu welcher Stufe der Organisation die Libido eines Individuums fortschreitet und bis zu welcher Stufe sie im Falle einer neurotischen Erkrankung regrediert, ist nach psychoanalytischer Auffassung abhängig von Fixierungspunkten, die sich im Laufe der Libidoentwicklung ergeben haben. Das gleiche gilt für das Verhältnis des Individuums zur Objektwelt; Hemmungen auf dem Wege der Entwicklung und regressive Prozesse erweisen sich stets als determiniert durch frühe Fixierungsvorgänge im Bereich der Libido. Zwangsneurose und Melancholie lassen nun trotz ihrer gemeinsamen Beziehung zur sadistisch-analen Organisationsstufe dennoch grundlegende Gegensätze erkennen, sowohl hinsichtlich der Phase, zu welcher die Libido bei Ausbruch einer Erkrankung regrediert, als auch hinsichtlich des Verhaltens zum Objekt, das vom Melancholiker aufgegeben, vom Zwangsneurotiker festgehalten wird. Wenn demnach von der sadistisch-analen Stufe dermaßen verschiedene pathologische Vorgänge ihren Ausgang nehmen können, *so muß diese Stufe Gegensätze in sich schließen, die wir bisher nicht zu differenzieren wußten.* Mit anderen Worten: Unsere Kenntnis von dieser Stufe der Libidoentwicklung muß in wesentlicher Hinsicht ungenügend sein. Zu dieser letzteren Auffassung bietet sich uns auch sonst reichlicher Anlaß.

Wir sind bisher mit drei Organisationsstufen der Libido bekannt geworden, auf deren jeder die Vorherrschaft einer bestimmten erogenen Zone zu bemerken war, in zeitlicher Folge handelt es sich um die Mund-, After- und Genitalzone. Die der Analerotik angehörigen libidinösen Regungen finden wir aber auf dieser Stufe eng und vielfach verknüpft mit sadistischen Antrieben. Ich habe schon einmal darauf verwiesen[8], daß wir seit Freuds Entdeckung die enge Verbindung dieser beiden Triebgebiete ungezählte Male durch klinische Beobachtung bestätigt haben, ohne aber die Frage nach der Herkunft dieses besonderen Verhältnisses zu stellen.

Wir lernten in den Psychoanalysen der Neurotiker die sadistische Verwendung der Exkretionsvorgänge kennen und fanden sie in der Kinderpsychologie bestätigt. Wir haben auch erfahren, wie ein Charakterzug – beispielsweise der Trotz – sowohl sadistischen als analen Triebquellen entstammt. Aber wir können aus solchen und ähnlichen Beobachtungen keine Erklärung dieses Zusammenwirkens entnehmen.

Um einen Schritt nähern wir uns der Lösung der Frage, wenn wir eine andere gesicherte Erfahrung der Psychoanalyse heranziehen, die ich in der bereits zitierten Schrift (Seite 35 f.) begründet habe. Sie besagt, daß sich *eine volle Liebesfähigkeit nur auf der genitalen Stufe der Libidoentwicklung einstellt.* Das Zusammentreffen von Äußerungen des Sadismus, insbesondere von gehässigen, feindseligen und objektzerstörenden Regungen mit analerotischen Vorgängen findet somit ein Gegenstück in der Verbindung objektfreundlicher Tendenzen mit der genitalen Erotik.

Allein dies bedeutet, wie schon gesagt, nur eine *Annäherung* an die Lösung des Problems. Dieses selbst bleibt unaufgeklärt, solange wir nicht verstehen, warum auf einer bestimmten Entwicklungsstufe die sadistischen Antriebe eine besondere Affinität gerade zur Analerotik zeigen und nicht etwa zur Mund- oder Genitalerotik. Da vermag uns nun wiederum die psychoanalytische Empirie zu helfen.

[8] Bibl. Nr. 70 [s. S. 103 ff. im vorliegenden Band].

Sie lehrt uns nämlich:
1. *daß die Analerotik zweierlei einander entgegengesetzte Lusttendenzen in sich birgt;*
2. *daß eine ebensolche Gegensätzlichkeit im Bereich der sadistischen Impulse besteht.*

Die Entleerung des Darminhaltes ruft eine lustvolle Reizung der Analzone hervor. Zu dieser primitiven Form der Lustgewinnung gesellt sich alsbald eine ihr entgegengesetzte: die Lust am Zurückhalten der Fäkalien.

Unsere psychoanalytischen Erfahrungen zeigen nun mit einer Deutlichkeit, die jeden Zweifel ausschließt, daß auf der mittleren der drei Entwicklungsstufen der Libido die begehrte Person als Gegenstand des Besitzes aufgefaßt und dementsprechend mit der primitivsten Form des Besitzes, d. h. Körperinhalt, Kot, gleichgesetzt wird.[9] Während auf der genitalen Stufe »Liebe« die Übertragung eines positiven Gefühls auf das Objekt bedeutet und eine psychosexuelle Anpassung an dieses in sich begreift, wird auf der vorhergehenden Stufe das Objekt als Besitztum behandelt. Und da nun in dieser Phase die Ambivalenz der Gefühlsregungen noch uneingeschränkt besteht, so äußert sich die positive Einstellung des Individuums zum Objekt als *Festhalten* an seinem Besitz, die negative Einstellung dagegen als Ablehnung des Besitzes. Und somit bedeutet der Verlust des Objektes, der in der Zwangsneurose dem Patienten droht und in der Melancholie vollendete Tatsache ist, für das Unbewußte des Kranken eine *Ausstoßung des Objektes* im Sinne der körperlichen Ausstoßung des Kotes.

Ich nehme an, daß jeder Psychoanalytiker diese Gleichsetzung aus seiner Erfahrung wird bestätigen können. Ich habe ihrer in der wiederholt zitierten Abhandlung[9] ausführlicher gedacht. Hier möchte ich vor allem darauf hinweisen, daß manche Neurotische auf jeden Verlust – sei es ein Trauerfall, sei es eine materielle Einbuße – anal reagieren. Je nach der unbewußten Einstellung zu dem Verlust, die entsprechend der Ambivalenz ihres Gefühlslebens natürlich auch wechseln kann, tritt Obstipation oder Diarrhoe auf. Der Verlust wird also mit Hilfe der uns bekannten »Organsprache« abgewehrt oder bekräftigt. Die Nachricht vom Tode eines nahen Angehörigen löst bei manchen Menschen ein heftig drängendes Gefühl im Darm aus, so als ob der ganze Darm hinausdränge oder als ob sich im Innern etwas losrisse und auf analem

[9] Vgl. meine zitierte Schrift (Bibl. Nr. 70 [s. die vorangehende Anm. 8]).

Wege abgehen wolle. Ohne die Überdeterminiertheit einer derartigen Reaktionsweise zu vergessen, möchte ich hier nur die eine uns interessierende Ursache berücksichtigen. Wir müssen nämlich in diesem Verhalten eine vom Unbewußten festgehaltene archaische Form der Trauer erblicken. Sie verdient einem von Róheim[10] erwähnten Ritus primitiver Völker an die Seite gestellt zu werden; dieser besteht darin, daß die Angehörigen auf dem Grabe eines soeben bestatteten Familienmitgliedes ihren Kot entleeren.

Es ist erwähnenswert, daß unsere Sprache die Gleichsetzung des Verlierens mit der Kotentleerung noch in deutlichen Spuren bewahrt. So bezeichnet die deutsche Sprache den Kot der Tiere als »Losung«, die Verwandtschaft dieses Wortes mit »los« und dem englischen »lose« = »verlieren« ist leicht erkennbar.

Ein sonderbares Zeremoniell einer neurotischen Frau, das uns in diesem Zusammenhange verständlich wird, habe ich am erwähnten Ort mitgeteilt. Eine Frau, welche die analen Charakterzüge in stärkster Ausprägung darbot, war im allgemeinen unfähig, unbrauchbar gewordene Gegenstände fortzuwerfen. Zuweilen zeigte sich aber bei ihr der Drang, sich dennoch eines solchen zu entäußern. Sie hatte nun eine Methode erfunden, um sich gewissermaßen zu überlisten. Sie ging dann von ihrer Wohnung aus in den benachbarten Wald. Beim Verlassen des Hauses steckte sie den zu beseitigenden Gegenstand – etwa ein altes Kleidungsstück – mit dem Zipfel unter das Schürzenband an ihren Rücken. Auf dem Wege durch den Wald »verlor« sie ihn. Sie kehrte auf einem anderen Wege heim, um des Gegenstandes nicht wieder ansichtig zu werden. Um den Besitz eines Objektes aufzugeben, mußte sie es also an der Rückseite ihres Körpers fallen lassen.

Doch nichts ist so beredt und in unserem Sinne beweisend wie die *Äußerungen der Kinder.* In einer Budapester Familie bedrohte ein kleiner Knabe seine Bonne mit den Worten: »Wenn du mich ärgerst, dann scheiße ich dich nach Ofen hinüber.«[11] (Ofen ist der Stadtteil auf der anderen Seite der Donau.) In der Denkweise des Kindes entledigt man sich einer Person, die man nicht mehr liebt, auf dem Wege der Defäkation!

Uns Erwachsenen ist diese ursprüngliche Gleichsetzung von Beseitigung und Verlieren mit Defäkation entfremdet, ja so weit entfremdet, daß die Psychoanalyse in mühevoller Arbeit jene Spuren des primitiven Denkens aufdecken muß und dann noch bei den Menschen ein ungläubiges Kopfschütteln erregt. Gewisse psychologische Produkte lassen uns aber jene Denkform als unbewußtes Allgemeingut erkennen, so zum

[10] [1921 und 1923 (a).]
[11] Mitteilung von Dr. Eisler in Budapest.

Beispiel Mythen, Folklore und Sprache. Ich erwähne nur einen verbreiteten Ausdruck der Studentensprache. Wird ein Student von seinen Kameraden wegen einer Verfehlung von ihren offiziellen Veranstaltungen ausgeschlossen, also gewissermaßen exkommuniziert, so heißt das in der herkömmlichen Bezeichnung: »Er gerät in Verschiß.« Die Ausstoßung einer Person wird hier offensichtlich mit der körperlichen Ausstoßung gleichgesetzt.

Auch im *Sadismus* als Partialtrieb der kindlichen Libido tritt uns der Gegensatz zweier Lusttendenzen entgegen. Die eine strebt nach *Vernichtung*, die andere nach *Beherrschung des Objektes* (oder der Objektwelt). Daß die letztere, konservative Tendenz, welche dem Objekt Schonung angedeihen läßt, durch den Prozeß der Verdrängung aus der ursprünglicheren destruktiven Triebrichtung entstanden ist, soll später ausführlich dargelegt werden. Hier mag es genügen, auf den Vorgang im allgemeinen hinzuweisen und nur vorwegnehmend zu bemerken, daß wir durch die Psychoanalyse durchaus in den Stand gesetzt sind, diese frühen und die ihnen nachfolgenden Entwicklungsstadien der Objektliebe zu begreifen. Gegenwärtig interessiert uns nur die sadistische Tendenz, die sich gegen den Bestand des Objektes richtet. Die Beseitigung oder der Verlust eines Objektes kann also vom Unbewußten sowohl als sadistischer Vorgang der Vernichtung wie als analer Vorgang der Ausstoßung betrachtet werden.

Es mag hier der bemerkenswerten Tatsache gedacht werden, daß die verschiedenen Sprachen das »Verlieren« in zwei verschiedenen Arten auffassen, die vollkommen unseren psychoanalytischen Erfahrungen entsprechen. Das deutsche »verlieren« und das englische »lose« entsprechen der analen Auffassung des Loslassens; so auch das lateinische *amittere*. Das griechische ἀπολλύναι und das spätlateinische *perdere* bedeuten hingegen »verderben, vernichten«. Nebenbei sei an Freuds Analyse des Verlierens als unbewußt motivierter Beseitigungstendenz erinnert; sie findet in den Sprachen, welche das Verlieren ohne weiteres mit Vernichten gleichsetzen, eine schöne Bestätigung.

Wie nahe die analen und sadistischen Beseitigungstendenzen im menschlichen Unbewußten miteinander verbunden sind, lehrt uns ebenfalls ein Blick auf gewisse sprachliche Ausdrucksformen. In den verschiedensten Sprachen findet sich die Tendenz, die dem menschlichen Sadismus entspringenden Handlungen durch nur andeutende Bezeichnungen auszudrücken. Diese aber werden denjenigen Tätigkeiten entnommen, welche wir auf Grund der psychoanalytischen Erfahrungen von ursprünglich analerotischen und koprophilen Antrieben herleiten. Es braucht nur daran erinnert zu werden, wie diese Neigung während des verflossenen großen Krieges in den Heeresberichten aller beteiligten Völker hervortrat. Da wurden Gebiete vom Feinde »gesäubert«; Schützengräben wurden »aufgeräumt«. In den französischen Berichten hieß das gleiche *nettoyer*, in den englischen *cleaning up* oder *mopping up*.

Die Psychoanalyse der Neurosen zeigt uns, wie die *konservativen Tendenzen* analer und sadistischer Herkunft – Behalten und Beherrschen – miteinander in vielfache Verbindung treten und sich gegenseitig verstärken. Das gleiche gilt für die *destruktiven* Strebungen aus beiden Quellen, d. h. die Antriebe zum Ausstoßen und Vernichten des Objekts. Ihr Zusammenwirken wird uns in der Psychologie der melancholischen Zustände besonders verdeutlicht; darauf wird später genauer einzugehen sein.

Dagegen bedarf es an dieser Stelle einer kurzen Würdigung des Zusammenwirkens der analen und sadistischen Triebäußerungen im Zwangscharakter. Wir erklären uns den überbetonten Drang nach Reinlichkeit im Zwangscharakter aus einer Reaktionsbildung gegen koprophile Tendenzen, die besondere Ordnungsliebe aus verdrängten oder sublimierten analerotischen Antrieben. Diese Auffassung, so unzweifelhaft richtig sie uns auf Grund reicher Empirie erscheint, ist in gewissem Sinne einseitig; sie trägt der Überdeterminierung psychischer Phänomene nicht genügend Rechnung.

Im Ordnungs- und Reinlichkeitszwang unserer Patienten vermögen wir auch das Mitwirken sublimierter *sadistischer* Triebkräfte nachzuweisen. In meinem erwähnten Aufsatz[12] habe ich bereits an Beispielen zu erweisen gesucht, wie der Ordnungszwang zugleich einer Herrschsucht des Neurotikers Ausdruck gibt. Den Dingen wird Gewalt angetan; sie werden in ein bestimmtes pedantisch eingehaltenes System gepreßt. Nicht selten aber werden auch Personen gezwungen, sich diesem System anzupassen. Denken wir etwa an den Reinigungszwang neurotischer Hausfrauen! Sie verfahren oftmals so, daß kein Gegenstand seine Ruhe haben darf. Die ganze Wohnung wird in Aufruhr versetzt, und andere Personen werden gezwungen, sich den krankhaften Trieben zu fügen. In ausgeprägten Fällen des Zwangscharakters, wie sie uns etwa in der Hausfrauenneurose und im neurotisch gesteigerten Bürokratismus entgegentreten, macht sich *Herrschsucht* in unverkennbarer

[12] [S. Anm. 8, S. 38.]

Weise bemerkbar. Es mag noch auf die sadistischen Zuschüsse zu dem bekannten analen Charakterzug des Eigensinns verwiesen werden, um erkennen zu lassen, auf welchen Wegen anale und sadistische Triebkräfte zusammenfließen.

Um nun den psychologischen Vorgang beim Ausbruch einer Zwangsneurose und einer Melancholie verständlicher zu machen, muß noch einmal auf die Zeiträume im Leben des Patienten zurückgegriffen werden, die wir als relativ symptomfrei bezeichneten. Die »Remission« beim Zwangsneurotiker, das »Intervall« beim Manisch-Depressiven stellen sich uns als Zeiten geglückter Sublimierung analer und sadistischer Triebe dar. Ruft nun ein bestimmter Anlaß die Gefahr des »Objektverlustes« in dem früher erörterten Sinne hervor, so erfolgen bei den Kranken beider Gruppen heftige Reaktionen. Die ganze Kraft der positiven Fixierungen der Libido erhebt sich gegen das drohende Überhandnehmen der objektfeindlichen Strömung. Wo nun die konservativen Tendenzen – das Behalten und Beherrschen – überwiegen, da ruft der Konflikt mit dem Liebesobjekt Erscheinungen des psychischen Zwanges hervor. Siegen dagegen jene anderen sadistisch-analen Tendenzen, welche das Objekt zu vernichten und auszustoßen trachten, dann gerät das Individuum in einen melancholischen Depressionszustand.

Daß der Melancholie nicht selten Zwangssymptome, der Zwangsneurose depressive Gemütsveränderungen beigemischt sind, wird uns nicht verwunderlich erscheinen. In solchen Fällen haben sich die destruierenden beziehungsweise die konservierenden Antriebe nicht mit vollkommener Einheitlichkeit durchsetzen können. Im allgemeinen aber sehen wir entweder die Tendenz zur manisch-depressiven Symptombildung oder diejenige zur Produktion von Zwangserscheinungen im Krankheitsbild durchaus vorherrschend. Tiefere Einblicke in die Ursachen dieses gegensätzlichen Verhaltens können wir jedoch jetzt noch nicht gewinnen.

Die tägliche psychoanalytische Erfahrung und die unmittelbare Beobachtung der Kinder berechtigen uns zu der Auffassung, die auf Vernichtung und Ausstoßung des Objektes gerichteten Antriebe seien die ontogenetisch älteren. Die normale Entwicklung der Psychosexualität führt zu dem Ergebnis, daß das Individuum zur Objektliebe befähigt wird. Der Weg aber, der vom anfänglichen Autoerotismus des Kindes zur vollkommenen Objektliebe führt, ist noch genauerer Untersuchung bedürftig. Doch so viel darf als erwiesen angesehen werden, daß die

Libido des Kindes zunächst objektlos (autoerotisch) ist, dann im Ich ihr erstes Objekt findet und erst in einem weiteren Entwicklungsstadium den Objekten sich zuwendet. Aber diese Zuwendung trägt noch durch längere Zeit durchaus den Charakter der Ambivalenz, und erst in einer verhältnismäßig späten Kindheitsperiode wird das Individuum zu vollkommener Objektfreundlichkeit befähigt.

Vergleichen wir die Schicksale der Libido in der Zwangsneurose und der Melancholie, so kann es für uns keinem Zweifel unterliegen, daß der Zwangskranke, trotz seiner Unsicherheit im Verhältnis zum Objekt, sich vom normalen Endziel der Entwicklung niemals so weit in regressiver Richtung entfernt wie der Melancholiker. Denn am Anfang der depressiven Erkrankung steht die vollständige Zerreißung der Objektbeziehungen.

Nötigte uns die psychoanalytische Erfahrung die Annahme einer prägenitalen, sadistisch-analen Entwicklungsphase der Libido ab, so sehen wir uns nunmehr vor die Notwendigkeit gestellt, innerhalb dieser Phase *zwei Stufen* anzunehmen. Auf der späteren von beiden walten die konservativen Tendenzen des Festhaltens und Beherrschens vor, auf der früheren dagegen die objektfeindlichen Strebungen des Vernichtens und Verlierens. Die Regression zur *späteren* der beiden Stufen ermöglicht dem *Zwangsneurotiker*, die Fühlung mit dem Objekt aufrechtzuerhalten. In den ruhigen Zeiten der Remission gelingt ihm eine weitgehende Sublimierung der sadistischen und analen Triebkräfte, so daß sein Verhalten zur Objektwelt der oberflächlichen Betrachtung als normal erscheinen kann. Nicht anders bei der *Melancholie*, deren Ausgang in »Heilung«, d. h. psychische Gesundheit, sogar von der klinischen Psychiatrie behauptet wird. Denn auch dem Manisch-Depressiven gelingt eine ähnliche Triebumsetzung während seiner symptomfreien Zeiten. Gerät aber sein Ich in einen akuten Konflikt mit dem Liebesobjekt, so ist die Aufhebung der Beziehungen zum Objekt die nächste Folge. Und nun wird ersichtlich, daß bei ihm die gesamten, dem »Zwangscharakter« so ähnlichen Sublimierungen und Reaktionsbildungen ihren Ausgang von der *tieferen Stufe der sadistisch-analen Entwicklungsphase* genommen hatten.

Der Unterscheidung einer primitiven und einer späteren sadistisch-analen Stufe scheint eine erhebliche prinzipielle Bedeutung zuzukommen. Denn an der Grenze beider Entwicklungsstadien setzt ein entscheidender Umschwung im Verhältnis des Individuums zur Objektwelt ein. Ja, wenn wir den Begriff »Objektliebe« in einem engeren

Sinne fassen wollten, so dürften wir aussagen, sie beginne an eben dieser Grenze, weil von nun an die Tendenz zur Erhaltung des Objektes überwiegt.

Die Grenze zwischen den beiden Stufen der sadistisch-analen Organisation ist aber nicht bloß von theoretischem Interesse. Ihre Annahme gibt uns nicht allein ein klares Bild einer bestimmten Periode der psychosexuellen Entwicklung des Kindes, sondern sie verhilft uns auch zu tieferen Einblicken in die regressiven Wandlungen der Libido im Bereich der Psychoneurosen. Es wird sich im weiteren herausstellen, wie der Regressionsvorgang beim Melancholiker auf der früheren sadistisch-analen Stufe nicht halt macht, sondern unaufhaltsam den noch primitiveren Organisationszuständen der Libido zustrebt. Es gewinnt somit den Anschein, daß die Überschreitung jener Grenze besonders unheilvoll in ihren Auswirkungen ist. Die Auflösung der Objektbeziehungen scheint die Libido in raschem Sturz von Stufe zu Stufe abwärts zu führen.

Schätzen wir die Grenzscheide der beiden sadistisch-analen Stufen als so bedeutungsvoll ein, so befinden wir uns in gutem Einklang mit der herkömmlichen ärztlichen Erfahrung. Denn unsere aus der psychoanalytischen Empirie gewonnene Scheidung fällt praktisch zusammen mit der Abgrenzung von Neurosen und Psychosen in der klinischen Medizin. Nur werden wir nicht versuchen, eine starre Unterscheidung nervöser und geistiger Störungen durchzuführen. Vielmehr sind wir gewärtig, daß die Libido eines Menschen in regressiver Entwicklung die Grenze der beiden sadistisch-analen Stufen überschreiten werde, sobald ein entsprechender Krankheitsanlaß gegeben sei und wenn bestimmte, in der individuellen Entwicklung seiner Libido entstandene Fixierungspunkte dazu die Möglichkeit bieten.

II
Objektverlust und Introjektion in der normalen Trauer und in abnormen psychischen Zuständen

Unsere Untersuchung war vom »freien Intervall« der periodischen Depressions- und Exaltationszustände ausgegangen. Sie darf sich nunmehr dem Vorgang zuwenden, der die eigentliche melancholische Erkrankung einleitet, dem von Freud so genannten Objektverlust und dem mit ihm eng verbundenen Vorgang der Introjektion des verlorenen Liebesobjektes.

Freud hat in seinem Aufsatz über ›Trauer und Melancholie‹[13] den psychosexuellen Prozeß im Melancholiker in seinen Grundzügen geschildert, so wie er ihn in gelegentlichen Behandlungen depressiver Kranker intuitiv erfaßt hatte. Eine Belegung seiner Theorie mit ausreichenden kasuistischen Tatsachen fehlt bisher in der psychoanalytischen Literatur. Was im folgenden an solchem Material mitgeteilt wird, soll aber nicht nur zur Illustration der Theorie dienen, sondern den Grund zu einer eingehenden Würdigung des melancholischen Krankheitsprozesses wie auch der Trauer legen. Es wird sich zeigen, daß die Psychologie der Melancholie wie diejenige der Trauer uns bisher nur unzureichend bekannt sind.[14]

Man begegnet hin und wieder Fällen von ausgeprägter melancholischer Depression, welche den Prozeß des Verlustes und der Introjektion des Liebesobjektes auch ohne Psychoanalyse erkennen lassen. Allerdings ist eine solche rasche Erfassung des psychologischen Zusammenhanges erst möglich geworden, seit Freud uns auf seine Grundzüge aufmerksam gemacht hat. Ein besonders instruktives Beispiel hat mir kürzlich Herr Dr. Elekes in Klausenburg aus seiner psychiatrischen Anstalts-Praxis mitgeteilt. Eine Patientin wurde wegen einer melancholischen Depression eingeliefert. Sie äußerte wieder und wieder eine Selbstanklage: sie habe gestohlen. In Wirklichkeit hatte die Patientin keinen Diebstahl begangen. Wohl aber war ihr Vater, mit dem sie lebte und an dem sie als unverheiratete Tochter mit ganzer Liebe gehangen hatte, kurz zuvor wegen eines Diebstahls verhaftet worden. Im Anschluß an diesen Vor-

[13] [Freud (1917*e*).]

[14] Was das mitzuteilende kasuistische Material betrifft, so schließen Gründe der Diskretion die Wiedergabe der mir zur Verfügung stehenden vollständigen Analysen aus. Ich beschränke mich also darauf, instruktive Ausschnitte aus verschiedenen Krankheitsfällen zu geben, wodurch übrigens der Vorteil größerer Übersichtlichkeit gewonnen wird.

gang, der sie nicht nur im realen Sinn vom Vater trennte, sondern auch eine tiefe seelische Reaktion im Sinne der Entfremdung vom Vater in ihr hervorrief, brach die melancholische Störung aus. Dem Verlust der geliebten Person folgt die Introjektion unmittelbar nach. Nun ist die Patientin es selbst, die gestohlen hat, und wir können Freuds[15] Auffassung nur bestätigen, nach welcher die melancholischen Selbstanklagen eigentlich Anklagen gegen die geliebte Person sind.

Sind sowohl der Verlust als die Introjektion des Objektes in gewissen Fällen ohne Schwierigkeit zu erkennen, so ist doch darauf hinzuweisen, daß eine Einsicht, wie die vorstehend gegebene, durchaus oberflächlichen Charakter trägt, denn sie läßt jede *Erklärung* des Vorganges vermissen. Der Zusammenhang des Objektverlustes mit den Tendenzen des Verlierens und Vernichtens auf der früheren anal-sadistischen Stufe wird erst durch regelrechte Psychoanalyse ersichtlich, ganz ebenso wie der Charakter der Introjektion als orale Einverleibung. Ja, der ganze, der Melancholie innewohnende Ambivalenzkonflikt bleibt bei einer solchen flüchtigen Betrachtungsweise verborgen. Ich hoffe, mit Hilfe des später mitzuteilenden Tatsachenmaterials diese Lücke unserer Kenntnis einigermaßen ausfüllen zu können.

Zunächst aber muß hier bemerkt werden, daß uns tiefere Einblicke auch in den Vorgang der normalen Trauer insofern noch fehlen, als von der direkten psychoanalytischen Erforschung dieses Seelenzustandes bei Gesunden oder Neurotischen (die Bezeichnung hier im Sinne der Übertragungsneurosen gebraucht!) nicht bekannt geworden ist. Wohl hat Freud uns den wertvollen Hinweis gegeben, daß der schwere Ambivalenzkonflikt des Melancholikers dem Gesunden fehlt. Aber in welcher Weise die »Trauerarbeit« im Gesunden sich vollzieht, bleibt im einzelnen noch eine offene Frage. Eine Erfahrung der jüngsten Zeit hat mir nun den lange entbehrten Einblick in den normalen Vorgang der Trauer gegeben und mir gezeigt, daß auch dieser auf den realen Objektverlust eine *zeitweise Introjektion der geliebten Person* folgen läßt.

Einer meiner Analysanden[16] hatte das Unglück, daß seine Ehefrau während seiner Behandlung schwer erkrankte. Sie befand sich in Erwartung ihres ersten Kindes. Die schwere Erkrankung machte schließlich die Unterbrechung der Gravidität durch Kaiserschnitt notwendig. Mein Analysand, der eiligst hinzugerufen wurde, kam nach geschehener Operation an. Die Operation aber

[15] [1917*e*.]

[16] Der Analysand hat mich aus eigenem wissenschaftlichen Interesse zur Verwendung der nachfolgenden Beobachtung autorisiert.

rettete weder der Frau noch dem zu früh geborenen Kinde das Leben. Mein Analysand kehrte nach einiger Zeit nach Berlin zurück. Die Fortsetzung der Psychoanalyse, besonders aber ein Traum aus der folgenden Zeit ließen keinen Zweifel daran bestehen, daß sich an den schmerzlichen Verlust ein Introjektionsvorgang von oral-kannibalischem Charakter angeschlossen hatte.
Eine der auffälligsten seelischen Erscheinungen beim Analysanden bestand zu jener Zeit in einer wochenlangen *Unlust zur Nahrungsaufnahme*. Sie stand mit seinen sonstigen Lebensgewohnheiten in auffälligem Widerspruch, erinnerte dagegen an die Nahrungsverweigerung der Melancholiker. Eines Tages löste sich die Eßunlust, und am Abend hielt der Analysand eine ausgiebige Mahlzeit. In der nun folgenden Nacht träumte er, er wohne der Sektion der jüngst Verstorbenen bei. Der Traum hatte zwei miteinander kontrastierende Szenen. In der einen wuchsen die zerschnittenen Leichenteile wieder zusammen, die Tote begann wieder Lebenszeichen von sich zu geben, und der Träumer liebkoste sie unter Gefühlen höchsten Glückes. In der anderen Traumszene ändert der Anblick der Sektion seinen Charakter, und der Träumer wird an geschlachtete Tiere in einem Fleischhauerladen erinnert.
Die im Traum zweimal dargestellte *Sektion* knüpfte an die *Operation* (sectio Caesarea) an. In dem einen Traumbild geht sie in die *Wiederbelebung* der Toten über, in dem anderen verknüpft sie sich mit *kannibalischen* Assoziationen. Unter den vom Träumer gegebenen erläuternden Einfällen ist besonders bemerkenswert, daß sich an den Anblick der Leichenteile die Erinnerung an die Mahlzeit des Vorabends assoziierte, besonders an ein genossenes Fleischgericht.

Wir sehen also einen Vorgang im Traum zwei verschiedene Ausgänge nehmen, die nebeneinander gestellt sind, wie wir es so häufig finden, wenn der Traum ein »Gleichwie« zum Ausdruck bringen will. Das Verzehren des Fleisches der Verstorbenen wird mit ihrer Wiederbelebung gleichgesetzt. Nun haben wir aus Freuds Untersuchung des melancholischen Introjektionsprozesses[17] erfahren, daß durch diesen das verlorene Objekt tatsächlich wiederbelebt wird: Es wird im Ich wieder aufgerichtet. In unserem Falle hatte der Trauernde sich eine Zeitlang dem Schmerze überlassen, als ob es keinen Ausweg aus diesem gäbe. Die Unlust zur Nahrungsaufnahme schließt ein Spielen mit dem eigenen Tode in sich, als ob nach dem Tode des Liebesobjektes das eigene Leben seinen Reiz verloren hätte. Die Schockwirkung des Verlustes wird ausgeglichen durch den unbewußten Vorgang der Introjektion des verlorenen Objektes. Während dieser Prozeß sich vollzieht, wird der Trauernde wieder in den Stand gesetzt, sich wie früher zu ernähren, und zugleich kündigt sein Traum das Gelingen der »Trauerarbeit« an. Die

[17] [Freud (1917e).]

Trauer enthält den Trost: *Das Liebesobjekt ist nicht verloren, denn nun trage ich es in mir und kann es niemals verlieren!*
Wir erkennen hier das gleiche psychische Geschehen wie im melancholischen Krankheitsprozeß. Es wird später darauf einzugehen sein, daß die Melancholie eine archaische *Form der Trauer* darstellt. Die vorstehende Beobachtung aber läßt uns darauf schließen, *daß die Trauerarbeit des Gesunden sich in tiefen psychischen Schichten ebenfalls in der archaischen Form vollzieht.*
Während der Niederschrift dieser Abhandlung finde ich, daß bereits ein anderer Autor der Erkenntnis des Introjektionsvorganges in der normalen Trauer nahe gekommen ist. In seinem kürzlich erschienenen ›*Buch vom Es*‹[18] (S. 124) führt Groddeck das Ergrauen eines Patienten im Anschluß an den Tod des Vaters auf die unbewußte Tendenz zurück, sich dem greisen Vater anzuähneln, ihn dadurch gleichsam in sich aufzunehmen und nun seinen Platz bei der Mutter zu gewinnen.

Ich sehe mich hier genötigt, aus eigenem Erleben einen Beitrag zu dieser Frage zu liefern. Als im Jahre 1916 Freuds oft zitierter Aufsatz über ›Trauer und Melancholie‹ erschien, bemerkte ich an mir eine sonst nicht erlebte Schwierigkeit, den Gedankengängen des Autors zu folgen. Ich verspürte die Neigung, die »Introjektion des Liebesobjekts« zu verwerfen, trat aber dieser Neigung selbst entgegen, indem ich vermutete, die Entdeckung des Meisters auf diesem mich selbst so stark interessierenden Gebiet rufe vielleicht ein affektbedingtes »Nein« bei mir hervor. Erst später erkannte ich, daß diesem nächstliegenden Motiv keine ausschlaggebende Bedeutung zukommen konnte.
Gegen Ende des vorangegangenen Jahres (1915) war ich durch den Tod meines Vaters in Trauer versetzt worden; diese verlief unter Erscheinungen, die ich damals nicht auf einen Prozeß der Introjektion zurückzuführen vermochte. Die auffälligste Erscheinung war ein plötzliches starkes Ergrauen des Kopfhaares, dem nach einigen Monaten ein Wiederzunehmen des Haarfarbstoffes folgte. Ich begnügte mich damals mit der Erklärung des Phänomens aus der durchlebten Gemütsbewegung. Doch muß ich mich hinsichtlich des tieferen Zusammenhanges zwischen Trauer und Ergrauen der Haare Groddecks zitierter Anschauung durchaus anschließen.
Ich hatte meinen Vater einige Monate vor seinem Tode zum letztenmal gesehen. Als Kriegsteilnehmer zu kurzem Urlaub in meiner Heimat weilend, fand ich ihn stark gealtert und sehr geschwächt; besonders prägte sich mir der Anblick des fast weiß gewordenen Kopf- und Barthaares ein, das während des Krankenlagers länger als sonst gewachsen war. Dieser letzte Besuch bei meinem Vater blieb in der Erinnerung besonders innig mit dem geschilderten Eindruck verknüpft. Begleitende Umstände und Erscheinungen, von deren Wiedergabe ich hier absehen muß, lassen mich das Phänomen des vorüber-

[18] [Groddeck (1923).]

gehenden Ergrauens bei mir selbst auf einen Introjektionsvorgang zurückführen.
Als das wesentliche Motiv, aus welchem ich anfänglich der Freudschen Theorie des melancholischen Krankheitsprozesses ablehnend gegenüberstand, wird nunmehr meine eigene Neigung erkennbar, im Zustande der Trauer von dem nämlichen Mechanismus Gebrauch zu machen.

Stimmt dieser Introjektionsvorgang in der Trauer des Gesunden (und des Neurotikers) mit dem melancholischen Introjektionsvorgang im Prinzip überein, so muß andererseits doch auf die wesentlichen Unterschiede hingewiesen werden. Beim Gesunden schließt sich der Vorgang an einen Realverlust (Todesfall) an und dient überwiegend der Tendenz, die Beziehung zu dem Verstorbenen zu konservieren oder – was dasselbe ist – den erlittenen Verlust zu kompensieren. Niemals wird das Bewußtsein von ihm in der Weise überwältigt, wie es beim Melancholiker geschieht. Der melancholische Introjektionsprozeß dagegen folgt auf eine fundamentale Störung der libidinösen Beziehung zum Objekt. Er ist der Ausdruck eines schweren Ambivalenzkonfliktes, dem das Ich sich nur dadurch zu entziehen vermag, daß es die dem Objekt geltende Feindseligkeit auf sich selbst nimmt.
Wir sind neuerdings, besonders durch die letzten Forschungen Freuds, darauf aufmerksam gemacht worden, daß der Vorgang der Introjektion im menschlichen Seelenleben bedeutend weiter verbreitet ist, als bisher angenommen wurde. Ich habe hier namentlich auf eine Bemerkung Freuds[19] zur Psychoanalyse der *Homosexualität* Bezug zu nehmen. Nach der Auffassung des Autors, die er ohne tatsächliche Belege erwähnt, würden gewisse Fälle der Homosexualität darauf zurückzuführen sein, daß das Individuum sich den gegengeschlechtlichen Elternteil *introjiziert* hat. Ein junger Mann wäre also in solchen Fällen männlichen Personen zugeneigt, weil er durch einen psychologischen Prozeß der Einverleibung die Mutter in sich aufgenommen hat und nun in ihrer Art auf männliche Personen reagieren muß. Wir hatten bisher hauptsächlich von einer anderen Entstehungsursache der Homosexualität Kenntnis erhalten. Wir erfuhren aus unseren Analysen Homosexueller in der Regel, daß eine Liebesenttäuschung den Sohn von der Mutter fort zum Vater trieb, dem gegenüber er sich nun mit der Mutter identifizierte, wie es sonst die Art der Tochter ist. Vor kurzem konnte ich mich nun durch eine meiner Psychoanalysen von dem Vorliegen beider Entwicklungsmöglichkeiten im gleichen Fall überzeugen. Ein Patient

[19] *Massenpsychologie,* 1921, S. 73f. [1921c, S. 119].

mit bisexueller, jedoch zurzeit homosexueller Einstellung der Libido, hatte nämlich zweimal – zuerst in früher Kindheit und hernach im Pubertätsalter – eine Wendung seiner Libido zur Homosexualität erlebt. Erst das zweite Mal ging mit einem Vorgang einher, den wir als eine vollkommene Introjektion bezeichnen müssen, weil das Ich des Patienten tatsächlich vom introjizierten Objekt aufgezehrt wurde. Ich kann nicht umhin, hier einen Auszug seiner Psychoanalyse zu geben. Die mitzuteilenden Tatsachen erscheinen mir nicht nur bedeutungsvoll für unser Verständnis der Introjektion, sondern werfen auch ein Licht auf gewisse Erscheinungen der Manie und Melancholie.

Der Patient war das jüngere von zwei Kindern und war in seinen ersten Lebensjahren ein in jedem Sinne verwöhntes Kind. Die Mutter stillte ihn noch während seines zweiten Lebensjahres mit der Brust, gestattete ihm auf sein stürmisches Begehren diesen Genuß auch noch ziemlich oft im dritten Lebensjahre und entwöhnte ihn erst mit drei Jahren. Mit der Entwöhnung, die unter großen Schwierigkeiten erfolgte, traf nun zeitlich eine Reihe von Ereignissen zusammen, die den verwöhnten Knaben plötzlich seines Paradieses beraubten. Er war bisher der Liebling der Eltern, der um drei Jahre älteren Schwester und der Kinderfrau gewesen. Die Schwester starb, die Mutter zog sich in eine abnorm betonte und langdauernde Trauer zurück und gehörte nun dem Knaben noch weniger, als es schon durch die Entwöhnung bedingt war. Die Kinderfrau verließ die Familie. Die Eltern des Patienten aber ertrugen das Leben in dem bisherigen Hause nicht, da sie sich beständig an das verstorbene ältere Kind erinnert fühlten. Man zog in ein Hotel und später in ein neues Haus. Mein Patient hatte durch diese Verkettung von Umständen alles verloren, was ihm bis dahin an Mütterlichkeit zuteil geworden war. Die Mutter hatte ihm zuerst die Brust entzogen und sich dann in ihrer Trauer auch psychisch gegen ihn abgesperrt. Schwester und Kinderfrau waren nicht mehr da, und selbst das Haus – ein so wichtiges Symbol der Mutter – existierte nicht mehr. Es ist nicht zu verwundern, daß sich das Liebesbedürfnis des Knaben dem Vater zuwandte. Nach dem Einzug in das neue Haus neigte der Kleine sich außerdem einer freundlichen Nachbarin zu und bevorzugte sie ostentativ vor der Mutter. Die Spaltung der Libido, die sich teils dem Vater, teils einer Frau als Muttterersatz zuwandte, wird bereits hier sichtbar. In den folgenden Jahren aber verband den Knaben ein starkes erotisches Interesse mit älteren Knaben, die körperlich dem Typus des Vaters angehörten.

Eine Rückwendung der Libido vom Vater zur Mutter trat in der späteren Kindheit des Patienten ein, als sich der Vater mehr und mehr dem Trunke ergab. Diese Einstellung der Libido blieb eine Reihe von Jahren vorherrschend. Im halberwachsenen Alter verlor der Patient seinen Vater durch den Tod und lebte nun mit der Mutter, der er jetzt liebevoll zugetan war. Aber nach kurzer Witwenschaft heiratete die Mutter wieder und ging mit ihrem Mann für längere Zeit auf Reisen. Sie stieß damit die Liebe des Sohnes aufs neue von sich ab, während der Stiefvater zugleich seinen Haß erregte.

Es folgte eine neue Welle von homosexueller Erotik. Aber nunmehr galt die Sympathie einem anderen Typus junger Männer, der körperlich in bestimmten Eigenschaften durchaus der *Mutter* des Patienten entsprach. Der früher bevorzugte und der jetzt geliebte Typus junger Männer repräsentierten vollkommen den Gegensatz, welcher zwischen Vater und Mutter des Patienten in den betreffenden körperlichen Beziehungen bestand. Hier ist zu bemerken, daß der Patient selbst in diesen Beziehungen durchaus der Mutter glich. Zu dieser zweiten Art von jungen Männern, die von nun an bevorzugte Objekte seiner Libido waren, verhielt er sich aber nach seiner eigenen Schilderung *zärtlich-liebevoll und fürsorglich wie eine Mutter.*
Nach einer Reihe von Jahren starb die Mutter des Patienten. Er weilte während ihrer letzten Krankheit bei ihr und hielt die Sterbende in seinen Armen. Die starke Nachwirkung dieses Erlebnisses erklärt sich in tieferer Schicht daraus, daß es eine vollkommene Umkehrung der unvergessenen Situation darstellte, in welcher der Patient als kleines Kind in den Armen und an der Brust der Mutter gelegen hatte.
Kaum war die Mutter gestorben, so eilte der Sohn in die benachbarte Stadt, in welcher er sonst lebte, zurück. Seine Affektlage aber war keineswegs die eines Trauernden, sondern gehoben, glückselig. Er schildert, wie er von dem Gefühl beherrscht war, die Mutter nun für immer und unverlierbar in sich zu tragen. Eine innere Unruhe bezog sich nur auf die Beerdigung der Mutter. Es war, als störte ihn die Tatsache, daß der Körper der Mutter noch sichtbar im Sterbehause lag. Erst nach der Beerdigung konnte er sich dem geschilderten Gefühl des unverlierbaren Besitzes der Mutter hingeben.

Wäre es mir möglich, noch weitere Einzelheiten aus dieser Psychoanalyse zu veröffentlichen, so würde der Vorgang der »Einverleibung« der Mutter noch evidenter zutage treten. Doch dürften die mitgeteilten Tatsachen bereits eine deutliche Sprache reden.
Die Introjektion des Liebesobjektes hat in diesem Falle eingesetzt, als der Patient die Mutter durch die Wiederverheiratung verlor. Das Ausweichen der Libido zum Vater, wie es sich im vierten Lebensjahre des Patienten zugetragen hatte, konnte sich nicht wiederholen; der Stiefvater erwies sich als ungeeignet, die Libido des Patienten zu binden. Das *letzte* Objekt der infantilen Liebe, das dem Patienten noch geblieben war – nämlich die Mutter – war zugleich sein *erstes.* Er wehrte sich gegen diesen schwersten Verlust, der ihn betreffen konnte, auf dem Wege der Introjektion.
Das Gefühl der Glückseligkeit, welches sich aus diesem Vorgang ergab, steht nun in einem erstaunlichen Kontrast zu der schweren seelischen Last, die sich für den Melancholiker aus dem analogen psychischen Prozeß ergibt. Die Verwunderung weicht, wenn wir uns der Aufklärungen erinnern, die uns Freud[20] bereits über den melancholischen Introjek-

[20] [1917e.]

tionsvorgang gegeben hat. Seine Bemerkung, der »Schatten des verlorenen Liebesobjektes sei auf das Ich gefallen«, brauchen wir nur ins Gegenteil zu verkehren. In dem soeben geschilderten Fall hat sich nicht der Schatten, sondern der strahlende Glanz der geliebten Mutter dem Ich des Sohnes mitgeteilt. Dies konnte geschehen, weil nach dem *realen* Verlust des Liebesobjektes auch beim normalen Menschen die zärtlichen Gefühle mit Leichtigkeit die feindlichen Regungen beiseite drängen. Anders beim Melancholiker! Denn bei ihm finden wir im Bereich der Libido einen so schweren Ambivalenzkonflikt, daß jedes Liebesgefühl unmittelbar von gegensätzlichen Regungen bedroht wird. Irgendeine »Versagung«, eine Enttäuschung durch das Liebesobjekt, läßt eines Tages eine übermächtige Welle des Hasses entstehen, der die allzu labilen Liebesgefühle rasch erliegen. Die Aufhebung der positiven Besetzung führt hier zu der tiefgreifendsten Folge, d. h. zum *Aufgeben des Objektes.* In dem oben geschilderten, nicht melancholischen Falle hingegen *ging der reale Verlust voraus* und zog eine Libidoveränderung nach sich.

III
Der Introjektionsvorgang in der Melancholie
Zwei Stufen der oralen Entwicklungsphase der Libido

Den weiteren Ausführungen über den Introjektionsvorgang bei der Melancholie möge ein besonders instruktives Beispiel vorausgehen.

Der Patient, von welchem ich zu berichten habe, hatte bereits mehrere typische melancholische Erkrankungen hinter sich, als ich ihn kennenlernte. Er befand sich in der Rekonvaleszenz von einem solchen Zustand, als wir seine Psychoanalyse begannen. Die vorausgegangene schwere Krankheitsperiode hatte unter bemerkenswerten Umständen begonnen. Der Patient stand seit längerer Zeit einem jungen Mädchen nahe und hatte sich mit ihr verlobt. Aus Anlässen, die hier nicht näher zu erörtern sind, hatte seine Zuneigung einem heftigen Widerstand Platz gemacht. Es kam zu einer völligen Abwendung vom Liebesobjekt – dessen Identifizierung mit der Mutter durch seine Psychoanalyse evident wurde – und zu einer Depression mit ausgeprägter Wahnbildung. In der Rekonvaleszenz geschah nun eine Wiederannäherung an die Verlobte, die trotz seiner Ablehnung zu dem Patienten gehalten hatte. Aber nach einiger Zeit erfolgte ein kurzdauernder Rückschlag, dessen Entstehen und Verschwinden ich als Analytiker vollkommen beobachten konnte.
Der Widerstand gegen die Verlobte, der unverkennbar wieder zutage trat,

äußerte sich unter anderem durch eine »passagere Symptombildung«. Während der Tage, in welchen die Stimmung sich im depressiven Sinne verschlechterte, unterlag der Patient einem Zwang, seinen Darmschließmuskel zu kontrahieren. Das Symptom erwies sich als mehrfach determiniert. Hier interessiert besonders seine Bedeutung im Sinne eines krampfhaften Festhaltens des Darminhaltes. Von letzterem wissen wir, daß er für unser Unbewußtes das Prototyp des *Besitzes* darstellt. Jene passagere Erscheinung war also einem körperlichen Festhalten dessen gleichzusetzen, was ihm aufs neue verlorenzugehen drohte. Eine andere Determinierung sei hier nur nebenbei vermerkt. Es ist die passiv-homosexuelle Einstellung zum Vater, in welche der Patient jedesmal zu geraten drohte, wenn er sich von der Mutter oder einem Mutterersatz abwandte. Die in dem Symptom liegende Abwehr richtet sich also gleichermaßen gegen den Objektverlust wie gegen die Wendung zur Homosexualität.

Wir haben mit Freud[21] angenommen, daß sich beim Melancholiker an den Objektverlust ein Restitutionsversuch anschließt. Was in der *Paranoia* in einer spezifischen Weise durch den Prozeß der *Projektion* erreicht wird, geschieht in der Melancholie mit anderem Erfolg auf dem Wege der *Introjektion*. Mit der soeben geschilderten Symptombildung im Beginn eines kurzdauernden Rezidivs war es bei dem Patienten nicht abgetan. Vielmehr berichtete er mir einige Tage später und wiederum völlig spontan von einem zweiten Symptom, welches das erstgeschilderte sozusagen abgelöst hatte. Auf der Straße war die zwanghafte Phantasie aufgetreten, herumliegenden Kot zu essen. Sie erwies sich als Ausdruck der Tendenz, das als Kot ausgestoßene Liebesobjekt dem Körper in Gestalt von Kot wieder einzuverleiben. Hier ergibt sich uns also eine buchstäbliche Bestätigung unserer Annahme, daß das Unbewußte den Objektverlust als analen, die Introjektion als oralen Vorgang auffaßt und bewertet.

Der Impuls zur Koprophagie scheint mir eine für die Melancholie typische Symbolik zu enthalten. Nach meinen übereinstimmenden Erfahrungen bei verschiedenen Patienten ist das Liebesobjekt die Zielscheibe bestimmter Impulse, wie sie der tieferen anal-sadistischen Organisationsstufe entsprechen; es sind die Antriebe zum (analen) Ausstoßen und zum Vernichten (Ermorden). Das Produkt der Ermordung – die Leiche – wird mit dem Produkt der Ausstoßung – dem Kot – identifiziert. Wir verstehen nunmehr den Antrieb zum Kotessen als einen *kannibalischen Impuls zum Verzehren des getöteten Liebesobjekts*. Ich fand bei einem meiner Patienten die Vorstellung vom Kotessen verknüpft mit der Vorstellung der Strafe für schwere Schuld, und zwar

[21] [1917*e*.]

mit psychologischem Recht, wie wir hinzufügen dürfen; mußte er doch auf diesem Wege ein Verbrechen wiedergutmachen, dessen Identität mit der Ödipustat wir noch verstehen lernen werden.[22] Schon hier sei aber auf die bemerkenswerten Mitteilungen über Nekrophagie hingewiesen, welche Róheim auf dem Psychoanalytischen Kongreß 1922 machte. Sie legen uns die Auffassung nahe, daß die Trauer in ihrer archaischen Form im Verzehren des Getöteten ihren Ausdruck findet.
Nicht immer offenbart sich die Bedeutung melancholischer Symptome im Sinne der Abstoßung und Wiedereinverleibung des Liebesobjektes so leicht und einfach wie in dem soeben geschilderten Beispiel. In welchem Maße diese Tendenzen unkenntlich gemacht sein können, möge eine Beobachtung zeigen, welche der Psychoanalyse eines anderen Patienten entstammt.

Er berichtete mir eines Tages, daß er im Depressionszustand eine eigentümliche Neigung bei sich bemerkt habe. Im Beginn der Depression sei er stets mit gesenktem Kopf gegangen. Wenn seine Augen dann mehr dem Boden als den vorübergehenden Menschen zugewandt waren, so achtete er mit einem zwanghaften Interesse darauf, ob Perlmutterknöpfe auf der Straße lägen. Fand er einen solchen, so nahm er ihn und steckte ihn in die Tasche. Diesen öfter wiederholten Handlungen gab er die rationalisierende Begründung, er habe im Beginn der Depression ein solches Gefühl der Minderwertigkeit, daß er froh sein müsse, wenn er auch nur ein Knöpfchen auf der Straße finde. Er wisse ja nicht, ob er je wieder fähig sein werde, auch nur so viel Geld zu verdienen, um sich die geringste Kleinigkeit *kaufen* zu können. In seinem elenden Zustande müßten ihm selbst derartige Gegenstände, die andere verloren hätten, noch als sehr wohl verwertbar erscheinen.
Zu dieser Erklärung stand im Widerspruch, daß er andere Gegenstände, besonders aber Knöpfe aus sonstigem Material, mit einer gewissen Verachtung liegen ließ. Die freien Assoziationen führten allmählich zu den tieferen Determinierungen der absonderlichen Neigung. Sie zeigten, daß der Patient mit dem Material der Perlmutterknöpfchen die Vorstellung von *»blank und sauber«* und ferner diejenige eines besonderen *Wertes* verband. Wir waren damit bei seinen verdrängten *koprophilen* Interessen angelangt. Ich brauche hier nur an Ferenczis schöne Ausführungen ›Zur Ontogenese des Geldinteresses‹[23] zu erinnern. Sie haben uns gezeigt, wie die infantile Lust von weichem, knetbarem zunächst zu hartem, körnigem Material, dann zu kleinen festen Gegenständen mit sauberer und glänzender Oberfläche übergeht. Im Unbewußten bleibt die Gleichsetzung dieser Objekte mit Kot bestehen.
Die Perlmutterknöpfchen bedeuteten also Kot. Das Aufheben von der Straße erinnert uns an die Zwangsimpulse in dem vorher geschilderten Falle, die

[22] Nach einem Hinweis von Dr. J. Hárnik findet sich auf ägyptischen Grabdenkmälern ein dem Toten zugeschriebenes Gebet: es möge ihm die *›Strafe des Kotessens‹* erspart bleiben. Vgl. Erman, *Religion der Ägypter*.
[23] Ferenczi (1914).

sich unverhüllt auf das Aufheben und Verzehren von Kot von der Straße bezogen. Besonders ist hier eine Gleichsetzung hervorzuheben: Man verliert einen Knopf von der Kleidung, wie man Kot fallen läßt.[24] In beiden Fällen handelt es sich also um das Aufheben und Behalten eines verlorenen Objektes.
In einer der folgenden Stunden nahm der Patient den Faden der Analyse wieder auf, indem er mir mitteilte, der geschilderte sei nicht der einzige befremdliche Antrieb, der sich während seiner Depressionszustände geäußert habe. Während seiner ersten depressiven Erkrankung habe er sich in X. in der Klinik des Professors Y. befunden. Eines Tages hätten zwei Verwandte ihn zu einem Spaziergange abgeholt. Er habe sich für Parkanlagen, Gebäude und was man ihm sonst zeigte, gar nicht interessiert. Auf dem Rückwege zur Klinik sei er dagegen vor einem Laden stehengeblieben, in dessen Schaufenster er einige Stücke »Johannisbrot« erblickte. Ein sehnlicher Wunsch sei in ihm rege geworden, davon etwas zu kaufen, und er habe dem Wunsch nachgegeben.
Dieser Erzählung folgte sogleich ein Einfall des Patienten. In seinem kleinen Heimatsort befand sich, dem elterlichen Hause gegenüber, ein kleiner Laden, dessen Inhaberin eine Witwe war. Der Sohn dieser Frau war sein Spielgefährte. Der Patient erinnerte sich nun, wie die Frau ihm Johannisbrot schenkte. Zu jener Zeit war im Leben des Patienten bereits das verhängnisvolle Erlebnis eingetreten, an das seine spätere Erkrankung anknüpfte: eine tiefgreifende Liebesenttäuschung durch die Mutter. Die Frau auf der anderen Straßenseite ist in den Kindheitserinnerungen des Patienten der »bösen Mutter« als Beispiel gegenübergestellt. Der automatisch auftauchende Impuls, Johannisbrot in einem Laden zu kaufen und zu essen, entspricht zunächst dem Begehren nach mütterlicher, fürsorglicher Güte. Daß gerade das Johannisbrot als symbolisches Ausdrucksmittel gewählt ist, erklärt sich aus seiner an Kot erinnernden länglichen Form und braunen Farbe. So stoßen wir auch hier wieder auf den Antrieb zum Kotessen als Verkörperung der Sehnsucht nach dem verlorenen Liebesobjekt.
Eine weitere Assoziation des Patienten gehört ebenfalls dem Bereich der Kindheitserinnerungen an. In seiner Heimatstadt wurden beim Bau einer Straße Muschelschalen ausgegraben, die auf der einen Seite von anhaftender Erde schmutzig aussahen, auf der anderen Seite dagegen einen schillernden Perlmutterglanz zeigten. Abermals finden wir eine Beziehung zum Heimatort, der im Seelenleben des Patienten in unzweifelhafter Weise mit der Mutter identifiziert wurde. Die damals gefundenen Perlmutterschalen sind die Vorläufer der aus solchem Material hergestellten Knöpfchen. Die Perlmutterschalen aber erwiesen sich in der Analyse als ein Mittel zur Darstellung der ambivalenten Einstellung des Sohnes zur Mutter. Das Wort »Perlmutter« enthält die hohe Schätzung der Mutter als »Perle«. Aber die blanke, gleißende Seite trügt; die andere Seite der Mutter ist nicht so schön. Die »böse« Mutter, von der die Libido des Sohnes sich zurückziehen mußte, wird durch die Gleichsetzung mit Kot beschimpft und erniedrigt.[25]

[24] Bezüglich dieser Identifizierung vergleiche man den im ersten Kapitel geschilderten Fall.
[25] Zur Ergänzung dieser Analyse sei noch die im gesamten menschlichen Phantasieleben übliche Verwendung der Muschel als weibliches Symbol herangezogen. Wir verdan-

Die vorstehenden Beispiele mögen vorläufig genügen, um den Verlauf des melancholischen Prozesses in seinen zwei Phasen – Verlust und Wiedereinverleibung des Liebesobjektes – psychoanalytisch verständlicher zu machen. Jede dieser beiden Phasen bedarf aber noch einer gesonderten Untersuchung.

Wir haben die Tendenz zum Aufgeben des Liebesobjektes bereits aus einem Verharren der Libido auf der früheren anal-sadistischen Stufe erklärt. Neigt aber der Melancholiker dazu, selbst dieses Niveau mit dem noch primitiveren der oralen Organisationsstufe zu vertauschen, so müssen wir annehmen, es beständen in der Entwicklung seiner Libido besondere Fixierungspunkte auch aus jener Zeit, da sein Triebleben noch vorwiegend von der Mundzone beherrscht wurde. Die psychoanalytischen Ergebnisse rechtfertigen diese Erwartung durchaus; einige Beispiele mögen zum Beweis dienen.

Wiederholt bin ich bei Melancholischen auf starke perverse Gelüste gestoßen, die in einer Verwendung des Mundes an Stelle des Genitales bestanden. Zum Teil wurden diese Wünsche in Gestalt des Cunnilingus zur Erfüllung gebracht. Meist aber handelte es sich um äußerst lebhafte Phantasien, die sich auf kannibalische Regungen bezogen. Die Patienten phantasieren vom Beißen in alle möglichen Körperteile des Liebesobjektes (Brust, Penis, Arm, Gesäß usw.). In den freien Assoziationen begegnete ich viele Male der Vorstellung des Verschlingens der geliebten Person oder des »Abbeißens« von ihrem Körper, andere Male wieder einem Spielen mit nekrophagen Vorstellungen – dies alles bald in kindlich-ungehemmter Weise, bald versteckt unter Ekel und Schrecken. Daneben wieder finden sich heftige Widerstände gegen den Gebrauch der Zähne. Ein Patient sprach von seiner »Kaufaulheit« als besonderer Erscheinung seiner melancholischen Verstimmung. Es scheint, daß der Nichtgebrauch der Zähne geradezu Krankheitserscheinungen am Gebiß

ken Róheim [1923 (b)] den Hinweis auf die an vielen Orten übliche Verwendung der Muscheln als Geld. Auch dieser Gebrauch hängt mit ihrer weiblichen Genitalbedeutung zusammen. Bemerkenswert ist, daß man keine am Wohnort gefundenen Muscheln als Geld benützt, sondern daß sie von fern hergekommen sein müssen. Man muß in dieser Tatsache einen Ausdruck weit getriebener Inzestscheu erblicken, der der Vorschrift der Exogamie vergleichbar ist. Ein Weib vom eignen Stamme oder eine am eignen Strand gefundene Muschel repräsentiert das verbotene mütterliche Genitale.
Übrigens werden Muscheln, weil vom Meere ausgeworfen, ebenfalls dem Kot gleichgesetzt, ähnlich wie Bernstein und dergleichen Materialien.
(Diese Hinweise entstammen zum Teil einer Diskussion in der Berliner Psychoanalytischen Vereinigung.)

herbeiführen kann. Daß die schwersten Grade der melancholischen Nahrungsverweigerung eine Selbstbestrafung für kannibalische Antriebe darstellten, habe ich schon früher (1917) gezeigt. In einer Sitzung der British Psychoanalytical Society hat kürzlich Dr. James Glover auf kannibalische Antriebe in einem Fall von periodischer Melancholie hingewiesen und besonders ihre Umwandlung in Selbstmordimpulse analysiert.[26]

Krankheitssymptome, Tagträumereien und Träume der Melancholiker bieten uns eine bunte Mannigfaltigkeit oral-sadistischer Tendenzen in bewußter und verdrängter Gestalt. Sie sind eine hauptsächliche Quelle seelischen Leidens in der Melancholie, besonders wenn sie sich – als Tendenz zur Selbstbestrafung – gegen das eigene Ich des Kranken wenden. Wir bemerken hier einen Gegensatz zu gewissen neurotischen Zuständen, in welchen bestimmte Symptome als Ersatzbefriedigungen der Oralzone erkennbar sind. Ich habe derartige Fälle in meiner Publikation über die früheste prägenitale Organisationsstufe beschrieben. Vollends stellt in gewissen Perversionen die Munderotik eine bedeutungsvolle Lustquelle dar. Ohne den masochistischen Lustwert der melancholischen Symptome zu vernachlässigen, muß man doch den im Vergleich zu anderen Krankheitsformen sehr hohen Unlustgehalt der Melancholie betonen. Folgt man aufmerksam den Ideengängen der Kranken, so erfährt man, daß dieses hohe Maß von Unlust mit der Stufe der Libidoentwicklung verknüpft ist, zu welcher der Melancholische nach dem Objektverlust regrediert ist. Wir bemerken nämlich bei unseren Kranken eine eigentümliche Sehnsucht nach einer Betätigung des Mundes, die zu den geschilderten Beiß- und Freßphantasien im Gegensatz steht.

Ein Patient berichtete mir zur Zeit des Nachlassens seiner Depression von seinen Tagträumereien. In diesen war er zuzeiten geneigt, sich den eigenen Körper als weiblich vorzustellen; er suchte sich durch allerhand Kunstgriffe die Illusion eines weiblichen Busens zu geben und phantasierte besonders gern vom Säugling an seiner Brust. Er spielte in diesen Phantasien die Rolle der stillenden Mutter, vertauschte sie aber zu anderen Zeiten gegen die des saugenden Kindes. Seine Fixierung an die Mutterbrust äußerte sich einerseits in mannigfaltigen Symptomen im Bereich der Mundzone, andererseits in einem

[26] Einer meiner Patienten hatte einen nahezu geglückten Selbstmordversuch durch einen tiefen Halsschnitt begangen. Das Suicid war ein Wüten gegen das introjizierte Liebesobjekt, untermischt mit Selbstbestrafungstendenzen. In der Psychoanalyse kamen Phantasien zum Vorschein, die mit der biblischen Erzählung von der Opferung Isaaks zusammenhingen. Diese ist ja die Geschichte vom Vater mit dem Messer, der den Sohn zu opfern gedenkt.

auffälligen Bedürfnis, den Kopf an etwas Weiches, der Mutterbrust Ähnliches anzulehnen. So trieb er auch während der Analysenstunden ein sonderbares Spiel mit einem Kopfkissen. Statt es an seinem Platze zu belassen und seinen Kopf darauf zu legen, bedeckte er diesen mit dem Kissen. Auf assoziativem Wege wurde es deutlich, daß das Kissen die von oben her seinem Kopf genäherte Mutterbrust darstellte. Die Szene wiederholte eine lustvolle Situation der frühen Kindheit. Er hatte übrigens später seinen jüngeren Bruder in dieser Lage bei der Mutter gesehen und eine intensive Eifersucht an diesen Eindruck geknüpft.

In den Bereich der gleichen Wunschvorstellung gehört die Äußerung eines Melancholikers, er habe in der tiefsten Depression das Gefühl, daß die besondere mütterliche Güte einer Frau ihn von seinen Leiden befreien könnte. Die Bedeutung einer solchen Vorstellung habe ich wiederholt analysieren können. Ich kann mich auf die früher von mir gegebene Darstellung eines derartigen Falles berufen. Ein junger Mann, der an einer (nicht melancholischen) Depression litt, fühlte sich in wunderbarer Weise beruhigt durch den Genuß von Milch, welche seine Mutter ihm darreichte. Die Milch vermittelte ihm das Gefühl des Warmen, Weichen und Süßen und erinnerte ihn an etwas Unbestimmtes, vor langer Zeit Gekanntes. Die Sehnsucht nach der Mutterbrust ist hier unverkennbar.

Aus den bisherigen psychoanalytischen Erfahrungen muß ich schließen, daß der Melancholische den *oral-sadistischen* Antrieben zu entkommen versucht. Unter diesen Impulsen, deren Äußerungen das Krankheitsbild beherrschen, lagert in der Tiefe das Verlangen nach *lustvoller, saugender Betätigung.*

Wir werden somit genötigt, ganz wie zuvor im Bereich der anal-sadistischen, jetzt auch im Bereich der oralen Entwicklungsphase eine Stufung anzunehmen. Auf der primären Stufe ist die Libido des Kindes an den Saugeakt gebunden. Dieser ist ein Akt der Einverleibung, durch welchen aber die Existenz der nährenden Person nicht aufgehoben wird. Das Kind vermag noch nicht zwischen seinem Ich und einem Objekt außerhalb desselben zu unterscheiden. Ich und Objekt sind Begriffe, welche dieser Stufe überhaupt nicht entsprechen. Das saugende Kind und die nährende Brust (oder Mutter) stehen in keinem Gegensatz zueinander. Auf Seiten des Kindes fehlen sowohl die Regungen der Liebe wie die des Hasses. Der seelische Zustand des Kindes auf dieser Stufe ist demnach frei von den Erscheinungen der Ambivalenz.

Die sekundäre Stufe ist von der primären unterschieden durch die *Wendung des Kindes von der saugenden Mundtätigkeit zur beißenden.* Ich muß hier einer privaten Mitteilung gedenken, die mir van Ophuijsen zur Verfügung gestellt hat. Sie liefert einen wichtigen Beitrag zum Verständnis des melancholischen Vorganges, ähnlich wie ein kleiner Aufsatz dieses Autors[27] die Beziehung der Paranoia zur anal-sadistischen Stufe geklärt hat. Durch psychoanalytische Erfahrung ist van Ophuijsen zu der Ansicht gelangt, daß bestimmte neurotische Erscheinungen einer *Regression auf das Alter der Zahnbildung entstammen*, und fernerhin, daß *das Beißen die Urform des sadistischen Impulses* darstellt. Ohne Zweifel ist das Gebiß das Werkzeug, mit dessen Hilfe das Kind zuerst Zerstörungen in der Objektwelt anrichten kann, zu einer Zeit, da die Hände höchstens zu einer Hilfeleistung im Sinne des Ergreifens und Haltens brauchbar sind. Die von Federn[28] gegebene Herleitung des Sadismus von genitalen Sensationen beruht zweifellos auf richtiger Beobachtung; doch kann es sich auf genitalem Gebiet nicht um so frühe Erscheinungen handeln wie auf oralem Gebiet. Die von uns so genannten sadistischen Antriebe entstammen eben einer Anzahl von verschiedenen Quellgebieten, unter welchen hier noch besonders das exkrementale erwähnt werden mag. Beachtung verdient weiter die enge Verbindung des Sadismus mit dem Muskelsystem. Es kann aber keinem Zweifel unterliegen, daß das Kind auf keinem anderen Muskelgebiet auch nur annähernd so große Kraftleistungen hervorbringt wie im Bereich der Kaumuskulatur. Auch sind die Zähne die einzigen Organe von genügender Härte, um auf die Objekte der Außenwelt zerstörend einwirken zu können.

Auf der Stufe der beißenden Mundtätigkeit wird das Objekt einverleibt und erleidet dabei das Schicksal der Vernichtung. Man braucht nur einem Kinde zuzusehen, um sich von der Intensität der Beißimpulse zu überzeugen, in welchen Nahrungstrieb und Libido noch zusammenwirken. Es ist das Stadium der kannibalischen Antriebe. Folgt das Kind den Reizen des Objektes, so gerät es zugleich in die Gefahr, ja in die Notwendigkeit, das Objekt zu vernichten. Damit beginnt die *Ambivalenz* das Verhältnis des Ich zum Objekt zu beherrschen. Die *sekundäre, oral-sadistische Stufe* bedeutet also in der Libidoentwicklung des Kindes den *Anfang des Ambivalenzkonfliktes*, während wir die primäre (Saug-) Stufe als *vorambivalent* bezeichnen müssen.

Dasjenige Stadium also, zu welchem die Libido des Melancholikers nach dem Eintritt des Objektverlustes regrediert, birgt in sich den Ambivalenzkonflikt in primitivster und dementsprechend in besonders schroffer, krasser Form. Die Libido droht dem Objekt Vernichtung durch Auffressen. Erst allmählich gewinnt der Ambivalenzkonflikt und

[27] Ophuijsen (1920).

[28] 1913 und 1914, Teil 1.

zugleich das Verhältnis zum Objekt mildere Formen. Die Ambivalenz aber haftet den Regungen der Libido auch während der folgenden Entwicklungsstadien an. Ihre Bedeutung auf der anal-sadistischen Stufe ist bereits gewürdigt worden. Aber auch im Aufbau der Neurosen, die auf der genitalen Organisationsstufe entstehen, tritt uns überall die Ambivalenz der Gefühlsregungen entgegen. Erst der normale Mensch, der sich von den infantilen Erscheinungen der Sexualität relativ am weitesten entfernt hat, ist im wesentlichen *ambivalenzfrei*. Seine Libido hat sozusagen ein *nachambivalentes Stadium* erreicht und damit die volle Fähigkeit zur Anpassung an die Objektwelt gewonnen.

Es wird nunmehr deutlich, daß *auch innerhalb der genitalen Organisationsphase zwei Stufen zu unterscheiden sind*, ganz wie im Bereich der beiden prägenitalen Phasen. Ich komme damit zu einem Ergebnis, das sich mit Freuds[29] kürzlich veröffentlichter Aufstellung einer »phallischen«, frühgenitalen Stufe vortrefflich zu decken scheint. Wir hätten somit im ganzen sechs Entwicklungsstufen anzunehmen. Ausdrücklich sei bemerkt, daß ich die obige Einteilung weder als endgültig noch als erschöpfend betrachte. Sie stellt nur eine Übersicht der fortschreitenden Organisation der menschlichen Libido dar, soweit die bisherigen psychoanalytischen Ergebnisse uns Einblicke in den langwierigen Prozeß ermöglicht haben. Ich muß aber betonen, daß der Übergang von der niederen zur höheren Stufe innerhalb jeder der drei großen Entwicklungsphasen keineswegs ein Vorgang von untergeordneter Bedeutung ist. Der Wechsel der dominierenden erogenen Zone ist uns in seiner Bedeutung für die normale psychosexuelle Entwicklung und für die Charakterbildung längst geläufig. In jeder der drei Epochen spielt sich ein Vorgang ab, der für die allmähliche Erreichung der vollkommenen Objektliebe von großem Belang ist. Innerhalb der oralen Epoche vertauscht das Kind die konfliktfreie, vorambivalente Einstellung seiner Libido gegen eine ambivalente und überwiegend objektfeindliche. Der Schritt von der älteren zur jüngeren anal-sadistischen Stufe bedeutet einen Übergang zur Schonung des Objektes. Innerhalb der genitalen Epoche wird endlich die Ambivalenz überwunden und damit die volle sexuelle wie soziale Brauchbarkeit erzielt.

Die Wandlungen im Verhältnis des Individuums zur Objektwelt sind hiermit keineswegs erschöpfend behandelt; sie werden vielmehr späterhin den Gegenstand einer gründlichen Untersuchung bilden.

[29] *I. Z., IX*, 1923 [*e*].

IV
Beiträge zur Psychogenese der Melancholie

Die vorstehenden Ausführungen haben uns verständlich werden lassen, warum die Ambivalenz des Trieblebens für den Melancholiker besonders ernste Konflikte mit sich bringt, die sein Verhältnis zum Liebesobjekt bis in die Tiefe erschüttern. Die Abwendung von demjenigen Objekt, um welches das gesamte Gefühlsleben des Patienten wie um ein Zentrum kreist, greift auf die Personen der engeren und weiteren Umgebung, ja auf die Menschheit im allgemeinen über. Selbst hier macht die Einziehung der Libido nicht halt, sondern sie teilt sich allem mit, woran der Kranke zuvor interessiert war; Beruf, Liebhabereien, Natur, wissenschaftliche und sonstige Interessen haben ihren Reiz für ihn verloren. Wir kennen eine ähnlich weitgehende Abwendung der Libido von der gesamten Außenwelt auch im Krankheitsbild der Dementia praecox (Schizophrenie), nur mit dem Unterschied, daß dort der Verlust aller Interessen mit stumpfer Gelassenheit aufgenommen wird, während der Melancholische diesen Verlust *beklagt*, ja mit Vorliebe seine Minderwertigkeitsgefühle mit ihm in Verbindung bringt.

Ein tieferes Eindringen in das Seelenleben des Melancholischen läßt uns aber erkennen, daß derselbe Mensch, der im Depressionszustand den Verlust aller Interessen beklagt, zu diesem Verlust prädisponiert war durch das besondere Maß von Ambivalenz in seinem Gefühlsleben. Seine Hingabe an Beruf, geistige Interessen usw. war lange Zeit vor dem ersten Ausbruch der Erkrankung von gewaltsamer, krampfhafter Art und trug somit die Gefahr eines plötzlichen Abbruches in sich. Doch die Wirkungen der Ambivalenz reichen im melancholischen Krankheitsprozeß noch weiter. Nachdem die Libidobesetzung vom Objekt zurückgezogen ist, wendet sie sich, wie wir bereits wissen, dem Ich zu, während gleichzeitig das Objekt dem Ich introjiziert wird. Das Ich hat nun alle Folgen dieses Vorganges zu tragen; es ist also fortan der Ambivalenz der libidinösen Antriebe schonungslos ausgesetzt. Nur oberflächliche Betrachtungsweise läßt uns glauben, der Melancholische sei allein von einer quälenden Selbstverachtung und einer ausschließlichen Sucht zur Selbstverkleinerung durchdrungen. Ein aufmerksames Studium lehrt uns, daß wir von unseren Patienten mit gleichem Recht das Gegenteil aussagen dürfen. Es wird sich später zeigen, *daß in dieser ambivalenten Einstellung zum Ich die Möglichkeit zum Wechsel melancholischer und manischer Zustände gelegen ist.* Für jetzt aber hat uns der Nachweis der ambivalenten Einstellung zum Ich zu beschäftigen, wie sie sich während der melancholischen Phase zeigt; nur auf diesem Wege nähern wir uns dem Verständnis der melancholischen Symptome.

Der klinischen Psychiatrie ist, soweit mir bekannt, diese wichtige psychologische Eigenart der Melancholie entgangen. Freud[30] hingegen hat sie erkannt. Wie er von den Patienten aussagt, sind sie »weit davon entfernt, gegen ihre Umgebung die Demut und Unterwürfigkeit zu bezeugen, die allein so unwürdigen Personen geziemen würde, sie sind vielmehr im höchsten Grade quälerisch, immer wie gekränkt und als ob ihnen ein großes Unrecht widerfahren wäre«. Die Tatsachen nötigen uns aber, über diese Feststellung noch hinauszugehen.

Es handelt sich hier um Erscheinungen, die naturgemäß von Fall zu Fall verschieden ausgeprägt sind. Ganz allgemein aber darf man sagen, der Melancholiker trage ein Gefühl der *Überlegenheit* in sich, das sich selbst im freien Intervall erweisen läßt. Es richtet sich gegen seine Familie, Bekannte, Berufsgenossen, ja gegen die Gesamtheit der Menschen. Besonders fühlbar wird es dem behandelnden Arzte. Einer meiner Patienten betrat mein Sprechzimmer stets mit einer überlegenen Pose, die sich in Körperhaltung und Mienenspiel äußerte. Besonders gern wird gegenüber den Ergebnissen der Psychoanalyse eine überlegene Skepsis zur Schau getragen. Bei einem anderen Patienten wechselte dieses Verhalten mit einer übertriebenen Demut; in letzterer Gemütsverfassung gab er sich beispielsweise der Phantasie hin, vor mir niederzufallen, meine Kniee zu umfassen und mich flehentlich um meine Hilfe zu bitten.

Bekannt ist die Unzugänglichkeit der Melancholischen für jeden Einspruch des Arztes gegen seine Ideengänge, besonders erweisen sich natürlich seine Wahnbildungen als resistent gegen solchen Einfluß. Ein Patient erklärte mir, er habe, wenn ihm von ärztlicher Seite Vorstellungen über das Unbegründete seiner Selbstanklagen gemacht worden seien, »nicht einmal die Worte gehört«. Was eine Phantasie zur Wahnvorstellung macht, ist der rein narzißtische Charakter des Denkvorganges, mit welchem auch die Unkorrigierbarkeit des Wahnes zusammenhängt. Neben dieser Determinierung ist noch eine zweite für das Verhalten des Melancholischen maßgebend: die Geringschätzung der anderen Menschen, die an seine Ideen den Maßstab der Realität anlegen.

Eine der auffallendsten Einseitigkeiten der klinischen Psychiatrie be-

[30] *I. Z.*, IV, S. 293 [1917*e*, S. 434/435].

steht darin, daß sie die krankhaften Vorstellungen der Melancholischen als »Kleinheitswahn« zu charakterisieren liebt. Tatsächlich schließt dieser »Kleinheitswahn« in sich eine ausgeprägte Selbstüberschätzung, namentlich hinsichtlich der Bedeutung und Wirkung der eigenen Gedanken, Affekte und Handlungen. Bezeichnend in diesem Sinne ist besonders die Vorstellung, der man bei manchem Melancholischen begegnet: er sei der größte Verbrecher, ja er habe alle Verbrechen seit Anbeginn der Welt begangen. In jeder solchen Wahnidee ist neben der introjizierten, dem Liebesobjekt geltenden Anklage die Tendenz enthalten, den eigenen Haß als überwältigend groß, sich selbst als ein Ungeheuer darzustellen.

So stehen im Bilde der Melancholie Ichliebe und Ichhaß, Selbstüberschätzung und Unterschätzung, mit anderen Worten: *Äußerungen eines positiven und eines negativen Narzißmus* einander schroff und unvermittelt gegenüber. Wir haben auch bereits Gesichtspunkte gewonnen, die uns dieses auffällige Verhältnis von Libido und Ich allgemein verständlich machen. Es erwächst uns nun eine weitere Aufgabe, nämlich die Ursachen einer so schweren Abweichung von der seelischen Norm aus dem Erleben des Patienten zu erklären. Wir sollen die Frage beantworten, wie der von Freud erschlossene psychologische Prozeß sich im Unbewußten des Patienten abspielt und welche Schicksale seine Libido auf diese Bahn gebracht haben. Mit anderen Worten: wir stehen vor dem Problem der Neurosenwahl, und wir haben uns zu fragen, warum unsere Kranken nicht Hysteriker oder Zwangsneurotiker, sondern eben Manisch-Depressive geworden sind. Eine endgültige Lösung des Problems zu erwarten, hieße freilich seine Schwierigkeit unterschätzen. Vielleicht aber dürfen wir eine gewisse Annäherung an das ferne Ziel erhoffen.

Daß eine Liebesenttäuschung das Vorspiel zu einer melancholischen Depression bildet, daran kann kein Zweifel bestehen. Die Psychoanalyse solcher Patienten, die mehrere depressive Zeiten durchgemacht haben, lehrt uns, daß jede neue Erkrankung an ein derartiges Erleben anknüpft. Es bedarf kaum der Betonung, daß es sich nicht etwa bloß um Erlebnisse im Sinne der landläufigen »unglücklichen Liebe« handelt, sondern daß der Anlaß zum »Objektverlust« keineswegs so klar zutage zu liegen braucht. Erst eingehende Analyse enthüllt uns die Zusammenhänge zwischen Erlebnis und Erkrankung. Regelmäßig erfahren wir dann, daß der Anlaß zur aktuellen Erkrankung nur darum eine pathogene Wirkung entfalten konnte, weil er vom Unbewußten des Patien-

ten als eine *Wiederholung* seines ursprünglichen traumatischen Erlebens in der Kindheit aufgefaßt und verwertet werden konnte. Die zwanghafte Tendenz zur Wiederholung des einmal Erlebten ist mir bei keiner anderen Neurosenform so stark erschienen wie bei der manisch-depressiven Erkrankung. Die Neigung zu häufigen Rückfällen der manischen oder depressiven Zustände legt einen deutlichen Beweis für die Macht des Wiederholungszwanges gerade bei unseren Kranken ab.
Es kann nicht die Absicht dieser Untersuchung sein, auf Grund einer sehr beschränkten Zahl von Psychoanalysen Allgemeines und Endgültiges über die Psychogenese der zirkulären Krankheitsformen festzustellen. Dennoch scheint das mir vorliegende Material gewisse Formulierungen zu gestatten, deren vorläufigen Charakter und Unvollständigkeit ich mir nicht verhehle. Ich glaube mich berechtigt, eine Reihe von Faktoren herauszuheben, wobei ich betonen muß, daß erst ihr Zusammenwirken die spezifischen Erscheinungen der melancholischen Depression hervorruft. Jeder für sich allein genommen, kann an der Entstehung einer beliebigen anderen Form der Psychoneurose mitwirken. Es kommen in Betracht:
1. *Ein konstitutioneller Faktor.* Gestützt auf klinisch-psychiatrische und besonders auf psychoanalytische Erfahrungen verstehe ich hierunter nicht eine direkte erbliche Übernahme der Neigung zu manisch-depressiver Erkrankung von der vorhergehenden Generation. Denn eine solche trifft nur für eine Minderheit von Krankheitsfällen zu. Unter den von mir analysierten Patienten mit melancholischen und manischen Zuständen im Sinne der strengen klinischen Diagnostik war kein einziger, in dessen Familie sich eine gleichartige psychische Störung ausgeprägter Art hätte nachweisen lassen; Neurosen anderer Art dagegen waren reichlich vertreten. Ich neige vielmehr zu der Annahme, daß eine *konstitutionelle Verstärkung der Munderotik* vorliegt, ähnlich wie in gewissen Familien die Analerotik primär überbetont zu sein scheint. Eine solche Anlage ermöglicht
2. *die besondere Fixierung der Libido auf der oralen Entwicklungsstufe.* Personen mit der angenommenen konstitutionellen Verstärkung der Munderotik sind äußerst anspruchsvoll in bezug auf die Befriedigung der bevorzugten erogenen Zone und reagieren auf jede Versagung in dieser Hinsicht mit großer Unlust. Ihre übergroße Saugelust erhält sich in mancherlei Formen auch späterhin. Das Essen, besonders die Kiefertätigkeit, ist abnorm lustbetont. Einer meiner Patienten schilderte spontan, welche Lust ihm das weite Aufsperren des Mundes bereite.

Andre schildern die Kontraktion der Kiefermuskeln als speziell lustvollen Vorgang. Die gleichen Patienten sind anspruchsvoll, ja unersättlich in bezug auf den Austausch oraler Liebesbeweise. Einer meiner Patienten war als kleiner Knabe so stürmisch in dieser Hinsicht, daß seine Mutter ihm nach längerer Duldung dieser Zärtlichkeiten ein Verbot gab, mit der ungeschickten Begründung, sie möge dergleichen nicht. Kurz darauf ertappte das wachsame Auge des Knaben sie beim Austausch von gleichen Zärtlichkeiten mit dem Vater. Dieses Erlebnis wirkte mit anderen Beobachtungen zusammen, um in dem Knaben ein ungeheures Maß von nachtragender Feindseligkeit zu erzeugen. Ein anderer Patient äußerte, beim Denken an seine Kindheit empfinde er immer einen faden Geschmack, wie von einer Schleimsuppe, die ihm damals sehr unsympathisch gewesen sei. In der Psychoanalyse ließ sich diese Geschmacksempfindung als ein Ausdruck seiner Eifersucht auf den nach ihm geborenen Bruder erkennen, den er an der Mutterbrust trinken sah, während er selbst zu jener Zeit Suppen und Brei genießen mußte. Diese ihm selbst verlorengegangene intime Beziehung zur Mutter war es, um die er den Bruder im tiefsten Grunde beneidete. In seinen Depressionszuständen trat eine in ihrer Stärke und Eigenart schwer beschreibliche Sehnsucht nach der Mutterbrust hervor. Verharrt die Libido im reifen Alter in solcher Fixierung, so ist damit eine der wichtigsten Vorbedingungen für die Entstehung melancholischer Depression gegeben.

3. *Schwere Verletzung des kindlichen Narzißmus durch zusammentreffende Liebesenttäuschungen.* Wir sind gewohnt, aus der Kindheitsgeschichte Neurotischer über Vorgänge zu erfahren, durch welche das Individuum in seinem Liebesbegehren enttäuscht wurde. Derartige Erlebnisse sind aber für sich allein nicht geeignet, den Grund zu einer melancholischen Erkrankung zu legen. In mehreren meiner Psychoanalysen Melancholischer fand sich mit auffallender Übereinstimmung die gleiche Konstellation in dieser Beziehung. Der Patient, der sich zuvor als Liebling seiner Mutter gefühlt hatte und ihrer Liebe sicher gewesen war, erlitt durch sie eine Enttäuschung, von deren erschütternder Wirkung er sich nur schwer erholen konnte. Fernere Erfahrungen gleicher Art ließen ihm den Verlust als unwiederbringlich erscheinen, zumal sich auch keine geeignete weibliche Person fand, auf welche die Libido übergehen konnte. Des weiteren aber scheiterte auch der Versuch einer Wendung zum Vater entweder sogleich oder später. In dem Kinde entstand so der *Eindruck des völligen Verlassenseins; an ihn knüpften*

sich die frühesten depressiven Anwandlungen. Eine später mitzuteilende Traumanalyse wird darüber volle Sicherheit bringen. Mit dieser *Enttäuschung von zwei Seiten* sind die immer wiederholten Versuche des Melancholikers, von einer Person des anderen Geschlechtes Liebe zu erlangen, aufs engste verknüpft.

4. *Eintritt der ersten großen Liebesenttäuschung vor gelungener Bewältigung der Ödipuswünsche.* Nach meinen übereinstimmenden Erfahrungen wirkt die geschilderte große Enttäuschung von seiten der Mutter besonders schwer und nachhaltig auf den Knaben, wenn seine Libido das narzißtische Stadium noch nicht hinlänglich überwunden hat. Die Inzestwünsche sind rege geworden, die Empörung gegen den Vater ist in vollem Gange; aber noch hat die Verdrängung keine Gewalt über die Ödipusantriebe gewonnen. Wird der Knabe mitten in seinem ersten großen Anlauf zur Objektliebe von dem geschilderten seelischen Trauma überrascht, so sind die Wirkungen besonders ernst. Und da die oralsadistischen Triebregungen noch nicht ausgeschaltet sind, so kommt es zu einer dauernden assoziativen Verknüpfung des Ödipuskomplexes mit der kannibalischen Stufe der Libidoentwicklung. Hierdurch wird die nachherige Introjektion beider Liebesobjekte, das heißt in erster Linie der Mutter, sodann auch des Vaters, ermöglicht.

5. *Wiederholung der primären Enttäuschung im späteren Leben* bildet den Anlaß zum Ausbruch einer melancholischen Verstimmung.

Wenn nun, wie wir annehmen müssen, die Psychogenese der Melancholie so eng mit Enttäuschungen verknüpft ist, die der Patient in seinem Liebesleben in frühester Zeit oder später erlitten hat, so werden wir bei ihm mit Recht die stärksten feindseligen Regungen gegen alle jene erwarten, die sein narzißtisches Liebesbegehren in so unheilvoller Weise gekränkt haben. Da aber allen späteren Enttäuschungen nur der Wert von Wiederholungen der ursprünglichen zukommt, so wird die gesamte Wut ob dieser Enttäuschungen im tiefsten Grunde *einer* Person gelten; derjenigen nämlich, die einmal dem Kinde die liebste war, dann aber aufhörte, in seinem Leben diese Rolle zu spielen. Seitdem uns Freud gezeigt hat, daß die auf das Ich des Melancholikers bezüglichen Vorwürfe im wesentlichen dem aufgegebenen Liebesobjekt gelten, werden wir darauf gefaßt sein, in der Selbstkritik des Melancholikers, besonders aber auch in seinen Wahnbildungen, die Anklagen gegen dieses Objekt wiederzufinden.

An dieser Stelle ist eines besonderen psychologischen Tatbestandes zu gedenken, welcher dem Anschein nach die Melancholie in einen Gegensatz zu anderen Neurosen stellt. Die ambivalente Gefühlseinstellung der von mir analysierten männlichen Patienten wandte sich nämlich mit ihren feindselig-kannibalischen Regungen vorwiegend gegen die *Mutter,* während doch in anderen neurotischen Zuständen vorzugsweise der Vater das Objekt feindlicher Tendenzen ist. Durch die bereits genauer charakterisierte Enttäuschung ist aber das zu jener Zeit noch stark ambivalente Gefühlsleben des Kindes so nachhaltig zuungunsten der Mutter beeinflußt worden, daß gegenüber dieser Feindschaft selbst die dem Vater geltende, aus Haß und Eifersucht entstandene Ablehnung verblaßt. Ich konnte bisher in jeder Psychoanalyse männlicher Melancholischer nachweisen, daß der *Kastrationskomplex* ganz überwiegend an die Mutter geheftet war, während sonst seine Beziehung zum Vater weit stärker betont zu sein pflegt. Aber diese Verbindung erwies sich als durchaus sekundärer Natur, auf einer Tendenz zur Umkehrung des Ödipuskomplexes beruhend. Die Feindschaft des Melancholischen gegen seine Mutter erweist sich bei gründlicher Analyse als dem Ödipuskomplex entnommen. Die Ambivalenz seiner Gefühle gilt in gleicher Weise beiden Eltern. Auch die Person des Vaters ist in den Prozeß der Introjektion einbezogen; in manchen Symptomen, wie z. B. in gewissen Selbstvorwürfen, ist die ursprüngliche Doppelbeziehung der Anklagen zu beiden Eltern erkennbar. Die früher getroffene Feststellung, daß der gesamte psychologische Vorgang in der Melancholie sich *vorwiegend* um die Mutter bewegt, wird hierdurch nicht geändert, sondern es wird nur die mehrfache Determinierung des Prozesses stärker hervorgehoben.

Faßt man in der Psychoanalyse die Selbstkritik und die Selbstvorwürfe, besonders auch die wahnhaften Selbstanklagen unserer Patienten schärfer ins Auge, so kann man zwei Formen unterscheiden, in welchen der Introjektionsvorgang seinen Ausdruck findet.

1. Der Patient hat sich das ursprüngliche Liebesobjekt, an welchem er sein *Ichideal* gebildet hatte, introjiziert. Es übernahm damit die Rolle des *Gewissens* in ihm, freilich eines pathologisch gestalteten. In vielen Einzelerscheinungen läßt sich nun erweisen, daß *die krankhafte Selbstkritik gleichsam von der introjizierten Person ausgeübt wird.*[31] Ein

[31] Kurz nach der Niederschrift dieses Teils meiner Arbeit erschien Das *Ich und das Es* von Freud [1923*b*]. In dieser Schrift findet sich eine so lichtvolle Darstellung des Vorganges, daß ich nur auf sie verweisen mag. Durch eine zusammenfassende Wiedergabe würde sie nur verlieren.

Patient pflegte sich selbst in unendlicher Wiederholung »abzukanzeln«, wobei er sich in *Tonfall und Ausdruck* genau an die Vorwürfe hielt, die er in der Kindheit von der Mutter oftmals gehört hatte.
2. Der *Inhalt* der Selbstvorwürfe stellt im Grunde eine schonungslose *Kritik des introjizierten Objektes* dar. Ein Patient pflegte über sich selbst mit den Worten zu urteilen: »Meine ganze Existenz ist auf Betrug aufgebaut.« Der Vorwurf erwies sich als determiniert durch gewisse Tatsachen im Verhältnis der Mutter zum Vater.

Wie diese Äußerungsformen der Introjektion ineinandergreifen, mag noch an einem Beispiel dargestellt werden. Der nämliche Patient erklärte sich selbst als völlig untüchtig, für das praktische Leben unbrauchbar. Es war dies – nach dem Ergebnis der Analyse – eine übertreibende Kritik des stillen, wenig aktiven Wesens seines Vaters. Die Mutter galt ihm, im Gegensatz zum Vater, als Vorbild praktischer Tüchtigkeit. Er selbst fühlte sich dem Vater ähnlich. So bedeutet also jene Selbstkritik ein abfälliges Urteil der introjizierten Mutter über den introjizierten Vater. Ein lehrreiches Beispiel für den zweiseitigen Introjektionsvorgang!
Unter dem nämlichen Gesichtspunkt wird eine von dem Patienten produzierte wahnhafte Selbstanklage verständlich. Als er während der letzten Depressionszeit in einer Anstalt untergebracht war, begann er eines Tages zu behaupten, er habe Läuse in die Anstalt eingeschleppt. Unter großer Aufregung, die ständig anwuchs, klagte er über die entsetzliche Verantwortung; das ganze Haus sei durch ihn verlaust worden. Er bemühte sich, dem Arzt Läuse zu demonstrieren; er erblickte solche in jedem Stäubchen oder Fäserchen. In der Analyse dieser Wahnidee erwies sich die symbolische Bedeutung der Läuse als besonders wichtig. Kleine Tiere stellen in der Symbolik des Traumes und aller sonstigen Phantasiegebilde kleine Kinder dar. Das Haus voller Läuse ist demnach das Haus (elterliche Haus des Patienten) voller Kinder. An die Geburt einer Reihe von jüngeren Geschwistern hatte sich in der Kindheit des Patienten der Entgang an mütterlicher Liebe angeschlossen. »Die böse Mutter, die sich anfänglich so liebevoll zu mir stellte, hat das ganze Haus voller Kinder gesetzt« – das ist eine der Determinierungen der introjizierten Anklage. Ziehen wir aber weiter in Betracht, daß das Haus zugleich ein Symbol der Mutter ist, dann wird der Vorwurf gegen den Vater wegen der Kinderzeugung erkennbar. So erscheinen auch in diesem Beispiel Anklagen gegen beide Eltern zu einer Selbstanklage verdichtet.

Hier muß bemerkt werden, daß nicht alle dem Liebesobjekt geltenden Vorwürfe in introjizierter Form zum Ausdruck kommen. Vielmehr gibt es neben dieser für die Melancholie spezifischen Form noch andere Darstellungsmittel, die auch während des Intervalls Anwendung finden.

Ein Patient war vor dem Ausbruch der ersten schweren Depression von einem zwanghaften Interesse für Prostituierte ergriffen; er brachte allnächtlich Stunden damit zu, die Mädchen auf den Straßen zu beobachten, ohne jemals in nähere Beziehungen zu ihnen zu treten. Nach dem Ergebnis der Analyse lag

hier eine zwanghafte Wiederholung bestimmter Beobachtungen vor, die er als Kind gemacht hatte. Die Dirne bedeutete eine herabsetzende Darstellung der Mutter, die dem Vater durch Blicke und Gebärden ihre sexuellen Wünsche zu erkennen gab. Die Gleichsetzung mit der Dirne ist also eine Rache des enttäuschten Sohnes; der Vorwurf lautet: »Du bist nur das sinnliche Weib, aber nicht die liebevolle Mutter!« – Die nächtlichen Gänge in den Straßen bedeuteten andererseits ein Sich-Gleichsetzen des Patienten mit der Dirne (Mutter); hier begegnen wir wiederum dem Vorgang der Introjektion.
In den Phantasien eines anderen Patienten wurde die Mutter als lieblos und grausam dargestellt. Die Verknüpfung des Kastrationskomplexes mit dem Weibe, das heißt mit der Mutter, war in diesem Fall besonders auffällig. So stellte der Analysand zum Beispiel in seinen Phantasien die Vagina als Rachen eines Krokodils dar — ein unzweideutiges Symbol der Kastration durch Beißen.

Will man die ganze Feindseligkeit des Melancholischen gegen seine Mutter, will man die Eigenart seines Kastrationskomplexes verstehen, so muß man sich an Stärckes Ausführungen über die Entziehung der Brust als »Urkastration«[32] erinnern. Die Rachsucht des Melancholischen verlangt, wie die Analyse vieler Symptome dartut, eine Kastration der Mutter, sei es an der Brust oder an dem ihr angedichteten Penis. Stets wählt seine Phantasie zu diesem Zweck den Weg des *Beißens*. Entsprechende Vorstellungen wurden bereits früher angeführt. Hier sei nur nochmals auf ihren ambivalenten Charakter verwiesen. Sie begreifen in sich die gänzliche oder teilweise Einverleibung der Mutter, also einen Akt positiven Begehrens, und zugleich ihre Kastration oder Tötung, also Vernichtung.
Wir haben bis hierher den Prozeß der Introjektion verfolgt und eine Anzahl seiner Folgeerscheinungen studiert. Wir dürfen zusammenfassend sagen, daß sich bei unseren Patienten an eine unerträgliche Enttäuschung durch das Liebesobjekt die Tendenz anschließt, es wie Körperinhalt auszustoßen und zu vernichten. Dann folgt die Introjektion, das Wiederfressen des Objektes, als spezifische Form der narzißtischen Identifizierung in der Melancholie. Die sadistische Rachsucht tobt sich nun in einer zum Teil lustvollen Selbstquälerei aus. Wir haben Grund anzunehmen, daß diese letztere so lange dauert, bis durch die Wirkung der Zeit und die allmähliche Sättigung des sadistischen Bedürfnisses *die Gefahr der Vernichtung* für das Liebesobjekt vorüber ist. Jetzt darf das Liebesobjekt sozusagen sein Versteck im Ich wieder verlassen; der Patient darf es in die Außenwelt zurückversetzen.
Von nicht geringem psychologischen Interesse erscheint mir nun der

[32] [Stärcke (1920).]

Nachweis, daß auch diese Befreiung vom Objekt im Unbewußten als ein *Entleerungsvorgang* bewertet wird. Einer meiner Patienten hatte zu der Zeit, als das Nachlassen der Depression evident wurde, einen Traum, in welchem er unter lebhaftem Gefühl der Befreiung einen in seinem Anus steckenden Pfropfen ausstieß.[33] *Dieser Ausstoßungsvorgang schließt den Prozeß der archaischen Trauer* ab, als welchen wir die melancholische Erkrankung betrachten müssen. Man darf mit Recht sagen, daß im Laufe einer Melancholie das Liebesobjekt gleichsam den psychosexuellen Stoffwechsel des Kranken passiere.

V

Das infantile Vorbild der melancholischen Depression

Wenn die vorstehenden Untersuchungen den Nachweis erbracht haben, daß die melancholische Depression in ihren tiefsten Gründen auf verstimmende Eindrücke der Kindheit zurückgeht, so muß uns die ursprüngliche gemütliche Reaktion des Kindes auf jene Traumen besonders interessieren. Wir nehmen mit gutem Recht an, es müsse eine Verstimmung von traurigem Charakter gewesen sein, aber es fehlt uns bisher sozusagen die lebendige Anschauung dieses seelischen Zustandes im Kindesalter. Besondere Umstände, von denen nunmehr die Rede sein soll, haben mir in einem Fall meiner Beobachtung erlaubt, einleuchtende Ergebnisse zu gewinnen.

Mein Patient befand sich nach voraufgegangener Depression seit längerer Zeit im freien Intervall und hatte eine Neigung zu einem jungen Mädchen gefaßt, als gewisse Vorkommnisse in ihm die – sachlich unberechtigte – Befürchtung erweckten, er sei von einem neuen Liebesverlust bedroht. Zu dieser Zeit träumte er während mehrerer Nächte von einem Zahnausfall, einem für uns durchsichtigen symbolischen Vorgang, der zugleich die Angst vor der Kastration und vor dem Objektverlust (körperliche Ausstoßung!) darstellte. In einer Nacht hatte er nun nach dem Zahntraum noch einen weiteren Traum folgenden Inhaltes:

»Ich war irgendwie mit der Frau des Herrn Z. zusammen. Im Laufe des Traumes war ich irgendwie in einen Bücherdiebstahl verwickelt. Der Traum war lang. Besser als der Inhalt ist mir die quälende Stimmung des Traumes erinnerlich.«

Herr Z., ein Bekannter des Patienten, ist periodischer Trinker. Seine Frau leidet sehr unter ihm, wovon mein Patient am Tage vor dem Traume wieder

[33] Auf die Überdeterminierung des Symbols (im passiv-homosexuellen Sinne) kann nur nebenbei verwiesen werden.

erfahren hatte. Dies ist der Anknüpfungspunkt des Traumes an das Tagesleben. Der Bücherdiebstahl ist ein Symbol des Raubes der Mutter, die dem sie quälenden Vater abgenommen wird, zugleich aber auch ein Symbol der Kastration des letzteren. Also ein einfacher Ödipustraum, der inhaltlich nur dadurch von einigem Interesse ist, weil der *Diebstahl* das aktive Gegenstück zum Verlust des Zahnes im anderen Traum der gleichen Nacht darstellt. Die Bedeutung des Traumes für die Analyse des Patienten lag nicht so sehr in seinem Inhalt an Ereignissen wie in der schon erwähnten *Stimmung*. Der Patient erklärte nämlich, nach dem Erwachen den Einfall gehabt zu haben, daß ihm diese Stimmung bekannt sei. Er kenne sie aus einem bestimmten Traume, den er im Alter von etwa fünf Jahren wiederholt geträumt habe.

Bisher sei ihm während der langen Dauer der Psychoanalyse nie eine Erinnerung an diesen Traum gekommen. Jetzt aber sei er ihm ganz deutlich und falle ihm wiederum durch die entsetzlich quälende Stimmung auf. Der Traum wurde wie folgt erzählt:

»Ich stehe vor dem Hause meiner Eltern in meinem Geburtsort. Da kommt ein Zug von Lastwagen die Straße herauf, welche ganz still und menschenleer ist. Jeder der Wagen ist zweispännig. Neben den Pferden geht ein Fuhrmann, der mit der Peitsche schlägt. Der Wagen hat hohe Wände, so daß sein Inhalt nicht zu sehen ist; er hat etwas Geheimnisvolles an sich. Unter dem Boden des Wagens aber hängt ein gefesselter Mann, der an einem Strick mitgeschleift wird. Er hat den Strick um den Hals und kann nur in großen Abständen mit Mühe ein wenig Atem holen. Der Anblick des Menschen, der nicht leben und nicht sterben kann, ergreift mich sehr. Mit Schrecken sehe ich dann, daß diesem ersten Wagen zwei weitere folgen, die dasselbe entsetzliche Schauspiel noch einmal darbieten.«

Die Analyse dieses Traumes ging unter außerordentlichen Widerständen vor sich und nahm während mehrerer Wochen unsere gesamte Zeit in Anspruch. Der Patient stand während dieses Teiles der analytischen Arbeit unter dem Eindruck der »quälenden Stimmung« des Traumes, welchen er einmal sehr bezeichnend eine »Höllenszene« nannte.

Die Traumanalyse führte zunächst zur Erkennung des Fuhrmanns als Vertreter des Vaters, den der Patient immer als abweisend und hart geschildert hatte; das Schlagen der Pferde weist in dieser oberflächlichen Schicht auf die vielen erlittenen Züchtigungen hin. Im Traum möchte der Patient nach seiner eigenen Angabe Einspruch erheben, sowohl gegen das Schlagen der Pferde als gegen die schreckliche Behandlung des Gefesselten, fühlt sich aber zu sehr eingeschüchtert. Seine Anteilnahme verrät die Identifizierung der eigenen Person mit dem Unglücklichen. Es wird klar, daß der Träumer selbst mindestens in drei Gestalten dargestellt ist: als Zuschauer, als Pferd und als der Gefesselte.

Hier brach die Deutung zunächst ab, weil in der folgenden Analysenstunde ein neuer Traum die Aufmerksamkeit auf sich zog; er handelte von dem bereits erwähnten jungen Mädchen, das wir »E.« nennen wollen. Er lautet:

»Ich sehe einen Teil von E.s Körper nackt, und zwar nur den Leib; Brüste und Genitalgegend sind verdeckt. Der Leib bildet eine glatte Fläche, ohne Nabel. Da, wo der Nabel sein müßte, wächst auf einmal etwas hervor wie ein männliches Organ. Ich berühre es und frage E., ob es empfindlich sei. Es schwillt nun etwas an. Darauf erwache ich mit Schrecken.«

Der Traum, dessen Analyse verschiedentlich unterbrochen und wieder aufgenommen wurde, stattet den weiblichen Körper wie den eines Mannes aus; der Träumer erschrickt vor dem Anschwellen des weiblichen Penis. Als weitere Determinierung aber ergibt sich das Interesse an der Brust (der Leib mit dem anschwellenden Auswuchs!), so daß hier eine weibliche Person in ihrer körperlichen Gesamtheit als Brust dargestellt wird. Der Traum wird noch verständlicher, wenn man berücksichtigt, daß E. dem Patienten das Ideal der Mütterlichkeit bedeutet. So wird auch in diesem Falle die tiefe Sehnsucht des Melancholikers nach dem glücklichen Zustand an der Mutterbrust erkennbar. Andere Determinierungen des Traumes werden hier beiseite gelassen.

Zu dem aus der Kindheit stammenden Traum zurückkehrend, vergleicht der Patient den Eindruck der Szene mit dem versteinernden Anblick des Medusenhauptes.[34] Die Schreckwirkung finden wir sowohl in diesem alten als auch in dem soeben kursorisch gedeuteten Traum.

Über eine Serie von Kindheitseindrücken – darunter der Anblick eines Erhängten – führen die Assoziationen zu den schon früher analysierten Beobachtungen der Kindheit, die sich auf das Eheleben der Eltern bezogen. Es wird klar, daß der mit der Peitsche schlagende Fuhrmann den Vater im Verkehr mit der Mutter darstellt (»Schlagen« in typischer Symbolbedeutung), sodann aber stellt sich der Gehängte als ein Mensch heraus, der im Koitus in der Lage des Succubus erdrückt wird. (Atembeklemmung!) Die Umkehrung der beobachteten Situation (der Mann unten!) wird deutlich.

In den folgenden Tagen war die Stimmung vielfach deprimiert und erinnerte an diejenige in dem alten Traum. Ohne von diesem vorher gesprochen zu haben, tat der Patient eines Tages die Äußerung, er komme sich vor, »wie ein fünfjähriger Knabe, der sich irgendwo verirrt hat«, so als müsse er Schutz suchen und finde doch keinen. Gleich darauf nannte er die Depression »infernalisch«, so wie er jenen alten Traum bereits als *Höllenszene* bezeichnet hatte. Die Wahl des Ausdruckes deutete aber nicht nur auf die Furchtbarkeit seines Leidens hin, sondern auf eine besondere Tatsache beim Ausbruch der letzten großen Depression. Diese begann nämlich im unmittelbaren Anschluß an die Lektüre eines Buches, der *Hölle* von Barbusse, von dem hier nur erwähnt zu werden braucht, daß es die *Beobachtung intimer Szenen enthält;* diese spielen sich in einem Zimmer ab und werden vom *Nachbarzimmer* aus gesehen. Damit war ein Hinweis auf die Situation gewonnen, an welche sich in der Kindheit des Patienten die großen Affektstürme angeschlossen hatten. Wie sehr der Patient in jenen Tagen unter dem sich wiederholenden Eindruck des kindlichen Schreckens stand, mag ein kleines Vorkommnis beweisen. Er hörte seine Eltern ein paar Worte leise zueinander sagen. Er erschrak und machte »automatisch« den Versuch, eine aufkommende Erinnerung »an etwas Schreckliches« wegzudrängen. Das gleiche heftige Sträuben bemerkte er sodann bei jedem Gedanken an den Gebundenen im Traum. In den folgenden Tagen brachte die Analyse eine Anzahl jener verdrängten Beobachtungen ans Licht. Der Affekt milderte sich, besonders nahm das Grauen vor dem Ge-

[34] Man vergleiche hierzu Freuds Analyse dieses Sagenstoffes [1913*d*].

fesselten ab. Und damit tauchte greifbar deutlich ein Gesamtbild der kritischen Kindheitsepoche auf. »Ich habe schon als Kind immer um etwas getrauert. Ich war immer ernst, nie unbefangen. Auf meinen Kinderbildern erscheine ich schon nachdenklich und traurig.«
Unter Übergehung vieler Einzelheiten der Traumanalyse erwähne ich nur noch die folgenden: Zu dem »Gehängten« zurückkehrend, äußerte der Patient eines Tages: »Sein Kopf war in der Nähe des Nabels befestigt«; er wollte damit die Mitte des Wagens bezeichnen! Eine Reihe von Assoziationen ließ es nun evident werden, daß das Unbewußte des Patienten eine kindliche Sexualtheorie barg, nach welcher der vermutete Penis des Weibes im Nabel versteckt war. Nun konnte die Analyse auf den Traum vom weiblichen *Leib ohne Nabel*, aus dem dann ein Penis wuchs, zurückgreifen. Im Traum aber ließ sich als hauptsächlicher Antrieb der Wunsch erweisen: »Die Mutter soll dem Vater zurückgeben, was er ihr (durch den Koitus) und mir (durch die Prügel) getan hat. Sie soll sich auf ihn werfen, wie sonst er auf sie und soll ihren versteckten Penis dazu benützen, um den unter ihr Liegenden zu strangulieren.«
In den folgenden Tagen geschah es einmal, daß der Patient einen Verwandten sah, der für ihn aus bestimmten Gründen eine dem Vater ähnliche Bedeutung hatte. Plötzlich ertappte er sich bei der Phantasie, er könne diesen Mann in irgendeinen dunklen Hauseingang drängen und dort mit den Händen *erwürgen* – eine für uns durchsichtige Darstellung der Ödipustat und zugleich eine Anspielung auf die »Erstickung« im Koitus. In diesem Zusammenhang sei noch erwähnt, daß der Patient in der vergangenen Depression ernstliche Vorbereitungen getroffen hatte, um sich mit einem Strick zu erhängen.

Soweit ein Ausschnitt aus der Analyse eines Traumes, der die Möglichkeit gab, die Stimmung des Patienten in dem frühen Alter von fünf Jahren in anschaulicher Weise zu rekonstruieren. Ich möchte von einer *Urverstimmung* sprechen, die dem Ödipuskomplex des Knaben entstammt. Die Sehnsucht des Kindes, die Mutter zur Bundesgenossin im Kampf gegen den Vater zu gewinnen, wird in eindrucksvoller Weise offenbar. Die Enttäuschung über die Zurückweisung der eigenen Zärtlichkeit summiert sich zu den aufregendsten Eindrücken des elterlichen Schlafzimmers. Furchtbare Rachepläne gären in dem Knaben und sind doch durch die Ambivalenz seiner Gefühle zur praktischen Aussichtslosigkeit verurteilt. Weder zu einer ganzen Liebe noch zu einem ungebrochenen Haß befähigt, verfällt das Kind einem Gefühl der Hoffnungslosigkeit. In den folgenden Jahren macht das Kind immer erneute Versuche zu erfolgreicher Objektliebe. Jeder Mißerfolg auf diesem Wege zieht einen seelischen Zustand nach sich, der eine getreue Wiederholung der Urverstimmung darstellt. Es ist der Zustand, den wir als Melancholie bezeichnen.

Ein Beispiel mag noch beleuchten, wie der Melancholische auch in den freien Zwischenzeiten stets gewärtig ist, von neuem enttäuscht, verraten oder verlassen zu werden. Ein Patient, der sich längere Zeit nach Ablauf einer Depression verheiratet hatte, erwartete – ohne jeden tatsächlichen Anlaß – die künftige Untreue seiner Frau als etwas Selbstverständliches. Als einmal von einem im gleichen Hause wohnenden Mann die Rede war, der um einige Jahre jünger war als er selbst, war seine erste Assoziation: Mit ihm wird mich meine Frau betrügen! Die Analyse erwies, daß die Mutter dem Patienten die Treue gebrochen hatte, indem sie den um einige Jahre jüngeren Bruder »bevorzugte«, d. h. ihn an der Brust ernährte. Dieser Bruder nahm im Ödipuskomplex des Patienten die Stelle des Vaters ein. Die Einzelerscheinungen der verschiedenen depressiven Perioden des Patienten wiederholten getreulich alles, was an Haß, Wut und Resignation, an Gefühlen des Verlassenseins und der Hoffnungslosigkeit bereits der infantilen Urverstimmung ihr Gepräge gegeben hatte.

VI
Die Manie

In der vorliegenden Untersuchung ist die manische Phase der zyklisch verlaufenden Erkrankungen bisher zurückgetreten gegenüber der melancholischen. Dies erklärt sich zu einem Teil aus dem mir zur Verfügung stehenden Material an Beobachtungen. Dazu kommt die Tatsache, daß die Melancholie auf psychoanalytischem Wege verständlich gemacht werden kann, ohne daß wir den psychischen Prozeß der Manie näher kennen. Die letztere dagegen dürfte uns ihre Geheimnisse nicht preisgeben, wenn wir nicht bereits im Besitze eines Schlüssels sind, den uns die Analyse der Depression geliefert hat. So erklärt sich auch wohl die Tatsache, daß in den Forschungen Freuds die depressiven Zustände vor den manischen eine recht weitgehende Aufklärung gefunden haben. Ich muß im voraus bekennen, daß ich in diesem Kapitel die von Freud gewonnenen Einsichten nur in einigen wenigen Beziehungen weiterführen oder vervollständigen kann.
Der klinischen Psychiatrie hat sich immer der Vergleich der Manie mit einem Rauschzustand aufgedrängt, der alle vorher bestehenden Hemmungen beseitigt. In einer seiner neuesten Veröffentlichungen (*Massenpsychologie*[35]) hat Freud dem manischen Prozeß eine Erklärung gegeben, die zumindest sein Verhältnis zur melancholischen Depression verständlicher macht. Ein wesentlicher Unterschied beider Zustände liegt in dem abweichenden *Verhältnis zum Ichideal.*

[35] [Freud (1921c).]

Das Ichideal wird nach Freuds Darstellung gebildet, indem die Objekte der kindlichen Libido dem Ich des Kindes introjiziert werden. Sie bilden nun einen Bestandteil des Ichs. Das Ichideal übernimmt jene das Verhalten des Ichs kritisierenden Funktionen, die das Individuum zum sozialen Wesen machen; unter ihnen ist für den uns beschäftigenden Zusammenhang besonders das *Gewissen* hervorzuheben. Das Ichideal gibt somit dem Ich alle Anweisungen für sein Tun und Lassen, die es einstmals von den erziehenden Personen empfing.

Diese kritisierende Tätigkeit des Ichideals sehen wir in der Melancholie zu grausamer Härte gesteigert. In der Manie hingegen finden wir nichts von solch unerbittlicher Kritik am Ich. Im Gegenteil nehmen Selbstgefälligkeit und Kraftgefühl den Platz ein, an welchem wir vorher Minderwertigkeitsgefühle und Kleinheitswahn fanden. Einer meiner Patienten, der sich im Depressionszustand jede intellektuelle Fähigkeit, ja das einfachste praktische Können abgesprochen hatte, wurde im Beginn einer reaktiven Hypomanie alsbald zum Erfinder. Der Manische schüttelt somit die Herrschaft des Ichideals ab. Dieses letztere steht dem Ich nicht mehr kritisierend gegenüber, sondern es hat sich im Ich aufgelöst. Damit ist der Gegensatz zwischen Ich und Ichideal aufgehoben. In diesem Sinne hat Freud[36] die manische Stimmung als einen Triumph über das einstmals geliebte, dann aufgegebene und introjizierte Liebesobjekt aufgefaßt. Der »Schatten des Objektes«, der auf das Ich gefallen war, ist wieder von ihm gewichen. Befreit atmet das Individuum auf und gibt sich einem förmlichen Freiheitsrausch hin. Wir erinnern uns hier unserer früheren Ermittlung, daß der zirkuläre Kranke zum eigenen Ich in hohem Grade ambivalent eingestellt ist. Wir können Freuds Feststellung dahin ergänzen, daß die Einziehung des Ichideals dem Narzißmus gestattet, in eine positive, lustvolle Phase einzutreten.

Wird das Ich nun nicht mehr vom einverleibten Objekt aufgezehrt, so wendet sich die Libido mit einer auffälligen Gier der Objektwelt zu. Vorbildlich für die mannigfachen Erscheinungen dieser Umstimmung ist das *gesteigerte orale Begehren,* das ein Patient bei sich selbst mit »Freßsucht« bezeichnete. Es beschränkt sich nicht auf die Nahrungsaufnahme; »verschlungen« wird alles, was dem Patienten in den Weg kommt. Die erotische Begehrlichkeit des Manischen ist bekannt. Aber mit gleicher Gier nimmt er neue Eindrücke in sich auf, denen er sich in

[36] [1917*e*.]

der Melancholie verschlossen hatte. Fühlte sich der Patient in der depressiven Phase von der Objektwelt wie ein Enterbter ausgeschlossen, so verkündet der Manische gleichsam, er könne alle Objekte in sich aufnehmen. Dem *lustvollen Aufnehmen* neuer Eindrücke entspricht bezeichnenderweise aber auch ein ebenso rasches und *lustbetontes Wiederausstoßen* des kaum Aufgenommenen. Wer die Assoziationen eines Manischen beobachtet, erkennt die stürmisch verlaufende Aufnahme neuer Eindrücke und ihre Wiederausstoßung im *ideenflüchtigen Rededrang*. War in der Melancholie das eine introjizierte Objekt eine einverleibte Speise, die endlich wieder ausgestoßen wurde, so sind nunmehr *alle* Objekte dazu bestimmt, in eiligem Tempo durch den »psychosexuellen Stoffwechsel« des Kranken hindurchzugehen. Die Identifizierung der ausgesprochenen Gedanken mit Kot ist in den Assoziationen der Patienten unschwer festzustellen.

Während Freud nun die psychologische Verwandtschaft der Melancholie mit der normalen Trauer hervorgehoben und begründet hat, vermißt er im normalen Seelenleben einen Vorgang, der dem Umschlag der Melancholie in Manie entspricht. Ich glaube mich nun berechtigt, auf ein solches Analogon im normalen Seelenleben hinzuweisen. Es handelt sich um eine Erscheinung, die man in Fällen normaler Trauer beobachten kann und deren allgemeine Gültigkeit ich vermute, ohne sie vorläufig erweisen zu können. Man beobachtet nämlich, daß der Trauernde, der mit Hilfe der »Trauerarbeit« allmählich seine Libido von dem Verstorbenen ablöst, zugleich mit dem Gelingen dieser Ablösung ein *gesteigertes sexuelles Begehren* spürt. Dieses kommt auch in sublimierter Form zum Ausdruck durch erhöhte Unternehmungslust, Erweiterung des geistigen Interessenkreises usw. Die Steigerung des libidinösen Begehrens kann, je nach dem individuellen Ablauf der Trauerarbeit, kürzere oder längere Zeit nach dem erlittenen Objektverlust einsetzen.

Auf dem Psychoanalytischen Kongreß (1922), dem ich unter anderem auch diese Auffassung vorlegte, machte Róheim seine inzwischen im Druck erschienenen Mitteilungen über primitive Trauerriten[37], die keinen Zweifel darüber lassen, daß ethnologisch der Trauer ein Ausbruch der Libido folgt. Róheim hat in überzeugender Weise nachgewiesen, daß die Beendigung der Trauer in einem abermaligen symbolischen Töten (und Fressen) des Verstorbenen besteht, das aber nunmehr unter

[37] Róheim (1923 [a]).

unverkennbarer und unverhohlener Lust erfolgt. Die Wiederholung der Ödipus-Untat beendet die Trauer der Primitiven.
Die der pathologischen Trauer – Melancholie – nachfolgende Manie enthält nun die nämliche Tendenz zu nochmaligem Einverleiben und Wiederausstoßen des Liebesobjektes, ganz wie Róheim sie in den primitiven Trauerriten nachwies. Die im Vorstehenden geschilderte Steigerung der libidinösen Strebungen am Schluß der normalen Trauer erscheint somit als eine blasse Wiederholung der archaischen Trauerbräuche.

Bei einem meiner Patienten riefen in vorgeschrittenem Stadium der Psychoanalyse gewisse Erlebnisse eine Verstimmung hervor, die bedeutend leichter als die früheren Depressionszustände v rlief und in wesentlichen Zügen den Zwangszuständen angenähert[38] war. Diesem Zustand folgte eine ganz leichte manische Schwankung. Als sie nach wenigen Tagen abgeklungen war, berichtete der Patient, er habe während dieser kurzen Periode das Bedürfnis nach einem Exzeß gespürt. »Ich hatte den Gedanken, ich müsse viel Fleisch essen, ja – mich einmal in Fleisch ganz satt und dumm essen!« Er habe sich das wie einen Rausch oder eine Orgie vorgestellt.
Hier wird es ganz deutlich, daß die Manie im tiefsten Grunde eine Orgie von kannibalischem Charakter darstellt. Die Äußerung des Patienten ist ein schlagender Beweis zugunsten der Auffassung Freuds[39], nach welcher die Manie ein vom Ich gefeiertes Fest der Befreiung darstellt. Und dieses Fest wird in der Phantasie durch ein Schwelgen im Fleischgenuß begangen, dessen kannibalische Bedeutung nach den vorausgegangenen Erörterungen wohl kaum einem Zweifel unterliegen kann.

Wie die Melancholie, so bedarf auch die reaktive, manische Verstimmung eines gewissen Zeitraumes, um sich auszutoben. Ganz allmählich sinken die narzißtischen Ansprüche des Ichs, werden größere Libidoquantitäten zur Übertragung auf die Objektwelt freigegeben. Es kommt so nach Abklingen beider Phasen zu einer relativen Annäherung der Libido an die Objekte; daß sie unvollkommen bleibt, wurde im Kapitel über das Verharren der Libido auf der anal-sadistischen Stufe bereits eingehend nachgewiesen.
Eine Frage, die schon mit Bezug auf die Melancholie erörtert wurde, muß auch hier noch einmal gestreift werden. Freud hat in einleuchtendem Vergleich die Manie als ein *Fest* dargestellt, welches vom Ich gefeiert wird. Er hat dieses Fest mit der Totem-Mahlzeit der Primitiven, d. h. also mit dem »Urverbrechen« der Menschheit in Verbindung

[38] Bezüglich solcher Umwandlungen enthält das folgende Kapitel einige weitere Angaben
[39] [1917*e*.]

gebracht, das in der Tötung und Verspeisung des Urvaters besteht. Ich muß nun darauf hinweisen, daß die kriminellen Phantasien in der Manie vorwiegend der Mutter gelten. In frappanter Weise kam das bei einem Patienten zum Ausdruck, der sich in der manischen Erregung mit dem Kaiser Nero wahnhaft identifizierte. Er gab später als Begründung an, daß Nero seine eigene Mutter getötet, übrigens auch den Plan gefaßt habe, die Stadt Rom – als Symbol der Mutter – zu verbrennen. Es sei daher auch hier wieder bemerkt, daß diese der Mutter zugewandten Regungen des Sohnes sekundärer Natur sind; sie gelten primär dem Vater, wie sich in der betreffenden Analyse auch klar erweisen ließ.

Die der Melancholie folgende reaktive Exaltation wird uns somit zu einem Teil als ein lustvolles Sich-Hinwegsetzen über die vorher bestehende qualvolle Beziehung zum introjizierten Liebesobjekt. Wir wissen aber, daß eine Manie auch auftreten kann, ohne daß eine Melancholie vorausgegangen ist. Wir vermögen auch diesem Hergang ein gewisses Verständnis abzugewinnen, wenn wir uns nur der Ergebnisse des vorigen Kapitels erinnern. Es wurde nachgewiesen, daß sich an bestimmte seelische Traumen der frühen Kindheit ein Zustand anschließt, den wir als die »Urverstimmung« bezeichneten. Die »reine« Manie, welche sich oftmals periodisch wiederholt, scheint mir nun ein Abschütteln der Urverstimmung darzustellen, dem keine Melancholie im klinischen Sinne vorausging. Da ich über keine einschlägige Psychoanalyse verfüge, so vermag ich über diesen Vorgang selbst nichts Näheres auszusagen.

Diese Abhandlung ging vom Vergleich der Melancholie mit der Zwangsneurose aus. Zu unserem Ausgangspunkt noch einmal zurückkehrend, sind wir nunmehr in der Lage, den Unterschied in der Verlaufsweise der beiden Krankheitszustände zu erklären. Der akut einsetzende, intermittierende und rezidivierende Verlauf der manisch-depressiven Zustände entspricht einer Ausstoßung des Liebesobjektes, die in gewissen Zeitabständen wiederholt wird. Der mehr chronische und remittierende Verlauf der Zwangszustände entspricht der überwiegenden Tendenz zum Festhalten des Objektes.

Im Sinne der Ausführungen von Freud und Róheim können wir sagen: Wir finden in den beiden Krankheitsformen eine verschiedenartige psychische Einstellung zur unterlassenen Begehung des Urverbrechens. In der Melancholie und Manie wird es von Zeit zu Zeit auf psychischem Gebiet zur Ausführung gebracht, ganz wie es bei den Totem-Festen der Primitiven in Form eines Zeremoniells geschieht. In der Zwangsneurose

beobachten wir ein ständiges Ankämpfen gegen die Begehung der Ödipus-Untat. Die Angst des Zwangsneurotikers zeugt von seinen Impulsen zu ihrer Ausführung, zugleich aber auch von der stets wieder überwiegenden Hemmung dieser Impulse.
Weder die Probleme der Melancholie noch diejenigen der Manie haben im Vorstehenden eine erschöpfende Lösung erfahren. Die bisherige psychoanalytische Empirie gestattet uns eine solche noch nicht. Es sei aber daran erinnert, daß diese Abhandlung nicht in erster Linie der psychologischen Aufklärung dieser beiden seelischen Störungen gewidmet ist. Sie versucht vielmehr, bestimmte, bei manisch-depressiven Kranken erhobene Befunde für die Sexualtheorie nutzbar zu machen. Dieses Kapitel möge also mit dem nochmaligen Zugeständnis schließen, daß das Problem der Neurosenwahl für die zirkulären Zustände noch seiner endgültigen Lösung harrt.

VII
Die psychoanalytische Therapie der manisch-melancholischen Zustände

Die Aufgabe einer idealen Therapie der Melancholie ist nach den vorausgegangenen Erörterungen leicht zu umschreiben. Sie bestände darin, die regressiven Antriebe der Libido aufzuheben und an ihrer Statt eine Progression der Libido zur vollen Objektliebe und zur genitalen Organisation zu bewerkstelligen. Ist diese Aufgabe in irgendeinem Umfange mit Hilfe der Psychoanalyse lösbar? Diese Frage zu beantworten, soll hier versucht werden, lediglich unter Berufung auf die bereits vorliegenden Erfahrungen. Denn ein voreiliger therapeutischer Optimismus auf psychoanalytischer Seite wäre hier ebenso unangebracht wie der herkömmliche Nihilismus der klinischen Psychiatrie.
Schon 1911 habe ich darauf aufmerksam gemacht, daß die zum Erfolg der Therapie notwendige *Übertragung* beim Melancholiker wenigstens in gewissen Stadien, vornehmlich aber im freien Intervall, in einem Umfang herzustellen sei, der den Versuch der Therapie gestatte. Ich habe auch die letzten Psychoanalysen Melancholischer, einem Rate Freuds folgend, begonnen, als sie sich im Übergangsstadium von der Depression zum freien Intervall befanden. Es ist also eine glatte Selbstverständlichkeit, daß ich das weitere Abklingen der melancholischen

Symptome nicht etwa der eingeleiteten Therapie zuschreiben werde. Dieser Vorgang, der sich in jedem Fall spontan abspielt, aber dem Patienten niemals die Erreichung voller Objektliebe – dieses Kriterium wirklicher psychischer Gesundheit – zum Geschenk macht, erscheint mir überhaupt nicht das Ziel psychoanalytischer Therapie zu sein. Ihre Aufgabe habe ich bereits skizziert. Sie müßte dem Patienten in erster Linie eine Herstellung über das Ergebnis der einfachen Symptomheilung hinaus gewähren, zugleich aber ihm einen Schutz gegen erneute Erkrankung bieten. Die Erreichung des ersteren Zieles müßte sich durch vielerlei Veränderungen im gesamten Seelenleben des Patienten kundtun, wie sie zuvor im freien Intervall spontan nicht eintraten. In dieser Beziehung wäre also die Wirkung der Therapie objektiv festzustellen. Dagegen bedürfte man eines langen Zeitraumes und ständiger sorgfältiger Beobachtung, um aussagen zu können, ob die Verhütung neuer Erkrankung geglückt sei.

Die neuerdings von mir ausgeführten Psychoanalysen Melancholischer sind noch nicht zum Abschluß gelangt, so daß also eine Voraussage über die Dauerwirkung der Therapie gänzlich entfällt. Ich kann also nur eine Aufzählung derjenigen Wirkungen geben, die mit unanfechtbarem Recht der Behandlung zuzuschreiben sind. Ich nenne in dieser Hinsicht:

1. Die Fähigkeit des Patienten zur »Übertragung« nimmt manchmal sichtbar zu im Anschluß an ein bestimmtes Stück der Analyse. Bei dem Patienten, dessen Kindheitstraum ich im fünften Kapitel besprach, änderte sich unter dem Einfluß dieses Teiles seiner Analyse das gesamte Verhalten zum Arzt. Wir wissen aber, daß die geglückte Übertragung auf den Arzt eine Vorbedingung wichtiger Veränderungen ist.

2. Das narzißtisch-ablehnende Verhalten zu bestimmten Personen oder zur gesamten Umgebung und die heftige Reizbarkeit dieser gegenüber treten in einer Weise zurück, die früher im Intervall nie erreicht wurde.

3. In einem Falle wurde die Einstellung zum weiblichen Geschlecht weitgehend geändert. Das obsedierende Interesse für Dirnen schwand. Die Libido konnte allmählich in einer durchaus normalen Weise einer bestimmten Person zugewandt werden. Nach einer Menge mißglückter Versuche der erste Erfolg dieser Art im Leben des Patienten!

4. Der gleiche Patient hatte früher auch im Intervall die eigene Minderwertigkeit in selbstquälerischer Weise betont. Als die Analyse des Introjektionsvorganges zu einem großen Teil geglückt war, überraschte der Patient mich mit dem Zugeständnis einer großen Erleichterung; wie er

sich ausdrückte, hatte er aufgehört, sich für ein »Monstrum« zu halten. Diese vor etwa dreiviertel Jahren eingetretene Veränderung ist seither bestehen geblieben.

5. *Das wichtigste Kriterium scheinen mir die passageren Neubildungen von Symptomen darzustellen.* Wie früher erwähnt, haben die Patienten im freien Intervall öfter leichte Verstimmungen, die aber alle wesentlichen Kennzeichen der Melancholie bezw. Manie aufweisen. Die zwei seit mehr als eineinhalb Jahren von mir behandelten Patienten waren nun wiederholt starken, von außen kommenden Gemütserschütterungen ausgesetzt, wie solche früher und auch in der ersten Zeit der Behandlung stets ausgeprägte melancholische Folgeerscheinungen gezeitigt hatten. Mit einer Regelmäßigkeit, die den Zufall ausschließt, beobachte ich seither, daß die gelegentlichen Neubildungen von Symptomen aus solchem Anlaß einen veränderten Charakter tragen. Wiederholt konnte ich beobachten, wie in dem Patienten etwas zur Erneuerung der melancholischen Depression drängte, wie zum Beispiel angesichts einer lebenswichtigen, praktischen Entscheidung die Neigung zur erneuten Flucht in die Krankheit hervortrat. Aber die Voraussetzung einer Melancholie, das Aufgeben des Objektes, trat nicht ein. Es kam zwar zur Neubildung eines Symptoms, aber es trug den Charakter des psychischen Zwanges, der Phobie oder der hysterischen Konversion. Ich konnte mich nicht dem Eindruck entziehen, *daß der Patient keine echte Depression mehr zustande brachte.* Die Hebung einer Psychoneurose vom melancholischen auf das hysterische Niveau erscheint mir als ein bemerkenswerter und bedeutungsvoller Vorgang. Die Tatsache, daß die Objektliebe des Patienten sich äußeren Einflüssen gegenüber resistenter zeigt als früher, ist zweifellos von erheblicher praktischer Tragweite. In einem nächsten Aufsatz über die Entwicklung der Objektliebe werde ich bei dieser Frage länger verweilen und sie mit Beispielen belegen.

Ich habe im vorstehenden vielerlei günstige Einzelwirkungen der Therapie nicht erwähnt, weil sie keine prinzipielle Bedeutung zu haben schienen. Dagegen will ich noch darauf hinweisen, daß ich mit besonders schwierigen, wiederholt rezidivierten Fällen zu arbeiten hatte. Mit aller Bestimmtheit gewann ich den Eindruck, daß sich bei jüngeren Patienten, die sich noch nicht so häufig durch Erkrankung dem Leben entzogen haben, ein rascherer und greifbarer Erfolg sehr wohl wird erzielen lassen. Den obigen Bericht über den Verlauf der bisher behandelten Fälle werde ich später ergänzen.

Da ich selbst keine genügenden Erfahrungen über die Dauerwirkung der Therapie der Melancholie besitze, so ist es mir um so wertvoller, ein Urteil von berufener Seite anführen zu können. Nach privater Mitteilung von Prof. Freud verfügt er über zwei Fälle von dauernder Heilung; der eine ist seit mehr als zehn Jahren rückfallsfrei geblieben.

Ich darf die Frage der Therapie nicht verlassen, ohne des subjektiven Wertes zu gedenken, den die psychoanalytische Behandlung gerade für depressive Patienten hat. Der Erfolg seelischer Entspannung ist oft eklatant und wird von den Patienten spontan hervorgehoben. Es darf nicht vergessen werden, daß gerade diese Kranken stets als die Unzugänglichsten, Unbeeinflußbarsten galten.

Ich meine daher, daß man bei aller berechtigten Zurückhaltung in der Bewertung psychotherapeutischer Resultate doch nicht befugt sei, der Psychoanalyse eine Wirkung auf den Zustand des zirkulären Kranken abzusprechen. Ich glaube auch, daß eine Gefahr der Überschätzung unserer Erfolge kaum gegeben ist. Denn die Psychoanalyse, die uns die Widerstände des Patienten in ihrer ganzen Stärke vor Augen führt und uns zu vielmonatiger, mühevoller Arbeit im Einzelfalle nötigt, birgt in sich selbst den sichersten Schutz gegen einen zu weit gehenden therapeutischen Optimismus.

ZWEITER TEIL

Anfänge und Entwicklung der Objektliebe

In der vorausgegangenen Abhandlung habe ich versucht, neben der Psychologie gewisser seelischer Krankheitszustände auch die *Sexualtheorie* ein Stück weiter zu fördern. Doch beschränkte ich mich in dieser Beziehung darauf, die Lehre von den *prägenitalen Organisationsstufen* der Libido auszubauen. Dieser Teil der Sexualtheorie umfaßt die Wandlungen, welche während der psychosexuellen Entwicklung des Menschen hinsichtlich des *Sexualzieles* vor sich gehen. Von ihnen aber sondern wir seit Freuds grundlegenden Untersuchungen[40] diejenigen Vorgänge, welche das Verhältnis zum *Sexualobjekt* betreffen. Unsere bisherigen Annahmen über die Ontogenese der Objektliebe werden den Tatsachen nicht in genügendem Umfang gerecht. Besonders die Psychoanalyse der Krankheitszustände, welche wir mit Freud als »narzißtische Neurosen« zusammenfassen, stellt uns einer Anzahl von psychosexuellen Erscheinungen gegenüber, welchen wir unsere Theorie anpassen müssen. Dieser Aufgabe ist der nachfolgende Versuch gewidmet.

Wenn das *Verhältnis des Individuums zum Liebesobjekt* einer gesonderten entwicklungsgeschichtlichen Betrachtung unterworfen werden soll, so bedeutet das keineswegs eine Vernachlässigung der vielfachen und engen psychologischen Zusammenhänge mit dem Gegenstand der früheren Untersuchung. Im Gegenteil werden diese im folgenden klarer und übersichtlicher hervortreten als bisher. Und wie in dem früheren Aufsatz wichtige Phänomene der Objektrelationen, wie zum Beispiel die Ambivalenz im menschlichen Triebleben, bereits in weitem Umfang berücksichtigt worden sind, so kann auch jetzt eine Lostrennung einzelner Fragen nicht in Betracht kommen. Ja, eine gedrängte Zusammenfassung der Lehre von den Organisationsphasen der Libido wird uns am leichtesten erkennen lassen, welcher Ergänzungen die Entwicklungsgeschichte der Objektliebe bedarf.

Wir erkannten im Bereich der anal-sadistischen Phase zwei verschiedenartige Lusttendenzen: eine primitivere des Ausstoßens (Entleerens) und Vernichtens und eine spätere des Festhaltens und Beherrschens. Wir wurden so auf empirischem Wege zur Annahme einer Stufung inner-

[40] *Drei Abhandlungen*, I. Auflage, 1905 [*d*].

halb der anal-sadistischen Phase geführt, die wir bisher als einheitlich betrachtet hatten. Der Melancholiker – so mußten wir schließen – regrediert zur tieferen der beiden Stufen, bleibt aber auf ihr nicht stehen; seine Libido strebt einer noch primitiveren, der kannibalischen Stufe zu, auf welcher die Einverleibung des Objektes zum Ziel des Triebes wird. Das aufgegebene, verlorene Liebesobjekt wird vom Unbewußten mit dem wichtigsten körperlichen Ausstoßungsprodukt – Kot – gleichgesetzt und durch den als Introjektion bezeichneten Vorgang dem Ich wieder einverleibt. Der Melancholiker vermag aber durch dieses Maß von Regression dem Ambivalenzkonflikt nicht zu entrinnen, ja der letztere steigert sich sogar und läßt im Kranken die Sehnsucht nach einer noch älteren Entwicklungsstufe mit dem Sexualziel des Saugens aufkommen, die wir als vorambivalent bezeichnen mußten. Nachdem sich somit die Sonderung zweier Stadien in der oralen Phase ebenfalls als notwendig erwiesen hatte, gelangten wir endlich zu einer Unterscheidung zweier Stufen auch innerhalb der späten, genitalen Phase; erst die jüngere dieser beiden durften wir als ambivalenzfrei (nachambivalent) ansehen.

Die Annahme zweier Stufen innerhalb jeder der drei großen Phasen scheint den empirisch erkannten Veränderungen hinsichtlich des Sexualzieles vorläufig in ausreichender Weise Rechnung zu tragen. Auch gelang es uns, gewisse Krankheitszustände in bestimmterer Weise als früher in einen genetischen Zusammenhang mit den Stufen der Libidoorganisation zu bringen. Erhebliche Lücken, welche in dieser Hinsicht noch bestehen, sollen aber nicht verschwiegen werden. Beispielsweise fehlt uns bisher eine derartige Erkenntnis noch für die paranoischen Krankheitszustände; auf diesen Punkt wird später zurückzukommen sein.

Weit unvollkommener sind unsere bisherigen Einblicke in die Entwicklung der Objektliebe. Ganz wie wir bisher drei Organisationsstufen der Libido unterschieden hatten, so kannten wir auch drei Stadien in der Entwicklung des Verhältnisses zum Objekt. Wir verdanken Freud[41] die ersten fundamentalen Aufklärungen auch auf diesem Gebiete. Er unterschied einen autoerotischen, objektlosen Zustand, der in die früheste Kindheit fällt, ein narzißtisches Stadium, in welchem das Individuum sich selbst zugleich Liebesobjekt ist, und ein drittes Stadium der Objektliebe im eigentlichen Sinne des Wortes. Die nachfolgende Untersuchung

[41] [1914c.]

bemüht sich zu zeigen, inwieweit wir in der Lage sind, diesen Teil der Sexualtheorie zu ergänzen.

Was ich zur Ausfüllung der Lücken in unserem Wissen glaube beitragen zu können, entstammt einem besonderen Teil der psychoanalytischen Empirie, nämlich der Beschäftigung mit den »narzißtischen« Neurosen und mit gewissen Neurosen der Objektstufe, die den narzißtischen in bestimmter Hinsicht nahestehen.

Die manisch-depressiven Krankheitsfälle, auf deren Analyse sich der frühere Teil dieser Abhandlung gründete, vermögen auch zur Lösung der uns nunmehr beschäftigenden Fragen erhebliche Beiträge zu liefern. Es fügte sich, daß ich zugleich mit jenen Patienten und ebenfalls durch einen langen Zeitraum zwei weibliche Kranke zu behandeln hatte, über deren neurotische Zustände ich hier in kurzem Auszug berichten muß. Sie unterscheiden sich im äußeren Krankheitsbild wesentlich von den melancholischen Kranken; warum ich sie diesen an die Seite stelle, wird alsbald ersichtlich werden.

Die erste dieser Patientinnen, die ich als »Fräulein X.« bezeichne, bot ein kompliziertes Krankheitsbild, aus dem ich nur die hauptsächlichsten Züge heraushebe. Als ersten nenne ich eine seit dem sechsten Lebensjahre bestehende, ausgeprägte Pseudologia phantastica, neben dieser schwere kleptomanische Impulse, dem gleichen Lebensalter entstammend. Drittens litt die Patientin unter Anfällen von verzweifelter Stimmung, die durch kleinste Anlässe ausgelöst werden konnten und in vielstündigem, unbeherrschbarem Weinen ihren Ausdruck fanden. Ich erwähne sogleich die zwei hauptsächlichsten Determinationen dieses zwanghaften Weinens. Es ließ sich zunächst vom Kastrationskomplex herleiten und bezog sich auf den »Verlust« der Männlichkeit mit allen seinen Folgen, wie z. B. Neid auf den bevorzugten jüngeren Bruder usw. Die geringste tatsächliche oder vermeintliche Zurücksetzung löste den stundenlangen Tränenstrom aus, ebenso aber eine Frage des Lehrers in der Schule und ähnliche Anlässe, die alle als Anzweiflung ihres Könnens, als Erinnerung an ihre weibliche Wunde wirkten. Während der Menstruation, die in typischer Weise den Kastrationskomplex zu erregen pflegte, erfuhr das Weinen[42] kaum eine Unterbrechung. Die andere Determinierung des Weinens hing mit dem Verhältnis der Patientin zu ihrem Vater zusammen. Sie beweinte den Verlust des Vaters, aber nicht den realen, durch seinen Tod eingetretenen, sondern den Verlust des Vaters im psychologischen Sinne, an den sich die frühesten Symptombildungen ihrer Neurose angeschlossen hatten. In ihrer Kindheit hatte sich früh eine besonders starke Übertragungsliebe zum Vater gebildet, die – nach dem Ergebnis der Psychoanalyse – in der ersten Hälfte des sechsten Lebensjahres in ihrer Entwicklung jäh unterbrochen wurde. Die Patientin teilte damals, in der Rekonvaleszenz nach einer Krankheit, das

[42] Daß die abundante Tränenproduktion dem unbewußten Wunsch entsprach, in männlicher Weise zu urinieren, sei nebenher erwähnt.

Schlafzimmer der Eltern und hatte Gelegenheit zu Beobachtungen, die sich außer auf den ehelichen Verkehr der Eltern auch auf den Körper des Vaters erstreckten. Ihre Schaulust steigerte sich außerordentlich, bis sie einer intensiven Verdrängung unterlag. Neben anderen, dem Psychoanalytiker bekannten Wirkungen der damaligen Erlebnisse muß ich hier eine individuelle Folgeerscheinung hervorheben. Die Patientin klagte über den Verlust jedes persönlichen Gefühlskontaktes mit dem Vater, ja über eine Unfähigkeit, sich seine Person überhaupt gedanklich vorzustellen. Weder zärtlich-liebevolle noch sinnliche Regungen für den Vater kamen ihr zum Bewußtsein. Was sich nachweisen ließ, und zwar aus einer Fülle von neurotischen Erscheinungen, war ein ganz spezialisiertes, zwanghaftes Interesse für einen einzigen Körperteil des Vaters, für den Penis. Der Vater hatte aufgehört, für die Patientin als ganzer Mensch zu existieren, nur ein einzelner Teil von ihm war übriggeblieben. Dieser bildete das Objekt eines Schauzwanges der Tochter (Spähen nach den Umrissen der Genitalien durch die Kleidung des Vaters). Außerdem aber identifizierte sie sich unbewußt bald mit dem Vater, bald mit seinem Genitale, welches ja für sie der eigentliche Repräsentant des Vaters geworden war. Ihre kleptomanen Antriebe entsprangen zum erheblichen Teil der aktiven, gegen den Vater gerichteten Kastrationstendenz. Dem Vater den geneideten Besitz rauben, um diesen dann selbst zu haben oder sich mit diesem zu identifizieren, war das unbewußte Ziel ihrer Diebstähle, deren Zusammenhang mit der Person des Vaters aus mancherlei Anzeichen zu entnehmen war. Beispielsweise hatte sie einmal aus dem Schlafzimmer des Vaters ein Klystierrohr entwendet, das sie – als Surrogat des väterlichen Gliedes – zu analerotischen Praktiken benützte. Andere Formen der »Kastration« bestanden im Entwenden von Geld (»Vermögen«) aus der Börse des Vaters, im Stehlen von Federhaltern, Bleistiften und ähnlichen Symbolen der Männlichkeit, wie es uns auch aus anderen Fällen von Kleptomanie geläufig ist.

Der Kastrationskomplex der Patientin erwies sich aber auch als eine wesentliche Quelle ihrer Pseudologie. Bedeutete die Kleptomanie: »Ich nehme mir mit List oder Gewalt, was mir vorenthalten (oder genommen) ist«, so ließ eine hauptsächliche Determinierung des Lügens sich in der Formel ausdrücken: »Ich besitze den ersehnten Körperteil, ich bin dem Vater gleich.« Von besonderem Interesse ist die Angabe der Patientin, daß sie beim Erzählen phantastischer Lügen einer starken sexuellen Erregung unterlag, zugleich aber einer Sensation, als wüchse an ihrem Unterleib etwas Schwellendes hervor. Diese Sensation verband sich mit einem Gefühl von körperlicher, vordringender Gewalt, ebenso wie ihr das Lügen selbst ein Gefühl der psychischen Macht, der geistigen Überlegenheit gab.

Dem hier nur in groben Umrissen geschilderten Verhältnis der Patientin zum Vater war dasjenige zu den anderen Personen ihrer Umgebung ähnlich. Ein eigentlicher seelischer Kontakt fehlte durchaus. Das Lügen bedeutete für die Patientin durch viele Jahre die einzige Form geistiger Beziehung zur Außenwelt.

Dieser Zustand entsprach also keinesfalls einer regelrechten, vollkommenen Objektliebe; wie erwähnt, war er ja auf dem Wege der Regression aus einer solchen hervorgegangenen. Dennoch bestand eine gewisse

Relation zu den Objekten, die überdies mit größter Zähigkeit festgehalten wurde. Die weitere Psychoanalyse der Kleptomanie in diesem und in einigen anderen Fällen gab aber Aufschluß über den Charakter dieser eigentümlichen, unvollkommenen Art der Objektliebe. Träume und Tagträumereien der Patientin enthielten in vielfacher Wiederholung die Vorstellung der Kastration auf dem Wege des Beißens. Das Ziel der Phantasie war nicht die Einverleibung des Liebesobjektes in seiner Gesamtheit, sondern das *Abbeißen und Verschlingen eines Teiles*, mit welchem die Patientin sich dann identifizierte. Dieser Vorgang der partiellen Einverleibung scheint auch in anderen Fällen von Kleptomanie vorzuliegen.

Eine andere Patientin, die ich als »Fräulein Y.« bezeichne, litt an einer schweren Neurose, deren aufdringlichstes Symptom ein schweres hysterisches Erbrechen bildete. Daneben bot sie ausgeprägte kleptomanische Neigungen. Die Determinierung von der Seite des Kastrationskomplexes war auch hier evident. Die Stehlneigung hatte sich aufgebaut auf eine unbezähmbare kindliche Neigung, mit den Händen alles auszurupfen, besonders Blumen und Haare. Dieser Antrieb aber war bereits die Umbildung des Dranges, alles »Hervorstehende« mit den Zähnen abzubeißen. Vielfach tauchten bei der Patientin auch im erwachsenen Alter noch Phantasien dieses Inhalts auf. Sobald sie einen Mann kennenlernte, stellte sich zwangsmäßig die Vorstellung ein, ihm den Penis abzubeißen. Ihr neurotisches Erbrechen stand mit diesen oral-sadistischen Antrieben im engsten Zusammenhang. Im Phantasieleben dieser zweiten Patientin hatte ebenfalls der Vater als Mensch alle Bedeutung verloren. Das libidinöse Interesse war auf den Penis allein konzentriert. Als der Vater gestorben war, vermochte auch sie keine Trauer zu empfinden. Dagegen trat mit größter Lebhaftigkeit die Phantasie auf, den Toten durch Beißen des Penis zu berauben und diesen dann zu behalten. Vielfach phantasierte sie in Tagträumereien vom Koitus mit einem Penis »ohne einen Mann daran«.

Die beiden Patientinnen glichen sich des weiteren darin, daß auch die *Mutter* in ihren Vorstellungen durch einen einzelnen Körperteil repräsentiert wurde, nämlich durch die Brust, welche unverkennbar mit dem vom Kinde angenommenen Penis des Weibes identifiziert wurde, oder auch durch das Gesäß, das wiederum die Brust ersetzte. Die Beziehung zur Munderotik (Beißlust) war überdeutlich und ließe sich durch viele Beispiele belegen. Ein einzelnes möge genügen. Die Patientin X. träumte einmal: »Ich fresse an einem Stück Fleisch, indem ich mit den Zähnen daran zerre und es schließlich auch verschlucke. Auf einmal merke ich, daß das Stück Fleisch, an dem ich fresse, das Rückenteil einer Pelzjacke ist, die der Frau N. gehört.«
Die Bezeichnung »Rückenteil« wird leicht verständlich als Folge einer

Verlegung von vorn nach hinten. Im gleichen Sinne spricht die sehr häufige symbolische Verwendung des Pelzes als Anspielung auf das weibliche Genitale. Frau N. trägt tatsächlich einen Tiernamen, und zwar den Namen derjenigen Tierart, welche in vielen Träumen der Patientin in der Bedeutung der Mutter erschienen war.

Die »Verlegung nach hinten« findet sich aber in den Vorstellungen beider Patientinnen auch sonst vertreten. Beide empfanden einen Ekel vor der Mutter und jede setzte in ihren Phantasien und in gewissen Symptomen die Mutter mit dem Inbegriff des Ekels gleich, nämlich mit Kot. So wurde also in ihren Phantasien die Mutter durch einen losgelösten Körperteil (Penis, Kot) repräsentiert.

In beiden Fällen trat eine dem Grad nach erhebliche Regression der Libido zum Narzißmus zutage. Doch lag keinesfalls eine totale Regression vor; nur war die *Objektliebe*, bevor durch die Psychoanalyse eine Wandlung erfolgte, in einem bestimmten Sinne *unvollkommen zur Entwicklung gelangt* oder durch Regression zu einem Stadium unvollkommener Entwicklung zurückgekehrt. Es mußte sich wohl um ein Übergangsstadium zwischen Narzißmus und Objektliebe handeln. In gleicher Richtung wies auch eine andere Erfahrung, die ich mit beiden Patientinnen machte und später an anderen Personen wiedererlebte. Die Libido befand sich in einer unverkennbar ambivalenten Einstellung zum Objekt mit starker Tendenz zu seiner Schädigung. Und dennoch war diese objektzerstörende Tendenz bereits eingeschränkt. Das Sexualziel mußte auf dieser Stufe darin bestehen, daß das Objekt eines Körperteiles beraubt, also in seiner Integrität gestört wurde, ohne aber seine Existenz im ganzen einzubüßen. Man wird an das Kind erinnert, das einer Fliege ein Bein ausreißt, dann aber das Tier entkommen läßt. Auf die ausgeprägte Beteiligung der Beißlust an dieser uns bisher entgangenen Form der Objektrelation muß noch einmal hingewiesen werden.

Ganz entsprechende psychologische Vorgänge habe ich nun bei den beiden manisch-depressiven Patienten feststellen können, von welchen ich im ersten Teil dieser Schrift ausführlicher berichtet habe. Aber die einschlägigen Erscheinungen traten erst mit dem Abklingen der schweren Krankheitserscheinungen hervor. Solange die letzteren dauerten, war die kannibalische, objektzerstörende Tendenz der Libido in vielfacher Form nachweisbar. In der Rekonvaleszenz traten bei dem einen Patienten sehr häufige Wunschphantasien auf, einem ihm nahestehenden jungen Mädchen die Nase, das Ohrläppchen, die Brust abzubeißen. Andere

Male spielt er mit dem Gedanken, seinem Vater einen Finger abzubeißen. Als er einmal glaubte, ich wollte seine Behandlung nicht weiterführen, war blitzartig die gleiche Vorstellung in bezug auf meine Person zur Stelle. Das Abbeißen eines Fingers wies eine Reihe von Determinierungen auf, unter welchen die Kastrationsbedeutung kaum der Erwähnung bedarf. Von Interesse ist an dieser Stelle vor allem der Ausdruck der Ambivalenz in jener Phantasie. Durch das Abbeißen eines Körperteiles wurde der Arzt – als Ersatz des Vaters – verstümmelt. Aber neben dieser objektfeindlichen Wirkung darf uns die objektfreundliche Tendenz nicht entgehen. Sie äußert sich in der Erhaltung des Objektes bis auf einen Teil, zugleich aber in dem Begehren, diesen Teil des Objektes zum unverlierbaren Eigentum zu nehmen. Wir dürfen mit Recht von einem Antrieb zur *partiellen Einverleibung* des Objektes reden. Der Patient, von dem ich soeben berichtete, gebrauchte einmal den Ausdruck, er habe Lust, jenes Mädchen (das er mit seiner Mutter identifizierte) »bissenweise zu fressen«. Wie nahe ihm in diesem Stadium der Psychoanalyse die Vorstellung des »Abbeißens« lag, mag folgender Vorfall verdeutlichen. Der Patient sprach einmal über einen Vorgesetzten, der seinem Unbewußten zugleich Vater und Mutter repräsentierte und dem er äußerst ambivalent gegenüberstand. Wie auch sonst schon oft, so ging das freie Assoziieren bei ihm auch dieses Mal fließend in ein Phantasieren über, das durchaus bildhaften Charakter trug, zuweilen aber durch eine plötzliche affektive Sperrung unterbrochen wurde. So geschah es auch, als er von dem Vorgesetzten sprach. Zur Erklärung der eingetretenen Stockung seiner Assoziationen fügte der Patient spontan hinzu: »Ich muß ihm jetzt (d. h. in der augenblicklich phantasierten Situation) zuerst den Bart mit den Zähnen ausgerissen haben; eher komme ich nicht weiter.« Nach dem selbstgeschilderten Eindruck des Patienten gab es also keine Möglichkeit des Ausweichens vor solchen sich aufdrängenden Phantasien. Ihr Charakter aber ist unverkennbar derjenige eines partiellen Kannibalismus.

Der *Totalkannibalismus* ohne jede Einschränkung ist nur möglich auf Grund des *uneingeschränkten Narzißmus.* Auf dieser Stufe wird nur das Lustbegehren des Subjektes berücksichtigt. Das Interesse des Objektes findet überhaupt keine Beachtung; letzteres wird ohne jedes Bedenken zerstört.[43] Das im obigen geschilderte Stadium des partiellen

[43] Der uns bei primitiven Völkern bekannte Kannibalismus, nach welchem wir ein Entwicklungsstadium der infantilen Libido benennen, kann nicht als uneingeschränkt

Kannibalismus trägt noch die klaren Zeichen der Abkunft vom totalen Kannibalismus an sich, unterscheidet sich aber von ihm auch in einschneidender Weise. Der erste Anfang einer Rücksichtnahme auf das Objekt tritt hier in die Erscheinung. Diese teilweise Schonung aber dürfen wir als ersten Anfang der Objektliebe in einem engeren Sinne betrachten, weil sie den Beginn einer Überwindung des Narzißmus bedeutet. Fügen wir sogleich hinzu, daß das Individuum auf dieser Entwicklungsstufe noch weit davon entfernt ist, ein anderes Individuum als solches neben sich anzuerkennen und es körperlich oder psychisch in seiner Gesamtheit zu »lieben«! Das Begehren richtet sich noch auf die Wegnahme eines Teiles vom Objekt zum Zwecke der Einverleibung; das bedeutet allerdings zu gleicher Zeit einen Verzicht auf das rein narzißtische Ziel des Totalkannibalismus.

Ist unser Blick für gewisse frühe Entwicklungsvorgänge durch die obige Erörterung erst einmal geschärft, so wird es an Bestätigungen durch direkte Beobachtung an Kindern gewiß nicht fehlen.

Wenn man – wie es im vorstehenden geschah – eine Strecke weit auf unbekannten Wegen gegangen ist, so muß man froh sein, irgendwo wieder eine Wegspur aufzufinden, die frühere Wanderer hinterlassen haben. An dieser Stelle nun können wir eine solche Spur aufnehmen.

Vor mehreren Jahren haben zwei Autoren, deren Zuverlässigkeit als Beobachter außer Zweifel steht, unabhängig voneinander unsere Kenntnis von der Psychologie des paranoischen Verfolgungswahnes erweitert. Van Ophuijsen[44] und Stärcke[45] entdeckten nämlich in ihren Psychoanalysen, daß in der Paranoia der »Verfolger« sich zurückführen läßt auf die unbewußte Vorstellung von einem Scybalum im Darm des Kranken, welches von seinem Unbewußten mit dem Penis des »Verfolgers«, d. h. des ursprünglich geliebten Wesens gleichen Geschlechtes, identifiziert wird. Der Verfolger ist also in der Paranoia repräsentiert durch einen ihm gehörigen Körperteil, den der Verfolgte in sich zu tragen wähnt; er möchte sich von dem Fremdkörper befreien, ist aber dazu nicht imstande.

Ich gestehe, daß ich die ganze Bedeutung dieses Fundes der beiden Autoren seinerzeit nicht erkannt habe. Er stand allzu isoliert da, ohne

bezeichnet werden. Es wird keineswegs irgendein beliebiger Mensch von einem Beliebigen getötet und verspeist, sondern es besteht eine ganz bestimmte affektiv bedingte Auswahl.

[44] 1920.

[45] 1919.

sich in geläufige Zusammenhänge zwanglos einzureihen, obwohl die Beziehungen zwischen Paranoia und Analerotik bereits von Ferenczi[46] erkannt waren. Jetzt ordnet die Entdeckung der beiden holländischen Autoren sich einem größeren Zusammenhang ein und gewinnt damit eine erhöhte Bedeutung für uns.

Wenn der Paranoiker die libidinöse Beziehung zu seinem Objekt und zu den Objekten überhaupt verloren hat, so sucht er diesen Vorgang, der ihm subjektiv als »Weltuntergang« erscheint, nach Möglichkeit zu kompensieren. Er schreitet, wie wir seit Freuds Analyse des Falles *Schreber*[47] annehmen, zu einer Rekonstruktion des verlorenen Objektes. Wir dürfen über diesen Prozeß der Rekonstruktion jetzt aussagen, daß der Paranoiker sich einen Teil des Objektes einverleibt. Er erleidet dabei ein ähnliches Schicksal wie der Melancholiker, wenn er sich das gesamte Objekt durch Einverleibung introjiziert hat. Auch er entgeht damit dem Ambivalenzkonflikt nicht. Und so trachtet auch er, sich des aufgenommenen Teiles wieder zu entledigen, und das kann auf dem Niveau seiner psychosexuellen Entwicklungsstufe wiederum nur auf analem Wege gedacht werden. Für den Paranoiker wird also das Liebesobjekt repräsentiert durch Kot, den er nicht ausstoßen kann. Der introjizierte Teil des Liebesobjektes will nicht wieder von ihm gehen, so wie beim Melancholiker das in toto introjizierte Objekt seine tyrannische Herrschaft ausübt.

Wir kommen somit zu der Auffassung, daß der Melancholiker sich das aufgegebene Liebesobjekt in toto wieder einverleibe, während der Paranoiker sich nur einen Teil des Objektes introjiziere. In letzterer Hinsicht ist allerdings noch einer doppelten Möglichkeit zu gedenken. Die partielle Introjektion braucht nicht auf dem *oralen* Wege vor sich zu gehen, sondern kann auch auf dem *analen* vorgestellt werden. Bis wir zu vollkommeneren Einblicken gelangen, dürfen wir – mit aller gebotenen Vorsicht – die Vermutung aussprechen, die Libido des Paranoikers regrediere hinsichtlich ihres Sexualzieles zur früheren der beiden sadistisch-analen Stufen; hinsichtlich ihrer Einstellung zum Objekt wende sie sich rückwärts zur Stufe der partiellen Introjektion, wobei wir die Frage offen lassen, ob solche auf analem oder oralem Wege erfolgt. Ähnlichen Verhältnissen begegnen wir beim Melancholiker in der Rekonvaleszenz. Es bleibt eine offene Frage, warum bei diesem eine Wahnbildung im paranoischen Sinne ausbleibt. Teils dürfte sich der

[46] [1911.]
[47] [Freud (1911c).]

Gegensatz aus den verschiedenartigen Wirkungen totaler oder partieller, oraler oder analer Introjektion erklären. Klarheit wird hier erst geschaffen werden können, wenn wir in die Beteiligung des Ich an beiden Krankheitsprozessen eine noch tiefere Einsicht gewonnen haben.

Bezüglich des introjizierten Teiles erscheint noch eine Bemerkung notwendig. Sie bezieht sich auf die regelmäßige Gleichsetzung des Penis mit der weiblichen Brust. Sekundär übernehmen andere Körperteile die Vertretung dieser beiden Organe, so z. B. Finger, Fuß, Haar, Kot, Gesäß. Belege für diese Erfahrung wurden bereits mitgeteilt.[48]

Nehmen wir in der Entwicklung der Objektliebe eine Stufe an, wie wir sie als »Partialliebe« geschildert haben, so entspringt daraus für uns noch ein weiterer Gewinn an Erkenntnis. Wir beginnen nämlich eine Eigentümlichkeit der sexuellen Perversionen zu verstehen, auf welche jüngst wieder von Sachs[49] hingewiesen wurde, nämlich die Spezialisierung des Interesses am Objekt auf bestimmte Körperteile, deren Auswahl uns oft ganz seltsam anmutet. Am auffälligsten tritt diese Erscheinung beim *Fetischisten* hervor. Diesem ist der ganze Mensch oftmals nur ein irrelevantes Anhängsel eines einzelnen Körperteiles, der allein ihn mit unwiderstehlicher Gewalt anzieht. Als ich vor längeren Jahren[50] den ersten Versuch machte, einen Fall von Fuß- und Korsettfetischismus psychoanalytisch zu durchdringen, schlug Freud mir die Einführung des neuen Begriffes der *Partialverdrängung* vor, um den in Frage stehenden Phänomenen gerecht zu werden. Der so bezeichnete psychologische Vorgang, der einen (den größten) Teil des Objektes zur Bedeutungslosigkeit herabsetzt, um einem anderen eine gewaltige Überschätzung zuteil werden zu lassen, erscheint uns jetzt als Ergebnis einer Libidoregression zu dem von uns angenommenen Stadium der Partialliebe. Zugleich hört er auf, eine vereinzelt dastehende Sonderbarkeit im Bereich einer Krankheitsform zu sein und fügt sich einer großen Reihe verwandter psychologischer Phänomene ein. Ein genaueres Eingehen auf die Symptome des Fetischismus liegt nicht in der Absicht dieser Untersuchung. Es sei aber der Hinweis gegeben, daß die Körperteile des Liebesobjektes, auf welche die fetischistische Neigung sich zu

[48] Eine bemerkenswerte psychologische Parallele zur »Partialliebe« ist die von Freud (*Massenpsychologie*, S. 70 [1921*c*]) kurz skizzierte »partielle Identifizierung« des Individuums mit seinem Liebesobjekt.

[49] 1923.

[50] Vgl. meinen Aufsatz Bibl. Nr. 18.

spezialisieren pflegt, die gleichen sind, die uns im Bereich der »Partialliebe« begegnen.

Die klinische Beobachtung hat uns seit langem mit einem Entwicklungsstadium der Objektliebe bekannt gemacht, das dem Objekt bereits ein höheres Maß von Schonung zuteil werden läßt. Im Bereich der Neurosen tritt es uns als regressives Phänomen in der Sexualität der Zwangskranken entgegen. Auf dieser Stufe ist das Individuum noch nicht fähig, ein anderes im vollen Sinne des Wortes zu lieben. Noch bindet sich die Libido des Subjektes an einen *Teil* des Objektes. Aber die Tendenz zur Einverleibung dieses Teiles ist aufgegeben; an ihre Stelle trat der Wunsch des Subjektes nach Herrschaft und Besitz. So weit auch die Libido auf dieser Stufe vom definitiven Ziel der Entwicklung entfernt bleibt, so ist doch ein grundsätzlicher Fortschritt dadurch erzielt, daß *der Besitz sozusagen nach außen verlegt* ist. Eigentum ist nicht mehr, was das Individuum sich durch Verschlingen einverleibt hat; es besteht vielmehr jetzt außerhalb seines Körpers. Damit ist die Existenz des Objektes anerkannt und sichergestellt und ein wichtiger Akt der Anpassung an die Außenwelt seitens des Individuums vollzogen. Diese Änderung ist von größter praktischer Bedeutung im sozialen Sinne; sie ermöglicht erst die Gemeinsamkeit eines Besitzes zwischen verschiedenen Personen, während das Verschlingen ihn einer einzigen Person ausschließlich sicherte.

Ein Niederschlag dieser Libidoeinstellung zum Objekt findet sich in verschiedenen Sprachen, wie zum Beispiel im deutschen »besitzen«, im lateinischen *possidere*. Man sitzt auf dem Eigentum, man bleibt also noch in einem engen körperlichen Kontakt mit ihm. Bei Kindern beobachten wir dies unmittelbar. Wir sehen vielfach, wie ein Kind einen ihm besonders lieben Gegenstand am Abend mit sich ins Bett nimmt und auf ihm liegt. Auch bei Tieren (Hunden) kann man feststellen, daß sie einen Besitz zu sichern trachten, indem sie ihn mit dem Körper decken. Ich beobachtete dies bei meinem *Hunde;* sobald ein Fremder sich im Hause aufhielt, holte er seinen Maulkorb – also einen für ihn allein bestimmten Gegenstand – und legte sich auf diesen.[51]

Vermutlich könnte das psychoanalytische Studium der Zwangsneurose uns weitere Aufschlüsse über dieses Entwicklungsstadium der Objektliebe bringen. Die besondere Ausprägung der aktiven und passiven

[51] Man vergleiche hierzu die Phantasien des fünfjährigen Hans in Freuds ›Analyse der Phobie eines fünfjährigen Knaben‹ (*J.*, 1909, S. 26 [1909*b*]). Hans setzt sich auf die Giraffe, welche die Mutter vertritt, nachdem er sie dem Vater genommen hat.

Kastrationsvorstellungen bei den Zwangskranken sowie ihre eigentümliche Einstellung zum Besitz lassen uns an einen Zusammenhang mit dem Stadium der Partialliebe denken.
Die Psychoanalyse hat uns zu der Erkenntnis geführt, daß das Unbewußte des reifen Menschen vielerlei Spuren enthält, die den frühen Stadien seiner Psychosexualität entstammen. Solchen Residuen begegnen wir beim gesunden Menschen namentlich in seinen Träumen. Auch die Partialliebe hinterläßt derartige Spuren in unserem Unbewußten.
Ich führe als Beispiel die allbekannten Träume vom Ausfallen eines Zahnes an. Jedem Psychoanalytiker ist ihre mehrfache symbolische Bedeutung bekannt. Der ausfallende Zahn ist einerseits ein Symbol der Kastration, andererseits bedeutet er eine dem Träumer nahestehende Person, deren Tod das Wunschziel des Traumes bildet. Ein Angehöriger wird also einem Körperteil gleichgesetzt, der ausgestoßen werden soll. Die Ähnlichkeit mit der Psychologie des Verfolgungswahnes liegt auf der Hand. Zu beachten ist die Ambivalenz der Gefühle, die sich in der Identifizierung einer Person mit einem Teil unseres Körpers kundgibt. Die Gleichsetzung eines anderen Menschen mit einem Körperteil, der unsererseits einer besonderen narzißtischen Schätzung unterliegt, ist zweifellos der Ausdruck besonderer Liebe. Im deutschen Sprachgebrauch kennen wir die Anrede »mein Herz« an eine geliebte Person. Von einer Mutter sagen wir, sie hüte ihr Kind »wie ihren Augapfel«. Die Gleichsetzung mit einem Zahn, wie sie im Traum so häufig geschieht, sagt in anspielender Form, daß man einen solchen Bestandteil zwar nicht gern aufgibt, aber ihn doch wohl entbehren kann, da man seinesgleichen ja in Menge besitzt. Oft fällt dem Träumer sogar die Schmerzlosigkeit des Zahnausfalles oder einer Extraktion auf; der Verlust jenes Menschen, dem die Anspielung gilt, wäre also nicht gar so schmerzlich! Man darf ferner nicht vergessen, daß der symbolischen Kastration ein unbewußter *Wunsch* zugrunde liegt, der sich auf den Verlust desjenigen Körperteils bezieht, welcher im Mittelpunkt des menschlichen Narzißmus zu stehen pflegt. Die feindselige Bedeutung tritt in der Gleichsetzung einer Person mit einem Teil unseres Körpers aber am deutlichsten dann zutage, wenn dieser Körperteil *Kot* ist.
So hat die Partialliebe auch im Seelenleben des Gesunden ihre Spuren hinterlassen. Das mit ambivalenten Gefühlen besetzte Liebesobjekt wird durch einen einzelnen Körperteil repräsentiert, der dem Körper des Subjekts introjiziert ist.
Die Patientinnen X. und Y., über welche ich oben berichtete, näherten

sich unter der Einwirkung der Psychoanalyse mehr und mehr einer normalen Ausbildung der Objektliebe. Sie passierten auf diesem Wege ein Stadium, das als unmittelbare Weiterbildung des soeben beschriebenen erscheint.

Die Patientin X. war früher beherrscht von einer phantastischen Vorstellung, die, wie erwähnt, in ihren Träumen und Symptomen beständig wiederholt und variiert wurde. Es handelte sich um die Vorstellung von der Übernahme des Penis ihres Vaters; es wird erinnerlich sein, daß sie sich selbst in toto mit diesem Körperteil identifizierte. In einem bestimmten Stadium der Besserung, in welchem die pseudologischen und kleptomanischen Antriebe praktisch überwunden waren, nahmen die Phantasieprodukte der Patientin einen anderen Charakter an. Als besonders auffälligen Beleg erwähne ich einen Traum, in welchem sie den Körper ihres Vaters sah und das Fehlen des Schamhaares an ihm konstatierte. Letzteres war in einer Anzahl früherer Träume stets in Genitalbedeutung aufgetreten. Sie träumte also jetzt vom Vater als ganzem Menschen, aber mit Ausschluß eines einzigen Teiles seines Körpers. Der Gegensatz zu gewissen früher erwähnten Äußerungen ihrer Neurose ist bemerkenswert. Zur Zeit, als sie zwanghaft die Genitalgegend des Vaters ins Auge fassen mußte, war das Liebesinteresse von dem ganzen übrigen Menschen abgewandt. Jetzt war verdrängt, was früher im Bewußtsein eine Zwangsherrschaft ausgeübt hatte.

Träume der gleichen Art sind mir auch bei anderen Personen begegnet. Eine Patientin, die sich in stark ambivalenter Einstellung zu mir befand, produzierte als Ausdruck der Übertragung einen Traum, in welchem sie mich ohne Genitalien darstellte. Die feindselige Tendenz (Kastration) ist hier leicht genug erkennbar. Eine andere Determinierung des Traumes lag aber in der Gleichsetzung meiner Person mit dem Vater, den sie zwar lieben, aber nicht im genitalen Sinne begehren durfte. Der Arzt, als Ersatzperson des Vaters, durfte nur unter Genitalausschluß geliebt werden; die Traumzensur hinderte in diesem Sinne die Überschreitung der Inzestschranke.

Die erotische Bejahung des Objektes mit Ausschluß des Genitales erscheint als eine für die Hysterie typische Äußerung des Inzestverbotes. Freud wies schon in der ersten Auflage der *Drei Abhandlungen zur Sexualtheorie*[52] auf die Tatsache hin, daß bei den Hysterischen gerade das normale (genitale) Sexualziel der Ablehnung unterliege, während

[52] [Freud (1905*d*).]

andere, »perverse« Wunschregungen dessen Stelle einzunehmen trachten. Mit dieser Feststellung Freuds stimmt die Annahme eines Stadiums der *Objektliebe mit Genitalausschluß* gut überein[53]. Die Ablehnung der Genitalzone erstreckt sich sowohl auf den eigenen Körper des Individuums als auf denjenigen des Objektes. Zwei besonders verbreitete und praktisch wichtige Symptome, die Impotenz des Mannes und die Frigidität des Weibes, erklären sich zu einem erheblichen Teil aus diesem Sachverhalt. Das neurotische Individuum kann das Objekt *wegen seines Genitales* nicht vollkommen lieben.

Die Psychoanalyse der Neurotiker hat uns gelehrt, daß diese Hemmungen der Libido bei beiden Geschlechtern auf den Kastrationskomplex zurückzuführen sind. Beim männlichen Geschlecht üben die Angst um das eigene Genitale und das Grauen vor dem Fehlen eines entsprechenden Organes am weiblichen Körper die nämliche Wirkung aus wie beim weiblichen Geschlecht der nicht verwundene Schmerz über die Genitalberaubung und die gegen den Mann gerichtete Kastrationslust. Wir müssen außerdem in Betracht ziehen, daß bei jedem Menschen das eigene Genitale stärker als irgendein anderer Körperteil mit narzißtischer Liebe besetzt ist. Dementsprechend darf am Objekt alles andere früher geliebt werden als das Genitale. Auf der von Freud so genannten »phallischen« Organisationsstufe der Libido[54] ist dieser letzte große Schritt der Entwicklung offensichtlich noch nicht getan. Erst auf der höchsten, als eigentlich genital zu bezeichnenden Stufe ist dieser Erfolg eingetreten. So geht die Erreichung der höchsten Organisationsstufe der Libido mit einem abschließenden Entwicklungsakt im Bereich der Objektliebe Hand in Hand.

Die folgende tabellarische Aufstellung soll dazu dienen, die Übersicht über die Stufen der sexuellen Organisation und die Entwicklungsstadien der Objektliebe zu erleichtern. Ich mache ausdrücklich auf den vorläufigen Charakter der hier zusammengestellten Resultate aufmerksam. Besonders sei betont, daß ich die Zahl der angenommenen Entwicklungsstadien keineswegs auf sechs festlegen möchte. Man kann die Tabelle etwa mit dem Fahrplan eines Schnellzuges vergleichen, in welchem nur einige große Stationen verzeichnet sind; was zwischen diesen ge-

[53] Die Objektliebe mit Genitalausschluß scheint als psychosexuelles Entwicklungsstadium zeitlich mit Freuds »phallischer Entwicklungsstufe« zusammenzufallen, mit ihr aber auch durch innere Verbindungen eng verknüpft zu sein. Die hysterischen Symptome hätten wir als das Negative der libidinösen Regungen aufzufassen, die der Objektliebe mit Genitalausschluß und der phallischen Organisation entsprechen.

[54] [Freud (1923*e*).]

legen ist, muß in einer derartigen Übersicht unberücksichtigt bleiben. Endlich sei erwähnt, daß die in den beiden Hauptkolonnen auf gleicher Höhe verzeichneten Stadien miteinander zeitlich nicht zusammenzufallen brauchen.

Organisationsstufen der Libido:	*Entwicklungsstufen der Objektliebe:*	
VI. Endgültige genitale Stufe	Objektliebe	(nach-ambivalent)
V. Frühe genitale (phallische) Stufe	Objektliebe mit Genitalausschluß	
IV. Spätere anal-sadistische Stufe	Partialliebe	
III. Frühere anal-sadistische Stufe	Partialliebe mit Einverleibung	ambivalent
II. Spätere orale (kannibalische) Stufe	Narzißmus. Totaleinverleibung des Objektes	
I. Frühere orale (Sauge-) Stufe	Autoerotismus (objektlos)	(vor-ambivalent)

Die Tabelle gibt einen summarischen Aufschluß über die psychosexuelle Entwicklung des Menschen nach zwei Richtungen hin; sie berücksichtigt die Wandlungen der Libido hinsichtlich des Sexualzieles und des Sexualobjektes. Neben anderen wichtigen Erscheinungen dieses Entwicklungsprozesses blieb besonders *eine* unberücksichtigt, nämlich die Ausbildung der Hemmungen des Triebes. So mag hier wenigstens ein kurzer bezüglicher Hinweis Platz finden.

Das früheste, autoerotische Stadium betrachten wir als noch frei von Triebhemmungen, entsprechend dem Fehlen eigentlicher Objektbeziehungen. Im Stadium des Narzißmus mit kannibalischem Sexualziel tritt als erste nachweisbare Triebhemmung die *Angst* auf. Die Überwindung des Kannibalismus ist eng verknüpft mit der Entstehung von *Schuldgefühlen*, sie treten als typische Hemmungserscheinungen auf der dritten Stufe hervor. Die Einverleibung eines Teiles des Objektes bleibt als Sexualziel bestehen, bis *Mitgefühl und Ekel* der Libido diesen Weg der Betätigung verlegen. Der Objektliebe mit Genitalausschluß entspricht als Hemmungserscheinung das *Schamgefühl.* Auf der höchsten Stufe der eigentlichen Objektliebe begegnen wir endlich den höheren *sozialen Gefühlen* als Regulatoren des Trieblebens.

Diese wenigen, allgemein gehaltenen Bemerkungen mögen zeigen, daß die Entstehung der Hemmungen im Bereich der Libido weiterer Erforschung bedarf, daß uns aber die Psychoanalyse auch zu dieser Leistung in den Stand setzt. Ein kurzer Hinweis auf einen Einzelakt des komplizierten Prozesses sei hier noch angeschlossen.

Im Stadium der »Partialliebe mit Einverleibung« wird, wie wir sahen, das Liebesobjekt durch einen Teil repräsentiert. Die Einstellung des Individuums zu diesem Teil (= Penis, Brust, Kot usw.) ist ambivalent, also begehrend und ablehnend zu gleicher Zeit. Erst wenn die Einverleibungstendenz völlig aufgehoben wird, wie es nach unserer Annahme im vierten Stadium geschieht, tritt eine mißachtende Einstellung zu jenem Teil in die Erscheinung, die sich besonders gegenüber dem Kot bemerkbar macht. Der Kot repräsentiert im kindlichen Seelenleben nun alles, was man nicht behalten will; die mit Ekel abgelehnte Person (in den Krankheitsfällen X. und Y.) wird daher mit Kot identifiziert. Fortan ist die Einführung von Kot in den Mund schon als Gedanke der Inbegriff alles Ekelhaften. In gewissen Krankheitszuständen können wir einen tiefgreifenden Regressionsvorgang feststellen, der das Verschlingen von Kot wiederum zum Sexualziel erhebt. Denn in unserem Unbewußten bleibt die ursprüngliche narzißtische Wertschätzung der Exkremente bestehen.

Bereits früher[55] habe ich versucht, das Verhältnis der verschiedenen Formen psychoneurotischer Erkrankung zu den Stufen der Libidoentwicklung entsprechend dem Stande unseres Wissens zu einer übersichtlichen Darstellung zu bringen. Dieser Versuch war sehr unvollkommen und weit davon entfernt, eine endgültige Klärung zu bedeuten. Auch jetzt gibt es im ganzen noch die gleichen Lücken in unserem Wissen. Eine Ergänzung kann mit aller Vorsicht gegenwärtig nur in zwei Hinsichten versucht werden. Wir dürfen annehmen, daß beim *Melancholiker* die Fähigkeit zur Objektliebe besonders unvollkommen ausgebildet sei, so daß im Erkrankungsfalle die Tendenz zur kannibalischen Einverleibung des Objektes die Oberhand gewinne, was mit einer Regression der Libido des Patienten zum zweiten Stadium des obigen Schemas zusammenfiele.

Bei einer anderen Krankheitsform, den *paranoischen Zuständen*, scheint die Regression im Stadium der partiellen Einverleibung (III.) halt zu machen. Das gleiche scheint auch für die kleptomanen Zustände zu gelten. Vielleicht besteht der wesentliche Unterschied des unbewußten Wunschgehaltes der beiden Krankheitsformen darin, daß der Klepto-

[55] Bibl. Nr. 72, S. 394 [s. S. 344ff. in Band I der vorliegenden Ausgabe].

mane die *orale* Einverleibung, der Paranoiker die *anale Einverleibung* des begehrten Objektteiles zum unbewußten Sexualziel erhoben hat. Nur konsequente und geduldige psychoanalytische Arbeit, besonders an den narzißtischen Formen der Psychoneurosen, kann uns allmählich vollständigere Einblicke in die psychosexuelle Entwicklung des Menschen eröffnen. Bis eine größere Anzahl gründlich durchgeführter Analysen die im vorstehenden gegebenen Annahmen bestätigt und erweitert, mag es nicht überflüssig sein, ihr vorläufiges Fundament zu prüfen.

An erster Stelle ist hier die rein empirische Gewinnung der Resultate dieser Untersuchung zu erwähnen. Ich glaube jeder spekulativen Überschreitung des rein empirischen Bodens entsagt zu haben. Zum mindesten darf ich geltend machen, daß im vorstehenden nirgends versucht wurde, eine abgerundete Theorie zu geben; im Gegenteil habe ich selbst an vielen Stellen auf Mängel und Lücken des Gebotenen aufmerksam gemacht.

Sodann sei auf die Einfachheit des angenommenen Entwicklungsprozesses hingewiesen. Er spielt sich in gleichen Bahnen ab wie die Vorgänge der organischen Entwicklung; ein *Teil* wächst sich zum *Ganzen* aus, ein ursprüngliches *Ganzes* reduziert sich zu einem *Teil*, um schließlich ganz an Bedeutung zurückzutreten oder nur noch im *Rudiment* fortzuleben.

Die Parallele mit organisch-biologischen Vorgängen aber läßt sich erheblich erweitern. Wir haben längst das »biogenetische Grundgesetz« von der organischen auf die psychische (psychosexuelle) Entwicklung des Menschen übertragen. Dem Psychoanalytiker bestätigt tägliche Erfahrung, wie das Individuum auch auf seelischem Gebiet den Entwicklungsgang der Art wiederholt. Auf Grund reicher Empirie dürfen wir aber noch eine besondere Regel der psychosexuellen Entwicklung aufstellen, welche besagt, daß diese letztere der organischen, somatischen Entwicklung stets in weitem Abstand nachhinkt, wie eine *späte* Neuauflage oder Wiederholung des gleichen Prozesses. Das biologische Vorbild jenes Entwicklungsvorganges, dem die vorliegende Untersuchung gewidmet ist, spielt sich in frühester Embryonalzeit ab, während der uns beschäftigende psychosexuelle Prozeß sich über eine Reihe von Jahren des extrauterinen Lebens – vom ersten Lebensjahr bis zur Pubertät – ausdehnt. Werfen wir einen Blick auf das Gebiet der Embryologie, so ergibt sich zwanglos ein weitgehender Parallelismus des von uns beobachteten stufenweisen psychosexuellen Aufstieges mit dem organischen Entwicklungsprozeß in früher Embryonalzeit.

In der ersten Periode des *extrauterinen* Lebens ist die Libido nach unserer Auffassung vorzugsweise an den Mund als erogene Zone gebunden. Die früheste, lebenswichtige Relation des Kindes zur Außenwelt besteht darin, daß sein Mund einsaugt, was dazu geeignet und ihm zugänglich ist. In der embryonalen Entwicklung ist das erste Organ, das sich in Anschluß an die frühesten Zellteilungen bildet, der sogenannte *»Urmund«*, der bei der niederen Tiergruppe der Coelenteraten lebenslänglich erhalten und in Funktion bleibt.

Im Leben des Kindes vergeht eine lange Zeit, bis die Geschlechtsorgane (im engeren Sinne des Wortes) eine leitende Rolle in der Sexualität übernehmen. Bis dieses Stadium erreicht wird, kommt dem Darmkanal, und besonders seiner Eintritts- und Austrittspforte, eine wichtige erogene Rolle zu. Bedeutende sexuelle Reizmengen strömen dem Nervensystem vom Darmkanal aus zu. Dieser Zustand hat nun sein Vorbild in einer Einrichtung der frühen Embryonalzeit. Vorübergehend besteht nämlich eine offene Verbindung des Darmrohres (Enddarmes) mit dem kaudalen Teil des Nervenrohres (Canalis neurentericus). Der Weg der Reizübertragung vom Darmrohr auf das Nervensystem ist damit gewissermaßen organisch vorgezeichnet.

Besonders klar aber tritt uns das biologische Vorbild der oral-sadistischen (kannibalischen) und der anal-sadistischen Phase entgegen. Auf diese Tatsache hat schon Freud[56] andeutungsweise aufmerksam gemacht; ich zitiere wörtlich: »Die sadistisch-anale Organisation ist leicht als Fortbildung der oralen zu erkennen. Die gewaltsame Muskelbetätigung am Objekt, die sie auszeichnet, findet ihre Stelle als vorbereitender Akt für das Fressen, das dann als Sexualziel ausfällt. Der vorbereitende Akt wird ein selbständiges Ziel. Die Neuheit gegen die vorige Stufe besteht wesentlich darin, daß das aufnehmende passive Organ, von der Mundzone abgesondert, an der Analzone ausgebildet wird.« Der Autor spricht dann auch von biologischen Parallelvorgängen, ohne solche genauer anzugeben. Ich möchte nun auf eine frappante Übereinstimmung der psychosexuellen und der organischen Entwicklung hier einen besonderen Nachdruck legen.

Der bereits erwähnte »Urmund« befindet sich anfänglich am vorderen Ende (Kopfende) des »Primitivstreifens«. Man kann nun an den Embryonen gewisser Tierarten beobachten, wie sich die ursprüngliche

[56] Vgl. ›Geschichte einer infantilen Neurose‹, *Kleine Schriften zur Neurosenlehre*, Band IV, S. 578 [1918*b*. S. 143].

Mundöffnung vom Kopfende her schließt, während sie sich nach dem Schwanzende zu erweitert. Sie rückt so allmählich in die Gegend des sich ausbildenden Schwanzes und bleibt hier nach Beendigung ihrer Wanderung als After bestehen. Diese *unmittelbare Herleitung des Anus vom Urmund* erscheint als biologische Präformation des psychosexuellen Vorganges, der sich in der von Freud geschilderten Weise etwa im zweiten Jahre nach der Geburt abspielt.

Um die nämliche Zeit, in der beim Embryo die Afterbildung stattfindet, sehen wir auch die Muskulatur des Körpers sich entwickeln, wobei die Kiefermuskulatur dem Bewegungsapparat der Extremitäten weit vorauseilt. Die Bildung des Anus und diejenige der Freßwerkzeuge sind eng miteinander verbunden. Hier sei auch darauf hingewiesen, daß im extrauterinen Leben die Kiefermuskulatur weit früher zielgerechte und zugleich kraftvolle Bewegungen hervorbringt als etwa die Muskulatur des Rumpfes oder der Glieder.

In einem vierten Stadium der psychosexuellen Entwicklung erkannten wir als Sexualziel das Festhalten und Beherrschen des Objektes. Als sein Korrelat in der biologischen Ontogenese erscheint die Ausbildung der Vorrichtungen am Darmkanal, welche dem Festhalten des Aufgenommenen dienen. Da sind Verengerungen und Erweiterungen, ringförmige Einziehungen, blind endende Abzweigungen, vielfache Windungen, endlich am Ausgang die unwillkürlichen und willkürlichen Schließmuskeln. Zur Zeit aber, da dieser vielgestaltige Retentionsapparat ausgebildet wird, fehlt noch jede Anlage der Urogenitalwerkzeuge.

Die Ausbildung der genitalen Organisation der Libido sahen wir sich in zwei Stadien vollziehen, welchen auch zwei Stufen in der Entwicklung der Objektliebe entsprachen. Auch hier weist die organische Entwicklung entsprechende Vorbilder auf. Die Anlage der Genitalorgane ist anfänglich »indifferent«; erst nach einer gewissen Zeit bilden sich männliche und weibliche Charaktere aus. Das gilt sowohl für die Keimdrüsen wie für die Organe, welche der Kopulation dienen. Eine entsprechende allmähliche Differenzierung aber haben wir auch auf psychosexuellem Gebiet kennengelernt.

Bis eine umfangreichere und vertiefte psychoanalytische Erfahrung uns zu gesicherten Schlußfolgerungen hinsichtlich der hier behandelten psychosexuellen Entwicklungsvorgänge berechtigt, mag die soeben angeführte Reihe biologischer Parallelvorgänge dem Versuch einer Entwicklungsgeschichte der Objektliebe eine gewisse Stütze verleihen.

Psychoanalytische Studien zur Charakterbildung[1]

I
Ergänzungen zur Lehre vom Analcharakter[2]

Das weite Gebiet, welches heute der psychoanalytischen Wissenschaft zugänglich ist, bietet uns eine Fülle von Einzelbeispielen für das rasche Anwachsen psychologischer Erkenntnis auf dem Wege rein induktiver Forschung. Unter diesen Beispielen ist die Entwicklung der Lehre vom Analcharakter vielleicht das merkwürdigste und lehrreichste. Im Jahre 1908, etwa 15 Jahre nach dem Erscheinen seiner ersten Beiträge zur Psychologie der Neurosen, veröffentlichte Freud seine kurzen Bemerkungen über ›Charakter und Analerotik‹[3]. Sie fanden auf drei Druckseiten einer Zeitschrift Platz, als ein Muster komprimierter Darstellung und ebenso vorsichtiger wie klarer Formulierung. Die allmählich wachsende Schar der Mitarbeiter half den Kreis der gesicherten Erkenntnisse erweitern; unter ihren Beiträgen seien die von Sadger[4], Ferenczi[5] und Jones[6] hervorgehoben. Eine ungeahnte Bedeutung gewann die Lehre

[1] (Bibl. Nr. 106. – Ein Teil dieser Arbeit wurde bereits früher veröffentlicht: ›Ergänzungen zur Lehre vom Analcharakter‹, erschienen 1921 (Bibl. Nr. 70). Die beiden anderen Teile wurden hier erstmalig publiziert, nachdem Abraham sie (›Beiträge der Oralerotik zur Charakterbildung‹, Bibl. Nr. 99) im April 1924 auf dem VIII. Internationalen Psychoanalytischen Kongreß in Salzburg und (›Zur Charakterbildung auf der »genitalen« Entwicklungsstufe‹, Bibl. Nr. 101) im September des gleichen Jahres vor der Berliner Psychoanalytischen Gesellschaft vorgetragen hatte.]

[2] Zuerst erschienen in der *I. Z.*, 1923 [Bibl. Nr. 70]. Englisch in: *I. J.*, 1923 (›Contributions to the Theory of Anal Character‹). Die in der Einleitung erwähnten Problemstellungen habe ich in meiner seither erschienenen Schrift ›Versuch einer Entwicklungsgeschichte der Libido auf Grund der Psychoanalyse seelischer Störungen‹ [Bibl. Nr. 105, s. S. 32ff. im vorliegenden Band] bearbeitet.

[3] [Freud (1908 *b*).]

[4] [1910 (b).]

[5] [1911.]

[6] [1919.]

von den Umwandlungsprodukten der Analerotik, als Freud[7] im Jahre 1913, anschließend an Jones'[8] wichtige Untersuchung über ›Haß und Analerotik in der Zwangsneurose‹, eine frühe, »prägenitale« Organisation der Libido beschrieb. Er leitete die Symptome der Zwangsneurose von einer Regression der Libido zu dieser Entwicklungsstufe her, die durch ein Vorwiegen der analen und sadistischen Triebkomponenten ausgezeichnet sei. Damit fiel ein neues Licht sowohl auf die Symptomatik der Zwangsneurose als auch auf die charakterologischen Besonderheiten der an ihr Leidenden, also auf den sogenannten »Zwangscharakter«. Einer späteren Publikation vorgreifend, füge ich hinzu, daß sich sehr ähnliche Anomalien des Charakters bei denjenigen Menschen finden, die zu melancholischen und manischen Zuständen neigen. Die Erforschung dieser letztgenannten, uns noch immer rätselhaften Erkrankungen macht uns ein möglichst genaues Studium der sadistisch-analen Charakterzüge zur Pflicht. Die vorliegende Untersuchung berücksichtigt in der Hauptsache nur die analen Beiträge zur Charakterbildung. Die letzte große Publikation von Jones[9] über diesen Gegenstand bringt eine Fülle wertvoller Erfahrungen, vermag aber das Gebiet noch nicht zu erschöpfen. Der Mannigfaltigkeit und Kompliziertheit der Erscheinungen vermag eben das Werk eines einzelnen nicht gerecht zu werden; jeder, der über eigene Erfahrungen verfügt, sollte sie mitteilen und so zum Aufbau der psychoanalytischen Wissenschaft beitragen. So ist es auch der Zweck der folgenden Ausführungen, die Lehre von den analen Charakterzügen nach gewissen Richtungen weiterzuführen. Eine andere Aufgabe von größerer prinzipieller Bedeutung wird im Hintergrund dieser Untersuchung wieder und wieder erscheinen. Wir verstehen bisher nur ganz unvollkommen die besonderen psychologischen Beziehungen zwischen den beiden Triebgebieten – Sadismus und Analerotik – die wir ständig und fast schon gewohnheitsmäßig in engem Zusammenhang miteinander zu nennen pflegen. Die Lösung dieser Frage soll in einer späteren Abhandlung versucht werden.

Freuds[10] erste Beschreibung des analen Charakters besagte, daß gewisse Neurotiker drei Charakterzüge in besonderer Ausprägung darbieten:

[7] [1913*i*.]
[8] [1913 (b).]
[9] [1919.]
[10] [1908*b*.]

eine Ordnungsliebe, die oft in Pedanterie ausarte, eine Sparsamkeit, die leicht in Geiz übergehe, und einen Eigensinn, der sich zu heftigem Trotz steigere. Er stellte fest, daß bei solchen Individuen die primäre Lust an der Darmentleerung und ihren Produkten besonders betont war. Er ermittelte, daß die Koprophilie dieser Person nach gelungener Verdrängung sublimiert werde zu einer Lust am Malen, Modellieren und ähnlichen Tätigkeiten oder daß sie auf dem Wege der Reaktionsbildung in einen besonderen Drang nach Reinlichkeit übergehe. Endlich betonte er die unbewußte Gleichsetzung des Kotes mit Geld oder anderen Kostbarkeiten. Sadger[11] fügte neben anderen die Beobachtung hinzu, daß Personen mit ausgeprägtem Analcharakter der Überzeugung zu sein pflegen, sie könnten alles besser machen als irgendein anderer. Auch verwies er auf eine Gegensätzlichkeit in ihrem Charakter: große Beharrlichkeit finde sich neben der Neigung, jede Leistung bis zum letzten Augenblick hinauszuschieben.

Gelegentliche Bemerkungen anderer Autoren in der psychoanalytischen Literatur übergehend, wende ich mich der gründlichen, auf reicher Erfahrung ruhenden Untersuchung von Jones[12] zu. Im voraus kann ich bemerken, daß ich dem Autor in keinem Punkt zu widersprechen habe. Seine Aufstellungen scheinen mir nur der Vervollständigung und Erweiterung nach gewissen Richtungen zu bedürfen.

An dem Vorgang, den wir gewöhnlich als Erziehung des Kindes zur Reinlichkeit bezeichnen, unterscheidet Jones mit Recht zwei verschiedene Akte. Das Kind muß nicht nur davon entwöhnt werden, seinen Körper und seine Umgebung mit den Exkreten zu verunreinigen, sondern es hat sich auch an eine zeitliche Regelmäßigkeit der Entleerungsfunktionen zu gewöhnen. Mit anderen Worten: es hat sowohl seine Koprophilie aufzugeben als auch seine Lust an den Exkretionsvorgängen selbst. Dieser doppelte Prozeß der Einschränkung infantiler Triebe mitsamt seinen Konsequenzen auf psychischem Gebiet bedarf noch ergänzender Untersuchungen.

Die primitive Entleerungsweise des Kindes bringt die gesamte Oberfläche des Rumpfes und der Extremitäten mit Urin und Stuhl in Berührung. Dem Erwachsenen, dem die kindliche Reaktion auf diese Vorgänge durch Verdrängung entfremdet ist, erscheint diese Berührung unangenehm, ja ekelhaft. Er vermag nicht die Lustquellen zu sehen, aus denen die Libido des Säuglings schöpfen kann. Der Strom des war-

[11] 1910[b].
[12] [1919.]

men Urins ruft an der Haut Lustgefühle hervor, ganz wie die Berührung mit der warmen Masse des Kotes. Das Kind äußert Unlust erst dann, wenn die entleerten Exkrete an seinem Körper erkalten. Es ist die gleiche Lust, die das Kind in etwas späterer Zeit sucht, wenn es seine Hände mit Kot in Berührung bringt. Ferenczi[13] hat diese Neigung des Kindes in ihrer weiteren Entwicklung verfolgt. Daß sich ihr die Lust am Anblick und Geruch des Kotes hinzugesellt, darf nicht unbeachtet bleiben.

Die eigentliche Exkretionslust, die wir von dem Wohlgefallen an den *Produkten* des Vorganges unterscheiden müssen, begreift neben den körperlichen Empfindungen noch eine psychische Befriedigung in sich, welche sich auf die *Leistung* der Exkretion bezieht. Indem nun die Erziehung vom Kinde neben der Reinlichkeit eine strenge Regelmäßigkeit in den Exkretionen fordert, setzt sie den Narzißmus des Kindes einer ersten, harten Belastungsprobe aus. Die Mehrzahl der Kinder paßt sich früher oder später dieser Forderung an. Im günstigen Falle gelingt es dem Kinde sozusagen, aus der Not eine Tugend zu machen, das heißt sich mit der Forderung der Erzieher zu identifizieren und auf das Erreichte *stolz* zu sein. Die primäre Verletzung seines Narzißmus ist dann kompensiert, das ursprüngliche Gefühl der Selbstherrlichkeit ersetzt durch die Befriedigung an der gelungenen Leistung, am »Bravsein«, am Lob der Eltern.

Nicht alle Kinder sind in dieser Hinsicht gleich erfolgreich. Besonders soll hier darauf aufmerksam gemacht werden, daß es Überkompensierungen gibt, unter welchen das trotzige Festhalten am primitiven Selbstbestimmungsrecht verborgen liegt, bis es gelegentlich gewaltsam hervorbricht. Ich habe hier solche Kinder (und natürlich auch Erwachsene) im Auge, die sich durch besondere Bravheit, Korrektheit, Folgsamkeit hervortun, ihre in der Tiefe liegenden rebellischen Antriebe aber damit begründen, daß man sie von früh auf unterdrückt habe. Solche Fälle haben ihre eigene Entwicklungsgeschichte. Ich konnte bei einer meiner Patientinnen den Hergang bis in die erste Kindheit verfolgen, wobei uns allerdings frühere Aussagen der Mutter zu Hilfe kamen.

Die Patientin war die mittlere von drei Schwestern. Sie wies in ungewöhnlicher Deutlichkeit und Vollständigkeit die für ein »mittleres« Kind bezeichneten Wesenszüge auf, die neuerdings von Hug-Hellmuth[14] in so einleuchtender Weise zusammengefaßt worden sind. Ihr Trotz aber, der sich in klar-

[13] 1914.
[14] 1921.

ster Weise mit ihren Ansprüchen auf das kindliche Selbstbestimmungsrecht im erwähnten Sinne verband, ging in letzter Linie auf ein besonderes Schicksal ihrer Kindheit zurück.
Als die Patientin geboren wurde, war ihre ältere Schwester noch nicht ein Jahr alt. Die Mutter hatte die Ältere noch nicht hinlänglich an Reinlichkeit gewöhnt, als die Neugeborene ihr ein verdoppeltes Maß an Körper- und Wäschereinigung auferlegte. Als das zweite Kind aber wenige Monate alt war, trat bei der Mutter die dritte Schwangerschaft ein. Um nun zur Zeit der Geburt des dritten Kindes nicht abermals durch das vorhergehende allzusehr in Anspruch genommen zu sein, beschloß die Frau, das zweite Kind beschleunigt zur Reinlichkeit zu erziehen. Sie verlangte von ihm frühzeitiger als sonst üblich Folgsamkeit in der Verrichtung der Bedürfnisse und unterstützte die Wirkung der Worte durch einen Schlag auf den Körper des Kindes. Die Maßregel brachte einen der geplagten Mutter sehr erwünschten Erfolg, indem das Kind abnorm früh ein Ideal an Sauberkeit darstellte. Es blieb dann auch weiter *auffallend fügsam*. Herangewachsen, befand die Patientin sich in einem steten Konflikt zwischen bewußter Nachgiebigkeit, Resignation und Opferbereitschaft auf der einen und unbewußter Rachsucht auf der anderen Seite.

Der hier im Bruchstück geschilderte Fall illustriert in lehrreicher Weise die Wirkung früher Verletzungen des kindlichen Narzißmus, besonders, wenn sie fortdauernder, systematischer Art sind und dem Kinde eine Gewohnheit vorzeitig aufzwingen, zu der ihm noch die psychische Bereitschaft fehlt. Denn diese tritt erst ein, wenn das Kind anfängt, die ursprünglich narzißtisch gebundenen Gefühle auf Objekte (Mutter usw.) zu übertragen. Ist das Kind hierzu bereits fähig, so wird es reinlich dieser Person »zuliebe«. Wird die Reinlichkeit allzufrüh verlangt, so geschieht die Gewöhnung an diesen Zustand aus Furcht. Der innere Widerstand bleibt bestehen, die Libido verharrt mit Zähigkeit in narzißtischer Fixierung, und eine nachhaltige Störung der Liebesfähigkeit ist die Folge.
Die volle Bedeutung eines solchen Verfahrens für die psychosexuelle Entwicklung des Kindes tritt erst hervor, wenn man den Entgang narzißtischer Lust im einzelnen verfolgt. Jones[15] verweist mit Nachdruck auf den Zusammenhang des hohen Selbstgefühls des Kindes mit seinen exkretorischen Leistungen. In einer kleinen Mitteilung[16] habe ich selbst an Beispielen zu zeigen versucht, daß der kindlichen Vorstellung von der Allmacht der eigenen Wünsche und Gedanken ein Stadium vorausgehen könne, in welchem das Kind seinen *Exkretionen* eine solche Allgewalt zumesse. Vermehrte Erfahrung hat mich seither davon über-

[15] [1919.]
[16] Bibl. Nr. 63 [s. S. 236ff. in Band 1 der vorliegenden Ausgabe].

zeugt, daß es sich hier um einen regelmäßigen, typischen Vorgang handelt. Die Patientin, von deren Kindheit ich soeben berichtete, ist nun zweifellos im Genuß dieser narzißtischen Lust gestört worden. Schwere und quälende Gefühle der Unzulänglichkeit, mit denen sie später behaftet war, gingen in ihren letzten Wurzeln sehr wahrscheinlich auf diese vorzeitige Zerstörung des kindlichen »Größenwahns« zurück.

Die Wertschätzung der Exkretionen als Äußerungen einer ungeheuren Machtfülle ist dem Bewußtsein des normalen Erwachsenen entfremdet. Daß sie aber in seinem Unbewußten fortlebt, zeigt sich unter anderem in vielen alltäglichen Redensarten meist scherzhafter Natur, die beispielsweise den Sitz eines Klosetts als »Thron« bezeichnen. Es ist nicht zu verwundern, daß Kinder, die in einem stark analerotischen Milieu aufwachsen, derartige oft gehörte Vergleiche dem eisernen Bestand ihrer Reminiszenzen einverleiben und sie in ihren späteren neurotischen Phantasien verwenden. Einer meiner Patienten hatte das zwanghafte Bedürfnis, den Worten der deutschen Kaiserhymne eine solche Bedeutung unterzulegen. In seinen Größenphantasien sich an die Stelle des Kaisers versetzend, malte er sich die »hohe Wonne« aus, »in des Thrones Glanz zu fühlen«, das heißt die eigenen Exkremente zu berühren.

Die Sprache gibt uns, wie auf vielen anderen Gebieten, auch für diese Überwertung der Defäkation charakteristische Belege. So besitzt die spanische Sprache den gebräuchlichen (nicht etwa scherzhaft gemeinten) Ausdruck *»regir el vientre«* (»den Leib regieren«), der den Stolz auf die Darmfunktion deutlich hervorhebt.

Erkennen wir im Entleerungsstolz des Kindes ein primitives *Machtgefühl*, so wird uns das eigentümliche Gefühl der *Ohnmacht* verständlich, das wir bei neurotisch Obstipierten oftmals finden. Ihre Libido hat sich von der Genitalzone auf die Analzone verschoben, und nun betrauern sie die Hemmung der Darmfunktion in ähnlicher Weise wie die genitale Impotenz. Man fühlt sich versucht, mit Bezug auf den Stuhl-Hypochonder von einer intestinalen Impotenz zu sprechen.

Eng verbunden mit diesem Stolz ist die zuerst von Sadger[17] hervorgehobene Vorstellung vieler Neurotiker, alles selbst tun zu müssen, weil kein anderer es so gut machen könne wie sie selbst. Nach meiner Erfahrung steigert diese Überzeugung sich nicht selten zu einer Vorstellung der *Einzigartigkeit*. Solche Personen werden prätentiös und überhebend und neigen zur Geringschätzung aller anderen Menschen. Ein

[17] [1910 (b).]

Patient äußerte in diesem Sinne: »Alles, was nicht *Ich* ist, ist Dreck.« Solche Neurotiker haben auch an einem Besitz nur Freude, wenn niemand sonst dergleichen hat, verachten dementsprechend auch eine Tätigkeit, die sie mit anderen Menschen teilen müßten.

Bekannt ist die Empfindlichkeit des analen Charakters gegen äußere Eingriffe jeglicher Art in den wirklichen oder vermeintlichen Bereich seiner eigenen Macht. Daß bei solchen Personen die Psychoanalyse die lebhaftesten Widerstände hervorrufen muß, ist klar. Sie erscheint dem Neurotiker als eine unerhörte Einmischung in seine Lebensführung. »Die Psychoanalyse rührt in meinen Angelegenheiten herum«, äußerte ein Patient und deutete damit unbewußt auf seine passiv-homosexuelle und anale Einstellung zum Analytiker hin.

Jones[18] betont das eigensinnige Festhalten an einer selbsterdachten Ordnung. Solche Neurotiker lehnen es durchaus ab, sich einer von anderer Seite stammenden Ordnung zu fügen, erwarten aber eine solche Fügsamkeit von anderen Menschen, sobald sie selbst auf irgendeinem Gebiet ein bestimmtes System erdacht haben. Bezeichnend ist beispielsweise das Einführen eines genauen Regulativs für den Dienst in einem Büro, eventuell das Verfassen eines Buches, welches bindende Vorschriften oder Vorschläge für die Organisation aller Büros einer bestimmten Art enthält.

Ein krasses Beispiel für das Aufzwingen einer bestimmten Ordnung ist das folgende. Eine Mutter verfaßt ein schriftliches Programm, in welchem sie ihrer Tochter den Tag in minutiöser Weise einteilt. Für den frühen Morgen enthält es zum Beispiel die Anweisung: 1. Aufstehen, 2. Töpfchen, 3. Händewaschen usw. Am Morgen klopft sie von Zeit zu Zeit an die Tür und fragt die Tochter: wie weit bist du? Diese hat dann zu antworten »9« oder »15« usw., so daß die Mutter eine genaue Kontrolle über die Einhaltung des Planes hat.

Schon hier sei darauf hingewiesen, daß alle solche Systeme nicht nur vom Ordnungszwang, sondern auch von der Herrschsucht ihrer Erfinder zeugen, die aus sadistischen Quellen stammt. Auf das Zusammenfließen analer und sadistischer Störungen wird später ausführlich einzugehen sein.

Die Lust solcher Neurotiker am Rubrizieren und Registrieren, am Anfertigen von tabellarischen Übersichten und an der Statistik in allen ihren Formen ist hier zu erwähnen.

[18] [1919.]

Die gleiche Eigenwilligkeit zeigen solche Neurotiker jeder Forderung oder Bitte gegenüber, die von irgendeiner Person an sie gestellt wird. Wir werden an das Verhalten jener Kinder erinnert, die sich obstipiert zeigen, wenn man die Defäkation von ihnen fordert, hernach aber zu einer ihnen selbst genehmen Zeit dem Bedürfnis nachgeben. Derartige Kinder lehnen sich übrigens in gleicher Weise wie gegen das *»Sollen«* (die befohlene Entleerung) auch gegen das *»Müssen«* (Ausdruck der Kindersprache für den Stuhldrang) auf. Ihre Neigung zum Hinausschieben der Entleerung entspricht einer Abwehr nach beiden Seiten.
Da nun die Hergabe der Exkremente die früheste Form ist, in welcher das Kind »gibt« oder »schenkt«, so wird der spätere Neurotiker im Geben die geschilderte Eigenwilligkeit bewahren, demnach also in vielen Fällen eine an ihn ergehende Bitte oder Forderung ablehnen, *freiwillig* dagegen ohne kleinliche Berechnung schenken. Ihm liegt an der Wahrung seines Bestimmungsrechtes. In unseren Psychoanalysen erfahren wir häufig, daß Ehemänner sich gegen jede von der Frau vorgeschlagene Geldausgabe sträuben, um hernach »freiwillig« mehr als das ursprüngliche Verlangte zu bewilligen. Solche Männer lieben es, ihre Frau in finanzieller Hinsicht dauernd unselbständig zu erhalten. Das Zuteilen des Geldes in Portionen, die sie selbst bestimmen, ist ihnen eine Quelle der Lust. Wir kennen Ähnliches im Verhalten mancher Neurotiker bezüglich der Defäkation, die sie auch *»in refracta dosi«* erfolgen lassen. Eine besondere Neigung solcher Männer und Frauen ist das Verteilen von Essen in Portionen nach ihrem Gutdünken. Gelegentlich nimmt diese Neigung groteske Formen an, so zum Beispiel im Falle eines alten, geizigen Mannes, der seine Ziege fütterte, indem er ihr jeden Grashalm einzeln gab. Im Vorübergehen sei auch hier wieder auf die sadistische Nebenmotivierung solcher Handlungsweise hingewiesen. Man steigert Verlangen und Erwartung, um die Befriedigung nur in kleinen, jeweils ungenügenden Rationen folgen zu lassen.
Manche solche Neurotiker suchen da, wo sie der Forderung eines anderen nachgeben müssen, immer noch den Schein eigener Bestimmung aufrechtzuerhalten. Dahin gehört die Neigung, auch kleinste Rechnungen durch Scheck zu bezahlen; das heißt man benützt nicht die allgemein gangbaren Noten und Münzen, sondern stellt für jeden Fall »sein eigenes Geld» her. Die Unlust des Ausgebens wird dadurch um ebensoviel gemindert, wie sie durch Zahlung in üblicher Münze erhöht werden würde; daß hier noch andere Motive determinierend wirken, sei ausdrücklich betont.

Die Neurotiker, welche in allem das eigene System durchsetzen wollen, neigen zur übertriebenen Kritik an anderen, die leicht in Nörgelei ausartet. Im sozialen Leben stellen sie das Hauptkontingent zu den dauernd Mißvergnügten. Wie Jones[19] aber überzeugend nachweist, kann die ursprüngliche anale Eigenwilligkeit sich nach zwei verschiedenen Richtungen entwickeln. In einem Teil der Fälle sind Unzugänglichkeit und Halsstarrigkeit, also unsoziale und unproduktive Eigenschaften das Ergebnis. In anderen Fällen entwickelt sich Ausdauer und Gründlichkeit, das heißt Eigenschaften von sozialem Wert, solange sie nicht ins Extreme ausarten. An dieser Stelle ist wiederum neben der Analerotik auf andere Triebquellen aufmerksam zu machen, die eine Verstärkung solcher Tendenzen liefern.

Geringe Beachtung hat in der psychoanalytischen Literatur der entgegengesetzte Typus gefunden. Gewisse Neurotiker lehnen jede Art von eigener Initiative ab. Im praktischen Leben soll nach ihrem Wunsche stets ein gütiger Vater oder eine sorgsame Mutter zur Hand sein, um ihnen jede Schwierigkeit aus dem Wege zu räumen. In der Psychoanalyse sind sie ungehalten darüber, daß sie frei assoziieren sollen; sie möchten nur still daliegen und die Leistung der Analyse ganz dem Arzt zuschieben, oder sie verlangen, vom Arzt ausgefragt zu werden. Nach den übereinstimmenden Ergebnissen solcher Psychoanalysen kann ich aussagen, daß jene Patienten in der Kindheit sich der geforderten Defäkationsleistung widersetzten, dann aber von den Müttern (oder auch Vätern) durch freigebige Verabreichung von Klysmen oder Abführmitteln dieser Mühe überhoben wurden. Das freie Assoziieren ist ihnen eine psychische Entleerung, die sie sich – gleich der körperlichen – nicht abverlangen lassen wollen. Sie erwarten beständig, daß man ihnen die Mühe erleichtern oder ganz abnehmen werde. Ich erinnere hier an die umgekehrte Form des Widerstandes, die ich in einer früheren Mitteilung[20] ebenfalls auf analerotische Quellen zurückgeführt habe. Es handelte sich um jene Patienten, die in der Psychoanalyse alles allein und nach eigener Methode tun wollen und deswegen die ihnen vorgeschriebene des freien Assoziierens ablehnen.

Hier soll im allgemeinen nicht von der neurotischen Symptombildung, die sich auf der Grundlage verdrängter Analerotik vollzieht, die Rede sein, sondern hauptsächlich von charakterologischen Erscheinungen. Die mannigfaltigen Äußerungen neurotischer Hemmung, deren Zusammen-

[19] [Ibid.]
[20] Bibl. Nr. 58 [s. S. 276ff. in Band I der vorliegenden Ausgabe].

hang mit der Verschiebung der Libido auf die Analzone leicht ersichtlich ist, berücksichtige ich daher nur nebenbei. Ein genaueres Eingehen erfordert die Tatsache, daß die Ablehnung aktiver Leistungen eine häufige Erscheinung im Rahmen des analen Charakters bildet. Namentlich bedarf es hier einer kurzen Erörterung der besonderen Verhältnisse beim sogenannten *Zwangscharakter.*

Wenn bei einem männlichen Individuum die Libido nicht in vollem Umfange zur genitalen Organisationsstufe fortschreitet, oder wenn sie von der genitalen zur analen Entwicklungsphase regrediert, so resultiert daraus stets eine Minderung der männlichen Aktivität in jedem Sinne des Wortes. Die physiologische Produktivität des Mannes ist an die Genitalzone gebunden. Findet eine Regression der Libido zur sadistisch-analen Phase statt, so geht die Produktivität des Mannes nicht nur im rein generativen Sinne verloren. Die genitale Libido des Mannes soll zum Zeugungsakt, und damit zur Entstehung eines neuen Lebewesens, den ersten Anstoß geben. Fehlt dem Manne die Initiative, welche zu dieser eigentlichsten Produktivität notwendig ist, so finden wir regelmäßig auch im sonstigen Verhalten des Mannes einen Mangel an Produktivität und Initiative. Aber die Folgen reichen noch weiter.

Mit der genitalen Aktivität des Mannes verbindet sich eine positive Gefühlseinstellung zum Liebesobjekt, die sich auch auf sein Verhältnis zu sonstigen Objekten überträgt und sich in seiner Fähigkeit zur sozialen Anpassung, in der Hingabe an bestimmte Interessen, Ideen und dergleichen äußert. In allen diesen Hinsichten steht die Charakterbildung der sadistisch-analen Stufe derjenigen der genitalen Phase nach. Das sadistische Element, das für die normale Triebhaftigkeit des Mannes von großer Bedeutung ist, sobald es durch Sublimierung eine geeignete Umwandlung erfahren hat, ist im Zwangscharakter zwar in besonderer Stärke vertreten, aber es ist infolge der Ambivalenz des Trieblebens solcher Individuen mehr oder weniger gelähmt. Zudem enthält es destruktive, objektfeindliche Tendenzen und kann deshalb nicht zu wirklicher Fähigkeit der Hingabe an ein Liebesobjekt sublimiert werden. Denn die oft beobachtete Reaktionsbildung im Sinne übergroßer Nachgiebigkeit und Weichheit darf nicht mit wirklicher Übertragungsliebe verwechselt werden. Günstiger zu beurteilen sind diejenigen Fälle, in welchen Objektliebe und genitale Libidoorganisation immerhin zu einem guten Teil erreicht sind. Gesellt sich zu einer solchen unvollkommenen Objektliebe die erwähnte »Übergüte«, so entsteht eine sozial nützliche Spielart, die dennoch einer vollen Objektliebe in wesentlichen Beziehungen nachsteht.

Wir finden nun bei Individuen mit mehr oder weniger beeinträchtigter Genitalität regelmäßig die unbewußte Tendenz, die Analfunktion als produktive Tätigkeit zu bewerten beziehungsweise den Anschein zu erwecken, als sei die genitale Leistung unwesentlich, die anale weit bedeutungsvoller. Dementsprechend ist das soziale Verhalten solcher Personen stark an das Geld gebunden. Sie lieben es, Geld oder Geldeswert zu schenken; manche unter ihnen werden Mäzene oder Wohltäter. Doch bleibt ihre Libido den Objekten mehr oder weniger fern, und so ist auch ihre Arbeitsleistung nicht im eigentlichen Sinne produktiv. Es fehlt ihnen keineswegs an Ausdauer – einem häufigen Kennzeichen des analen Charakters – aber sie wird zu einem guten Teil in unproduktivem Sinne verwandt, etwa an pedantische Einhaltung festgesetzter Formen verschwendet, so daß in ungünstigen Fällen das sachliche Interesse dem formalen erliegt.

Erörtern wir die vielfachen Beziehungen, in welchen der anale Charakter der männlichen Aktivität Eintrag tut, so dürfen wir endlich die oft so hartnäckige Neigung zum Hinausschieben jeder Leistung nicht vergessen. Wir sind über die Herkunft dieser Tendenz gut unterrichtet. Sehr gewöhnlich verbindet sich mit ihr eine Neigung zum Unterbrechen jeder begonnenen Tätigkeit; bei manchen Personen kann man, wenn sie irgend etwas beginnen, schon voraussagen, daß bald eine Unterbrechung kommen wird.

In selteneren Fällen fand ich das umgekehrte Verhalten. So war einer meiner Patienten durch einen langdauernden Widerstand verhindert, seine Doktor-Dissertation zu schreiben. Nach vielen anderen Motiven des Widerstandes kam endlich noch ein weiteres zum Vorschein. Der Patient gab an, er müsse den Beginn der Arbeit scheuen. Denn wenn er etwas angefangen habe, könne er nicht wieder aufhören. Wir werden hier an das Verhalten gewisser Neurotiker bezüglich ihrer Exkretionen erinnert. Sie halten den Darm- oder Blaseninhalt zurück, solange dies irgend möglich ist. Geben sie dem übermächtig gewordenen Drang endlich nach, so gibt es kein Einhalten mehr, und das gesamte Quantum kommt zutage. Hier ist besonders die Tatsache zu beachten, daß es sowohl eine Lust am Zurückhalten der Exkremente, als eine Lust an ihrer Entleerung gibt. Der wesentlichste Unterschied beider liegt in dem protrahierten Ablauf der einen, in dem akuten Abschluß der anderen Lustform. Für den erwähnten Patienten bedeutete der lange hinausgezögerte Beginn der Arbeit eine Wendung von der *Retentionslust* zur *Entleerungslust.*[21]

In welchem Maße das Überwiegen der analen über die genitale Erotik den Neurotiker inaktiv und unproduktiv macht, das möge noch eine Einzelheit aus der Geschichte des gleichen Patienten zeigen.

Auch während der Psychoanalyse verhielt der Patient sich lange Zeit hindurch gänzlich untätig und verhinderte durch seinen Widerstand jedwede Änderung sowohl seines Zustandes als auch der ihn umgebenden Verhältnisse. Seine einzige Maßnahme gegen die äußeren und inneren Schwierigkeiten bestand – wie das bei Zwangskranken öfter vorkommt – in heftigem Fluchen. An diese Affektäußerungen schloß sich dann ein bezeichnendes Verhalten an. Statt sich um das Schicksal seiner Arbeit zu bekümmern, grübelte der Patient darüber nach, was aus seinen Flüchen werde, ob sie zu Gott oder zum Teufel gelangten, und welches Schicksal Schallwellen im allgemeinen hätten. Die geistige Tätigkeit wurde so durch neurotische Grübeleien ersetzt. Auf assoziativem Wege ergab sich, daß die Grübelfrage nach dem Verbleib der Geräusche sich auch auf Gerüche bezog und in letzter Linie analerotischen Ursprungs war (Flatus).

Im allgemeinen darf man sagen, daß beim Neurotiker, je mehr die männliche Aktivität und Produktivität eingeschränkt ist, desto auffälliger das Interesse sich dem Besitz zuwendet, und dies in Formen, die von der Norm erheblich abweichen. In ausgeprägten Fällen von analer Charakterbildung werden nahezu alle Lebensbeziehungen unter den Gesichtspunkt des Habens (Festhaltens) und Gebens, also des Besitzes gestellt. Es ist, als wäre der Wahlspruch mancher solcher Menschen: Wer mir gibt, ist mein Freund; wer etwas von mir verlangt, ist mein Feind! Ein Patient erklärte mir, er könne während der Behandlung kein freundliches Gefühl für mich aufbringen. Er fügte erklärend hinzu: »Solange ich jemandem etwas zu zahlen habe, kann ich ihm nicht freundlich gegenüberstehen.« Wir kennen bei anderen Neurotischen die genaue Umkehrung dieses Verhaltens; sie können einem Menschen um

21 Die Retentionsneigung stellt eine spezielle Form des Festhaltens an der Vorlust dar und scheint mir besondere Beachtung zu verdienen. Ich will mich in dieser Hinsicht mit einem einzigen Hinweis begnügen. Man hat neuerdings mehrfach zwei entgegengesetzte »psychologische Typen« aufgestellt und versucht, sämtliche Individualitäten in diesen unterzubringen. Erinnert sei namentlich an Jungs »extravertierten« und »introvertierten« Typus.

Patient, von dem ich oben berichtete, war nun zweifellos in höchstem Maße nach innen gekehrt, gab aber diese seine objektfeindliche Einstellung im Laufe seiner Psychoanalyse mehr und mehr auf. Diese und viele ähnliche Erfahrungen berechtigen zu der Auffassung, daß die »Introversion« im Sinne Jungs großenteils mit dem infantilen Festhalten an der Retentionslust zusammenfällt. Es handelt sich also um ein Verhalten, das erworben und aufgegeben werden kann, nicht aber um Äußerungen eines starren psychologischen Typus.

so eher freundlich sein, je mehr er ihre Hilfe braucht und in Anspruch nimmt.

Bei der größeren, ersteren Gruppe tritt als ein hauptsächlicher Charakterzug der *Neid* zutage. Der Neidische aber zeigt nicht nur ein Begehren nach dem Besitz anderer, sondern er verbindet mit diesem Begehren gehässige Regungen gegen den Bevorzugten. Auf die sadistische Wurzel des Neides sei aber hier nur im Vorübergehen verwiesen, ebenso wie auf die anale. Denn beide sind für das Zustandekommen des Neides von sekundärer, nur verstärkender Bedeutung. Der Ursprung des Charakterzuges rührt bereits von der früheren (oralen) Phase der Libidoentwicklung her. So möge hier nur ein Beispiel Platz finden, das den Zusammenhang des Neides mit den anal bedingten Besitzvorstellungen gut illustriert. Ich meine den so häufigen Neid des Patienten auf den analysierenden Arzt. Er neidet ihm die Rolle des »Überlegenen« und vergleicht sich beständig mit ihm. Ein Patient äußerte einmal, in der Psychoanalyse sei die Verteilung der Rollen allzu ungerecht. Er selbst müsse allein alle Opfer bringen: er suche den Arzt auf, liefere seine Assoziationen ab und müsse obendrein noch Geld zahlen. Derselbe Patient hatte übrigens die Gepflogenheit, jedem Menschen, den er kannte, sein Einkommen nachzurechnen.

Wir sind damit in die unmittelbare Nachbarschaft eines der klassischen Züge des analen Charakters gelangt: des besonderen Verhältnisses zum Gelde, am häufigsten repräsentiert durch Sparsamkeit oder Geiz. So häufig nun gerade diese Eigenschaft der Neurotiker in der psychoanalytischen Literatur bestätigt worden ist, so gibt es doch eine Reihe von besonderen Erscheinungen auf diesem Gebiet, die wenig Beachtung gefunden haben und daher hier berücksichtigt werden sollen.

Es gibt Fälle, in welchen der Zusammenhang zwischen absichtlicher Stuhlverhaltung und systematischer Sparsamkeit offen zutage liegt. Ich erwähne hier das Beispiel eines reichen Bankiers, der seinen Kindern immer wieder einschärfte, sie sollten den Darminhalt so lange wie nur möglich bei sich behalten, damit die teure Nahrung bis zum äußersten ausgenützt werde.

Sodann ist auf die Tatsache zu verweisen, daß manche Neurotiker ihre Sparsamkeit beziehungsweise ihren Geiz auf gewisse Arten von Ausgaben beschränken, in anderen Beziehungen dagegen mit auffälliger Bereitwilligkeit Geld verausgaben. So gibt es unter unseren Patienten solche, die jede Ausgabe für »Vergängliches« meiden. Ein Konzert, eine Reise, der Besuch einer Ausstellung sind mit Kosten verbunden, für welche man keinen bleibenden Besitz eintauscht. Ich kannte jemanden, der den Besuch der Oper aus solchem Grunde mied; er kaufte sich aber Klavierauszüge der Opern, welche er nicht gehört hatte, weil er auf diese Weise etwas »Bleibendes« erhielt. Manche solche Neurotiker vermeiden auch gern die Ausgaben für das Essen, weil man es ja doch nicht als dauernden Besitz behält. Bezeichnenderweise gibt es einen anderen Typus, der bereitwillig Ausgaben für die Ernährung macht, die bei ihm ein überwertiges Interesse darstellt. Es handelt sich um Neurotiker, die ihren Körper beständig sorgsam überwachen, ihr Gewicht prüfen usw. Ihr Interesse ist der Frage zugewandt, was von den eingeführten Stoffen ihrem Körper als *dauernder Besitz* bleibt. Bei dieser Gruppe ist es evident, daß sie Körperinhalt mit Geld identifiziert.

In anderen Fällen finden wir die Sparsamkeit in der gesamten Lebensweise streng durchgeführt; in einzelnen Beziehungen wird sie aber auf die Spitze getrieben, ohne daß eine praktisch nennenswerte Ersparnis an Material erzielt wird. Ich erwähne einen geizigen Sonderling, der im Hause mit offenstehender Hose umherlief, damit die Knopflöcher nicht zu schnell abgenützt würden. Es ist leicht zu erraten, daß hier noch andere Antriebe mitwirkten. Doch bleibt es charakteristisch, wie diese sich hinter der anal bedingten Spartendenz verbergen können; so sehr wird diese als wichtigstes Prinzip anerkannt. Bei manchen Analysanden finden wir eine auf den Verbrauch von Klosettpapier spezialisierte Sparsamkeit; hier wirkt die Scheu, Reines zu beschmutzen, als determinierend mit.

Häufig zu beobachten ist die Verschiebung des Geizes vom Geld oder Geldeswert auf die *Zeit;* letztere wird ja in einer geläufigen Redewendung dem Gelde gleichgesetzt. Viele Neurotiker sind in beständiger Sorge vor Zeitverlusten. Nur die Zeit, welche sie *allein* und mit ihrer *Arbeit* verbringen, erscheint ihnen wohl ausgenützt. Jede Störung in ihrer Tätigkeit versetzt sie in höchste Reizbarkeit. Sie hassen Untätigkeit, Vergnügungen usw. Es sind die gleichen Menschen, die zu den von Ferenczi beschriebenen »Sonntagsneurosen«[22] neigen, das heißt keine Unterbrechung ihrer Arbeit vertragen. Wie jede neurotisch übertriebene Tendenz ihr Ziel leicht verfehlt, so geschieht es auch oftmals dieser. Die Patienten sparen oft Zeit im kleinen und verlieren sie im großen.

Eine häufige Gewohnheit unserer Patienten, welche der Zeitersparnis dienen soll, ist das gleichzeitige Vornehmen zweier Beschäftigungen.

[22] [Ferenczi (1919).]

Beliebt ist beispielsweise das Lernen, Lesen oder Erledigen sonstiger Arbeiten während der Defäkation.[23] Wiederholt lernte ich Leute kennen, die, um Zeit zu ersparen, Weste und Rock zusammen aus- beziehungsweise anzogen oder abends die Unterhose in der Hose stecken ließen, um am Morgen beide Kleidungsstücke mit einer Bewegung anziehen zu können. Beispiele dieser Art sind leicht zu vermehren.
Vielfach sind die Formen, in welchen sich die Lust am Besitz zu äußern pflegt. Vom Geizhals, der nach volkstümlicher Vorstellung mit Wohlbehagen seine Goldstücke zählt und betrachtet, ist es nicht gar so weit zum Sammler, den eine Lücke in einer Serie von Briefmarken wie eine offene Wunde brennt. Über den Sammeltrieb gibt aber die Abhandlung von Jones[24] so reichen Aufschluß, daß ich seinen Ausführungen nichts Wesentliches hinzufügen könnte.
Dagegen erscheint mir ein kurzer Hinweis auf eine Erscheinung notwendig, die der Lust am Betrachten des Besitzes nahe verwandt ist. Ich meine das wohlgefällige Betrachten eigener geistiger Erzeugnisse, wie Briefe, Manuskripte usw. oder fertiggestellter Arbeiten aller Art. Ihr Vorbild hat diese Neigung im Anschauen der eigenen Darmprodukte, das für nicht wenige Menschen eine Quelle immer erneuter Lust, für manche Neurotiker eine Äußerungsform des psychischen Zwanges darstellt.
Die libidinöse Überbetonung des Besitzes macht es uns leicht verständlich, daß unsere Patienten sich von Gegenständen aller Art selbst dann schwer trennen, wenn diese weder mehr einen praktischen Nutzen bringen noch einen Geldwert repräsentieren. Personen mit solcher Einstellung zum Besitz sammeln etwa auf dem Dachboden des Hauses zerbrochene Gegenstände aller Art an, oft unter dem Vorwand, ihrer vielleicht später noch zu bedürfen. Bei irgendeiner Gelegenheit wird dann das gesamte Gerümpel auf einmal beseitigt. Die Lust an der Menge des angesammelten Materials entspricht vollkommen der Lust am Zurückhalten des Darminhaltes; auch in diesem Falle finden wir das Verzögern der Entleerung bis zu einem möglichst späten Zeitpunkt. Die gleichen Personen sammeln Reste von Papier, alte Kuverts, gebrauchte Schreibfedern und dergleichen an und können sich lange Zeit

[23] Für solche Neurotiker ist das Klosett der Ort der eigentlichen »Produktion«, die durch die Einsamkeit begünstigt wird. Ein Patient, der während der psychoanalytischen Sitzungen lebhaften Widerstand gegen das freie Assoziieren zeigte, produzierte daheim im Klosett seine Einfälle und brachte sie dann fertig mit sich zur Analysenstunde.
[24] [1919].

hindurch von diesem Besitz nicht trennen, bis dann in größeren Abständen einmal ein großes Aufräumen beginnt, das seinerseits ebenfalls mit Lust verbunden ist. Bei Kaufleuten und Beamten fand ich mehrfach die besondere Neigung, ganz beschmutztes und zerfetztes Löschpapier sorgsam aufzubewahren. Die Befleckung mit Tinte ist für das Unbewußte dieser Neurotiker der Beschmutzung mit Kot gleichwertig. Ich will erwähnen, daß ich bei einer senil-schwachsinnigen Frau mit starker Regression der Libido zur analen Stufe die Neigung fand, das von ihr gebrauchte Klosettpapier in die Tasche zu stecken und bei sich zu tragen.

Daß das Fortwerfen von Gegenständen vom Unbewußten der Kotentleerung gleichgesetzt wird, beweist folgende sonderbare Gepflogenheit einer Frau, die auch sonst eine ungewöhnlich starke Ausprägung analer Wesenszüge darbot. Sie war außerstande, unbrauchbar gewordene Gegenstände fortzuwerfen. Zuweilen zeigte sich aber bei ihr der Drang, sich dennoch eines solchen zu entäußern. Sie hatte nun eine Methode erfunden, um sich gewissermaßen zu überlisten. Sie ging dann von ihrer Wohnung aus in den benachbarten Wald. Beim Verlassen des Hauses steckte sie den zu beseitigenden Gegenstand – etwa ein altes Kleidungsstück – mit einem Zipfel an ihrem Rücken unter das Schürzenband. Auf dem Wege durch den Wald verlor sie ihn. Sie kehrte auf einem anderen Wege heim, um des »verlorenen« Gegenstandes nicht wieder ansichtig zu werden. Um den Besitz eines Objekts aufzugeben, mußte sie es also an der Rückseite ihres Körpers fallen lassen.

Personen, welche verbrauchte Gegenstände nicht beseitigen mögen, pflegen auch ungern neue in Gebrauch zu nehmen. Sie schaffen sich Kleidungsstücke an, tragen sie aber nicht, sondern »schonen« sie für die Zukunft und haben an ihnen eine rechte Freude eigentlich nur, solange sie ungebraucht im Schrank hängen.

Die Abneigung gegen das Fortwerfen verbrauchter oder wertloser Gegenstände führt häufig zu einer zwanghaften Neigung, selbst Geringstes noch zu verwerten. Ein reicher Mann pflegte Zündholzschachteln, deren Inhalt verbraucht war, mit dem Messer in schmale Stäbchen zu schneiden und teilte sie seinem Hauspersonal zum Feueranzünden zu. In ähnlicher Weise zeigt sich diese Neigung bei Frauen im Rückbildungsalter.

Das Interesse an der Ausnützung von Resten erfährt in manchen Fällen eine Sublimierung unvollkommener Art, indem ein Neurotiker etwa die Verwertung der gesamten Abfallstoffe einer Stadt zum Lieblingsgegenstand seiner Tagträumereien erhebt, ohne daß aber ein praktisches Resultat dieser Überlegungen zu bemerken wäre. Tagträumereien dieses Inhalts werden uns später noch beschäftigen.

Weniger häufig als Sparsamkeit findet sich bei unseren Patienten die Neigung zum Verschwenden. Eine Beobachtung, welche Simmel in der Berliner Psychoanalytischen Vereinigung mitteilte, ließ den Parallelismus zwischen Verschwendung und neurotischen Diarrhöen ebenso evident werden, wie uns seit langem der Zusammenhang zwischen Geiz und Verstopfung klargeworden ist. Ich kann aus eigener Erfahrung die Richtigkeit dieser Auffassung bestätigen, habe übrigens schon vor längerer Zeit darauf aufmerksam gemacht, daß das Geldausgeben ein Äquivalent für die ersehnte, aber neurotisch gehemmte Verausgabung der Libido darstellen kann.[25] Erwähnt sei hier noch die Neigung mancher Frauen zum Verschleudern von Geld. Sie drückt eine Feindseligkeit gegen den Ehemann aus, welchem auf diese Weise sein »Vermögen« genommen wird; es handelt sich also – wenn wir andere Determinierungen zunächst beiseite lassen – um eine Äußerung des weiblichen Kastrationskomplexes im Sinne der Rache am Manne. Wiederum sehen wir hier sadistische Motive mit solchen analerotischer Herkunft zusammenwirken.

Daß viele Neurotiker in Geldausgaben kleinlich sind und an geringfügigen Beträgen sparen, um von Zeit zu Zeit große Ausgaben ohne jede Engherzigkeit zu machen, wird uns aus ihrem widerspruchsvollen Verhalten bezüglich der Defäkation verständlich. Solche Personen verschieben die Entleerung so lange wie möglich – oft mit der Begründung durch Zeitmangel – und geben, wenn sie das Klosett aufsuchen, nur geringe Mengen ihres Darminhaltes von sich. In größeren Abständen findet aber eine Massenentleerung statt.

Gelegentlich finden sich Personen mit ausgeprägtem analen Charakter, deren Libido sich mit einer seltsamen Ausschließlichkeit dem Geldbesitz zugewandt hat. So berichtet mir ein Patient, er habe als Knabe Kriegsspiele nicht wie andere Kinder mit Bleisoldaten aufgeführt, sondern mit Geldstücken. Er ließ sich viele Pfennige schenken, die in seinem Spiel die Soldaten repräsentierten. Nickelmünzen waren Unteroffiziere der verschiedenen Grade, Silbermünzen die Offiziere. Ein silbernes Fünfmarkstück war der Feldherr; er befand sich, gegen alle Angriffe gesichert, »hinter der Front« in einem besonderen Bau. Die eine Partei

[25] Bibl. Nr. 55 [s. S. 64ff. in Band I der vorliegenden Ausgabe].

nahm im Kampf der anderen »Gefangene« ab und reihte sie in ihr eigenes Heer ein. Auf diese Weise vermehrte sich der Geldbesitz auf einer Seite, bis auf der anderen nichts mehr übrig war. Daß der »Kampf« im Unbewußten des Patienten gegen den »reichen« Vater ging, ist leicht ersichtlich. Bemerkenswert ist aber in diesem Beispiel, daß Menschen vollkommen durch Geld ersetzt sind. Übrigens bestand beim Patienten, als ich ihn in Behandlung nahm, keinerlei persönliches Interesse an anderen Menschen; nur der Besitz von Geld und Geldeswert reizte ihn.

Ähnlich widerspruchsvoll wie im Verausgaben von Geld verhalten unsere Patienten sich in bezug auf *Ordnung* und *Reinlichkeit*. Diese Tatsache ist jedem Psychoanalytiker so geläufig, daß es eines allgemeinen Hinweises auf sie nicht bedürfte. Aber gewisse Erscheinungen verdienen dennoch eine spezielle Berücksichtigung.

Bekannt ist beispielsweise als Äußerung des analen Charakters die Lust am Rubrizieren und Klassifizieren, am Anfertigen von Listen, von statistischen Übersichten, von Programmen und Stundenplänen. In nicht wenigen Fällen ist diese Neigung so überbetont, daß die Vorlust am Ausarbeiten eines Planes stärker hervortritt, als die Befriedigung an seiner Ausführung, und so unterbleibt diese oft gänzlich. Ich kannte eine Reihe von Patienten mit langdauernder Arbeitshemmung, die sich etwa an jedem Sonntag einen Arbeitsplan für die beginnende Woche bis ins einzelne ausarbeiteten, ihn hernach aber völlig unausgeführt ließen. Zu bemerken ist, daß es sich bei diesen Personen nicht nur um *Zögerer* handelt, sondern zugleich um *Eigensinnige*, die in selbstherrlicher Weise die bewährten Methoden anderer ablehnen und nach eigenen handeln wollen.

Viele Neurotiker verharren lebenslänglich in einer besonderen Form ambivalenten Verhaltens hinsichtlich Ordnung und Reinlichkeit. Da gibt es Menschen, die ein wohlgepflegtes Äußeres zeigen, soweit es jedermann sichtbar wird. Während aber die sichtbare Kleidung und Wäsche sich in tadelfreiem Zustand befindet, ist die Unterkleidung, ist der Körper, soweit er verdeckt ist, in hohem Maße unsauber.[26]

Die nämlichen Personen neigen dazu, in ihrer Wohnung peinliche Ordnung zu halten. Auf dem Schreibtisch etwa steht jedes Stück an seinem bestimmten Platz; die im Büchergestell sichtbaren Bücher sind mit großer Sorgfalt und Regelmäßigkeit aufgestellt. Aber in den Schubladen

[26] Eine Berliner Redensart sagt von solchen Menschen: »Oben hui, unten pfui!« Derber sagt man in Bayern: »Oben beglissen, unten beschissen!« Das Widerspruchsvolle mancher Personen in dieser Hinsicht ist also dem Volke nicht fremd.

herrscht völlige Unordnung, die nur in größeren Zeitabständen durch ein gründliches »Aufräumen« beseitigt wird, um freilich ganz allmählich wiederzukehren.
Ich erwähne an dieser Stelle, daß im Unbewußten solcher Neurotiker ein unordentliches Zimmer, eine unordentliche Schublade usw. die Vorstellung des mit Kot gefüllten Darmes vertritt. Wiederholt hatte ich Träume zu analysieren, welche in solcher Form auf den Darm anspielten. Einer meiner Patienten brachte mir einen Traum, in welchem er seiner Mutter auf einer Leiter nachstieg, um in eine im Dachstock des Hauses gelegene Rumpelkammer zu gelangen. Es war ein Inzesttraum mit analer Koitusphantasie; der Anus war als schmale Stiege, der Darm als Rumpelkammer symbolisch dargestellt.
Auch mit anderen der Ordentlichkeit nachstehenden Charakterzügen, wie zum Beispiel Gründlichkeit und Genauigkeit, ist oftmals die entgegengesetzte Eigenschaft nahe verbunden. Ein näheres Eingehen auf diese Züge kann ich mir mit Hinblick auf Jones'[27] Untersuchungen ersparen. Eine Erwähnung verdient aber das im analen Charakter oftmals vertretene Bedürfnis nach *Symmetrie* und *»gerechtem Ausgleich«*.
So wie manche Neurotiker ihre Schritte zählen, um ihr Ziel mit einer *paarigen* Schrittzahl zu erreichen, so ertragen sie auch sonst keine Asymmetrie. Alle Gegensätze erhalten eine symmetrische Aufstellung. Teilungen jeder Art werden mit minutiöser Genauigkeit vorgenommen. Ein Ehemann rechnet seiner Frau vor, daß zwischen den Ausgaben beider für Kleidung und so weiter keine Symmetrie herrsche; beständig wird aufgerechnet, was der eine sich gekauft hat und was nun zum Ausgleich dem anderen zukommt. Während der Lebensmittelnot im verflossenen Kriege führten zwei Brüder, beide unverheiratet, einen gemeinsamen Haushalt. Wenn das rationierte Fleisch für beide gemeinsam auf den Mittagstisch gesetzt wurde, so teilten sie es unter genauester Kontrolle einer Briefwaage; beide waren in Angst, der andere könne zu kurz kommen oder sich beeinträchtigt fühlen. Bezeichnend ist auch das fortdauernde Begehren, mit anderen Menschen »quitt« zu sein, das heißt ihnen gegenüber keine noch so geringe unerfüllte Verpflichtung zu haben. Daß andere Personen mit ausgeprägtem Analcharakter die Neigung haben, ihre Schulden zu vergessen (besonders wenn es sich um geringfügige Beträge handelt), sei als Erscheinung unsublimierter Analerotik vermerkt.

[27] [1919.]

Endlich ist noch auf eine Feststellung von Jones einzugehen, die der Autor nebenbei erwähnt, die aber offenbar das Extrakt aus einer großen Erfahrung darstellt.

Ich zitiere (S. 79)[28]: »Am auffallendsten ist die Neigung, sich mit der Rückseite der Dinge zu beschäftigen, die sich auf verschiedene Weise zeigen kann, zum Beispiel in einer deutlichen Wißbegier über die entgegengesetzte oder Kehrseite von Orten und Gegenständen ... in der Neigung, rechts und links, Osten und Westen zu verwechseln; im Verkehren von Buchstaben oder Worten und in ähnlichen Dingen.«

Ich könnte Jones' Anschauungen reichlich mit Beispielen aus der eigenen Erfahrung belegen. Sie ist von erheblicher Tragweite für das Verständnis mancher neurotischer Symptome und Charakterzüge. Die Verschiebung der Libido von der Genital- zur Analzone ist ohne Zweifel das Vorbild, dem alle diese »Umkehrungen« folgen. Zu erwähnen ist hier namentlich das Verhalten vieler Menschen, die man als »Sonderlinge« betrachtet; ihr Wesen baut sich größtenteils auf den analen Charakterzügen auf. Sie neigen dazu, in großen und kleinen Dingen *den Gewohnheiten der anderen Menschen entgegen zu handeln.* Sie tragen Kleider, die der herrschenden Mode möglichst entgegengesetzt sind. Gehen andere einem Vergnügen nach, so arbeiten sie. Verrichten die übrigen Menschen eine Arbeit – wie zum Beispiel Schreiben – im *Sitzen,* so tun sie es im *Stehen;* fahren andere, so gehen sie zu Fuß; gehen andere, so laufen sie Trab. Kleiden andere sich warm, so tun sie das Gegenteil. Ihr Geschmack im Essen steht mit dem üblichen im Widerspruch. Der Zusammenhang mit dem uns als *Eigensinn* geläufigen Charakterzug ist unverkennbar.

Ich kannte während meiner Studienzeit einen jungen Mann, der durch sonderbare Gewohnheiten auffiel. Er lebte ungesellig, widerstrebte ostentativ der Mode und besonders allen Lebensgewohnheiten der übrigen Studenten. Als ich einmal in einem Restaurant das Mittagessen mit ihm einnahm, bemerkte ich, daß er das »Menu« in umgekehrter Folge aß, das heißt sich zuerst die Süßspeise geben ließ und mit der Suppe endete. Nach Jahren wurde ich von seinen Angehörigen einmal zu einer Konsultation gebeten. Mein Bekannter war jetzt gänzlich in einem paranoischen Wahn befangen. Erinnern wir uns der großen Bedeutung der Analerotik in der Psychogenese der Paranoia, auf welche namentlich Ferenczi[29] hingewiesen hat, so wird uns das sonderling-

[28] [Ibid.]
[29] [1911.]

hafte Verhalten als anale Charakterbildung und damit als Vorläufer der paranoischen Erkrankung verständlich.

Den tieferen Sinn einer solchen Umkehrungstendenz offenbaren uns am besten gewisse Fälle weiblicher Neurosen, in welchen ein außergewöhnlich starker Kastrationskomplex zum Ausdruck kommt. Wir sehen dann die Neigung zur »Umkehrung« zwei hauptsächlichen Motiven entspringen: der Verschiebung der Libido von »vorn« nach »hinten« und dem Wunsch nach Geschlechtsumwandlung. Über die Psychologie dieser Zustände hoffe ich gelegentlich in einem anderen Zusammenhang berichten zu können.

Die vorstehenden Ausführungen über anale Charakterzüge will ich zum Schluß durch eine Beobachtung ergänzen, zu deren Nachprüfung ich gleichzeitig auffordern möchte. Der anale Charakter scheint sich in manchen Fällen *physiognomisch* auszuprägen. Besonders scheint er sich durch einen mürrischen Gesichtsausdruck bemerkbar zu machen. Personen, die der normalen Befriedigung auf genitalem Wege entbehren müssen, neigen in der Regel zu mürrischer Stimmung.[30] Sodann aber erscheint mir von physiognomischer Bedeutung ein beständiges Angespanntsein der Nasenlippenfalten, verbunden mit leichtem Heben der Oberlippe. Es entsteht dadurch in manchen Fällen der Eindruck, als zögen solche Personen fortdauernd Gerüche durch die Nase ein. Dieser physiognomische Zug darf wohl mit Recht auf die koprophile Riechlust zurückgeführt werden. Ich habe einmal bezüglich eines Mannes mit derartiger Physiognomie geäußert, er sehe aus, als ob er sich dauernd selbst berieche. Sofort bestätigte mir jemand, der jenen Mann genau kannte, der Betreffende habe tatsächlich die Gewohnheit, seine Hände und jeden Gegenstand, den er in die Hand nehme, zu beriechen. Ich kann hinzufügen, daß die typischen analen Charakterzüge bei ihm in ausgeprägter Form vorhanden waren.

Die vorstehenden Ausführungen erheben nicht den Anspruch, das Thema der analen Charakterzüge erschöpfend behandelt zu haben. Im Gegenteil bin ich mir bewußt, wie wenig ich der Mannigfaltigkeit der Erscheinungen gerecht geworden bin. Mir lag in Wirklichkeit ein anderes Ziel näher, nämlich durch eine vervollständigende Untersuchung des analen Charakters unsere Kenntnis von den prägenitalen Phasen der Libidoentwicklung zu fördern. Wie schon eingangs erwähnt, soll dieser Mit-

[30] Manche allerdings verfügen über reichliche narzißtische Lustquellen und leben in einer lächelnden Selbstzufriedenheit.

teilung eine Untersuchung über die manisch-depressiven Zustände folgen, für deren Erfassung die Kenntnis der prägenitalen Entwicklungsstufen unerläßlich ist.

II
Beiträge der Oralerotik zur Charakterbildung [31]

Nach der herkömmlichen Anschauung ist die Bildung des menschlichen Charakters teils auf angeborene Anlagen zurückzuführen, teils auf Einflüsse des Milieus, unter welchen man der Erziehung eine besondere Bedeutung beizulegen geneigt ist. Erst die psychoanalytische Forschung hat auf Quellen der Charakterbildung aufmerksam gemacht, die vorher keine genügende Beachtung gefunden hatten. Auf Grund der psychoanalytischen Erfahrung nehmen wir an, daß diejenigen Anteile der kindlichen Sexualität, welche von der Verwendung im Sexualleben des gereiften Menschen ausgeschlossen sind, zu einem Teil der Umwandlung in bestimmte Charakterzüge unterliegen. Wie bekannt, hat Freud[32] zuerst nachgewiesen, daß bestimmte Anteile der kindlichen Analerotik ein solches Schicksal erleiden. Zu einem Teil geht diese in der endgültigen Organisation des reifen Sexuallebens auf, zum Teil unterliegt sie der Sublimierung, zum Teil endlich wird sie zur Charakterbildung verwandt. Diese Beiträge zur Charakterbildung aus analer Quelle sind als normal zu betrachten. Sie ermöglichen es dem Individuum, sich in Bezug auf Reinlichkeit, Ordnungsliebe usw. den Forderungen der Umgebung in den notwendigen Grenzen anzupassen. Außerdem aber haben wir einen »analen Charakter« im klinischen Sinne kennengelernt. Er ist durch übermäßige Betonung gewisser Charaktereigenschaften ausgezeichnet, wobei zu bemerken ist, daß die Überzüchtung der Reinlichkeit, Sparsamkeit und anderer Qualitäten niemals restlos gelingt. Stets finden wir auch das andere Extrem in geringerer oder stärkerer Ausprägung vor.

Nun lehrt uns die Erfahrung, daß nicht alle Abweichungen von der endgültigen Charakterbildung der genitalen Entwicklungsstufe aus der vorher erwähnten analen Quelle stammen. Vielmehr lernen wir auch die Oralerotik als Quellgebiet für die Charakterbildung kennen. Auch

[31] Vortrag, gehalten auf dem VIII. Kongreß der Internationalen Psychoanalytischen Vereinigung, Salzburg 1924. [Bibl. Nr. 99.]

[32] [1908*b*.]

hier können wir Zuschüsse in normalen Grenzen feststellen und neben ihnen abnorme Grade der Ausprägung. Wenn diese unsere Beobachtungen richtig sind, so dürfen wir von oralen, analen und genitalen Quellen der Charakterbildung sprechen, wobei wir uns freilich einer ganz bewußten Vernachlässigung schuldig machen. Wir berücksichtigen nämlich in diesem Augenblick nur diejenigen Beiträge zur Formation des Charakters, welche von den erogenen Zonen geleistet werden, nicht dagegen die Zuschüsse von seiten der Partialtriebe. Die Vernachlässigung ist jedoch nur vorübergehend; beispielsweise wird sich der enge Zusammenhang der Grausamkeitskomponente des kindlichen Trieblebens mit der oralen Erotik auch in der Charakterbildung herausstellen, ohne daß es dann eines besonderen Hinweises bedürfen wird.

Was ich auf Grund meiner bisherigen Untersuchungen über Charakterzüge oraler Herkunft mitzuteilen vermag, wird vielleicht in gewissem Sinne enttäuschen, weil das Bild an Geschlossenheit demjenigen des analen Charakters nicht gleichkommt. Ich möchte darum auf bestimmte Unterschiede hinweisen, die man nicht aus den Augen verlieren darf und die die Erwartungen auf das berechtigte Maß reduzieren mögen.

Zunächst ist daran zu erinnern, daß von den Lusttendenzen, welche mit den intestinalen Vorgängen verbunden sind, nur weniges in *unverdrängter* Form in den Verband der normalen Erotik eingehen kann. Im Gegensatz dazu bleibt von der libidinösen Besetzung des Mundes, wie sie dem frühen Kindesalter eigen ist, ein unvergleichlich größerer Anteil im späteren Leben verwendbar. Die oralen Anteile der kindlichen Sexualität brauchen daher nicht im gleichen Grade wie die analen in der Charakterbildung oder Sublimierung aufzugehen.

Weiter ist zu betonen, daß eine rückläufige Umbildung des Charakters, wie sie mit dem Ausbruch bestimmter nervöser Störungen verbunden ist, in der Hauptsache auf der analen Stufe haltmachen kann. Schreitet sie aber weiter und kommt es zur pathologischen Ausbildung oraler Züge, wie sie späterhin geschildert werden sollen, so werden diese mit solchen, welche der analen Stufe angehören, vermischt sein. Wir werden alsdann eher eine Kombination beider Arten von Charakterzügen als eine Reinkultur oraler Eigenschaften erwarten dürfen.

Vertiefen wir uns nun in das Studium solcher Produkte der Mischung aus zwei verschiedenen Quellgebieten der Charakterbildung, so gelangen wir zu einer neuen Einsicht. Wir erfahren nämlich, daß der anale

Charakter in seiner Entstehung aufs engste an die Schicksale der oralen Erotik gebunden ist und ohne Zusammenhang mit diesen überhaupt nur unvollkommen verstanden werden kann.

Die klinische Erfahrung hatte Freud[33] zu der Auffassung geführt, daß bei manchen Personen die besondere libidinöse Betonung der intestinalen Vorgänge in der Konstitution begründet sei. An der Richtigkeit dieser Auffassung kann kein Zweifel aufkommen. Wir brauchen uns nur daran zu erinnern, daß in gewissen Familien sowohl positive Erscheinungen der Analerotik als auch anale Charakterzüge bei den verschiedensten Mitgliedern regelmäßig wiederkehren. So sehr jene Auffassung aber auch gesichert sein mag, so müssen wir ihr doch eine andere an die Seite stellen; sie wird sich uns aus den nachfolgenden, auf psychoanalytische Erfahrungen begründeten Betrachtungen ergeben.

Dem frühen Kindesalter kommt eine intensive Lust an der Saugetätigkeit zu. Wir haben uns mit der Anschauung vertraut gemacht, daß diese Lust nicht lediglich auf die Rechnung des Ernährungsvorganges gesetzt werden darf, sondern daß sie in hohem Maße durch die Bedeutung des Mundes als erogener Zone bedingt ist.

Diese primitive Form der Lustgewinnung wird vom Menschen niemals vollständig überwunden, besteht vielmehr unter allerlei Masken während des ganzen Lebens fort, zu gewissen Zeiten und durch besondere Umstände gelegentlich sogar eine neue Verstärkung erfahrend. Die körperliche und seelische Entwicklung des Kindes aber bringt einen immerhin weitgehenden Verzicht auf die ursprüngliche Saugelust mit sich. Nun lehrt uns die Erfahrung, daß jeder solche Verzicht auf Lust nur auf dem Wege des Tausches zustande kommt. Eben dieser Vorgang des Verzichtens und sein Verlauf unter verschiedenen Umständen sind es, die unsere Aufmerksamkeit verdienen.

Da ist zunächst auf den Prozeß der Zahnbildung zu verweisen, der, wie bekannt, die Lust am Saugen zu einem erheblichen Teil durch die Lust am Beißen ersetzt. Es genügt, daran zu erinnern, wie das Kind in diesem Entwicklungsstadium jeden Gegenstand zum Munde führt und unter größter Kraftanstrengung zu zerbeißen versucht.

In die nämliche Periode der Entwicklung fällt die Herstellung ambivalenter Beziehungen des Kindes zu den Objekten der Außenwelt. Es ist zu betonen, daß sowohl die freundliche als auch die feindliche Seite

[33] [Ibid.]

dieser Gefühlseinstellung mit Lust verbunden ist. Etwa zur gleichen Zeit findet eine weitere Verschiebung der lustvollen Empfindungen auf andere Funktionen und Örtlichkeiten des Körpers statt.

Von besonderer Bedeutung ist aber die Tatsache, daß die Saugelust eine Art von Wanderung antritt. Etwa gleichzeitig mit der Entwöhnung des Kindes von der saugenden Nahrungsaufnahme erfolgt seine Gewöhnung zur körperlichen Reinlichkeit. Eine wichtige Voraussetzung für das Gelingen dieses Vorganges ist die sich allmählich ausbildende Funktion der Schließmuskeln der Blase und des Darmes. Die Tätigkeit dieser Muskeln ist derjenigen der Lippen bei der Saugetätigkeit ähnlich und ihr offensichtlich nachgebildet. Anfänglich war der ungehemmte Austritt der Körperprodukte für das Kind mit einer Reizung der Ausgangspforten des Körpers verbunden, die unzweifelhaft lustbetont war, Paßt sich das Kind den Forderungen der Erziehung an und lernt es seine Körperprodukte zurückhalten, so wird alsbald auch diese neue Tätigkeit von Lust begleitet. Die mit diesem Vorgang verbundenen lustvollen Organempfindungen bilden die Grundlage, auf welcher sich allmählich die psychische Lust am Festhalten jeder Art von Besitz aufbaut. Daß in der Vorstellung des Kindes der Besitz eines Objektes ursprünglich so viel bedeutet wie seine erfolgte Einverleibung in den Körper, hat sich uns durch neuere Untersuchungen erwiesen. Gab es anfänglich nur eine Lust, die sich mit dem Einnehmen eines von außen kommenden Etwas verband oder die Ausstoßung von Körperinhalt begleitete, so wird nunmehr die Lust am Festhalten des Körperinhaltes und damit am Besitz überhaupt hinzugefügt. Für das spätere soziale Verhalten des Menschen ist es von größter praktischer Bedeutung, in welchem Verhältnis diese drei Quellen körperlicher und psychischer Befriedigung zueinander stehen. Ist die Lust am Bekommen oder Nehmen mit der Lust am Besitz sowie mit derjenigen an der Verausgabung des Besitzes in ein möglichst günstiges Verhältnis gebracht, so ist hiermit ein überaus wichtiger Schritt zur Herstellung der sozialen Beziehungen des Individuums getan. Die Erreichung eines solchen optimalen Verhältnisses jener drei Tendenzen bildet die wichtigste Vorbedingung zur Überwindung der Ambivalenz des Gefühlslebens.

Im vorstehenden wurden aus einem vielgestaltigen Entwicklungsprozeß nur einzelne Züge hervorgehoben. Für den Zweck unserer Untersuchung genügt es, an ihnen klarzustellen, daß eine geglückte Verarbeitung der oralen Erotik die erste und somit vielleicht wichtigste Voraussetzung eines späteren normalen Verhaltens in sozialer wie in sexueller Bezie-

hung bildet. Vielfach aber sind die Möglichkeiten einer Störung dieses wichtigen Aktes der Entwicklung.
Wollen wir diese Störungen begreifen, so brauchen wir nur wiederum daran zu denken, daß die Lust des Säuglingsalters zum erheblichen Teil eine Lust des Aufnehmens, des Bekommens ist. Alsdann wird es leicht ersichtlich, welche quantitativen Abweichungen vom üblichen Vorgang des Lusterwerbs zur Störung Anlaß geben können.
Die Saugeperiode kann für das Kind in ungewöhnlichem Maße reich an Unlust und arm an Lust sein, was von den besonderen Verhältnissen der Ernährung abhängig sein wird. Unter solchen Umständen wird das früheste Lustbegehren mangelhaft befriedigt, die Glückseligkeit des Säuglingsalters nicht genügend genossen. Daß Magen- und Darmerkrankungen des frühesten Alters eine nachteilige Wirkung auf die seelische Entwicklung des Kindes ausüben können, hat Freud schon vor langer Zeit betont.
In anderen Fällen ist das nämliche Zeitalter abnorm reich an Lust. Es ist bekannt, in welcher Weise manche Mütter das Lustbegehren ihrer Kleinen durch Gewährung jedes Wunsches verwöhnen. Das schließliche Ergebnis ist dann eine außerordentliche Schwierigkeit der Entwöhnung des Kindes, die nicht selten erst nach Jahren gelingt. In einzelnen Fällen beharrt das Kind auf der saugenden Nahrungsaufnahme aus der Flasche bis ins fast erwachsene Alter.

Ob nun das Kind in dieser frühesten Lebensperiode Lust entbehren mußte oder durch ein Übermaß an Lust verwöhnt wurde – die Wirkung ist in beiden Fällen die gleiche. Das Kind nimmt unter erschwerten Verhältnissen Abschied vom Stadium des Saugens. Da sein Lustbedürfnis entweder nicht genügend gestillt wurde oder zu anspruchsvoll geworden ist, so stürzt sich sein Begehren mit besonderer Intensität auf die Lustmöglichkeiten des nächsten Stadiums. Dabei befindet es sich in steter Gefahr neuer Enttäuschung, auf welche es mit einer verstärkten Neigung zur Regression ins frühe Stadium reagieren wird. Mit anderen Worten: Bei dem Kinde, welches im Saugestadium enttäuscht oder verwöhnt wurde, wird die Lust des Beißens, also zugleich die primitivste Form des Sadismus, besonders betont sein. Somit vollzieht sich der Anfang der Charakterbildung bei einem solchen Kinde im Zeichen einer abnorm betonten Ambivalenz. Praktisch wird sich eine solche Störung der Charakterentwicklung darin äußern, daß feindselige und mißgünstige Züge sich besonders ausprägen. Die häufige abnorme Betonung des

Neides findet hier ihre Erklärung. Auf die Herkunft dieses Charakterzuges aus oraler Quelle ist bereits von Eisler[34] hingewiesen worden; ich kann seiner Anschauung nur beipflichten, möchte aber die Beziehung zur späteren oralen Entwicklungsstufe unterstreichen. In vielen Fällen befindet ein älteres Kind sich bereits im Stadium der Nahrungsaufnahme durch Beißen und Kauen, während es Gelegenheit hat, ein jüngeres Kind beim Saugen zu beobachten. In solchen Fällen erfährt der Neid eine besondere Förderung. In manchen Fällen gelingt späterhin eine unvollkommene Überwindung dieses Charakterzuges auf dem Wege der Verkehrung ins Gegenteil; der ursprüngliche Neid läßt sich alsdann jedoch unschwer in allerhand Verhüllungen wiedererkennen.
Weicht das Kind dieser Gefahr aus, so droht doch neben der Scylla eine Charybdis. Das Kind versucht das aufgegebene Saugen in veränderter Form und an einer anderen Lokalität wieder aufzunehmen. Es war bereits die Rede von der saugenden Tätigkeit der Schließmuskeln an den Ausfuhrstellen des Körpers. In enger Beziehung zu diesem Vorgange lernten wir die Besitzgier, namentlich in Form der abnormen Sparsamkeit und des Geizes, kennen. *Diese zu den klinischen Erscheinungen des analen Charakters gehörigen Züge bauen sich somit auf den Trümmern einer in ihrer Entwicklung verunglückten oralen Erotik auf.*
An dieser Stelle soll nur dieser eine Weg fehlerhafter Entwicklung beschrieben werden. Die vorstehende Schilderung genügt, um zu zeigen, wie unser Verständnis des analen Charakters abhängig ist von einer ausreichenden Kenntnis der vorhergehenden Entwicklungsstadien.
Ein Beispiel aus der alltäglichen psychoanalytischen Beobachtung mag uns nun hinüberleiten zu den Beiträgen, welche die Oralerotik unmittelbar zur Bildung des Charakters leistet.
Mit der neurotischen Sparsamkeit beziehungsweise ihrer Steigerung zum Geiz ist oftmals eine ausgesprochene Erwerbshemmung verbunden, welche aus den analen Quellen der Charakterbildung nicht zu erklären ist. Es handelt sich hier um eine Hemmung des Begehrens nach den Objekten, die uns von einem besonderen Schicksal der Libido erzählt. Die Lust am *Erlangen* begehrter Objekte erscheint hier verdrängt zugunsten der Lust am *Festhalten* vorhandenen Besitzes. Personen, bei welchen wir eine derartige Hemmung vorfinden, sind regelmäßig mit einer ausgeprägten Angst behaftet, daß sie auch nur das Geringste von ihrem Besitz verlieren könnten. Die Angst vor solchen Verlusten hindert sie,

[34] 1921, S. 171.

sich dem Erwerb zuzuwenden, und macht sie vielfach hilflos dem praktischen Leben gegenüber. Eine derartige Charakterbildung wird uns noch besser verständlich, wenn wir verwandte Erscheinungen zum Vergleich heranziehen.

In gewissen anderen Fällen steht nämlich die *gesamte Charakterbildung unter oralem Einfluß*, welcher freilich erst durch eingehende Psychoanalyse nachgewiesen werden muß. Nach meinen Erfahrungen handelt es sich in den hier zu besprechenden Fällen um Personen, deren Säuglingszeit ungestört und lustreich verlaufen ist. Sie haben aus dieser glücklichen Lebenszeit eine tief in ihnen wurzelnde Überzeugung mitgebracht, es müsse ihnen immer gut gehen. So stehen sie dem Leben mit unerschütterlichem Optimismus gegenüber, der ihnen oftmals zur tatsächlichen Erreichung praktischer Ziele behilflich ist. Auch hier gibt es weniger günstige Spielarten der Entwicklung. Manche Personen sind von der Erwartung beherrscht, daß stets eine gütige, fürsorgende Person, also eine Vertreterin der Mutter, vorhanden sein müsse, von der sie alles zum Leben Notwendige empfangen würden. Dieser optimistische Schicksalsglaube verurteilt sie zur Untätigkeit. Wir erkennen in ihnen diejenigen wieder, die in der Saugperiode verwöhnt wurden. Ihr gesamtes Verhalten zum Leben läßt die Erwartung erkennen, daß ihnen sozusagen ewig die Mutterbrust fließen werde. Derartige Personen muten sich keinerlei Anstrengung zu; in manchen Fällen verschmähen sie geradezu jeden eigenen Erwerb.

Der geschilderte Optimismus, sowohl in Verbindung mit tatkräftigem Verhalten als auch in der zuletzt erwähnten Spielart, die sich mit weltfremder Sorglosigkeit verbindet, steht in einem bemerkenswerten Gegensatz zu einer bisher nicht genügend gewürdigten Erscheinung des analen Charakters. Ich meine den schwerblütigen Ernst, der in ausgeprägten Pessimismus hinüberspielt. Ich muß aber darauf hinweisen, daß dieser Zug großenteils nicht unmittelbar analer Herkunft ist, sondern aus der Enttäuschung der oralen Wünsche des frühesten Alters entstand. Den oben geschilderten optimistischen Glauben an ein gütiges Schicksal vermissen wir hier gänzlich. Im Gegenteil finden wir bei solchen Personen eine dauernd sorgenvolle Einstellung zum Leben, zu welcher sich noch die Neigung hinzugesellt, »es sich sauer werden zu lassen« und selbst einfachste Vorgänge des Lebens über Gebühr zu erschweren.

Der Einfluß solcher in der Oralerotik wurzelnder Charakterbildung macht sich im gesamten sozialen Verhalten des Menschen bemerkbar und spielt bis in die Wahl des Berufes, der Neigungen und Liebhabereien hinein. Zu erwähnen ist hier beispielsweise der Typus des neurotischen Beamten, der nur unter ganz bestimmten, ein für allemal geregelten Verhältnissen zu existieren vermag. Seine Lebensbedingung besteht darin, daß ihm bis zum Tode die Subsistenzmittel gewährleistet sind. Er verzichtet auf jede Möglichkeit persönlicher Expansion zugunsten einer sicher und regelmäßig fließenden Quelle des Einkommens.

Lernten wir im vorstehenden gewisse Personen kennen, deren gesamte Charakterbildung aus dem befriedigten Zustand ihrer Libido im oralen Entwicklungsstadium der frühen Kindheit zu erklären war, so beobachten wir in der psychoanalytischen Arbeit andere Menschen, welche die Nachwirkungen einer unbefriedigenden Saugeperiode durchs ganze Leben mit sich schleppen. Im Charakter dieser Personen lassen sich die Spuren einer solchen Entwicklung nicht zum wenigsten nachweisen.

Im sozialen Verhalten dieser Menschen tritt etwas ständig Verlangendes hervor, das sich bald mehr in der Form des Bittens, bald mehr in derjenigen des Forderns äußert. Die Art, in welcher sie Wünsche vorbringen, hat etwas beharrlich Saugendes an sich; sie lassen sich ebensowenig durch die Sprache der Tatsachen, wie durch sachliche Einwände abweisen, sondern fahren fort zu drängen und zu insistieren. Sie neigen dazu, sich an andere Personen förmlich festzusaugen. Besonders empfindlich sind sie gegen jedes Alleinsein, auch wenn es nur kurze Zeit währt. In ganz besonderem Maße tritt die Ungeduld bei ihnen hervor. Bei gewissen Personen müssen wir auf Grund der psychoanalytischen Befunde eine Regression vom oral-sadistischen Stadium zum saugenden annehmen; bei ihnen findet sich dem geschilderten Verhalten ein grausamer Zug beigemischt, der ihrer Einstellung zu den anderen Menschen etwas Vampyrhaftes verleiht.

Bei den nämlichen Personen begegnen wir bestimmten Charakterzügen, welche wir auf eine eigentümliche Verschiebung innerhalb des oralen Gebietes zurückführen müssen. Das Verlangen, auf dem Wege des Saugens Befriedigung zu erlangen, hat sich bei ihnen in das Bedürfnis verwandelt, auf dem Wege des Mundes zu *geben*. Wir finden daher neben dem ständigen Verlangen, alles zu bekommen, einen dauernden Drang, sich den anderen Menschen auf oralem Wege mitzuteilen. Daraus geht ein hartnäckiger Rededrang hervor. Mit ihm verbindet sich in den meisten Fällen ein Gefühl des Überströmens; derartige Personen stehen unter dem Eindruck, unerschöpflich an Gedanken zu sein, und schreiben ihren sprachlichen Äußerungen einen besonderen Einfluß oder sonstigen außergewöhnlichen Wert zu. In solchen Fällen wird die hauptsächlichste Beziehung zu anderen Menschen auf dem Wege der oralen Ausfuhr bewerkstelligt. Das oben beschriebene hartnäckige Insistieren geschieht naturgemäß hauptsächlich auf dem Wege des Sprechens; die nämliche Funktion aber dient zugleich dem Geben. Regelmäßig konnte ich bei solchen Individuen feststellen, daß sie außer auf sprachlichem Gebiet auch auf anderen Gebieten außerstande waren, an sich zu halten. So findet man bei ihnen vielfach einen neurotisch gesteigerten Drang zur Urinentleerung, der sich oft gleichzeitig mit einem Redeausbruch oder unmittelbar nach einem solchen bemerkbar macht.

Auch in denjenigen Erscheinungen der Charakterbildung, welche der oral-sadistischen Stufe angehören, übernimmt das Sprechen die Vertretung anderweitiger verdrängter Impulse. Bei gewissen Neurotischen ist die feindselige Tendenz des Redens besonders auffällig; es dient hier der unbewußten Absicht, den Gegner zu töten. Der Psychoanalyse gelingt in solchen Fällen der Nachweis, daß an Stelle des Beißens und Verschlingens eine mildere Form des Angriffs getreten ist, die immer noch vom Munde als Organ der Aggression Gebrauch macht. Bei gewissen Neurotischen wird das Sprechen zum Ausdruck sämtlicher Triebregungen, seien sie freundlich oder feindlich, sozial oder unsozial, und ohne Rücksicht darauf, welchem Triebgebiet sie ursprünglich angehörten. Bei diesen Personen bedeutet der Rededrang ebensowohl Begehren als Angreifen und Töten oder Vernichten, zugleich aber jede Art der körperlichen Entleerung einschließlich der Befruchtung. Die Rede unterliegt in der Phantasietätigkeit dieser Personen der narzißtischen Bewertung, wie sie im Unbewußten allen körperlichen und psychischen Produktionen zuteil wird. Das gesamte geschilderte Verhalten aber stellt solche Personen in einen besonders auffälligen Gegensatz zu den verschlossenen Menschen mit analer Charakterbildung.

Derartige Beobachtungen machen uns mit größtem Nachdruck darauf aufmerksam, welche Spielarten und Unterschiede im Bereich der oralen Charakterbildung bestehen. Das uns beschäftigende Gebiet ist also alles andere als eng umgrenzt oder arm an Variationen. Die wichtigsten Unterschiede aber sind davon abhängig, ob eine Charaktererscheinung sich auf der Grundlage der früheren oder der späteren oralen Stufe entwickelt hat, ob sie – mit anderen Worten – der Ausdruck einer unbewußten Tendenz zum Saugen oder Beißen ist. Im letzteren Falle werden wir in Verbindung mit einem solchen Charakterzug die stärksten Erscheinungen der Ambivalenz, positive und negative Äußerungen des triebmäßigen Verlangens, feindliche und freundliche Tendenzen auffinden, während wir auf Grund unserer Erfahrung annehmen dürfen, daß die vom Saugestadium herzuleitenden Charakterzüge der Ambivalenz noch nicht unterworfen sind. Dieser grundlegende Unterschied greift nach meinen Beobachtungen selbst auf die geringfügigsten Einzelheiten der Lebensführung über. In einer Sitzung der Britischen Medizinisch-Psychologischen Gesellschaft hat kürzlich Dr. Edward Glover einen Vortrag gehalten, in welchem er diese Gegensätze besonders berücksichtigte.[35]

Bedeutungsvolle Gegensätze in der Charakterbildung verschiedener Menschen lassen sich psychoanalytisch davon ableiten, daß die entscheidenden Einflüsse auf den Bildungsprozeß im einen Falle oraler, im anderen Falle analer Herkunft waren. Von ebenso erheblicher Bedeutung ist die Verbindung sadistischer Triebelemente mit den Äußerungen der Libido, welche den erogenen Zonen angehören. Einige Beispiele, welche nur der Illustration dienen sollen, nicht aber Vollständigkeit anstreben, mögen dies belegen.

Von der primären oralen Stufe vermögen wir in unseren Psychoanalysen Erscheinungen des intensivsten Begehrens und Strebens herzuleiten; es bedarf kaum der Erwähnung, daß damit die Beteiligung anderer Triebquellen in keiner Weise übersehen werden soll. Die Wunschtendenzen, welche sich von jener frühesten Stufe herleiten, sind aber noch frei von der objektzerstörenden Wirkung, welche den Triebregungen der nächsten Stufe eignet.

Den habsüchtigen Antrieben, welche sich von der zweiten oralen Stufe herleiten, steht die Anspruchslosigkeit gegenüber, welche uns so häufig als Erscheinung des analen Charakters begegnet. Allerdings werden hier die schwachen Antriebe zum Erwerben und Gewinnen ausgeglichen durch die schon erwähnte Hartnäckigkeit im Festhalten am Besitz.

Ebenso bezeichnend sind die Unterschiede in der Neigung, anderen vom eigenen Besitz mitzuteilen. Als oraler Charakterzug findet sich häufig die Freigebigkeit; in ihr identifiziert sich der oral Befriedigte mit der spendenden Mutter. Anders auf der nächsten, oral-sadistischen Stufe, wo Neid, Mißgunst und Eifersucht ein derartiges Verhalten unmöglich machen. Leitet sich also in vielen Fällen freigebiges oder neidisches Verhalten von einer der beiden oralen Entwicklungsstufen her, so entspricht dem auf der folgenden, anal-sadistischen Entwicklungsstufe des Charakters die uns bereits bekannte Neigung zum Geiz.

[35] Nach beendeter Drucklegung des vorliegenden Aufsatzes erschien der Vortrag von Dr. E. Glover (1924).

Im sozialen Verhalten bestehen ebenfalls bemerkenswerte Unterschiede je nach der Entwicklungsstufe der Libido, von welcher sich die Charakterbildung herleitet. Die im frühesten Stadium Befriedigten zeigen sich heiter und umgänglich, die auf der oral-sadistischen Stufe Fixierten feindselig und bissig, während mit dem analen Charakter ein mürrisches, unzugängliches, verschlossenes Wesen einherzugehen pflegt.

Des weiteren sind Personen mit oraler Charakterbildung dem Neuen zugänglich, im guten wie im ungünstigen Sinne, während zum analen Charakter ein konservatives, allen Neuerungen feindliches Verhalten gehört, das freilich auch am voreiligen Aufgeben des Bewährten hindert.

Ein ähnlicher Gegensatz besteht zwischen dem ungeduldigen Drängen, der Hast und Ruhelosigkeit der Menschen mit oraler Charakterbildung und der Beharrlichkeit und Ausdauer des analen Charakters, der andererseits freilich auch zum Hinausschieben und Zögern neigt.

Der Charakterzug des Ehrgeizes, dem wir in unseren Psychoanalysen so häufig begegnen, wurde bereits vor langer Zeit von Freud[36] aus der Urethralerotik hergeleitet. Diese Erklärung scheint aber nicht zu den ursprünglichsten Quellen hinabzusteigen. Nach meinen Erfahrungen, denen sich auch diejenigen von Dr. E. Glover[37] anreihen, handelt es sich vielmehr um einen Charakterzug von oraler Herkunft, welcher späterhin aus anderen Quellen eine Verstärkung findet; unter diesen ist die urethrale besonders zu erwähnen.

Zu betonen ist noch, daß gewisse, der frühesten oralen Stufe und manche der endgültigen genitalen Stufe entstammende Beiträge zur Charakterbildung in wichtigen Beziehungen zusammenfallen, was wohl aus der Tatsache zu erklären ist, daß die Libido auf beiden Stufen von den störenden Einflüssen der Ambivalenz am wenigsten bedroht ist.

Bei vielen Personen finden wir neben den geschilderten oralen Charakterzügen andere psychologische Erscheinungen, die wir aus den gleichen Triebquellen herleiten müssen. Es handelt sich zum Teil um Antriebe, welche sich jeder sozialen Umwandlung entzogen haben. Besonders sind zu erwähnen die krankhaft gesteigerte Eßgier und die Neigung zu den verschiedenartigen oralen Perversionen. Weiter begegnen uns vielerlei neurotische Symptome mit oraler Determinierung, endlich aber auch Erscheinungen, welche auf dem Wege der Sublimierung entstanden sind. Diese letzteren Produkte verdienen eine gesonderte Untersuchung,

[36] 1908*b*.
[37] [1924.]

welche aber den Rahmen dieses Vortrages überschreiten würde. Es sei daher nur ein einziges Beispiel kurz erörtert.

Von großer praktischer Bedeutung ist die Verschiebung der kindlichen Saugelust auf das intellektuelle Gebiet. Die Wißbegierde, die Lust am Beobachten erfährt aus dieser Quelle bedeutende Zuschüsse, und dies nicht nur im Kindesalter, sondern während des ganzen Lebens. Bei Personen mit besonderer Neigung zur Beobachtung der Natur und zu vielen Zweigen der wissenschaftlichen Forschung ergibt die Psychoanalyse einen engen Zusammenhang dieser Antriebe mit dem verdrängten oralen Begehren.

Ein Blick in die Werkstatt wissenschaftlicher Forschung läßt uns erkennen, wie Impulse aus dem Bereich der verschiedenen erogenen Zonen einander unterstützen und ergänzen müssen, damit möglichst günstige Resultate zustande kommen. Ein Optimum wird sich ergeben, wenn sich mit dem intensiven Einsaugen der Beobachtungen ein ausreichendes Festhalten, »Verdauen« des Aufgenommenen und ein genügender Antrieb zum Wiederherausgeben verbindet, sofern letzteres ohne Überstürzung geschieht. Die psychoanalytische Praxis lehrt uns verschiedenartige Abweichungen von diesem Optimum kennen. So gibt es Menschen mit intensivem geistigem Einsaugungsvermögen, die aber in der Produktion gehemmt sind. Andere wieder produzieren in überstürztem Tempo. Es ist mehr als ein bloßes Wortspiel, wenn man von solchen Personen aussagt, daß das kaum Aufgenommene ihnen sogleich wieder zum Munde herauskommt. In der Psychoanalyse ergibt sich oft, daß die nämlichen Personen dazu neigen, die soeben aufgenommene Nahrung wieder zu erbrechen. Es sind dies Personen mit äußerster neurotischer Ungeduld; in ihrer Charakterbildung fehlt eine günstige Kombination der vorwärtsdrängenden oralen mit den verlangsamenden analen Impulsen.

Es erscheint mir besonders wichtig, zum Schluß noch einmal auf die Bedeutung solcher Kombinationen hinzuweisen. In der normalen Charakterbildung werden wir stets Abkömmlinge aus allen Quellgebieten vorfinden, die sich in glücklicher Weise miteinander verbunden haben.

Die Beachtung der vielfachen Möglichkeiten solcher Kombination ist aber auch deswegen von Wichtigkeit, weil sie uns daran hindert, irgendeinen einzelnen, wenn auch wichtigen Gesichtspunkt zu überschätzen. Betrachten wir die Probleme der Charakterbildung von einem großen, einigenden Gesichtspunkt aus, den uns die Psychoanalyse gewährt, nämlich von demjenigen der *infantilen Sexualität,* so wird uns auch auf charakterologischem Gebiet offenbar, »wie alles sich zum Ganzen webt«. Das Bereich der infantilen Sexualität erstreckt sich nach ganz entgegengesetzten Seiten. Es umfaßt das gesamte *unbewußte Triebleben des reifen Menschen.* Ebenso aber ist es der Schauplatz der wichtigsten psychischen *Eindrücke der frühesten Zeit,* zu welchen wir auch die pränatalen Einflüsse rechnen müssen. Gelegentlich mag uns ein Zagen ergreifen angesichts der verwirrenden Fülle der Erscheinungen, die uns im weiten Umkreis des menschlichen Seelenlebens entgegentreten, vom kindlichen Spiel und den anderen typischen Erzeugnissen der frühen Phantasietätigkeit, von den werdenden Interessen und Begabungen bis zu den höchstbewerteten Leistungen des gereiften Menschen und den äußersten Differenzierungen der Einzelwesen. Aber dann erinnern wir uns desjenigen, der uns das Forschungsinstrument der Psychoanalyse gegeben hat und uns damit den Zugang eröffnete zur Sexualität des Kindes, dieser lebendigen Quelle des Lebens.

III
Zur Charakterbildung auf der »genitalen« Entwicklungsstufe

Wir durften in den beiden bisher behandelten Entwicklungsstadien *archaische Formen der Charakterbildung* erkennen. Sie stellen im Leben des *Einzelwesens* eine Wiederholung primitiver Verhältnisse dar, welche die *Art* als Stufen ihrer Entwicklung durchlaufen hat. Wie im gesamten organischen Leben, bestätigt sich auch hier die Erfahrung, daß die Entwicklung des Einzelwesens diejenige seiner Vorfahren in abgekürzter Form wiederholt. So werden jene frühen Stadien der Charakterbildung unter normalen Umständen in einem verhältnismäßig kurzen Zeitraum durchlaufen. Wie sich auf dieser Grundlage der definitive Charakter des Menschen aufbaut, soll hier nur in großen Umrissen dargestellt werden.

Die herkömmliche Definition des Charakters besagt, er stelle die dem Menschen gewohnte Richtung seiner Willensimpulse dar. Es liegt nicht in der Absicht dieser Untersuchung, längere Zeit bei der Begriffsbestimmung zu verweilen. Es wird sich aber für unsere Zwecke empfehlen, die »Gewohnheit«, den Willensantrieben eine bestimmte Richtung zu geben, nicht allzusehr zu betonen. Denn schon die voraufgehenden Betrachtungen haben uns die Wandelbarkeit des Charakters dargetan.

Wir werden also besser daran tun, die *Dauer* von Eigenschaften des Charakters nicht zu einem wesentlichen Kennzeichen zu erheben. Es genügt uns, vom Charakter auszusagen, er umfasse die Gesamtheit der triebhaften Reaktionen des einzelnen auf das Gemeinschaftsleben.

Wir haben erfahren, daß das Kind in früher Lebenszeit auf die Außenwelt in einer rein triebhaften Weise reagiert. Erst allmählich überwindet es einen Teil seiner egoistischen Antriebe und seines Narzißmus und schreitet zur Objektliebe vor. Wie bekannt, fällt die Erreichung dieses Entwicklungszieles mit einem zweiten bedeutungsvollen Vorgang zusammen, nämlich mit der Erreichung der höchsten Organisationsstufe der Libido, welche wir als genitale Stufe bezeichnen. Betonen wir immer wieder die Herkunft der menschlichen Charakterzüge aus bestimmten Quellgebieten des Trieblebens, so werden wir von vornherein erwarten, daß der Abschluß der Charakterbildung erst dann wird erfolgen können, wenn die Libido zu ihrer höchsten Organisationsstufe und zur Aufrichtung der Objektliebe vorgeschritten ist. Und wirklich finden wir Freuds Lehre, das sexuelle Verhalten des Individuums sei für sein gesamtes psychisches Verhalten vorbildlich, auch hier durch alle Tatsachen bestätigt.

Bereits in dem ersten der drei vorliegenden Aufsätze wurde eingehend erwiesen, daß eine vollkommene Einordnung des Individuums in den Interessenkreis der Gesamtheit nur möglich sei, wenn die genitale Stufe der Libidoentwicklung erreicht wurde. Der Prozeß aber, welcher den Übergang von der zweiten zur definitiven Stufe der Charakterbildung in sich begreift, wurde noch keiner gesonderten Darstellung unterzogen.

Der Beitrag der dritten Stufe zur Bildung des Charakters besteht naturgemäß zunächst darin, die Überreste der primitiveren Entwicklungsstadien, soweit sie dem sozialen Verhalten ungünstig sind, zu überwinden. Beispielsweise wird eine duldsame, den Interessen anderer Menschen gerecht werdende soziale Einstellung erst dann Platz greifen können, wenn die destruktiven, objektfeindlichen Antriebe aus sadistischer Quelle oder die Regungen von Geiz und Mißgunst aus analer Quelle bewältigt sind. Der Umwandlungsprozeß, mit dessen Hilfe dies gelingt, wird also unser Interesse auf sich ziehen.

Eine schier unendliche Fülle von Beobachtungen wendet unsere Aufmerksamkeit denjenigen psychischen Vorgängen zu, welche wir gewohnt sind unter der gemeinsamen Bezeichnung des Ödipuskomplexes zusammenzufassen. Beschränken wir uns auf das Verhalten des Knaben, so bilden sein erotisches Begehren nach der Mutter und seine auf Beseitigung des Vaters hindrängenden Wunschregungen die mächtigsten Affektquellen seiner Kindheit. Eng mit diesen Erscheinungen verknüpft sind die Kastrationsvorstellungen des Knaben. Eine geglückte Bewältigung der hieher gehörigen Antriebe ist von einschneidender Bedeutung für die Gestaltung des Charakters. Ich kann mich hier auf eine knappe Darstellung beschränken, indem ich auf die früheren Ausführungen von Alexander[38] über die Beziehungen zwischen Kastrationskomplex und Charakter verweise. Allgemein darf man sagen, die Bewältigung des Ödipuskomplexes in allen seinen Teilen bedeute den wichtigsten Schritt zur Überwindung des ursprünglichen Narzißmus und der objektfeindlichen Tendenzen im Kinde, zugleich aber ein Brechen mit der vorwaltenden Herrschaft des Lustprinzips im Leben des Individuums.

Etwas eingehender sei hier auf einen bestimmten Anteil dieses Umwandlungsvorganges verwiesen, weil seine Bedeutung für die Charakterbildung bisher kaum beachtet wurde.

Einer weitgehenden Veränderung unterliegt die Einstellung des Knaben zum Körper des anderen Geschlechts, das heißt zunächst zu demjenigen der Mutter. War dieser anfänglich der Gegenstand gleichzeitiger Neugierde und Angst, also einer ambivalenten Gefühlseinstellung, so wird allmählich das Liebesobjekt in seiner Gesamtheit, also mit Einschluß dessen, was vorher jene widersprechenden Regungen hervorrief, von der Libido besetzt. Gelingt diese Umwandlung, so bilden sich im Verhältnis des Kindes zum Liebesobjekt neben dem unmittelbaren erotischen Begehren die »zielgehemmten« Äußerungen der Libido, d. h. Zärtlichkeit, Anhänglichkeit usw. heraus, ja, diese gewinnen für die Dauer der Latenzperiode eine die »sinnlichen« Regungen überwiegende Bedeutung. Haben sich solche Empfindungen gegenüber der Mutter eingestellt, so pflegen sie sich – einen normalen Gang der Entwicklung vorausgesetzt – weiterhin auch auf den Vater zu übertragen. Allmählich strömen sie als freundliche, sympathische Regungen auf einen weiteren Personenkreis und endlich auf die Gesamtheit über. In diesem Vorgang müssen wir eine wichtige Grundlage der definitiven Charakterbildung erkennen. Er fällt zeitlich zusammen mit der Überwindung derjenigen Entwicklungsstufe der Libido, welche von Freud[39] als die »phallische« bezeichnet worden ist. Er bedeutet das Erreichen einer

[38] 1922.
[39] [1923e.]

Stufe der Objektrelationen, auf welcher das Genitalorgan des anderen Geschlechtes nicht mehr Gegenstand einer ambivalenten Affekteinstellung ist, sondern bereits als Bestandteil einer als Ganzes geliebten Person anerkannt wird.

Während auf den früher geschilderten Stufen der Charakterentwicklung das Interesse des Individuums und dasjenige der Gesamtheit einander zuwiderliefen, ergibt sich nunmehr auf genitaler Stufe ein Zustand, in welchem beider Interessen innerhalb gewisser Grenzen zusammenfallen.

Wir werden so zu dem Ergebnis geführt, daß die definitive Gestaltung des Charakters bei jedem Individuum abhängig ist von den Schicksalen des Ödipuskomplexes, insbesondere aber von der erreichten Fähigkeit, Sympathiegefühle auf andere Personen oder auf die Gesamtheit zu übertragen. Bleibt dieses Ergebnis der Entwicklung aus, kommt es also nicht zur genügenden Ausbildung der sozialen Gefühle, so ist eine empfindliche Störung der Charakterbildung die unmittelbare Folge. Unter den Patienten, deren Seelenleben wir in der psychoanalytischen Behandlung allseitig kennenlernen, befinden sich viele mit derartigen Störungen höheren oder geringeren Grades. Regelmäßig erfahren wir aus der Geschichte ihrer frühen Kindheit, daß bestimmte Umstände die Entwicklung jener Gefühle verhinderten. Wir können bei diesen Personen regelmäßig feststellen, daß ihre sexuellen Regungen von keinerlei zärtlichen Bedürfnissen begleitet sind, wie denn diese Personen auch im alltäglichen Leben Schwierigkeiten haben, mit anderen Menschen zu einem rechten Gefühlskontakt zu gelangen. Die Abhängigkeit eines sozial günstigen Abschlusses der Charakterentwicklung von jener Ausbildung der »zärtlichen« Triebkomponente offenbart sich uns am stärksten bei einer Gruppe von Menschen, deren Kindheit in besonderem Maße im Zeichen ihrer Herkunft stand. Es sind die *außerehelich Geborenen,* in deren Lebensumständen seit frühester Zeit der Mangel sympathischer oder zärtlicher Gefühle seitens der Umgebung hervortrat. Das Kind, dem ein Vorbild der Liebe fehlt, wird auch seinerseits in der Produktion solcher Gefühle behindert sein, außerdem aber auch jene Triebregungen, welche sich *gegen* die Objektwelt richteten, nicht erfolgreich ausschalten können und somit leicht einem unsozialen Verhalten verfallen. Ähnlichen Erscheinungen begegnen wir oft bei solchen Neurotischen, die zwar unter den üblichen bürgerlichen Verhältnissen aufwuchsen, sich aber *ungeliebt fühlten,* sich als »Aschenbrödel« vorkamen.

Wenn hier von der definitiven Ausbildungsstufe des Charakters die Rede ist, so mag es nicht überflüssig sein, einem möglichen Mißverständnis entgegenzutreten. Es ist nicht beabsichtigt, einen »normalen« Charakter streng abzugrenzen. Die Psychoanalyse hat niemals derartige Normen aufgestellt, sondern sie beschränkt sich darauf, psychologische Tatbestände zu ermitteln. Sie stellt fest, bis zu welchem Grade es dem Einzelwesen oder auch einer Gruppe von Personen gelungen ist, auf der Entwicklungslinie von der frühesten bis zu einer abschließenden Bildungsform vorzurücken. Gerade die psychoanalytische Erfahrung lehrt, daß auch die im sozialen Sinne vollkommenste Entwicklung des Charakters nur eine *relative* Überwindung der primitiven Bildungsformen bedeutet und daß es von individuellen Umständen innerer und äußerer Art abhängt, bis zu welchem Grade das Ziel erreicht wird oder das Erreichte erhalten bleibt.

Freud hat im Jahre 1913 zum erstenmal auf Rückbildungserscheinungen am Charakter aufmerksam gemacht, die sich bei einer Patientin im Klimakterium gleichzeitig mit neurotischer Symptombildung abspielten.[40] Die letztere gilt uns ja als ein Produkt der Regression auf psychosexuellem Gebiet. Das Zusammentreffen der Bildung neurotischer Symptome mit einer Veränderung des Charakters wurde uns durch Freuds Untersuchung unter dem gemeinsamen Gesichtspunkt der Regression verständlich. Die erwähnte Beobachtung wurde seither vielfach bestätigt. Aber die Abhängigkeit der Charaktereigenschaften vom Gesamtschicksal der Libido beschränkt sich nicht auf ein einzelnes Lebensalter, sondern hat allgemeine Gültigkeit für das ganze Leben. Wenn das Sprichwort sagt: Jugend kennt keine Tugend, so stellt es damit die Unfertigkeit und die mangelnde Festigkeit des Charakters im unreifen Alter fest. Wir sollten aber die Stabilität des Charakters auch in den späteren Lebensaltern nicht überschätzen, uns vielmehr gewisse psychologische Tatsachen stets vor Augen halten, die hier eine kurze Erwähnung finden mögen.

Wir verdanken Freud den Hinweis, daß wichtige Veränderungen in der seelischen Konstitution des Individuums zu jeder Zeit auf dem Wege der Introjektion stattfinden können. Besonders ist es der Frau eigentümlich, daß sie ihren Charakter demjenigen des Mannes angleicht, mit welchem sie lebt. Mit dem Wechsel des Liebesobjekts kann dann auch eine erneute Änderung des Charakters verbunden sein. Bemerkenswert

[40] *I. Z.*, I, 1913 [*i*].

ist ferner die gegenseitige Angleichung des Charakters bei Eheleuten im Laufe eines langdauernden Zusammenlebens.

Daß der Ausbruch einer Neurose für das Individuum auch eine regressive Umwandlung des Charakters mit sich bringen kann, ist dem Psychoanalytiker geläufig; ebenso die Tatsache, daß die Besserung einer Neurose auch Veränderungen des Charakters im Sinne der Progression mit sich bringen kann. Ich habe vor einiger Zeit darauf verwiesen, daß sich bei zyklisch Geisteskranken im freien Intervall eine dem Zwangscharakter ähnliche Charakterbildung nachweisen läßt, die nach unserer Auffassung einer Progression von der oralen zur anal-sadistischen Stufe entspricht.

Eine Norm der Charakterbildung aufzustellen, ist aber auch aus anderen Gründen nicht angängig. Es bestehen, wie bekannt, außerordentliche Variationen des Charakters nach sozialer Schicht, Nationalität und Rasse. Man braucht nur daran zu denken, in wie verschiedenem Maß bei verschiedenen Völkern oder sonstigen Menschengruppen Ordnungssinn, Wahrheitsliebe, Arbeitsamkeit und andere Züge ausgeprägt sind. Aber auch das Verhalten einer bestimmten Menschengruppe variiert im Laufe der Zeit. Beispielsweise haben die Begriffe von Reinlichkeit, Sparsamkeit, Rechtlichkeit und dergleichen im Laufe der Zeit innerhalb eines Volkes oftmals gewechselt. Die Erfahrung lehrt ferner, daß Veränderungen in den Lebensbedingungen eines Volkes, Standes usw. weitgehende Umwälzungen der herrschenden Charakterbildung herbeiführen können; die Wirkungen des Weltkrieges in dieser Hinsicht sind noch in frischer Erinnerung. Wir sehen also bei einer Gesamtheit von Menschen die gleiche Wandelbarkeit des Charakters wie beim Einzelwesen hervortreten, wenn entsprechende innere oder äußere Umwälzungen stattgefunden haben.

In den beiden vorausgegangenen Untersuchungen wurde bereits gezeigt, wie sich die Spätform des Charakters auf die früheren Entwicklungsstufen gründet und wesentliche Bestandteile dieser in sich aufnimmt. Besondere Bedeutung mußten wir den verschiedenartigen Schicksalen des Ödipuskomplexes für die Charakterbildung beilegen. Es würde demnach sowohl die von uns erkannte Variabilität des Charakters als auch unser Wissen um die Entstehung der Variationen verleugnen heißen, wollten wir unter solchen Umständen eine feste Norm des Charakters aufstellen.

Als normal im sozialen Sinne dürfen wir eine Person betrachten, die nicht durch besondere, extreme Ausprägung bestimmter Charakterzüge daran gehindert wird, sich den Interessen der Gesamtheit anzupassen. Die hier gezogenen Grenzen aber sind dehnbar und geben einer großen Zahl von Variationen Raum. Vom sozialen Gesichtspunkt ist nur zu fordern, daß die einzelnen Charakterzüge des Individuums nicht allzuweit ins Extrem gehen, daß beispielsweise zwischen den Extremen von Grausamkeit und Übergüte, von Geiz und Verschwendungssucht usw. irgendwie eine mittlere Linie gefunden wird. Der Fehler, vor welchem man sich hüten soll, ist vor allen Dingen die Aufstellung einer Norm hinsichtlich des *Mischungsverhältnisses* der verschiedenen Charakterzüge. Daß damit nicht kurzerhand das Ideal der »goldenen Mittelstraße« in allen Beziehungen des Menschen zu seiner Umgebung ausgerufen werden soll, bedarf wohl kaum der Erwähnung.

Aus dem Gesagten geht mit Deutlichkeit hervor, daß zwischen den verschiedenen Formen der Charakterbildung keine absoluten Grenzen bestehen. Dennoch ergeben sich in praxi ohne Schwierigkeit gewisse Grenzlinien.

Die geeignetsten Studienobjekte bilden in der psychoanalytischen Praxis diejenigen Patienten, welche zu gewissen Zeiten unter den Augen des behandelnden Arztes bestimmte Charakterzüge gegen andere vertauschen.

Ich kann z. B. von einem jüngeren Manne berichten, dessen anfängliches soziales Verhalten sich unter der Wirkung der Behandlung allmählich so weit änderte, daß bestimmte, ausgeprägt unsoziale Charakterzüge verschwanden. Vorher unfreundlich, mißgünstig, überheblich, habgierig, kurzum mit einer ganzen Anzahl oraler und analer Charakterzüge ausgestattet, wechselte er sein soziales Verhalten im Laufe der Zeit mehr und mehr. In unregelmäßigen Abständen aber traten heftige Widerstände hervor, welche jeweils einen Rückschlag zu der bereits teilweise aufgegebenen archaischen Bildungsstufe seines Charakters mit sich brachten. Sein Verhalten wurde dann jedesmal gehässig, feindselig, seine Redeweise überheblich und höhnisch; an Stelle eines liebenswürdigen und höflichen Benehmens trat Mißtrauen und Gereiztheit. Er gab alle freundlichen Gefühlsbeziehungen zu Menschen, den Arzt inbegriffen, für die Dauer dieses Widerstandes auf und stellte eine völlig entgegengesetzte Art von Beziehungen zwischen sich und der Außenwelt her. Während er auf Personen in ablehnender und gehässiger Form reagierte, wandte sich sein Begehren in schrankenloser Weise den leblosen Objekten zu. Sein ganzes Interesse galt dem Kaufen von Gegenständen. Er stellte somit zwischen sich und der Objektwelt in möglichst vielen Einzelfällen ein Verhältnis des Besitzes her. Zu gleicher Zeit war er von einer Angst erfüllt, ihm könne irgendein Besitz verlorengehen oder geraubt werden, Sein gesamtes Verhältnis zur Objektwelt war also beherrscht von der Frage des Besitzes, des Erwerbes und des möglichen Verlustes. Sobald der Widerstand des Patienten im Rückgang war, trat jeweils der orale Zug der Habgier und der anale Zug des Festhaltens am Besitz mehr und mehr zurück, und es stellten sich zunehmend persönliche, mit normalen Gefühlen verknüpfte Beziehungen zu anderen Personen her.

Beobachtungen dieser Art sind besonders instruktiv, weil sie nicht nur den Zusammenhang bestimmter Charakterzüge mit der einen oder anderen Organisationsstufe der Libido zeigen, sondern auch die Wandelbarkeit des Charakters, das heißt sein gelegentliches Aufsteigen zu einer höheren und sein Absteigen zu einer niederen Entwicklungsstufe uns greifbar vor Augen führen.

Die endgültige Stufe der Charakterbildung läßt überall Beziehungen zu den voraufgegangenen Phasen erkennen. Sie entnimmt aus ihnen dasjenige, was für eine günstige Einstellung zu den Objekten notwendig ist. Von der frühen oralen Stufe entlehnt sie die vorwärtsstrebende Energie, aus der analen Quelle Ausdauer, Beharrlichkeit und andere Züge, aus der Quelle des Sadismus die zum Lebenskampf nötigen Energien. Im Falle einer günstigen Entwicklung gelingt es dann dem Individuum, krankhafte Übertreibungen sowohl nach der positiven als nach der negativen Seite zu vermeiden. Es gelingt ihm, seine Impulse zu beherrschen, ohne in die angstvolle Triebverneinung des Zwangsneurotikers zu verfallen. Als Beispiel diene das Gerechtigkeitsgefühl, das bei günstiger Charakterentwicklung nicht in Überkorrektheit ausartet und sich daher nicht in Demonstrationen bei unbedeutenden Anlässen zu äußern braucht. Man denke etwa an die vielfachen Handlungen der Zwangsneurotiker im Sinne des »gerechten Ausgleichs«. Hat die rechte Hand eine Bewegung gemacht oder einen Gegenstand berührt, so muß das gleiche mit der linken geschehen. Erwähnt wurde bereits, daß menschenfreundliche Regungen sich von den Übertreibungen der neurotischen Übergüte fernhalten. Ebenso wird es gelingen, zwischen krankhaftem Zögern und Übereilung, zwischen pathologischem Eigensinn und übergroßer Nachgiebigkeit die Mitte zu halten. Das Verhältnis zum Besitz regelt sich in dem Sinne, daß die Interessen anderer innerhalb gewisser Grenzen Berücksichtigung erfahren, die Existenz des Individuums selbst aber gewahrt bleibt. Die zur Erhaltung des Lebens notwendigen aggressiven Antriebe werden in gewissem Umfang konserviert. Ein erheblicher Teil der sadistischen Triebenergien findet eine nicht mehr destruktive, sondern aufbauende Verwendung.

In der gesamten Veränderung des Charakterbildes, wie sie hier in einigen Andeutungen geschildert wurde, kommt die fortschreitende Überwindung des Narzißmus zum Ausdruck. Die früheren Stufen der Charakterbildung standen noch großenteils unter der Herrschaft narzißtischer Antriebe. In seiner definitiven Ausbildung trägt der menschliche Charakter freilich auch noch derartige Bestandteile in sich. Die Erfahrung lehrt uns ja, daß keine Phase der Entwicklung auf organischem Gebiet absolut überwunden wird oder spurlos verschwindet. Im Gegenteil trägt jedes neue Produkt der Entwicklung Zeichen an sich, welche seinen Vorstufen entstammen. Wenn aber die primitiven Erscheinungen der Selbstliebe auch zu einem Teil erhalten bleiben, so dürfen wir doch von der definitiven Bildungsstufe des Charakters sagen, sie sei *relativ unnarzißtisch.*

Von größter Bedeutung ist sodann die – wiederum nur relative – Überwindung der Ambivalenz in der Charakterbildung. Es wurde bereits an verschiedenen Beispielen gezeigt, in welchem Sinne der Charakter sich nach Erreichung seiner endgültigen Entwicklungsstufe von den beiderseitigen Extremen fernhält. Hier sei noch darauf verwiesen, daß der Fortbestand eines starken Ambivalenzkonfliktes im Charakter sowohl für das Individuum selbst als auch für seine Umgebung die fortdauernde Gefahr eines Umschlages vom einen Extrem zum anderen in sich birgt.

Eine relativ vollkommene Entwicklung des Charakters bis zu der von uns angenommenen höchsten Entwicklungsstufe hat demnach zur Voraussetzung einen genügenden Grad freundlich-zärtlicher Gefühlsregungen. Sie geht einher mit relativer Überwindung des Narzißmus und der Ambivalenz.

Wir hatten gesehen, daß die herkömmliche Betrachtungsweise der Charakterbildung keinen genügenden Einblick in die Quellen des gesamten Entwicklungsvorganges gibt. Zum Unterschied von diesen Auffassungen erweist die Psychoanalyse auf Grund empirischer Forschung die engen Beziehungen der Charakterbildung zur psychosexuellen Entwicklung des Kindes, insbesondere zu den Organisationsstufen der Libido und zur Entwicklung der libidinösen Objektbeziehungen. Überdies läßt die Psychoanalyse uns erkennen, daß auch nach Ablauf der Kindheit sich Bildungs- und Rückbildungsvorgänge am menschlichen Charakter abspielen.

Die Betrachtung des Charakters in ständiger und engster Verbindung mit allen übrigen Erscheinungen der Psychosexualität sowie der Tatsache der Wandelbarkeit des Charakters auch jenseits des kindlichen Alters bilden die Grundlage, von der aus eine *Regulierung abnormer Charakterbildungen* auf psychoanalytischem Wege möglich wird. Die

Praxis stellt uns keineswegs bloß vor die Aufgabe, neurotische Krankheitserscheinungen im engeren Sinne zu behandeln. Oft genug haben wir neben diesen oder sogar in erster Linie krankhafte Spielarten der Charakterbildung zu behandeln. Die bisherigen Erfahrungen auf diesem Gebiet dürfen wir dahin zusammenfassen, daß die »Charakteranalyse« zu den schwierigsten Leistungen gehört, die vom Psychoanalytiker gefordert werden, sicher aber auch in einem Teil der Fälle zu den dankbarsten. Ein allgemeines Urteil über die therapeutischen Wirkungen der Charakteranalyse steht uns gegenwärtig nicht zu und mag daher späteren Untersuchungen vorbehalten bleiben.

Die Geschichte eines Hochstaplers im Lichte psychoanalytischer Erkenntnis[1]

Die klinische Beobachtung, an welche der nachfolgende kriminal-psychologische Versuch sich anlehnt, entstammt nicht der psychoanalytischen Praxis im strengen Sinne des Wortes. Es handelt sich um die Schicksale eines Mannes, den ich im Jahre 1918 als Militärarzt psychiatrisch zu begutachten hatte und den ich fünf Jahre später unter eigentümlichen Umständen wiedersah. Die gemessene Zeit einer gerichtlich angeordneten Beobachtung ebenso wie die Arbeitsverhältnisse auf einer Untersuchungsstation ließen eine regelrechte Psychoanalyse nicht zu. Nun bietet aber das Leben jenes Mannes – den ich fortan »N.« nennen werde – in psychologischer Hinsicht ganz Außergewöhnliches dar; ein in neuerer Zeit eingetretener Umschwung seines sozialen Verhaltens steht in einem grellen Widerspruch zur psychiatrischen Erfahrung. Eben dieses Außergewöhnliche und mit der Erfahrung Kontrastierende erfährt aber eine befriedigende Aufklärung, wenn wir ganz geläufige, empirisch fest begründete Ergebnisse der Psychoanalyse zu Rate ziehen. Anderseits erscheinen aber die Tatsachen des Falles N. wohl geeignet, die Psychoanalyse auf eines ihrer künftigen Anwendungsgebiete – die Kriminalistik – in besonderer Weise hinzulenken. Ich hege darum die Hoffnung, daß die Eigentümlichkeiten des Falles seine Publikation in dieser psychoanalytischen Zeitschrift vor den Augen der Leser rechtfertigen werden.

[1] [Bibl. Nr. 95. – Abraham hatte den Fall 1916 im Militärlazarett in Allenstein/Ostpr. bearbeitet und sich vorgenommen, ihn später zu veröffentlichen. Neun Jahre schoben sich zwischen Absicht und Ausführung. In einem Brief vom 16. 10. 1925 schreibt Freud zum Empfang des Manuskriptes an Abraham: »Ihre kleine Arbeit ist reizend ... Die Sache ist auch für Mediziner interessant genug. An einem Punkt hätte ich den Gedankengang etwas anders gefaßt, nicht den Lustentgang betont, sondern die Tatsache, daß er kein Über-Ich entwikkeln konnte, weil er keinen Ödipus-Komplex zustande brachte. Daß sich unter diesen Umständen statt eines normalen Gewissens ein unbewußtes Strafbedürfnis herstellen konnte, kann der Ausgangspunkt weiterer Überlegungen werden.« (Freud, 1965*a*.)

N. war 22 Jahre alt, als er in den Militärdienst eintrat. Er hatte schon damals eine Reihe Freiheitsstrafen durch bürgerliche Gerichte in verschiedenen Ländern erlitten. Unmittelbar aus der letzten Strafhaft wurde er der Truppe überwiesen, bei welcher er seine soldatische Ausbildung empfing. Seine Vorgesetzten waren über seine bisherige Lebensführung genau unterrichtet. Dennoch wiederholte sich, was sich in N.s Vorleben bereits viele Male abgespielt hatte. In kürzester Zeit hatte er sich die allgemeinen Sympathien erworben, genoß das besondere Vertrauen seiner Kameraden und nahm beim Führer der Kompanie eine Vorzugsstellung ein. Zu gleicher Zeit aber begann er auch das Vertrauen der anderen zu mißbrauchen. Doch in dem Augenblick, da seine Betrügereien ans Licht zu kommen schienen, erhielt er, zugleich mit einer Anzahl seiner Kameraden, einen Marschbefehl, der ihn an die Balkanfront versetzte.
Da man beim Feldregiment über N.s Vorleben nichts wußte, so wurde es ihm hier noch leichter gemacht, durch gewandtes Auftreten das Vertrauen der maßgebenden Personen zu gewinnen. Als Zeichner von Beruf fand er bald entsprechende Verwendung. Sein Auftreten ließ ihn aber auch besonders geeignet erscheinen, geschäftliche Angelegenheiten zu erledigen. Und so vertraute man ihm alsbald Gelder an und ließ ihn in den Städten des Etappengebiets Einkäufe für die Truppe machen. In der Stadt »X« lernte er ein paar Soldaten kennen, die dort auf großem Fuße lebten. Da ergriff ihn sofort seine alte Neigung, von der später die Rede sein wird. Er trat ebenfalls als großer Herr auf und hatte in vier Tagen von dem ihm anvertrauten Gelde 160 Mark verbraucht. Auf einer zweiten solchen Reise erfuhr er, daß man seine Unterschlagungen bereits bemerkt hatte. Nun kehrte er nicht mehr zum Regiment zurück, sondern fuhr nach einer größeren Stadt. Hier versah er seine Uniform mit Tressen, um fortan als Unteroffizier aufzutreten. Außerdem hatte er sich bei seiner Truppe Eisenbahnfahrscheine angeeignet und sie mit Stempeln versehen, so daß er nunmehr ganz nach Belieben nach allen Richtungen der Windrose reisen konnte. So kam er auch wieder nach Deutschland. Aber die scharfe Kontrolle und die Begegnung mit früheren Bekannten machten ihm, besonders in Berlin, einen längeren Aufenthalt unmöglich. So wandte N. sich eines Tages nach Budapest, nachdem er sich vorher noch die Abzeichen als Vizefeldwebel zugelegt hatte. Von dort zog er, stets die Ausweise fälschend, nach Bukarest weiter. Hier war die militärische Kontrolle so wachsam, daß N. nach Budapest zurückkehrte. Er wußte sich dort Zutritt zu angesehenen Familien zu verschaffen, erbot sich in gewinnender Form zur Besorgung von Lebensmitteln, erhielt beträchtliche Vorschüsse von seinen Auftraggebern, verbrauchte das Geld aber für seine eigenen Zwecke und lieferte die versprochenen Lebensmittel nicht. Als ihm in Budapest der Boden unter den Füßen zu heiß wurde, wandte er sich nach Wien, wurde hier aber bald ergriffen und dann in die heimatliche Garnisonstadt überführt. Schon an dieser Stelle sei darauf aufmerksam gemacht, daß N. mit größter Leichtigkeit Menschen jeden Alters, Standes und Geschlechts für sich einzunehmen wußte, um sie dann zu betrügen, daß er dagegen niemals besondere Geschicklichkeit darin zeigte, dem Arm der Gerechtigkeit zu entgehen. Erst wenn er gefangen saß, erwachte seine Agilität wieder; es kam dann vor, daß er in

kurzer Zeit seine Wächter sorglos gemacht hatte und den Weg zur Freiheit fand, ohne im geringsten Gewalt anzuwenden.
Als N. sich zweieinhalb Monate in Untersuchungshaft befand, war sein Einfluß auf die im übrigen gewissenhaften und erfahrenen Aufseher so weit gediehen, daß die Tore sozusagen von selbst vor ihm aufsprangen. Einer der Aufseher wurde während eines Gespräches mit N. abgerufen und ließ, völlig sorglos geworden, seine Schlüssel in der Zelle des Gefangenen zurück. Der nahm sie, öffnete die verschlossenen Ausgänge und war in Freiheit. Er wanderte bis zu einer kleinen Eisenbahnstation, bestieg dort einen Zug und verließ ihn bei der Ankunft in der nächsten Großstadt; überall gelang es ihm, die kontrollierenden Beamten zu täuschen. Drei Wochen arbeitete er als Dekorateur in einem Warenhaus. Die Gefahr des Entdecktwerdens nötigte ihn dann, die Stadt zu verlassen. Mit gefälschten Ausweisen gelang es ihm, Deutschland zu durchqueren. In einer Großstadt trat er wieder als großer Herr auf, führte sich als Kunsthistoriker ein, erhielt auf seine schwindelhaften Angaben von seinen neugewonnenen Gönnern Geld und gab es mit vollen Händen aus ... Nach einiger Zeit solchen »Zivillebens« mußte er den Schauplatz seines Wirkens verlegen. Nach kurzem Aufenthalt in Berlin fuhr er abermals nach Budapest. Hier war es, wo er zum ersten Male die Uniform eines Offiziers anlegte. Als »Leutnant« kehrte er nach Deutschland zurück und lebte monatelang auf großem Fuße in einer Reihe von Badeorten, doch nur in den elegantesten. Überall fand er als junger Offizier Zutritt zur Badegesellschaft. Sein sicheres und liebenswürdiges Auftreten ließ ihn stets nach kürzester Zeit zum Mittelpunkt eines großen Kreises werden. Wurde in einem Seebad die Gefahr der Entdeckung seiner zahllosen Schwindeleien zu groß, so verschwand er und suchte einen großen Kurort in Oberbayern auf, um nach einiger Zeit wieder in einem Seebad aufzutreten. Mittlerweile ließ er sich zum Oberleutnant avancieren, d. h. bis zu dem höchsten Rang, den er, seinen Jahren entsprechend, erreicht haben konnte. Niemand ahnte, welche Bewandtnis es in Wirklichkeit mit dem jungen Offizier hatte, der mit Kriegsdekorationen geschmückt war und in ebenso interessanter wie bescheidener Form von seinen Erlebnissen zu erzählen wußte. Schließlich aber wurde er doch verhaftet und wiederum in seine Garnisonstadt überführt.
Das Strafverfahren gegen ihn nahm einen gewaltigen Umfang an; hatte er sich doch der Fahnenflucht schuldig gemacht, sich eigenmächtig einen militärischen Rang beigelegt und eine außerordentliche Zahl von Unterschlagungen, Fälschungen und betrügerischen Handlungen begangen.
Der mit der Untersuchung betraute Kriegsgerichtsrat zeigte volles Verständnis und Interesse für N.s psychologische Eigenart, und da er irgendeine Art krankhaften Zwanges als treibende Kraft in N.s Verhalten vermutete, so wurde die psychiatrische Beobachtung des Beschuldigten angeordnet.
Ich besuchte N. zunächst ein einzelnes Mal in der Untersuchungshaft, mußte aber sofort erkennen, daß die Kompliziertheit des Falles eine längere Beobachtung auf meiner Station erfordern würde. Diese letztere aber besaß keine genügenden Einrichtungen, um das Entweichen eines Untersuchungsgefangenen – und eines so gewandten – zu verhüten. Auf meinen entsprechenden Hinweis verfügte das Gericht, daß N. in einem Zimmer des Dach-

stocks untergebracht werde. Um seine Flucht zu verhindern, wurde eine besondere Bewachung eingerichtet. Es sollten ständig drei besonders zuverlässige und intelligente »Gefreite« vor N.s Zimmer Wache halten. Um eine Beeinflussung durch N. zu verhüten, wurden die Wachen streng angewiesen, sein Zimmer nicht zu betreten und sich auf kein Gespräch mit ihm einzulassen.

So wurde N. eines Tages von seinen drei Wächtern in das Lazarett überführt, und dieser Akt vollzog sich ohne Schwierigkeit. Zehn Minuten nach der Aufnahme wollte ich mich davon überzeugen, ob N. den Vorschriften gemäß untergebracht und beaufsichtigt sei. Zu meinem Erstaunen fand ich vor dem Zimmer keine Wache, sondern nur ein paar Stühle. Beim Eintritt in das Zimmer aber bot sich mir ein unerwartetes Bild. N. saß zeichnend an einem Tisch. Einer seiner Wächter saß ihm Modell zu einer Zeichnung, und die beiden anderen schauten zu. Es ergab sich, daß N. seine Wächter bereits auf dem Wege zum Lazarett für sich gewonnen hatte, indem er von seiner Zeichenkunst erzählte und sie zu porträtieren versprach. Übrigens verlief N.s mehrwöchiger Aufenthalt auf der Station ohne irgendwelche Fluchtversuche oder sonstige Unregelmäßigkeiten.

Um zu einem Urteil über N.s geistigen Zustand zu gelangen, mußte ich vor allem die Geschichte seiner Jugend kennenlernen. Da er ein Virtuose auf dem Gebiet der phantastischen Erzählungen zu sein schien, so waren seine eigenen Berichte mit Vorsicht aufzunehmen und durch Erkundigungen an informierten Stellen nachzuprüfen. Ich kann aber sogleich hinzufügen, daß N.s Angaben über seine gesamte Vergangenheit in keinem Widerspruch zu den amtlichen Nachweisen standen. Ich konnte niemals feststellen, daß er in den vielen Gesprächen mit mir jemals etwas unterdrückt, fälschlich hinzugesetzt oder zu seinen Gunsten verändert hätte. Im Gegenteil sprach er von allen seinen Verfehlungen mit größter Offenheit, so wie sich das auch später bei der gerichtlichen Verhandlung wiederholte; nur intimere Einblicke in sein Seelenleben zu geben, war er nicht geneigt.

Ich erfuhr bald, daß N.s unerlaubte Handlungen auf sehr frühe Lebensjahre zurückgingen, und die Akten einer Besserungsanstalt, in welcher sich N. während mehrerer Jahre als »Fürsorgezögling« aufgehalten hatte, bestätigten diese Angaben vollauf.

N. war das jüngste aus der langen Kinderreihe einer kärglich lebenden Beamtenfamilie. Hinsichtlich erblicher Belastung durch geistige Erkrankungen in der Familie war nichts von Bedeutung festzustellen. Was bei dem Knaben aber – ganz im Gegensatz zu seinen älteren Geschwistern – schon in frühester Zeit hervortrat, das war eine unbändige Großmannssucht. Als er in seinem fünften Lebensjahr die Vormittage in einem Kindergarten zubrachte, wandte er sich von den weniger gut gekleideten Kindern ab und spielte nur mit denjenigen, die den wohlhabenderen Familien angehörten. Kaum war er in die Schule eingetreten, so sah er mit Neid, daß manche Knaben diesen und jenen Gegenstand in schönerer Ausstattung besaßen als er; sie hatten etwa eine bunt lackierte Federschachtel oder einen Bleistift von besonderer Farbe. Da ging der Sechsjährige eines Tages in einen Schreibwarenladen nahe dem Schulhaus und gab sich als Sohn eines in der Nachbarschaft wohnenden Generals aus.

Sofort lieferte man ihm die Gegenstände seiner Sehnsucht auf Kredit. Nun konnte er sich stolz neben den Söhnen der wohlhabenden Familien zeigen. Bald freilich wurde sein erster Betrug entdeckt und bestraft, aber der Wunsch, es mit den glücklicheren Kameraden aufnehmen zu können, blieb unbezähmbar und fand in weiteren unrechtmäßigen Handlungen seinen Ausdruck. Einer der Schulkameraden besaß eine große Armee von Bleisoldaten, während N. nur wenige sein eigen nannte. Die Sehnsucht, dem Mitschüler nicht nachzustehen, ließ ihn nicht ruhen. Endlich entwendete er seiner Mutter einen Betrag von 6 bis 7 Mark, legte ihn sofort in Bleisoldaten an und zeigte dem Kameraden, daß er ebenso viele und schöne Soldaten besaß wie jener.

Von Anfang an trat in der Schule N.s gute Begabung hervor. Allem Anschein nach waren seine Leistungen aber nur dann seinen Anlagen entsprechend, wenn er sich vom Lehrer irgendwie besonders beachtet oder bevorzugt fühlte. Wiederholt trug er sich mit abenteuerlichen Fluchtplänen. Einmal erlangte er von seinem Lehrer durch schwindelhafte Angaben Geld. Andere Male lieh er von Mitschülern Bücher und verkaufte sie. Der Versuch, ihn eine höhere Schule durchmachen zu lassen, scheiterte an dem Mangel an Ausdauer. Stets trat der phantastische Zug in N.s Wesen hervor; einer seiner Lehrer äußerte von ihm, er scheine an Größenwahn zu leiden. So wurde der Schulbesuch unterbrochen, und N. trat eine kaufmännische Lehrstelle an.

Bis dahin hatten sich N.s unerlaubte Handlungen zumeist innerhalb der Familie und Schule abgespielt. Als Lehrling veruntreute er alsbald Geldbeträge aus der »Portokasse« und verlor seine Stellung nach etlichen Monaten. Eine zweite Stellung sagte ihm nicht zu, und er blieb nach wenigen Tagen eigenmächtig fort. In einer Gärtnerei untergebracht, lief er auch dort bald davon, geriet in schlechte Gesellschaft, trieb sich umher und wurde schließlich der »Fürsorge-Erziehung« unterstellt.

In der Erziehungsanstalt spielte sich nun ab, was sich später so oft wiederholen sollte. Der Direktor erkannte N.s künstlerische Begabung ebenso wie sein Begehren nach gesellschaftlichem Aufstieg und versuchte N.s Leben in beiden Hinsichten in geordnete Bahnen zu lenken. N. fühlte sich als Vorzugsschüler verhältnismäßig wohl, und eine Zeitlang gab es anscheinend keine Klagen über hin. Durch Vermittlung des Direktors wurde N., obwohl noch Fürsorgezögling, zum Besuch der Kunstgewerbeschule in einer anderen Stadt zugelassen. Hier fehlte ihm der Halt an seinem väterlichen Gönner, und nach kurzer Zeit bereits war N. in ein gerichtliches Strafverfahren verwickelt und mußte die Schule verlassen. In die Erziehungsanstalt zurückgekehrt, zeigte er ein ähnliches Verhalten wie so viele junge Menschen in gleicher Lage. Irgendeine wirkliche oder vermeintliche Zurücksetzung gab ihm den Anlaß zum Fortlaufen, und die kurze Zeit, welche er alsdann in Freiheit zubrachte, war mit mancherlei unerlaubten Handlungen ausgefüllt.

Mit neunzehn Jahren tauchte N. in Berlin auf, fand Stellung, arbeitete aber kaum, spielte den großen Herrn und machte betrügerische Schulden. Es gelang ihm, zu den gesellschaftlichen Kreisen Zutritt zu finden, die immer das Ziel seiner Sehnsucht gewesen waren. Der Fürsorgezögling wurde ein beliebter Gast in sehr exklusiven studentischen Verbindungen. In Kleidung, Lebensweise und Auftreten hatte er sich ganz den »oberen Zehntausend« angeglichen. Nur die Mittel dazu stammten aus dunklen Quellen, und schließlich mußte N. sich der drohenden Verhaftung durch die Flucht entziehen. Nun begann eine abenteuerliche Wanderung durch Süddeutschland, Tirol und die Schweiz. Überall machte N. sich strafbar, indem er Zechprellereien und sonstige betrügerische Handlungen beging, und wurde von den verschiedensten Gerichten verfolgt. In der Schweiz verbüßte er eine Gefängnisstrafe von einem Monat, mußte dann das Land verlassen und wurde nun in Deutschland für eine Reihe von früheren Delikten bestraft. Er wanderte von Gericht zu Gericht, von Gefängnis zu Gefängnis. Während der letzten Strafhaft erwarb er sich schnell das Wohlwollen des Gefängnisdirektors und wurde mit der Führung der Bibliothek betraut. Als er alle Strafen verbüßt hatte, trat er, wie eingangs erwähnt, in den Kriegsdienst (1915).

Indem ich alle psychologischen Bemerkungen zum Fall N. auf einen späteren Zusammenhang verschiebe, will ich hier nur den Tenor des Gutachtens im Auszug wiedergeben. Eine geistige Störung im gewöhnlichen Sinne des Wortes war bei N. in keiner Weise feststellbar. Von einem intellektuellen Defektzustand konnte nicht die Rede sein; im Gegenteil hatte ich mit einem Mann zu tun, dessen Intelligenz über dem Durchschnitt stand und der außerdem beträchtliche künstlerische Gaben aufwies. Die Abweichung von der Norm lag ausschließlich im sozialen Verhalten des Untersuchten. Ich nahm eine tiefgreifende Störung des Gefühlslebens an, aus welcher sich gesellschaftsfeindliche Antriebe herleiteten. Derartige Impulse waren bei ihm selbst unter den günstigen Verhältnissen jeweils nur für kurze Zeit ausgeblieben; bald waren sie mit offenbar zwingender Gewalt wieder zum Durchbruch gelangt.

Die klinische Deskription spricht in derartigen Fällen von ethischen Defektzuständen. Das herrschende Strafgesetz aber erkennt einen Einfluß solcher Abweichungen des Gefühlslebens auf die Zurechnungsfähigkeit des Menschen nicht an. Das Militärgericht, welches dem Angeklagten mit rühmenswertem menschlichem Verständnis gegenübertrat, konnte die Zurechnungsfähigkeit N.s nicht verneinen und mußte ihn nach dem Wortlaut des Gesetzes zu einer längeren Freiheitsstrafe verurteilen.

Hervorzuheben bleibt noch, daß ich im Gutachten den Zustand N.s auf Grund allgemeiner psychiatrischer Erfahrung als bleibend und unbeeinflußbar bezeichnete.

Wenige Monate nach N.s Verurteilung (im August 1918) ging der Krieg zu Ende, und weder vorher noch während der folgenden vier bis fünf Jahre vernahm ich etwas von ihm. Eines Tages aber wurde ich unter merkwürdigen Umständen von einem bürgerlichen Gericht um ein neues Gutachten über N. angegangen. Er hatte bis zum Frühjahr 1919 eine Reihe von Delikten begangen, die den früheren durchaus ähnlich waren. In dem Strafverfahren, das sich durch mancherlei Umstände jahrelang verzögert hatte, behauptete nun N., die inkriminierten Handlungen bis zum Frühjahr 1919 unter dem alten krankhaften Zwang begangen zu haben. Kurz danach aber seien jene seit seiner Kindheit bestehenden kriminellen Neigungen verschwunden. Er sei in den letzten vier Jahren seßhaft und arbeitsam gewesen und habe sich nie mehr etwas zuschulden kommen lassen.

Waren diese Angaben N.s richtig, so hatte ich mich in der Beurteilung seines Zustandes erheblich geirrt, namentlich hinsichtlich der Prognose. Zunächst bedurfte es jedenfalls authentischer Feststellungen über sein Verhalten seit der Verurteilung vor fünf Jahren. Aus Angaben, welche N. mir persönlich machte, als er sich mir zur erneuten Untersuchung vorstellte, und aus den amtlichen Belegen ergab sich nun folgendes Bild.

N. war bei Kriegsschluß gemäß der weitgehenden Amnestie in Freiheit gelangt. Rasch folgten nun neue Delikte, die in ihrer Art den früheren ähnelten. Von den Umwälzungen, wie sie sich zu jener Zeit auf allen Gebieten abspielten, konnte ein schnell erfassender Kopf wie N. leicht profitieren. Er, der eine lange Untersuchungs- und Strafhaft hinter sich hatte, gewann auch jetzt überall das Vertrauen der maßgebenden Personen, um es freilich bald zu mißbrauchen. So hebt mit der wiedergewonnenen Freiheit für N. auch eine Kette neuer Delikte an. Zu jener Zeit bildeten sich sogenannte Freikorps und andere militärische Organisationen. N. gehörte im Laufe einiger Monate mehreren solchen an. Überall war er gern gesehen; seine Beliebtheit fand ihren Ausdruck darin, daß man ihm stets die Kasse anvertraute. N. beging darauf Unterschlagungen, mußte fortgehen und begann anderswo das Spiel von neuem. Bei einer Organisation glaubte man ihm auf sein Wort, daß er während des Krieges Offizier gewesen sei, und N. tat nun wirklich Offiziersdienst.

Doch die Gelegenheit zu solchem Spiel hörte bald auf, und N. kehrte ins Zivilleben zurück. Vom März bis zum Juni 1919 beging er in alter Weise eine Reihe von Unterschlagungen, Zechprellereien usw. und wurde von mehreren Gerichten gesucht.

Und dann folgt die große Veränderung. Daß N. sich seit dem Juni 1919 nichts mehr hat zuschulden kommen lassen, dafür liegen bestimmte Beweise vor. Seit seiner Zeit hat keine polizeiliche oder gerichtliche Behörde ein Verfahren gegen N. eröffnet. Vertrauenswürdige Zeugen bekunden, daß er seither seßhaft und arbeitsam sei. Seine beruflichen Leistungen werden gerühmt. Angesehene Kaufleute, die N. in ihren Betrieb aufgenommen haben, bekunden seine Pflichttreue und seine unbedingte Zuverlässigkeit, insbesondere in allen finanziellen Beziehungen, die durch mehrere Jahre erprobt sei. Beide Zeugen waren über N.s Vorleben wohl unterrichtet und hatten daher ein wachsames Auge auf ihn, fanden aber niemals einen Anlaß zur Klage. N. ist verheiratet und führt das Leben eines gutbürgerlichen Ehemannes; im gesellschaftlichen Leben seines Wohnortes, einer großen Stadt, ist er beliebt und geachtet, ohne jedoch in seiner aus früherer Zeit bekannten Art die Menschen zu »blenden«.

An der Tatsache dieses vollkommenen Umschwunges in N.s sozialem Verhalten konnte kein Zweifel bestehen. Entsprachen die Berichte aber der Wirklichkeit, so lief eine derartige Veränderung aller psychiatrischen Erfahrung zuwider. Wenn sich bei einem Individuum die dissoziale Einstellung so früh gezeigt und wenn dieses Individuum bis zu sechsundzwanzig Jahren sich dem sozialen Leben nicht eingeordnet, sondern ein ausgeprägtes Hochstaplerleben geführt hat, so nötigt uns alle Erfahrung, die Aussicht auf eine spontane Besserung zu verneinen. Wir wüßten auch keine Einflüsse namhaft zu machen, denen wir solche außerhalb unserer Erfahrung liegenden Wirkungen zutrauen könnten. Es müßten schon außerordentliche Umstände sein, mit deren Eintreten man eben praktisch nicht rechnen kann.

Die Lösung des Rätsels liegt auf psychologischem Gebiet. Wir werden uns daher jetzt gewissen Tatsachen in N.s Leben und seiner seelischen Reaktion auf solches Erleben zuwenden müssen. Erwähnt sei an dieser Stelle, daß N. zur Zeit der Beobachtung im Jahre 1918 weniger geneigt war, mit mir auf diese Fragen einzugehen. Damals befand er sich, wie wir nun bald verstehen werden, noch zu sehr in einer trotzig-aufrührerischen Einstellung zu jedem Repräsentanten der väterlichen Gewalt, und damals war ich sein militärischer Vorgesetzter. Im Jahre 1923 dagegen machte er den Eindruck eines Menschen, der es sich in den gegebenen Verhältnissen wohl sein läßt. Er fühlte sich mir bürgerlich gleichstehend und konnte sich mir ohne das frühere Mißtrauen offenbaren. So ergab erst unsere weit kürzere *zweite* Begegnung manche wichtige, ja grundlegende Erklärungen für das soziale Verhalten N.s in früherer Zeit und erklärte den neuerdings erfolgten Umschwung.

Wie erinnerlich, war N. das jüngste unter den vielen Kindern einer in dürftigen Verhältnissen lebenden Familie. Es muß hinzugefügt werden, daß ihn ein weiter Altersabstand von seinen Geschwistern trennte, die zur Zeit seiner Geburt schon halb oder ganz erwachsen waren. Als ganz kleiner Knabe, aber auch später, hörte er seine Mutter wieder und wieder sagen, wie unwillkommen er ihr als Spätling gewesen sei. Während die älteren Geschwister schon selbst etwas verdienen konnten, war N. der unnütze Esser in der Familie und erfuhr aus lieblosen Bemerkungen, daß er nur als eine Belastung des Familienbudgets angesehen wurde. Jedenfalls fühlte er sich von beiden Eltern und sämtlichen Geschwistern ungeliebt, ja befeindet, ganz im Gegensatz zu der sonst häufigen Verwöhnung spät- oder letztgeborener Kinder. Sein späteres soziales Verhalten stellt in letzter Linie seine psychische Reaktion auf diese Eindrücke seiner früheren Kindheit dar.

Es braucht hier nur an die gesicherte psychoanalytische Erfahrung erinnert zu werden, nach welcher ein Kind an den Personen seiner frühesten Umgebung die ersten Liebeserfahrungen sammelt und selbst lieben lernt. Unter Umständen wie den soeben geschilderten kann eine vollwertige Objektliebe sich nicht entwickeln. Die ersten Versuche des Kindes, die ihm nächsten menschlichen Objekte mit seiner Libido zu besetzen, werden notwendig scheitern, und eine rückläufige, narzißtische Besetzung des Ich wird nicht ausbleiben, während sich den Objekten zu gleicher Zeit eine große Haßbereitschaft zuwenden wird.

Unter diesen Gesichtspunkten wird N.s Verhalten in der Kindergarten- und Schulperiode verständlich. Er verschmäht seine Eltern, so wie sie ihn verschmäht haben. Er wünscht sich reiche Eltern, die ihn nicht als ökonomisch belastenden Faktor ansehen würden. Er zeigt sich schon früh jedem Menschen, der ihm Vater, Mutter, Bruder oder Schwester bedeuten kann, von der gewinnendsten Seite; jeder Lehrer, jeder Mitschüler muß ihn gern haben – eine ständig fließende Quelle der Befriedigung für seinen Narzißmus. Aber die Identifizierung der ihn jeweils umgebenden Personen mit seinen Eltern und Geschwistern geht weiter: er muß die, welche ihn lieb gewonnen haben, enttäuschen, um Rache an ihnen zu nehmen. Daß alle, aber ausnahmslos alle, sich von ihm düpieren lassen, gibt seinem Narzißmus weitere intensive Befriedigung. Unter Anlehnung an eine geläufige Wortbildung verschiedener Sprachen möchte man sagen: N., der sich in seiner Kindheit ungeliebt fühlte, mußte unter einer inneren Nötigung sich allen Menschen *»liebenswürdig«*, d. h. *ihrer Liebe würdig* zeigen, um bald danach sich und ihnen zu beweisen, daß er dieses Gefühls *unwürdig* sei. Wir werden hier an die »Zweizeitigkeit« der Handlungen Zwangskranker erinnert.

Besondere Beachtung verdient N.s brennender Wunsch, der Mittelpunkt eines großen Kreises von Menschen zu sein. Er erklärte mir selbst, daß es sein größtes Vergnügen war, *»wenn sich alles um ihn drehte«*. Ein solcher Zustand war seinem Dasein in der Kindheit wirklich vollkommen entgegengesetzt. Jedesmal freilich tat N. selbst alles, um der Herrlichkeit ein rasches Ende zu bereiten. Ein übermächtiger Wiederholungszwang nötigte ihn, sich immer wieder zum Ausgestoßenen zu machen, wenn er gerade zum Liebling aller aufgestiegen war –

bis eines Tages die von uns noch nicht aufgeklärte große Änderung kam.
Im Juni 1919 zog N. unstet und flüchtig von Stadt zu Stadt, sein Leben mit Hilfe von Zechprellereien und anderen Betrügereien fristend. In diesem Zeitpunkt trat ein glückliches Ereignis ein, dessen besondere Bedeutung für N. dem psychoanalytisch Geschulten sich förmlich aufdrängen muß.
N. machte damals die Bekanntschaft einer Frau, die sich schon im ersten Gespräch für ihn zu interessieren begann. Sie war nicht unerheblich älter als er und war Teilhaberin eines industriellen Unternehmens. Kaum hatte sie von N.s Stellenlosigkeit und Notlage gehört, als sie auch schon für ihn zu sorgen versprach. Er fand in dem Unternehmen, an welchem sie beteiligt war, eine seinen künstlerischen Gaben entsprechende Tätigkeit, hatte mit den sozial angesehensten Personen umzugehen und wurde auskömmlich bezahlt. Zwischen ihm und seiner Gönnerin entwickelten sich engere Beziehungen. Sie war Witwe und Mutter mehrerer bereits halbwüchsiger Kinder. Es kam zur Eheschließung, während N. gleichzeitig in dem geschäftlichen Betrieb zu einem Posten mit voller Verantwortlichkeit aufstieg, der ihm überdies eine ausgezeichnete gesellschaftliche Stellung sicherte. Es gab in diesem Idealzustand bürgerlicher Zufriedenheit nur *eine* Beunruhigung; diese ging von den noch unerledigten Strafverfahren aus.
Als ich N. im Jahre 1923 wiedersah, hatte sich dieser Zustand des äußeren Glückes und – wie wir hinzufügen dürfen – der inneren Ruhe bereits durch einige Jahre stabil gehalten. Früher hatte N. jede ihm günstige Situation aus zwingenden, unbewußten Antrieben zerstören müssen. Warum blieb jetzt ein solcher Zusammenbruch aus, und warum konnte N. die günstige Wendung seines Schicksals in voller Eintracht mit einem anderen Menschen genießen?
Wir können die Antwort in eine psychoanalytische Formel bringen. Alle früheren Zustände einer vorübergehenden Prosperität in N.s Leben stellten nichts anderes dar als eine augenblickliche Befriedigung seines Narzißmus. Ein derartiger Zustand aber trug den Keim raschen Verfalls in sich; die Ambivalenz der Antriebe war in N. viel zu stark, als daß er irgendeine Art des seelischen Gleichgewichts hätte erreichen können. Vermutungsweise dürfen wir hinzufügen, daß sich an N.s vorübergehende »Erfolge« starke unbewußte Schuldgefühle knüpften, die ein baldiges Ende des Glücks als Akt der Selbstbestrafung herbeiführen mußten.

Wir haben bereits versucht, das Verharren der Libido im Zustande des Narzißmus aus einem regressiven Vorgang zu erklären, der sich an tief enttäuschende Eindrücke der frühen Kindheitsjahre anschloß. Anders ausgedrückt: N. hatte als kleiner Knabe aus der Ödipus-Einstellung zu seinen Eltern dasjenige Quantum an Lust nicht entnehmen können, das anderen Kindern – wenn auch in sehr verschiedenem Maße – gestattet wird. Es fehlte die mütterliche Zärtlichkeit. Es fehlte die Möglichkeit, den Vater zur Idealgestalt zu erheben; im Gegenteil sehen wir von früh auf den Wunsch nach einem *anderen* Vater dominieren. Es fehlte auch die Möglichkeit, sich im Ödipus-Kampf gegen den Vater mit Geschwistern zu identifizieren; diese bildeten ja in unserem Falle zusammen mit den Eltern eine Welt von Feinden. *So unterblieb die regelrechte Entwicklung des Ödipus-Komplexes.* Naturgemäß konnten sich dann auch jene Sublimierungsvorgänge nicht vollziehen, die von einer geglückten Bewältigung des Ödipus-Komplexes zeugen und die Vorbedingung für eine erfolgreiche Einordnung des Individuums in den sozialen Organismus bilden.[2]

Der Umschwung, der sich im Jahre 1919 in N.s Leben vollzog, bedeutet nun nichts mehr und nichts weniger als das vollkommene Gegenteil der häuslichen Konstellation in seiner frühen Kindheit. Eine Frau, an Jahren ihm überlegen, findet auf den ersten Blick Gefallen an ihm und überhäuft ihn mit Beweisen mütterlicher *Fürsorge*. Beweise der *Liebe* gesellen sich hinzu. Niemand steht dieser Liebe zwischen Mutter und Sohn hindernd im Wege, denn der Ehemann jener Frau ist längst verstorben. Da sind aber ein paar Söhne, die doch schon lange vor N. ein Recht auf die Liebe der Mutter hatten. Doch sie bevorzugt *ihn*, der so spät in ihr Leben eintritt, vor den anderen Söhnen, heiratet ihn und bietet damit *ihm*, nicht den leiblichen Söhnen, den Platz des verstorbenen Gatten!

N. erlebte also durch diese Frau neben der plötzlichen Versetzung in günstige soziale und finanzielle Verhältnisse eine restlose Erfüllung aller seiner dem Ödipus-Komplex entstammenden Kindheitswünsche.

[2] Wir sollten übrigens nicht vergessen, daß die Ödipus-Einstellung, die wir mit gutem Recht als Quelle ernster und nachhaltiger *Konflikte* im Seelenleben des Kindes und des Herangewachsenen betrachten, *zunächst* eine Quelle wirklicher und phantasierter *Lust* darstellt. Das Kind lernt aber auf den größten und wichtigsten Teil seiner bezüglichen Wünsche, d. h. auf die sozial verpönten, allmählich verzichten, wenn ihm ein gewisses, eingeschränktes Maß von Lust gegönnt wird. Dies scheint eine dem Kinde unentbehrliche Hilfe zur erfolgreichen Überwindung der Ambivalenz gegenüber den Eltern zu sein. Ist aber dem Kinde alle solche Lust gänzlich versagt, so wird eine günstige Verarbeitung des Ödipus-Komplexes ausbleiben, und alle Libido wird wieder dem Ich zuströmen.

Als ich ihm einen Hinweis auf die offenbare Mutterbedeutung seiner Frau gab, erwiderte N.: »Sie haben sicher recht. Ich habe sehr bald nach dem Beginn unserer Bekanntschaft zu meiner jetzigen Frau ›Mütterchen‹ gesagt und bringe es heute noch nicht fertig, sie anders zu nennen.« Bei dieser Gelegenheit zeigte sich besonders eine lebhafte Gefühlsreaktion im Sinne von Sympathie und Dankbarkeit. Sie ließ erkennen, daß bei N. jetzt mehr vorlag als eine bloße Befriedigung des narzißtischen Begehrens nach Liebesbeweisen. Ich gewann den Eindruck, daß N. an einer Ersatzperson spät geglückt war, was in der Kindheit nicht stattfinden konnte: die Libido-Übertragung auf die Mutter. Damit soll natürlich nicht eine voll ausgebildete Objektliebe, eine volle Überwindung des Narzißmus behauptet werden, sondern lediglich irgendein nicht näher zu bestimmender Grad der Progression seiner Libido von der narzißtischen Gebundenheit in der Richtung zur Objektliebe. Genaueres ließe sich nur auf Grund einer durchgeführten Psychoanalyse aussagen.

Weiter muß hervorgehoben werden, daß die Gesamtheit der erwähnten Wunscherfüllungen *nicht von Schuldgefühlen begleitet ist.* Da ist kein Vater zu beseitigen – er ist schon vor langem gestorben. Da ist kein Angriff auf die Mutter nötig; sie kommt ja dem Sohne sowohl im mütterlich-zärtlichen wie im erotischen Sinne entgegen, und dies aus eigenem Antrieb. Da sind keine Geschwister zu bekämpfen; seine besondere Stellung in der neuen Familie wird in vollem Maße anerkannt. So genießt N. zum ersten Male in seinem Leben eine Situation ausschließlicher und – wie wir hinzusetzen müssen – vorwurfsfreier Lust.

Die vollkommene Gewährung aller mütterlich-fürsorglichen wie erotischen Gefühle von seiten einer Mutter-Vertreterin hat den in der Kindheit unbefriedigt gebliebenen Ödipus-Wünschen eine späte Erfüllung gebracht, hat aber zugleich N.s Libido aus ihrer narzißtischen Gebundenheit hervorgelockt. Und so gelang ihm zum ersten Male ein gewisses Maß von Übertragung seiner Libido auf ein Objekt.

Die im psychologischen Sinne vollkommene Erfüllung einer infantilen Wunschsituation, wie wir sie im vorliegenden Falle geschehen sahen, dürfen wir als ein exzeptionelles Vorkommnis bezeichnen. Niemand konnte mit dem Eintritt dessen rechnen, was hier einmal, wie durch ein Wunder, zum Ereignis wurde. Die pessimistische Voraussage des Gutachtens behält ihre allgemeine Berechtigung, wenngleich sie sich in diesem Einzelfall als irrig erwiesen hat. Und noch in einem anderen Sinne behält sie ihre Berechtigung.

Als N. mich zum letzten Male besuchte, hob er selbst hervor, wie gut es ihm in jeder Hinsicht ergehe. Aber gemäß seiner scharfen Intelligenz sprach er ein Bedenken aus. Er fühle, und er gestehe es sich und mir zu, daß die Dauer des gegenwärtigen Zustandes abhängig sei von seinem (N.s) Verhältnis zu seiner Frau. Würde dieses jemals erschüttert werden, so würden sicher die alten Neigungen wieder aus ihm hervorbrechen, denn zutiefst fühle er, daß die alte triebhafte Unruhe noch in ihm sei.[3]

Es läge nahe, mit Bezug auf den geschilderten Fall von einer *»Heilung durch Liebe«* zu sprechen – wenn wir nur sicher sein dürften, daß eine wirkliche Heilung, eine dauernde Veränderung zum Guten vorliegt. Wie dem aber auch sei, der Umschwung im sozialen Verhalten eines Menschen mit einem Vorleben, wie es geschildert wurde, bleibt ein merkwürdiges Phänomen, das nur von der psychoanalytischen Libido-Theorie zu erfassen ist, das im übrigen aber auch aus praktischen Gründen unsere volle Aufmerksamkeit verdient.

In eindrucksvollster Weise zeigt der vorliegende Fall, daß wir die hereditäre Belastung, die »Degeneration« in ihrer Bedeutung für das Entstehen dissozialer und krimineller Antriebe nicht überschätzen sollen. Was die Schulmeinung noch immer mit einseitiger Vorliebe als mit dem Menschen geboren und daher unabänderlich betrachtet, das müssen wir zu einem guten Teil als früh erworben erkennen, d. h. auf die Wirkung frühester psychosexueller Eindrücke zurückführen. Dies aber bedeutet nicht nur die Korrektur einer irrigen Meinung, sondern gibt uns neue Handhaben, neue Möglichkeiten und Angriffspunkte für die Behandlung der Dissozialen, besonders im jugendlichen Alter. Ich muß mit Genugtuung feststellen, daß ich mich in dieser Hinsicht mit einem so vortrefflichen Kenner dieser Menschengruppe wie Aichhorn in voller Übereinstimmung befinde.

Aichhorns[4] Mitteilungen lassen uns erkennen, welche Bedeutung der positiven *Übertragung* des Zöglings auf den Erzieher gerade in den Besserungsanstalten zukommt. Er hat mit vollem Recht die Herstellung der Übertragung und ihre Erhaltung zum Angelpunkt der Fürsorgeerziehung gemacht.

[3] Hier sei das Ergebnis des zweiten Gutachtens (1923) erwähnt. Die letzten unerlaubten Handlungen fielen zeitlich unmittelbar vor den großen Umschwung, waren also in gleicher Weise wie alle früheren zu bewerten, d. h. als Äußerungen eines aus unbewußten Quellen stammenden unwiderstehlichen Dranges.

[4] 1925.

Erinnern wir uns der zauberhaften Wirkung der ersten geglückten Übertragung im Falle N., d. h. bei einem bereits erwachsenen Manne, so vermögen wir zu ahnen, welche Ergebnisse eine erfolgreich hergestellte und in richtige Bahnen gelenkte Übertragung bei jugendlichen Individuen erzielen kann. N. hatte freilich das Glück, als Fürsorgezögling einen humanen und verständnisvollen Erzieher zu finden. Was aber diesem Manne trotz ernster Anteilnahme an N.s Schicksal nicht gelang, das war die Herstellung einer nachhaltigen Übertragung; das Fehlen einer festen Bindung des Gefühls ließ N. immer wieder rückfällig werden und dauerhafte Trieb-Sublimierungen nicht zustande kommen. Solche vollzogen sich erst, als N.s Libido sich zum ersten Male nachhaltig auf eine Person übertragen hatte.
Gerade wir Praktiker der Psychoanalyse haben oft beklagt, daß unser therapeutisches Wirken sich stets nur auf einen verhältnismäßig kleinen Kreis von Personen erstrecke, daß es wohl in die Tiefe des Einzelfalles, aber nicht genügend in die Breite der menschlichen Gesellschaft dringe. Wenn Aichhorns Auffassung zutrifft, daß im allgemeinen durch die Herstellung der Übertragung eine ausreichende Grundlage für die Beeinflussung der dissozialen Jugendlichen gegeben sei, während nur die mit neurotischen Störungen komplizierten Fälle eine regelrechte psychoanalytische Behandlung erfordern, so läge hier ein Gebiet vor uns, auf welchem die an Neurotikern gewonnenen Ergebnisse der psychoanalytischen Forschung und Praxis zu umfassender Auswirkung gelangen könnten. Was Aichhorn uns vorführt, ist ein vielversprechender pädagogischer Vorstoß, zu welchem Freuds Psychologie ihm das Rüstzeug geliefert hat. Der warmherzige Eifer, mit welchem er dieses Erziehungswerk auszugestalten versucht, verdient bewundernde Anerkennung.
Werfen wir noch einen Rückblick auf die Schicksale unseres Hochstaplers! In den Psychoanalysen Neurotischer stoßen wir oft auf die Folgen früher Verzärtelung, durch welche die Liebesansprüche des Kindes in unzweckmäßiger Weise hochgezüchtet wurden. Unter den »Dissozialen« wird uns vielleicht häufiger ein anderes Schicksal der Libido im frühen Alter begegnen. Es ist die Entbehrung an Liebe, welche, einer seelischen Unterernährung vergleichbar, die erste Vorbedingung für die Entstehung dissozialer Züge schafft. Es bildet sich ein Übermaß von Haß und Wut, das, ursprünglich gegen einen engen Personenkreis gerichtet, später der sozialen Gesamtheit gilt. Wo solche Vorbedingungen gegeben sind, da wird eine der sozialen Anpassung günstige Entwicklung des Charakters spontan nicht zustande kommen können. Der nar-

zißtischen Regression der Libido, wie wir sie im Falle N. annehmen mußten, wird auch eine Hemmung der Charakterbildung, ein Stehenbleiben auf niederer Stufe entsprechen.

Es wird nicht ausbleiben können, daß diesen Ergebnissen der Psychoanalyse allmählich auch von kriminalistischer Seite die ihnen gebührende Beachtung zuteil werden wird. In neuester Zeit hat Reik[5] in seinem Buch über *Geständniszwang und Strafbedürfnis* umfassende Untersuchungen über das Schuldgefühl angestellt und damit eine wichtige Verbindung zwischen der psychoanalytischen Neurosenforschung und der Kriminalistik angebahnt. Nach zwei Richtungen hin kann die Wissenschaft vom Verbrecher und Verbrechen aus den psychoanalytischen Lehren Nutzen ziehen. Die Psychoanalyse liefert der Kriminalistik neue psychologische Gesichtspunkte für das Verständnis der sie beschäftigenden Personen. Außerdem aber erscheint die Behandlung jugendlicher Dissozialer mit Hilfe der Psychoanalyse oder im Geiste der Psychoanalyse als ein aussichtsvoller Weg zur Verhütung krimineller Handlungen.

Zur Herstellung dieser Brücke zwischen Psychoanalyse und Kriminalistik möchte auch die vorliegende Mitteilung einen Baustein beigetragen haben.

[5] [1925.]

ABSCHNITT V

Arbeiten zur angewandten Psychoanalyse

A. VÖLKERPSYCHOLOGIE

B. BIOGRAPHISCHE STUDIEN

Traum und Mythus

Eine Studie zur Völkerpsychologie[1]

»... Es gibt keinen Zufall;
Und was uns blindes Ohngefähr nur dünkt,
Gerade das steigt aus den tiefsten Quellen.«

I
Objekte und Gesichtspunkte der psychoanalytischen Forschung nach Freud

Die psychologischen Theorien, welche sich an den Namen S. Freuds knüpfen, erstrecken sich auf eine Reihe von Gebieten des menschlichen Seelenlebens, die dem äußeren Anschein nach wenig Beziehungen zuein-

[1] [Bibl. Nr. 14. – Zu dieser Arbeit schreibt Freud (1965*a*) an Abraham am 7. 6. 1908: »Ich habe an diesem regnerischen Pfingsttage Ihre modifizierte Arbeit für die *Schriften zur angewandten Seelenkunde* durchgelesen und will als erster Ihnen Dank und volle Anerkennung nicht vorenthalten, zumal, da ich nicht weiß, ob sie Ihnen von anderer Seite zukommen werden. Es ist alles so klar, gut gebaut und fundiert, voll von Überzeugung und frei von Mißverständnis wie von Mißverständlichkeit. Die Schrift hat mir sehr gefallen. Sie haben recht, es ist kein Essay, sondern eine Abhandlung, aber das ist schließlich Ihre Wahl gewesen, und die werbende Kraft des Ganzen hat dadurch nur gewonnen.
Es hat mich sehr frappiert, daß Sie bei den großen Völkerpsychologen so weitgehende Übereinstimmung mit unseren Auffassungen und Ausdrücken gefunden haben.
Darf ich Ihnen einige Kleinigkeiten vorschlagen? Bei dem Stab Moses vor dem Pharao [s. unten, S. 218] noch die beweiskräftige Einzelheit heranzuziehen, daß die Verwandlung aus dem starren Holz in die schmiegsame Schlange ja nichts anderes ist als die unverhüllte (umgekehrte) Darstellung der *Erektion,* in gewissem Sinn das auffälligste Phänomen, das dem Menschen begegnete. Ferner etwa meine Worte über den Mythus im Vortrag ›Der Dichter und das Phantasieren‹ [1908*e*] zu erwähnen, die sich mit Ihrer Auffassung ja sehr gut dekken. Die erfrischende Wirkung des Samens kommt meines Wissens in der indischen Erotik direkt zum Ausdruck. Ich kenne darüber eine Andeutung bei Fuchs: *Das erotische Element in der Karikatur,* Seite 29–30. Ferner steckt im Somatrank wohl die wichtigste Ahnung, daß alle unsere berauschenden Getränke und erregenden Alkaloide nur Ersatz sind für das eine, noch zu suchende Toxin der Libido, das den Liebesrausch erregt.]

ander haben. Freud ist in den gemeinsam mit J. Breuer veröffentlichten *Studien über Hysterie* (1895)[2] von *krankhaften* psychischen Erscheinungen ausgegangen. Die fortschreitende Ausbildung der *psychoanalytischen Methode* erforderte ein eingehendes Studium der *Träume*.[3] Es zeigte sich weiter, daß zum vollen Verständnis dieser Phänomene die vergleichende Betrachtung gewisser anderer Phänomene herangezogen werden mußte. Freud sah sich dadurch veranlaßt, immer weitere Gebiete des normalen und krankhaften Seelenlebens in den Bereich seiner Forschungen zu ziehen. So entstanden die in der *Sammlung kleiner Schriften zur Neurosenlehre* (1906)[4] vereinigten Arbeiten über Hysterie, Zwangsvorstellungen und andere psychische Störungen, ferner die Monographie über den Witz (1905)[5], die *Drei Abhandlungen zur Sexualtheorie* (1905)[6] und neuerdings die psychologische Analyse eines Dichterwerkes[7], welche das erste Heft dieser Sammlung bildet. Freud gelangte dazu, diese scheinbar heterogenen Produkte der menschlichen Psyche unter gemeinsamen Gesichtspunkten zu betrachten. Ihnen allen sind gemeinsam die Beziehungen zum Unbewußten, zum Seelenleben der Kindheit und zur Sexualität; gemeinsam ist ihnen die Tendenz, einen Wunsch des Individuums als erfüllt darzustellen; gemeinsam sind die Mittel der Darstellung, deren sie sich zu diesem Zwecke bedienen.

Wer mit Freuds Schriften und mit denjenigen seiner Anhänger nicht bekannt ist, wird erstaunt sein, daß man ernstlich versucht, alle jene Gebilde unter denselben Gesichtspunkten nebeneinanderzustellen. Er wird fragen, was für Beziehungen der Witz zum Unbewußten habe. Er wird bezweifeln, daß eine Krankheit eine Wunscherfüllung für den Kranken, der unter ihr leidet, enthalten könne, und er wird nicht begreifen, wie man sie gar in dieser Hinsicht mit einer Dichtung in Parallele setzen will. Er wird nicht verstehen, welche allgemeinen Beziehungen zwischen den Träumen des Erwachsenen und der Psyche des Kindes herrschen sollen. Er wird sich, und dies vielleicht am meisten, dagegen auflehnen, daß man allen jenen psychologischen Phänomenen Beziehungen zur Sexualität zuschreibt. So scheinen die von Freud aufgestellten Lehren voll von Widersprüchen und Absurditäten zu sein; sie schei-

[2] [Freud (1895*d*).]
[3] [Freud,] *Die Traumdeutung*, 1900 [*a*], 2. Auflage 1909.
[4] [Die verschiedenen Schriften sind einzeln in die *G. W.* aufgenommen worden.]
[5] [Freud (1905*c*).]
[6] [Freud (1905*d*).]
[7] *Der Wahn und die Träume in W. Jensens ›Gradiva‹*, Wien und Leipzig 1907 [Freud (1907*a*)].

nen Einzelbefunde kritiklos zu verallgemeinern. Folglich wird man auch geneigt sein, die Forschungsmethode, mit deren Hilfe Resultate wie die obigen erzielt werden, a limine zu verwerfen.[8]

Wollte ich hier sofort eine Beantwortung der verschiedenen Einwände versuchen, so könnte ich eine ausführliche Darstellung der gesamten Lehren Freuds nicht umgehen und müßte damit den Rahmen dieser Schrift erheblich überschreiten. Es wird sich im Laufe unserer Untersuchung Gelegenheit bieten, die meisten und wichtigsten Probleme, welchen Freud seine Arbeit gewidmet hat, zu berühren. Einstweilen genüge ein Hinweis: Die sämtlichen psychischen Phänomene, welche wir oben nebeneinandergestellt haben, sind *Produkte der menschlichen Phantasie*. Man wird die Vermutung, daß sie als solche gewisse Analogien untereinander aufweisen könnten, nicht ohne weiteres von der Hand weisen.

Es gibt nun außer den Produkten der Individualphantasie auch solche, welche nicht der Phantasie eines einzelnen zugeschrieben werden können. Ich begnüge mich an dieser Stelle damit, als Gebilde solcher Art Mythen und Märchen zu nennen. Wir wissen nicht, wer sie geschaffen, wer sie zuerst erzählt hat. Sie sind von Generation zu Generation überliefert worden und haben dabei mannigfache Zusätze und Änderungen erfahren. In den Sagen und Märchen äußert sich die Phantasie eines Volkes. Freud hat auch sie schon bis zu einem gewissen Grade zum Gegenstand seiner Untersuchungen gemacht[9] und in mehrfacher Hinsicht psychologische Analogien zwischen ihnen und den Werken der Individualphantasie aufgedeckt. Neuerdings ist ein anderer Autor seinen Spuren gefolgt. Riklin[10] hat die psychologische Analyse von *Märchen* verschiedener Völker durchgeführt. Die vorliegende Schrift stellt nun den Versuch dar, den *Mythus* mit Phänomenen der Individualpsychologie, insbesondere mit dem Traume, zu vergleichen. Sie soll den Nachweis erbringen, daß Freuds Lehren sich in weitem Umfange auf

[8] Dies ist etwa der Standpunkt, den die medizinische Wissenschaft zu Freuds Lehren einnimmt. Es ist zuzugeben, daß die Freudschen Lehren jedem Unbefangenen zunächst befremdlich erscheinen müssen. Es soll betont werden, daß eine breite Kluft sie von der traditionellen Psychologie trennt. Das sollte jedoch kein Grund sein, sie mit einem Achselzucken oder ein paar witzelnden Schlagworten abzutun, wie das seitens der Kritik geschieht.

[9] Freud (1900*a*).]

[10] Die angekündigte Arbeit von Riklin: ›Wunscherfüllung und Symbolik im Märchen‹ (1908) erschien nach Abschluß meiner Arbeit. Ich konnte daher nur eine kurze vorläufige Mitteilung des Autors (*Psychiatrisch-neurologische Wochenschrift*, 1907, Nr. 22–24) benützen.

die Psychologie des Mythus übertragen lassen, ja geeignet sind, für das Verständnis der Sagen einen ganz neuen Boden zu schaffen.[11]

II

Die Kindheitsphantasien im Traume und im Mythus Übertragung der Wunschtheorie auf den Mythus

Einigen naheliegenden Einwänden prinzipieller Art, welche gegen das geplante Unternehmen vorgebracht werden dürften, will ich gleich hier zuvorkommen. Man wird einwenden, der Mythus entstamme einer im Wachen arbeitenden Phantasie, während der Traum dem Schlafe, also einem Zustand von Herabsetzung des Bewußtseins, seine Entstehung verdanke. Genauere Betrachtung zeigt aber, daß hier keineswegs ein prinzipieller Unterschied besteht. Wir träumen nicht nur im Schlafe; es gibt auch Wachträume. In diesen versetzen wir uns in eine nicht wirkliche Situation und formen die Welt und unsere Zukunft nach unseren Wünschen. Daß die gleiche Tendenz dem nächtlichen Traume innewohnt, wird sich uns sehr bald ergeben. Manche Menschen neigen in auffälligem Grade zur Tagträumerei; man sieht ihnen die Versunkenheit an. Unmerkliche Übergänge führen hier zu einer krankhaften Phantasietätigkeit hinüber. Kinder geben sich solchen traumartigen Phantasien besonders gern hin. Der Knabe ist in seinen Wachträumen König eines großen Reiches und siegt in blutigen Schlachten; oder er tut sich als Indianerhäuptling oder in irgendeiner anderen Weise hervor. Pathologische Grade von Traumversunkenheit im Wachen sind auch bei Kindern nichts Seltenes. Schon daraus sehen wir, daß zwischen Tagesphantasien und Träumen keine scharfe Grenze zu ziehen ist. Wir wissen aber weiter aus Freuds Untersuchungen[12], daß die Traumgedanken nicht während des Traumes entstehen, sondern im Wachen vorgebildet werden. Im Traume erhalten sie nur eine Form, die von derjenigen abweicht, in welcher wir gemeinhin unsere Gedanken auszudrücken pflegen.

[11] Ebenfalls nach Vollendung der vorliegenden Abhandlung erschien ein Aufsatz Freuds (›Der Dichter und das Phantasieren‹ [1908*e*], *Neue Revue*, 2. Märzheft 1908), der die Grundidee meiner Arbeit in kurzer Form zum Ausdruck bringt. (»Es ist von den Mythen durchaus wahrscheinlich, daß sie den entstellten Überresten von Wunschphantasien ganzer Nationen, den *Säkularträumen* der jungen Menschheit entsprechen.«)

[12] [Freud (1900*a*).]

Ein anderer Einwand, welcher ebenfalls nur eine scheinbare Berechtigung hat, eignet sich dazu, den Ausgangspunkt unserer weiteren Betrachtungen zu bilden. Man wird darauf hinweisen, daß der Traum ein individuelles Produkt sei, während im Mythus gewissermaßen der Gesamtgeist eines Volkes niedergelegt sei. Man wird den Vergleich daher unstatthaft finden. Dieser Einwand ist leicht zu widerlegen. Wenn auch der Traum aus Regungen des Individuums entspringt, so gibt es eben auch solche Regungen, welche allgemein menschlich sind. Diese äußern sich in den von Freud so genannten »typischen« Träumen. Es ist Freud gelungen, diese Gruppe von Träumen auf gewisse, allen Menschen gemeinsame *Wünsche* zurückzuführen, zugleich aber auch nachzuweisen, daß die nämlichen Wünsche gewissen Mythen zugrunde liegen. Freuds Ausführungen über die typischen Träume können daher als Basis für unsere Untersuchungen dienen. Doch auch sonst empfiehlt es sich für unsere Zwecke, die Analyse der typischen Träume zum Ausgangspunkte zu nehmen. Sie geben uns Gelegenheit, auf die Wunschtheorie des Traumes einzugehen. Außerdem bieten sie, wie sich zeigen wird, in gewisser Hinsicht einfachere Verhältnisse dar als die meisten anderen Träume.[13]

Nach Freuds Theorie liegt jedem Traume ein ins Unbewußte verdrängter Wunsch zugrunde. Jedem Menschen begegnen Erlebnisse, deren er sich fortan nie mehr ohne ein lebhaftes Unlustgefühl zu erinnern vermag. Er sucht solche Reminiszenzen aus seinem Bewußtsein auszuschalten. Sie völlig aus dem Gedächtnis auszulöschen, vermag er nicht; er kann sie nur ins Unbewußte *verdrängen*. Die verdrängten Erinnerungen und die mit ihnen zusammenhängenden Wünsche sind anscheinend vergessen; d. h. sie sind der spontanen Erinnerung entzogen. Sobald aber die Funktion des Bewußtseins irgendwie beeinträchtigt ist, wenn die Phantasie an Stelle des logisch geordneten Denkens tritt, wie dies im Wachtraume, im Traume und unter den verschiedensten pathologischen Verhältnissen der Fall ist, dann wird das verdrängte psychische Material wieder frei. In den Träumen und in den Symptomen gewisser psychischer Störungen kommen nun die verdrängten Wünsche wieder zur Geltung. Ihre einstmals erhoffte, aber ausgebliebene Erfüllung

[13] Ein fernerer, anscheinend sehr wesentlicher Einwand gegen die geplante Nebeneinanderstellung von Traum und Mythus wird sich auf die allmähliche Entstehung der Mythen durch viele Generationen beziehen, während der Traum ein flüchtiges, kurzlebiges Gebilde zu sein scheint. Dieser Einwand wird im Laufe der Untersuchung seine Erledigung finden.

wird jetzt in der Phantasie dargestellt. Daß ein wichtiger Teil der verdrängten Wünsche der Kindheit entstammt, ist eine von Freud nachgewiesene Tatsache, auf die wir später zurückkommen müssen. Für jetzt genügt es uns festzuhalten, daß nach Freuds Anschauung der Traum die Erfüllung eines verdrängten Wunsches darstellt und daß die tiefsten Wurzeln dieses Wunsches in der Kindheit des Träumers liegen.

Für die typischen Träume ist nach Freud ihre Herkunft von infantilen Reminiszenzen ganz besonders zu betonen. Außerordentlich instruktiv sind in dieser Hinsicht diejenigen Träume, welche vom Tode naher Angehöriger handeln. Diese Träume scheinen auf den ersten Blick der Freudschen Anschauung, daß jeder Traum eine Wunscherfüllung enthalte, strikt zu widersprechen. Wohl jeder, der einmal vom Tode eines nahen Angehörigen, den er liebte, geträumt hat, wird sich energisch zur Wehr setzen, wenn man annimmt, er habe den Tod jenes Angehörigen gewünscht und diesen geheimen Wunsch im Traume zum Ausdruck gebracht. Er wird auch betonen, daß der Traum von den peinlichsten Gefühlen, von Angst und Schrecken begleitet gewesen sei und somit etwa eine Befürchtung, sicher aber keinen Wunsch zum Ausdruck bringe.

Die Theorie spricht aber keineswegs nur von aktuellen Wünschen, sondern hebt mit großem Nachdruck die Bedeutung der frühen, infantilen Regungen hervor. Träumt also jemand vom Tode eines teuren Verwandten, so ist daraus nach Freuds Lehre keineswegs der Schluß zu ziehen, der Träumer habe *jetzt* einen derartigen Wunsch; er braucht ihn nur zu irgendeiner vielleicht weit zurückliegenden Zeit gehabt zu haben. Freilich wird auch dies nicht leicht einer zugeben.

Das Kind ist bis zu einem gewissen Alter, das nach Individuen erhebliche Verschiedenheiten aufweist, noch frei von altruistischen Regungen. Es lebt in einem naiven Egoismus. Es ist durchaus irrtümlich, anzunehmen, die Gefühle des Kindes seinen Eltern und Geschwistern gegenüber seien von Anfang an Gefühle der Zuneigung. Im Gegenteil ist unter Geschwistern stets eine gewisse Konkurrenz vorhanden. Das bisher einzige Kind zeigt deutliche Eifersucht, wenn das zweite geboren ist und seiner Hilflosigkeit wegen mit Sorgfalt gepflegt wird. Es ist etwas ganz Gewöhnliches, daß ein Kind dem jüngeren die Flasche mit Milch nicht gönnt, daß seine Eifersucht sich regt, wenn es den neuen Ankömmling auf dem Schoße der Mutter sitzen sieht, wo bisher nur sein eigener Platz war. Es neidet ihm sein Spielzeug, es hebt die eigenen Vorzüge hervor, wenn es zu Erwachsenen von dem Jüngeren spricht. Das jüngere Kind reagiert, sobald es dazu imstande ist, in ebenso egoistischer Weise. Es sieht in dem älteren den Unterdrücker und sucht sich so gut zu helfen, wie der Schwächere es vermag. Unter normalen Verhältnissen verschwinden diese Gegensätze allmählich zu einem großen Teil. Ganz auszurotten sind sie nie, trotz aller Erziehungsmaßregeln.

Diese feindseligen Impulse des Kindes gegen das andere finden ihren Ausdruck in dem Wunsche, das andere möge tot sein. Natürlich wird man bestreiten, daß ein Kind so »schlecht« sei, dem anderen den Tod zu wünschen. »Wer so spricht, erwägt nicht, daß die Vorstellung des Kindes vom ›Totsein‹ mit der unserigen das Wort und dann nur noch *wenig* anderes gemein hat.« (Freud.) Das Kind hat keine klare Vorstellung vom Tode eines Menschen. Es hört vielleicht, dieser oder jener Verwandte sei gestorben, sei tot. Für das Kind heißt das nur: jene Person *ist nicht mehr da.* Wie leicht das Kind die Abwesenheit einer geliebten Person verwindet, lehrt die tägliche Erfahrung. Es streckt vielleicht die Hände nach der Richtung, in welcher die Mutter fortgegangen ist, es weint eine Weile – dann tröstet es sich mit Spielen oder Essen und erinnert sich spontan nicht mehr an die Fortgegangene. Auch ältere Kinder von normaler psychischer Konstitution verwinden die Trennung leicht. Im frühen Alter identifiziert das Kind Totsein mit Abwesenheit. Es kann sich auch nicht vorstellen, daß jemand, von dessen Tode ihm erzählt wird, nun gar nicht mehr wiederkommt. Wir verstehen nun, wie ein Kind in aller Harmlosigkeit den Tod des anderen (oder sonst einer Person) wünscht. Jenes ist sein Konkurrent; wäre es nicht da, so wäre der Anlaß zu Konkurrenz und Eifersucht beseitigt.

Zwischen Bruder und Schwester wird dieses Konkurrenzverhältnis leichter gemildert als zwischen Geschwistern gleichen Geschlechtes, gemildert durch die sexuelle Anziehung. Mit diesem Punkte haben wir uns später noch zu beschäftigen.

Neuer Widerspruch erhebt sich, wenn wir auch das Verhältnis des Kindes zu den Eltern unter dem obigen Gesichtspunkte betrachten. Wie kann man auch annehmen, das Kind wünsche dem Vater oder der Mutter den Tod? Man wird dies höchstens für solche Fälle zugeben, in denen das Kind von den Eltern mißhandelt wird, aber man wird hinzufügen, das seien glücklicherweise Ausnahmefälle, deren Verallgemeinerung nicht zulässig sei.

Die Träume vom Tode des Vaters oder der Mutter, wie sie jedem Menschen vorkommen, enthalten die gesuchte Aufklärung. Freud weist darauf hin, daß »die Träume vom Tode der Eltern überwiegend häufig den

Teil des Elternpaares betreffen, der das Geschlecht des Träumers teilt, daß also der Mann zumeist vom Tode des Vaters, das Weib vom Tode der Mutter träumt«. Freud erklärt dieses Verhalten zum Teil aus einer frühzeitigen sexuellen Vorliebe des Sohnes für die Mutter, der Tochter für den Vater. Aus dieser Vorliebe ergibt sich eine gewisse Konkurrenz des Sohnes mit dem Vater um die Liebe der Mutter, und eine ebensolche zwischen Tochter und Mutter um die Liebe des Vaters. Der Sohn lehnt sich früher oder später gegen die patria potestas auf, in dem einen Falle offen, im anderen nur innerlich. Zu gleicher Zeit hütet der Vater diese seine Gewalt vor dem heranwachsenden Sohne. Ein ähnliches Verhältnis besteht zwischen Mutter und Tochter. So sehr der Kulturmensch auch durch Pietät gegen die Eltern, durch Liebe zu den Kindern dieses Konkurrenzverhältnis mildert oder umwandelt, so vermag er seine Spuren doch nicht auszulöschen. Im günstigsten Falle werden jene Tendenzen ins Unbewußte verdrängt. Gerade dann äußern sie sich in Träumen. Kinder, welche zu nervösen oder psychischen Erkrankungen disponiert sind, zeigen schon früh eine überschwängliche Liebe oder eine überstarke Ablehnung gegen die Eltern oder den einen Teil derselben. In ihren Träumen zeigen sich jene Tendenzen besonders deutlich, nicht weniger aber in den Symptomen ihrer späteren Krankheit. Freud gibt sehr instruktive Beispiele dieser Art.[14] Er erzählt unter anderem von einem geisteskranken Mädchen, das zuerst in einem Verwirrtheitszustand heftigen *Widerwillen* gegen die Mutter äußerte. Als die Patientin klarer wurde, *träumte* sie vom Tode der Mutter. Schließlich begnügte sie sich nicht mehr damit, ihre Gefühle gegen die Mutter ins Unbewußte zu verdrängen, sondern sie schritt zur Überkompensierung jenes Gefühles durch Bildung der Phobie, d. h. der krankhaften Befürchtung, der Mutter könnte etwas zugestoßen sein. Der Widerwillen wurde, je mehr die Kranke die äußere Fassung wiedergewann, in übertriebene Sorge um das Ergehen der Mutter umgewandelt. Ich selbst habe kürzlich einen ganz ähnlichen Fall beobachtet.

Zur Ergänzung sei erwähnt, daß die Träume Erwachsener sich nicht selten um den Tod eines Kindes drehen. Schwangere, welche unter ihrem Zustand leiden, erträumen einen Abort. Väter oder Mütter, die ihr Kind im wachen Zustand zärtlich lieben, träumen unter besonderen Umständen, es sei gestorben, z. B. wenn das Vorhandensein des Kindes die Erreichung eines Zieles durchkreuzt.

[14] *Traumdeutung*, S. 179f. [1900*a*, S. 265f.].

Die typischen Träume enthalten also Wünsche, welche wir uns im wachen Leben nicht eingestehen. Im Traumleben kommen diese geheimen Wünsche zum Ausdruck. *Diese vielen oder allen Menschen gemeinsamen Wünsche treffen wir nun auch in den Mythen an.* Der erste uns beschäftigende Vergleichspunkt ist also der gemeinsame Inhalt gewisser Träume und Mythen. Wir müssen Freuds Ausführungen noch weiter folgen. Denn, wie erwähnt, hat er zuerst einen bestimmten Mythus – die Ödipussage – unter den aus der Traumdeutung gewonnenen Gesichtspunkten analysiert. Ich zitiere den folgenden Passus wörtlich nach Freud.[15]

»Ödipus, der Sohn des Laïos, Königs von Theben, und der Jokaste, wird als Säugling ausgesetzt, weil ein Orakel dem Vater verkündet hatte, der noch ungeborene Sohn werde sein Mörder sein. Er wird gerettet und wächst als Königssohn an einem fremden Hofe auf, bis er, seiner Herkunft unsicher, selbst das Orakel befragt und von ihm den Rat erhält, die Heimat zu meiden, weil er der Mörder seines Vaters und der Ehegemahl seiner Mutter werden müßte. Auf dem Wege von seiner vermeintlichen Heimat weg trifft er mit König Laïos zusammen und erschlägt ihn in rasch entbranntem Streite. Dann kommt er vor Theben, wo er die Rätsel der den Weg sperrenden Sphynx löst und zum Dank dafür von den Thebanern zum König gewählt und mit Jokastes Hand beschenkt wird. Er regierte lange Zeit in Frieden und Würde und zeugt mit der ihm unbekannten Mutter zwei Söhne und zwei Töchter, bis eine Pest ausbricht, welche eine neuerliche Befragung des Orakels von seiten der Thebaner veranlaßt. Hier setzt die Tragödie des Sophokles ein. Die Boten bringen den Bescheid, daß die Pest aufhören werde, wenn der Mörder des Laïos aus dem Lande getrieben sei. Die Handlung des Stückes besteht nun in nichts anderem als in der schrittweise gesteigerten und kunstvoll verzögerten Enthüllung – der Arbeit einer Psychoanalyse vergleichbar –, daß Ödipus selbst der Mörder des Laïos, aber auch der Sohn des Ermordeten und der Jokaste ist.«

Die Ödipustragödie vermag uns heutzutage ebenso tief zu erschüttern wie die Zeitgenossen des Sophokles, obgleich wir deren Anschauung von Göttern und Schicksal, deren Glauben an die Orakelsprüche nicht teilen. Freud schließt daraus mit Recht, die Fabel müsse etwas enthalten, was in uns allen verwandte Gefühle wachrufe. »Uns allen vielleicht war es beschieden, die erste sexuelle Regung auf die Mutter, den ersten

[15] Op. cit., S. 180 f. [Ibid., S. 267 f.].

Haß und gewalttätigen Wunsch gegen den Vater zu richten; unsere Träume überzeugen uns davon.« In der Ödipustragödie sehen wir unsere Kindheitswünsche erfüllt, während wir selbst die sexuelle Zuneigung zur Mutter, die Auflehnung gegen den Vater im Verlaufe unserer Entwicklung durch Gefühle der Liebe und Pietät ersetzt haben. Wie Freud bemerkt, weist die Tragödie selbst auf den typischen Traum hin, in welchem der Träumer sich mit der Mutter sexuell vereinigt. Die Stelle lautet in der Übersetzung:

»Denn viele Menschen sahen auch in Träumen schon
Sich zugesellt der Mutter.«

Die Tragödie enthält die Realisierung zweier intim zusammenhängender Kindheits- respektive Traumphantasien: der Phantasie vom Tode des Vaters und vom Liebesverhältnis mit der Mutter. Die Folgen ihrer Realisierung werden uns in ihrer ganzen Furchtbarkeit dargestellt. Denselben Konflikt zwischen Vater und Sohn stellt der Mythus von Uranos und den Titanen dar. Uranos sucht seine Söhne zu beseitigen, da er von ihnen eine Beeinträchtigung seiner Macht befürchtet. Sein Sohn Kronos nimmt Rache an ihm, indem er den Vater entmannt. Gerade diese Form der Rache deutet auf die sexuelle Seite des Konkurrenzverhältnisses hin. Übrigens sucht Kronos sich in der gleichen Weise gegen seine Kinder zu sichern: er verschlingt sie bis auf den jüngsten Sohn Zeus. Dieser nimmt Rache an ihm, zwingt ihn, die Kinder wieder auszuspeien und verbannt dann Kronos samt den anderen Titanen in den Tartarus; nach anderer Version entmannt auch Zeus seinen Vater.

III
Die Symbolik in der Sprache und im Traume sowie in den anderen Phantasiegebilden

Die beiden Erzählungen von Ödipus und von Uranos und seinen Nachkommen haben nicht nur einen verwandten Inhalt, sondern zeigen auch in der äußeren Form eine wichtige Übereinstimmung. Es fehlt ihnen beiden fast gänzlich die symbolische Verkleidung. Wir erfahren den Hergang mit nackten Worten. Es ist bemerkenswert, daß dieses auch für die typischen Träume zutrifft, welche wir zur Erklärung jener Mythen herangezogen haben. Auch hier findet sich – wie Freud bemerkt – die symbolische Verkleidung in auffallend geringer Ausbildung.

Im allgemeinen treffen wir bei der Deutung der Träume immer aufs neue auf die Wirkungen einer psychischen Instanz, welche Freud als *Zensur* bezeichnet hat. Sie wird uns später noch eingehend beschäftigen; hier soll sie nur in den wichtigsten Zügen kurz charakterisiert werden. Die Zensur duldet nicht, daß unsere geheimen Wünsche sich im Traume in ihrer wahren, unverhüllten Gestalt zeigen, sondern sie zwingt zur Verdunkelung der wahren Tendenz des Traumes durch die »Traumentstellung«. Zur Umgehung der Zensur wird eine sehr umfangreiche »Traumarbeit« geleistet. Wir werden uns mit ihren Äußerungen später ausführlich befassen. Nur eine Form der Traumentstellung – die symbolische Verkleidung der Wünsche – muß uns schon jetzt beschäftigen. Die oben besprochenen Träume vom Tode des Vaters und der sexuellen Gemeinschaft mit der Mutter bilden eine auffallende Ausnahme, insofern als hier der Wunsch, der uns doch im wachen Zustand verabscheuenswürdig erscheint, ganz offen, ohne symbolische Verkleidung, als erfüllt dargestellt wird. Freud erklärt diese Tatsache durch zwei Momente. Wir glauben uns von keinem Wunsche so fern als von diesen Wünschen; die Zensur ist auf solche Ungeheuerlichkeiten daher nicht eingerichtet. Zweitens vermag sich der *Wunsch* sehr leicht hinter der aktuellen *Sorge* um das Leben der geliebten Person zu verbergen. Nun ist es höchst interessant, daß auch die Ödipussage und die Sage von Kronos und Zeus sehr arm an symbolischen Ausdrucksmitteln sind. Bei wachem Bewußtsein glaubt sich der Mensch von den Greueln des Ödipus oder von denjenigen des Kronos an seinen Kindern und an seinem Vater unendlich weit entfernt.

Wir stellen vorläufig fest, daß zwischen gewissen Mythen und gewissen Träumen bemerkenswerte Analogien bestehen. Es wird nun weiter zu untersuchen sein, ob diesen Analogien eine allgemeine Bedeutung zukommt. Die Analyse der meisten Mythen – wie die der meisten Träume – ist erschwert durch die symbolische Verkleidung des eigentlichen Inhaltes. Weil in der Ödipussage wie in den mit ihr inhaltlich verwandten typischen Träumen diese Komplikation fehlt, eignete sie sich besonders gut zur Einführung in die uns interessierenden Probleme.

Weisen die Mythen in ihrer Mehrzahl eine symbolische Darstellungsweise auf, so müssen sie in Wirklichkeit etwas anderes enthalten oder bedeuten, als die äußere Form besagt. *Sie bedürfen also gleich den Träumen einer Deutung.* Als Beispiel des symbolisierenden Mythus soll uns die *Prometheussage* dienen. Wir werden diese einem der Traumanalyse

ähnlichen Deutungsverfahren unterwerfen. Die weitere Durchführung des Vergleiches zwischen Traum und Mythus soll an der Hand dieses Beispiels geschehen.
Ich weiß, auf welchen Widerspruch ich stoßen werde, wenn ich eine *Deutung* des Mythus nach dem Vorbild der Traumdeutung anstrebe und wenn ich behaupte, daß hier wie dort die gleiche Symbolik herrsche. Es ist Freuds großes Verdienst, diese Symbolik erforscht zu haben. Dank dieser Forschung haben wir wichtige Beziehungen zwischen den wiederholt genannten psychischen Gebilden kennengelernt. Der Wert dieser Erkenntnis, die durch mühevolle Untersuchungen gewonnen wurde, wird von der Kritik gänzlich und oft mit Leidenschaft bestritten. Von den Gegnern der Freudschen Lehren wird die Symboldeutung als phantastisch und willkürlich verworfen. Freud und seine Anhänger sollen förmlich unter dem Zwange einer Autosuggestion stehen, die sie alles im Sinne ihrer vorgefaßten Meinung auslegen läßt. Namentlich aber erregen sie das Mißfallen der Kritik dadurch, daß sie die Symbolik des Traumes und der wesensverwandten Gebilde als den Ausdruck sexueller Vorstellungen auffassen. Keine der Lehren Freuds, so sehr sie von der Schulmeinung abweichen, wird mit solcher Heftigkeit angegriffen wie die Deutung der Symbolik. Gerade diese ist aber von größter Bedeutung für unseren ferneren Weg. Bevor ich deshalb an die Auslegung der Symbole eines einzelnen Mythus herantrete, will ich diesem Teile meiner Untersuchung eine möglichst breite Grundlage schaffen. Ich will zu diesem Zwecke den Nachweis führen, daß jene von Freud erforschte Symbolik tief in jedem Menschen liegt und von jeher in der Menschheit gelegen hat. Dabei wird sich ergeben, daß es sich vorwiegend um eine sexuelle Symbolik, um den Ausdruck sexueller Phantasien handelt. Meine folgenden Ausführungen stützen sich zum Teil auf die wertvollen Schriften von Kleinpaul.[16] Auch dieser Autor hat sich genötigt gesehen, gegen moralisierende Kritiker Front zu machen. Ich zitiere eine darauf bezügliche Bemerkung Kleinpauls[17]: »Wir möchten nur darauf hinweisen, daß solche (d. h. sexuelle) Phantasien nicht bloß patriarchalischen Zeiten angehören, wo sie natürlich waren, sondern bis auf die Gegenwart fortwirken, wo man sie als *verderbte* brandmarkt.« Die sexuelle Symbolik ist, so behaupte ich, eine psychologische Erscheinung, die mit dem Menschen durch Raum und Zeit hindurchgeht. In den Anfängen unserer Kultur tritt sie aufs deut-

[16] 1893.
[17] 1890, S. 490.

lichste hervor, und in weniger krasser, aber immer deutlicher Form behauptet sie sich im Seelenleben des Menschen bis auf den heutigen Tag. Kleinpaul sagt es mit einem treffenden Ausdruck: *»Der Mensch sexualisiert das All.«*

Werfen wir zunächst einen Blick auf die Anfänge der bildenden Künste, so finden wir Darstellungen der menschlichen Geschlechtsteile in unendlicher Vielfältigkeit, bald mehr versteckt, bald in einer Deutlichkeit, die keinen Zweifel aufkommen läßt. Bald sind ihre Formen als dekorativer Schmuck verwendet, bald haben Vasen, Krüge und andere Geräte der verschiedensten Art die Form der Genitalien. Im Kunstgewerbe der verschiedensten Völker finden wir Gegenstände, die nach dem Vorbilde, von dem ihre Form entlehnt ist, auch den *Namen* tragen. Ägyptische, griechische, etruskische und römische Gefäße und Geräte sind beredte Zeugen dieser im Volke allzeit lebendigen Sexualsymbolik. Betrachten wir die Kunstwerke und Geräte kulturarmer Völker, so machen wir die gleiche Beobachtung – wir müßten sonst die Augen absichtlich schließen. Die Kunstwissenschaft hat hier noch ein großes und fruchtbares Arbeitsgebiet vor sich, denn die Beobachtungen dieser Art sind bisher in der Literatur weit verstreut.

Eine vielleicht noch gewaltigere Bedeutung nimmt die Sexualsymbolik im religiösen Kultus aller Völker ein. Zahllose Gebräuche stellen eine sexuelle Symbolik dar. Die bei vielen Völkern verbreiteten Kulte der Fruchtbarkeit geben zur üppigsten Symbolik Anlaß, die sich keineswegs bloß in groben Eindeutigkeiten (Phallus etc.) zu äußern braucht.

Wir brauchen aber nicht einmal so weit abseits von der Straße des täglichen Lebens zu suchen. Unsere *Sprache* selbst ist das beste Zeugnis für die Bedeutung, die das Sexuelle im Denken des Menschen zu allen Zeiten besessen hat. Alle indogermanischen und semitischen Sprachen besitzen (oder besaßen in früherer Zeit) *»Geschlechter«*. Das ist eine Tatsache, um die man sich gemeinhin wenig kümmert. Aber fragen wir uns doch einmal: warum haben die Wörter in unserer Sprache ein männliches und ein weibliches Geschlecht? Warum legt die Sprache leblosen Gegenständen das eine oder das andere Geschlecht bei? Ein Teil der indogermanischen Sprachen kennt sogar noch ein drittes Geschlecht; ihm werden die Wörter zugerechnet, welche in den beiden anderen Kategorien keinen Platz finden, entweder weil die Phantasie vergeblich nach einer sexuellen Analogie sucht oder weil aus einem besonderen Grunde die sexuelle Neutralität betont werden soll. Freilich ist der Grund, warum ein Gegenstand in der Sprache das eine und nicht das andere Geschlecht hat, keineswegs immer leicht zu eruieren. Auch ist darauf aufmerksam zu machen, daß manches Substantivum in zwei nahe verwandten Sprachen nicht selten ein verschiedenes Geschlecht hat. Es würde viel zu weit führen, wollten wir auf dieses höchst interessante Problem der Sprachwissenschaft genau eingehen. Nur auf gewisse Regeln, besonders der deutschen Sprache, soll hier verwiesen werden. In der deutschen Sprache gehören alle Diminutiva dem neutralen Geschlecht an. Die Volksphantasie vergleicht sie mit dem unerwachsenen Menschen. Von kleinen Kindern sagen wir mit Vorliebe »es« und behandeln sie als Neutra; in manchen Gegenden sagt man von erwachsenen Mädchen noch »es«, solange sie nur nicht verheiratet sind. »Mädchen« und »Fräulein« sind Diminutiva und daher Neutra, bis sie sich verheiraten! Von den Tieren haben manche ganz verschiedene Namen, je nachdem ob sie männlich oder weiblich sind. Andere Tiere werden jedoch, ob weiblich ob männlich, einem bestimmten der drei sprachlichen Geschlechter zugerechnet. In gewissen Fällen ist die Ursache durchsichtig. Von den Tieren sind diejenigen Maskulina, bei denen der Mensch Eigenschaften wiederfindet, die ihm vom Manne bekannt sind, wie besonders die körperliche Kraft, Mut etc. Darum sind die großen Raubtiere und Raubvögel in der Sprache männlich. Die Katze gebrauchen wir im allgemeinen als Femininum; ihr schmiegsames Wesen, ihre Grazie und Gewandtheit erinnern an weibliche Eigenschaften. Diese Beispiele mögen genügen.

Daß auch leblose Wesen in der Sprache sexualisiert werden, ist eine noch merkwürdigere Tatsache. Es gibt Objekte, die in verschiedenen Sprachen regelmäßig oder doch vorzugsweise einem bestimmten Geschlecht zugezählt werden. Hier muß eine den verschiedenen Völkern geläufige Sexualsymbolik vorliegen. So tragen die Schiffe in der deutschen Sprache vorzugsweise das weibliche Geschlecht. Auch die den Schiffen gegebenen Eigennamen gebrauchen wir meist als Feminina, selbst wenn sie sonst männlich sind. Sogar die englische Sprache, die nur noch Rudimente einer sexuellen Differenzierung aufweist, behandelt das Schiff als weiblich; nur das Kriegsschiff vergleicht sie mit dem streitbaren Manne und nennt es »man of war«. Bezeichnend für diese Auffassung ist, daß wir am Kiel vieler Schiffe eine weibliche Figur als Verzierung finden. »In Seemannsaugen hat das Schiff nicht bloß Schultern und Hinterteil, es gleicht auch der Arche, die die Keime des Lebens birgt, dem mystischen Kästchen, das bei den Festen der Demeter und des Dionysos von den Frauen in Prozession getragen wurde. Es gleicht der Gattin des indischen Gottes Siwa, es zieht mit dem Mastbaume wie mit einem Phallus über das Weltmeer« (Kleinpaul). Es dürfte hier wohl noch eine andere Vorstellung mitspielen. Der Schiffer lebt oft für lange Zeit getrennt von seinem Weibe, während er für dieselbe Zeit an sein Schiff gebunden ist. Er lebt mit seinem Schiffe, wie der Landbewohner mit seinem Weibe und seiner Familie lebt. So wird das Schiff bildlich zu des Schiffers Weib.

Die Pupille des menschlichen Auges, die als ein runder schwarzer Fleck erscheint, wird in den verschiedensten Sprachen in gleicher Weise sexualisiert. »Pupilla« bedeutet lateinisch ein Mädchen; das griechische »*κόρη*« das spanische »niña«, das »kanna« des Sanskrit haben den gleichen Sinn. Das Hebräische hat zwei Ausdrücke, deren einer wiederum »Mädchen« bedeutet, der andere dagegen »Männlein«. Das zierliche Spiegelbildchen, das man in der Pupille des anderen Menschen erblickt, hat nach der Anschauung der meisten Forscher den Anlaß zu dieser Benennung gegeben. Kleinpaul erhebt freilich Einspruch gegen diese poetische Erklärung und gibt eine mehr naturalistische. Der runde Fleck in der Mitte der Iris werde von einer naiven Phantasie mit einem Loche verglichen und als grobes Symbol des weiblichen Geschlechtes behandelt, ganz wie es z. B. auch mit dem Ohre geschieht. Welche Erklärung nun die richtige sein mag – die Tatsache der Sexualisierung eines an sich gänzlich asexuellen Gebildes bleibt bestehen.

In gewissen deutschen Dialekten werden Haken und Ösen als Männlein und Weiblein bezeichnet. Ausdrücke wie Mutter, Matrize, Patrize gibt es in den verschiedensten Handwerken; es handelt sich stets um eine Höhlung und einen Stift, der in sie hineingepaßt ist. In Italien gibt es männliche und weibliche Schlüssel, je nachdem sie mit einem massiven oder hohlen Ende auf den entgegengesetzten Teil eines Schlosses aufgesetzt werden.

Wir sprechen von Städten, ja von ganzen Ländern als von weiblichen Personen. Fast alle Bäume sind uns weiblich; offenbar ist das Fruchttragen das Tertium comparationis. Im Lateinischen ist die Weiblichkeit der Bäume sogar eine streng durchgeführte Regel. (»Die Weiber, Bäume, Städte, Land« etc.)

Ich beschränke mich auf wenige prägnante Beispiele. Vertieft man sich nur ein wenig in das Studium der eigenen Muttersprache, so trifft man überall auf diese sexuelle Symbolik. Reiches Material in dieser Hinsicht bietet Kleinpauls Schrift *Das Stromgebiet der Sprache.*

Die menschliche Phantasie dichtet also auch leblosen Objekten ein Geschlecht an. Daraus spricht die gewaltige Bedeutung des Sexuellen für die menschliche Phantasie. Weiter geht daraus hervor, daß der Mensch zu den leblosen Gegenständen keineswegs in einem rein objektiven, sondern in einem ausgeprägt subjektiven, persönlichen Verhältnis steht, welches aus seiner Sexualität entspringt. Es liegt tief in der Natur des Menschen, daß er die ihn umgebenden Dinge belebt: Das Kind schilt und schlägt den Tisch, an dem es sich gestoßen hat. Der Mensch beschränkt sich aber nicht darauf, die Dinge zu *beleben*, sondern er *sexualisiert* sie auch. Damit kommen wir zum Verständnis der oben zitierten Ansicht Kleinpauls, daß der Mensch das All sexualisiere. *Es ist sehr bemerkenswert, daß Sprachforschung und biologisch-medizinische Forschung hier zu dem gleichen Ergebnis führen.*

Wie Freud[18] erwiesen hat, ist der Geschlechtstrieb des Menschen in einem frühen Stadium autoerotisch, d. h. der Mensch kennt noch kein Objekt außer sich selbst, auf das er seine Libido konzentrieren könnte. Erst allmählich wendet die Libido sich anderen Objekten zu, dann aber nicht nur menschlichen und lebenden, sondern auch leblosen. Es wird der Gegenstand einer anderen Publikation sein, diese Ausstrahlungen der Sexualität eingehend zu behandeln, speziell auch die Abnormitäten auf diesem Gebiete, welche für die Auffassung gewisser Geistesstörungen von weittragender Bedeutung sind.

Wir haben festgestellt, daß der Mensch von allem Anfang an den sexuellen Differenzen ein großes Gewicht beigelegt hat. Die Sexualität des Menschen zeigt ein Expansionsbedürfnis weit über das Objekt der geschlechtlichen Befriedigung hinaus. Der Mensch durchdringt, durchsetzt alles ihn Umgebende mit seiner Sexualität, und die Sprache ist das Zeugnis seiner allzeit schaffenden sexuellen Phantasie. Solchen Tatsachen gegenüber erscheint es sehr merkwürdig, daß man es Freud und seinen Anhängern zum Vorwurf macht, sie überschätzten die Rolle der Sexualität im normalen und pathologischen Seelenleben. Die Gefahr der *Unterschätzung* scheint mir viel näher zu liegen. Ein oft gehörter Einwand gegen Freud lautet ferner, der Trieb der Selbsterhaltung beherrsche das menschliche Leben in viel höherem Grade als der Geschlechtstrieb; die Voranstellung des letzteren sei daher eine Übertreibung. Die von Freud inaugurierte Forschungsrichtung gefalle sich nur darin, in alles einen sexuellen Sinn hineinzulegen. Im *Bewußtsein* freilich mag der Selbsterhaltungstrieb mit seinen Ausstrahlungen oft genug

[18] Vgl. 1905*d*.

den Vorrang haben. Die Gegner Freuds begehen aber den Fehler, daß sie nur die bewußten Vorgänge ins Auge fassen. Nie hat Freud behauptet, den *bewußten* sexuellen Vorstellungen sei unter allen der unbedingte Vorrang zuzusprechen. Gerade die unbewußten, verdrängten Vorstellungen beeinflussen die Phantasie im stärksten Maße.

Alle gegen Freuds Sexualtheorie vorgebrachten Einwände zerfließen in ein Nichts, wenn wir allein unsere Muttersprache ins Auge fassen. Die Sprache entspringt wie nichts anderes dem innersten Wesen des Volkes. Aus ihr spricht die Phantasie des Volkes; sie äußert sich in all den tausend Sinnbildern und Analogien, deren wir uns kaum mehr bewußt sind. Wir sprechen keinen Satz, in dem nicht symbolische Ausdrücke vorkämen. Diese Symbolik ist aber zu einem erheblichen und wichtigen Teile sexueller Art. Ich kehre noch einmal zu der Tatsache zurück, daß es in unserer Sprache männliche, weibliche und geschlechtslose (sächliche) Wörter gibt. Wenn die Gegner Freuds recht haben, d. h. wenn wirklich der Selbsterhaltungstrieb und nicht der Geschlechtstrieb im Seelenleben des Menschen die vorherrschende Rolle spielt, so muß es sehr auffallen, daß die Sprache nach sexuellen Gesichtspunkten scheidet! Warum unterscheidet die Sprache die Dinge nicht lieber danach, ob sie unserem Selbsterhaltungstriebe zugute kommen oder nicht? Warum unterscheidet sie statt männlicher, weiblicher und ungeschlechtlicher Dinge nicht etwa eßbare, trinkbare und als dritte Kategorie ungenießbare Dinge?

Es gibt eine Anzahl von Gegenständen und Tätigkeiten, die seit Urzeiten der sexuellen Symbolik dienstbar sind. Wir finden sie in diesem Sinne in der Bibel, in den Veden, in den griechischen und in den nordischen Mythen, in den Dichtungen aus historischer Zeit, in den Träumen usw. immer wieder. Dahin gehört z. B. die Schlange als Symbol des männlichen Gliedes. In der Genesis ist sie die Verführerin der Eva. In den deutschen und nordischen Märchen finden wir die Schlange in gleicher Bedeutung wieder.[19] In den Träumen der Frauen spielt die Schlange eine große Rolle; die Bedeutung des Symbols pflegt durchsichtig zu sein. Die abergläubische Furcht vor Schlangen hängt sicher mit der gleichen Vorstellung zusammen.[20] Von geisteskranken Frauen hören wir nicht selten, daß sie von Schlangen angegriffen werden, daß diese ihnen in das Genitale oder in den Mund kriechen. Wir wissen,

[19] Riklin (1907).
[20] Vgl. hierzu die Anmerkung auf S. 58 [in: Riklin (1907)].

daß der Mund in diesem Sinne nur ein Ersatz der Vulva ist. (Freuds »Verlegung nach oben«.[21] Vgl. hiezu auch Riklins zitierte Schrift.)
Ein anderes sehr beliebtes Symbol ist der Apfel, der die weibliche Fruchtbarkeit vertritt. Eva verführt Adam mit dem Apfel.[22]
Wie tief die sexuelle Symbolik im Menschen liegt, zeigt sich in sehr instruktiver Weise beim Assoziationsexperiment. Man ruft einer Person gewisse Reizwörter zu, auf die sie mit anderen ihr einfallenden Wörtern zu reagieren hat. Die Wahl des Reaktionswortes sowie gewisse die Reaktion begleitende Erscheinungen zeigen in vielen Fällen an, daß durch das Reizwort auf assoziativem Wege ein bei der Versuchsperson vorhandener »Komplex« sexueller Art getroffen ist.[23] Die Bereitschaft, auch das unverfänglichste Wort an den Komplex zu assimilieren, im Sinne des Komplexes als Symbol aufzufassen, ist oft ganz enorm. Diese Tendenz kommt der Versuchsperson durchaus nicht zum Bewußtsein, während sie das Reaktionswort ausspricht. In manchen Fällen kann sie den Zusammenhang des Reaktionswortes mit einem Sexualkomplex selbst aufklären, wobei sie mehr oder minder starke Hemmungen überwinden muß. In anderen Fällen bedarf es schwieriger analytischer Anstrengungen seitens des Untersuchers, um jenen Zusammenhang aufzudecken. Wer einige Erfahrungen in der Technik des Experiments und der psychischen Analyse hat, wird in der Reaktion und in den sie begleitenden Erscheinungen Hinweise genug finden, um seinen Fragen die entsprechende Richtung zu geben. In der Züricher psychiatrischen Klinik ist eine Liste von 100 Reizwörtern in Gebrauch; ihre Anwendung bei sehr vielen Personen hat bezüglich der Sexualsymbolik des Unbewußten interessante Resultate ergeben, die sich übrigens mit Freuds auf anderem Wege[24] gewonnenen Erlebnissen vollkommen decken.
Einige Beispiele mögen zur Erläuterung dienen. Ein Reizwort, das mit

[21] [Freud (1905 *e*).]

[22] Ein Symbol der Fruchtbarkeit ist der Granatapfel offenbar wegen seiner vielen Kerne. Er ist daher das Attribut der Juno, der Ehegöttin. Der samenreiche Mohnkopf ist ein Attribut der Venus. In einer Sage verwandelt sich Venus in einen Karpfen; der Reichtum des weiblichen Karpfens an Eiern war im Altertum sprichwörtlich. In manchen Ländern pflegt man bei der Hochzeit das Brautpaar mit Reis zu bewerfen. Ähnliche Gebräuche gibt es an vielen Orten; sie sollen Kindersegen bedeuten. Vgl hiezu: Kleinpaul, *Sprache ohne Worte* [1890], Seite 27.

[23] In den Arbeiten der Züricher psychiatrischen Klinik (besonders in den von Jung herausgegebenen ›Diagnostischen Assoziationsstudien‹) wird der Ausdruck »Komplex« gebraucht für einen mit starken Gefühlen betonten Komplex von Vorstellungen, der die Neigung hat, vom Bewußtsein abgespalten und ins Unbewußte verdrängt zu werden.

[24] [Gemeint ist die Freudsche Technik des freien Assoziierens.]

großer Regelmäßigkeit auffallende psychische Erscheinungen hervorruft, ist das Verbum »pflügen«. Als Reizwort beim Experiment erzeugt es bei der Versuchsperson alle jene Erscheinungen, die wir durch die Erfahrung als Anzeichen einer Emotion kennengelernt haben: Verlängerung der Reaktionszeit, Nichtverstehen oder Wiederholen des Reizwortes, Stocken beim Aussprechen des Reaktionswortes, Verlegenheitsgesten etc. Offenbar wurde »pflügen« von den Versuchspersonen als eine symbolische Bezeichnung des Geschlechtsaktes aufgefaßt. Interessant ist, daß sowohl im Griechischen und Lateinischen wie in den orientalischen Sprachen »pflügen« ganz gewöhnlich in diesem Sinne gebraucht wird.[25] Andere Reizwörter, wie »lang«, »Mast«, »Nadel«, »eng«, »Teil«, werden mit erstaunlicher Regelmäßigkeit in sexuellem Sinne assimiliert. Wir nehmen also Wörter, welche uns ohne Zusammenhang hingeworfen werden, häufig in sexuellem Sinne auf. Ist ein starker Sexualkomplex vorhanden, so ist diese Tendenz besonders groß.

Angesichts solcher Tatsachen scheint es mir durchaus klar zu sein, daß die Symbolik, und speziell die sexuelle, ein Gemeingut aller Menschen ist. Der Einwand, die Symbolik oder die ihr zugeschriebene Bedeutung existiere nur in der Phantasie einiger voreingenommener Untersucher, fällt dahin. Kleinpaul[26] äußert seine Meinung über diesen Punkt mit großer Bestimmtheit und Schärfe: *»Sinnbilder werden nicht gemacht, sondern sie sind da; sie werden nicht erfunden, sondern nur erkannt.«*[27]

Ich will mich nicht damit begnügen, auf Freuds Ausführungen über die Symbolik und die von ihm analysierten Traumbeispiele zu verweisen,

[25] Kleinpaul (1888, S. 136).

[26] 1890, S. 26.

[27] Die Kritiker Freuds verschmähen es, sich mit der Symbolik und ihrem Wesen ernstlich zu beschäftigen. Kürzlich hat z. B. Weygandt (›Kritische Bemerkungen zur Psychologie der Dementia praecox‹, 1907) versucht, den Symptomen eines Dämmerzustandes absichtlich einen möglichst albernen Sinn zu unterlegen. Er glaubte, damit die Willkür und Absurdität des Freudschen Deutungsverfahrens gezeigt zu haben. Hier liegt der fundamentale Irrtum der Kritik klar zutage. Man glaubt, die Symbolik sei willkürlich erfindbar, bewußt produzierbar. Aus Freuds Schriften aber geht hervor, daß die Symbolik *im Unbewußten* wurzelt. Immer dann, wenn die Herrschaft des Bewußtseins ganz oder teilweise aufgehoben ist – also im Schlafe, in Dämmerzuständen, bei gestörter Aufmerksamkeit –, taucht verdrängtes Vorstellungsmaterial auf. Diese Vorstellungen treten in verhüllter Form hervor; sie bedienen sich der Symbolik. Wie Bleuler (›Freudsche Mechanismen in der Symptomatologie der Psychosen‹, 1906) ausführt, beruht die Symbolik auf einer niederen Form assoziativer Tätigkeit, welche anstatt logischer Zusammenhänge vage Analogien benützt. Zu dieser Art assoziativer Tätigkeit sind wir bei klarem Bewußtsein, bei wacher Aufmerksamkeit gar nicht fähig. Die Symbolik kann also nicht willkürlich erfunden sein.

sondern will hier ein Bruchstück einer Traumanalyse geben, soweit es zur Erklärung der Symbolik erforderlich ist; auf das übrige Traummaterial werde ich der Kürze wegen nicht eingehen. Der Traum, welchen mir eine Bekannte mitteilte, lautet wie folgt:

»Ich bin allein in einem länglichen Zimmer. Plötzlich ertönt ein unterirdischer Lärm, der mich aber nicht in Verwunderung setzt, da ich mich sogleich erinnere, daß von einer Stelle des Fußbodens aus ein unterirdischer Kanal direkt ins Wasser führt. Ich hebe also eine Klappe im Fußboden auf, und sogleich erscheint ein in einen bräunlichen Pelz gekleidetes Geschöpf, das beinahe einem Seehund gleicht. Es wirft den Pelz ab und entpuppt sich als mein Bruder, der mich erschöpft und atemlos bittet, ihm Unterkunft zu geben, da er ohne Urlaub fortgelaufen und den ganzen Weg unter Wasser geschwommen sei. Ich veranlasse ihn, sich auf einer im Zimmer stehenden Chaiselongue auszustrecken, und er schläft ein. Wenige Augenblicke später ertönt erneutes, viel stärkeres Geräusch an der Tür. Mein Bruder springt mit einem Schreckensruf auf: sie wollen mich holen, sie werden denken, ich bin desertiert! Er schlüpft in seinen Pelz und versucht durch den unterirdischen Kanal zu entfliehen, kehrt aber sofort um und sagt: es hilft nichts mehr, sie haben den Gang von der Wasserseite her besetzt! In diesem Moment springt die Tür auf und mehrere Männer stürzen herein und bemächtigen sich meines Bruders. Ich rufe ihnen verzweifelt zu: er hat ja nichts getan, ich will für ihn plädieren! – In diesem Augenblick erwache ich.«
Die Träumerin ist seit einiger Zeit verheiratet und befindet sich im Anfang der Gravidität. Sie sieht der Entbindung nicht ohne Angst entgegen. Am Abend hat sie sich von ihrem Arzte verschiedenes über Entwicklung und Physiologie des Fötus erklären lassen. Sie war schon vorher aus Büchern im ganzen orientiert, doch stellten sich einige irrtümliche Auffassungen heraus. Sie hatte z.B. die Bedeutung des Fruchtwassers nicht richtig aufgefaßt. Ferner stellte sie sich die feine fötale Behaarung (lanugo) als dichte Behaarung wie bei einem jungen Tiere vor.

Der Kanal, der direkt ins Wasser führt = Geburtsweg. Wasser = Fruchtwasser. Aus diesem Kanal kommt ein *behaartes Tier,* wie ein Seehund. Seehund ist ein behaartes Tier, das im Wasser lebt, ganz wie der Fötus im Fruchtwasser. Dieses Geschöpf, also das zu erwartende Kind, erscheint *sogleich:* rasche, leichte Entbindung. Es entpuppt sich als *Bruder* der Träumerin. Der Bruder ist tatsächlich erheblich jünger als die Träumerin. Nach dem frühen Tode der Mutter mußte sie für ihn sorgen, stand zu ihm in einem Verhältnis, das viel von Mütterlichkeit an sich hatte. Sie nennt ihn noch jetzt gern den Kleinen, beide jüngeren Geschwister zusammen »die Kinder«. Der jüngere Bruder vertritt also das erwartete Kind. Sie wünscht sich seinen Besuch (sie wohnt weit entfernt von ihrer Familie), sie erwartet also erstens den Bruder, zweitens das Kind. Dies die zweite Analogie zwischen Bruder und Kind. Sie wünscht aus einem hier nicht interessierenden Grunde, daß der Bruder seinen Wohnort verlasse. Daher »desertiert« er im Traume von seinem Wohnort. Jener Ort liegt am Wasser; er schwimmt dort sehr oft. (Die dritte Analogie mit dem Fötus!) Auch *ihr* Wohnort liegt am Wasser. – Das schmale Zimmer, in welchem sie sich im Traume befindet, hat Aussicht auf das Wasser. Im Zimmer steht eine auch als Bett benützbare Chaiselongue; sie dient als Bett, wenn ein Logiergast kommt. Als Logiergast in diesem Zimmer erwartet sie den Bruder. Eine vierte Analogie: das Zimmer soll später Kinderzimmer werden, das Baby soll darin schlafen!

Der Bruder ist atemlos, als er kommt. Er ist ja unter Wasser geschwommen. Auch der Fötus muß, wenn er den Kanal verlassen hat, nach Atem ringen. Der Bruder schläft sogleich ein, wie das Kind bald nach der Geburt.

Nun folgt eine Szene, in der der Bruder sich in lebhafter Angst befindet, in einer Situation, aus der es kein Entweichen gibt. Eine solche, der Träumerin selbst bevorstehende Situation ist die Entbindung. Diese bereitet ihr schon im voraus Angst. Im Traume schiebt sie die Angst dem Fötus respektive dem ihn vertretenden Bruder zu. Sie veranlaßt ihn, sich niederzulegen, weil er so erschöpft ist. Nach der Entbindung müßte *sie* erschöpft sein und liegen – im Traume ist sie *tätig* und läßt den Bruder sich niederlegen. Sie zieht sich noch auf eine andere Art aus der Affäre: Der Bruder ist Jurist und muß als Verteidiger fungieren, »plädieren«. Diese Rolle nimmt sie ihm ab, sie plädiert *für ihn*. Dafür schiebt sie *ihm* ihre Angst zu.

Der Traum enthält Symbole, welche als typische Beispiele gelten können. Zwischen einem Kinde und einem Seehund, zwischen einem unterirdischen Kanal und dem Geburtsweg besteht doch nur eine vage Analogie. Dennoch wird im Traume das eine für das andere eingesetzt. Der Bruder der Träumerin tritt an die Stelle des Kindes, obgleich er längst erwachsen ist. Er ist für sie eben »der Kleine«. Der Traum macht mit Vorliebe von solchen Wörtern Gebrauch, welche im verschiedenen Sinne verstanden werden können.

Die Wunscherfüllungen dieses Traumes liegen zum Teil klar zutage: Der Wunsch nach einer leichten Entbindung, vor der man keine Angst zu haben braucht, und der Wunsch, für den Bruder sorgen zu können. Es ist wahrscheinlich, daß der nicht ganz zu Ende gedeutete Traum noch eine weitere, verborgene Wunscherfüllung in sich begreift.

Um zu zeigen, daß gewissen psychopathologischen Zuständen die gleiche

Symbolik eigen ist, will ich nur ein Beispiel geben. Die Halluzinationen Geisteskranker, mögen sie viele Jahre hindurch bestehen oder nur vorübergehend während eines Dämmerzustandes auftreten, ähneln den Traumbildern außerordentlich. Die Analyse ergibt, daß es sich nicht bloß um eine oberflächliche Ähnlichkeit handelt.

Ein Mädchen wird im Alter von zehn Jahren von seinem Onkel, einem Trunkenbold, in der Scheuer beim Hause der Eltern mißbraucht. Er hatte ihr gedroht, das Haus anzuzünden, wenn sie sich ihm widersetze. Durch die Drohungen eingeschüchtert, war sie dem Onkel mehrmals zu Willen. Als einige Zeit darauf eine Geistesstörung bei ihr zum Ausbruch kam, lieferten die Erinnerungen an das sexuelle Attentat und die Selbstvorwürfe, welche sie sich wegen ihrer Nachgiebigkeit machte, den wesentlichen Inhalt der Psychose, d. h. sie determinierten die Krankheitserscheinungen. Sie verbargen sich dabei hinter einer Sexualsymbolik, die mit der Traumsymbolik durchaus übereinstimmt. Aus der eingehenden Darstellung des Falles, die ich in einer früheren Veröffentlichung gegeben habe[28], zitiere ich die hier interessierenden Sätze: Die Patientin litt über viele Jahre an nächtlichen Visionen, besonders sah sie die Scheuer brennen. Diese Vision ist offenbar zweifach determiniert; der Onkel hatte mit Feueranlegen gedroht und hatte sie in der Scheuer mißbraucht. Daneben hatte sie schreckliche Träume. Einmal kam ein Schwarm von Nachteulen; die Tiere sahen sie scharf an, flogen zu ihr, rissen ihr Decke und Hemd fort und riefen: schäme dich, du bist ja nackt! Offenbar ist dies eine Reminiszenz an das Attentat. In späterer Zeit sah sie in wachem Zustand die Hölle. Die Szenen, die sie hier sah, waren stark sexuell gefärbt. Sie sah »verwandelte Geschöpfe«, halb Tiere, halb Menschen, wie Schlangen, Tiger, Eulen. Es kamen auch Trunkenbolde, die verwandelten sich in Tiger und gingen auf die weiblichen Tiere los.

Die in diesen Visionen und Träumen enthaltenen Wunscherfüllungen lassen sich nur an der Hand der ganzen Krankengeschichte erkennen. Hier genügt es, die Symbole zu verstehen. Besonders interessant sind die den Onkel der Patientin verkörpernden »verwandelten Geschöpfe«, die aus Trunkenbold und Tiger zusammengesetzt sind. Trunksucht und tierische Roheit des Onkels werden so zu einem Symbol vereinigt. Die Schlangen in einer deutlich sexuellen Szene können keinen anderen Sinn haben als den, welchen wir schon früher kennengelernt haben. Gewisse Arten von Tieren spielen als Sexualsymbole eine große Rolle im Traume und in der Psychose. Eine mir bekannte, sehr erotische Patientin, welche an Hebephrenie litt, hat diesen Tieren, welche in ihren Halluzinationen auftreten, den Namen »Schönheitstiere« gegeben. Ein Euphemismus, der doch des Erotischen nicht gänzlich entkleidet ist!

[28] Bibl. Nr. 9 [s. S. 125 ff. in Band I der vorliegenden Ausgabe].

Ausgezeichnete Beispiele dieser Art hat Riklin[29] aus Märchen verschiedener Völker gesammelt. Endlich möchte ich auch noch auf die Symbolik in der von Freud analysierten Novelle von Jensen[30] verweisen.

IV
Analyse der Prometheussage

Durch die verschiedenartigsten Gebilde der menschlichen Phantasie zieht sich die gleiche Symbolik hindurch, die zu einem wesentlichen Teil Sexualsymbolik ist. Ich wende mich nun zur Analyse eines *Mythus.* Doch wird uns in seinem Aufbau nicht nur die Symbolik beschäftigen, sondern es werden sich noch andere wichtige Analogien mit dem Traume ergeben.

Nach der Anschauung der Griechen hat Prometheus die Menschen erschaffen und dann den Göttern das Feuer geraubt, um es seinen Geschöpfen zu bringen. Daß der Mensch von einem höheren Wesen erschaffen wird, ist eine Vorstellung, der wir bei den verschiedensten Völkern begegnen. So geläufig sie uns ist, so bedarf sie doch der Erklärung. Der Bericht, daß der Schöpfer der Menschen, der keine eigentliche Gottheit und auch kein Mensch ist, den Göttern das Feuer raubt und dadurch mit Zeus in Konflikt gerät, bedarf ebenfalls der Erklärung. Die Entstehung der Sage von der Herabkunft des Feuers hat in Adalbert Kuhn ihren Bearbeiter gefunden.[31] Kuhn ist der Begründer der vergleichenden Mythologie; ihm verdankt die Wissenschaft eine Reihe von grundlegenden Studien über verschiedene mythologische Gestalten. Er ging davon aus, daß gewisse den indogermanischen Völkern gemeinsame Sagen in den indischen Veden in viel ursprünglicherer Form enthalten sind, als sie aus den griechischen und anderen Quellen bekannt war. So gelang es ihm, die Gestalten der Athene, der Kentauren, des Orpheus, des Wotan und anderer Götter und Helden des griechischen und germanischen Mythus auf vedische Quellen zurückzuführen und dadurch den eigentlichen Sinn der Mythen zu erklären. Von größter Bedeutung für die mythologische Forschung wurde seine umfangreiche Abhandlung *Über die Herabkunft des Feuers und des Göttertranks* (1859, neugedruckt 1886). Ihren Spuren folgten alsbald andere For-

[29] [1907.] [30] [Freud (1907*a*).] [31] [Kuhn (1859).]

scher wie Delbrück, Steinthal, Cohen, Roth, Max Müller, Schwarz. Ich gebe im folgenden nur die wichtigsten Resultate aus Kuhns Untersuchungen wieder, beschränke mich außerdem aus technischen Gründen vorläufig auf den Mythus von der Herabkunft des Feuers. Ich halte mich dabei zum Teil an den Auszug der Kuhnschen Arbeit, welchen Steinthal[32] in einer kritischen Besprechung gegeben hat; auch die allgemeinen Bemerkungen, welche Cohen[33] an Kuhns Ausführungen geknüpft hat, habe ich benützt. Es ist natürlich im Rahmen dieser Darstellung nicht möglich, für die einzelnen Punkte der Analyse die vergleichend-sprachwissenschaftlichen und mythologischen Nachweise vollständig zu bringen. In dieser Hinsicht muß ich auf das Original sowie auf die beiden genannten Schriften von Steinthal und Cohen verweisen.

Soweit uns die Forschungen Aufschluß geben, bereiteten alle indogermanischen Völker das Feuer ursprünglich durch *Reiben*. Wir können diese Methode noch in historischer Zeit nachweisen; sogar die zugehörigen, technischen Ausdrücke sind uns bekannt. Bei kulturarmen Völkern anderer Rassen begegnen wir noch heute dem gleichen Verfahren. Wie der Mensch dazu gekommen ist, durch Reibung Feuer zu erzeugen, mag dahingestellt bleiben. Nach Kuhn wäre die Natur darin die Lehrmeisterin des Menschen gewesen: er mochte im Urwald beobachtet haben, wie ein dürrer Schoß einer Schlingpflanze, vom Winde bewegt, sich in der Höhlung eines Astes rieb und dann in Flammen geriet. Schon Peschel[34] macht auf das Unwahrscheinliche dieser Erklärung aufmerksam; er meint, beim Bohren und bei anderen handwerklichen Verrichtungen müsse der Mensch die Erhitzung zweier Gegenstände durch Reiben kennenlernen, auch ohne daß er einen ähnlichen Vorgang in der Natur beobachtete.

Das primitive Feuerzeug bestand aus einem Stabe von hartem Holze und einer Scheibe aus weichem Holze, welche eine Höhlung enthielt. Durch drehende und bohrende Bewegung des Stabes in der Höhle wurde das Holz zur Entzündung gebracht. Das so erzeugte Feuer zeigt die Eigenschaft, nach einiger Zeit zu erlöschen; es mußte alsdann von neuem hervorgerufen werden. Die nämliche Beobachtung machte der Mensch aber auch an einem anderen Feuer – nämlich an dem himmlischen. Am Himmel erschien ihm täglich das Feuer der Sonne, wärmend und leuchtend; zuzeiten sah er ferner Feuerstrahlen vom Himmel herabfahren, leuchtend und zündend. Auch das himmlische Feuer ver-

[32] 1862 [a]. [33] 1868 und 1869. [34] 1875, S. 141.

losch nach einer Weile wieder. Also mußte wohl auch am Himmel etwas brennen und erlöschen. Nach einer uralten Vorstellung der indogermanischen Völker sah man die Wolkenbildungen als einen Baum an – das ist die Weltesche, der wir in den verschiedensten Mythen wieder begegnen. Das Holz der Esche diente nun aber dem Menschen als Feuerzeug. Sah man Feuer am Himmel, so brannte eben das Holz der Himmelsesche. Der vom Himmel zur Erde fahrende Blitz war ein von der Esche herabkommendes Feuer. Daraus entstand die Anschauung, daß das irdische Feuer ein herabgekommenes himmlisches Feuer sei. Die rasche Bewegung des Blitzes durch die Luft erinnerte an den Flug der Vögel; daher stammt die weitere Annahme, ein Vogel, der auf der Himmelsesche nistet, habe das himmlische Feuer zur Erde gebracht. Im Mythus verschiedener Völker und zu verschiedenen Zeiten ist es der Adler, der Falke oder der Specht, dem diese Rolle zuerteilt wird. Gewisse Baumarten, z. B. die Eberesche, welche rote Früchte, Dornen oder gefiederte Blätter tragen, galten als Verwandlungen des Blitzvogels. In jenen Bestandteilen erkannte man Farbe, Klauen und Gefieder des Vogels wieder.

Zum himmlischen und irdischen Feuer tritt in den Vorstellungen des indogermanischen Mythus eine dritte Art: das Lebensfeuer. Wir treffen hier auf dieselbe Analogie, vermöge deren himmlisches und irdisches Feuer identifiziert wurden. Auch das Lebensfeuer muß erweckt werden. Solange es im Körper weilt, ist der Körper warm. Und wie jedes Feuer, so erlischt auch das Lebensfeuer. Die sinnfälligste Analogie lag aber in der Zeugung und in der Feuerbereitung. Wie durch das Bohren eines Stabes in einer Holzscheibe das Feuer, so wird das menschliche Leben im Mutterschoße erweckt. Vielfach sind die Beweise für diese Auffassung in Mythus und Sprache. Hier erwähne ich nur, daß die beiden Hauptteile des primitiven Feuerzeugs vielfach zugleich die Namen des männlichen und weiblichen Genitales sind. So sehr war diese Anschauung dem Volke in Fleisch und Blut übergegangen. Ja, noch mehr: Dieselbe Identifizierung finden wir in den semitischen Sprachen. Im Hebräischen bedeuten die Ausdrücke für »männlich« und »weiblich« geradezu: der Bohrer und die Gehöhlte!

So wird nun die Entstehung des Lebensfeuers, die Schöpfung des Menschen, ebenfalls an die Weltesche dort oben versetzt. Von ihr stammt so der Mensch wie das Feuer; darum ist auch der Mensch, wie das Feuer, durch einen Vogel auf die Erde versetzt worden. Das ist der Storch, der die Kinder bringt.

Eine spätere Epoche, die sich im Mythus sozusagen als eine neue Schicht ablagert, schafft menschenähnliche Götter. Sie behält die alte Analogie von Feuer und Leben bei; nur eine neue Form gibt sie ihr: Der Gott des Feuers ist auch der Mensch-Gott. In den Veden begegnen wir einem Gott *Agni* (agni = lateinisch ignis, Feuer), der Feuer, Licht, Sonne und Blitz verkörpert, zugleich aber auch der erste Mensch ist. In den Mythen verschiedener Völker ist Agni noch zugleich der Blitzvogel. *Picus,* der Specht, war im ältesten lateinischen Mythus der Feuervogel, Blitz und Mensch. Eine spätere Version des Mythus macht ihn zum ersten König von Latium; daneben aber blieb er der Schutzgott der Wöchnerinnen und Säuglinge – also der Lebensgott.

Mit der zunehmenden Personifikation der Götter wurde alles in der Natur zu Produkten oder Attributen der Götter. So war nun auch das Feuer nicht mehr ein Gott, sondern von einem Gott hervorgerufen. Ein Gott entzündete morgens das erloschene Sonnenfeuer durch Bohren in der Sonnenscheibe; er erzeugte den Blitz, indem er einen Keil in die Wetterwolke trieb. So wie das himmlische Feuer mußte auch das irdische immer von neuem erzeugt werden. Erlosch das Feuer, so war Agni verschwunden; er mußte sich versteckt haben. Wie er am Himmel in einer Wolke (dem Wolkenbaum) versteckt war, so war er auf Erden in der hölzernen Scheibe versteckt, aus der man ihn durch das Bohr- und Reibeverfahren wieder hervorlocken konnte. Hier begegnet uns im Mythus eine neue Gestalt, deren ältester Name (in den Veden) *Mãtariŝvan* lautet. Mãtariŝvan holt den Agni, der sich in der Wolke – oder im Holze – versteckt hält, auf die Erde zurück. Nach anderer Version findet er den Agni in einer *Höhle.* Er bringt den Menschen Licht und Wärme, deren sie zum Leben bedürfen. Sein Name bedeutet »der in der Mutter Schwellende oder Wirkende« – das ist wieder der Blitz oder der bohrende Stab.

Dem Mãtariŝvan, dem Feuerbringer, entspricht im griechischen Mythus *Prometheus.* In historischer Zeit wurde der Name Prometheus, der verschiedene Umwandlungen erfahren hatte, als »der Vorsorgende« ausgelegt. Als ältere Form läßt sich unter anderem »Pramantha« nachweisen. Dieser Name ist doppelsinnig. Er bedeutet zunächst »der Hervorreibende«, d. h. der durch Reiben etwas hervorbringt. Durch Reiben bringt er das Feuer hervor und zeugt den Menschen. Hiebei ist zu bemerken, daß »matha« das männliche Genitale bedeutet. Die zweite Bedeutung von Pramantha ist der Feuer*räuber.* Neben der Vorstellung, daß Prometheus-Pramantha das Feuer *erzeugt,* geht die andere

her, daß er – wie Mātariśvan – das Feuer vom Himmel *holt* oder *raubt*. Er verbirgt den Feuerfunken in einer Narthexstaude, d. i. eine der zur Feuererzeugung dienenden Holzarten.
Im Mythus sehen wir also das Feuer in dreierlei Gestalt vertreten: Als *Feuer* (zugleich Feuergott), als *Feuererzeuger* (oder -reiber, oder -holer) und endlich als *Mensch*. Mensch ist im Mythus auch insofern identisch mit Feuer, als die ersten Menschen jeweilen vom Feuer stammen und weil der Mensch das Lebensfeuer in sich birgt.

V
Die Infantilismen in der Individual- und Völkerpsychologie Wunscherfüllung in Traum und Mythus

Die kurze Darstellung, welche ich im obigen gegeben habe, vermag nur einen unvollständigen Begriff von der Vielheit der Quellen zu geben, welche in der Prometheussage zusammenfließen. Ihre Erforschung war von der größten wissenschaftlichen Bedeutung. Sie führte zum Bruch mit der hergebrachten Auffassung, daß der Mythus der bildliche Ausdruck eines philosophischen oder religiösen Gedankens sei. Kuhn[35] suchte zu zeigen, daß jeder Mythus auf einer Naturanschauung beruhe. Er wies nach, daß jeder Mythus außer dem Inhalt, der aus seinem Wortlaut ohne weiteres ersichtlich ist, noch einen latenten Inhalt hat, der sich hinter symbolischen Ausdrücken verbirgt.[36] Wer Freuds Methode der Traumdeutung und die Traumtheorie, welche aus ihr gewonnen wurde, kennt, wird bemerken, daß zwischen Kuhns Deutung der Prometheussage und Freuds Traumdeutung weitgehende Analogien bestehen. Wenn auf zwei Gebilde, die äußerlich so erhebliche Differenzen zeigen, wie es bei Traum und Mythus der Fall ist, die gleiche Methodik der

[35] [1959.]
[36] Kuhn scheute sich nicht, den sexuellen Charakter dieser Symbolik offen auszusprechen. Daß eine solche Lehre als unwissenschaftlich und unmoralisch angegriffen wird, das haben wir ja in unseren Tagen hinlänglich erfahren. Steinthal übernahm es, in seiner zitierten Abhandlung (S. 3) Kuhn nach beiden Seiten hin zu verteidigen. Ich kann es mir nicht versagen, seine Worte hier anzuführen, weil sie vorahnend an die Gegner der Freudschen Lehre gerichtet zu sein scheinen. »Wenn mit solcher Genauigkeit, mit der Gewissenhaftigkeit eines Richters, das Gewicht jedes Grundes geprüft und so ohne alle Überredung, so ungeschminkt dargestellt, die Folgerung allemal mit der größten Behutsamkeit vollzogen wird, so verdient das nicht nur wissenschaftliche, sondern auch sittliche Anerkennung.«

Untersuchung anwendbar ist, so darf man darin eine neue Bestätigung der Vermutung erblicken, daß sich hinter äußerlichen Unterschieden eine innere Verwandtschaft verbirgt. Das Beispiel der Prometheussage soll jetzt dazu dienen, die psychologische Verwandtschaft von Traum und Mythus zu erweisen.

Der Mythus von Prometheus, soweit er uns hier beschäftigt, läßt sich mit wenigen Worten erzählen. Die Deutung, welche uns den eigentlichen Sinn dieser wenigen Worte enthüllte, nahm einen sehr viel größeren Raum in Anspruch. Ganz gleiche Verhältnisse liegen nun beim Traume vor. Auch ein kurzer Traum enthält weit mehr, als wir aus der einfachen Erzählung vermuten möchten. Ganz wie Freud es für den Traum festgestellt hat, so verbirgt sich auch im Mythus hinter dem manifesten ein latenter Inhalt. Zur Ermittelung des letzteren bedarf es eines Deutungsverfahrens. Dieses muß, ganz wie die Traumdeutung, das gesamte Material an Vorstellungen und Gefühlen, welches in dem Mythus seinen Ausdruck gefunden hat, aufdecken.

Aus den mehr oder weniger bedeutenden Differenzen des latenten und des manifesten Trauminhaltes erklärt es sich, daß der Träumer nur selten imstande ist, seinen Traum zu verstehen. Er erklärt selbst den Traum für unsinnig, für absurd, bestreitet auch wohl, daß dem Traume überhaupt ein Sinn innewohne; versucht er wirklich in die Bedeutung seines Traumes einzudringen, so gibt er eine unzureichende, weil nur den manifesten Inhalt berücksichtigende Erklärung. Nicht anders das Volk! Es versteht den latenten Inhalt seiner Mythen ebenfalls nicht. Es gibt ihnen eine unzureichende Erklärung. Beispiele werden dies leicht erläutern. Die Träume vom Tode naher Angehöriger, mit denen wir uns bereits beschäftigt haben, werden von den Personen, denen sie begegnen, wohl ausnahmslos falsch gedeutet. Ganz ebenso verkannten die Griechen den eigentlichen Sinn der Prometheussage. Sie mißverstanden sogar die Bedeutung des Namens Prometheus. Auf diesen Punkt werden wir noch zurückkommen.

Die Tatsache, daß das mythenbildende Volk sich seinem geistigen Produkt gegenüber geradeso verhält wie der Träumer gegenüber seinem Traume, verlangt eine Erklärung. Den Schlüssel zu diesem Rätsel gibt uns Freud. Seine Traumtheorie gipfelt in dem Satze: *»Der Traum ist ein Stück überwundenen infantilen Seelenlebens.«*[37] Diese Behauptung ist nicht ohne weiteres verständlich. Freud kommt zu seiner Auffassung

[37] [Freud (1900*a*).]

auf folgendem Wege. Unser Gedächtnis bewahrt weit mehr Eindrücke, als unserer Erinnerung gewöhnlich zugänglich sind. Besonders solche Reminiszenzen, welche mit einem peinlichen Gefühlston verbunden sind, »vergessen« wir gern. Sie sind aber dann nicht absolut ausgelöscht, sondern nur der gewollten Reproduktion entzogen. Wir haben diesen Vorgang der *Verdrängung ins Unbewußte* bereits kennengelernt. Besonders pflegen wir unerfüllt gebliebene oder unerfüllbare Wünsche wegen der ihnen anhaftenden Unlustbetonung aus unserem Bewußtsein zu entfernen. Die Träume beziehen nun ihr Material zum großen und zum wesentlichsten Teil aus den verdrängten Vorstellungen; nur ein kleiner und minderwichtiger Teil des Trauminhaltes ist aktueller, rezenter Natur. Das gleiche findet statt, wenn durch pathologische Vorgänge die Bewußtseinstätigkeit gestört wird. Auch dann steigen alte Reminiszenzen aus tiefer Verdrängnis empor. Wir können das besonders gut bei der Hysterie und bei der Dementia praecox beobachten. Der Begriff der Verdrängung ist unentbehrlich zur Erklärung der verschiedenartigsten Krankheitssymptome. Die verdrängten Erinnerungen können allen Lebensaltern entstammen. Bei genauer Analyse gelingt jedoch der Nachweis, daß die letzte Grundlage eines Traumes oder eines Symptomes der genannten Krankheiten eine Reminiszenz der Kindheit ist. Das Kind erfüllt seine Wünsche, auch die aktuellen, unverdrängten, sofern sie nicht verwirklicht werden, in Tages- und Traumphantasien. Im späteren Alter wird diese Phantasietätigkeit vorzugsweise auf den Schlaf verwiesen. Im Traume bewahrt der Erwachsene aber nicht nur die kindliche *Art* des Denkens, sondern auch die *Objekte* des infantilen Denkens. Nur scheinbar vergessen ruhen die infantilen Wünsche und Erlebnisse im Schoße des Unbewußten. Sie warten hier gewissermaßen, bis das Individuum ein Erlebnis hat, welches einem infantilen analog ist. Dann wird der Analogiefall dem früheren assimiliert. Die infantile Erinnerung erfährt so im Unbewußten eine Verstärkung. Hat sie eine gewisse Intensität erreicht, so bringt sie sich beim gesunden Menschen im Traume, beim neurotischen oder psychotischen Individuum in Krankheitserscheinungen zur Geltung. Es bedarf hiezu zweier Bedingungen: einer Herabsetzung der Bewußtseinstätigkeit, wie sie im Traume und in gewissen krankhaften Zuständen gegeben ist, und eines aktuellen Anlasses. Man wird im allgemeinen nicht geneigt sein, infantilen Erlebnissen und Wünschen eine solch umfassende Wirkung einzuräumen, wie ich es mit Freud tue. Man wird einwenden, die infantilen Interessen würden im späteren Leben durch ganz anders geartete unterdrückt. Doch das ist, wie sich zeigen wird, nur ein scheinbarer Gegengrund. Die Bedeutung infantiler Regungen und Reminiszenzen für die normale und pathologische Psychologie ist bis auf die 1895 erschienenen *Studien über Hysterie*[38] von Breuer und Freud niemals in ihrer Bedeutung gewürdigt worden. Es bleibt das Verdienst dieser beiden Autoren, die Aufmerksamkeit auf die Bedeutung der infantilen Reminiszenzen gelenkt zu haben. Freud hat diese Lehre in den folgenden Jahren immer weiter ausgebaut. Die Anschauungen von der Bedeutung infantiler Erlebnisse haben zwar wesentliche Abänderungen erfahren, die aber keineswegs ein Verlassen der Lehre von den psychischen Infantilismen bedeuten. Daß die frühen infantilen Reminiszenzen auf die psychische Entwicklung des Individuums so großen Einfluß üben, vermögen wir wohl zu erklären. Wenn auch viele Erlebnisse das Kind treffen, die auf äußeren Ursachen beruhen, also nicht in seiner Individualität begründet sind, so gehen doch andere gerade aus dieser seiner Eigenart hervor. In zwei kleineren Abhandlungen[39] habe ich dies für gewisse sexuelle Erlebnisse des Kindesalters zu erweisen versucht. Wir können das Ergebnis hier ganz allgemein so formulieren: einen Teil seiner Erlebnisse, und wohl den eindrucksvollsten, verdankt das Kind den ihm innewohnenden, angeborenen Regungen. Hiezu kommt, daß das Kind in früher Jugend noch nicht gelernt hat, aus ethischen Gründen seine Wünsche fremden Wünschen unterzuordnen, daß sein Gemüt noch nicht abgestumpft, sondern empfänglich für alle Eindrücke ist, daß es daher mit großer und ungehemmter Intensität reagiert.

Den Erinnerungen der Kindheit assimilieren sich spätere. Namentlich den verdrängten infantilen Wünschen lagern sich solche des späteren Lebens an. Ich erinnere hier an die infantile Vorliebe des Sohnes für die Mutter und seine Rivalität mit dem Vater sowie an die mit diesen Regungen zusammenhängenden Wünsche. Ein aktueller Anlaß weckt diese Kindheitserinnerungen wieder. Sie finden nun ihren Ausdruck in einem Traume. Dieses eine Beispiel statt vieler möge erläutern, in welchem Sinne Freud den Traum als ein Stück überwundenen infantilen Seelenlebens bezeichnet.

Im Traume lebt also die infantile Phantasietätigkeit samt ihren Objekten fort. Die Analogie des Mythus mit dem Traume enthüllt sich nun mit einem Schlage. Der Mythus entstammt einer längst vergangenen Lebensperiode des Volkes, die wir als die Kindheit des Volkes bezeich-

[38] [Breuer und Freud (1895).]

[39] Bibl. Nr. 9 u. 10 [s. S. 125 ff. bzw. 165 ff. in Band I der vorliegenden Ausgabe].

nen dürfen. Die Berechtigung zu diesem Vergleich ist leicht zu erweisen. Ein Ausdruck, welchen Freud in der *Traumdeutung*[40] gebraucht, illustriert die Sachlage ausgezeichnet. Freud bezeichnet die Kindheitsperiode, deren wir uns nur unklar erinnern, als die *vorhistorische Zeit* in der Geschichte des Individuums. Sind auch unsere Reminiszenzen aus jener Zeit sehr unbestimmt, so ist sie doch keineswegs an uns vorübergegangen, ohne Eindrücke zu hinterlassen. Die Wünsche, die uns in jener Zeit am Herzen lagen und deren wir uns höchstens in unvollkommener Weise erinnern, sind nicht gänzlich ausgetilgt, sondern nur verdrängt worden und leben in unseren Traumphantasien fort. Alles dieses trifft auch auf die *Mythen* zu. *Sie entstammen der vorhistorischen Zeit des Volkes, aus der keine bestimmten Überlieferungen auf uns gekommen sind. Sie enthalten Erinnerungsreste aus seiner Kindheit.* Läßt sich aber auch die Wunscherfüllungstheorie vom Traume auf den Mythus übertragen?

Ich behaupte dies und formuliere meine Ansicht in Anlehnung an Freuds Traumlehre wie folgt: *Der Mythus ist ein Stück überwundenen infantilen Seelenlebens des Volkes. Er enthält (in verschleierter Form) die Kindheitswünsche des Volkes.*

Wichtige Beweise für diese Anschauung haben wir bereits kennengelernt, als wir gewisse Mythen mit »typischen« Träumen verglichen. Wir erkannten, daß in der Ödipussage ganz wie in gewissen Träumen die infantile Sexualität zum Ausdruck kommt. Aus der Sexualübertragung des Sohnes auf die Mutter entstehen Wünsche, die ebenso wie viele andere der Verdrängung anheimfallen. Die Erziehung des Menschen ist nichts als ein erzwungenes, systematisches Verdrängen angeborener Regungen.

In der Jugendzeit eines Volkes, da noch natürlichere Verhältnisse obwalten, da die Konvention noch keine starren Formen angenommen hat, konnten jene Regungen realisiert werden. Ein späteres Zeitalter unterdrückte sie durch einen Vorgang, welchen wir der Verdrängung beim Individuum durchaus an die Seite stellen können. Aber sie erstarben nicht gänzlich, sondern erhielten sich im Mythus. Dieser Vorgang, für den ich den Namen *»Massenverdrängung«* vorschlagen möchte, ist schuld daran, daß das Volk den ursprünglichen Sinn seiner Mythen nicht mehr versteht, ganz wie wir unsere Träume nicht ohne weiteres verstehen.[41]

[40] [1900*a*.]

[41] Daß das Volk seine eigenen Mythen nicht mehr versteht, kann nicht darauf zurückgeführt werden, daß es sie teilweise von anderen Völkern übernommen hat. Es kann

Es scheint, daß ein Volk in denjenigen Mythen, welche sich mit seiner frühesten Kindheit beschäftigen, solche Wünsche zum Ausdruck bringt, die es am stärksten zu verdrängen gewohnt ist. Betrachten wir die biblische Schilderung des Paradieses! Freud hat sie mit treffenden Worten charakterisiert: »Das Paradies ist nichts anderes als die Massenphantasie von der Kindheit des einzelnen.« Die Genesis erzählt von Adam und Eva mit besonderem Nachdruck, daß sie nackt waren und sich dessen nicht schämten. Wir wissen, daß die Sitte der Juden die Bedekkung des Körpers streng verlangte. Die Verletzung dieser Sitte wird in den biblischen Erzählungen stets besonders getadelt. Zu der Massenphantasie von der Nacktheit der ersten Menschen finden wir wiederum in einem typischen Traume eine Parallele. Wir alle träumen gelegentlich, daß wir in sehr mangelhafter Bekleidung einhergehen, uns sogar unter Menschen bewegen, die aber von unserem Zustand keine besondere Notiz nehmen. Der Angstaffekt, der diesen Traum zu begleiten pflegt, entspricht der starken Verdrängung des infantilen Wunsches, sich vor anderen nackt zu zeigen. Freud hat den Nachweis, daß es sich in diesem Traume um eine infantile Nacktheitsphantasie handle, ausführlich erbracht.[42] Er erinnert daran, daß Kinder eine große Freude daran haben, sich vor anderen Kindern oder auch Erwachsenen nackt zu zeigen oder vor ihnen zu exhibieren. Es gibt Menschen, bei denen diese infantile Abirrung des Geschlechtstriebes sich in abnormer Stärke erhält und die normale Betätigung desselben völlig beiseite drängt; das sind die Exhibitionisten.

Die in sexueller Beziehung sehr rigorose Ethik der Juden verlangte, daß die Massenphantasie von der Nacktheit in die früheste Kindheit des Menschengeschlechtes verlegt wurde. Die Griechen, welche sich der Nacktheit in weit geringerem Grade schämten, brauchten weniger weit zurückzugreifen. Freud hat darauf hingewiesen, daß die Sage von Odysseus und Nausicaa das gleiche Thema behandelt. Er stellt sie daher in Parallele mit den oben erwähnten Nacktheitsträumen.

Die griechische Prometheussage entspricht der biblischen Erzählung von der Erschaffung der ersten Menschen. Wie wir sahen, unterscheidet sie sich von ihr durch das Fehlen eines der Nacktheitsphantasie entspre-

sie nur deshalb übernommen haben, weil es seine eigenen Komplexe darin fand. Gerade diese werden aber verdrängt. Außerdem ändert jedes Volk übernommene Mythen ab; es müßte dann wenigstens den Sinn der Änderungen verstehen; dies ist aber nicht der Fall.

42 *Traumdeutung* [1900*a*], S. 166f.

chenden Bestandteils. Sie enthält dagegen die Erzählung vom Feuerraub, für welche die biblische Darstellung kein Korrelat bietet. Wir haben nun zu untersuchen, welche verdrängten Massenphantasien oder Wünsche in der griechischen Anthropogenie zum Ausdruck gebracht sind, speziell auch, welches in dieser Hinsicht die Bedeutung des Feuerraubes ist. Um zu diesem Ziele zu gelangen, müssen wir uns aber zunächst noch mit gewissen allgemeinen Eigenschaften des Mythus beschäftigen und zur Erklärung dieser wiederum auf Freuds Traumtheorie zurückgreifen.

Freud erklärt jeden Traum für *egoistisch*. Wir haben ja alle unsere egoistischen Triebe unterdrücken lernen müssen. Der Mehrheit zuliebe, aus sozialen, familiären und anderen Gründen mußten wir sie verdrängen. Wenn nun, wie im Traume, das Unbewußte zu Wort kommt, so setzen jene verdrängten Regungen sich durch. Freilich müssen sie sich sorgfältig maskieren; denn am offenen Auftreten werden sie durch die Zensur gehindert. Der Egoismus des Traumes äußert sich darin, daß der Mittelpunkt des Traumes stets der Träumer selbst ist. Dies ist freilich nicht in dem Sinne aufzufassen, als sähe der Träumer im Traume stets sich selbst als Mittelpunkt der Traumvorgänge. Sehr oft folgt er sozusagen dem Schauspiele nur als Zuschauer. Dann aber wird er selbst durch den Akteur der Titelrolle vertreten. Diese Rolle fällt einer Person zu, die mit dem Träumer eine Eigenschaft, ein Erlebnis oder dergleichen gemeinsam hat. *Der Träumer identifiziert sich mit der Hauptperson des Traumes.* So wird der Anschein erweckt, als sei die Hauptperson des Traumes auch der Mittelpunkt des Traumes. Tatsächlich bedeutet die Identifizierung ein »Gleichwie« (Freud, *Traumdeutung*, S. 216). Aber die Partikel »gleichwie« fehlt der Sprache des Traumes; der Traum kann einen Vergleich nur ausdrücken, indem er eine Person oder einen Gegenstand durch eine Analogie ersetzt. Daß das Ziel des Traumes – eine Wunscherfüllung – ebenfalls durchaus egoistisch ist, haben wir im Anschluß an Freuds Erörterungen schon oben festgestellt. Im gleichen Sinne egoistisch sind jene anderen psychischen Gebilde, die wir mit dem Traume in Parallele gesetzt haben. Es würde hier zu weit führen, dies etwa für die hysterischen Dämmerzustände zu erweisen. Klarer liegen die Verhältnisse bei den mit Wahnbildung verbundenen chronischen Geistesstörungen. Auch die Psychose ist durchaus egoistisch. Der Kranke ist unter allen Umständen Mittelpunkt seines Wahnsystems. Er ist Intrigen, Beeinträchtigungen, Verfolgungen aller Art ausgesetzt, die von allen Seiten gegen ihn ins Werk gesetzt werden. Seine Arbeitsgenossen wollen ihn beseitigen, ein Heer von Detektiven belauert ihn. Er ist der Eine, Einsame, Gerechte, dem eine Welt der Ungerechtigkeit und Mißgunst den Krieg erklärt hat. Er stellt sich in Gegensatz zur Welt. So enthält jeder Verfolgungswahn implicite einen Größenwahn. Die Psychiatrie pflegt freilich im allgemeinen von Größenwahn erst dann zu reden, wenn eine bestimmte *Größenidee* geäußert wird. Wir tun daher besser, in jenem allgemeineren Sinne von einem *Größenkomplex* zu sprechen. Hören wir einen Geisteskranken sein Wahnsystem erzählen, so erinnert es uns durch seinen Aufbau an die Sagenkreise der Mythologie, die sich um bestimmte Gestalten gebildet haben. Das Wahnsystem eines Geisteskranken ist wie ein Mythus, in dem er seine eigene Größe feiert. Es gibt Geisteskranke, welche behaupten, eine bestimmte, historisch berühmte Persönlichkeit zu sein, etwa Napoleon oder Bismarck. Ein solcher Geisteskranker, der zwischen sich und Napoleon irgendeine Analogie findet, identifiziert sich ohne weiteres mit Napoleon – ganz wie wir es im Traume zu tun pflegen. Der Psychose fehlt das »Gleichwie« ebenso wie dem Traume. Gehen wir mehr ins einzelne, so finden wir reichlich Beweise für die Richtigkeit dieses Vergleiches. Geisteskranke verlegen z. B. häufig ihre Wahnideen, speziell ihre Größenideen, in ihre Kindheit zurück. Ich verweise besonders auf die Abkunfts-Wahnideen, weil sie für die weitere Analyse der Prometheussage von großem Interesse sind. Fälle dieser Art sind jedem Irrenarzt bekannt. Ein Patient behauptet etwa, die Leute, deren Namen er trage, seien nicht seine wirklichen Eltern; er sei tatsächlich der Sohn einer fürstlichen Person, habe aus einem geheimnisvollen Grunde beseitigt werden sollen und sei deswegen als Kind seinen ›Eltern‹ zur Pflege übergeben worden. Seine Feinde wollen nun die Fiktion aufrechterhalten, daß er niederer Abkunft sei, um seine berechtigten Ansprüche auf die Krone oder große Reichtümer zu unterdrücken.

Diese Abkunfts-Wahnideen erinnern uns wieder an die infantilen Tagträume, in denen der Knabe ein Prinz oder König ist und durch seine Siege den Ruhm aller anderen in den Schatten stellt. Der Wunsch, etwas Großes zu werden, wird durch die Phantasie von der königlichen Abkunft befriedigt. Denn in der kindlichen Phantasie ist doch ein Prinz ohne weiteres dazu prädestiniert, die Bewunderung aller Welt zu erregen. Das sehnliche Ziel eines geistig regen Kindes ist es, *groß* zu werden – im Doppelsinn des Wortes. Es scheint mir, daß wer immer als Erwachsener Besonderes leistet oder zu leisten sich einbildet, in der Kindheit einen Größenkomplex in seiner Brust getragen hat. Die Phantasien, welche er in der Kindheit ersann, vergaß er später. Der Komplex aber, in dessen Dienst jene Phantasien standen, stirbt nicht vor dem Menschen. Sieht er im vorgeschrittenen Alter seine Ambitionen nicht erfüllt, dann verlegt auch der Gesunde seine Wunscherfüllungen nicht selten in die Kindheit zurück und wird zum laudator temporis acti.

Der Kindheit eines Volkes ist dieser Größenkomplex ganz in gleicher Weise eigen wie der Kindheit eines Individuums; auch im »historischen« Zeitalter eines Volkes verschwindet er nicht spurlos, wie wir dies auch beim Individuum feststellen konnten. Auch im Mythus findet eine Identifikation statt. Das Volk identifiziert sich mit der Hauptgestalt des Mythus. Das »Gleichwie« ist auch ihm noch fremd.[43]

Jedes Volk hat den Anfang seines Daseins mit einem Mythus umgeben, der uns an die Abkunfts-Wahnideen Geisteskranker in überraschender Weise erinnert. Jedes Volk will von seinem Hauptgott abstammen, von ihm »erschaffen« sein. *Erschaffung* ist nichts als eine des Sexuellen entkleidete *Zeugung*. Mit wundervoller Klarheit geht dies aus Kuhns[44] Deutung der Prometheussage hervor. Prometheus »erschafft« die Menschen; er ist aber, wenn wir seiner Geschichte nachforschen, der Bohrende, Zeugende und zugleich der Feuergott. Aus den Veden erfahren wir von verschiedenen Priestergeschlechtern, die im Dienste des Feuergottes Agni standen und alle ihre Herkunft vom Feuer ableiteten! Die Namen dieser Priestergeschlechter (Angirasen, Bhrgu u. a.) bedeuten selbst wieder Feuer oder Flamme. So leitet der Mensch seine Herkunft von den Göttern her, die er sich selbst geschaffen, vom Feuer, das er zum Gotte erhoben hat, von der Weltesche, von der ihm das Feuer gekommen ist. Askr, die Esche, ist in der nordischen Sage der Stammvater des Menschengeschlechtes. So hat der Mensch in Urzeiten seinen Größenkomplex an den Himmel projiziert. Welch unbedeutende Epigonen sind doch unsere Geisteskranken, die sich mit der Abkunft von einem Großen dieser Erde begnügen, und wir selbst, die wir in unseren Kindheitsphantasien das gleiche taten!

Die Prometheussage ist auch sonst reich an Beispielen für die Identifikation. Es braucht nur an die Identifikation von Bohrer, Blitz und Mensch erinnert zu werden. – Ist der Mensch von einem Gotte gezeugt, so ist auch er göttlich oder der Gott zugleich menschlich. Der Mensch identifiziert sich also mit der Gottheit. So ist es in der älteren Form der

[43] Steinthal (›Die Sage von Simson‹ [1862(b)]) erklärt, das Wörtchen *gleichwie* habe den größten Umschwung in der geistigen Entwicklung der Menschheit hervorgebracht.
[44] [1859.]

Prometheussage; erst eine spätere Zeit setzte an die Stelle der Zeugung die Erschaffung.

Die alttestamentliche Schöpfungsgeschichte bildet nur scheinbar eine Ausnahme. Die Erzählung der Genesis läßt freilich den Menschen nicht von seinem göttlichen Schöpfer abstammen. Gott erschafft den Menschen *nach seinem Bilde;* hier ist im manifesten Inhalt der Erzählung an Stelle der Identifikation eine Ähnlichkeit getreten. Die Abstammung Israels wird von den Erzvätern hergeleitet. Die vergleichend-mythologischen Untersuchungen ergeben aber, daß die Erzväter umgewandelte Gestalten einer heidnischen Götterwelt sind. Also leitet ursprünglich auch Israel seine Abstammung von einem göttlichen Wesen her. Diese Anschauung mußte sich später dem Monotheismus anpassen. Nun treten die alten Stammgötter in den Dienst des einzigen Gottes. Der Nationalstolz mußte sich nun damit begnügen, die Erzväter in ein besonders nahes Verhältnis zu ihrem Gotte zu bringen. Gott tritt in persönlichen Verkehr mit ihnen, spricht zu ihnen und schließt sogar einen Bund mit ihnen, der auf ihre Nachkommen übergehen soll; diese fühlen sich dadurch wieder ihrem Gotte besonders nahestehend.

VI
Die Wirkungen der Zensur im Traum und Mythus
Die Verdichtungsarbeit

Wir lernten bereits den Begriff der *Zensur* kennen. Ist im Traume die vom Bewußtsein ausgeübte Verdrängung auch beseitigt, so werden die entfesselten Wünsche doch gehindert, ganz offen hervorzutreten. Die Zensur gestattet den verdrängten Vorstellungen nicht den Ausdruck durch klare, eindeutige Worte, sondern zwingt sie, in einem fremdartigen Gewand aufzutreten. Durch diese *Traumentstellung* wird der eigentliche (latente) Trauminhalt in den manifesten verwandelt. Die latenten Traumgedanken sind, wie Freud gezeigt hat[45], bereits im wachen Zustand auf dem Wege unbewußter Gedankentätigkeit präformiert. Der Traum bildet keine neuen Gedanken, er formt die im Wachen präformierten Gedanken nur den Anforderungen der Zensur ent-

[45] [Freud (1900*a*).]

sprechend um. Freud unterscheidet vier Wege, auf denen sich diese Arbeit vollzieht. Wir haben nun zu prüfen, ob im Mythus ähnliche Verhältnisse vorliegen, ob auch hier eine Zensur wirkt und ob der Mythus die nämlichen Darstellungsmittel zu ihrer Umgehung anwendet wie der Traum. Wir können auch hier die Prometheussage als Paradigma benützen, werden aber an gewissen Stellen noch andere Mythen in den Kreis unserer Betrachtung ziehen müssen.

Von den Einzelvorgängen der Traumarbeit fassen wir zunächst die *»Verdichtung«* ins Auge. Wir haben sie auch bereits in der Prometheussage kennengelernt, sind aber damals nicht näher auf sie eingegangen. Es fiel uns auf, daß die Prometheussage, die auf den ersten Blick so einfach erscheint, in ihren wenigen Worten einer großen Zahl von Ideen Ausdruck gibt. Die letzteren bilden, wie wir schon sahen, den latenten Inhalt des Mythus. *Ein* Element des manifesten Trauminhaltes enthält sehr häufig nicht *einen* Traumgedanken, sondern mehrere. Ganz ähnlich liegen die Verhältnisse im Mythus. Wenn die wenigen Worte der Sage alle jene Gedanken enthalten sollen, die Kuhns Arbeit[46] uns kennengelehrt hat, so muß sozusagen jedes Wort *»überdeterminiert«* sein, ganz wie dies im Traume der Fall ist. Die Traumdeutung vermag den Beweis zu erbringen, daß eine im Traume auftretende Person mehrere der Wirklichkeit angehörende vertreten kann. Zum Beispiel ist es nichts Seltenes, daß eine der Traumfiguren das Gesicht einer dem Träumer bekannten Person, die übrige Gestalt aber von einer anderen hat. Der Träumer bringt dadurch jene zwei Personen in eine Beziehung zueinander, etwa weil sie in einem wichtigen Punkte übereinstimmen. Jedes Vorkommnis im Traume kann ebenfalls mehrfach determiniert sein. Bei der Traumanalyse müssen wir daher stets die Mehrdeutigkeit berücksichtigen; jedes Wort der Traumerzählung kann einen doppelten oder mehrfachen Sinn in sich begreifen.

Wie die Elemente des Traumes, so sind auch die Elemente des Mythus überdeterminiert. Die griechische Prometheussage verdankt ihre Form einem großartigen Verdichtungsprozeß. Die Gestalt des Prometheus ist, wie wir aus der Analyse ersehen, verdichtet aus drei Anschauungen. Nach der einen ist er der *Feuergott*, nach der zweiten das *Feuer*, nach der dritten der *Mensch*. Aus diesen Vorstellungen hat sich die Sage vom Feuerraub verdichtet. Steinthal[47] hat dieses überaus wichtige Ergebnis der Kuhnschen Analyse mit großer Prägnanz zu einem Satze zusam-

[46] [1859.]
[47] 1862 [a], S. 9.

mengefaßt: »*Nachdem der Feuergott als Mensch vom Himmel herabgekommen ist, holt er als Mensch oder als Gott sich selbst als Gott oder als göttliches Element auf die Erde und schenkt sich als Element an sich selbst als Menschen.*«

Wer mit Hilfe des Freudschen Verfahrens Träume zu analysieren gewohnt ist, dem wird die innere Verwandtschaft von Traum und Mythus aus der Gemeinsamkeit des Verdichtungsvorganges besonders einleuchten. Er wird in scheinbar unbedeutenden Einzelheiten des Mythus Verdichtungen erkennen, wie sie ihm ganz analog in den Träumen begegnet sind. Kuhns Analyse erbringt für fast alle Elemente der Prometheussage, für jedes einzelne Symbol den Nachweis der mehrfachen Determination. Ich erinnere nur daran, wie zum Beispiel in dem himmlischen Vogel die verschiedensten symbolischen Funktionen verdichtet sind.

Der Verdichtungsarbeit verdanken die seltsamen *Wortneubildungen* des Traumes ihre Entstehung. Freud gibt (*Traumdeutung*, S. 202 f. sowie an anderen Stellen) interessante Beispiele dieser Art nebst ihrer Deutung. Wortneubildungen ganz ähnlicher Art liefern Geisteskranke.[48] Aber auch der gesunde Mensch produziert sie im Wachen, wenn er »sich verspricht«. Beispiele hiefür finden sich besonders in Freuds *Psychopathologie des Alltagslebens*. Ich möchte aus dem dort niedergelegten Material nur eines mitteilen.[49]

»Ein junger Mann sagt zu seiner Schwester: Mit den D. bin ich jetzt ganz zerfallen, ich grüße sie nicht mehr. Sie antwortet: Überhaupt eine saubere *Lippschaft*. Sie wollte sagen: *Sippschaft*, aber sie drängte noch zweierlei in dem Sprechirrtum zusammen, daß ihr Bruder einst selbst mit der Tochter dieser Familie einen Flirt begonnen hatte und daß es von dieser hieß, sie habe sich in letzter Zeit in eine ernsthafte, unerlaubte *Lieb*schaft eingelassen.«

Die gleichen Wortverdichtungen, wie sie dem gesunden Individuum aus »Versehen« und im Traume begegnen und wie sie der Geisteskranke bildet, bietet uns die Prometheussage. Pramantha (= Prometheus) bringt durch *Reiben* das Feuer und – den Menschen hervor; nach einer anderen Vorstellung *raubt* er das Feuer, um es den Menschen zu bringen. Diese beiden Anschauungen sind in dem Namen Pramantha verdichtet. Pramantha heißt der »Hervorreibende«, d. h. der durch Reiben hervorbringt, und zugleich der (das Feuer) Raubende. Diese Verdich-

[48] Jung (1907).
[49] 2. Auflage, 1907, S. 30f. [1901 *b*, S. 76f.].

tung wird ermöglicht durch die Klangähnlichkeit des Substantivs matha (= das männliche Glied, vgl. das lateinische mentula) und der Verbalwurzel math (= nehmen, rauben). Nebenbei ist noch der Doppelsinn von *Reiben* zu beachten.

VII
Verschiebung und sekundäre Bearbeitung in Traum und Mythus

Durch die Verdichtung erklärt sich wie im Traume so im Mythus eine große Anzahl der zwischen latentem und manifestem Inhalt bestehenden Differenzen. Eine zweite Methode, deren sich unser Unbewußtes zur Traumentstellung bedient, ist die von Freud so genannte *Verschiebung*. Auch dieses Stück der Traumarbeit findet im Mythus sein Analogon. Aus Gründen, welche alsbald ersichtlich werden sollen, behandle ich die Verschiebung mit einem dritten Stück der Traumarbeit, der *»sekundären Bearbeitung«*, gemeinsam.

Als wir unsere Betrachtungen über die Analogien von Traum und Mythus begannen, lag es uns ob, zunächst die Berechtigung zu einem solchen Vorgehen zu erweisen. Wir konnten zwei Einwände leicht entkräften, während wir einen dritten vorläufig unerledigt ließen. Auf ihn müssen wir nunmehr zurückgreifen. Der Mythus, so kann man einwerfen, hat nach dem Ergebnis der neueren Forschung bedeutende Wandlungen durchgemacht, ehe er diejenige Form annahm, in welcher er uns überliefert ist, während der Traum ein sehr flüchtiges, nur für den Augenblick geborenes Gebilde zu sein scheint. Dem ist nur scheinbar so. Der Trauminhalt ist tatsächlich ebenfalls von langer Hand vorbereitet. Wir verglichen die Lebensperioden des Menschen mit denjenigen des Volkes und fanden, daß Traum und Mythus in einer vorhistorischen Zeit wurzeln. Wir sahen, daß die Traumbestandteile schon im Wachen präformiert waren. Jetzt fügen wir hinzu: Die Entwicklung des Traumes ist mit dem Erwachen des Träumers nicht abgeschlossen. Auch jetzt dauert die Konkurrenz der traumbildenden Vorstellungen und Wünsche mit der Zensur an. Während wir versuchen, uns einen Traum ins Gedächtnis zurückzurufen, besonders aber wenn wir ihn einer anderen Person erzählen, nimmt die Zensur noch nachträgliche Veränderungen vor, um die Traumentstellung noch vollständiger zu machen. Dies ist die von Freud so genannte »sekundäre Bearbeitung«.[50] Sie ist lediglich eine Fortsetzung der im Traume geleisteten Verschiebungsarbeit. Beide Vorgänge sind wesensgleich und dienen dem gleichen Zwecke. Sie verschieben *Inhalt* und *Affekt* des Traumes. Diejenigen Elemente, welche in den Traumgedanken eine hervorragende Bedeutung besitzen, erhalten im Traume eine mehr sekundäre Rolle, während irgendeine Nebensächlichkeit auf das breiteste behandelt wird. Dadurch wird, wie Freud es ausdrückt, eine »Umwertung aller Werte« im Traume vorgenommen. Das Unbedeutende wird anstatt des Bedeutenden in den Brennpunkt des Interesses gerückt, und die mit den Traumgedanken verbundene Affektbetonung vom Bedeutenden auf das Unbedeutende verschoben. Beides wiederholt sich bei der sekundären Bearbeitung nochmals. Gerade die kritischen Stellen des Traumes verfallen nach dem Erwachen am schnellsten und im stärksten Grade wieder der Verdrängung, wodurch ihre Reproduktion erschwert wird. Auch der Affekt erleidet dabei nochmals eine der vorherigen ähnliche Modifikation.

Lag dem Traume ein Komplex von starkem Gefühlswert zugrunde, so pflegt derselbe Komplex sich alsbald – in der gleichen oder in einer folgenden Nacht – in weiteren Träumen zur Geltung zu bringen. Diese weiteren Träume tendieren nach der gleichen Wunscherfüllung wie der erste, sie ziehen nur neue Ausdrucksmittel, andere Symbole, neue Nebenassoziationen in ihren Bereich. Ein starker Komplex kann sich durch Jahre in Form eines wiederkehrenden Traumes äußern. In dieser Hinsicht braucht nur an die oben ausführlich behandelten typischen Träume erinnert zu werden, zum Beispiel an den typischen infantilen Nacktheitstraum. Wieder vermitteln uns die typischen Träume den Übergang von der Betrachtung des Traumes zum Mythus. Mutatis mutandis erkennen wir den gleichen psychologischen Vorgang darin, daß der gleiche Traum ein Individuum durch verschiedene Lebensalter begleitet und sich dabei allmählich durch Aufnahme neuer Elemente verändert, und daß ein Mythus in verschiedenen Lebensperioden eines Volkes allmähliche Modifikationen erleidet.

Nun sind die Zeiträume, in denen sich ein Mythus entwickelt, natur-

[50] Ich berücksichtige hier nur diejenigen Äußerungen der sekundären Bearbeitung, welche beim Versuch der Reproduktion des Traumes in die Erscheinung treten; diese sind für den Vergleich mit dem Mythus von besondrer Bedeutung. Auf die andern Wirkungen der sekundären Bearbeitung, welche schon während des Traumes dessen Gestalt beeinflussen, gehe ich nicht ein.

gemäß unendlich viel größer als beim Traume. Ferner können wir uns von einer Person, der wir einen Traum deuten wollen, Auskunft über zweifelhafte Punkte verschaffen. Einen Mythus zu analysieren, ist demgegenüber außerordentlich erschwert, weil wir darauf angewiesen sind, durch Vergleichen und Kombinieren in ein psychologisches Gebilde, das vor Tausenden von Jahren entstand, einzudringen. Nach so langen Zeiträumen wird es sich nur in wenigen besonders günstig gelegenen Fällen ermitteln lassen, welcher Anteil an der Verschiebungsarbeit der Zeit zufällt, in welcher der Mythus sich fixierte, und welcher der späteren Zeit, in der er von Geschlecht zu Geschlecht mündlich überliefert wurde. Neue Generationen hatten neue Anschauungen. Da, wo eine Überlieferung ihren Anschauungen nicht mehr entsprach, nahm jede Generation mit dem Mythus eine »sekundäre Bearbeitung« vor. Wir dürfen auch nicht vergessen, welch weitgehenden Einfluß auf die mythischen Überlieferungen eines Volkes die Mythen der Nachbarvölker ausüben. Aus allen diesen Gründen hieße es den Tatsachen Gewalt antun, wollten wir beim Mythus eine künstliche Trennung von Verschiebung und sekundärer Bearbeitung vornehmen. Ich lasse es, wenn ich im folgenden von der Verschiebungsarbeit im Mythus spreche, jeweilen dahingestellt, ob es sich um eine primäre oder um eine sekundäre Verschiebung handelt.

VIII
Die Wirkungen der Verschiebungsarbeit in den Sagen von Prometheus, Moses, Simson

Den Wirkungen der Verschiebungsarbeit im Mythus sind wir auf unserem Wege schon wiederholt begegnet, ohne daß wir ihnen besondere Aufmerksamkeit geschenkt hätten. Die griechische *Prometheussage* trägt deutliche Spuren einer Verschiebungsarbeit. Wie wir aus Kuhns Untersuchungen[51] erfahren haben, wurzelt dieser Mythus in einer Zeit, welche die Naturkräfte noch nicht in der Form menschenähnlicher Götter verehrte. Mit der allmählich Platz greifenden Personifizierung der Götter entstanden Agni und Mātariśvan. Ersterer war das Feuer, der Feuergott; letzterer der das Feuer hervorbohrende Gott, der den Agni wieder zurückholte, wenn er sich verborgen hatte. Beide Gestalten sind

[51] [Kuhn (1859).]

ursprünglich nicht getrennt; Mātariśvan erscheint vielmehr geradezu als Beiname Agnis und löst sich erst später als selbständiges Wesen von ihm ab.

Mātariśvan, dem der griechische Prometheus entspricht, war also eigentlich der Feuer*holer*. Im griechischen Mythus wird er zum Feuer*räuber*. Er holt den Menschen das Feuer vom Himmel gegen den Willen der Götter und erleidet dafür seine Strafe. Prometheus muß sich also dem Willen des Zeus unterordnen; darin liegt die wichtigste Verschiebung der Sage. Dem ursprünglichen Mythus, nach welchem Mātariśvan-Prometheus den Agni zurückholt, fehlt die Affektbetonung in Form eines Tadels für dieses Unterfangen. Die griechische Version des Mythus nimmt hier eine Affektverschiebung vor. Prometheus, der gegen die Götter sündigt, wird so zum Vertreter des Menschen, der sich ja auch oft genug gegen den Ratschluß der Götter auflehnt. Durch diese Umgestaltung der Sage ging der ursprüngliche Sinn des Namens Prometheus-Pramantha verloren. Die alte naive Zeit hatte ihn den Zeugenden, Bohrenden genannt. Diese Anschauung verfiel der Verdrängung, bis das Volk den Sinn des Namens völlig vergessen hatte. Er wurde ein wenig zurechtgestutzt und nun deutete man ihn sekundär als den »Vorsorgenden«. Hatte er doch seinen Geschöpfen das Feuer gebracht und sich dadurch einen solchen Namen redlich erworben! Die Verwandlung des Namens Pramantha in Prometheus und die damit verbundene Änderung seines Sinnes bieten uns ein sehr instruktives Beispiel der Verschiebung.

Der Verschiebungsvorgang in der Prometheussage gewinnt noch bedeutend an Interesse, wenn wir auch dem bisher nicht beachteten Teil des Kuhnschen Werkes unsere Aufmerksamkeit zuwenden. Kuhn behandelt neben den Mythen von der *Herabkunft des Feuers* die mit diesen nahe verwandten von der *Herabkunft des Göttertranks*. Ich kann auf den gemeinsamen Ursprung dieser Mythen hier noch nicht genauer eingehen, ohne daß wir zu sehr vom Thema abkommen. Ich begnüge mich daher mit dem einen Hinweis, daß unter anderem der gemeinsame Ursprung von Blitz und Regen aus der Wetterwolke Veranlassung abgegeben hat, Feuer und Göttertrank im Mythus auf einen gemeinsamen Ursprung zurückzuführen. Uns interessiert hier am meisten *ein* Ergebnis der vergleichenden Mythologie: Daß dem *Prometheus* der griechischen (respektive indogermanischen) Sage der *Moses d*er Bibel entspricht. Vergleichen wir den Gesetzesbringer Moses mit dem Feuerbringer Prometheus auf Grund der Erzählung des Alten Testaments und der Darstellung des Aeschylos, so scheinen freilich die beiden Gestalten sehr wenig Gemeinsames zu haben. Die Erzählung von Moses trägt jedoch ebenso wie die von Prometheus die Spuren einer erheblichen Verschiebung. Wir müssen den alten mythischen Moses vom biblischen wohl unterscheiden. Der biblische Moses steigt, wie Prometheus, in den Himmel und holt – wie jener das Feuer – das Gesetz herab. Unter Blitz und Donner steigt er hinan; hier kehrt das Gewitter wieder. Es ist wohl auch nicht Zufall, daß das Gesetz ein »feuriges« genannt wird. Im allgemeinen sehen wir Moses stets als treuen Diener des einzigen Gottes; während Prometheus durch den Feuerraub mit den Göttern in Konflikt gerät, nimmt Moses das Gesetz aus der Hand Gottes in Empfang, so daß hier ein Konflikt ausgeschlossen ist. Die Auflehnung Mosis gegen Gott findet sich an einer anderen Stelle. Die dem Moses entsprechende Gestalt des heidnischen Mythus bringt durch den Blitz aus der Wolke das Wasser hervor. Moses ist mit einem Analogon des Blitzes oder des Bohrers des heidnischen Mythus ausgestattet: mit dem Stabe, diesem in zahllosen Sagen immer wiederkehrenden Symbol. Mit diesem Stabe schlägt er in der Wüste Wasser aus dem Felsen – gegen den Befehl des Herrn (IV. Mos., Kap. 20). Für seinen Ungehorsam wird Moses bestraft: Er darf nicht in das Gelobte Land einziehen. Moses raubt also nicht das Wasser, sondern er schlägt nur an den Fels und ruft aus diesem das Wasser hervor. Nach dem Befehl Gottes sollte er zum Felsen *sprechen;* die Ungeduld riß ihn hin, den Felsen zu schlagen. Die Verschiebung ist hier außerordentlich weitgehend: Nicht genug, daß Moses ein einfacher Mensch, ein Diener Gottes wird – er begeht sogar nicht einmal einen Raub, wie Prometheus, sondern ruft das ihm zugesagte Wasser nur in voreiliger Weise hervor. Damit ist Mosis Schuld auf eine relativ geringe Sünde verschoben. Zugleich wird Gottes Macht dadurch gehoben, daß er auch eine relativ geringe Sünde nicht ungestraft läßt.

Hier eröffnet sich uns eine interessante Perspektive auf die *Entstehung gewisser krankhafter Ideen.* Einen ganz ähnlichen Vorgang der Verschiebung, von Freud »Transposition« genannt, finden wir in der Genese der Zwangsvorstellungen. Nach Freuds Forschungen[52] wurzeln die *Zwangsvorstellungen* in Selbstvorwürfen des Patienten, welche sich auf verbotene sexuelle Aktivität beziehen. Der Patient sucht das, was er nach seiner Auffassung in sexueller Hinsicht gesündigt hat, durch

[52] Freud (1909*d*).]

höchste Korrektheit auf anderen Gebieten zu kompensieren, als hätte er sich tatsächlich auf diesem indifferenten Gebiet etwas zuschulden kommen lassen.[53]

Auf einen nahe verwandten Vorgang bei Geistesstörungen (Dementia praecox, Melancholie) habe ich kürzlich verwiesen.[54] Auch der Versündigungswahn dieser Kranken läßt sich vielfach auf Selbstvorwürfe sexueller Art zurückführen. Solche Patienten verschieben zuweilen das Schuldgefühl von jenen sexuellen Reminiszenzen auf irgendeine unbedeutende Verfehlung anderer Art. Sie sind von dieser Vorstellung durchaus nicht abzubringen. Wendet man die Freudschen Anschauungen auch auf diese Zustände an, so leuchtet der Grund des Verhaltens solcher Kranker ein. Sie wollen das Schuldgefühl beiseite drängen.

Verschiebungen, wie sie die Erzählung von Moses aufweist, begegnen uns im Alten Testament in großer Zahl. Wir finden eben dort viele ursprünglich heidnische Mythen, die, als das Volk mehr und mehr zum Monotheismus überging, in den Dienst der neuen Religion traten und zu diesem Zwecke wesentliche Verschiebungen erleiden mußten. Daß der Übergang zum Monotheismus nur ganz allmählich und unter heftigen Kämpfen erfolgte, davon legen alle historischen Bücher des Alten Testaments Zeugnis ab. Götter oder gottähnliche Wesen des alten Mythus mußten von ihrem hohen Piedestal herabsteigen, mußten sich mit der Rolle von Menschen begnügen und sich dem einzigen Gotte unterordnen. In einigen Fällen geht diese Verschiebung so weit, daß der einstmalige Gott als Mensch zu einem besonders treuen Anhänger, einem Auserwählten des einzigen Gottes wird. Die Gestalten der Erzväter und des Moses sind Produkte dieses Verschiebungsprozesses. Zum Studium des letzteren eignet sich aber ganz besonders die Sage von Simson. Wir besitzen eine Bearbeitung dieses Stoffes von der Meisterhand H. Steinthals.[55] Ich teile aus ihr nur einige Hauptzüge mit, weil sie zu ähnlichen Resultaten führt wie die Analyse der Prometheussage.

Simson ist, wie auch etymologisch aus seinem Namen hervorgeht, der *Sonnengott* des alten semitischen Heidentums und entspricht dem Herakles der indogermanischen Sage. Auch dieser ist eigentlich Sonnengott oder -heros; die Heraklessage ähnelt der von Simson in einer

[53] Ich kann an dieser Stelle nicht auf Freuds bezügliche Lehre genauer eingehen und verweise auf die *Sammlung kleiner Schriften zur Neurosenlehre* [*aus den Jahren 1893–1906*, Leipzig–Wien 1906.]

[54] Bibl. Nr. 10 [s. S. 165 ff. in Band I der vorliegen Ausgabe].

[55] 1862 [b].

Reihe von wichtigen Zügen. Simson ist der Sonnengott mit den langen Haaren, wie Apollo. Er ist der wärmende, zeugende Gott, das segenspendende Tagesgestirn; im Sommer erreicht er die Höhe seiner Macht. So sind Winter und Nacht seine natürlichen Widersacher; sie finden ihre Personifikation in der Mondgöttin. Wenn am Abend die Sonne sinkt, so flieht nach einer bei vielen Völkern verbreiteten Vorstellung der Sonnengott vor der ihn verfolgenden Mondgöttin. Erreicht er im Sommer seine höchste Kraft, so kann er sich ihrer nicht erfreuen; denn von der Sonnenwende ab büßt er sie wieder ein. Er wird von der Nacht- und Wintergöttin besiegt, wie ein starker Mann einem Weibe unterliegt. Simson, der zeugende Sonnengott, erscheint in der Darstellung des Buches der Richter dem Weibe gegenüber schwach. Es ist sehr wahrscheinlich, daß Delilah eine Umgestaltung der Nacht- und Wintergöttin ist. Simson verliert seine Kraft, als er seine Haare einbüßt; d. h. der Sonnengott verliert seine Strahlen. Aber wie die Sonne nach Ablauf des Winters ihre Kraft wiedergewinnt, so wachsen auch dem Simson die Haare wieder, so daß er noch einmal seine Stärke wiedererlangt; allerdings nur für kurze Zeit. Denn er sucht den Tod und findet ihn bei dem Feste, das seine Feinde, die Philister, zu Ehren ihres Gottes Dagon feiern. Dagon aber ist der unfruchtbare Gott des Meeres und der Wüste, im Mythus eine dem Sonnengotte entgegengesetzte und daher feindliche Macht.

Simson, der Held und der Sonnengott, tötet sich selbst. Das ist ein Zug, den wir auch in den verwandten Mythen wiederfinden. In der biblischen Erzählung kommt Simsons Selbstmord außer beim Feste des Dagon noch ein zweites Mal vor, allerdings in einer schwer kenntlichen Form. Der Sonnengott vereinigt in sich zwei einander entgegengesetzte Tendenzen. Er ist einerseits der wärmende, das Leben fördernde Gott, anderseits der versengende, unheilstiftende, verzehrende. Als letzterer wird er durch das Symbol des Löwen vertreten; unter dem Zeichen des Löwen erreicht die Sonne im Sommer ihre höchste Kraft. Wie Agni und Mātariśvan ursprünglich ein einziges Wesen sind, später aber zu einander entgegengesetzten Mächten werden, so wird auch die verzehrende Sonnenglut – unter dem Symbol des Löwen – von dem segenbringenden Sonnengott abgespalten. Simons erste Heldentat, Herakles' erste Arbeit ist die Überwindung eines Löwen. Der gütige Sonnengott tötet den verzehrenden als Löwen und damit sich selbst.

Eine überaus entstellende Verschiebungsarbeit hat aus dem Sonnengott den gottgeweihten Helden Simson werden lassen. Nur wenige, für sich allein nicht verständliche Reste seines ursprünglichen Wesens haften ihm noch an: die Kraft, die in den Haaren ruht, die Schwäche dem Weibe gegenüber, das Ende durch Selbstmord. Der langen Haare wegen wurde Simson in der späteren Sage zum »Nasir«, zum Verlobten Gottes, der sein Volk aus der Knechtschaft befreit. Hier kommt wahrscheinlich die Identität des Simson und des Herakles mit dem phönizischen Melkart, der ein Schutzgott seines Volkes war, determinierend in Betracht. Wie der Sonnengott der heidnischen Zeit zum gottgeweihten Helden wird, ist nicht bis in alle Einzelheiten aufgeklärt; daß aber eine solche Verwandlung stattgefunden hat, läßt sich aus vielen Quellen erweisen. Israel hatte durch Jahrhunderte mit den Philistern zu kämpfen und verlor in diesen Kämpfen seine Freiheit. Der alte Sonnengott, der ehemals als Gott der Fruchtbarkeit und als Feind der verzehrenden Glut einen Wunsch des Volkes als erfüllt darstellte, mußte nun als Nationalheld einen anderen Wunsch in Erfüllung bringen. Wie Moses wird er aus einem Gotte zum Diener des einzigen Gottes und wird von Gott dazu ausersehen, seinem Volke zu helfen. Er erscheint nicht als Heerführer, sondern stets allein, wie die Sonne einsam am Himmel wandert. Er allein schlägt die Philister mit des Esels Kinnbacken; noch als er erblindet ist, steht er allein den Tausenden der Philister gegenüber und nimmt sie mit sich in den Tod.

IX
Die Darstellungsmittel des Mythus

Nachdem wir die Verdichtungs- und Verschiebungsarbeit des Traumes im Mythus wiedergefunden haben, bleibt uns noch eine letzte Seite der Traumarbeit respektive ihr Analogon im Mythus zu untersuchen. Nicht alle Vorstellungen sind für den Traum ohne weiteres darstellbar; das gleiche gilt für den Mythus. Freilich besteht ein Unterschied: der Traum dramatisiert, während der Mythus die Gestalt eines Epos trägt. Dennoch müssen beide die gleichen Rücksichten auf die technische Darstellbarkeit ihres Materials nehmen. Der Traum muß zum Beispiel für Abstraktes eine bildliche Darstellung finden. Zu diesem Zwecke werden mit Vorliebe sprachliche Wendungen wörtlich genommen. In einem von Freud mitgeteilten Traume will zum Beispiel die Träumerin ausdrükken, daß ein von ihr geliebter Musiker »turmhoch« über den anderen stehe. Im Traume sieht sie ihn im Konzertsaal auf einem Turme stehen und von dort aus dirigieren. Auch die logischen Relationen unserer Sprache sind als solche im Traume nicht darstellbar. Wir haben bereits früher erfahren, wie der Traum die sehr wichtige Relation »gleichwie« durch Identifikation darstellt und daß im Mythus dasselbe Verfahren nachweisbar ist. Eine andere solche Relation: »entweder – oder« findet sich im Traume in verschiedener Weise ausgedrückt. Eine Methode ist z. B. die Aneinanderreihung der verschiedenen Möglichkeiten, d. h. jede wird bildlich dargestellt und dann, wie zur Auswahl, neben die anderen gestellt. Auf einen anderen Weg bin ich kürzlich aufmerksam geworden. Der Träumer bringt die verschiedenen, durch ein Entweder – Oder gekennzeichneten Möglichkeiten in verschiedenen Träumen zum Ausdruck. Die Träume einer Nacht dienen erfahrungsgemäß immer der gleichen Wunscherfüllung; nach eigenen Erfahrungen scheint es mir, daß eine Reihe von Träumen in derselben Nacht nicht selten die verschiedenen Möglichkeiten der Wunscherfüllung einander gegenüberstellt und somit einem Entweder – Oder entspricht. In einem Falle war mir diese Erklärung besonders einleuchtend. Eine Dame, die nahe vor ihrer Heirat stand, aber von verschiedenen Seiten starke Widerstände zu befürchten hatte, erzählte mir einmal fünf Träume, die alle einer Nacht angehörten. Ich konnte, vermöge genauer Kenntnis ihrer Lebensverhältnisse, feststellen, daß in den fünf Träumen alle verschiedenen Zukunftsmöglichkeiten realisiert waren. Die Träumerin verbarg sich respektive ihren Verlobten in jedem Traume hinter einer anderen Person ihrer Bekanntschaft, die sich in einer dem Traume entsprechenden Lage befunden hatte. Sehr interessant war dabei die reichliche Verwendung infantilen Materials. Ganz ebenso verfährt nun das Volk in seinen Mythen. Auch das Volk stellt den gleichen Wunsch in verschiedenen Mythen dar. Wir lernen hier *eine der Ursachen für die inhaltliche Verwandtschaft vieler Mythen* kennen. Ist ein Wunsch von besonderer Stärke, so findet er in verschiedenen Mythen seinen Ausdruck. Jede einzelne Darstellung nimmt in neuer Weise Stellung zu ihm, gewinnt ihm eine neue Seite ab. Hier braucht nur etwa auf die beiden nebeneinander hergehenden biblischen Schöpfungsgeschichten verwiesen zu werden.

Ein zwischen zwei Elementen des Traumes bestehendes nahes Verhältnis wird häufig dadurch ausgedrückt, daß diese beiden Elemente (oder ihre Symbole) im manifesten Trauminhalt in ganz nahe Nachbarschaft gerückt werden. Dasselbe sehen wir im Mythus. In der Prometheussage finden wir den Bohrer stets in naher Nachbarschaft der Scheibe oder des Rades; in der Genesis finden wir Schlange und Apfel ebenso nahe beieinander. Die Prometheussage zeigt uns ferner sehr schön, wie *eine* Person sich hinter mehreren Symbolen verbergen kann: Prometheus ist Bohrer und Blitz. Ein überaus interessantes Beispiel dieser Art ist uns in der Simsonsage begegnet. Der Selbstmord des Sonnengottes Simson wird dadurch dargestellt, daß der Sonnenheros Simson den Sonnenlöwen tötet.

Die größten Ansprüche an die Darstellungstechnik stellt aber die Umgehung der Zensur. Von der symbolischen Verkleidung haben wir schon im allgemeinen gesprochen. In der Sage von der Herabkunft des Feuers finden wir symbolische Umschreibungen besonders für das männliche Zeugungsorgan und für die Zeugungsfunktion. Wir werden dadurch an die Traumsymbolik erinnert. Der Bohrer, Stab oder ein ähnliches Instrument als Vertreter des männlichen Geschlechtsteiles ist ein im Traume häufiges Symbol. Die Träume weiblicher Personen, in denen sie von einem Manne erstochen werden, sind durchsichtige Wunscherfüllungen. In anderen Träumen tritt das Schwert oder ein Baum oder eine durch ihre Form dazu geeignete Pflanzenart als männliches Symbol auf.

Auch das weibliche Korrelat findet sich in der Sage. Es ist die Sonnenscheibe oder das Sonnenrad, oder die Wolke, in deren Höhlung sich der Pramantha oder der Blitz, oder der Donnerknall bewegt; es ist auch offenbar die Höhle, in welcher sich Agni verborgen hat.

Das Feuer trat uns in der Prometheussage in drei Gestalten entgegen; als himmlisches Feuer, als irdisches Feuer und als Lebensfeuer. Im Traume bedeutet Feuer sehr oft das sexuelle Feuer, die Liebe. Da Prometheus der zeugende Gott ist, so dürfte wohl das Liebesfeuer als eine vierte Komponente in Betracht kommen.

X

Die Wunscherfüllungen in der Prometheussage

Nachdem wir uns davon überzeugt haben, daß Traumzensur und Traumarbeit im Mythus ihre vollkommenen Analoga finden, kehren wir zur Frage nach der Wunscherfüllung in der Prometheussage zurück. Es gilt zu ermitteln, was sich hinter der symbolischen Verkleidung verbirgt. Es wird sich zeigen, daß wir auch auf dieser Strecke unseres Weges der Führung durch Freuds Verfahren der Traumdeutung nicht entraten können.

Einen Versuch in dieser Richtung haben die Griechen selbst gemacht. Der Inhalt der Sage war ihnen selbst unverständlich geworden; der Name des Helden ließ sich aber leicht ein wenig zurechtstutzen, so daß man sich etwas unter ihm vorstellen konnte. So wurde aus dem Pramantha ein »Vorsorgender«. Eine solche halbgöttliche Figur konnte man – wenn der Ausdruck erlaubt ist – sehr gut gebrauchen. Ihr Vorhandensein kam einem allzeit aktuellen Wunsche der Menschheit entgegen: dem nach einem fürsorgenden Wesen. In der Namensauslegung »der Vorsorgende« liegt ohne Zweifel ein Wunsch ausgedrückt. Wir wissen aber, daß dieser Sinn dem Mythus »sekundär« gegeben worden ist und daß die Symbolik der Prometheussage gar nicht zu dieser Auslegung paßt. Wir werden dadurch an ganz analoge Verhältnisse in der Traumpsychologie erinnert. Nicht selten ist ganz an der Oberfläche eines Traumes ein Wunsch auf den ersten Blick erkennbar. Der Träumer ist in einem solchen Falle durchaus bereit, diesen Wunsch als tatsächlich vorhanden anzuerkennen. Es ist allemal ein ganz unverfänglicher Wunsch! Man fragt sich dann aber, zu welchem Zwecke in einem solchen Falle die Traumarbeit geleistet wurde, wenn doch der Wunsch, zu dessen Verschleierung die Traumarbeit dienen sollte, offen zutage liegt. Stellt man nun eine genauere Analyse des Traumes an, so bemerkt man, daß sich hinter dem aktuellen Wunsche ein verdrängter verbirgt, der irgendeine Analogie mit dem ersteren aufweist. Der aktuelle Wunsch bildet gewissermaßen die oberste Schicht des Traumes; unter dieser lagert ein verdrängter Wunsch. Damit ist die Deutungsarbeit jedoch nicht beendet. In manchen Fällen gelingt es, mit aller Sicherheit noch eine dritte Schicht zu eruieren. Diese tiefste Schicht im Traume (wie in der Psychose) wird stets von den Reminiszenzen infantiler Wünsche gebildet.

Eine solche Schichtung kann man nun auch in der Prometheussage nachweisen. Wir wissen aus Kuhns Untersuchung[56], daß die älteste Schicht des Mythus eine Identifikation des Menschen mit dem Feuer, der Entstehung des Menschen mit der Entstehung des Feuers darstellte. Die zweite Schicht entspricht einer späteren Anschauung, welche persönliche Götter kannte. In dieser Schicht des Mythus ist der Feuergott zugleich

[56] [Kuhn (1859).]

der Menschgott, von dem der Mensch *erzeugt* wird. In der dritten, jüngsten Schicht ist Pramantha nicht mehr der Erzeuger, sondern der Schöpfer des Menschen und sein »Vorsorger«.

Die in der letzten Schicht enthaltene Wunschphantasie, die ja klar zutage liegt, haben wir schon besprochen. Nach Analogie des Traumes dürfen wir erwarten, daß die beiden älteren Schichten auch je einen Wunsch verkörpern. Den Wunsch der zweiten Schicht kennen wir aber bereits. Der Mensch leitet seine Herkunft von einem göttlichen Wesen ab und ist infolgedessen selbst göttlich. Er *identifiziert* sich mit dem Pramantha. Wir konnten erweisen, daß sich darin eine ähnliche Tendenz ausspricht wie in den Kindheitsphantasien des Individuums, die wir aus dem Bestehen eines Größenkomplexes ableiteten. Der Wunsch der zweiten Schicht der Prometheussage wäre so zu präzisieren: Wir wollen als von einem göttlichen Wesen gezeugt und selbst als göttlich gelten; jeder von uns ist ein Pramantha. Ich weise darauf hin, daß diese Phantasie eine unverkennbare sexuelle Komponente hat. Bildet aber das Sexuelle in der zweiten Schicht eine relativ untergeordnete Komponente, so finden wir in der tiefsten Schicht einen rein sexuellen Inhalt, eine klare Wunscherfüllung auf sexuellem Gebiete. Die zweite Schicht unterscheidet sich von der ältesten durch eine weit vorgeschrittene Sexualverdrängung.

Die Symbolik der tiefsten Schicht ist unverkennbar sexuell; sie verleiht einem *sexuellen Größenkomplex* Ausdruck. Der Mensch identifiziert seine Zeugungskraft mit der Fähigkeit des Bohrers, in der Holzscheibe Feuer zu entflammen, mit dem Wirken des Bohrers am Himmel, des Blitzes. *Die älteste Form der Prometheussage ist eine Apotheose der menschlichen Zeugungskraft.*

Wir haben uns früher bemüht, den Nachweis zu führen, daß die Sexualität im Wesen des Menschen den innersten Kern bildet. Es ist ein alter und verbreiteter Irrtum, daß das Kindesalter in sexueller Beziehung völlig indifferent sei. Ich sehe hier natürlich von Fällen abnormer sexueller Frühreife ab. Namentlich durch Freuds[57] Untersuchungen werden wir zu der Annahme gedrängt, daß es eine sexuelle Betätigung schon im frühen Kindesalter gibt, die freilich dem Kinde nicht als solche bewußt wird und von der Sexualbetätigung des reifen, gesunden Individuums sehr abweicht. Sehr früh erwacht beim Kinde die *sexuelle Schaulust*, mit der sich die Wißbegierde in bezug auf die Geschlechts-

[57] 1905*d*.

unterschiede, die Zeugung etc. verbindet. Jedes Kind – das eine früher, das andere später – fragt: woher bin ich gekommen? Was das Kind in dieser Hinsicht erfährt, gibt seiner Phantasie reiche Nahrung. Das Interesse an den sexuellen Vorgängen erzeugt bei dem heranwachsenden Kinde eine Spannung wie nichts anderes. Eine unerwartet erhaltene Aufklärung hat gar nicht selten heftige Gemütsbewegungen zur Folge. Ebenso rufen die ersten physiologischen Zeichen der sexuellen Reifung, die das Kind an sich selbst bemerkt, nicht selten Angst und Widerwillen hervor.

Wir haben bereits wiederholt krankhafte Phantasiegebilde aus infantilen Phantasien hervorgehen sehen. Wir fanden auch eigentümliche Analogien zwischen diesen krankhaften Produkten und den Mythen. Die aus kindlicher sexueller Schaulust und Wißbegierde hervorgegangenen Phantasien begegnen dem Arzte recht häufig, wenn er vermittels des psychoanalytischen Verfahrens in das Seelenleben von neurotischen und geisteskranken Personen eindringt. Ich verweise in dieser Hinsicht besonders auf Freuds[58] Analyse eines Falles von paranoider Geistesstörung. Eine ganz außerordentliche Bedeutung kommt der sexuellen Wißbegierde im Bereiche der psychischen Zwangserscheinungen zu; besonders gilt dies für den sogenannten Grübelzwang. Kranke mit dieser eigentümlichen Affektion müssen über transzendentale Dinge, wie den Ursprung Gottes und der Welt, wider ihren Willen nachgrübeln, oder sie müssen sich den Kopf darüber zerbrechen, warum dies oder jenes in der Welt *so* ist und nicht anders. Ein Fall meiner eigenen Beobachtung, den ich hier in aller Kürze mitteilen möchte, wird erläutern, welche Bedeutung der infantilen sexuellen Schaulust bei neurotisch veranlagten Personen für die Erklärung dieser Zustände zukommt.

Der Patient unterschied bei sich selbst zwei Arten von Zwangserscheinungen, erstens den Zwang zum Beten, zweitens den Zwang, jeden Gegenstand mit der größten Genauigkeit zu betrachten und dann über seine Entstehung, Herstellung, Zusammensetzung etc. nachzugrübeln. Er gab an, seit seiner Kindheit diesem Zwange unterworfen gewesen zu sein, der zwar manchmal für kürzere oder längere Zeiträume zurücktrat, aber doch stets wiederkehrte. Die Analyse ergab, daß er als Knabe zu einer ganzen Reihe von Malen versucht hatte, Personen, mit denen er das Schlafzimmer oder Bett teilte, zu entblößen. Sein ganzes Interesse konzentrierte sich auf den Anblick der Genitalien und des Gesäßes, auf die Entstehung des Kindes sowie auf die vorausgehenden Vorgänge. Wegen der gewaltsamen Versuche, mit denen er diese dem Grade nach zweifellos krankhafte Wißbegierde zu befriedigen versuchte,

[58] Vgl. *Kleine Schriften zur Neurosenlehre*, S. 124 [1911c].

machte er sich heftige Vorwürfe und begann daher zu Gott zu beten, er möge ihn doch einen braven Menschen werden lassen. Das Beten erhielt rasch den Charakter des Zwangsmäßigen; er schrieb sich Zettel mit ganzen Litaneien voll und las sie, so oft er konnte. Er hatte große Angst, auch nur ein Wort auszulassen. Mit dem Beten zugleich entwickelte sich das zwangsmäßige Betrachten der Gegenstände. Es ließ sich feststellen, daß der Patient das Studium aller möglichen *indifferenten* Objekte an Stelle des für sündhaft gehaltenen Betrachtens gewisser Körperteile gesetzt hatte. Dabei interessierte ihn besonders die Rückseite der Gegenstände und der Prozeß ihrer Entstehung. Durch das Nachdenken über die Entstehung indifferenter Objekte suchte er ein Gegengewicht gegen das Nachdenken über die Entstehung des Menschen zu schaffen.

Der Angstaffekt wurde, wie es in solchen Fällen stets geschieht, auf indifferente Vorstellungen »transponiert«.[59] Was jedes heranwachsende Kind in hohem Grade und diesen Knaben in abnormem Grade beschäftigte, das ist das gleiche Thema, welches in der Mythologie als *Anthropogenie* bezeichnet wird.
Die Zeugung des Menschen, die Entstehung eines neuen Lebewesens bietet so viel Rätselhaftes, daß diese Vorgänge schon deshalb von allem Anfang an das besondere Interesse des Menschen auf sich ziehen und zur Mythenbildung reiche Anregung geben mußten. Einem Zeitalter, das einer naturwissenschaftlichen Betrachtung noch fernstand, mußte die Zeugung wie ein Zauber erscheinen. Dieser Annahme können wir noch eine wichtige Stütze geben. Überall in der Mythologie, im Wunderglauben etc. spielt der *Zauberstab* eine große Rolle. Es kann aber (aus Gründen, die ich an dieser Stelle nicht erörtern kann) keinem Zweifel unterliegen, daß der Zauberstab nur eine symbolische Vertretung des männlichen Genitale bedeutet. Ein ganz ähnliches Symbol, der in der hölzernen Scheibe bohrende Stab, ist nun der Mittelpunkt der ältesten Form der Prometheussage. Ich habe bisher auf eine sehr merkwürdige Eigentümlichkeit der Prometheussage noch nicht verwiesen: daß sie eine rein *männliche Sage* ist. Der zeugende Mann tritt in ihr sowohl in persönlicher Gestalt (Pramantha) als auch symbolisch auf. Das Weib wird nur durch das Symbol der hölzernen Scheibe vertreten und wird in der Sage nur ganz nebenbei erwähnt. Wir waren vorhin zu dem Ergebnis gelangt, daß die Prometheussage in ihrer ältesten Schicht eine Apotheose der Zeugungskraft sei. Hier erfährt diese Anschauung eine vollgültige Bestätigung. Die Prometheussage in ihrer

[59] Vgl. *Sammlung kleiner Schriften zur Neurosenlehre,* besonders S. 118f. [1909*b*, S. 368].

ältesten Form hat die Tendenz, die männliche Zeugungskraft als Prinzip alles Lebens zu proklamieren. Das ist der sexuelle Größenwahn alles Männlichen bis auf diesen Tag.

XI
Analyse des Mythus von der Herabkunft des Göttertranks

Mit der Sage von der Herabkunft des Feuers, die wir nunmehr mit größerem Rechte als eine Sage von der Zeugung bezeichnen dürfen, ist die Sage von der Herabkunft des Göttertranks eng verknüpft. Wir haben hierauf schon einigemal verwiesen, sind aber auf eine Analyse dieses Mythus bisher nicht eingetreten. Nach früheren Erfahrungen dürfen wir erwarten, daß zwei Sagen, welche in engen Beziehungen zueinander stehen, auch in ihrer Tendenz übereinstimmen werden. Zur Analyse der Göttertrankmythen dient uns wiederum Kuhns grundlegende Schrift[60] als Wegweiser. An einer bestimmten Stelle werden wir freilich eigene Wege betreten müssen.
Der Göttertrank wird in den ältesten indischen Quellen Amrta, in den späteren *Soma*, im Zendavesta Haoma benannt. Aus der griechischen Mythologie sind die Bezeichnungen Nektar und Ambrosia allgemein bekannt. Dem Göttertrank werden verschiedene wunderbare, geheimnisvolle Wirkungen zugeschrieben: er belebt, er begeistert, er verleiht Unsterblichkeit. Die letztere Eigenschaft kommt in »Amrta« und in dem etymologisch entsprechenden »Ambrosia« klar zum Ausdruck; auch in »Nektar« ist ein ähnlicher Sinn enthalten.
Soweit unsere Überlieferungen zurückreichen, stellten alle Völker berauschende Getränke her, deren Genuß die allbekannten trügerischen Gefühle hervorruft. Der Mensch fühlt sich belebt, begeistert, gehoben; zugleich verleiht der Trank ihm ein erhöhtes Wärmegefühl und erregt seine sexuelle Begierde. Die Kulte des Dionysos tragen stets zugleich einen erotischen Charakter. Das Getränk ruft im Menschen also in doppeltem Sinne Feuer hervor: Wärme und Liebesfeuer. Man gewann den berauschenden Trank durch Auspressen bestimmter Pflanzenarten. Diese treten im Mythus als Somapflanzen auf. Uns interessiert unter

[60] [Kuhn (1859).]

diesen Pflanzen besonders die Esche (respektive Eberesche), derselbe Baum, dessen Holz zur Feuererzeugung dient. Aus seinen Zweigen wird ein Saft gepreßt, welcher als Soma bezeichnet wird.

Neben dem irdischen Soma kennt nun der Mythus den himmlischen Soma, und beide werden miteinander identifiziert, ganz wie wir es mit dem irdischen und himmlischen Feuer geschehen sahen. Auf Erden werden Soma und Feuer von der Esche gewonnen. Wie nun nach der Prometheussage das *himmlische Feuer* an der Weltesche (dem Wolkenbaum) entzündet wird, so entstammt auch der *himmlische Soma* der Weltesche. Er wird durch Bohren im Holze der Weltesche (d. h. in der Wolke) hervorgerufen. Der irdische Soma ist ein von der himmlischen Esche herabgekommener himmlischer Soma. Ein Vogel, der in den Zweigen der Esche nistet, hat ihn zur Erde getragen. Die Analogie mit der Feuersage ist hier ganz eklatant. Wie das himmlische Feuer Sonnenglut und Blitz umfaßt, so ist auch der himmlische Soma mehrdeutig; er ist gleichzeitig Tau und Regen und wird weiter noch zum Trank der Götter. Der Wolkenbaum wird in gewissen Mythen genau geschildert. Seine Wurzeln stehen in Seen; an seinem Fuße entspringen Quellen, die als Regen zur Erde niedergehen. Von den Zweigen fällt der Tau hernieder.[61]

Wir haben früher festgestellt, daß in der ältesten Schicht der Prometheussage die Entzündung des irdischen und des himmlischen Feuers nur zur symbolischen Vertretung des Zeugungsvorganges dient. Wir können mit Recht annehmen, daß auch der irdische und der himmlische Soma die symbolische Vertretung für ein Drittes bilden, das uns allerdings noch unbekannt ist. Obgleich die Deutung nahe liegt, ist Kuhn an ihr vorübergegangen. Wir müssen daher über Kuhns Analyse hinausgehen, um uns über die dritte und wichtigste, weil ursprüngliche Bedeutung des Soma Aufschluß zu verschaffen.

Der himmlische Soma wird durch Bohren in der Wolke – also durch einen symbolischen Zeugungsakt – gewonnen. Es scheint mir darum

[61] Eine andere in den indogermanischen Mythen nachweisbare Vorstellung sah in den Wolken ein jagendes Roß, von dessen Mähne der Tau zur Erde rinnen sollte. Aus diesem Wolkenroß, dem Träger des begeisternden Soma, ging in der griechischen Mythologie das Flügelroß Pegasus hervor. Anderseits wurden aus den jagenden Wolken die verfolgenden Erinnyen gestaltet. Ebendaher rühren die Sagen vom wilden Heer etc. in der germanischen Mythologie. – Die Vorstellung, daß eine Wolke die andere jagt und zu greifen sucht, finden wir in einem modernen Gemälde – Heuernte von Segantini – wieder. Es ist sehr bemerkenswert, daß die Phantasie eines Künstlers, dessen Werke die Idee von der Einheit der Natur verkörpern, die gleiche Richtung nimmt wie die Phantasie der Völker in vorhistorischer Zeit.

ein naheliegender Schluß zu sein, im Soma eine symbolische Vertretung des menschlichen Samens zu erblicken. Der Samen hat eine belebende und unsterblichmachende, weil fortpflanzende Wirkung. Er wirkt befruchtend, wie der himmlische Soma, der als Tau und Regen zur Erde fällt. Wir vermögen nun zu begreifen, warum die Sagen von der Herabkunft des Feuers und des Göttertranks so eng miteinander verknüpft sind. Der zeugende Körperteil und der Samen lassen sich voneinander eben nicht trennen.

Dieser ältesten Schicht des Mythus, deren sexueller Sinn klar zutage tritt, lagert sich – ganz wie in der Feuersage – eine zweite Schicht auf. Sie unterscheidet sich auch in diesem Falle von der ersten durch die *Personifikation der Naturphänomene*, d. h. durch das Auftreten menschenähnlicher Göttergestalten, sodann aber durch eine intensive *Sexualverdrängung*. Wir begegnen einem halbgöttlichen Wesen, das den Namen Soma trägt. Soma ist ein Genius der Kraft und der Zeugung; unsere Annahme von der eigentlichen Natur des Soma erfährt hier eine volle Bestätigung. In gewissen Mythen tritt an Somas Stelle der uns bekannte Agni.

Es ist von großem Interesse, hier einen griechischen Mythus heranzuziehen, in welchem sich die Vorstellung von der Entstehung des Göttertranks durch Bohren erhalten hat, zumal er uns das Verständnis der jüngsten Schicht der Somasage erschließt. Zeus wünscht zu Persephone zu gelangen, welche im Wolkenberg verborgen ist. Er verwandelt sich zu diesem Zwecke in eine Schlange und bohrt sich in den Berg hinein. Diese Sexualsymbolik ist uns ohne weiteres verständlich. Aus der Verbindung des Zeus und der Persephone geht Dionysos hervor, der Gott des Weines, eine Personifikation des Göttertranks. Dionysos wird von den Hyaden gesäugt; diese sind als Regengöttinnen ebenfalls eine Personifikation des himmlischen Soma; als Sternbild beherrschen sie die Regenzeit.

Dem Zeus der griechischen Mythologie entspricht der Indra der indischen. Auch er ist der Gott des heiteren, unbewölkten Himmels. Auch er übernimmt eine wichtige Rolle in der Somasage. Er wird zum Somaräuber. Wie in der dritten Schicht der Prometheussage Mātariśvan den Agni, so holt Indra den Soma aus einer Höhle, in der ihn die Gandharven[62] bewachen. Diesen Raub führt Indra in Gestalt eines Falken aus. In manchen Sagen wird der Somaraub aber auch dem Agni zu-

[62] Kuhn hat in einer besonderen Schrift erwiesen, daß aus den Gandharven, einem Dämonengeschlecht, die Kentauren der griechischen Sage hervorgegangen sind.

geschrieben, der ebenfalls Vogelgestalt annimmt. Agni war uns früher als feuerraubender Vogel begegnet. Nun lernen wir ihn auch als Somaräuber kennen und haben darin eine bemerkenswerte Identifikation vor uns. Der Falke muß mit den Gandharven um den Besitz des Soma kämpfen. Im Kampfe verliert er eine Feder, die zur Erde fällt und sich in die Somapflanze verwandelt. Einer ganz ähnlichen Geschichte waren wir schon bei der Analyse der Prometheussage begegnet. Ganz wie die letztere, so ist auch die Somasage in ihrer dritten Schicht derart entstellt, daß der manifeste Inhalt des Sexuellen ganz entbehrt.

Wir müssen auf die Bedeutung der Somapflanze noch weiter eingehen und werden auf diesem Wege neue Beweise für die Identität des Soma mit dem menschlichen Samen finden. Der Zweig des Somabaumes, eine symbolische Vertretung des männlichen Gliedes, besitzt wunderbare Eigenschaften. Er liefert nicht nur den Somatrunk; er dient vielmehr den verschiedensten Gebräuchen und Zeremonien. Von der Eberesche wird die sogenannte Wünschelrute geschnitten, die unter anderem zum Auffinden unterirdischen Wassers dient. Nach uraltem Brauche schlugen im Frühjahr die Hirten das Vieh mit einem Zweige der Eberesche, um die Fruchtbarkeit und den Milchertrag zu erhöhen. Der Zweig des Somabaumes kehrt auch im Zauberstab wieder, desgleichen im Hermesstab und im Thyrsosstab, mit welchem Dionysos Wein aus dem Felsen schlägt. Schon früher haben wir die biblische Erzählung erwähnt, in der Moses mit seinem wundertätigen Stabe Wasser aus dem Felsen schlägt; die symbolische Bedeutung dieses Stabes wird noch klarer, wenn wir daran erinnern, daß er sich von Pharaos Augen in eine Schlange verwandelt.[63]

Von den überaus mannigfaltigen Funktionen der Esche in den Mythen und Gebräuchen muß uns noch eine besonders interessieren. Aus Eschenholz wurde der Stößel hergestellt, dessen man sich zur Bereitung der Butter bediente. Dieses Holz schützte nämlich gegen allerhand Hexerei, der man beim Buttern besonders ausgesetzt zu sein glaubte. Nach den vorhandenen Quellen kann es nun keinem Zweifel unterliegen, daß der Vorgang der Butterbereitung ganz wie der der Feuerbereitung mit dem Zeugungsakt verglichen und symbolisch an seine Stelle gesetzt wurde, daß ferner das Produkt, die Butter, mit dem Samen wie auch mit dem Soma verglichen respektive identifiziert wurde. Eine Erzählung des

[63] Der Vorgang der Erektion hat die Phantasietätigkeit offenbar in außerordentlichem Grade angeregt; die Verwandlung des Stabes (Phallus) in die Schlange bedeutet die Rückkehr des Phallus in den erschlafften Zustand.

Mahabharata schildert die Entstehung des Soma als einen der Butterbereitung durchaus analogen Vorgang; ich gebe sie im Anschluß an Kuhn[64] verkürzt wieder. Die nach dem Amrta verlangenden Götter und die Asura (böse Dämonen) nehmen den Berg Mandara als Butterstock, um mit ihm den Ozean zu quirlen. Indra legt die Schlange Vasuki als Strick um den Berg, und nun beginnen Götter und Asura zu ziehen. Aus dem Rachen der gezogenen Schlange fliegen Rauch und Flammen hervor, die sich in dichten Wolken sammeln und Blitze und Regen auf die Götter herabschütten. Zugleich entzünden sich, indem der Berg so herumgewirbelt wird, die auf seinem Gipfel stehenden, aneinander geriebenen Bäume, und das so entstandene Feuer umhüllt den Berg wie Blitze die dunkle Wolke. Dies Feuer löscht Indra mit Wolkenwasser, und es fließen alle die Säfte der gewaltigen Bäume und Pflanzen ins Meer, und aus seinem so mit den trefflichsten Säften gemischten Wasser, welches zur Butter gerinnt, erhebt sich der Soma, der in dieser Sage mit dem Monde identifiziert wird, nach ihm verschiedene andere mythische Wesen, und zuletzt kommt Dhanvantari hervor, einen weißen Krug haltend, in dem sich das Amrta befindet. Götter und Asura kämpfen um dieses, und die ersteren siegen.

Die alten indischen Epen enthalten noch mehrere andere Darstellungen von der Gewinnung des Amrta. Keine derselben spricht gegen die von mir angenommene Bedeutung des Soma. Jede der drei Schichten, welche wir in der Sage nachweisen konnten, enthält eine Wunscherfüllung, welche derjenigen in der entsprechenden Schicht der Prometheussage durchaus analog ist. Wie dort die Zeugung oder das ihr dienende Organ, so erfährt hier ursprünglich der Same seine Apotheose. Unter Verdrängung des sexuellen Inhalts der Sage wird der Same allmählich in den Göttertrank umgewandelt. Er wird zur Gabe eines gütigen Gottes an die Menschen. Die Sage vom Soma macht also die gleichen Umwandlungen durch wie die Prometheussage und läuft wie diese in eine aktuelle, nicht sexuelle Wunscherfüllung aus.

[64] *Die Herabkunft des Feuers* [1859], 1886, S. 219.

XII
Die Wunschtheorie des Mythus

Ich habe versucht, auf Grund psychologischer Betrachtung eine Theorie der Entstehung des Mythus zu geben und ihr durch eingehende Analyse von Beispielen eine Stütze zu verleihen. Es wird nun Zeit, das Verhältnis der hier vertretenen Anschauungen zu anderen mythologischen Theorien zu erörtern.

Die älteste und, wie ich glaube, heute noch populärste Theorie nimmt an, daß der Mythus der bildliche Ausdruck philosophisch-religiöser Ideen sei. Nach allgemein verbreiteter Anschauung sollen Ideen dieser Art sozusagen das Fundament des menschlichen Seelenlebens bilden. Ich kann mich dieser Anschauung nicht anschließen. Ebensowenig wie das Kind mit einer altruistischen Ethik zur Welt kommt, ebensowenig ist anzunehmen, daß die Menschen der vorhistorischen Zeit philosophische oder religiöse Ideen in sich trugen und diese nachträglich in Mythen symbolisierten. Ein ungemein langwieriger Prozeß der Verdrängung war erforderlich, ehe eine solche Ethik zum festen Besitz eines Volkes wurde, und dieser Verdrängungsprozeß muß sich im kleinen bei jedem Individuum noch heute wiederholen. Unsere Analyse der Prometheussage hat ergeben, daß der einzige Bestandteil, welcher wie eine ethisch-religiöse Idee erscheint – d. h. die Auffassung des Prometheus als eines vorsorgenden Wesens –, ganz nebensächlicher, sekundärer Natur ist, während Ideen und Wünsche ganz anderer Art sich als eigentliche Basis der Sage herausstellten. Wie Freud[65] es für die Ödipussage erwiesen hat, so glaube ich für die Prometheussage den Nachweis geführt zu haben, daß sie ihren Ursprung nicht aus einer ethischen, religiösen oder philosophischen Anschauung, sondern aus der sexuellen Phantasie des Menschen genommen hat. Die ethisch-religiösen Bestandteile des Mythus fasse ich als spätere Auflagerungen, als Produkte der Verdrängung auf. Auch die anderen Sagen, auf die ich leider nicht so ausführlich eingehen konnte, scheinen mir durchaus zugunsten dieser Auffassung zu sprechen.

Als vor 50 Jahren durch Kuhn die vergleichende Mythologie inauguriert wurde, brach die junge Wissenschaft mit der alten Anschauung von der Entstehung der Mythen. Mit besonderer Bestimmtheit brachte z. B. Delbrück[66] den Umschwung der Meinungen zum Ausdruck. Er

[65] [1900*a*.]
[66] 1865.

erklärte, jeder Mythus gehe auf eine Naturanschauung zurück. Der Mythus sollte ein naiver Versuch zur Erklärung eines Naturphänomens sein. Man erkannte jetzt dem Mythus eine Entwicklung zu und verglich die einzelnen Sagen mit inhaltsverwandten Sagen anderer Völker.
Eine moderne Theorie will alle Mythen der semitischen und indogermanischen Völker auf *eine* Quelle zurückführen: auf die Betrachtung der Gestirne. Die neueren Forschungen haben ergeben, daß Babylonien die Heimat der Sternkunde ist und daß sehr viele Mythen auf babylonische Quellen weisen. Dies ist die sogenannte *Astraltheorie*. Zur Orientierung sei auf eine kurze Schrift von Winckler[67] verwiesen.
Wenn man als Quelle jedes Mythus eine Naturanschauung annimmt, wenn man speziell in ihm den Ausdruck einer astronomischen Anschauung erblickt, so bleibt eine solche Theorie doch in einer Hinsicht unbefriedigend. Sie gibt uns keinen Einblick in die *Motive* der Mythenbildung. Sie berücksichtigt nicht die Egozentrizität aller Phantasiegebilde des Menschen. Wohl mögen astronomische Anschauungen einen mächtigen Einfluß auf die *Ausgestaltung* der Mythen gehabt haben, aber ihre Bedeutung kann nur eine *sekundäre* sein. Auch in den Traum gehen Beobachtungen, die der Träumer in der Außenwelt macht, als Material ein; sie scheinen sogar, wenn man eine genaue Analyse unterläßt, den wesentlichen Inhalt des Traumes auszumachen. Der Träumer hat dieses Material benützt, weil er in ihm Analogien zu seinem »Ich« fand; es dient ihm zur symbolischen Verhüllung seiner Wunschphantasien. Zu dem gleichen Zwecke benützt das Volk astronomische Anschauungen. *Es projiziert seine Phantasien an den Himmel. Im Mittelpunkte seiner Mythen steht das Volk selbst; es erlebt in ihnen die Erfüllung seiner Wünsche.*
Die *Wunschtheorie des Mythus* läßt sich unschwer zu einer Wunschtheorie der *Religion* erweitern. Die ursprüngliche Identifikation des Menschen mit seinem Gotte ist im Mythus und in der Religion unkenntlich geworden. Durch einen langwierigen Verdrängungsprozeß sind die monotheistischen Völker dazu vorgedrungen, sich ihrem Gotte als ihrem Schöpfer unterzuordnen. Wenn allmähliche, große Umwälzungen dazu geführt haben, daß man den einzigen Gott als einen *Vater* der Menschen betrachtet – nicht mehr im Sinne des zeugenden, sondern des sorgenden Vaters –, so liegt darin nur wieder eine Wunschphantasie, welche im Infantilen wurzelt. Es ist die gleiche Wunschphantasie, der zuliebe die

[67] 1902.

Griechen ihren Prometheus als den »Vorsorgenden« auslegten. Der Mensch wünscht sich eine sorgende Vorsehung; er projiziert diesen Wunsch an den Himmel: dort muß ein für alle Menschen sorgender Vater wohnen. Ebenso deutlich kommt der Madonnenkultus einer im Infantilen wurzelnden Wunschphantasie entgegen. Die sorgende Mutter, die dem Kinde in allen Nöten zur Seite stand, will auch der Erwachsene in den großen Nöten des Lebens nicht entbehren. Darum überträgt er seine erhalten gebliebenen Kindheitsphantasien auf die Himmelskönigin. Nichts als Erfüllungen von Wunschphantasien sind alle Anschauungen vom Fortleben nach dem Tode, ob die Phantasie sich nun ein Jenseits im Sinne des Christentums oder eine Stätte sinnlicher Freuden im Sinne des Islam ausmalt.

Ich habe mit Hilfe der Wunschtheorie der Entstehung und den Wandlungen des Mythus eine Erklärung gegeben. Es erübrigt, einiges über das *Vergehen der Mythen* hinzuzufügen. Daß Mythen verschwinden, ist eine hinlänglich bekannte Tatsache, die für uns eine neue Analogie mit dem Traume in sich schließt. Jeder Traum geht regressive Veränderungen ein, deren Tempo bald schneller, bald langsamer ist. Es findet aber kein absolutes Vergessen statt, sondern die Traumgedanken mit ihrem Beiwerk kehren in die Verdrängung zurück. So kommen auch Zeiten, da das Volk seine Mythen vergißt. Denn bei jedem Volke bricht eine Zeit an, da es sich der Traditionen entledigt, da an die Stelle der alten Phantasiegebilde eine nüchterne Denkweise tritt. Diese Entwicklung wird gefördert einmal durch fortschreitende Erkenntnis der Naturgesetze, sodann auch durch eine allgemeine Situation des Volkes, welche seinen Größenkomplex befriedigt. An diesem Rückbildungsprozeß beteiligen sich auch die anderen Phantasiegebilde des Volkes und nicht zum mindesten die Symbolik der Sprache. Die Sexualsymbolik der Sprache erfährt kaum mehr einen neuen Zuwachs, während die vorhandenen Symbolismen verschwinden. Am weitesten ist in dieser Hinsicht die englische Sprache »vorgeschritten« – wir werden richtiger »rückgebildet« sagen. In ihr sind die Geschlechtsunterschiede bis auf geringe Spuren verwischt. Die sprachliche und mythische Symbolik sind offenbar keine adäquate Ausdrucksform für den modernen Volksgeist, speziell nicht für den englischen. Praktische Erfolge machen Wunschphantasien entbehrlich. Anders verfährt ein Volk, wenn es von der Realisierung des nationalen Größenkomplexes weit entfernt ist. Typisch ist das Beispiel der Juden. Sie haben durch lange Zeiträume die Wunschphantasien aus der Kindheit des Volkes bewahrt. Man denke an den Wunschtraum vom auserwählten Volke und vom Gelobten Lande.

Die moderne Naturwissenschaft bezeichnet mit dem Namen des *»biogenetischen Grundgesetzes«* die Erfahrungstatsache, daß die Entwicklung des Individuums eine summarische Wiederholung der Entwicklung der Art vorstellt. In langen Zeiträumen der Phylogenese haben sich bei jeder Art ganz allmählich vielerlei körperliche Veränderungen vollzogen. Alle solchen Entwicklungsstadien muß auch das Individuum in seiner Entwicklung durchlaufen. Auch auf geistigem Gebiete vollzieht sich beim Einzelwesen ein Vorgang, der die phylogenetische Entwicklung wiederholt. Wir haben mannigfache Erscheinungen kennengelernt, die dem geistigen Leben der Gesamtheit und dem des Individuums gleichermaßen eigen sind. Die für uns wichtigste Parallele aber ist diese: Das Volk verarbeitet in vorhistorischer Zeit seine Wünsche zu Phantasiegebilden, die als Mythen in das historische Zeitalter hinüberreichen. Ebenso schafft das Individuum in seiner »vorhistorischen Periode« aus seinen Wünschen Phantasiegebilde, die in den Träumen der »historischen« Zeit persistieren. *So ist der Mythus ein erhalten gebliebenes Stück aus dem infantilen Seelenleben des Volkes und der Traum der Mythus des Individuums.*

XIII

Die determinierenden Kräfte im Seelenleben des Individuums und der Gesamtheit

Die analytische Forschung, deren Prinzipien in den Werken Freuds enthalten sind, erstreckt sich auf Phänomene des normalen und des krankhaften Seelenlebens, der Individual- und der Völkerpsychologie. Auf allen diesen Gebieten gelingt ihr der Nachweis, daß jedes psychische Phänomen durch bestimmbare Ursachen determiniert ist. Der Glaube an Eingebungen bedarf heutzutage nicht mehr der Widerlegung. Nach einer anderen Seite muß sich die Abwehr richten. Es ist eine verbreitete, ja sogar wissenschaftlich verfochtene Anschauung, daß im Bereiche des Psychischen der Zufall herrsche. Man weigert sich, für all die tausend Vorkommnisse des täglichen Lebens, für Einfälle, Irrtümer, Vergessen etc., für den Inhalt der Träume, für die individuellen Äußerungen einer Geistesstörung eine Determination durch bestimmte psychische Faktoren anzuerkennen. Man verharrt damit auf einem alten, dualistischen

Standpunkt. Man weist dem psychischen Geschehen eine Sonderstellung an, indem man es von naturgesetzlicher Determinierung ausnimmt. Die Anschauung, welche dem Zufall psychologische Wirkungen zuschreibt, ist insofern durchaus steril, als sie den individuellen Phänomenen des Seelenlebens niemals gerecht werden kann. Hier setzt Freuds Lehre ein. Sie betrachtet jedes psychische Phänomen als eine Wirkung und sucht nach seiner spezifischen psychologischen Ursache. Die determinierenden Kräfte im psychischen Leben bilden das Objekt dieser Forschungsrichtung.

Das Kind bringt als erste Determinante für sein späteres psychologisches Verhalten seine Veranlagung mit zur Welt. Diejenige Seite dieser Anlage, welche zur Erklärung aller Phantasiegebilde in erster Linie in Betracht kommt, ist die psychosexuelle Konstitution. Diese äußert sich am unverfälschtesten in der Kindheit, bis der Verdrängungsprozeß anhebt. Während das Kind sich anschickt, seine Neigung auf bestimmte lebende und leblose Objekte zu übertragen und sie von anderen zurückzuziehen, dringen die Einflüsse der Erziehung, des Milieus etc. auf es ein und zwingen es, einen Teil seiner natürlichen Regungen, und in erster Linie die sexuellen, zu verdrängen. Nächst der angeborenen Veranlagung üben die verdrängten sexuellen Infantilismen einen gewaltigen determinierenden Einfluß aus. Infantiles psychisches Material begegnet uns in allen Phantasiegebilden wieder. Reminiszenzen des späteren Lebens kommen als dritte Determinante hinzu. Auch sie geraten zu einem großen Teil in Verdrängung. Reminiszenzen, welche der spontanen Erinnerung entzogen sind, werden meist als nicht vorhanden angesehen. Erst Freud hat die Bedeutung der Verdrängung und die determinierenden Wirkungen des verdrängten psychischen Materials erkannt und im vollen Umfange gewürdigt.

Es gibt keinen Zufall im Bereiche des Psychischen. Was äußerlich als Zufallsprodukt erscheint, das hat in der angeborenen Veranlagung und in der infantilen Sexualverdrängung seine tiefste Quelle. Die Erlebnisse nach der Kinderzeit sind wie Zuflüsse, welche in diesen Quellfluß einmünden. Wenn wir unter den determinierenden Kräften der Sexualität eine so umfassende Bedeutung zumessen, so liegt darin keineswegs eine Überschätzung des Sexuellen. Überall im organischen Leben finden wir die Erhaltung des Individuums der Erhaltung der Art als dem höheren Prinzip untergeordnet. Der Trieb, welcher der Arterhaltung dient, muß der stärkste sein; sonst müßte die Art zugrunde gehen.

Die analytische Forschung im Sinne Freuds steht heute noch in argem

Verruf bei der Kritik. Sie teilt dieses Schicksal mit einem Zweige der Sprachforschung, der Etymologie. Von dieser hat man einmal gesagt, sie sei dadurch charakterisiert, daß die Vokale in ihr keine und die Konsonanten eine geringe Rolle spielten. Eine auf wissenschaftlichen Grundlagen ruhende Wortdeutung setzt sich dennoch durch; sie trägt mit Recht den Namen einer Wissenschaft des »Echten«, d. h. des wahren Wesens der Sprachelemente. Die Freudsche Lehre ist eine Etymologie der psychischen Erscheinungen. Auch sie wird sich durchsetzen, wenn es auch noch manchen Kampf mit der Prüderie und dem Vorurteil moderner Wissenschaft kosten mag.

Über Einschränkungen und Umwandlungen der Schaulust bei den Psychoneurotikern nebst Bemerkungen über analoge Erscheinungen in der Völkerpsychologie[1]

Die Schaulust als sexueller »Partialtrieb« ist, gleich ihrem passiven Gegenstück – der Zeigelust (Exhibitionslust) – mannigfachen Einschränkungen und Umwandlungen unterworfen. Beide Triebe, die sich im frühen Kindesalter äußern dürfen, ohne durch Verbote gehemmt zu werden, unterliegen später unter normalen Verhältnissen in erheblichem Maße der Verdrängung und Sublimierung. Bei den Psychoneurotikern gehen die Hemmungen und Transformationen dieser Triebe weit über das normale Maß hinaus, während zu gleicher Zeit die verdrängten Regungen einen beständigen Kampf gegen die Verdrängung führen.

Eine kleine Publikation Freuds[2] über die *»psychogene Sehstörung«* enthält diejenigen leitenden Gesichtspunkte, die uns zu einem tieferen Verständnis der neurotischen Hemmungen und Umwandlungen der Schaulust führen können. Freud nimmt in dieser Arbeit Bezug auf seine Lehre von den erogenen Zonen und den Partialtrieben und äußert sich über den uns hier interessierenden Partialtrieb – die Schaulust – und die in Betracht kommende erogene Zone – das Auge – wie folgt: »Die Augen nehmen nicht nur die für die Lebenserhaltung wichtigen Veränderungen der Außenwelt wahr, sondern auch die Eigenschaften der Objekte, durch welche diese zu Objekten der Liebeswahl erhoben werden, ihre ›Reize‹. Es bewahrheitet sich nun, daß es für niemand leicht wird, zweien Herren zugleich zu dienen. In je innigere Beziehung ein Organ mit solch doppelseitiger Funktion zu dem einen der großen Triebe tritt, desto mehr verweigert es sich dem andern.«

[1] [Bibl. Nr. 43. – In einem Brief vom 5. 6. 1914 (s. Jones, 1960 und 1962, Bd. II, Bd. II, S. 532) schreibt Freud an Abraham über diese Arbeit: »Gestern habe ich Ihre Arbeit fürs Jahrbuch gelesen und darf mich nicht zurückhalten, Ihnen dazu zu gratulieren. Ich meine, es ist der beste klinische Beitrag, der je in den 5 Bänden gestanden ist, unerreicht an Sicherheit, Korrektheit, Vielseitigkeit und Interesse. Vivant sequentes!«]

[2] *Ärztliche Standeszeitung*, Wien 1910. Abgedruckte in *Kleine Schriften zur Neurosenlehre*, Bd. III, Wien 1913 [Freud (1910*i*)].

Stellt der Schautrieb Ansprüche, die quantitativ zu hoch sind oder sich auf verbotene Objekte richten, so ergibt sich ein Konflikt im Triebleben. Es heißt darüber in der erwähnten Schrift weiter[3]: »Wenn der sexuelle Partialtrieb, der sich des Schauens bedient, die sexuelle Schaulust, wegen seiner übergroßen Ansprüche die Gegenwehr der Ichtriebe auf sich gezogen hat, so daß die Vorstellungen, in denen sich sein Streben ausdrückt, der Verdrängung verfallen und vom Bewußtwerden abgehalten werden, so ist damit die Beziehung des Auges und des Sehens zum Ich und zum Bewußtsein überhaupt gestört. Das Ich hat seine Herrschaft über das Organ verloren, welches sich nun ganz dem verdrängten sexuellen Trieb zur Verfügung stellt. Es macht den Eindruck, als ginge die Verdrängung von seiten des Ichs zu weit, als schüttete sie das Kind mit dem Bade aus, indem das Ich jetzt überhaupt nichts mehr sehen will, seitdem sich die sexuellen Interessen im Sehen so sehr vorgedrängt haben. Zutreffender ist aber wohl die andere Darstellung, welche die Aktivität nach der Seite der verdrängten Schaulust verlegt. Es ist die Rache, die Entschädigung des verdrängten Triebes, daß er, von weiterer psychischer Entfaltung abgehalten, seine Herrschaft über das ihm dienende Organ nun zu steigern vermag. Der Verlust der bewußten Herrschaft über das Organ ist die schädliche Ersatzbildung für die mißglückte Verdrängung, die nur um diesen Preis ermöglicht war.«

Zur Erklärung einer so weitgehenden Verdrängung der sexuellen Schaulust zieht Freud[4] als Motiv die Talion – d. h. Selbstbestrafung für genossene Schaulust am verbotenen Objekt – heran.

Damit ist der erste Vorstoß in ein großes, von der Psychoanalyse noch wenig durchforschtes Gebiet unternommen, dessen weiterer Erschließung die vorliegende Abhandlung dienen soll. Eine Fülle von Erscheinungen harrt einer eindringlichen Untersuchung. Die von Freud als Paradigma der neurotischen Sehstörungen gewählte hysterische Blindheit ist nur *eine*, freilich eine besonders auffällige Form neurotischer Störung im Bereich des Schautriebes. Sie kommt in der ärztlichen Praxis nicht eben häufig zur Beobachtung; mir wenigstens ist in den letzten sechs Jahren nervenärztlicher Praxis kein einziger einschlägiger Fall begegnet, während ich gewisse andere Störungen – die zum Teil in der Literatur überhaupt noch keine Berücksichtigung gefunden haben – verhältnismäßig häufig beobachtete.

[3] *Kleine Schriften*, Bd. III, S. 318/319 [1910*i*, S. 99].
[4] L. c., S. 319 [ibid., S. 100].

Es handelt sich in klinischer Hinsicht teils um Transformationen der Schaulust in eine spezifische Angst vor der Betätigung dieses Triebes, teils um Störungen der Sehfunktion, teils um neurotische Symptome, welche sich am Sehorgan abspielen, ohne den Gesichtssinn direkt zu betreffen. Im folgenden beabsichtige ich nicht nur, die Ergebnisse meiner psychoanalytischen Untersuchungen mitzuteilen und damit die Symptomatologie zu fördern. Über diesen rein medizinischen Interessenkreis hinausgehend, möchte ich versuchen, die gewonnenen individualpsychologischen Einsichten zur Aufklärung gewisser Phänomene der Völkerpsychologie zu verwerten.
Aus Gründen der Knappheit und Übersichtlichkeit werde ich mich auf die Äußerungen der *Schaulust* beschränken, auf eine gleichzeitige Berücksichtigung der *»Zeigelust«* (Exhibitionslust) also im allgemeinen verzichten. Ich weiß wohl, daß es prinzipiell richtiger wäre, beide Triebe nebeneinander und in ihrem Zusammenwirken zu behandeln, so wie es z. B. Rank in seiner vortrefflichen Arbeit über »das Motiv der Nacktheit in Sage und Dichtung«[5] getan hat. Da aber die neurotischen Symptome, die im folgenden behandelt werden, vorwiegend aus verdrängter Schaulust zu erklären sind, so erscheint mir eine gesonderte Untersuchung dieser *einen* Seite der Phänomene berechtigt.

I
Die neurotische Lichtscheu

Eine Störung, deren Analyse uns besonders instruktive Einblicke eröffnet, ist diejenige, welche ich mit dem Namen »neurotische Lichtscheu« belegen möchte. Es handelt sich um eine Affektion, die keineswegs selten ist und früher bereits in der nichtanalytischen Literatur einige Beachtung gefunden hat. Ich konnte eine kleine Reihe einschlägiger Fälle beobachten und sie größtenteils eingehend analysieren. Da die mit der Lichtscheu behafteten Patienten stets noch andere, ebenfalls von der Verdrängung der Schaulust herrührende Störungen darboten, so werde ich die psychoanalytische Erklärung dieser letzteren in die nun folgenden Ausführungen über die Lichtscheu einfügen.
Die »Lichtscheu« äußert sich darin, daß die mit ihr Behafteten das

[5] Rank (1913[a]).

Sonnenlicht respektive Tageslicht, meist auch das künstliche Licht, als unangenehm empfinden. Sie fühlen sich selbst durch mattes Licht geblendet; manche klagen über mehr oder weniger heftige Augenschmerzen, sobald sie dem Licht nur kurze Zeit ausgesetzt sind. Sie schützen ihre Augen durch allerhand Mittel gegen das Licht. Doch liegt nicht nur eine Empfindlichkeit des Auges gegen Belichtung vor, sondern die betreffenden Patienten reagieren auf Sichtreize mit einer Scheu, die durchaus den Charakter der neurotischen Angst trägt; in ausgesprochenen Fällen schützen sie ihre Augen in ebenso sorgsamer Weise vor jedem Lichstrahl, wie etwa ein an Berührungsangst leidender Zwangsneurotiker seine Hände vor dem Kontakt mit irgendeinem Gegenstand bewahrt. *Die Angst hat zum Inhalt die Gefahr der Blendung.*

Die hier in kurzen Umrissen geschilderte Störung hat bisher keine spezielle Bearbeitung in der psychoanalytischen Literatur gefunden. Und doch existiert in dieser ein Hinweis, der zur Aufklärung der uns beschäftigenden Affektionen einen wichtigen Fingerzeig gibt.

In dem ›Nachtrag zu dem autobiographisch beschriebenen Fall von Paranoia‹[6] unterwirft Freud eine paranoische Wahnidee der psychoanalytischen Deutung. Der Geisteskranke Schreber (cf. dessen *Denkwürdigkeiten eines Nervenkranken*, S. 139, Anm.) behauptete, *minutenlang ohne erhebliche Blendung das Licht der Sonne ertragen zu können.*[7] Aus dem ganzen, in seinen merkwürdigen Einzelheiten geschilderten Verhältnis des Patienten zur *Sonne* ließ sich entnehmen, daß für ihn die Sonne ein »sublimiertes Vatersymbol« bedeutete. Unter Bezugnahme auf die bei manchen Völkern verbreiteten »Abkunftsproben« (Ordale) gelangte Freud zu der Annahme: »Wenn Schreber sich rühmt, daß er ungestraft und ungeblendet in die Sonne schauen kann, hat er den mythologischen Ausdruck für seine Kindesbeziehung zur Sonne wiedergefunden, hat er uns von neuem bestätigt, wenn wir seine Sonne als Vater auffassen.«

Die Wahnidee Schrebers bildet auf psychotischem Gebiet ein vollkommenes Gegenstück zur neurotischen Lichtscheu. Während der gesunde Mensch auf die Belichtung seiner Augen innerhalb gewisser Grenzen ohne besondere Empfindlichkeit reagiert, sich vor dem Anblick zu grellen Lichtes aber instinktiv in ausreichender Weise schützt, wähnt der Geisteskranke, der Blendung durch hellstes Sonnenlicht nicht zu unterliegen, indessen der Neurotiker sich in übertriebenem Maße vor

[6] Freud (1912*a*).
[7] Der gleichen Wahnidee bin ich übrigens auch bei anderen Geisteskranken begegnet.

der Gefahr der Blendung ängstigt. Man darf daher geradezu von einer *Sonnenphobie* sprechen.
Ich werde nun zunächst aus der Psychoanalyse eines jungen Mannes diejenigen Tatsachen und Ergebnisse mitteilen, welche eine Erklärung der Lichtscheu sowie gewisser, mit ihr in engem Konnex stehender Erscheinungen anbahnen können.

Der Patient, den ich »A« benennen will, hatte mich aufgesucht wegen einer Störung der sexuellen Potenz und einer tiefgreifenden Verstimmung. Er befand sich zur Zeit des Beginnes der Behandlung in einem Zustande der Niedergeschlagenheit. Früher voll lebhafter Anteilnahme für alles, was um ihn vorging, hatte er jetzt jedes Interesse an den Menschen, an seinem Beruf, an Vergnügungen usw. verloren. Seine geistige Tätigkeit beschränkte sich mehr und mehr auf neurotische Grübeleien. Bei etwas genauerem Eingehen auf die Symptome des Patienten stellte sich dann heraus, daß in seinen Vorstellungen das Auge, die Sehkraft und das Sehen eine auffallende Rolle spielten, daß mit gewissen Vorstellungen dieser Art deutliche Angst verbunden war, daß eine bei dem Patienten vorhandene sexuelle Perversion sich ebenfalls auf das *Auge* bezog und endlich, daß er an einer ausgesprochenen *Lichtscheu* litt.
Die Intensität einer solchen Störung kann man ermessen, wenn man die Schutzmaßregeln kennenlernt, die der Patient gegen das Objekt seiner Angst anwendet. Im vorliegenden Falle schützte der Patient sich gegen helles Tageslicht durch krampfhaftes Schließen der Augen und ähnliche Maßnahmen, die an sich über das Verhalten Gesunder höchstens quantitativ hinausgingen. Bei Abend schützte er sich in ähnlicher Weise gegen das künstliche Licht. Auffälliger und entschieden krankhaft aber waren die Prozeduren, durch die er sich bei Nacht (d. h. vom Augenblick des Schlafengehens an) gegen jeden Lichtschein absperrte. Er hatte in seinem Schlafzimmer die Fenster durch dreifache Vorhänge verdeckt, so daß am Morgen kein Lichtstrahl eindringen konnte. Zum Schutz gegen künstliches Licht hatte er in der Tür seines Zimmers nicht nur das Schlüsselloch verstopft, sondern jeden kleinsten Spalt im Holz sorgfältig ausgefüllt.
Im Beginn der Psychoanalyse drängten sich zunächst andere Materialien in den Vordergrund. Erst nach mehr als einem Monat war ein Eingehen auf die vielfältigen Gedanken möglich, die um das Auge kreisten. Schon aus dieser Zögerung ließ sich entnehmen, daß die hierher gehörigen Gedankengänge besonders peinlicher Natur waren. Der weitere Verlauf der Psychoanalyse brachte denn auch die Bestätigung dieser Erwartung; es ergab sich, daß sie in engstem Zusammenhang mit den verdrängten inzestuösen Wünschen des Patienten standen.
Im Anschluß an die Schilderung seiner Lichtscheu machte der Patient folgende weitere Angaben. Er stehe unter einer zwangartigen Angst, daß er oder einer seiner Angehörigen ein Auge verlieren könnten. Er sei äußerst empfindlich gegen jede Annäherung an sein Auge. Bei anderen Menschen interessierten ihn, wie er weiter erklärte, Augenleiden sehr: »Menschen, die etwas am Auge haben, zwingen mein Interesse auf sich.« Er interessierte sich für Mädchen besonders dann, wenn sie ein Pincenez trugen, ferner fahndete er nach sol-

chen, die auf einem Auge blind waren. Bei Frauen mit durchaus gesunden Augen begegnete es ihm, daß er »sich einredete, sie seien einseitig blind«. Von einem einseitig blinden Mädchen, das er kennengelernt hatte, träumte er einmal, daß ihr Vater ihr das Auge ausgeschlagen habe, also an ihrer einseitigen Erblindung schuld sei.

Die Angst um das Augenlicht anderer Personen bezog sich, wie sich bald herausstellte, in erster Linie auf den *Vater* des Patienten. Schon vorher hatte sich ergeben, daß seine *Einstellung zum Vater durchaus ambivalent* war. Die erste hierher gehörige Äußerung des Patienten sprach von seiner »glühenden Verehrung« für den Vater; als er aber diese Worte ausgesprochen hatte, trat ein plötzliches »Abbrechen der Gedanken«, eine kurze Bewußtseinspause ein. Bald zeigten sich denn auch Vorstellungen von entgegengesetztem Charakter, z. B. Phantasien vom Tode und Begräbnis des Vaters. Es folgten Klagen über sein (des Patienten) verfehltes Leben; sein Vater laste förmlich auf ihm. Er müsse die überragende Intelligenz des Vaters anerkennen, der in seiner Heimat eine hohe Stellung einnehme; es sei ausgeschlossen, daß er ihn je erreichen oder übertreffen werde. Oft habe er gewünscht, einmal irgend etwas besser zu können oder zu wissen als der Vater; doch immer habe er die Überlegenheit des letzteren anerkennen müssen. Dazu fühle er selbst sich vom Vater kontrolliert; es sei ihm immer unmöglich gewesen, vor dem Vater etwas zu verheimlichen. *Denn der sehe ja doch alles.*

Von diesem Punkt aus ergaben sich zunächst zwangslos ein paar assoziative, aber dem Patienten nicht bewußte Zusammenhänge zwischen »Vater« und »Sonne«. *Das beobachtende Auge des Vaters wurde mit der Sonne identifiziert;* eine Identifizierung, die weiterhin durch reichliche Belege bestätigt wurde.

Die Angst des Patienten um das Augenlicht seines Vaters ist uns nun nicht mehr ganz unverständlich; sie ist für uns zunächst der entstellte Ausdruck seines Wunsches, dem überwachenden Auge des Vaters entzogen zu sein.

Von den reichlichen Bestätigungen, welche die Identifizierung von Vater und Sonne in diesem Sinne noch ferner erfuhr, sei nur noch ein Einfall des Patienten erwähnt, der unter lebhaftem Affekt zutage gefördert wurde. Ihm sei in der Schule ein Gedicht ganz *»ekelhaft«* gewesen. In dem Gedicht, das von der späten, unverhofften Entlarvung eines Verbrechers handelte, schloß jede Strophe mit dem Refrain: *»Die Sonne bringt es an den Tag.«*[8]

Der Sonne mußte jedoch noch eine zweite, vatervertretende Bedeutung zukommen; denn die Einstellung des Patienten zum Vater ließ sich aus dessen überwachender Rolle – seiner »Allwissenheit« möchte man sagen – allein nicht ableiten. Als zweite Determinierung ergab sich die vom Sohne mit enthusiastischen Ausdrücken hervorgehobene *Größe* des Vaters, d. h. seine Intelligenz, seine Kenntnisse, sein *»Können«*[9];

[8] Die Ambivalenz seiner Einstellung zum Vater hatte der Patient in einer bemerkenswerten Form auch auf die Sonne übertragen. *Das Licht der Sonne war ihm unsympathisch, die Wärme der Sonne dagegen liebte er.*

[9] Es genügt, hier auf die eingangs erwähnte Störung der Potenz hinzuweisen, um die Eifersucht auf das *Können* des Vaters verständlich zu machen. Deutlicher noch als in

kurz, alles das, was für den mit Insuffizienzgefühlen beladenen Sohn die Macht und die Überlegenheit des Vaters ausmachte, wurde mit dem Glanz der Sonne verglichen. Der Glanz des Vaters mußte des Patienten eigene Bedeutung für immer überstrahlen, so wie die Sonne die anderen Gestirne überstrahlt. Trotz dieser überschwänglichen Lobpreisung des Vaters war die *Eifersucht* des Patienten gegenüber seinem Vater unverkennbar.[10] Wenn das Unbewußte des Patienten die Vorstellung des väterlichen Auges mit der des väterlichen Glanzes verdichtete, um beiden gemeinsam im Sonnensymbol Ausdruck zu verleihen, so hatte es damit nichts anderes getan als die Völker von altersher.

Die überwachende Tätigkeit ist eine dem Sonnengott vielfach zugeschriebene Funktion. Helios z. B. führt in den homerischen Gedichten ständig den Beinamen: »der alles beobachtet und alles belauscht«[11].

Ähnlich heißt es in dem biblischen Psalm 19 (der offenbar die Reste eines alten Sonnenhymnus enthält): »Er (d. h. die Sonne, ursprünglich der Sonnengott) gehet auf an einem Ende des Himmels und läuft bis an sein anderes Ende, und *nichts bleibt vor seiner Glut verborgen.«*

Zur Identifizierung des Auges des Vaters mit dem Glanz oder Licht der Sonne finden sich reichlich völkerpsychologische Parallelerscheinungen. Ich erwähne hier einige Beispiele aus dem Gebiet der Linguistik. Obwohl es sich um Erscheinungen handelt, die in den verschiedenen Sprachen sehr verbreitet sind, beschränke ich mich auf einige, nur die deutsche Sprache betreffende Hinweise.

Auch die Sprache identifiziert vielfach *Auge* und *Licht;* es liegt am nächsten, auf das Wort *»Augenlicht«* zu verweisen. In Wirklichkeit nehmen die Augen das Licht wahr; die Sprache aber verhält sich so, als ob das Licht dem Auge angehöre oder entspringe. Interessant ist namentlich der Gebrauch des Wortes *»blind«*. Wir nennen *»blind«* nicht nur einen Menschen, der die Sehkraft eingebüßt hat, *der nicht sehen kann,* sondern wir sprechen auch z. B. von einem »blinden Passa-

dem hier beschriebenen Fall konnte ich in anderen (vgl. weiter unten Fall B.) konstatieren, daß die Sonne nicht nur die Größe resp. die Potenz des Vaters darstellte, sondern daß sie ein Symbol des väterlichen Phallus war. Die Scheu vor dem Anblick des letzteren ist uns auch als Phänomen der Völkerpsychologie bekannt. (Vgl. die biblische Erzählung von Noahs Söhnen.)

[10] Es wird später gezeigt werden, daß die Erhebung des Vaters zur Sonne keineswegs nur eine Erhöhung bedeutet, sondern *gleichzeitig* eine Herabsetzung seiner Macht.

[11] Bemerkenswert ist namentlich *Odyssee*, VIII, 266 f., wo Helios das verbotene Beisammensein des Ares und der Aphrodite beobachtet.

gier«, d. h. wir gebrauchen das gleiche Wort auch mit Bezug auf einen Menschen, *der nicht gesehen wird.* Es ist ferner auch gebräuchlich, einen Gegenstand, *der seinen Glanz verloren hat,* als »blind« zu bezeichnen. Daraus geht hervor, daß auch die Sprache *»sehend«* und *»glänzend«* identifiziert. Die hier erwähnten sprachlichen Phänomene sind wohl ohne Zweifel aus dem ursprünglichen *»Gegensinn der Urworte«* (Abel[12]) abzuleiten. Freud hat in einem kleinen Aufsatz[13] gezeigt, daß im *Unbewußten* des Individuums die Gegensätze in ähnlicher Weise gepaart sind wie in den primitiven Entwicklungsstadien der Sprache, welche in der späteren Sprache gewisse Spuren hinterlassen haben.

Die Scheu vor dem beobachtenden Auge des Vaters fand eine wichtige Ergänzung in der Scheu des Patienten, seine *Mutter* zu betrachten. Er hatte sich geradezu ein Schauverbot in bezug auf die Mutter bewußt auferlegt. Von Jugend auf *vermied er es* – wie er sich ausdrückte – *seine Mutter schön zu finden.* Er scheute sich zur Zeit der Behandlung noch heftig, irgendeine Körperpartie der Mutter außer Gesicht und Händen unbedeckt zu sehen. Schon eine Bluse, die in der Halsgegend durchbrochen war, bereitete ihm das größte Unbehagen.

Es stellte sich im weiteren heraus, daß die Sonne, vor deren Anblick der Patient sich scheute, für ihn ein *Symbol von bisexueller Bedeutung* war. Es stellte nicht bloß den Vater dar (respektive dessen überwachendes Auge oder seinen Glanz), sondern auch *die Mutter, welche der Sohn nicht ansehen darf,* wofern er nicht den Zorn des Vaters auf sich laden will. Das allgemeine Verbot, die Mutter anzuschauen, entspringt, wie es sich in diesem und anderen Fällen ergibt, dem spezielleren, die Mutter nackt zu sehen, und besonders, ihr Genitale zu betrachten. Die Vorstellung, die Mutter nicht anschauen zu dürfen, setzt sich um in die Angst, das Licht der Sonne nicht anschauen zu *können.*

Diese Bisexualität des Sonnensymbols läßt sich aber auch in den Ideengängen Schrebers nachweisen. In den *Denkwürdigkeiten* findet sich eine Stelle, in der Schreber die Sonne anschreit und sie beschimpft mit den Worten: »Die Sonne ist eine Hure.« Hier kann über die Weiblichkeit des Sonnensymbols kein Zweifel aufkommen.

Ohne schon an dieser Stelle auf die Verbote, den Körper der Mutter zu schauen, näher einzugehen, erwähne ich hier nur, daß nach meinen Feststellungen eine besondere Scheu, sogar indifferente Partien des mütterlichen Körpers zu sehen, auf eine verdrängte Schaulust zurückgeht,

[12] [1884.]
[13] *J.*, II, 1910 [*e*]

die sich ursprünglich im Übermaß der Mutter zugewandt, sich aber speziell auf das Genitale bezogen hatte.
Auf andere weibliche Personen richtete die Schaulust des Patienten sich eher im Übermaß. Aber sie wandte sich nicht denjenigen weiblichen Körperteilen zu, die normalerweise als Reize wirken. Speziell bestand eine ausgesprochene Scheu vor dem Genitale. Die Schaulust richtete sich in erster Linie auf zwei Körpergegenden des Weibes, die vom Genitale weit entfernt liegen: Auge und Fuß. Aber selbst diese Teile durften die Rolle, die ihnen durch einen Verschiebungsvorgang zugefallen war, nicht *selbst* spielen, sondern mußten sie noch an akzessorische, nicht zum Körper selbst gehörige Dinge abgeben; so kam es, daß Mädchen, welche ein *Pincenez* trugen oder einen *künstlichen Fuß* hatten, den hauptsächlichsten Reiz auf ihn ausübten. Auch hinkender Gang, der auf ein steifes Bein oder eine künstliche Prothese schließen ließ, reizte ihn sehr. Seine Scheu vor dem Genitale des Weibes fand den deutlichsten Ausdruck darin, daß er in Wirklichkeit nie ein Mädchen berührte, das etwa hinkte oder ein künstliches Bein hatte.
Die Scheu vor dem weiblichen Körper oder – richtiger gesagt – vor dem Genitale erwies sich als abhängig von mehrfachen Determinierungen, unter denen als die wichtigste die *Kastrationsangst* zu erwähnen ist. Von besonderem Interesse war eine Assoziationskette, die enge Beziehungen aufdeckte zwischen folgenden affektbesetzten Vorstellungen:
1. Erstaunen des Patienten in der Kindheit über das Fehlen des Penis bei seiner kleinen Schwester.
2. Ängstliche Vermeidung der Berührung des eigenen Penis.
3. Abkehrung des Interesses vom weiblichen Genitale.
4. Interesse für Frauen, bei denen eine Amputation vorgenommen ist.
Gerade dieses letztgenannte Interesse verriet die außerordentliche Betonung der Kastrationsvorstellung; handelt es sich doch um das Weib, »dem ein Glied abgeschnitten ist«. Wir finden hier, wie so oft in unseren Psychoanalysen, daß das Unbewußte die Vorstellung des Kindes festhält, nach welcher auch dem Weibe ein Penis zukommt. Oft steht dann der Kastrationsangst eine Vorstellung aktiver Art – Frauen zu kastrieren – gegenüber. Ich habe auf diese Erscheinungen in einer früheren Arbeit gelegentlich der Analyse des Fußfetischismus bereits hingewiesen[14]; auch in dem hier mitgeteilten Falle handelt es sich ja um ausgesprochenen Fetischismus. Ich unterlasse aber der Kürze halber ein

[14] Bibl. Nr. 18 [s. S. 255 ff. in Band I der vorliegenden Ausgabe].

genaueres Eingehen hierauf; nur auf den Zusammenhang des Fuß- und Pincenez-Fetischismus mit dem sadistischen Partialtrieb muß ich wenigstens mit einigen Worten eingehen.

Eine der lustvollsten Phantasien des Patienten bestand in der Vorstellung, einem kurzsichtigen (womöglich einäugigen) Mädchen das *Pincenez* wegzunehmen oder einer Amputierten ihr künstliches Bein zu rauben, sie auf diese Weise hilflos zu machen.[15] Daß es sich hier um verschobene Kastrationsphantasien handle, ließen die Einfälle des Patienten mehr und mehr erkennen. Besonders wichtig aber wurde nach dieser Richtung ein schon erwähnter Traum des Patienten; er bezog sich auf ein ihm vom Ansehen bekanntes Mädchen, das nur auf einem Auge sehen konnte. Seine Vorstellung im Traum war nun, *daß dieser Person das fehlende Auge vom Vater ausgeschlagen worden sei.* Von hier führten die Fäden weiter zu der *Angst des Patienten vor dem Verlust des eigenen Auges.*

Diese Angst erwies sich als zwiefach determiniert: durch die Idee der Bestrafung für verbotenes Schauen und durch die Verschiebung der Kastrationsangst vom Genitale auf das Auge. Diese Verschiebung ist der oben erwähnten – vom weiblichen Genitale auf das Auge – völlig analog. Beide Vorstellungen aber trugen deutlich den Charakter der *Talion.* Ich muß mit Befriedigung konstatieren, daß diese Ergebnisse meiner Psychoanalyse sich in voller Übereinstimmung befinden nicht nur mit den eingangs zitierten Anschauungen Freuds, sondern auch mit denjenigen anderer Autoren, auf die ich hier kurz referierend eingehen möchte, ohne dabei Vollständigkeit anzustreben.

Ferenczi[16] erkannte in der *Selbstblendung* des Ödipus einen symbolischen Ersatz der Selbstentmannung, d. h. der dem Inzest adäquaten Selbstbestrafung. Rank[17] lieferte verschiedene Beiträge zu dieser Frage; er und andere Autoren[18] lieferten reichliches, namentlich aus Traum-

[15] Zu erwähnen ist, daß diese sadistischen Regungen auf das Gebiet der Phantasie beschränkt waren; im wirklichen Leben war der Patient in hohem Maße *mitleidig*.

[16] 1914.

[17] 1913[b].

[18] Eder (1913). Man vergleiche ferner: Storfer (1912, S. 201); Gebsattel (1914 [1912 ist fehlerhafte Angabe bei Abraham]). Die Bedeutung des Auges als *weibliches* Genitalsymbol würdigte Jung [1911 und 1912] im Indra-Mythus; ich selbst habe in Anlehnung an Kleinpaul dem Auge, speziell der Pupille, ebenfalls weibliche Genitalbedeutung zuerkannt (*Traum und Mythus* [Bibl. Nr. 14, s. S. 163 ff. im vorliegenden Band]).
Bleuler (1912) erwähnt ebenfalls das Auge als weibliches Genitalsymbol in den Wahnideen Geisteskranker.
Jones (1913 [a]) zeigt die männliche Genitalbedeutung des Auges.

analysen stammendes Beweismaterial, aus dem hervorgeht, daß das Auge bald männliche, bald weibliche Genitalbedeutung haben kann. Besonders Eder zeigte, daß im Traum Eingriffe am Auge – ähnlich wie solche an den Zähnen – Kastrationsbedeutung haben.[19]

Die Richtigkeit der Annahme wurde übrigens bestätigt durch weitere Träume, in welchen die Kastration durch andere Symbole von unzweifelhafter Bedeutung ausgedrückt war. Ich erwähne nur einen Traum, in dem jemand erschien, um dem Träumer die Schamhaare abzuschneiden. Die »Strafe« der Blendung erwies sich als Vergeltung verbotener, der Mutter zustrebender Schaugelüste und der aktiven Kastrations- oder Blendungsphantasie gegenüber dem Vater.

Aus den Ergebnissen der Psychoanalyse ist weiter zu betonen, daß in den Phantasien des Patienten auch die letztgenannte Untat selbst eine Rolle spielte. Ich erwähne in diesem Zusammenhang nur eine obsedierende Vorstellung, von der der Patient als Schüler durch lange Zeit verfolgt wurde. Während des Unterrichtes bei einem bestimmten Lehrer mußte er sich immer von neuem ausmalen, wie er dem Lehrer eine Kugel mitten in die Stirn schießen würde. Es ergab sich zwangslos, daß dieser Lehrer eine Ersatzfigur für den Vater bildete.

Der Schuß in die Stirn wäre freilich nicht ohneweiters als Kastrationssymbol erkennbar. Auch brauchte ihm im Rahmen dieser Abhandlung keine besondere Aufmerksamkeit geschenkt zu werden, wenn nicht reichliche Beweise es über jeden Zweifel klarstellten, daß die genannte Körperstelle sehr gewöhnlich das *Auge* ersetzt.

Hier muß in erster Linie auf die Sage von der Blendung des Kyklopen durch Odysseus hingewiesen werden. Wesen, die nur ein Auge besitzen, das sich mitten auf der Stirn befindet, sind in den Sagen sehr verbreitet. Interessant ist, daß sich auch in *Träumen* zuweilen Ähnliches vollzieht wie in der Polyphemsage. Einen derartigen Traum hat z. B. Eder (l. c.) mitgeteilt. Ich selbst hatte mehrfach Gelegenheit, ähnliche Feststellungen zu machen. Ich kann Eders Bemerkung, daß der Kyklop dem Vater des Träumenden entspreche und daß die Blendung des Riesen eine Kastration des Vaters vorstelle, nach meinen Erfahrungen nur bestätigen.

Es scheint mir von besonderem Interesse zu sein, daß die Mitte der Stirn, die zunächst einem von der Phantasie angenommenen *Auge* ent-

[19] In den Träumen der Frauen kann ein Eingriff am Auge Koitusbedeutung haben. Ein junges Mädchen träumt z. B., daß jemand ihr mit einem langen Instrument das Auge öffne.

spricht, sowohl das männliche wie das weibliche Genitale symbolisch vertreten kann. In ersterer Hinsicht möchte ich auf eine Mitteilung von Reitler[20] verweisen, um für die zweite Behauptung einen Beleg aus eigener Erfahrung zu bringen.

Reitler bespricht gewisse als obszöner Scherz dienende Figuren, deren Abbildung er beigibt; sie werden von der Landbevölkerung im Salzkammergut hergestellt. Der Scherz besteht darin, daß bei Druck auf den Kopf der Figur ein großer Penis sichtbar wird. Auf der Stirn des hölzernen Männchens ist in roher Zeichnung ein *drittes Auge* dargestellt. Reitler ermittelte nun, daß dieses Auge ein von der Bevölkerung jener Gegend ohneweiters verstandenes Penissymbol darstellt.

Ich stelle in Parallele mit dieser eigentümlichen volkspsychologischen Tatsache eine eigene Beobachtung. Eine von mir behandelte Patientin unterlag dem Zwange, ihre Stirn in der Mitte zu einer senkrecht verlaufenden Falte zu runzeln. Sie rieb diese Falte dann heftig mit dem Zeigefinger der rechten Hand. In einem Zusammenhang, dessen genaue Mitteilung ich mir hier versagen muß, kam ihr wie eine Erleuchtung plötzlich die Einsicht, daß es sich bei dieser Prozedur lediglich um eine verschobene, d. h. nach oben verlegte Masturbation handle, daß also die senkrechte Stirnfalte der Vulva entspreche. Beweisend für diese Auffassung war noch besonders, daß die Patientin, während sie die Stirnfalte rieb, ein »Druckgefühl im Unterleib« verspürte.[21]

Die Autoren, welche die Genitalbedeutung des Auges nachwiesen, haben, wie mir scheint, diese symbolische Verwendung des Auges nur insoweit erklärt, als das Symbol das weibliche Genitale vertritt. Erst vor kurzem wurde mir die männliche Bedeutung des Auges aus einer Traumanalyse erklärlich. Die Träumerin gab nämlich an, daß die Glans penis ihr *wie ein Auge erscheine*.

Ich kehre zu der Angst des Patienten A. um sein Augenlicht zurück. Nachdem wir die Kastrationsvorstellung als eine wichtige Determinierung derselben erkannt haben, verlohnt es sich, auf eine Einzelheit hinzuweisen, die zunächst als ganz belanglos erscheinen könnte. Nicht nur in dem vorliegenden Falle, sondern auch bei anderen Patienten fiel es mir auf, daß sie immer von ihrer Angst um *das* Auge des Vaters sprachen oder von ihrer Scheu vor jeder Berührung *des* Auges usw. Nie war von *den Augen* die Rede, sondern mit einer Regelmäßigkeit, die

[20] 1913.

[21] Ich möchte hier auf Sadgers Mitteilung, daß auch die Schläfe Genitalbedeutung habe, verweisen. Vgl. Sadger (1912[b]).

jeden Zufall ausschließt, sprachen die Patienten so, als gäbe es nur *ein* Auge. Unter dem Gesichtspunkt der »Verlegung nach oben« wird diese Redeweise leicht verständlich. *»Das«* Auge ersetzt ein Organ, das nur in der Einzahl vorhanden ist.[22]

Die Angst um das Auge des Vaters entspricht also der verdrängten auf den Vater gerichteten Kastrationsphantasie. Nachdem wir aber die Identität von Auge und Sonne kennengelernt haben, kann kaum mehr ein Zweifel übrig bleiben, daß auch der Sonne die gleiche phallische Bedeutung zukommt wie dem Auge des Vaters. Die Scheu vor dem Anblick der Sonne enthält damit die weitere Bedeutung einer Scheu vor dem Anblick des Penis des Vaters, die übrigens auch völkerpsychologisch zu belegen ist.

Es ist nicht möglich, in diesem Zusammenhang näher auf die Kastrationsangst einzugehen. Nur einige, zum Verständnis gewisser Erscheinungen des vorliegenden Falles unentbehrliche Bemerkungen muß ich noch hinzufügen.

Als Vergehen, wegen deren die Kastration von seiten der Erzieher angedroht oder vom Knaben selbst befürchtet wird, lernten wir bereits das Verlangen des Knaben nach dem Anblick des mütterlichen Genitale sowie die gegen den Vater gerichtete Kastrationsphantasie kennen. Hier wäre weiter die Masturbation zu nennen, die besonders durch begleitende Phantasien zur schweren Vorwurfshandlung wird. Wie wir aber aus reicher psychoanalytischer Erfahrung wissen, gibt es noch gewisse andere Erlebnisse des *Kindes,* welche häufig der Anlaß heftiger Selbstvorwürfe werden. Ich meine die *Beobachtung des Geschlechtsverkehres der Eltern.* Bezüglich aller dieser »Sünden« ist der Knabe oft genug in Angst, vom wachenden Auge des Vaters entdeckt zu werden.[23]

Gerade wegen dieses verbotenen Sehens leiden manche Neurotiker an *Erblindungsangst.* Diese letztere Art der neurotischen Reaktion soll uns jedoch an dieser Stelle nicht beschäftigen. Ich möchte vielmehr darauf hinweisen, daß die Lust am nächtlichen Beobachten und Belauschen

[22] Ich möchte bemerken, daß hier noch weitere Determinierungen vorliegen. Ich verweise nur auf die oben besprochene Identifizierung des Auges des Vaters mit der Sonne, welche ja auch nur in der Einzahl vorhanden ist. Man darf hier wohl eine spezielle Form der Verdichtung, eine Unifizierung annehmen, die weitgehende Gleichsetzungen ermöglicht: *ein* Genitale, *ein* Vater, *eine* Sonne und darum auch *»ein«* Auge. Man könnte noch hinzusetzen, *»ein* Gott«; ich verweise auf spätere Ausführungen in dieser Arbeit.

[23] Auch die Lust des Kindes, Erwachsene beim Urinieren zu beobachten, gibt zu neurotischen Selbstvorwürfen den Anlaß. Vgl. auch die Fußnote 28 auf Seite 242.

der Eltern in nicht seltenen Fällen dazu führt, daß neurotische Personen an einer Überempfindlichkeit gegen *Licht* und daneben an einer solchen gegen *Geräusche* leiden.[24] In dem oben besprochenen Falle bestand auch eine deutliche Geräuschempfindlichkeit. Beide Eigentümlichkeiten treten in solchen Fällen – aus leicht erklärlichem Grunde – vorwiegend *bei Nacht* auf. Auf diesem Wege wird die Scheu des Patienten vor dem *künstlichen Licht* und vor dem geringsten Lichtschein, der etwa durch eine Türspalte drang, vollkommen begreiflich. Die übertriebenen Maßregeln zur Absperrung des von außen kommenden Lichtes tragen den Charakter von Prohibitivmaßnahmen.

Das sorgsame Verschließen jedes feinsten Spaltes hatte aber noch die weitere Bedeutung, anderen Personen die Beobachtung des Patienten unmöglich zu machen; es liegt auf der Hand, daß hier wieder die Scheu vor dem beobachtenden Vater die treibende Kraft ist.

Die Prozeduren zur Verdunkelung des Zimmers finden jedoch nicht ihre volle Erklärung in der negativen Absicht, das Licht abzusperren und jeder Beobachtung zu entgehen. Vielmehr hat die so hervorgebrachte absolute Dunkelheit auch einen positiven Wert für den Patienten. Doch soll dies an einem andern Krankheitsfall demonstriert werden.

Ebenso versage ich es mir zunächst, auf gewisse Umwandlungsprodukte des Schautriebes einzugehen. Ich erwähne nur folgende psychologische Eigentümlichkeiten des Patienten: zwangartige Neugierde, Hang zum Grübeln, übertriebene Neigung für alles Rätselhafte. Auf diese Phänomene werde ich später zurückkommen. Endlich sollen hier noch einige Zeichen erwähnt werden, die erkennen lassen, daß das Auge nicht nur als Sehorgan eine wichtige erogene Bedeutung für diesen Patienten hatte. Auch Berührungen des Auges wurden als lustvoll empfunden. Er neigte sehr dazu, die Augen zu reiben, die oberen Augenlider herabzuziehen, hatte in früherer Zeit auch öfter die Augenbrauen abgeschnitten.[25]

In therapeutischer Hinsicht sei bemerkt, daß der Patient durch die Psychoanalyse in vollkommenem Umfang wiederhergestellt wurde. Von Einzelheiten interessiert hier, daß die Lichtscheu und Geräuschempfindlichkeit ganz verschwanden. Die Einstellung des Patienten zu seinen Eltern wurde diejenige eines Gesunden im gleichen Lebensalter,

[24] Über die Genese der neurotischen Geräuschempfindlichkeit haben mir verschiedene Psychoanalysen Aufklärung gebracht. Die Resultate sollen später veröffentlicht werden.
[25] Man erinnere sich an den erwähnten Traum, in dem jemand dem Patienten die Schamhaare abschneidet. Das Abschneiden der Augenbrauen bedeutet offenbar auch eine symbolische Kastration.

dies zeigte sich, als er nach Abschluß der Behandlung in seine Heimat zurückkehrte. Die sexuellen Abirrungen machten einem normalen Sexualinteresse Platz; speziell verschwanden die fetischistischen Interessen bis auf geringe, praktisch durchaus unwesentliche Spuren. Während der Rekonvaleszenz traten bei dem Patienten Träume auf, in welchen der weibliche Körper, speziell das Genitale, Gegenstand der Schaulust waren; bald darauf zeigte sich auch im wachen Zustand die normal gerichtete Schaulust. Die unfruchtbare Neugierde und die pathologischen Grübeleien wichen gleichzeitig einer intensiven Wißbegierde, die auf die verschiedensten Gebiete übergriff; d. h. die Sublimierung des Schautriebs gelang in einer vollkommenen Weise. Mit der Herstellung einer durchaus normalen Sexualfunktion ging die soziale Anpassung (Leistungsfähigkeit im Beruf usw.) Hand in Hand. Seit dem Abschluß der Behandlung sind 1½ Jahre verstrichen, ohne daß ein Rückfall eingetreten wäre.

Die Psychoanalyse der neurotischen Lichtscheu bei anderen Patienten ergab mir die volle Bestätigung der mitgeteilten Resultate und Auffassungen. Nur aus einer meiner Analysen werde ich hier das Hauptsächlichste in gedrängter Kürze mitteilen. Es handelt sich um eine diagnostisch sichere Dementia praecox (Schizophrenie). Ich erhielt die Gelegenheit zur psychoanalytischen Behandlung des Kranken nur dadurch, daß er mir als Neurotiker zugeführt wurde; erst bei gründlichem Eingehen auf seine Symptome ließ sich die Art seines Leidens feststellen. Die Erfahrung hat uns nun oft gelehrt, daß die Psychose weit unverhüllter als die Neurose die Geheimnisse des Unbewußten preisgibt. So geschah es auch in diesem Falle. Zu den auffälligsten Erscheinungen stellten sich, meist ohne erheblichen Widerstand, die Einfälle ein, welche den gesuchten Zusammenhang oft überraschend schnell enthüllten.

Dieser Patient, den wir »B« nennen wollen, fiel schon bei der ersten Konsultation dadurch auf, daß er bat, sich so setzen zu dürfen, daß sein Gesicht vom Fenster abgewandt wäre; er hielt, nachdem er diese Stellung eingenommen hatte, die Augen noch meist geschlossen und bedeckte sie außerdem mit den Händen.[26] Während der psychoanalytischen Sitzungen pflegte er, obwohl sein Gesicht vom Fenster abgewandt war, diesen Verschluß der Augen streng zu bewahren, bis die Besserung der Lichtscheu solche Prozeduren unnötig machte.

Die Antezedentien waren denjenigen des ersten Falles auffallend ähnlich. Auch der Patient B. war der Sohn eines tatsächlich besonders intelligenten

[26] Ich bemerke, daß diese Attitüde bei Neurotischen nicht selten ist und am leichtesten das Vorhandensein der neurotischen Lichtscheu verrät.

und tüchtigen Mannes. In der Vorstellung des Sohnes aber waren die Leistungen des Vaters schlechtweg unerreichbar. Fast mit den gleichen Worten wie Patient A. drückte B. sich aus: er habe lange, aber immer vergeblich gehofft, den Vater einmal in irgendeiner Beziehung übertreffen zu können. Die Ambivalenz der Einstellung zum Vater war wiederum die gleiche, nur trat sie aus dem oben erwähnten Grunde in diesem Falle weit unverhüllter zutage.

Der Vater war dem Patienten, wie dieser sich ausdrückte, immer als ein *»machtvoll-gütiges Wesen«* erschienen. Schon dieser Ausdruck trägt einen religiösen Charakter; wäre er hier nicht mit Bezug auf einen Menschen gebraucht, so würde man ohne weiters annehmen, daß von Gott (oder überhaupt von einem religiös verehrten Wesen) die Rede sei. Schon als Knabe – so erzählte B. weiter – habe er die Auffassung gehabt, *daß der Vater alles sehe.* Wir brauchen uns nur an das allsehende Auge Gottes zu erinnern, um zu bemerken, daß hier eine Tendenz vorliegt, den Vater zu einem höheren Wesen zu erheben. Durch freie Assoziationen stellte sich überraschend schnell einer der Anlässe heraus, die dem Sohne die Überzeugung gegeben hatten, daß sein Vater alles sähe. Der Vater hatte mit wachsamem Auge die Masturbation des Knaben entdeckt und ihm das *Versprechen* abgenommen, fortan von dieser Neigung abzusehen. Bei jedem Rückfall in späterer Zeit fühlte der Patient das Auge des Vaters gleichsam auf sich gerichtet. Daß dieses Gefühl des Beobachtetseins noch andere und wohl wichtigere Quellen hatte, wird sich noch zeigen. Im Bewußtsein des Patienten aber wurde der Entdeckung der Masturbation durch den Vater das größte Gewicht beigelegt.

Im Alter von zirka 20 Jahren verlor der Patient seinen Vater durch den Tod. Bald danach bildete sich die Vorstellung, *der Vater stehe am Himmel neben der Sonne und sehe auf ihn herab,* um sein Tun und Lassen zu beobachten. Es handelte sich hier noch nicht um eine fixe Wahnidee; nicht lange nachher traten jedoch unzweifelhafte Wahnbildungen hervor. Die Versetzung des Vaters an den Himmel ist hier ganz evident. Sein Posten unmittelbar neben der Sonne läßt erkennen, daß er der Sonne gleichgesetzt wurde, ohne noch mit ihr zu *einem* Wesen verschmolzen zu werden.

Dieser – über den Tod hinaus fortdauernden – Verehrung und Vergöttlichung des Vaters stand eine äußerst affektvolle, aber durch lange Zeit dem Bewußtsein ferngehaltene Feindschaft gegenüber. Sie äußerte sich während der Behandlung u. a. in einem Traume, in welchem der Patient seinen Vater im Zweikampf erschlug, um gleich darauf von der Mutter symbolisch Besitz zu nehmen. Die Tötung des Vaters im Zweikampfe und der endliche Besitz der Mutter sind die beiden großen Ereignisse der Ödipussage und vieler verwandter Erzählungen.

Die Kastrationsangst fand in diesem Falle einen sehr ähnlichen Ausdruck wie beim Patienten A. Ich brauche daher nur ein paar Einzelheiten hervorzuheben. Auch in diesem Falle bestand die uns schon verständlich gewordene *Angst um das Auge des Vaters.* Im Zusammenhang mit dieser Angst ist eine Kindheitserinnerung von Interesse. Der Patient hatte als neunjähriger Knabe einmal seinen Vater nackt gesehen und mit großem Interesse dessen Genitalien betrachtet. Seine Phantasie, die sich in diesem Alter männlichen Personen zuwandte, kehrte oft zu jener Szene zurück. Doch waren die daran anknüpfenden Gedanken keineswegs nur lustvoll. Im Gegenteil wurde er dauernd von der unruhigen Erwartung gequält, ob er in der Entwicklung der Genitalien wohl den Vater erreichen werde. Als er dann erwachsen war, unterlag er der peinigenden, bei Neurotikern so überaus häufigen Idee, einen zu kleinen Penis zu haben.

Wir begegnen also hier wiederum der Eifersucht auf das Können des Vaters; im vorliegenden Falle galt die scheue Anerkennung des Sohnes gleichzeitig dem überlegenen *Genitalorgan* des Vaters und seinem *Auge.*[27] Hier finden wir also keine so weitgehende Verdrängung des sexuellen Charakters der Scheu vor dem Vater. Nur die Lust am Betrachten des väterlichen Genitales ist verdrängt. Gelegentlich hatte der Patient aber »blitzartige« Halluzinationen, die ihm den Gegenstand des Interesses für einen Augenblick zeigten.

Auch in seinem Verhältnis zur Mutter glich Patient B. dem A. in auffälliger Weise. Er scheute sich in höchstem Maße vor dem Anblick seiner Mutter (in ähnlicher Weise auch der Schwester), auch wenn sie vollständig bekleidet waren. Im Gespräch mit der Mutter *bedeckte er die Augen mit den Händen.* Die inzestuöse Richtung seiner Wünsche verriet er schon in der ersten psychoanalytischen Behandlungsstunde durch die sonderbare Wahl eines Ausdruckes. Nachdem er berichtet hatte, daß er nach dem Tode des Vaters mit seiner Mutter und seinen Schwestern zurückgeblieben sei, hob er hervor, daß er sich gewissermaßen als Nachfolger des Vaters betrachten müsse; denn er sei doch nun »das einzige männliche Glied« in der Familie. Sehr bald kamen dann die Wunschphantasien zutage, welche die Wahl des Ausdrucks determiniert hatten. Der Patient litt an der Angst, seine Mutter und Schwestern unbeabsichtigt schwängern zu können. Besonders wenn er nach einer Pollution ein Bad nahm, ängstigte er sich, es könnten Reste von Samen an der Badewanne haften, durch die seine Mutter oder Schwester bei späterem Gebrauche der Wanne geschwängert werden könnten. Aus dieser Angst darf man auf einen gleichlautenden verdrängten Wunsch des Patienten schließen: die weiblichen Angehörigen *sämtlich* zu besitzen.

Die auf die Mutter gerichteten libidinösen Wünsche waren auf andere, und zwar hauptsächlich auf reife, ältere Frauen übergegangen, waren aber auch hier verhindert, sich in ihrer wirklichen Gestalt zu zeigen. Sie äußerten sich vielmehr in einer *Scheu, solche Frauen anzublicken.*[28] Diese Scheu war mit einem für den Patienten sehr lästigen neurotischen Symptom verbunden: beim Anblick reifer Frauen, die ihn oft bewußt an seine Mutter erinnerten, *wurde ihm schwarz vor den Augen.*

Wir begegnen hier einer Einschränkung der Schaulust, die – soweit mir bekannt – bisher nicht in diesem Sinne aufgefaßt worden ist. Das von Nervösen so oft, namentlich als Begleiterscheinung von Schwindelan-

[27] Ich verweise an dieser Stelle auf die Bezeichnung »das Gemächt« für die männlichen Genitalien; hier hat die Sprache die Macht des Mannes in seine Genitalien verlegt.

[28] Ich verdanke Herrn Dr. de Bruine in Leiden die interessante Mitteilung, daß nach einem holländischen Volksglauben erblindet, wer einer alten Frau beim Verrichten eines Bedürfnisses zusieht.

fällen geschilderte »Schwarzwerden« vor den Augen dürfte regelmäßig der Unterdrückung einer libidinösen Tendenz entsprechen. Die mit jeder Sexualerregung verbundene Steigerung der Blutzirkulation führt bei Neurotikern oftmals zu einem vermehrten Zufluß des Blutes nach dem Kopf, besonders auch nach den Augen, wodurch unter anderen Symptomen auch die Verdunkelung des Gesichtsfeldes hervorgerufen wird.

Der Anblick der für ihn reizvollen Frauen wurde dem Patienten auf diese Weise im wirklichen Leben versperrt. Es entspricht ganz der Psychologie der Dementia praecox, daß der Patient für diese ihm auferlegte Entbehrung *Ersatz auf halluzinatorischem Wege* fand. Er sah z. B. eine im reifen Alter stehende Frau nackt vor sich liegen; sie hatte, wie der Patient spontan hinzufügte, Formen und Gestalt wie seine Mutter.
In eindrucksvoller Weise bestätigte der Patient B., daß seine Scheu vor dem Anblick weiblicher Personen im Grunde genommen eine Scheu vor dem weiblichen, richtiger gesagt vor dem mütterlichen Genitale war.
Zu der Zeit, als schon deutliche Erscheinungen der Rekonvaleszenz zu bemerken waren, besuchte der Patient einmal seine Mutter. Bei ihrem Anblick hatte er, wie er berichtete, die Augen wieder mit den Händen bedecken müssen; seine Empfindlichkeit gegen das Licht war damals bereits in deutlichem Abnehmen begriffen. Während ich eine Bemerkung dazu machte, legte der Patient wiederum die Hände auf die Augen und sagte dann spontan: »Ich habe die Scheibe mit dem Draht in der Mitte gar nicht ansehen wollen.« Diese Worte waren im Tone einer Rechtfertigung gesprochen — als befürchtete der Patient, ich könne ihm etwas in falschem Sinne auslegen. Doch blieb die zitierte Äußerung mir zunächst vollkommen unverständlich. Die Erklärung folgte aber der ersten Äußerung auf dem Fuße. Der Patient, der sich während der Behandlung in Ruhelage befand, hatte seinen Blick nach der Zimmerdecke gerichtet, an welcher eine runde, blanke Messingscheibe angebracht war; aus der Mitte der *Metallscheibe* kam ein Leitungsdraht der elektrischen Beleuchtung hervor. Dieser Eindruck hatte in dem Augenblicke, als von der Scheu des Patienten vor dem Anblick der *Mutter* die Rede war, genügt, um die Assoziation der Vulva (Scheibe) und des Penis (Draht in der Scheibe) hervorzurufen.
Feindschaft und Eifersucht gegenüber dem Vater hatten mit der Zeit einer bewundernden Anerkennung seiner Größe und Macht Platz gemacht. Doch vermochte die unterdrückte feindliche Strömung zuweilen noch Störungen der zur Herrschaft gelangten Gegenströmung zu erzeugen. Der Patient hatte in einem ekstatischen Moment einmal einen Sonnenhymnus dichten wollen. Er vermochte aber nur wenige Worte zu produzieren. Sie lauteten:

»Sonne, gib uns deine Kraft!«

Danach trat eine solche Störung des Gedankenablaufs (Sperrung) ein, daß der Patient über die ersten Worte nicht mehr hinauskam. Charakteristisch ist der Eintritt der Sperrung in dem Augenblick, als der Sohn seiner Verehrung für die Kraft der Sonne, d. h. des Vaters, Ausdruck verleihen will. Ich erinnere

hier an ein vollkommen analoges Vorkommnis aus der Krankengeschichte des Patienten A., bei welchem eine Sperrung gleicher Art eintrat, als er begonnen hatte, von seiner glühenden Verehrung des Vaters zu sprechen.
Der Wunsch, dem Vater gleich zu werden, kam einmal in einer Form zum Ausdruck, die die Gleichsetzung von Vater und Sonne deutlich erkennen läßt. Der Patient unterlag nämlich einmal der Sensation, daß seine beiden Augen zu *einem* würden. Dieses Auge sah er halluzinatorisch vor sich, als wäre es »draußen«, d. h. außerhalb seines Körpers. *Es wurde dann zu einer strahlenden Sonne;* der Patient erhob sich damit zur gleichen Höhe wie den Vater. Daß es gerade das Auge und nicht ein anderer Teil des Körpers war, der die Umwandlung erfuhr, ist teils aus dem früher über Auge und Sonne Gesagten verständlich, teils handelt es sich wieder um einen symbolischen Ersatz des Penis durch das Auge. Die erwähnte Halluzination läßt demnach insbesondere noch die Tendenz erkennen, die eigene Zeugungskraft des Patienten der befruchtenden Kraft der Sonne gleichzusetzen.

Ich bin einem inhaltlich ganz ähnlichen, symptomatologisch allerdings andersartigen Vorgang auch in der Psychoanalyse einer Zwangsneurose begegnet. Der Patient hatte nach dem Tode seines Vaters lebhafte Angst vor dessen wachsamem Auge. Das beobachtende Auge versetzte er stets an den Himmel; auch in gewissen Träumen kam das unzweideutig zum Ausdruck. Diese Anerkennung und Erhebung des Vaters war jedoch nur die eine Seite seiner ambivalenten Einstellung zu diesem. Zuzeiten regte sich ein intensiver Trotz gegen den verstorbenen Vater; dann unterlag der Patient dem *Zwang, die Sonne frech und herausfordernd anzusehen.* Gleichzeitig trat die obsedierende Grübelei auf: *»Vielleicht bin ich Gott.«*

Einen merkwürdigen historischen Versuch eines Menschen, sich selbst mit der Sonne zu identifizieren, habe ich in meinem Aufsatz[29] über den ägyptischen König Amenhotep IV. analysiert. Ich möchte hier nur den kurzen Hinweis geben, daß die ambivalente Einstellung des Königs zu seinem verstorbenen Vater die hauptsächlichste Erklärung für die Einführung des Atonkultes abgibt, in welchem die Kraft der Sonne verehrt wurde.
Die Angst des Patienten vor der Blendung durch die Sonne wird auch im Falle B. erst dann vollkommen verständlich, wenn man berücksichtigt, daß dem Sonnensymbol nicht nur Vater-, sondern auch Mutterbedeutung zukommt. Wie im Falle A., so stellte sich die Notwendigkeit dieser Annahme auch hier heraus. Die vorhin erwähnte blanke Messingscheibe mit dem Beleuchtungskörper an der Zimmerdecke war eine Art von Sonne am Himmel.[30]

[29] Bibl. Nr. 34 [S. 349ff. im vorliegenden Band].
[30] Die Identifizierung von Zimmerdecke und Himmel trägt einen echt infantilen Charakter. Kürzlich hörte ich einen 3½jährigen Knaben die Decke des Badezimmers den »Badehimmel« nennen.

Seine Neigung, ein weibliches (d. h. für ihn: »mütterliches«) Symbol an den Himmel zu versetzen, äußerte sich in einer spontan mitgeteilten Phantasie. Als sich während der Behandlungsstunde der vorher klare Himmel stark bewölkte, äußerte der Patient: *»Es wäre eine Wollust, sich mit dem Kopf in eine Wolke hineinzubohren.«* Diese Phantasie entspricht vollkommen gewissen mythischen Vorstellungen, die ich in meiner Schrift *Traum und Mythus* [s. S. 163ff. in diesem Band] gelegentlich der Analyse der Prometheussage erwähnt habe. In den ältesten Schichten dieses Mythus wird das Bohren in der Wolke (die Erzeugung des himmlischen Feuers) mit dem Sexualakt identifiziert.

Ich habe zum Fall B. nur noch kurz zu bemerken, daß die Lichtscheu im Laufe der Behandlung verschwand, wie denn der Fall sich überhaupt als therapeutisch sehr dankbar erwies.[31]

Ich sehe an dieser Stelle von der Mitteilung weiterer psychoanalytischer Erfahrungen über die neurotische Lichtscheu ab. Die Reihe der Fälle ließe sich leicht vermehren; denn nach meiner Erfahrung handelt es sich um eine keineswegs seltene Affektion. Leichtere Grade, wie z. B. eine gesteigerte Empfindlichkeit gegen grelles Sonnenlicht, beobachtet man bei leicht neurotischen Personen ziemlich oft.

Eine einzelne Tatsache greife ich aus der Psychoanalyse einer schweren Zwangsneurose heraus. Der Patient litt an einer im allgemeinen nicht sehr erheblichen Lichtscheu. Als seine Assoziationen ihn einmal auf gewisse, von der Vater-Imago ausgehende Verbote gebracht hatten, bedeckte er plötzlich seine Augen mit den Händen. Zur Erklärung dieses Verhaltens dienten mehrere ergänzende Einfälle. Der Patient hatte seinem Vater gegenüber immer ein schlechtes Gewissen gehabt; *er konnte ihn nie recht ansehen.* Seine Auflehnung gegen den Vater hatte u. a. in der Phantasie, den Vater zu blenden, ihren Ausdruck gefunden.

In diesem Fall ergab sich noch eine spezielle Bedeutung des Bedeckens der Augen. Es stellte – abgesehen von den übrigen uns bereits bekannten Bedeutungen – eine *Selbstbestrafung* dar: sich blind machen. Es handelte sich also um eine Talion für die erwähnte, auf den Vater gerichtete Absicht.[32]

[31] Zur Erklärung des schönen Erfolges der Psychoanalyse in diesem Falle von Dementia praecox bemerke ich, daß der Patient sich bald als genügend fähig zur »Übertragung« erwies. Seine Psychose war *wenig* in der Richtung der Wahnbildung vorgeschritten, während die Halluzinationen eine überwiegende Rolle spielten.

[32] Vgl. Ödipus' Selbstblendung.

II
Andere Formen neurotischer Störungen im Bereich des Schautriebes

Sobald man sich einmal eingehender mit den neurotischen Einschränkungen und Umwandlungen der Schaulust beschäftigt, ist man erstaunt über die Mannigfaltigkeit der Störungen, die aus den genannten Vorgängen herzuleiten sind. Diese Störungen finden sich bald bei den gleichen Personen, welche an Lichtscheu leiden, bald treten sie selbständig auf.

Bei der Darstellung des Krankheitsfalles B. habe ich eine derartige Störung, welche neben der Lichtscheu bestand, nur kurz erwähnt und komme hier zunächst mit einigen Worten auf sie zurück.

Der Patient klagte über *unscharfes Sehen*. Er sah die Gegenstände nicht klar, sondern verschwommen, undeutlich. Eine Störung des Sehapparates war nicht nachzuweisen[33]: daß die Affektion neurotischen Charakter trug, wurde noch dadurch erhärtet, daß sie auf psychoanalytische Behandlung gleichzeitig mit der Lichtscheu verschwand. Um Wiederholungen zu vermeiden, gehe ich sogleich zu einem andern Fall über, aus dessen Psychoanalyse ich einiges über eine ganz ähnliche Affektion mitteilen möchte.

Die Patientin C. beschäftigte sich mit Malerei. Obwohl sie dieser Kunst mit ausgesprochener Liebhaberei ergeben war, bemerkte sie doch, daß es ihr namentlich in Zeiten stärkerer neurotischer Erregtheit schwerfiel, die Formen von Gegenständen richtig aufzufassen und sie ihrem Gedächtnis einzuprägen. Auf diese Störung kam sie zu sprechen, als die Psychoanalyse bei der Aufklärung gewisser motorischer Anfälle angelangt war. Die Störung erwies sich als vorzugsweise determiniert durch eine verdrängte, inzestuös fixierte Schaulust, die sich namentlich auf den *Vater* (Körperformen!) richtete. Eine spezielle Determinierung ergab sich aber noch aus der Analyse besonderer Anfälle, die ich einige Male auch selbst zu beobachten Gelegenheit hatte.

Auf dem Sofa liegend, begann die Patientin sich unter Anzeichen heftiger psychischer Erregung zu strecken und erhob sich in einem (nicht sehr ausgesprochenen) »Arc de cercle« von ihrem Lager; dann geriet der ganze Körper, besonders die Extremitäten in ein lebhaftes Vibrieren und Zucken, das die Patientin mit ächzenden Lauten begleitete, bis eine allgemeine Erschlaffung eintrat. Während des Anfalles pflegte die Patientin sich einmal hastig aufzurichten und den Kopf für einen Augenblick nach der Seite zu drehen, um dann wieder zurückzusinken.

[33] Ich erwähne an dieser Stelle, daß die in diesem Aufsatz beschriebenen Affektionen solche Personen betrafen, die einen durchaus intakten Sehapparat hatten. Eine einzige Ausnahme wird im folgenden noch Erwähnung finden.

Die Analyse dieser Anfälle vollzog sich unter ungeheueren Widerständen; mehrmals begonnen und immer wieder aufgegeben, gelang sie erst am Schluß der Behandlung. Die Anfälle entpuppten sich als mimische Darstellung eines mit äußerst heftigen Affekten verbundenen Erlebnisses aus der Kindheit der Patientin, über dessen Realität aus bestimmten Gründen kein Zweifel obwalten kann. Sie war eines Morgens früher als sonst erwacht und war, da sie im gleichen Zimmer wie die Eltern schlief, Zeugin des sexuellen Verkehres geworden. Sie hatte sich – wie die allmählich hervorkommenden Einfälle ergaben – im Bett einen Augenblick aufgerichtet und dann erschrocken wieder niedergelegt. Diese ihre eigene aktive Beteiligung an dem damaligen Vorgang drückte sich im späteren Anfall durch das plötzliche Aufrichten des Oberkörpers aus. Das aufregende Erlebnis selbst wurde verdrängt, die Erinnerung machte sich aber bei bestimmten, hier nicht weiter zu verfolgenden Gelegenheiten in verhüllter Form bemerkbar. Die eigentliche schwere Nachwirkung des Erlebnisses aber bestand in heftigen Selbstvorwürfen und in bestimmten Einschränkungen des Trieblebens, unter welchen hier nur die Einschränkung des Schautriebes interessiert. Sie äußerte sich zunächst durch eine Scheu vor allem sexuellen Schauen und Wissen, u. a. durch ängstliches Meiden von Lektüre, die der Patientin irgendwelche Aufklärung über das Liebesleben bringen konnte. Die Scheu breitete sich aber, wie die Psychoanalyse ergab, auf das Sehen im allgemeinen aus, selbst wenn es keinen manifest-sexuellen Charakter hatte, und bezog sich speziell auf die *Formen* der Objekte.

Dieser Fall zeigt mit besonderer Klarheit, wie die Beobachtung des elterlichen Geschlechtsverkehres bei einem neurotisch veranlagten Kinde wirkt. Die Schaulust wird durch derartige Eindrücke an die Eltern in ungewöhnlichem Maße fixiert, so daß die späteren Ablösungsversuche mißlingen müssen. Gleichzeitig kommt es zu einer weit über das eigentliche Gebiet der Sexualität hinausgehenden Einschränkung der Schaulust. Die »Talion« kann sehr verschieden weit gehen; sie kann zur neurotischen Blindheit führen, kann sich aber auch mit gewissen Einschränkungen des Sehens begnügen. Oder sie kann zur Bildung von Phobien Anlaß geben. Die Patientin litt an gelegentlichen Zwangsgedanken, sich selbst die Augen ausstechen zu müssen.

Kurz erwähnen will ich hier zwei mir bekannte Krankheitsfälle, die ich nicht psychoanalytisch behandelt habe, die aber ein symptomatologisches Interesse bieten und die Mannigfaltigkeit der neurotischen Sehstörungen demonstrieren mögen.

Eine neurotische Frau leidet zeitweise an einer Sehstörung, die sie hindert, ohne Brille ein Buch zu lesen. Sie hat eine ausgesprochene Scheu vor dem Anblick von Illustrationen in Büchern; sie meidet solche daher nach Möglichkeit.

Ein jüngerer Mann, der von Kindheit an mit Angst vor der Dunkelheit und mit einer hartnäckigen Erblindungsphobie behaftet war, erkrankte an einer Sehstörung, die von augenärztlicher Seite sofort als neurotisch erkannt wurde.

Er beschrieb sie mir in einem Brief mit folgenden Worten. »Seit ungefähr 10 bis 14 Tagen sehe ich schlecht, d. h. es flimmert mir vor den Augen, so als ob es mir beständig schwindelig wäre, und ich sehe nur wie durch einen Schleier. Es fing eines Nachmittags mit einem Flimmern an, ich sah z. B. Zickzackbänder flimmern, so ungefähr wie wenn man lange in die Sonne oder in grelles Licht geblickt hat. Es dauerte etwa eine halbe Stunde; dasselbe wiederholte sich drei Tage später, und seitdem habe ich es beinahe unaufhörlich. Es ist jetzt weniger Flimmern als trübes Sehen, *bei großem Angstgefühl* natürlich. Zuerst hatte ich die Angst vor Erblindung.« Zum Verständnis dieser Störung, die ich, wie erwähnt, nicht analysiert habe, konnte ich nur ermitteln, daß der Patient sich in einem sexuellen Konflikt befand, der eine völlige Wiederholung seiner infantilen Ödipuseinstellung bildete.

Es gibt eine, freilich seltenere Störung auf dem Gebiet der Schaulust, welche den beschriebenen Störungen der Wahrnehmung in ihrer äußern Erscheinung vollkommen entgegengesetzt und dennoch gleicher Herkunft ist und den nämlichen Tendenzen dient. Es handelt sich um ein übertriebenes Achtgeben auf die Dinge und Vorgänge in der Außenwelt, womit sich dann auch ein auffallend getreues Gedächtnis für minutiöse Details verbindet. Diese stetige Spannung der optischen Aufmerksamkeit, dieses Notiznehmen von Dingen, welche von anderen Menschen als belanglos mit Recht keiner besonderen Beachtung gewürdigt werden, *täuscht eine rege Schaulust vor.* Solche Menschen sind über tausend Kleinigkeiten innerhalb ihres Gesichtskreises glänzend orientiert. Aber dieser Gesichtskreis ist in Wirklichkeit erschreckend eng; er beschränkt sich auf das, was mit dem Interessenkreis der Kindheit, der Familie oder der engen Heimat zusammenhängt. Dagegen besteht eine Scheu, kennenzulernen, was jenseits dieser Sphäre liegt. Besonders meiden solche Personen das sexuelle Schauen und jede sexuelle Aktivität. Wie leicht ersichtlich, handelt es sich um einen Verschiebungsvorgang. Dasjenige, was den Schautrieb am stärksten zu reizen vermag, wird gleichsam als etwas Verbotenes gemieden; das Interesse verschiebt sich auf das unbedingt erlaubte Indifferente.

Bei einem Patienten meiner Beobachtung ließ sich dieser Prozeß bis auf die frühe Kindheit zurückverfolgen. Der Patient, welcher vor Eintritt in die Behandlung etwas Unbestimmtes darüber vernommen hatte, daß in der Psychoanalyse die frühesten Kindheitserlebnisse reproduziert werden müßten, teilte mir in der ersten Sitzung vor allem andern mit, daß er außergewöhnlich vollständige und getreue Erinnerungen aus seiner frühesten Kindheit habe. Er gab dann sogleich einige Beispiele, denen später eine große Zahl weiterer folgte, welche sich auf das vierte bis siebente Lebensjahr bezogen. Von Ereignissen dieser Zeit wußte er eine unbegreifliche Menge von Einzelheiten. Am erstaunlichsten war dieses minutiöse Gedächtnis für zwei Zeitpunkte in seinem vierten und siebenten Jahre. Die letzteren bezogen sich auf den Aufenthalt in einem Badeort, wo er als sechsjähriger Knabe mit seinen Eltern geweilt hatte. Er kannte eine große Menge von Personennamen aus jener kurzen Zeit, beschrieb minutiös das Äußere seiner Spielgefährten, erinnerte sich, was diese und jene Person gesagt hatte, wußte von jedem Möbel der Wohnung, in der seine Eltern mit ihm wohnten. Die Erinnerungen waren so lebhaft und machten den Eindruck solcher Frische, daß man mit Recht von einer ausgesprochenen *Hypermnesie* reden konnte.

Dieses Phänomen blieb mir zunächst rätselhaft. An eine solch ausgeprägte Ausnahme von der allgemeinen Amnesie für die frühen Kindheitsjahre vermochte ich nicht zu glauben. Erinnerungsfälschungen anzunehmen lag aber ebenfalls kein Grund vor. Die vom Patienten gemachten Angaben trugen in keiner Weise den Stempel des Phantastischen, bewegten sich vielmehr im Rahmen der nüchternsten Alltäglichkeit. Man hätte vergeblich geraten, was wohl die Phantasie des sehr intelligenten Mannes hätte veranlassen sollen, seine Kindheit mit dieser Menge uninteressanter Details auszuschmücken. Irgendwelche affektstarken Eindrücke oder irgendwelche Erinnerungen, die den Größenwünschen des Kindes oder des Erwachsenen hätten schmeicheln können, fanden sich unter all dem mitgeteilten Material nicht vor.
Diese *Hypermnesie* klärte sich aber auf, sobald sich in ihrer Nähe eine – scheinbar nicht sehr wichtige – umschriebene *Amnesie* herausstellte. Der Patient wußte außer dem geschilderten indifferenten Material nur *eine* Tatsache aus der Zeit jenes Badeaufenthaltes mitzuteilen, die mit großem Affekt verbunden war: in jener Zeit waren lebhafte Selbstvorwürfe bei ihm aufgetreten. *Die Ursache dieser Selbstvorwürfe war ihm aber völlig aus dem Gedächtnis entschwunden.* Es ergab sich dann, daß der Patient auch in seinem vierten Lebensjahr bereits eine Periode der heftigen Selbstvorwürfe durchgemacht hatte; der Anlaß zu den letzteren lag ebenfalls im Dunkeln.
Der Hebung einer solchen, seit der frühen Jugend bestehenden Amnesie pflegen sich stets ganz besondere Widerstände in den Weg zu stellen. So auch in diesem Falle. Ganz allmählich wurden aber, besonders durch Träume, die Anhaltspunkte zutage gefördert, die mit Sicherheit darauf schließen ließen, daß auch bei diesem Patienten die in früher Kindheit erfolgte Beobachtung des elterlichen Sexualverkehrs zu schweren Verdrängungen Anlaß gegeben hatte; sie muß gerade in die Zeit gefallen sein, die dem Auftreten der Selbstvorwürfe vorausging. Die sexuelle Neugierde verfiel der Verdrängung; an ihre Stelle trat das übertriebene Achtgeben auf indifferente Einzelheiten im täglichen Leben.

Die Erforschung der frühen Kindheit förderte bei dem nämlichen Patienten Materialien zutage, die bewiesen, daß sich sein Interesse frühzeitig in einem ungewöhnlichen Maße auf den Körper seiner Mutter gerichtet hatte. Seine Fixierung an die Mutter hielt auch nach der Pubertät an und äußerte sich in einer schweren Neurose (Angsthysterie). Es ist nun bemerkenswert, daß der Patient eine große Scheu empfand, seine Mutter anzusehen. Das Verbot des Schauens auf die Nacktheit der Mutter hatte sich in eine Scheu vor ihrem Anblick überhaupt umgewandelt. Fremden weiblichen Personen blickte der Patient mit Vorliebe ins Gesicht, namentlich in die Augen; das hatte für ihn einen ausgesprochen erotischen Reiz. Faktisch war dieses seine einzige Sexualbetätigung gegenüber dem weiblichen Geschlecht. Ich erinnere hier an die früheren Erörterungen, welche uns die Genitalbedeutung des Auges ergaben. Jene sehr reduzierte Sexualbetätigung des Patienten war also eine von ihrem ursprünglichen Ziel – dem Genitale – abgelenkte, »nach oben verlegte« Schaulust. Bei dieser Gelegenheit mag daran erinnert werden, daß der Ausdruck des Auges leicht eine erotische Erregung verrät. Männer mit herabgesetzter sexueller Aktivität suchen oft gerade dieses Zeichen der Geneigtheit bei weiblichen Personen; sie beschränken sich manchmal darauf, dieses Zeichen hervorzurufen, unter Verzicht auf jede sonstige Annäherung. Diese Erscheinungen werden unten eine genauere Besprechung finden. Hier genügt es, auf die eigentümliche Verschiebung des Schautriebes hinzuweisen.

Bei dem gleichen Manne bestand aber eine Scheu, männliche Personen anzublicken; sie bezog sich sogar auf ihm ganz vertraute Menschen. Die homosexuelle Schaulust war also in bedeutend weiterem Umfang der Verdrängung verfallen als die heterosexuelle.

Eine ähnliche Unterdrückung der Schaulust ist von erheblicher Bedeutung für die Entstehung eines sehr verbreiteten motorischen Symptoms im Bereich der Augen, nämlich des *zwangsartigen Zuckens* der Augenlider. Soweit meine psychoanalytische Erfahrung reicht, entspringt diese Zwangsbewegung einem *erschrockenen Verschließen der Augen.* Diese ist zunächst ein Ausdruck der *Kastrationsangst.* Das Liderzucken scheint regelmäßig mit einer Angst vor Beschädigung der Augen verbunden zu sein, welche nach unseren früheren Ausführungen einer Angst um das Genitale gleichkäme. Das zwangsmäßige Zusammenkrampfen der Lider entspricht des weiteren einem Grauen vor gewissen Phantasien, welche sich dem Patienten mit visionärer Deutlichkeit aufdrängten und verbotenen Schaugelüsten Ausdruck gaben. Es scheint sich dabei teils um erotische Vorstellungen zu handeln, teils um solche sadistischer Art (Phantasien vom Tode Angehöriger). Diese Vorstellungen drängten sich dem Patienten eines Tages in Form von Bildern (Zwangshalluzinationen) auf, wurden unter Zeichen des Grauens abgewiesen und verfielen der Verdrängung. Das zwangsmäßige krampfartige Schließen der Augenlider zeigt aber an, daß jene verpönten Phantasien im Unbewußten des Patienten noch existieren und daß ein fortdauernder Verdrängungsaufwand erforderlich ist, um sie vom Bewußtsein fernzuhalten.[34]

Eine eigentümliche Transformation der sexuellen Schaulust stellt diejenige Störung dar, welche ich mit dem Namen *Schauzwang* belegen möchte. Ich behandelte einen Zwangsneurotiker, der neben dem Zwange, über die Herkunft jedes Gegenstandes zu grübeln, an dem krankhaften Antrieb litt, *die Rückseite jedes Gegenstandes seinen Augen zugänglich zu machen* und sie dann zu betrachten. Ich habe kürzlich einiges über diesen merkwürdigen Fall mitgeteilt.[35] In diesem Zusammenhange sind folgende Tatsachen von Interesse.

Vor dem Hause, in welchem ich damals wohnte, befand sich ein Vorgarten, an dessen Gitter mein Namensschild angebracht war. Der Patient begnügte sich bei seinem ersten Besuch, der an einem Abend stattfand, nicht damit, die Aufschrift des Schildes zu lesen, sondern beleuchtete, nachdem er in den Vorgarten eingetreten war, mit Hilfe eines Zündhölzchens die Rückseite des Schildes. Dann brachte er (nach Schilderung seiner ihn begleitenden Frau) längere Zeit damit zu, laut vor sich hinsprechend, über die Herstellung solcher Schilder nachzugrübeln. Als seine Frau ihn endlich bis in mein Sprechzimmer gebracht hatte, faßte er alsbald eine kleine Bronzefigur ins Auge, nahm sie vom Tisch, drehte sie und betrachtete besonders eingehend die Rückseite des Körpers.

Die sehr fragmentarische Psychoanalyse ergab, daß der Patient in der Kindheit ein übergroßes Interesse für das *Gesäß* bekundet hatte. Im Anschluß an den unverhofften Anblick des Gesäßes einer Frau waren seine ersten Zwangssymptome aufgetreten. Das Interesse am Gesäß hatte sich dann auf leblose und indifferente Gegenstände verschoben, deren *Rückseite* der Patient zwangsmäßig betrachten mußte. Warum die Schaulust in diesem Falle (und in mancher andern Neurose) vorwiegend auf das Gesäß anstatt auf das Genitale gerichtet ist, kann hier nicht genauer untersucht werden.

Eine, wie es scheint, speziell bei weiblichen Neurotischen vorkommende Störung ist die *Angst, durch den Blick Personen des andern Geschlechtes*

[34] Ich bemerke ausdrücklich, daß ich hier keine erschöpfende Erklärung des Phänomens gebe; die obigen Andeutungen entstammen gelegentlicher Beobachtung, nicht ausführlicher Analyse.

[35] Bibl. Nr. 38 [s. S. 269ff. in Band I der vorliegenden Ausgabe].

sinnlich zu erregen. Sie führt in manchen Fällen zu einer Scheu vor jeder Begegnung mit Menschen, so daß die von dieser Störung befallenen Personen ganz unsozial werden.

Die Eigentümlichkeit dieser und gewisser noch zu erwähnender Fälle besteht darin, daß dem Auge respektive dem Blick eine Macht zugeschrieben wird, als wäre das Individuum im Besitz zauberhafter Kräfte. Es entspricht dieser Überschätzung des Auges und seiner Macht, daß solche Menschen in ihrem Denken sich in auffälliger Weise auf diesen Vorstellungskreis einengen. Auf Grund mehrfacher Erfahrungen glaube ich die hierher gehörigen Fälle diagnostisch nach zwei Seiten sondern zu können.

Die Angst, durch den Blick in jedem Menschen sexuelle Erregung wachzurufen, findet sich bei Neurotischen neben anderen Phobien oder Zwangsgedanken. Die Störung erscheint mir durchaus ein Analogon der Vorstellung von der »Allmacht der Gedanken« zu sein; dem Blick wird hier eine solche »Allmacht« zugeschrieben.

Diagnostisch anders zu bewerten sind dagegen jene Fälle, in denen die Angst besteht, durch den Blick Wirkungen zu erzielen, die über das Erregen von Verliebtheit usw. weit hinausgehen. Hier handelt es sich um Psychosen von paranoidem Charakter, die oft durch lange Zeit äußerlich unter dem Bilde einer Neurose verlaufen.

Bei einem jungen Mädchen bestand die Angst, durch ihren Blick andere Menschen in solchem Maße zu entsetzen, daß sie erstarren und auf der Stelle sterben müßten. Die Übereinstimmung mit einem antiken Sagenstoff ist hier ganz frappant; die Patientin verglich auch selbst ihren Blick mit dem der Gorgo. Diese Angst verstärkte sich im Laufe der Jahre immer mehr und nötigte die Patientin, sich von aller Gesellschaft zurückzuziehen. In einem ihrer Träume befand sie sich in einem riesigen Raume, der etwa einer Bahnhofshalle glich. Unter den Tausenden von Menschen, die dort versammelt waren, erscholl plötzlich der Schreckensruf, die »Totenstarre« sei ausgebrochen, worauf die Menschen in panischem Entsetzen vor der Träumerin flohen.

Ganz ähnliche Phantasien fand ich bei einem andern jungen Mädchen. Die Vorstellung, durch ihren Blick zahllose Menschen zu töten, setzte sich bei ihr nicht bloß in den Träumen, sondern auch in Sinnestäuschungen während des Wachens durch. Als sie z. B. an einem Ball teilnahm, bemerkte sie zu ihrem Entsetzen, wie jeder Mensch, den sie ansah, im Gesicht eine weißgrünliche Leichenfarbe annahm, wodurch für sie der Eindruck entstand, daß sie sich unter lauter Toten befand.

Beide Personen, von welchen zuletzt die Rede war, ergingen sich in maßlosen sadistischen Phantasien. Die eine zerbrach im Traum ihrer

Mutter sämtliche Knochen, die andere phantasierte unaufhörlich von räuberischen Überfällen auf ihre Familie, deren Mitglieder gemordet oder gefoltert wurden; diese Beispiele ließen sich beliebig vermehren. *Das Auge war in diesen Fällen sozusagen ein Instrument des Sadismus.*
Es ist bemerkenswert, daß es sich in den Fällen dieser Art, welche ich beobachten konnte, immer um weibliche Personen handelte. Die Psychoanalyse in den beiden zuletzt erwähnten Fällen war mit sehr großen, in der Krankheit begründeten Schwierigkeiten verbunden. Ich kann deshalb nur mit einer gewissen Reserve aussagen, daß für beide Patientinnen, die in ihren Phantasien die männliche Geschlechtsrolle zu übernehmen liebten, das Auge die Bedeutung eines Penis zu haben schien, mit dem man die Menschen erschrecken und töten konnte. Diese Auffassung, die zunächst befremdend und unwahrscheinlich klingt, findet ihre Bestätigung in den nicht seltenen Beängstigungen neurotischer Frauen, vom Blick des Mannes »durchbohrt« zu werden. So wich z. B. eine meiner Patientinnen dem Blick jedes Mannes aus, weil sie sich von ihm im eigentlichsten Sinne – durchbohrt fühlte, d. h. sie verspürte, sobald der Blick eines Mannes sie traf, einen stechenden Schmerz im Unterleib.

Andere Neurotische spüren stechende oder bohrende *Schmerzen im Auge*. In manchen solchen Fällen handelt es sich um eine Verlegung der soeben erwähnten Genitalsensationen »nach oben«. Es gibt jedoch seltene Fälle von schwerem, *neurotischem Augenschmerz*, die eine sehr komplizierte psychologische Struktur aufweisen. Ich werde über die Psychoanalyse eines solchen Falles genauer berichten; hier war der Augenschmerz mit einer extremen Lichtscheu kombiniert. Die Patientin brachte längere Zeit in vollkommenem Dunkel zu. Dieser Fall eignet sich besonders dazu, die *Bedeutung der Dunkelheit* im Seelenleben der an Lichtscheu Leidenden aufzuklären. Wir müssen zu diesem Zwecke wieder an die oben mitgeteilten Resultate aus der Analyse der Lichtscheu anknüpfen. [Kapitel I, oben, S. 228ff.]

III
Zur Bedeutung des Dunkels in der Psychologie der Neurosen

Bei der Analyse der neurotischen Lichtscheu ergab sich, daß der Sonne *vorzugsweise* die Bedeutung eines Vatersymbols, daneben freilich auch diejenige eines Muttersymbols zukomme. Im Hinblick auf diese zweite, entschieden untergeordnete Bedeutung darf man sagen, daß das nur in der Einzahl vorhandene Sonnensymbol der Darstellung der Vaterimago diene, welch letztere die Mutterimago sozusagen in sich aufgesogen habe. Ich denke dabei an einen Vorgang solcher Art, wie wir ihn in deutlichen Spuren z. B. in der biblischen Schöpfungsgeschichte finden. Unterwirft man diesen Mythus, der ja Spuren ganz außerordentlicher Umarbeitungen und Entstellungen aufweist, einer genaueren Analyse, so fällt in hohem Maße auf, wie sehr das weiblich-mütterliche Element im männlich-väterlichen aufgegangen ist. Findet man in den uns sonst bekannten Kosmogonien stets ein sogenanntes *»Welt-Elternpaar«*, so erschafft in der biblischen Genesis der einzige (männliche) Gott allein die Welt, alle Wesen und endlich auch den Menschen, oder – richtiger gesagt – den *Mann*. Erst aus diesem entsteht das Weib. Beide zeugen zusammen wiederum Söhne, keine Töchter. Diese weitgehende Ausschaltung des weiblichen Elementes erweist sich jedoch als eine ganz sekundäre Erscheinung, auf die später noch zurückzukommen sein wird.

Wenn nun im Sonnensymbol vorwiegend die Vaterimago ihren Ausdruck findet, so wird man sich fragen, ob die Imago der Mutter nicht etwa doch auch durch ein besonderes Symbol in den Phantasiegebilden unserer Patienten vertreten sei. Denn die Mutter spielt in den unbewußten Phantasien dieser Patienten eine bedeutende Rolle; die ihr geltenden Vorstellungen haben unbedingt den gleichen Anspruch auf einen ihnen adäquaten symbolischen Ausdruck wie die auf den Vater bezüglichen Phantasien. Zur Lösung dieser Frage gelangte ich auf einem Umweg, nämlich als ich einer andern, ebenfalls ungelösten Frage im Bereich der neurotischen Lichtscheu näherzukommen versuchte. Die neurotische Lichtscheu wurde nicht in vollem Umfang verständlich, solange nicht die Frage, warum die Patienten das Dunkel aufsuchen, allseitig geklärt war. Ich selbst war anfänglich geneigt, in diesem Verhalten lediglich eine Flucht vor dem Licht zu erblicken. Bei genauerem Studium dieser Fälle wurde mir aber immer klarer, daß dem Dunkel nicht bloß eine negative Bedeutung zukomme. Durch eine Mitteilung von Dr. A. Stegmann in Dresden wurde ich auf den positiven Lustwert des Dunkels aufmerksam gemacht. Erst dadurch wurden mir die manchmal so komplizierten Maßregeln zur Herstellung völliger Dunkelheit verständlich, wie diese Patienten sie, besonders am Abend, zu treffen pflegen. Ich habe, der größeren Übersichtlichkeit halber, in den zwei mitgeteilten Auszügen aus Psychoanalysen (Kap. I) diese wichtige Seite des Zustandes zunächst außer acht gelassen. Ich werde das Nötige nunmehr nachtragen und mich dabei auf die schon bisher herangezogenen Fälle, außerdem aber namentlich auf die Psychoanalyse einer Frau beziehen, die an einer extrem schweren Lichtscheu erkrankt war.

Bei allen drei Personen erwies sich die Bedeutung des Dunkels als mehrfach determiniert. Regelmäßig drängten sich beim Versuch, die Bedeutung der Dunkelheit zu analysieren, bestimmte Vorstellungen zunächst in den Vordergrund, von denen darum auch hier zunächst die Rede sein soll.

Es stellte sich nämlich bei allen diesen Personen heraus, daß sie unter depressiven Stimmungen litten und eine unverkennbare *Neigung zur Weltflucht* in sich trugen. Das Licht des Tages bedeutete ihrem Unbewußten das *Leben*, das Dunkel den *Tod*. Diese symbolische Verwendung von Licht und Dunkel lehnt sich an den alltäglichen Sprachgebrauch an. Man findet jedoch bei den Neurotischen weit häufiger, daß sie Angst vor dem Tag haben – besonders am Morgen beim Erwachen – und sich am Abend in jeder Hinsicht wohler fühlen, weil der Tag zu Ende geht und die Nacht herankommt, ohne daß sie dabei auf Helle oder Dunkelheit den Akzent legen. Der Tag ist die Zeit des allgemeinen Lebens, der Geschäftigkeit; die Nacht bedeutet das Gegenteil. Bei den Neurotikern, von denen hier speziell die Rede, repräsentiert aber gerade das *Licht* des Tages das Leben, das Dunkel den Tod. Die Neurotiker, in deren Krankheit die verdrängte Schaulust eine dominierende Rolle spielt, sprechen eben in ihren Symptomen einen besonderen »Dialekt«, um einen treffenden Ausdruck Freuds zu gebrauchen. Es ist der Dialekt, der durch den vorherrschenden Partialtrieb und die vorherrschende erogene Zone determiniert wird.

Die Scheu vor dem Licht, besonders aber auch die komplizierten Veranstaltungen zur Abhaltung jedes Lichtstrahles in der Nacht werden so bereits bedeutend verständlicher. Die Patienten sehnen sich unbewußt nach dem Dunkel und suchen am Abend, wenn das ihnen unsym-

pathische Tageslicht geschwunden ist, die Dunkelheit möglichst absolut zu gestalten. Eine Patientin ging, wie erwähnt, so weit, daß sie auch bei Tage in völlig verfinsterten Räumen lebte.
Diese Weltflucht ist selbstverständlich nicht lediglich eine Flucht – also etwas rein Negatives –, sondern sie hat ihren positiven Lustwert. Der Patient zieht sich in tiefe Nacht zurück, um keinerlei Kunde mehr von der Außenwelt zu erhalten, also um mit sich und seinen Phantasien allein zu sein. Bei denjenigen Neurotischen, die am Tage das Licht, sofern es nicht direktes Sonnenlicht ist, ertragen, haben wir mit einer Art von Kompromißbildung zu tun. Am Tage bleibt der Konnex mit der Außenwelt einigermaßen erhalten; bei Nacht wird er vollkommen aufgehoben. Sperrt sich der Patient dagegen auch am Tage gegen jeden Lichtstrahl ab, so bedeutet das eine komplette Abkehr vom wirklichen Leben.
Ich muß hier an ein Symptom erinnern, welches bezüglich seiner Genese und seiner Wirkungen der Lichtscheu durchaus analog ist: die *neurotische Geräuschempfindlichkeit.* Auch dieses Leiden hat eine seiner Wurzeln in der Weltflucht des Patienten. Alles Leben bringt Geräusch mit sich: Geräusche sind daher für den Neurotiker das Kennzeichen des rastlos pulsierenden Lebens, von dem er durch seine Sexualablehnung ausgeschlossen ist. Er haßt das Geräusch, besonders aber Menschen, die geräuschvoll auftreten und damit dokumentieren, daß sie frei von Hemmungen und Unsicherheitsgefühlen durchs Leben gehen. Von Interesse ist übrigens, daß Lichtscheu und Scheu vor Geräuschen oft miteinander vergesellschaftet sind.[36] Ein besonders charakteristisches Verhalten von Personen, die an beiden Symptomen leiden, besteht darin, daß sie nachts nicht nur in einem sorgsam verdunkelten Raume schlafen, sondern sich noch die Bettdecke über den Kopf ziehen, um so gegen Licht und Geräusch gänzlich abgesperrt zu sein.
Folgt man den freien Assoziationen der Patienten weiter, so gelangt man von der Vorstellung einer Flucht in den dunkeln, wohlverschlossenen Raum regelmäßig zu jenen Vorstellungen, die uns auch aus anderen Neurosen als *»Mutterleibsphantasien«* bekannt sind. So gelangen wir zu der Einsicht, daß die *Dunkelheit als Symbol der Mutter* aufzufassen ist. Es wäre leicht, diese Bedeutung der Dunkelheit durch völkerpsychologische Materialien zu erhärten. Die einschlägigen Tatsachen sind zu bekannt, als daß ein genaues Eingehen notwendig wäre. Ich

[36] Vgl. das auf Seite 239 Gesagte.

ziehe es vor, sogleich auf die Lehren eines besonders instruktiven Krankheitsfalles zu kommen.

Die Patientin – dieselbe, auf deren Krankheitsgeschichte ich im vorstehenden schon einige Male verweisen mußte – lebte zu der Zeit, als sie in psychoanalytische Behandlung trat, Tag und Nacht im absoluten Dunkel. Sie litt – wie erwähnt – nicht nur an einer sehr ausgeprägten Lichtscheu, sondern empfand jede Belichtung als heftigen Schmerz in den Augen. Die Sehorgane waren, bis auf einen mäßigen Grad von Astigmatismus, durchaus gesund. Eine Reihe namhafter Ophthalmologen hatte sich übereinstimmend dahin ausgesprochen, daß es sich bei der Patientin nicht lediglich um die Schmerzen handle, welche oftmals den Astigmatismus begleiten. Der ätiologische Zusammenhang des Leidens mit schweren Gemütserregungen wurde von der Patientin selbst betont.

Jeder Besuch der Patientin in meiner Wohnung war durch ihr Leiden aufs äußerste erschwert. Am hellen Tage konnte sie den Weg nicht machen; ebensowenig am Abend, wenn die Straßen elektrisch beleuchtet waren. So war sie auf die Dämmerstunde angewiesen. Sie schützte dann ihre Augen durch ein Pincenez mit ganz dunkeln Gläsern; darüber setzte sie eine ebenfalls dunkle Automobilbrille, die besonders den seitlichen Lichteinfall vom Auge fernhielt. Dann folgte als weiterer Schutz ein dichter Schleier; damit nicht genug, bog sie die sehr breite Krempe ihres Hutes tief herab. So geschützt, bestieg sie eine geschlossene Droschke und begab sich zur Behandlung. In ihrer Wohnung schützte sie sich in ähnlich komplizierter Weise gegen das Licht.

Daß auch in diesem Falle Licht und Leben identisch waren, ergab sich bald; die ungeheuer starke Betonung des Willens, im Dunkeln zu leben, stellte sich bald als ein Todessehnen heraus. In einem ihrer Gedichte hatte die Patientin, die einst mit großem Ehrgeiz ins Leben getreten war, ihr Dasein mit einem Kirchhof verglichen. Sie war in ihrem dunklen Zimmer, wo sie auch noch zumeist im Bette lag, gleichsam *lebendig begraben.* Die in diesem Begräbnis liegende Selbstbestrafung liegt für den Psychoanalytiker auf der Hand, der weiß, wie häufig die verdrängte Phantasie vom Lebendigbegraben zur neurotischen Symptomenbildung Anlaß gibt.

Von ausschlaggebender Wichtigkeit war aber, wie sich des weiteren zeigte, die *Phantasie von der Rückkehr in den Mutterleib.* Die Fixierung der Tochter an die Mutter war so außergewöhnlich stark, daß die Patientin, eine Frau von großem psychologischem Scharfblick, mit Bezug darauf einmal äußerte, die »psychologische Nabelschnur« zwischen ihr und ihrer Mutter sei nicht durchgeschnitten worden! Unter ihren Gedichten fand sich eines, in dem sie die Mutterleibsphantasie in anschaulicher Weise zur Darstellung gebracht hatte.

Von den mannigfachen Determinierungen der Lichtscheu und des Augenschmerzes kann ich aus besonderen Rücksichten nur einiges andeuten. Im Phantasieleben der Patientin lagen schwerwiegende Motive, wegen deren sie sich jeder Lust am Schauen begeben hatte und sich für jeden Verstoß gegen dieses selbstgegebene Verbot mit heftigen Schmerzen bestrafte. Neben anderen Phantasien handelte es sich um solche, die gegen eine Person ihrer nächsten Umgebung gerichtet waren, weil jene die Patientin an Glanz weit überstrahlte.

Zur Erklärung der sonderbaren Prozeduren, welche die Patientin vor dem

Verlassen des Hauses treffen mußte, trug in hohem Maße bei, daß sie durch Brillen und Schleier hindurch auf keinen Mann »ein Auge werfen« konnte, daß sie sich durch ihre Vermummung für jeden Mann abschreckend machte, freilich auch für den eigenen Mann.

Ohne des weiteren auf die Determinierungen der Symptome einzugehen — besonders die sadistischen Determinierungen habe ich nicht genauer berücksichtigt — erwähne ich, daß im Laufe einiger Monate eine so weitgehende Besserung der Lichtscheu eintrat, daß die Patientin unter Anwendung relativ geringer Schutzmaßregeln an abendlichen Gesellschaften in hell erleuchteten Räumen teilnehmen konnte. Einmal brachte sie vier Stunden in einem hell erleuchteten Saal zu. Diese schönen Erfolge, welche natürlich zu einem Teil auf Übertragungswirkungen beruhten, wurden durch eine Periode des intensivsten Widerstandes abgelöst. Die Psychoanalyse hatte der Kranken zum Eintritt ins Leben verholfen, hatte die »psychologische Nabelschnur« nahezu durchtrennt. Aber die Patientin durfte sozusagen das Licht der Welt nicht erblicken. Der nun einsetzende Widerstand erweckte die Mutterleibsphantasien von neuem. Die Patientin zog sich mit heftigen Schmerzen wieder in ihren kaum verlassenen Kerker zurück und weigerte sich gegen eine Fortsetzung der Behandlung; diese wurde tatsächlich nicht wieder aufgenommen.

Die symbolische Bedeutung des Dunkels hat einen durchaus ambivalenten Charakter. Ganz wie die Erde oder das Wasser hat auch das Dunkel gleichzeitig eine symbolische Bedeutung im Sinne der *Geburt* und des *Todes.* Diese doppelte Bedeutung kommt in der Symbolik der Träume und der Neurosen allen Höhlen zu, in welche kein Licht eindringt, und zwar sowohl den Höhlen des menschlichen Körpers als auch Hohlräumen anderer Art.

Die dunkle Höhle, welche in dieser Symbolik den Mutterleib repräsentiert, ist oftmals nicht als Uterus, sondern als *Darm* aufzufassen. Für den psychoanalytisch Erfahrenen genügt hier der Hinweis auf die bekannte infantile Sexualtheorie, welche die Geburt der Kinder aus dem Anus der Mutter erfolgen läßt, und die oft überlebhafte Betonung des kindlichen (respektive neurotischen) Interesses an Darm und Darmfunktionen. Durch die Ergebnisse meiner Psychoanalysen bin ich aber mehr und mehr darauf aufmerksam gemacht worden, daß das Interesse mancher Neurotiker am Alleinsein in einem engen, dunkeln Raum noch weitere *Determinierungen analerotischer Natur* aufweist. Besonders kommt in ihren Phantasien, wie leicht zu vermuten, diesem Raum oft die Bedeutung des Klosetts zu. Überraschender, aber für den Kundigen durchaus erklärlich ist die nicht seltene Vorstellung neurotischer Personen, in einer Klosettgrube eingeschlossen zu sein. Bald ist diese der Ort ihrer heimlichen, lustbetonten Wünsche, bald ihrer unheimlichen Befürchtungen.

Ich mußte zum Schluß dieses Abschnittes ausführlicher auf das infantile und das neurotische Interesse an geschlossenen dunkeln Räumen eingehen, weil uns dadurch andere psychologische Erscheinungen verständlich werden, zu denen wir nun übergehen müssen. Die bei vielen Neurotischen, insbesondere bei Zwangskranken, so sehr hervortretende Neigung zu allem »Dunkeln«, d. h. Geheimnisvollen, Übersinnlichen, Mystischen darf nicht nur aus verdrängter Schaulust im allgemeinen erklärt werden, sondern ist spezieller determiniert durch jenes lustbetonte Interesse an dunkeln Höhlen, welches uns aus der infantilen Sexualität verständlich wurde.

IV
Beiträge zur Psychologie des Zweifelns und Grübelns
Völkerpsychologische Parallelen

In den ›Bemerkungen über einen Fall von Zwangsneurose‹ (1909)[37] hat Freud den Nachweis geführt, daß gewisse Symptome der Zwangsneurose von einem Verdrängungs- und Verschiebungsvorgang herrühren, welcher den Schautrieb betroffen hat. Er verwies dabei namentlich auf die Beziehungen zwischen *Schaulust*, *Wißbegierde*, *Zweifeln* und *Grübeln.*

Im folgenden beabsichtige ich, an Hand meines analytischen Materials den von Freud erkannten Prozeß genauer zu verfolgen und Freuds Aufstellungen in gewisser Hinsicht zu ergänzen; überdies werde ich gewisse völkerpsychologische Parallelerscheinungen in den Kreis der Betrachtung ziehen.

Bei den Neurotikern, welche an Frage- und Grübelsucht leiden, finden wir regelmäßig eine *Herabsetzung der sexuellen Aktivität;* in extremen Fällen ist die letztere dem grüblerischen Denken vollständig zum Opfer gefallen.[38] Solche Menschen stehen den wichtigen Fragen der Sexualität ratlos wie Kinder gegenüber; ihr Interesse hat sich vom sexuellen Gebiet in folgenschwerer Weise entfernt und sich auf andere Fragen verschoben.

[37] [Freud (1909*d*).]

[38] Es handelt sich hier vorwiegend um männliche Patienten. Bei Frauen ist die Grübelsucht viel seltener. Wo ich aber bei Frauen Symptome von Fragesucht oder ähnliche Erscheinungen fand, stellte sich regelmäßig auch eine außergewöhnliche weitgehende Sexualablehnung heraus.

Die primitive sexuelle Neugierde richtet sich im Kindesalter zuerst auf den Körper und speziell auf die Genitalien der Eltern, sodann auf den Zeugungsvorgang und auf die Geburt. Daß sich beim Knaben, dessen Verhalten uns hier in *erster Linie* beschäftigen muß, das Interesse in weit höherem Maße der *Mutter* zuwendet als dem Vater, ist nicht bloß aus dem Geschlechtsunterschied zu erklären, sondern hauptsächlich auch aus dem Interesse für die Herkunft der Kinder aus dem Körper der Mutter.

Die primitive kindliche Neugierde will diese Organe oder Vorgänge *sehen;* das Verlangen, von ihnen zu *wissen,* läßt bereits auf eine Eindämmung der Schaulust schließen. Bei vielen Neurotikern geht die Einschränkung bedeutend weiter, indem auch das Wissen auf sexuellem Gebiet gleichsam einem Interdikt verfällt. Alsdann kommt es zu mannigfaltigen Transformationen der Schaulust, deren wichtigste von Freud in der genannten Schrift bereits behandelt worden sind. Wertvolle Beiträge zu diesen Fragen hat kürzlich v. Winterstein[39] geliefert.

Mit diesen Prozessen der Transformierung und ihren Produkten müssen wir uns nunmehr beschäftigen.

Wir nehmen mit Freud an, daß die sexuelle Schaulust des gesunden Menschen im Kindesalter in einem erheblichen Umfang der Verdrängung und *Sublimierung* verfällt. Von wichtigen psychologischen Erscheinungen, welche größtenteils diesem Vorgang ihre Entstehung verdanken, nenne ich hier nur Wißbegierde (im allgemeinen Sinne), Forschungsdrang, Interesse an der Naturbeobachtung, Reiselust sowie den Trieb zur künstlerischen Verwertung des vom Auge Wahrgenommenen (z. B. in der Malerei).

Bei Neurotischen müssen wir in vielen Fällen sicherlich eine konstitutionelle Verstärkung der Schaulust annehmen; doch kann auch durch Einschränkung der sexuellen Aktivität der Schaulust eine vergrößerte Bedeutung zufallen. An die Stelle aktiver sexueller Leistungen tritt dann ein verstärkter Drang zum tatenlosen Schauen aus der Ferne. Das Schicksal dieser neurotischen Schaulust kann sehr vielfältig sein. Zu einem Teil kann sie in ihrer ursprünglichen Gestalt erhalten bleiben; zu einem andern Teile wird sie durch Sublimierung im oben beschriebenen Sinne umgewandelt; ein dritter Teil endlich wird zur neurotischen Symptombildung verwandt. Je lebhafter der Trieb, desto intensiverer Sublimierungsarbeit bedarf es, um den Ausbruch neurotischer

[39] 1913.

Störungen zu verhüten; desto schwerer pflegen freilich auch diese Störungen auszufallen, wenn es zur Symptombildung kommt.

Der Sublimierungsprozeß vermag seinerseits verschiedene Richtungen einzuschlagen. Ich wende mich zunächst zu solchen Neurotikern, welche ein lebhaftes *Interesse für konkretes Wissen oder Forschen* an den Tag legen. In den Interessen der Neurotiker, welche einer solchen Sublimierung der Schaulust ihre Entstehung verdanken, vermag man oft den ursprünglichen Trieb – bald ohne besondere Hilfsmittel, bald erst auf psychoanalytischem Wege – wiederzuerkennen. Ich gebe aus einer meiner Beobachtungen ein paar besonders instruktive Beispiele.[40]

Ein sehr intelligenter und gebildeter Neurotiker hatte ein ausgesprochenes Streben nach wissenschaftlicher Universalität in sich. Bei seiner regen geistigen Tätigkeit hatte er bemerkt, daß ihn in jeder Wissenschaft, der er sein Interesse zuwandte, immer ein einzelnes Problem ganz besonders fesselte. Als ich ihn um Beispiele bat, nannte er mir u. a. die folgenden:

In der Chemie interessiere ihn am meisten der *Status nascendi*. Bei genauerem Eingehen ergab sich, daß der Augenblick, in dem ein Stoff sich bildet oder in dem zwei Stoffe sich zu einem neuen vereinigen, ihn förmlich zu faszinieren vermochte. Das Interesse für *Zeugung* (Vereinigung zweier Stoffe zur Bildung eines neuen) und *Geburt* (Status nascendi!) war hier in erfolgreicher Weise auf ein wissenschaftliches Problem verschoben. Der Patient fand in jeder Wissenschaft unbewußt dasjenige Problem heraus, welches sich zur verhüllten Darstellung seiner Kindheitsinteressen am besten eignete.

Ein weiteres, besonders instruktives Beispiel für diese Sublimierungstendenz entnahm der Patient aus dem Gebiet der Paläontologie. Hier habe ihn das als *»Pliozän«* bezeichnete Zeitalter am meisten gefesselt. Es handelt sich um das Zeitalter, in welches *das erste Auftreten des Menschen* fällt. Die typische Frage des Kindes nach seiner eigenen Entstehung ist hier zum allgemeinen Interesse für die Entstehung des Menschengeschlechtes sublimiert.

Es wäre leicht, die Zahl dieser Beispiele zu vermehren. Die mitgeteilten zeigen, daß diese Form der Sublimierung für den Neurotiker einen sehr wichtigen Vorzug hat: daß sie ihn nämlich in nahe Fühlung mit den Phänomenen der Außenwelt bringt. In anderen Fällen verwandelt sich die verdrängte Schaulust in einen *unproduktiven* Wissensdrang, der sich nicht den realen Phänomenen zuwendet.[41] Wir haben dann mit der

[40] Es gibt auch ein unproduktives Interesse an Konkretem, das man bei Neurotischen nicht selten findet und das nichts anderes darstellt als eine *Neugierde* von infantilem Charakter. In dem oben beschriebenen Falle A gelang es, diese Neugierde aufzulösen; an ihre Stelle trat ein durchaus produktives, tätiges Interesse an den Erscheinungen der Außenwelt.

[41] Erwähnenswert ist die Beobachtung, daß unter solchen Bedingungen in der Regel die Freude am Anblick der Natur gering ist, ebenso das Interesse an Produkten der bildenden Kunst zu fehlen pflegt.

neurotischen Grübelei zu tun, die gleichsam eine Karikatur des philosophischen Denkens bildet.

Wir verdanken v. Winterstein[42] schöne Aufschlüsse über die unbewußten Triebfedern des philosophischen Denkens. Der Philosoph möchte, wie der Autor ausführt, *seine eigenen Gedanken schauen.* Die Libido richtet sich hier nicht mehr auf das verbotene (inzestuöse) Ziel, nicht mehr auf das, was man nicht sehen *darf,* sondern auf das, was man nicht sehen *kann.* Gleichzeitig hat sie sich auf das Ich in einer Form zurückgewandt, die wir nur als eine Regression in die Bahnen des kindlichen Narzißmus verstehen können (v. Winterstein). Ich werde später aus einer meiner Analysen einschlägiges Material mitteilen, aus welchem hervorgeht, daß beim neurotischen Grübler ein ähnlicher Prozeß stattfindet.

Im folgenden werde ich, um die Grenzen meines Themas nicht zu überschreiten, die Fragen des Narzißmus aus der Untersuchung möglichst ausschalten. Ich werde mich im ganzen darauf beschränken, in den neurotischen Grübeleien und Zweifeln die Spuren der verdrängten inzestuösen Schaulust nachzuweisen.

Als Beispiel der neurotischen Grübeleien wähle ich die besonders häufige, mit Zwangsgewalt sich dem Patienten immer wieder aufdrängende *Grübelfrage nach der Herkunft der Gedanken.*

Ein schon in vorgerückterem Alter stehender Zwangsneurotiker, den ich behandelte, befaßte sich seit vielen Jahren mit dieser Grübelei. Es ließ sich ermitteln, daß ihrer Entstehung eine andere Grübelei zeitlich unmittelbar vorausgegangen war, nämlich der Gedanke: *Wohin werde ich nach meinem Tode kommen?* Diese Frage war in dem Patienten während einer Seereise aufgetaucht, kurze Zeit nachdem sich bei ihm gewisse hypochondrische Besorgnisse um sein Leben gezeigt hatten. Es befiel ihn die Angst: wenn ich jetzt während der Fahrt sterbe, wird man meine Leiche dann nach dem alten Seemannsbrauch ins Wasser versenken? Er verlangte also Gewißheit darüber, wohin er nach seinem Tode kommen werde. Bald darauf zeigte sich dann die zweite Grübelei nach der Herkunft der Gedanken, welche jedoch die erste niemals ganz beiseite zu drängen vermochte.

Der *ersten Grübelei* versuchte der Patient durch eine praktische Maßregel zu entgehen. Als seine Mutter gestorben war, legte er ein Mausoleum an. Nun wußte er, wo er nach seinem Tode liegen werde, wofern nicht ganz besondere Umstände seine Beisetzung im Erbbegräbnis verhindern würden: *an der Seite der Mutter.*[43]

[42] 1913.

[43] Ich verfüge über mehrere, einander sehr ähnliche Beobachtungen, in denen ein Sohn durchaus neben der Mutter oder eine Tochter neben dem Vater bestattet zu werden verlangte, wobei dann der andere Elternteil von seinem ihm zukommenden Platz

Ohne auf alle ihre verschiedenen Determinierungen einzugehen, hebe ich nur hervor, daß die Frage: »Wohin komme ich nach dem Tode?« die typische Umkehrung einer andern, dem Kinde näherliegenden Frage enthält: *»Wo war ich vor der Geburt?«* Als eine andere Umgestaltung dieser Frage aber entpuppt sich in der Psychoanalyse der hauptsächlichste Zwangsgedanke des Patienten nach der Herkunft der Gedanken.

Der Patient begnügt sich nicht mit grübelndem, abstraktem Denken allein, sondern er sucht sich eine sinnliche Vorstellung davon zu machen, wie die Gedanken im Gehirn entstehen und wie sie aus dem Gehirn »hervorkommen«. Er verlangt eigentlich, diesen Vorgang zu *sehen.* Ein junger Philosoph, den ich psychoanalytisch behandelte, brachte die überraschend einfache Erklärung: *»Ich vergleiche das Gehirn mit dem Mutterleib.«* Will er nun die Entstehung der Gedanken beobachten, so können wir in diesem Wunsch nur eine Verschiebung des typischen Kinderwunsches erblicken: Zeugung und Geburt mit Augen zu sehen. Ich bemerke hier, daß der Vergleich der geistigen Produktion mit der sexuellen uns auch im allgemeinen durchaus nicht fernliegt; wir sprechen etwa von der Konzeption eines Dichtwerkes usw. Dringt man analytisch noch weiter vor, so stößt man auf die Identifizierung von Geburtsakt und Defäkationsakt und damit weiter auf eine Gleichsetzung der Gehirnprodukte (Gedanken) und Darmprodukte.

Es ist nun interessant, daß der Patient, welcher sich in seinen Grübeleien mit der Herkunft der Gedanken und mit dem Verbleib seines Körpers nach dem Tode beschäftigte, auffallend ununterrichtet über gewisse Hauptsachen des Geburtsvorganges war. Er hatte die Unwissenheit auf diesem Gebiete nie ganz aufgegeben; sein Wissensdrang hatte sich auf jene Grübelfragen verschoben.

Eine weitere, sehr verbreitete Grübelei ersetzt das Begehren, das menschliche Leben entstehen zu sehen, durch eine andere Umkehrung. Sie fragt nicht nach der Herkunft, sondern nach dem *Zweck des menschlichen Lebens.* Auch diese obsedierende Frage ist unlösbar, trotz aller Versuche, ihr vom religiösen Standpunkt aus eine das Gemüt befriedigende Beantwortung zu geben. Ein junger Mann, den ich behandelte, wurde im Pubertätsalter von dieser Grübelfrage durch längere Zeit obsediert. Es ergab sich, daß er gleichzeitig eine förmliche Angst davor

verdrängt werden sollte. Ein interessantes Beispiel für diese Art der Besitznahme von der Mutter bietet der altägyptische König Echnaton: vgl. meine Abhandlung Bibl. Nr. 34 [s. S. 349ff. im vorliegenden Band].

hatte, über den Bau des weiblichen Körpers und über die Geschlechtsfunktionen Genaueres zu erfahren. Auch in späteren Jahren, als sich ihm Gelegenheit bot, den weiblichen Körper zu betrachten, hielten ihn Angst und Ekel davon zurück; diese Affekte bezogen sich aber ganz speziell auf das Beschauen der Genitalgegend. Als der Patient in meine Behandlung trat und erfahren hatte, daß in der Psychoanalyse die geschlechtlichen Vorgänge zur Sprache kämen, richtete er an mich die ausdrückliche Bitte, ihm vorläufig keine »Aufklärungen« über das zu geben, was er bisher nicht wisse. In der Psychoanalyse ergab sich mit großer Klarheit, daß die Schaulust, welche mit so starken Affekten abgelehnt wurde, sich im Unbewußten auf die Mutter des Patienten bezog.

Die Grübelfragen der Zwangsneurotiker sind stets *unbeantwortbar.* Das Rätsel, welches sie eigentlich lösen möchten, *darf* nicht gelöst werden; die Grübelei, welche an seine Stelle tritt, *kann* nicht gelöst werden. So bleibt das Geheimnis erhalten. Im Patienten besteht ein dauernder Konflikt zweier Parteien, deren eine forschen, wissen möchte, während die andere die Unwissenheit zu erhalten strebt.

Es wird hieraus erklärlich, warum sich Grübelsucht und sexuelles Nichtwissen so regelmäßig beieinander finden. Es kommt aber für die Erklärung dieses Zusammentreffens weiter in Betracht, daß für viele Neurotiker das Geheimnis selbst mehr Lustwert hat als seine Enthüllung. Ich habe darauf schon oben hingewiesen. Gelegentlich begegnet man Patienten, die unter ihrer Unwissenheit ernstlich leiden und dennoch sich nicht von ihr freimachen können. Ich beobachtete z. B. einen 28jährigen Mann, der an schweren Aufregungszuständen litt. Der gedankliche Inhalt dieser Zustände war ganz bewußt: Alle Menschen wissen, nur ich allein bin vom Wissen ausgeschlossen. Für ihn bedeutete freilich »Wissen« nicht nur die Kenntnisse auf sexuellem Gebiet, sondern vor allem »sehen« und weiterhin die sexuelle Aktivität! Es leuchtet ohneweiters ein, daß derjenige, welcher die sexuelle Aufklärung meidet, sich damit vollends der sexuellen Aktivität entzieht. Der Patient verlor in meinem Sprechzimmer einmal einen Zettel, der mit allerlei unverständlichen, abgebrochenen Redewendungen beschrieben war. In der Mitte des Zettels waren mit großer Schrift die Worte zu lesen: *I don't know.* In diesem Satz pflegte der Patient die ganze Qual seiner Unwissenheit auszudrücken. In seinen Aufregungszuständen lief er im Zimmer umher und schrie die gleichen Worte. Ebenso schrieb er sie auf Papierblätter und umgab sie mit allerhand Verwünschungen. Die Psychoanalyse konnte in diesem Falle nur durch einige wenige Sitzungen fortgeführt werden; diese kurze Zeit genügte aber, um mir einen gewissen Einblick in das Unbewußte des Patienten zu gewähren. Es ließ sich feststellen, daß die Libido des Patienten in einem Maße, das selbst den Psychoanalytiker staunen machte, in inzestuöser Richtung fixiert war. Ich ziehe hier zum Vergleich eine völkerpsychologische Tatsache heran, auf die auch schon v. Winterstein[44] Bezug genommen hat. Im biblischen Hebräisch wird die gleiche Vokabel für *»wissen«*, »erkennen« und für die Begattung gebraucht. Ein Mann »erkennt« sein Weib. Die vorläufige Sexualhandlung des Beschauens, durch welche er das Weib kennenlernt, wird in diesem Sprachgebrauch an die Stelle der definitiven Handlung gesetzt. Besonders interessant ist aber die Wahl des Ausdruckes in der mosaischen Gesetzgebung gegen den Inzest. Hier wird niemals in all den vielen Verboten der Verkehr unter Blutsverwandten untersagt, sondern dem Manne wird nur verboten, dieses oder jenes Weibes »Scham zu entblößen«. Das Verbot des Entblößens und Beschauens ist gegenüber dem einfachen Verbot des inzestuösen Verkehres eine *weitergehende Einschränkung*. Sie entspricht in dieser Hinsicht durchaus den strengen Schauverboten, mit welchen sich manche Neurotiker nicht bloß vor dem Anblick des Verbotenen, sondern auch vor jeder sexuellen Aktivität schützen.

Eine Untersuchung der Einschränkungen des Schauens und Wissens bleibt durchaus unvollständig, wenn sie nicht das Phänomen des Zweifels hinreichend berücksichtigt. Ich kann hier wiederum auf die grundlegenden Ausführungen Freuds[45] Bezug nehmen.

Freud schreibt dem Zwangsneurotiker ein *Bedürfnis nach Unsicherheit* zu. Der Kranke weicht vor der Realität, vor allem Greifbaren, Sicheren aus und wird von einem unbewußten Bestreben dazu geführt, die Unsicherheit zu erhalten, zu kultivieren und neue Unsicherheiten künstlich herzustellen. Der Zweifel nimmt seinen Ausgang von der inneren Wahrnehmung der eigenen Zwiespältigkeit seitens des Kranken. Dieser zweifelt also eigentlich an der Zuverlässigkeit seiner eigenen Gefühle, er verschiebt jedoch die Unsicherheit mit großer Vorliebe auf Objekte und Vorgänge in der Außenwelt. Dabei pflegt er sich an solche Dinge zu klammern, die tatsächlich dem Zweifel unterworfen sind, wie etwa das menschliche Gedächtnis oder die Dauer des menschlichen Lebens.

Wir werden hier an die Erscheinungen der Grübelsucht erinnert, welche

[44] 1913.
[45] [1909*d*.]

denjenigen der Zweifelsucht in weitem Umfange analog sind. Wir konstatierten auch beim Grübler, daß er sein Interesse von der Welt des Konkreten, des sinnlich Wahrnehmbaren zurückgezogen und es solchen Fragen zugewandt hat, die im Dunkel bleiben müssen. Wie der Zweifler die Unsicherheit, so sucht der Grübler unbewußt das Nichtwissen zu konservieren. Das macht es uns begreiflich, daß Zweifel und Grübeleien in der Regel im gleichen Individuum beeinander wohnen. Auch liegt es auf der Hand, daß jede Einschränkung der Schaulust und – was für uns nicht davon zu trennen ist – der Wißbegierde nicht bloß dem abstrakten Grübeln, sondern in gleicher Weise dem Zweifel Vorschub leisten muß. Die Zweifelsucht findet sozusagen vermehrte Angriffspunkte, wenn das Individuum seine Sinne und sein Denken nicht auf das Reale zu richten vermag. Andrerseits wird der Neurotiker durch seine Unsicherheitsgefühle zur ständigen Erneuerung seiner Grübeleien gedrängt; er muß den tausendmal durchgemachten Gedankengang wieder und wieder prüfen.

In der Neurose gibt es mancherlei Methoden, den Qualen der Unsicherheit und des Zweifels respektive der Grübelsucht zu entgehen. Der Zweifelnde, Grübelnde, der, wie wir sahen, unbewußt bestrebt ist, die Grundlagen seines Leidens zu *erhalten*, zeigt doch gleichzeitig die entgegengesetzte Tendenz, die Unsicherheit zu *beseitigen*, den Zweifel und das Nichtwissen zu bannen. Freilich kann ihm dies nicht aus eigener Kraft und mit eigenen Mitteln gelingen. Er ist darauf angewiesen, sich an Autoritäten zu halten, deren Wissen oder Ansicht er sich fügt, denen er aber auch die Verantwortung aufbürdet. Manche Zwangsneurotiker lieben es, ihrem Arzt eine solche Verantwortung zu überbinden. Sind sie unfähig, in irgendeiner Angelegenheit selbst die Entscheidung zu treffen, so lassen sie den Arzt gern eine Art von Machtwort sprechen, das den Zweifel ausschalten soll. Sie ändern auf diese Weise die Situation dergestalt um, *daß dem Anschein nach ein Zweifel überhaupt nicht existiert.*

Ich bin hier zu einem Exkurs genötigt, der uns auf gewisse völkerpsychologische Phänomene führt, die dem Anschein nach in keinem direkten Zusammenhang mit dem Schautrieb stehen, deren Verständnis uns aber für den weiteren Gang der Untersuchung unentbehrlich sein wird.

Auch in der Völkerpsychologie finden sich Erscheinungen, welche der *Beseitigung des Zweifels* in ganz gleicher Weise dienen, wie es soeben am Verhalten gewisser Neurotiker gezeigt wurde.

Ich gehe von der eigentümlichen und, wie ich glaube, wenig beachteten Tatsache aus, daß in der hebräischen Sprache der biblischen Schriften ein Wort für »zweifeln« fehlt.[46] Dabei ist zu beachten, daß die verschiedenen Schriften aus sehr verschiedenen Epochen stammen. Es muß auffallen, daß gerade die Sprache eines Volkes, in welchem sich der Monotheismus zuerst durchsetzte, einer solchen Vokabel entbehrt. Die Erscheinung wird noch auffälliger dadurch, daß die Sprachen respektive Dialekte der Nachbarvölker entsprechende Ausdrücke besitzen, so daß also eine Entlehnung leicht hätte stattfinden können. Durch Jahrhunderte dauerte das Schwanken zwischen dem monotheistischen Kultus und dem Dienst des Baal, der Astarte und der anderen vorderasiatischen Gottheiten. Endlich siegte der Kultus eines einzigen *männlichen Gottes*. Es wurde schon oben darauf hingewiesen, daß im biblischen Schöpfungsmythus die Tendenz bestehe, alle Leistungen dem männlichen Gott und dem Manne zuzuschreiben, das Weib aber zu einer nebensächlichen Bedeutung herabzudrücken. Dies entspricht nun vollkommen dem patriarchalischen System, in welchem dem männlichen Familienoberhaupt die alleinige Macht zukommt.[47] Ihm gehören die Frauen und Kinder ganz wie die lebende und leblose Habe.

Ich muß nun auf die Ausführungen Freuds[48] Bezug nehmen, welche in überzeugender Weise die Entstehung des männlichen Gottes aus der Einstellung der Söhne zum Vater dargetan hat. Die Sympathie des Sohnes gehört ursprünglich der Mutter, während er dem Vater Gefühle der Auflehnung und Feindschaft entgegenbringt. Eine der frühesten Verdrängungsleistungen, welche die Kultur verlangt, ist das Aufgeben dieser Einstellung. Der Sohn stand zunächst zwischen Vater und Mutter; die Verdrängung der Ödipuseinstellung führt dazu, daß er sich zugunsten des Vaters entscheidet und dessen Macht rückhaltlos anerkennt. Gerade der Patriarchalismus stellte rigorose Forderungen in dieser Hinsicht an den Sohn. So wie aber in der patriarchalischen Familie der Konflikt im Sohne unbedingt zugunsten des Vaters entschieden wurde, ganz so auch in der monotheistischen Religion des Alten Testamentes.

Man könnte nun das Fehlen eines Wortes für den Zweifel in der he-

[46] Auf eine Ausnahme werde ich weiter unten zurückkommen.

[47] Mit diesem Prozeß der Ausschaltung des weiblichen Elementes beschäftigt sich auch v. Winterstein in seiner oben zitierten Arbeit (1913, S. 192f.). Zur Zeit ihres Erscheinens war ich bereits zu den obigen Resultaten gelangt, für die ich bei v. Winterstein eine volle Bestätigung fand.

[48] *Totem und Tabu* [1912–13], Kap. IV.

bräischen Sprache als ein vereinzeltes Phänomen ohne wesentliches Interesse abtun, wenn nicht die gleiche Sprache einen zweiten charakteristischen Defekt aufwiese. Sie entbehrt nämlich auch eines Wortes, welches *Göttin* bedeutet, während doch andere Sprachen eine entsprechende Vokabel besitzen. Man möchte sagen, der Konflikt des Sohnes, welcher durch seine ursprüngliche zweifelnde Stellung zwischen Vater und Mutter bedingt ist, sei ausgemerzt, in gleicher Weise sei das Schwanken, ob nur ein männlicher Gott oder auch eine Göttin verehrt werden solle, abgetan und die Sprache benehme sich nun, als gäbe es nicht nur diese Zweifel nicht, sondern als *existierten Zweifel in der menschlichen Seele überhaupt nicht.*

Ein besonders helles Licht fällt auf dieses sprachpsychologische Problem, wenn man beachtet, daß in einer großen Zahl von Sprachen das Wort für »zweifeln« mit der Zahl »zwei« zusammenhängt. Diese anderen Sprachen verleugnen den Zweifel also nicht, ja manche Sprachen treiben da, wo der Zweifel zum Ausdruck gebracht werden soll, einen besonderen grammatischen Aufwand. Ich erinnere beispielshalber nur an die Mannigfaltigkeit der grammatischen Formen im Lateinischen; das Verbum des Zweifels verlangt besondere Formen des Ausdruckes, die sonst kaum üblich sind.

Erst in einem der späteren biblischen Dokumente, dem Psalm 119, findet sich ein Wort, das man wohl mit Recht als »Zweifler« übersetzt. Genau genommen bedeutet es: »gespalten«. Dieser Psalm stammt nach Ansicht berufener Forscher aus später Zeit, in der sich schon die hellenistischen Einflüsse geltend machten.[49] Ein zweites Wort von gleicher Bedeutung findet sich dann in der spätehebräischen Literatur, das vielleicht ursprünglich die gleiche Bedeutung der Teilung, Spaltung hat. Es ist sehr bemerkenswert, daß die Sprache sich vor mehr als 2000 Jahren so ausdrückte wie die heutige Psychologie, die von psychischer Spaltung spricht. »Spalten« enthält den innern Gegensatz im Menschen noch deutlicher als diejenigen Bezeichnungen des Zweifels, die mit »zwei« zusammenhängen.[50]

Nachdem einmal durch Aufnahme zweier Lehnwörter die Existenz des Zweifels anerkannt war, sah man sich genötigt, den Zweifel auf andere

[49] Vgl. Baethgen, *Die Psalmen* (1897).

[50] Wohl den eigentümlichsten, im Sinne der Psychoanalyse treffendsten Ausdruck findet die innere Wahrnehmung der Unsicherheit« (Freud [1909*d*]) in einer alten amerikanischen Kultursprache, dem Nahuatl. Diese Sprache drückt den Zweifel aus durch »omeyolloa«, »*zwei Herzen*«.

Weise auszumerzen. Es fand sich ein einfacher Weg. Wenn es z. B. zweifelhaft war, ob eine bestimmte Handlung erlaubt oder verboten sei, so entschied man regelmäßig im *strengeren* Sinne, d. h. im Sinne des Verbotes, das für ähnliche Fälle von der höchsten (göttlichen) Autorität gegeben war. Im Grunde kommt diese Praxis auch wieder auf eine Verleugnung des Zweifels hinaus.

Nach diesen Bemerkungen gehe ich dazu über, einige besonders eigentümliche Beobachtungen mitzuteilen und zu analysieren, welche der Psychoanalyse eines komplizierten Falles von *Grübel- und Zweifelsucht* entstammen. Ich werde mich jedoch darauf beschränken, diejenigen Wurzeln der Erscheinungen zu berücksichtigen, welche mit der Verdrängung des Schautriebes zusammenhängen. Andere wichtige Quellen der Symptomenbildung – ich nenne nur Narzißmus und Sadismus – werde ich nur streifen können.

Schon früh zeigten sich bei dem Patienten Gefühle von Unsicherheit. Als Knabe quälte er seine Umgebung mit einer hartnäckigen *Fragesucht,* später sich selbst durch *Zweifel,* von denen kein Gebiet des Lebens verschont blieb. Er zweifelte an seiner Intelligenz, an seinem »Können« in jeder Hinsicht, an seinem Gedächtnis, an seiner Urteilsfähigkeit. Er zweifelte an seiner Männlichkeit, zweifelte schon als Knabe, ob er sich knabenhaft oder mädchenhaft benehmen solle. Er schwankte mit seiner Zuneigung zwischen Vater und Mutter hin und her. Als er zuerst Bekanntschaft mit zwei jungen Mädchen machte, wußte er nicht, welche von beiden er liebte. Sein ganzes Leben war für ihn ein Labyrinth von Zweifeln, die er vergebens durch Denkarbeit zu bewältigen versuchte. Er fand die uns bereits bekannte Ausflucht, alle Entscheidungen auf eine Autorität abzuschieben. In einem besonderen Falle suchte er seine Zweifel in einer höchst merkwürdigen Weise zu töten. Als er studierte, trat in der Universitätsstadt ein Redner auf, den er schon in Berlin gehört hatte. Die Reden und Schriften dieses Mannes hatten ihm früher schwere Zweifel und Grübeleien verursacht. Es war ihm gelungen, sich dem Einfluß in einem gewissen Maße zu entziehen; er fürchtete aber, wenn er den Mann abermals hörte, seinem Einfluß von neuem zu verfallen. Aus seinem Dilemma suchte er sich zu retten, indem er seine Bekannten anstiftete, den Redner in der Versammlung zu verhöhnen. Ich kann nur nebenbei darauf verweisen, daß es sich hier gleichzeitig um eine Äußerung des *Hasses* handelte, der sich gegen jede Autorität richtete, wie er sich zuerst gegen den Vater des Patienten gerichtet hatte.

Die Tatsachen, welche die Psychoanalyse aus der Kindheit des Patienten zutage förderte, ließen erkennen, daß die sexuelle Neugierde und Schaulust ursprünglich von außergewöhnlicher Stärke gewesen waren und erst allmählich der Frage- und Grübelsucht Platz gemacht hatten. Bei diesem Vorgang waren erzieherische Einflüsse in hohem Maße beteiligt gewesen, die ihren stärksten Ausdruck in einem eigentlichen *Frageverbot* fanden, welches ihm von der Mutter im Pubertätsalter gegeben wurde, als sich die sexuelle Wißbegierde von neuem in ihm regte. Der Unterdrückung der Wißbegierde in den folgenden Jahren wurde dadurch Vorschub geleistet. Als dann die Neurose ausbrach, zeigte eine ganze Reihe von Symptomen an, daß die inzestuöse Schaulust die Verdrängung zu durchbrechen trachtete. Auch die Träume verrieten die gleiche Tendenz. Im Beginn der Behandlung berichtete der Patient, welcher sich viel mit philosophischen Studien befaßt hatte, daß er schon als Gymnasiast den Pythagoras beneidet habe. Der Grund zum Neid bestand darin, daß Pythagoras nach seiner überlieferten Behauptung *dreimal seine eigene Geburt geschaut hatte*. Das intensivste Interesse des Patienten verband sich noch immer mit der Frage des Kindes: Woher bin ich gekommen?

Wie oben ausgeführt, wünscht das Kind eigentlich zu *sehen*, woher es gekommen ist. Der grüblerische Neurotiker hatte dieses infantile Interesse in ein späteres Lebensalter mit hinübergenommen; sein sehnlichster Wunsch wäre es gewesen, die eigene Geburt aus dem Körper der Mutter mit sehenden Augen zu erleben.

Die frühe Abdrängung der Schaulust von ihren eigentlichsten Objekten und Zielen führte nicht nur zu den typischen Grübeleien, sondern u. a. auch zu einem krankhaften Hang zum Geheimnisvollen, Mystischen. Die früher besprochene Tendenz, das Geheimnisvolle zu pflegen, zu konservieren äußerte sich darin, daß der Patient in sehr jugendlichem Alter mystische, theosophische, spiritistische Schriften förmlich verschlang. Mit dieser Tendenz lag die entgegengesetzte im Konflikt: er wollte mit Augen sehen, was nur gedacht werden kann. Ganz besonders war in diesem Falle das früher bereits erwähnte Verlangen, die Gedanken zu schauen, ausgesprochen. Der Patient stellte sich den Denkprozeß in naivster Form körperlich und räumlich vor. Im Gehirn gab es Kasten und Fächer, in denen die Gedanken lagen, um gelegentlich hinauszuspazieren. Seine Grübeleien befaßten sich hauptsächlich mit diesen Vorgängen. Selbstverständlich reizte es ihn auch, das Übersinnliche zu schauen. Endlose Grübeleien richteten sich darauf, wie wohl die Geister und Gespenster aussähen, wie Gott aussähe usw. Dann traten wieder Hemmungen hervor, die es dem Patienten verboten, sich dergleichen vorzustellen.

Es bedarf kaum des Hinweises auf die zahlreichen verwandten Erscheinungen in der Völkerpsychologie: auf Geheimkulte, Mysterien, okkultistische Bewegungen einerseits, andrerseits auf die religiösen Verbote, nach dem Geheimsten zu forschen.

Bezüglich der Bedeutung der Gespenster, welche in den Gedankengängen des Patienten eine sehr große Rolle spielten, ergab sich u. a. eine Erklärung, die uns auch sonst aus den Psychoanalysen geläufig ist. Wie in anderen Fällen, so hatten auch hier nächtliche Eindrücke der Kindheit zu den Grübeleien über Gespenster den Grund gelegt. Die Eltern, welche im weißen Nachtgewand von den Kindern beobachtet werden, sind die Vorbilder für die kindliche Auffassung jener geheimnisvollen Gestalten.

So kraus und phantastisch das Beobachtete von seiner Phantasie aber auch ausgestaltet wurde, so läßt sich doch erkennen, daß das Kind sich auf dem Wege zu durchaus richtigen Schlußfolgerungen befunden hatte. Als später die Verbote des Schauens und Wissens über den Patienten Gewalt bekommen hatten, verschob sich der verdrängte Wunsch nach Wiederholung der lustvollen Kindheitseindrücke auf die »Gespenster«. Der Patient verlangte beständig, *die Gespenster zu sehen.* Er ging aber noch weiter und transponierte all seine Wißbegierde, die dem Zeugungsrätsel galt, auf die Gespenstergrübeleien.

Eines der Probleme, die ihn mit Zwangsgewalt durch Jahre in ihren Bann hielten, lautete: *»Wie kommen Gespenster in einen geschlossenen Raum?«* Ich übergehe die höchst interessanten Determinierungen der Lösungsversuche, welche der Patient dieser Frage zuteil werden ließ, und erwähne nur, daß zwei Probleme, deren Lösung verboten war, sich in dem unlösbaren Ersatzproblem versteckten, nämlich die Fragen: Wie dringt der Mann in den weiblichen Körper, und wie kommt das Kind in den Mutterleib? Das Verbotene der Probleme liegt in ihrer Zuspitzung auf Vater und Mutter und besonders in der *ursprünglichen Lust, das Geheime zu schauen.*

Die verdrängte Schaulust suchte sich aber nicht nur in den Grübeleien eine Ersatzbefriedigung zu verschaffen, sondern es wurden noch andere Wege zu diesem Behuf eingeschlagen. Sie verdienen unser höchstes Interesse; es ist daher notwendig, ausführlicher auf sie einzugehen, zumal uns auf diesem Wege wichtige Einblicke in die Entstehung gewisser völkerpsychologischer Phänomene erschlossen werden können.

Der Patient war, gleich sehr vielen anderen Menschen, imstande, Personen, Vorgänge usw., mit denen er sich in Gedanken beschäftigte, mit bildlicher Deutlichkeit vor seinem Auge erscheinen zu lassen. Bei manchen Neurotikern genügt schon das einfache Schließen der Augen, um derartige Visionen auftreten zu lassen. Andere rufen die »Bilder« absichtlich hervor und vergnügen sich damit wie mit einem Theater. Diese Fähigkeit scheint im Kindesalter bei allen Menschen vorhanden zu sein, verschwindet aber bei manchen mit den Jahren. Man darf also aus dem Fehlen dieser visionären Illustrationen des phantastischen Denkens bei einem Menschen nicht ohneweiters schließen, daß er nicht zum »visuellen« Typus gehöre. Vielmehr handelt es sich oftmals um Einschränkungen der Schaulust, die auf dem Wege der Verdrängung zustande gekommen sind.

Da dem Patienten der Wunsch, die »Gespenster« zu *sehen,* versagt bleiben mußte, so versuchte er nun, sich auf dem Wege willkürlich hervorgerufener Visionen einen Ersatz zu verschaffen. Es ist nun höchst bezeichnend, daß er sich bemühte, die Bilder seiner *Eltern* vor seinen Augen entstehen zu lassen. Allein dies gelang ihm nicht in der gewünschten Weise. *Das Bild der Mutter erschien überhaupt nicht, dasjenige des Vaters nur in ganz verzerrter Form.* Dagegen gelang es leicht, die Erscheinung anderer Angehöriger hervorzurufen. Dieser Versuch, der inzestuösen Schaulust eine Ersatzbefriedigung zu geben, und der negative Ausgang des Versuches sind gleich bemerkenswert.

Nachdem ich Ähnliches in einer Reihe anderer Fälle beobachtet habe, bin ich dazu gelangt, der Erscheinung größere Bedeutung beizulegen. Manche Neurotiker versuchen, wie soeben geschildert, die Bilder der Eltern visionär hervorzurufen, oder sie begnügen sich damit, sich deren Aussehen nur möglichst lebhaft in Gedanken vorzustellen. Einer meiner Patientinnen, die im höchsten Maße an ihren Vater fixiert war, gelang es nicht, sich das Aussehen des Vaters vorzustellen. In einem andern Falle war es dem Patienten sehr schwer, sich die Gesichtszüge der Mutter klar vorzustellen. Eher gelang es ihm bezüglich seines Vaters; allein kaum entstand in ihm die Vorstellung, so verzerrte sich das Gesicht des Vaters; besonders die Augen nahmen einen Ausdruck der Erstarrung an. Es erwies sich, daß in diesem Falle die der Mutter zugewandte Schaulust eine sehr intensive Verdrängung erfahren hatte, während die dem Vater zustrebenden Todesphantasien nicht mit gleichem Erfolge verdrängt waren: sie fanden in der Starre der Augen ihren Ausdruck.

Es ist, als wirkte in diesen Personen ein Verbot, das ihrem Schautrieb strenge Grenzen setzte. Einen schönen Beleg für diese Auffassung lieferte mir der Traum eines neurotischen jungen Mädchens.

Die Träumerin befindet sich in einer Kirche unter vielen anderen Menschen. Diese betrachten ein Madonnenbild. *Sie allein kann das Bild nicht sehen.* Die Psychoanalyse deckte bei dieser Patientin eine starke, homosexuelle Neigung zur Mutter auf. Im allgemeinen war diese Neigung in einen intensiven Widerwillen verwandelt, um gelegentlich unter heftigen Affekten in ihrer ursprünglichen Form wiederaufzutreten. Die Mutter galt als eine besonders schöne Frau; die Tochter mußte sich gegen die verbotenen Reize durch ein förmliches Schauverbot sichern.

Durch eine der neueren Veröffentlichungen Freuds[51] sind wir auf gewisse »Übereinstimmungen im Seelenleben der Neurotiker und der Wilden« aufmerksam geworden. An dieser Stelle interessiert uns speziell die Analogie gewisser Zwangsverbote bei den Neurotikern mit den sogenannten *Tabu-Vorschriften* gewisser Völker. Diese Vorschriften haben die charakteristische Eigentümlichkeit, daß ihnen seitens derer, die sie befolgen, keine Begründung gegeben werden kann. Ganz entsprechend vermögen die Neurotiker, welche dem hier in Frage kommenden Zwangsverbot unterliegen, ihm eine Begründung nicht zu geben. Von besonderem Interesse ist in diesem Zusammenhang die Übereinstimmung zwischen dem geschilderten neurotischen Schauverbot und dem zweiten Gebot des biblischen Dekalogs, welches die Herstellung eines Abbildes des einzigen (väterlichen) Gottes streng untersagt. Eine Erklärung dieser Vorschrift hatte Freud[52] kürzlich bereits auf anderem Wege zu geben versucht; die hier vorgeschlagene steht mit der von Freud gegebenen nicht im Widerspruch, ergänzt sie vielmehr entsprechend der uns geläufigen Überdeterminierung aller psychologischen Produkte. Als die vorliegende Arbeit bereits inhaltlich abgeschlossen

[51] [1912–13]

[52] *Imago*, II, 1913 [›Animismus, Magie und Allmacht der Gedanken‹, in: *Totem und Tabu* (1912–13)].

war, fand ich in einer soeben erschienenen Publikation von Storfer[53] eine Erklärung des zweiten Gebotes, die von den gleichen Überlegungen ausgeht wie die meinige. Storfer sucht das Verbot, Bildnisse Gottes herzustellen, auf die Scheu vor dem väterlichen Phallus zurückzuführen, unter dem Hinweis, daß so viele Götterbilder und kultische Zeichen phallischen Charakter tragen. Mir scheint diese Erklärung in guter Übereinstimmung mit vielen hier mitgeteilten Auffassungen zu stehen; doch wäre noch eine gewissenhafte, vergleichend-mythologische Nachprüfung am Platze.

Wir können diesen Parallelismus der individual- und völkerpsychischen Erscheinung noch um einen Schritt weiter verfolgen. Von dem Patienten habe ich bereits mitgeteilt, daß er von beständigen Zweifeln beunruhigt war; diese bezogen sich, wie erwähnt, u. a. auch auf seine Eltern. In seiner Beziehung zu den Eltern spielte demnach sowohl der Zweifel als auch das Verbot, ihr Abbild zu schauen, eine wichtige Rolle. Unterwerfen wir aber den Dekalog einer eindringenderen Untersuchung, so muß uns auffallen, daß das Gebot, nur *einen* Gott anzuerkennen und das Gebot, sich von ihm kein Abbild zu machen, in unmittelbare Nachbarschaft gerückt sind. Wir haben aus der Analyse der verschiedenartigsten Produkte des menschlichen Seelenlebens die übereinstimmende Erfahrung gewonnen, daß die unmittelbare Nachbarschaft zweier Elemente auf deren Zusammenhang hinweist. Da ist es nun bemerkenswert, daß das Bilderverbot dem Gebot, nur einen Gott anzuerkennen – dem Gebot also, welches die Zweifel zwischen Vater und Mutter ausschließen soll, unmittelbar folgt. Von der Analyse individualpsychologischer Produkte her fällt auf diese Erscheinung ein neues Licht.

Kehren wir zu dem Patienten zurück, der sich kein Bildnis der Eltern machen durfte, und hören wir, was er tat, um für das Verbotene einen Ersatz zu bekommen.

Er suchte mit ganzer Einbildungskraft das *Aussehen der Gespenster* vorzustellen, die ja in seinem Grübelsystem die Eltern vertraten. Daß es sich im Grunde für ihn darum handelte, sich den Sexualverkehr der Eltern vorzustellen, ging mit größter Sicherheit hervor aus der Vorstellung, die er sich vom Aussehen der Gespenster bildete. Er dachte sie sich – ich zitiere seine Äußerungen wörtlich – als *»große, nackte Wesen«*, als *»wollüstige Gestalten«*.[54]

[53] 1914, S. 32.

[54] Das Hervorrufen solcher Vorstellungen respektive visionärer Erscheinungen dient noch anderen Tendenzen, die ich hier nur kurz andeuten kann. Unter anderem dient es der Befriedigung der infantilen Größenvorstellung, alles aus der eigenen Einbildungskraft erschaffen zu können. (Allmacht der Gedanken.)

Die Grübeleien des Patienten fanden, wie schon erwähnt, reichliche Nahrung in gewissen Schriften, namentlich in solchen mit theosophischem Inhalt. Im Anschluß an dort Gelesenes identifizierte er die Eltern nicht bloß mit Gespenstern, sondern auch noch mit *»Riesen«*. Er hatte in einem dieser Bücher die Angabe gefunden, daß die Bewohner des untergegangenen Erdteiles Atlantis Riesen gewesen seien und eine höhere Form des Bewußtseins gehabt hätten als die jetzt lebenden Menschen, nämlich das Astralbewußtsein. Sie seien daher in Geheimnisse eingeweiht gewesen, die uns verschlossen seien. Es hieß in dem Buche: *ihr Wissen war so gewaltig, daß die Erde davon dröhnte.*

Für den Patienten nahmen diese Riesen sofort die Bedeutung der Eltern an. Die Eltern »wußten« ja mehr als er, d. h. sie waren im Besitz des sexuellen Geheimnisses. Das Kind aber versuchte das Geheimnis der Eltern nicht nur mit dem Auge zu schauen, sondern auch mit dem Ohr zu belauschen. Der Patient hatte offenbar dieselbe Gleichung vorgenommen, die uns als sprachliches Phänomen begegnet ist; er hatte *»Wissen«* und Sexualverkehr identifiziert.

Charakteristisch ist ferner, daß der Patient auch versuchte, sich von Gott eine materielle Vorstellung zu machen. Es wundert uns nicht, daß er sich auch Gott als Riesen dachte. Die Phantasie des Kindes schreibt dem Vater außerordentliche Macht zu; sie vergleicht den Vater, der dem Kinde an Größe so sehr überlegen ist, gern mit einem Riesen. Die Träume Erwachsener legen davon oft noch Zeugnis ab. Wenn das Kind etwas von Gott vernommen hat, so ist es genötigt, ihn sich im Bilde des Vaters vorzustellen; es tut damit nichts anderes als die religionsbildenden Völker, die einen väterlichen Gott verehren. Unser Patient, der über das Aussehen Gottes nachgrübelte, beging auch damit wieder nur einen Versuch, das auf den Vater bezügliche Schauverbot zu durchbrechen.

Wie sehr das neurotische Verbot, den Vater (respektive die Eltern) sich im Bilde darzustellen, und das biblische Verbot, Gott abzubilden, in ihrem innersten Wesen übereinstimmen, wird daraus ersichtlich, daß *beide Verbote in ganz übereinstimmender Weise durchbrochen* werden.

Ich habe hier eine der typischen Grübelfragen im Auge, wie sie in den talmudischen Schriften so reichlich enthalten sind. Das Verbot einer bildlichen Darstellung Gottes durfte nicht übertreten werden. Wo die Menschen sich aber durch irgendwelche Motive gedrängt fühlten, ihrer Gottesvorstellung einen lebendigeren materiellen Inhalt zu geben, da waren sie auf das Grübeln angewiesen. Aus dem genannten Bedürfnis und der strengen Einhaltung des Bilderverbotes erklärt sich nun die talmudische Frage nach den Körperdimensionen Gottes. Sie durfte aber auch nur dann beantwortet werden, wenn man sich streng an bereits in den biblischen Schriften vorhandene Angaben hielt. Da fand sich nun die Stelle, an welcher Gott die Worte in den Mund gelegt werden: *»Der Himmel ist mein Thron und die Erde der Schemel meiner Füße«.*

Daraus wurde gefolgert, Gottes Beine seien so lang, daß sie vom Himmel bis zur Erde reichten. Diese Grübelei ähnelt derjenigen unseres Patienten in erstaunlichem Maße. Nicht nur, daß auch in ihr der verdrängte Wunsch, sich von Gott ein Bild zu machen (d. h. ihn zu schauen), wiederkehrt. Die Ähnlichkeit geht noch weiter insofern, als auch in der talmudischen Grübelei die infantile Vorstellung von der Riesengestalt des Vaters oder Gottes wiederersteht.

Existiert somit eine unverkennbare Analogie zwischen den Einschränkungen der Schaulust bei neurotischen Individuen und bei Völkern, so soll nun im folgenden gezeigt werden, daß wir mit Hilfe der Psychoanalyse in das Wesen dieses Parallelismus noch tiefere Einblicke gewinnen.

V

Die Herkunft der Sonnen- und Gespensterphobie aus dem infantilen Totemismus

Im Laufe der Untersuchung sind uns zwei *Symbole* begegnet, denen wir eine vorwiegende *Vater*bedeutung zuerkennen mußten: es sind die *Sonne* und das *Gespenst.* Gewisse Neurotiker, so erfuhren wir, ängstigen sich vor dem Anblick des Sonnenlichtes oder reagieren in einer andern, vom Verhalten der Gesunden abweichenden Weise mit Affekten der Auflehnung, des Trotzes auf die Erscheinung der Sonne. Es ergab sich, daß jeder dieser Neurotiker eine ambivalente Gefühlseinstellung zur Sonne aufwies; daß er die Sonne liebte (verehrte) und gleichzeitig Angst vor ihr empfand. Ich habe in letzterem Sinne geradezu von einer *Sonnenphobie* gesprochen. Unter den Grüblern fanden wir das besondere Interesse für Gespenstererscheinungen. Das Gespenst oder die Vorstellung von einem solchen rief aber ebenfalls ambivalente Reaktionen hervor: den Wunsch, es zu sehen, und wiederum die Angst vor seiner Erscheinung, die man als *Gespensterphobie* bezeichnen darf. Erblicken wir in Sonne und Gespenst Symbole des Vaters, und sind wir mit der ambivalenten Einstellung des Neurotikers zu seinem Vater vertraut, so wundert es uns nicht, diese Zwiespältigkeit der Gefühle auch auf die den Vater vertretenden Symbole übertragen zu finden. Der Psychoanalyse ist es aber nicht erlaubt, sich mit dieser Erkenntnis zufriedenzugeben; als eine Entwicklungslehre, welche die strenge Bedingtheit alles Psychischen erweisen will, muß sie der Herkunft der Phäno-

mene weiter nachgehen. Um den Zugang zum Ursprung der uns interessierenden Symbole zu finden, bedarf es desjenigen Schlüssels, den Freud uns in seinen Abhandlungen über *Totem und Tabu*[55] gegeben hat.
Wir finden bei gewissen Völkerschaften mit primitiver Kultur bis zum heutigen Tag eine Organisation, welche das religiöse und soziale Leben regelt; sie wird als *Totemismus* bezeichnet. Es handelt sich um eine Form des Ahnenkultus. Im Mittelpunkte des Kultus steht der Totem, meist ein Tier, welches als Stammvater der betreffenden Sippe (»Clan«) betrachtet wird. Wir verdanken Freud u. a. die wichtige Erkenntnis, daß jene Primitiven zu ihrem Totem ambivalent eingestellt sind; d. h. das Totemtier nicht jagen, töten, verzehren oder auch nur berühren, es also im allgemeinen schonen, es unter besonderen Umständen aber mit feierlichem Zeremoniell dennoch töten und verzehren. Der Totem ist ebensowohl Objekt der Liebe wie der Angst. Viele Gewohnheiten jener Menschen lassen die zwiefache Einstellung zum Totem deutlich erkennen.
Die psychoanalytische Forschung (vgl. die Quellenangaben bei Freud l. c.) hat nun die merkwürdige Tatsache eruiert, daß unter unseren heutigen Kulturbedingungen der *Totemismus im Seelenleben des Kindes* immer von neuem wiederersteht und im Unbewußten des Individuums unverkennbare Spuren zurückläßt. Gewisse Phantasieprodukte der Kinder ähneln dem totemistischen System der Primitiven außerordentlich. Das Kind, das zum Vater oder zur Mutter eine oft handgreiflich ambivalente Stellung einnimmt, verschiebt vielfach seine Gefühle vom Vater oder von der Mutter auf ein bestimmtes Tier respektive auf eine Tierart, manchmal auch auf mehrere solche. Für dieses dem Totem durchaus gleichwertige Tier zeigt das Kind einerseits ein liebevolles Interesse; andrerseits spielt das Tier in den Wachträumereien und nächtlichen Träumen des Kindes die Rolle eines *Angsttieres*. Kommt es, wie in der Kindheit so oft, zur Bildung einer Phobie, so ist das gleiche Tier meist das Objekt, auf welches sich die Angst bezieht. In nicht wenigen Fällen behält das Tier seine Bedeutung auch noch später bei, um in den Phobien und Träumen erwachsener Neurotiker ganz so wie in der Kindheit zu erscheinen.
Ich verfüge über eine beträchtliche Zahl einschlägiger Beobachtungen. Hier ist jedoch nicht der Ort, sie ausführlich mitzuteilen. Nur einige Angaben lasse ich folgen, um im weiteren auf ihnen fußen zu können.

[55] [Freud (1912–13).]

Zunächst erwähne ich, daß die Ambivalenz der Einstellung zum Totem (Angsttier) manchen Patienten selbst auffällt. Einer meiner Kranken, der an einer schleichend verlaufenden Hebephrenie litt, hat mir über diesen und andere wichtige Punkte des Individualtotemismus mit der Hemmungslosigkeit, die diesen Patienten eigen ist, den besten Aufschluß gegeben. Eine Hauptrolle als Angsttier spielte bei ihm die *Fliege*. Der Patient äußerte einmal spontan, er stehe der Fliege einerseits »liebevoll« gegenüber, anderseits habe er den Drang in sich, das Tier zu töten.

Von Wichtigkeit für das Verständnis des Weiteren ist sodann, daß ein bestimmtes Tier (namentlich in den Träumen der Patienten) nicht nur den Vater (oder die Mutter) vertritt, sondern oft auch den Träumer selbst. Ich verfüge über einen interessanten Traum dieser Art, in welchem der Vater des Träumers, der Träumer selbst und dessen Sohn – also drei Generationen – alle durch das gleiche Symboltier (Hund) bezeichnet werden. Das entspricht vollkommen der bei den Primitiven herrschenden *erblichen Zugehörigkeit zu einem bestimmten Totem*.

Sodann erwähne ich eine Parallelerscheinung zu dem bei Primitiven gelegentlich (seltener als der Tiertotemismus) beobachteten *Pflanzentotemismus*. Ein Neurotiker, der sich sozusagen beständig auf der Flucht vor dem Mutterinzest befindet, bietet in wachen Phantasien wie in Träumen alle Erscheinungen eines *Baumtotemismus*.

Im Garten eines Schlößchens, welches seine Eltern bewohnten, betrachtete er schon als Knabe einen sehr großen, alten Baum mit religiöser Scheu, betete vor ihm und empfing aus seinem Rauschen Orakel.[56] Die Abwehr der Inzestwünsche war für den Patienten mit schwerer Angst verbunden; wie erwähnt, ist er von einer ständigen Unruhe geplagt und wird nirgends seßhaft. In seinen Wachträumen steht er als Baum im elterlichen Garten, umgeben von den anderen Bäumen (seinen Angehörigen), nahe dem großen Orakelbaum (= Vater) und hat dort feste Wurzeln geschlagen.

Wie mir scheint, erforderte die Inzestverdrängung in diesem Falle außerordentliche Maßnahmen, und so durfte kein animalisches Wesen die symbolische Elternvertretung übernehmen, sondern diese mußte dem sexuell indifferenten Baume zufallen. Vielleicht fällt von hier aus auch einiges Licht auf den Totemismus gewisser primitiver Stämme, in dessen Mittelpunkt nicht – wie in den meisten Fällen – ein Tier, sondern eine Pflanze steht.

Im Bereich der kindlichen Tierphobien und der totemistischen Erschei-

[56] Vgl. hierzu das Orakel von Dodona.

nungen in der Neurose muß eine Tatsache auffallen, die bisher noch wenig oder keine Beachtung gefunden hat. Als Totem figuriert in einem Teil der Fälle, wie bereits erwähnt, eines der vierfüßigen Tiere, deren Größe und Kraft es uns ohneweiters begreiflich macht, daß sie vom Kinde mit dem starken Vater identifiziert werden. In einer beträchtlichen Zahl von Fällen finden wir dagegen als »Angsttiere« gerade die kleinsten, dem Kinde bekannten Tiere: Fliege, Wespe, Schmetterling, Raupe usw.; für eine Anzahl von Neurotikern gilt das gleiche. Die objektive Gefährlichkeit solcher Tiere kann für diese Form des kindlichen Totemismus nicht als ausreichende Erklärung dienen, denn sie trifft nur auf einzelne dieser Tiere zu; andere sind gerade ganz harmlos, so daß das Kind sie ungefährdet zu töten vermag. Nach meinen Psychoanalysen bei Neurotikern erscheint mir eine andere, einfache Erklärung besser begründet. Jene Tiere haben die Eigenschaft des plötzlichen Erscheinens. Sie nähern sich schnell und unversehens und berühren ganz unerwartet den menschlichen Körper; ebenso schnell aber verschwinden sie auch wieder. In jedem Einzelfalle treten weitere individuelle Begründungen hinzu. So war bei einem meiner Patienten die *Wespe* an die Stelle eines andern Tieres – des Tigers – getreten. Farbe und Zeichnung der Wespe erinnerten den Patienten an den Tiger. Das Brummen der Wespe konnte das Gebrüll des Tigers vertreten: letzteres wieder erwies sich als determiniert durch die Angst des Kindes vor der tiefen, drohenden Stimme des erzürnten Vaters. Wie der Patient sich spontan ausdrückte, assoziierte sich bei ihm an den Eindruck der Wespe, die mit drohendem Brummen umherflog, die Vorstellung eines Wutaffektes. Auf Grund meiner analytischen Resultate nehme ich an, daß jenen kleinen Tieren eine mehrfache Bedeutung zukommt. Sie repräsentieren den Vater, der das Kind überrascht, indem er plötzlich in seiner körperlichen Nähe ist oder es mit drohender Stimme schreckt. Dazu kommt aber die Eigenschaft dieser Tiere, daß sie schnell *verschwinden* und daß man sie leichter als die großen Tiere töten kann. In den kleinen Fliegetieren[57] wird also einerseits die gefährliche Macht des Vaters anerkannt, anderseits dienen sie zum Ausdruck der Beseitigungsvorstellungen, welche sich gegen den Vater richten. Es sind die gleichen Tiere, welche uns in den Mythologien als »Seelentiere« begegnen.

Der schon mehrfach erwähnte Patient E., der mir hemmungslos eine große Menge wichtiger Aufschlüsse über die in ihm erhalten gebliebenen

[57] Kleine kriechende Tiere (Raupen usw.) sind den fliegenden insofern gleichzusetzen, als sie auch plötzlich am Körper des Kindes erscheinen und dadurch Furcht erregen.

Infantilismen gab, der u. a. auch die ambivalente Einstellung zur Fliege selbst hervorgehoben hatte, vergnügte sich während seiner Kindheit oft mit dem Töten von Fliegen und Wespen. An dieser Stelle muß ich aus seiner Psychoanalyse einige weitere Einzelheiten berichten; ich bemerke, daß gewisse Phänomene, die auch bei andern Patienten nachzuweisen sind, in diesem Falle lediglich in einer unverhüllteren Form zum Ausdruck kommen.

Wenn der Patient eine Fliege oder Wespe getötet hatte, so befiel ihn regelmäßig die *Angst, die tote Fliege könne sich rächen.*

Dieser spontan gemachten Angabe des Patienten kommt eine große Tragweite zu. Es handelt sich nämlich um *einen individual-psychologischen Vorgang, der sich vollkommen mit der Angst der Primitiven vor ihren Toten deckt.* Freud hat in seinen Ausführungen über das *Tabu der Toten* diese rätselhafte Scheu analysiert. Die feindlichen Regungen, die man einem Menschen bei seinen Lebzeiten entgegenbrachte, werden nach seinem Tode durch das Aufkommen entgegengesetzter Regungen (Trauer) verdrängt und durch einen Projektionsvorgang dem Verstorbenen selbst zugeschoben. Nun ist er selbst gefährlich für die Überlebenden geworden; er könnte sie sozusagen nach sich ziehen. Bei dem Patienten zeigte sich für das von ihm getötete Tier ebenfalls ein »liebevolles« Gefühl; gleichzeitig aber wurde die Absicht des Tötens dem getöteten Tiere zugeschoben, so daß eine Angst vor seiner Rache die Folge war.

Der gleiche Patient hatte während der Behandlung einen Traum, in welchem er einen Tiger mit einer Stange erstechen sollte. Alle anderen Details des Traumes übergehend, füge ich nur hinzu, *daß das Tier plötzlich an den Himmel versetzt war.* Der Patient kam im Traum nicht dazu, das Tier zu töten.

Hier begegnen wir dem wichtigen Vorgang der *Versetzung an den Himmel; er betrifft ein Objekt, zu dem der Träumer sich in einer ambivalenten Einstellung befindet.* Dieser Vorgang ist uns aber keineswegs fremd. Ich brauche nur an den Patienten B. zu erinnern (vgl. S. 241), der seinen verstorbenen Vater in einer an das Wahnhafte streifenden Phantasie direkt an den Himmel, neben die Sonne versetzte. Es drängt sich uns die Schlußfolgerung auf, daß die Symbolisierung des Vaters durch die Sonne einer solchen Versetzung an den Himmel entspreche, deren Motivierung uns nun keine Schwierigkeit mehr bereitet. Wir sind in der Lage, sie aus der ambivalenten Einstellung des Sohnes zum Vater zu erklären.

Auch hier folge ich zunächst wieder den spontanen, in Form von Einfällen gemachten Angaben des Patienten E.; sie motivierten die Versetzung des Vaters (Tiger, Wespe) an den Himmel zunächst damit, daß man auf diese Weise von dem gefährlichen Tier *möglichst weit entfernt* sei. Sofort folgte ein Einfall, der die Berechtigung dieser Motivierung erhärtete. Der Patient berichtete nämlich jetzt, wie er als Knabe verfuhr, um Wespen und Fliegen *aus möglichst weiter Entfernung* zu töten. Zu ängstlich, die Tiere direkt anzugreifen, befestigte er eine Kerze an einer langen Stange, zündete die Kerze an und näherte sie einem an der Fensterscheibe sitzenden Insekt; das Tier fiel dann tot oder wehrlos herab.[58]

Je weiter das Tier, d. h. der Totem oder Vater, entfernt ist, um so weniger Gefahr geht von ihm aus. Gleichzeitig aber wird der Totem auf diesem Wege erhöht, er wird von dem irdischen Niveau auf ein höheres erhoben. Dieser Vorgang muß in seinen Einzelheiten nunmehr genauer verfolgt werden.

Die ambivalente Bedeutung der Versetzung des Totems an den Himmel veranschaulicht in besonders instruktiver Weise das folgende Beispiel aus der Kinderstube. Zwei Geschwister mit stark phantastischer Anlage beobachten die *Wolken* und gewöhnen sich daran, ihnen Namen zu geben. In diesen Namen, die ich, aus Gründen der ärztlichen Diskretion, mitzuteilen mir leider versagen muß, ließ sich mit Leichtigkeit eine Verdichtung zweier Elemente nachweisen. Sie enthielten eine durchsichtige Entstellung der Wörter »Papa« respektive »Mama«, die mit dem Wort »Tier« verschmolzen war. Hier sind also in naiver Weise *Vater und Mutter zunächst als Tiere dargestellt und dann als außerirdische Gebilde (Wolken) an den Himmel versetzt.* Das mitgeteilte Beispiel gewinnt an Interesse noch dadurch, daß die beiden Geschwister nachweislich ambivalent auf ihre Eltern eingestellt waren, indem sie ihnen einerseits Zärtlichkeit und Verehrung entgegenbrachten, anderseits dazu neigten, insbesondere den Vater zu einer lächerlichen Figur zu stempeln.

In einem Traum einer neurotischen Frau fand ich kürzlich bewundernde Verehrung des Vaters (als Sublimierung einer starken erotischen Fixierung) und Todeswünsche in sehr charakteristischer Weise ausgedrückt. Hier repräsentierte ein ungeheurer Kronleuchter, der sich am Himmel

[58] Durch diese Angabe wird auch die »Stange« erklärt, mit welcher der Patient in dem oben mitgeteilten Traum den am Himmel befindlichen Tiger töten soll.

befand und aus lauter Sternen zusammengesetzt war, den Vater; die Erscheinung des Kronleuchters war übrigens von einer Menge phallischer Symbole umgeben.

In allen diesen Produkten der individuellen Phantasie, mag es sich um spielende Gedanken der Kinder, um Träume Erwachsener oder um Beängstigungen Neurotischer handeln, erblicken wir das gleiche seelische Geschehen wie in den völkerpsychischen Prozessen, die der Religionsbildung zugrunde liegen. Ich darf mich darauf beschränken, hier in aller Kürze auf jene mythologischen Gebilde zu verweisen, welche die Spuren der Versetzung des Totems an den Himmel fast unverhüllt erkennen lassen. Ich nenne den Blitzvogel der indischen, die Sonnenkuh der ägyptischen, den Wolkenbaum der gesamten indogermanischen Mythologie.

Die Wirkungen der Versetzung des Vaters (respektive der Mutter) an den Himmel sind sehr vielseitig. Ich beschränke mich hier zunächst auf die Darstellung des Vaters durch das Sonnensymbol. Mit Rücksicht auf den uns bekannten ambivalenten Charakter des ganzen Vorganges darf man seine Wirkungen in zwei Gruppen sondern.

Die erste Gruppe entspricht den freundlichen, liebevollen Gefühlsregungen, die dem Vater zugewandt waren, der Anerkennung der väterlichen Macht.

Wird der Vater durch das Symbol der Sonne dargestellt, so bedeutet dies, wie leicht ersichtlich, eine gewaltige Erhöhung seiner Macht. Von der Sonne ist alles Leben, das uns umgibt, abhängig. Durch die Identifizierung mit der Sonne wird der Vater geradezu zum Prinzip alles Lebens erhoben, wobei auf die Anerkennung der zeugenden Kraft des Vaters ein besonderer Akzent zu legen ist. Zweifel und Unglauben vermögen der Macht des Vaters nunmehr keinen Abbruch zu tun. Da aber der Sonne auch die Eigenschaft zukommt, die irdischen Wesen zu überdauern, so wird dem Vater durch die Identifizierung mit der Sonne ewiges Leben, Unsterblichkeit zugeschrieben. Als Sonne an den Himmel versetzt, vermag der Vater alles zu schauen, während er durch die blendende Wirkung seines Lichtes dem Blicke des Sohnes entzogen ist. Zugleich aber ist der an den Himmel versetzte Vater den aggressiven Gelüsten des Sohnes entzogen; er ist über sie erhaben, wie im Sprichwort der Mond, den das Bellen des Hundes nicht zu kümmern braucht.

Aber all diese Machtfülle ist nur Schein. Denn die Versetzung an den Himmel, die Erhebung zur Gottheit wird – wie Freud in seinem Aufsatze über den Totemismus[59] überzeugend nachgewiesen hat – dem toten (rectius: getöteten) Vater zuteil. Die Ergebnisse der Psychoanalyse beim Individuum berechtigen uns zu der ganz analogen Auffassung, daß es der als tot gedachte (eigentlich vom Sohne tot gewünschte) Vater ist, dem die Erhöhung zur Sonnengottheit gilt. Die Regungen von Haß, Feindschaft, Eifersucht sind es, die in den Todesphantasien ihren Ausdruck finden. Sie berauben den Vater seiner Macht, so daß er eigentlich *ohnmächtig*, unschädlich wird. Durch nachträgliche Kompensierung wird ihm dann eine *allmächtige* Gewalt eingeräumt.

Ich verweise an dieser Stelle darauf, daß die Völker nicht nur ihre Gottheiten und andere höhere Wesen an den Himmel versetzen, sondern daß es nach einer bis zur Gegenwart herrschenden Vorstellung *die Menschen selbst sind, die nach dem Tode »in den Himmel kommen«*. Das Seelenleben des einzelnen bringt völlig analoge Produkte hervor. Ein Traumbeispiel möge dies erläutern.

Einer meiner Patienten brachte während einer bestimmten Periode der Behandlung eine Menge von Träumen hervor, die seinen unbewußten inzestuösen Regungen Ausdruck verliehen. Nachdem er viele Male im Traum gewaltsam von seiner Stiefmutter Besitz ergriffen hatte, folgte ein Traum, welcher inhaltlich von den bisherigen Träumen scheinbar abwich, in Wirklichkeit aber eine Ergänzung zu ihnen bildete. In diesem Traume stieg der Patient auf einer Leiter in den Himmel. Er fand dort Gott auf dem Throne sitzend; die Gesichtszüge waren aber diejenigen seines Vaters. Aus den Ergebnissen der Analyse erwähne ich nur als hier interessierend, daß der Patient seinen Vater in den Himmel versetzt hat, d. h. ihn aus der Liste der Lebenden gestrichen hat. Gleichzeitig erhöht er den Vater zum Gott. Aber die Macht des Vaters wird dadurch nur scheinbar erhöht. Denn der Patient steigt ja selbst zur Höhe des Vaters hinauf. Das Besteigen der Leiter ist ein häufiges Koitussymbol, das hier im Sinne des Inzestwunsches angewandt ist. Der Patient nimmt symbolisch von der Stiefmutter Besitz, weil der Vater nicht mehr am Leben ist. Die göttliche Macht des Vaters ist unwirksam; sie kann ihn an der Ausführung seines Vorhabens nicht hindern.

Gerade in Hinblick auf diesen Traum, in welchem der Sohn nach den Rechten des zum Gott erhobenen Vaters greift, erscheint mir die Bemerkung notwendig, daß der Sohn durch jede solche Erhöhung des Vaters sich selbst erhöht, jenem also an Macht ähnlich wird. Es genügt, an die

[59] [Freud (1912–13).]

Herrscher- und Priestergeschlechter zu erinnern, die sich, zur Erhöhung ihrer eigenen Macht, als Söhne der Sonne bezeichneten.[60]

Nachdem es gelungen ist, die Sonnenphobie zu verstehen, läßt die *Gespensterphobie* sich ohne besondere Schwierigkeit auflösen. Das Gespenst ist der tote (oder tot gedachte) Vater. Wird der Vater durch die Sonne vertreten, so ist sein Anblick unerträglich. Ist er zum Gespenst umgewandelt, so ist er dem Anblick im allgemeinen entzogen. Sein unerwarteter Anblick erregt heftige Angst. Nach meinen Beobachtungen, welche nach dieser Richtung hin jedoch der Ergänzung bedürfen, scheinen manche Neurotiker zuerst eine Scheu vor dem Sonnenlicht respektive dem Lichte überhaupt zu haben, um später noch die Angst vor Gespenstern zu produzieren. Mit dem Fortschreiten des gegen den Schautrieb gerichteten Verdrängungsprozesses muß das Symbol, welches den Vater oder die Mutter vertritt, immer unmaterieller werden.

Einer meiner Patienten produzierte innerhalb eines kurzen Zeitraumes zwei Träume, in deren einem der Vater als Licht erschien, während er im andern als Gespenst auftrat. Im ersten dieser Träume befindet der Patient sich in der Schule (die er schon vor längeren Jahren verlassen hat). Der Schuldirektor, welchem auch in anderen Träumen eine ausgesprochene Vaterrolle zukam, betritt das Klassenzimmer und redet den Patienten an. Dieser widersetzt sich zunächst in trotziger Weise den Anordnungen des Direktors, muß aber dann gehorchen, während über dem Kopf des Direktors ein blendend helles Licht erscheint, bei dessen Anblick der Patient in Ohnmacht fällt.

Repräsentiert hier das blendende Licht die väterliche Macht, so gilt das gleiche vom Gespenst in dem andern Traum. Bemerkenswert ist in diesem Falle, daß das Gespenst den Träumer *durch seine weiße Gestalt blendet.* Im allgemeinen werden die Gespenster als weiße, aber fahle, blasse Erscheinungen gedacht. Die Gespensterphobie findet sich am ausgeprägtesten bei den neurotischen Grüblern, welche, wie früher ausgeführt, überhaupt die Tendenz zeigen, das sinnlich Wahrnehmbare, das Klare und Greifbare durch Unbestimmtes, Verschwommenes, Unmaterielles zu ersetzen.

Wer über eigene psychoanalytische Erfahrung verfügt, wird unschwer erkennen, daß die vorstehenden Ausführungen das umfassende Gebiet,

[60] Kurz erwähnen möchte ich, daß bei manchen Neurotikern der Vater nicht durch die Sonne, sondern durch den Blitz repräsentiert wird, also durch eine andere Lichterscheinung am Himmel. Der Blitz repräsentiert hier besonders die strafende (tötende) Macht des Vaters.

auf welches sie sich beziehen, keineswegs zu erschöpfen vermögen. Sicherlich läßt sich den hier analysierten Phänomenen manches Weitere an die Seite stellen, besonders aber muß hervorgehoben werden, daß diese Studie sich gedrängtester Kürze befleißigt hat. So mußte manches, was zur Aufklärung der Symptome hätte beitragen können, unerwähnt bleiben; anderes konnte nur angedeutet werden. Der fragmentarische Charakter des Gebotenen mag aber gerade zeigen, wie sehr uns symptomatologische Untersuchungen not tun. Der Weg, den sie zu gehen haben werden, ist vorgezeichnet durch die uns unentbehrlich gewordene Aufstellung der *»Partialtriebe«* und der *»erogenen Zonen«*. Im vorstehenden habe ich mich bemüht, das an dem Beispiel *eines* Partialtriebes und *einer* erogenen Zone zu erweisen.

Über neurotische Exogamie

Ein Beitrag zu den Übereinstimmungen im Seelenleben der Neurotiker und der Wilden[1]

Während man früher der Ehe unter Blutsverwandten nur insoweit ein Interesse entgegenbrachte, als man in ihr ein hereditär belastendes Moment erblickte, habe ich in einem Aufsatz[2] darauf hingewiesen, daß die Verwandtenehe selbst als Phänomen der Neurosen-Psychologie gewürdigt werden müsse. Ausgehend von den Eigentümlichkeiten der Sexualität bei den Neurotikern, welche uns durch die Psychoanalyse bekannt geworden sind, gelangte ich zu der Auffassung, daß bei vielen solchen Personen die Übertragung der Libido auf blutsfremde Personen mißlinge, weil sie auch nach der Pubertät in inzestuöser Gebundenheit verharre. Für den Neurotiker, der sich dem Objekt seiner ursprünglichen inzestuösen Wünsche ebenso fernhalten muß wie dem blutsfremden Weibe, bedeutet die Ehe mit einer Verwandten einen *Kompromiß*.

Schon in der erwähnten Schrift machte ich darauf aufmerksam, daß man die Neigung zur Inzucht in eine Reihe mit gewissen anderen Erscheinungen stellen müsse, um ihr psychologisch gerecht zu werden. An dem einen Ende dieser Reihe hat der reale Inzest seinen Platz; er ist in psychopathischen Familien nicht gar so selten, wie man anzunehmen pflegt. Das entgegengesetzte Extrem ist die völlige und dauernde Ablehnung aller Beziehungen zum andern Geschlecht.

Dem erstgenannten Extrem steht psychologisch nahe die Neigung zu solchen blutsverwandten Personen, welche nicht dem allernächsten Verwandtschaftsgrade angehören. In einem ganz ähnlichen Verhältnis zu dem oben genannten andern Extrem der Reihe steht eine Erscheinung, welche ich mit dem Namen *»neurotische Exogamie«* belegen möchte. Sie besteht darin, daß der Mann[3] eine unüberwindliche

[1] [Bibl. Nr. 45.] [2] Bibl. Nr. 13 [s. S. 14ff. in Band I der vorliegenden Ausgabe].

[3] Wie in der zitierten früheren Arbeit berücksichtige ich auch hier wieder in erster Linie die Erscheinungen, wie sie sich beim männlichen Geschlecht äußern; die Begründung dafür habe ich am erwähnten Ort gegeben.

Scheu empfindet, in nahe Beziehungen zu einem Weibe zu treten, das der gleichen Rasse oder Nationalität angehört wie er selbst oder – richtiger gesagt – wie seine Mutter. Hier werden also gegen die Möglichkeit des Inzestes ganz besondere Maßregeln getroffen. Der Neurotiker flieht vor dem mütterlichen Typus zu solchen Frauen, welche in Erscheinung und Wesen der Mutter (oder Schwester) möglichst entgegengesetzt sind. Diese Flucht ist eine Folge seiner übermäßigen *Inzestscheu.*

Ein Beispiel möge zunächst den geschilderten Sachverhalt erläutern: Ein dem blonden, norddeutschen Typus angehöriger Neurotiker zeigt die höchste Antipathie gegen den gleichen Typus bei Frauen. Nichts darf ihn beim Weibe an sein ursprüngliches Liebesobjekt, die Mutter, erinnern. Er erträgt bei Frauen nicht einmal den heimischen Dialekt. Nur dunkelhaarige, brünette fremdrassige Frauen ziehen ihn an. Er hat im Laufe der Jahre verschiedenen Frauen seine Sympathie geschenkt, sie gehörten stets fremder Rasse oder Nationalität an. Dabei trat mit größter Deutlichkeit die von Freud hervorgehobene Neigung zur »Reihenbildung« hervor. Der Patient erwies sich als unfähig, seine Libido nachhaltig und erfolgreich auf eine bestimmte weibliche Person zu richten. Die Fixierung an die früheste Liebe erwies sich als übermächtig.

Ich habe eine ganze Anzahl ähnlicher Fälle analysieren können und bin allmählich zu der Auffassung gelangt, daß in dieser Abneigung gegen Frauen des eigenen (oder mütterlichen) Typus resp. der eigenen Rasse etwas Gesetzmäßiges liege. Eine interessante Beobachtung ganz derselben Art hat vor einiger Zeit Weiss[4] veröffentlicht. In seiner Mitteilung handelt es sich um einen Mann, der unfähig ist, ein Mädchen aus seiner Heimatstadt und Heimatprovinz, oder aus der Heimatgegend seines Vaters oder seiner Mutter zu heiraten. Ebenso empfindet er eine Scheu vor Mädchen, die ähnliche Augen oder Haare haben wie seine Schwestern.

Die Motivierung dieser sexuellen Scheu ist manchen Neurotikern durchaus unbewußt, anderen dagegen voll bewußt.

Ein Patient erklärt mir, er – der selbst Jude war – werde nie eine Jüdin heiraten können, weil er in jeder Jüdin unwillkürlich seine Schwester erblicke. Tatsächlich befand sich dieser Patient in einer ungewöhnlich starken inzestuösen Fixierung an Mutter und Schwester, wovon auch seine Neurose (Straßenangst) Zeugnis ablegte. Im Pubertätsalter war es zu einer sexuellen Annäherung der Geschwister gekommen.

[4] 1914, S. 161.

Ein zweiter Patient, ebenfalls von jüdischer Abkunft, machte hinsichtlich seiner Neigungen ganz ähnliche Angaben wie der Vorerwähnte. Er verliebte sich wiederholt in Mädchen, welche dem jüdischen Typus in ihrer Erscheinung ganz entgegengesetzt waren, so z. B. in eine blonde Dänin.

In einem dritten Falle war der Sachverhalt ganz der gleiche; nur befand sich der Patient über die Herkunft seiner Rassenneigung und -abneigung im unklaren.

In allen von mir genauer untersuchten Fällen bestand neben der übermäßigen positiven Fixierung der Libido an die nächsten Angehörigen gleichzeitig ein ausgesprochener *Haß gegen die eigene Familie.* Dieser richtet sich bald vorwiegend auf die Mutter und erklärt sich dann aus enttäuschter inzestuöser Neigung; bald gilt er mehr dem Vater und leitet sich dann zwanglos aus der Ödipuseinstellung des Sohnes her.

Ein solcher Haß wird für den Sohn zum wirksamen Motiv, sich von seinesgleichen zu trennen. Er sucht nun nicht bloß den Zusammenhang mit seinen Blutsverwandten, sondern auch denjenigen mit seinen Stammesgenossen aufzuheben.

Zweierlei häufige Erscheinungen werden durch diese Betrachtungsweise in ein neues Licht gerückt.

Ich habe zunächst einen Teil der sogenannten *Mischehen* im Auge. In den christlichen Ländern handelt es sich namentlich um Mischehen zwischen Christen und Juden. Bald ist es mehr die Flucht vor dem Inzest, bald mehr die feindliche Ablehnung der eigenen Familie, welche in nicht wenigen Fällen zur Schließung einer Mischehe treibt. Ich könnte für diesen Hergang zahlreiche Belege beibringen.

Sodann verdient unser Interesse jener Typus von Männern, welche frühzeitig, meist im Unabhängigkeitsdrang des Pubertätsalters, aus ihrer Heimat auswandern und irgendwo in einem exotischen Lande mit einem fremdrassigen Weibe die Ehe eingehen. Ich verfüge über eine Reihe sehr instruktiver Beobachtungen dieser Art.

Durch die neuesten Untersuchungen Freuds[5] sind wir auf gewisse *Übereinstimmungen im Seelenleben der Neurotiker und der Primitiven* aufmerksam geworden. An dieser Stelle ist in erster Linie an die verstärkte *Inzestscheu* der Neurotiker und der Primitiven zu erinnern. Diese Inzestscheu kommt am stärksten zum Ausdruck in der Gesetzgebung jener Völker, deren wichtigste Sorge augenscheinlich die Inzestverhütung ist.

[5] [*Totem und Tabu* (1912–13).]

Die wirksamste und weitreichendste Maßregel dieser Art ist diejenige bei vielen primitiven Stämmen bestehende Einrichtung, welche man als *Exogamie* bezeichnet. Sie verbietet die geschlechtlichen Beziehungen nicht nur unter Blutsverwandten im eigentlichen Sinne, sondern sogar unter Angehörigen des gleichen Stammes.
Wir sahen, daß manche Neurotiker, einer inneren Nötigung folgend, ihre Neigung lediglich solchen Personen zuwenden, welche einem anderen Stamme angehören. Die innere Nötigung hat bei diesen Individuen den gleichen Effekt wie der äußere, gesetzliche Zwang bei den primitiven Völkern. Wir dürfen also mit Fug und Recht die uns beschäftigende Erscheinung bei Neurotischen als Exogamie bezeichnen. Das neurotische und das ethnologische Phänomen, die wir mit gleichem Namen belegen, stimmen bezüglich ihres Ursprungs und ihres Zieles vollkommen überein.

Giovanni Segantini

Ein psychoanalytischer Versuch[1]

Vorwort zur zweiten Auflage

Die erste Auflage der vorliegenden Schrift hat neben zustimmenden Äußerungen auch manches abfällige Urteil hervorgerufen. Die seither verstrichenen dreizehn Jahre haben meine psychologische Erfahrung erweitert, mir aber keinen Anlaß gegeben, meine in der ersten Auflage niedergelegten Anschauungen zu widerrufen. Es ist mir also eine Genugtuung, nach einem so langen Zeitraum alles früher Gesagte aufrechterhalten zu dürfen. Andrerseits ergreife ich gern die Gelegenheit, gewisse psychoanalytische Erfahrungen der neueren Zeit dem »Versuch« von 1911 einzuordnen und sie dem weiteren Verständnis des Künstlers nutzbar zu machen. In den letzten Jahren widmete ich mich besonders dem Studium der seelischen Depressionszustände und glaube nunmehr, die melancholischen Neigungen Segantinis unserem Verständnis etwas näherrücken zu können. Was ich in dieser Hinsicht meinte aussagen zu können, habe ich in einem Nachtrag zur Darstellung gebracht.

Sils-Maria, im Juni 1924 — Dr. Karl Abraham

Vorwort zur ersten Auflage

Über Giovanni Segantinis Leben und Kunst besitzen wir eine Reihe kleinerer Skizzen und eine große, biographisch-kunstkritische Arbeit von Franz Servaes' Hand. Sie ist in dem monumentalen Segantini-

[1] [Bibl. Nr. 30.]

Werk enthalten, das die österreichische Regierung herausgegeben hat, und überdies in einer Volksausgabe erschienen.[2]

Servaes gibt eine nach jeder Richtung ausgezeichnete Charakteristik Segantinis, des Künstlers wie des Menschen. Es kann also nicht die Absicht der vorliegenden Schrift sein, die Schilderungen des genannten Autors zu übertreffen. Sie stellt sich Probleme auf anderem Gebiet: es gilt nicht, die Eigenart Segantinis noch einmal *darzustellen*, sondern sie *psychologisch zu erklären.*

Die psychoanalytischen Forschungen S. Freuds und seiner Schule werfen ein neues Licht auf die typischen und individuellen Erscheinungen des Seelenlebens. Ausgehend von der Erforschung des *Unbewußten* vermochten sie auch über die Gesetze des künstlerischen Schaffens wichtige Aufschlüsse zu erbringen.[3] Eine der neueren Arbeiten Freuds, betitelt *Eine Kindheitserinnerung des Leonardo da Vinci* [1910c], hat – abgesehen von ihren sonstigen Ergebnissen – auch wichtige Einblicke in die künstlerische Individualität dieses Meisters eröffnet. Dagegen ist es bisher nicht unternommen worden, das gesamte Leben und die psychische Eigenart eines bildenden Künstlers unter den Gesichtspunkten der Psychoanalyse zu betrachten, in seinem künstlerischen Schaffen das Wirken unbewußter Triebkräfte nachzuweisen.

Unter den bildenden Künstlern unserer Zeit ragt Giovanni Segantini als machtvolle, selbständige Persönlichkeit hervor. Seine Entwicklung, sein äußeres und inneres Leben, seine Künstlerschaft, seine Werke sind von so ausgeprägter Eigenart, daß sie die Individualpsychologie vor eine ganze Reihe ungelöster Probleme stellen. Diese in das Licht der psychoanalytischen Betrachtung zu rücken, ist der Zweck der vorliegenden Schrift.

Es mag auffallen, daß es ein *Arzt* ist, der mit Hilfe dieser neuen Methodik, das Seelenleben eines Künstlers zu analysieren versucht. Der Grund liegt in der Entwicklung der psychoanalytischen Forschung. Sie hat sich aus einem Verfahren herausgebildet, das ursprünglich den Zweck verfolgte, die unbewußten Wurzeln krankhafter Seelenzustände (der nervösen Zustände oder »Neurosen«) aufzusuchen. Und wenngleich die Psychoanalyse die enge Grenze dieses Anwendungsgebietes bald überschritten und sich als fruchtbare Forschungsmethode

[2] Servaes (1907). Alle im folgenden vorkommenden, mit Seitenzahl versehenen Hinweise beziehen sich auf diese Ausgabe. [Die zusätzlichen redaktionellen Zitierungen in eckigen Klammern beziehen sich auf die 4. Auflage 1920.]

[3] Vgl. Rank (1907).

auf den verschiedensten Gebieten des Seelenlebens bewährt hat, so setzt sich doch der Kreis ihrer Anhänger aus dem erwähnten historischen Grunde bis heute noch vorwiegend aus Ärzten zusammen. Der Arzt, der sich mit der Analyse des Unbewußten beim Neurotiker vertraut gemacht hat, befindet sich anderen Beobachtern gegenüber wesentlich im Vorteil. Denn er begegnet beim Künstler einer Anzahl von psychologischen Eigenschaften, die ihm vom Neurotiker her geläufig sind; es handelt sich um solche Züge, die mit dem bewußten oder unbewußten Phantasieleben zusammenhängen.

Freilich besteht ein gewichtiger Unterschied zwischen meinem Vorhaben und der ärztlichen Anwendung der Psychoanalyse. Der Seelenarzt, der die Methode praktisch ausübt, verbündet sich mit dem Kranken zu gemeinsamer Arbeit. Er gewinnt allmählich tiefere Einblicke in dessen Unbewußtes und wartet ab, bis er die etwaigen Lücken in seinem Material mit Hilfe der Einfälle des Patienten ausfüllen kann. Anders liegen die Bedingungen, wenn es heißt, das Seelenleben eines zu analysieren, der nicht mehr unter den Lebenden weilt. Hier ist man darauf angewiesen, das vorhandene Tatsachenmaterial an Hand der als gesichert geltenden Erfahrungen zu erklären. Das Material aber, welches uns von Segantini in seinen Werken, in seinen Aufzeichnungen, Briefen usw. hinterlassen oder von anderen gesammelt wurde, ist naturgemäß nicht lückenlos.[4] Ich verschließe mich daher nicht der Einsicht, daß diese Analyse nicht alle Fragen wird lösen können. Sollte darum der Versuch unterbleiben? Segantinis reiche Persönlichkeit bietet des Anziehenden und Merkwürdigen zu viel, als daß man sich zu einem Verzicht entschließen möchte.

Ein genialer Künstler, ein großer Mensch, wie Segantini gewesen, hat Anspruch darauf, daß wir, die seine Zeitgenossen waren, uns in seine Eigenart vertiefen und sie zu ergründen trachten. Wir werden auch nicht irren, wenn wir von diesem Bemühen eine Bereicherung unserer allgemeinen Kenntnis der Psychologie des Künstlers erwarten. So möge der Versuch selbst entscheiden, wie weit wir uns auf dem von Freud beschrittenen Wege diesem Ziele anzunähern vermögen.

[4] Bianca Segantini (1909).

I

Als Segantini am 28. September 1899 starb, raffte der Tod ihn aus vollem Schaffen hinweg. Er hatte zehn Tage zuvor den Schafberg bei Pontresina erstiegen, um dort oben das Mittelbild seines ›Triptychon der Alpenwelt‹ zu vollenden.

Ihm war sein groß angelegtes, letztes Werk mehr als eine verherrlichende Darstellung des Hochgebirges. Denn nach seiner Auffassung erschöpfte die Aufgabe der Malerei sich nicht darin, ein getreues Abbild der Wirklichkeit zu geben: sie sollte den Ideen und Gefühlen Ausdruck verleihen, die das Innerste des Künstlers erfüllen. Darum malte er die gütig spendende Natur, die Mutter mit dem Kinde an der Brust und neben der menschlichen die Mutter aus dem Tierreich. Er malte das Erwachen des Tages, das Erwachen der Natur und den Werdegang des Menschen, malte alles Lebende auf der Höhe des Daseins, und endlich den sinkenden Tag, die erstarrende Natur und des Menschen Ende. So wies er in seinem letzten Werk eindringlicher denn je auf aller Geschöpfe gemeinsames Verhältnis zur Natur, auf ihr gemeinsames Schicksal hin.

Alle die genannten Motive hatte Segantini zuvor – einzeln und in mannigfachen Verbindungen – in immer neuen Variationen zur Darstellung gebracht. So waren seine unvergänglichen Meisterwerke entstanden: ›Die Mütter‹, ›Frühling in den Alpen‹, ›Das Pflügen im Engadin‹, ›Die Rückkehr in die Heimat‹ und viele andere. Doch es trieb ihn weiter dem Werke zu, das sein letztes sein sollte. In dieser Symphonie des Lebens sollte alles das vereinten Ausdruck finden, was ihm der tiefste Sinn und Wert des Lebens schien.

Diese Absicht des Künstlers braucht man nicht erst aus seinem Werk zu erraten. Er hat sie auch mit Worten deutlich verkündet. Wiederholt hat er den Pinsel mit der Feder vertauscht, um seine Auffassung vom Wesen der Kunst gegenüber anderen Meinungen zu vertreten. Ein Jahr vor seinem Tode verfaßte er eine Antwort auf Tolstois Frage: »Was ist die Kunst?« In dieser Antwort betont er nachdrücklich die Bedeutung der ethischen Grundidee des Kunstwerks. Die Ausübung der Kunst ist ihm ein Kultus; dieser soll *die Arbeit, die Liebe, die Mütterlichkeit und den Tod* verherrlichen und verklären. Hier nennt Segantini selbst die Quellen, aus denen seine künstlerische Phantasie immer von neuem gespeist wurde.

Wohl haben aus ihnen auch andere Künstler geschöpft. Für Segantinis

Individualität aber ist es charakteristisch, wie alle diese Quellen zu einem Strome zusammenfließen, wie die scheinbar getrennten Ideenkreise für ihn unlösbar verbunden sind.
Ein Blick in Segantinis Leben zeigt, daß dieses von den gleichen Mächten beherrscht wurde wie seine Kunst. *Woher – fragen wir uns – hat sein Schaffen, hat seine Lebensführung diese Richtung erhalten?* Vorbild und Erziehung – so viel können wir mit Sicherheit sagen – haben daran keinen positiven Anteil gehabt. Denn schon als fünfjähriger Knabe hatte Segantini seine Eltern verloren. Die Umgebung, in der er seine Jugend verlebte, konnte weder seine geistige noch seine ethische Entwicklung fördern. Denn er wuchs ohne rechte Schulbildung, fast als Analphabet heran, und weder die Jahre, in denen er bei seinen Stiefgeschwistern herumgestoßen wurde, noch diejenigen, welche er in der Korrigendenanstalt verbrachte, konnten veredelnd auf ihn wirken. Seine Jugend, arm an Lichtblicken, war ein fortgesetzter Kampf gegen feindselige Mächte. Er mußte seine künstlerischen Ideale, seinen Charakter, seine Weltanschauung fast allein aus eigenem schaffen.
Den Rätseln dieses Entwicklungsganges vermag nur die psychoanalytische Forschungsmethode gerecht zu werden, weil sie das *Triebleben der Kindheit* zum Ausgangspunkt ihrer Betrachtungen nimmt. Und wenn ich nunmehr diese Bahn betrete, so kann ich mich auf keine geringere Autorität als Segantini selbst berufen.
»Sie fragen mich«, so schreibt er einmal in einem Briefe[5], »wie sich in meinem fast wilden Leben inmitten der Natur Denken und das Gefühl der Kunst entwickelt habe. Darauf wüßte ich Ihnen wirklich nicht zu antworten, *vielleicht müßte man zur Erklärung bis zu den Wurzeln hinabsteigen, um alle Empfindung der Seele bis zu ihren ersten, auch den entferntesten Bewegungen der Kindheit zu studieren und zu analysieren.«*
Diesem Hinweis des Künstlers folgend, wende ich mich seiner Kindheit zu.

Das folgenschwerste Ereignis in Segantinis Kindheit war der frühe Tod seiner Mutter. Er zählte kaum fünf Jahre, als er diesen Verlust erlitt.
Wohl selten hat ein Sohn das Andenken seiner Mutter mit solcher

[5] Loc. sit., S. 82 [Hervorhebung von Abraham].

Liebe gepflegt wie Segantini. Und diese Liebe nahm mit den Jahren immer mehr zu; die Mutter wurde allmählich zur Idealgestalt, zur Göttin; ihrem Kultus galt die Kunst des Sohnes.

Der so früh Verwaiste mußte durch seine ganze Jugend jeder liebevollen Fürsorge entraten. War es diese Entbehrung, die ihn zum Maler der Mütterlichkeit werden ließ? Erhob er in seiner Kunst zum Ideal, was die Wirklichkeit ihm vorenthalten hatte? So nahe diese Erklärung liegt, so muß sich ihre Unzulänglichkeit doch bald herausstellen.

Gar manches Kind wird im zarten Alter von dem gleichen Unglück betroffen wie unser Künstler. Es versteht kaum die Tragweite des Verlustes, ist bald getröstet und gedenkt der Verstorbenen nur mehr, wenn Erwachsene die Erinnerung in ihm wachrufen. Hie und da mag die Erinnerung, mögen die kindlichen Gefühle sich weniger leicht verwischen. Anders bei Segantini! In ihm erlischt das Bild der Mutter nicht; nein – seine Phantasie gestaltet es weiter aus und läßt es in den Mittelpunkt seiner Gedankenwelt treten.

Ein negatives Moment – die Entbehrung der mütterlichen Fürsorge – kann allein eine solche beherrschende Macht des Mutterideals nicht erklären. Segantini selbst hat den deutlichen Hinweis gegeben, wo wir die Wurzeln dieser Macht zu suchen haben. Wir lesen im Anfang seiner Autobiographie[6]:

»Ich trage sie im Gedächtnis, meine Mutter; und wenn es möglich wäre, daß sie jetzt, in diesem Moment, vor meinen Augen erschiene, so würde ich sie nach einunddreißig Jahren noch recht wohl erkennen. Ich sehe sie wieder mit dem Auge des Geistes, diese hohe Gestalt, wie sie müde einherschritt. Sie war schön; nicht wie die Morgenröte oder der Mittag, aber wie ein Sonnenuntergang im Frühling. Als sie starb, war sie noch nicht neunundzwanzig Jahre alt.«

Diese Worte des gereiften Mannes tun der fürsorgenden Mutterliebe überhaupt keine Erwähnung! Und lesen wir seine Schilderung der traurigen Zeit, die für ihn mit dem Tode der Mutter anbrach, so warten wir vergebens darauf, daß er einen Vergleich ziehen möchte, wie er es bei der Mutter so gut und später so schlecht gehabt habe. Wir finden kein derartiges Wort.

Von ganz anderen Dingen spricht Segantini: von der Schönheit, von der Gestalt, der Bewegung und Haltung, von der Jugendlichkeit seiner Mutter, deren Bild er stets vor Augen trage!

[6] [Zitiert nach Servaes (1907; [4] 1920, S. 7); auch Segantini (1909, S. 3).]

Man denke sich, aus dem obigen Zitat seien zwei Worte – »meine Mutter« – entfernt und man solle nun den Sinn jener Zeilen zusammenfassen. Die Erklärung könnte nur lauten: *so spricht ein Liebender von der Geliebten, die er verloren hat.* Nur mit dieser Auffassung deckt sich der Gefühlston, der den Worten anhaftet.

In den Worten des Erwachsenen klingt die Erotik des Kindes nach. Die psychoanalytische Wissenschaft hat uns mit der Anschauung vertraut gemacht, daß die ersten Äußerungen der Erotik beim Knaben sich der *Mutter* zuzuwenden pflegen. Diese Liebesgefühle, deren Charakter in der frühen Kindheit, das ist etwa bis ins fünfte Lebensjahr, für den unvoreingenommenen Beobachter klar zutage tritt, verändern im weiteren Verlauf der Kindheit allmählich ihre Erscheinungsform. Die *primitive* Erotik des Kindes ist rein egoistisch. Sie richtet sich auf den uneingeschränkten Besitz ihres Objektes; sie mißgönnt es anderen, ebenfalls Lust aus dem Zusammensein mit der geliebten Person zu ziehen. Sie zeitigt ebensowohl Äußerungen des Hasses wie der Liebe. In jener Zeit der noch ungebändigten Affekte und Triebe verbindet sich mit der Liebe des Knaben ein aggressiver, ja ein grausamer Zug.

Das Studium der neurotischen Psyche hat ergeben, daß bei gewissen Menschen alle diese Regungen von abnormer Stärke sind. Das Extrem in dieser Beziehung bilden in ihrer Kindheit diejenigen Personen, die im späteren Leben an sogenannter »Zwangsneurose« erkranken; ihr Triebleben ist dadurch ausgezeichnet, daß Gefühle der Liebe und des Hasses beständig einander durchkreuzen und zu schweren seelischen Konflikten Anlaß geben. Bei ihnen findet man regelmäßig die Zeichen einer überschwenglichen Liebe zu den Eltern in raschem Wechsel mit Äußerungen des Hasses, welche in *Todeswünschen* gipfeln.[7]

In der folgenden Kindheitsperiode erfolgt sowohl beim gesunden Menschen als beim Neurotiker eine Eindämmung der Triebe durch den Prozeß der Verdrängung und Sublimierung. Damit werden die sozial wichtigen Hemmungen gebildet, welche die Triebe quantitativ einschränken oder ihre Betätigung in bestimmten Fällen ganz ausschliessen, oder sie auf andere, nämlich altruistische Ziele lenken. Je nach der geistigen Anlage eines Menschen setzt sich ein Teil der sublimierten Sexualenergie in geistige, etwa wissenschaftliche oder künstlerische

[7] Vgl. Freud (1909*d*, besonders S. 453–455). Ähnliches läßt sich bei Personen nachweisen, die zu melancholischen Zuständen neigen.

Betätigung um. Je größer die ursprüngliche Stärke der Triebe war, einer um so intensiveren und umfassenderen Sublimierung bedarf es, wenn das Individuum sich den Forderungen der herrschenden Kultur soll fügen können.

Die primitiven Gefühle gegenüber den Eltern entspringen, wie wir im Gegensatz zu der hergebrachten Lehre annehmen, aus der Sexualität des Kindes, ganz wie andere Äußerungen der Liebe oder des Hasses. Das Individuum muß sich der Kulturforderung fügen, Vater und Mutter zu *»ehren«*. Man beachte: das Gebot befiehlt nicht, die Eltern zu *lieben;* denn damit wären nur die Regungen des Hasses untersagt. Das Gebot wendet sich gleichermaßen gegen Liebe und Haß, da beide ihrem ursprünglichen Wesen nach Erscheinungen des Sexualtriebes sind. *Beide* verstoßen gegen das *Inzestverbot;* aus ihrer gemeinsamen Sublimierung entstehen die Gefühle der Verehrung, die frei von sexueller Betonung sind.

Sollte die Verehrung der Mutter, deren höchste Vergeistigung den Werken Segantinis gerade das charakteristische Gepräge verleiht, tatsächlich auf einem sexuellen Untergrunde ruhen?

Die Erfahrungen der Psychoanalyse lassen uns diese Frage mit Entschiedenheit bejahen. Diese Erfahrungen wurden freilich, wie schon erwähnt, größtenteils an den sogenannten Neurotikern gewonnen, so daß es einer kurzen Rechtfertigung bedarf, wenn wir sie auf die Individualität Segantinis anwenden wollen. Künstler und Neurotiker haben in ihrer psychischen Veranlagung viel Übereinstimmendes. Beider Triebleben ist von ursprünglich abnormer Stärke, hat aber durch besonders umfangreiche Verdrängung und Sublimierung eine ausgiebige Umwandlung erfahren. Künstler und Neurotiker stehen mit einem Fuße außerhalb der Wirklichkeit, in einer Welt der Phantasie. Verdrängte Phantasien werden beim Neurotiker zu den Symptomen seiner Krankheit verarbeitet. Beim Künstler finden sie ihren Ausdruck in seinen Werken; aber nicht in diesen allein. Denn der Künstler weist stets neurotische Züge auf. Die Sublimierung seiner verdrängten Triebe gelingt ihm nicht gänzlich; zu einem Teil formen sie sich zu nervösen Erscheinungen um. Das trifft auch auf Segantini zu.

Wie die Psychoanalyse der Neurotiker lehrt, führt der Verdrängungsprozeß eine folgenschwere Verschiebung in den Gefühlen des Knaben herbei. In seinem Bewußtsein tritt die dankbare, verehrende Liebe zur fürsorgenden Mutter an die Stelle der überstarken erotischen Zunei-

gung. Während der Inzestwunsch mit Macht *verdrängt* wird, erfährt die *Mütterlichkeit* eine entsprechende *Überbetonung.*[8]
Die kompensatorische Überbetonung der Mütterlichkeit ist bei Segantini ganz ungewöhnlich ausgeprägt, ähnlich wie es beim Neurotiker vorkommt. Aus dieser und anderen später zu erwähnenden Erscheinungen geht der Schluß hervor, die kindliche Libido habe sich bei Segantini in Gestalt übermächtiger Regungen der Liebe und des Hasses seiner Mutter zugewandt, habe dann aber eine äußerst energische Sublimierung erfahren. Sie wurde – so nehme ich an – vergeistigt zum Kultus der Mütterlichkeit, zur innigen Verehrung der mütterlichen Natur, zur selbstlosen, altruistischen Liebe, die zu allen Geschöpfen überströmt.
Ganz wie beim Neurotiker, so kommen auch bei Segantini einzelne Durchbrüche der verdrängten Triebe vor. Die ursprüngliche Erotik des Kindes hat sich nicht restlos sublimieren lassen; sie tritt gelegentlich, freilich sehr gemildert, wieder in die Erscheinung. Die Schilderung, die Segantini von seiner Mutter gegeben hat, läßt uns das erotische Element nicht verkennen, wenngleich es eine außerordentliche Verfeinerung erfahren hat. Die Kunst mußte ihm dazu dienen, die Gestalt der Mutter über alle irdischen Gefühle zu vergeistigen. Eine Reihe der schönsten Werke Segantinis zeigt uns eine Mutter in zärtliche Betrachtung ihres Säuglings versunken. Jedesmal entzückt uns wieder jene schlanke, jugendliche Frauengestalt mit der leicht gebeugten Haltung und den zarten, lieblichen Zügen.
Diese Bilder entstanden um das dreißigste Lebensjahr des Künstlers, als er in Savognin im Kanton Graubünden lebte. Er schuf damals verschiedene Werke ganz aus seiner Phantasie heraus. Zwei davon haben eine eigentümliche Entstehungsgeschichte, die für uns das höchste Interesse bietet.
Wie Segantini selbst erzählt, rief der Anblick einer Rose bei ihm eine sinnliche Empfindung hervor, die ihn nicht verlassen wollte. Beim Entblättern der Blume drängte sich ihm die Vision eines rosigen, jugendlichen Gesichtes auf. Diese Vision veranlaßte ihn, ein älteres Bild, das eine sterbende Schwindsüchtige darstellte, zu übermalen, so daß ein rosiges, junges Weib daraus wurde.
Der geschilderte Vorfall wird verständlicher durch einen zweiten ähnlichen, dessen Beschreibung ich der Servaesschen Biographie [loc. cit., S. 125] entnehme.

[8] Andere mit diesem Vorgang zusammenhängende Folgen werden später zur Sprache kommen.

»Als Segantini eines Tages – so erzählte er selbst – den äußersten Grat einer hochgelegenen Alpe zu erklimmen im Begriffe war, da sah er, während ihm nur noch wenige Schritte bis zum Gipfel fehlten, eine große Blume sich klar und rein vom strahlend blauen Himmel abheben und deutlich dawider abzeichnen. Es war eine Blume von hoher Schönheit und von einer Leuchtkraft, wie er sie nie gesehen zu haben vermeinte. Auf dem Bauch am Abhang liegend, betrachtete er das holde Wunder, wie es ganz allein und im vollen Licht vor dem Himmel dastand. Und da geschah es, daß die Blume gleichsam vor seinen Augen ins Riesige emporwuchs und daß sie in seiner Einbildung reizvolle menschliche Formen bekam. Der große Stengel wurde zu einem gebogenen Ast, und darauf stützte sich voller Anmut die sitzende Gestalt eines blonden und rosigen jungen Weibes, das ein nacktes Kind auf dem Schoße trug; und das Kind hielt in den Händen einen dunkelroten Apfel, wie er dem kräftigen Stempel, der aus der Blume emporstieg, entsprach. Diese Vision hat dann Segantini gemalt und nannte sie: ›Da un fiore dell' alpe‹, ›Von einer Alpenblume‹.« Später gab er dem Bilde den Namen: ›Die Frucht der Liebe‹.

An die Schönheit einer Blume assoziiert der Künstler sogleich die Schönheit der längst verstorbenen Mutter! Blume und Mutter sind ihm in diesem Augenblick identisch. Die Blume verwandelt sich vor seinen Augen zum Madonnenbilde.

Der erotische Untergrund dieser Phantasie wird demjenigen besonders klar werden, der die Bedeutung gewisser hier vorkommender, in allen menschlichen Phantasiegebilden wiederkehrender Symbole nicht übersieht.

Servaes bemerkt mit Recht, die Gestalt des Kindes auf dem Bilde ›Frucht der Liebe‹ falle durch kraftstrotzende Gesundheit auf gegenüber der zarten Mutter. Es ist nun von hohem Interesse, auch diesen Zug des merkwürdigen Bildes zu erklären.

Sollte der Künstler in diesem lebenssprühenden Kinde sich selbst neben der Mutter dargestellt haben? Dagegen scheint die Tatsache zu sprechen, daß Segantini so schwach zur Welt kam, daß er die Nottaufe erhalten mußte. Und doch berechtigt uns ein anderer Umstand, unsere Annahme aufrechtzuerhalten. Es heißt in der Autobiographie[9]: »... ich verursachte durch meine Geburt meiner Mutter eine Schwäche, durch die sie fünf Jahre später dahingerafft wurde. Um sich

[9] [Zitiert nach Servaes (loc. cit., S. 7); auch Segantini (1909, S. 3).]

von dieser Schwäche zu erholen, begab sie sich im vierten Jahre nach Trient, aber die Kuren schlugen nicht an.« Die junge Frau erholte sich also nicht wieder und siechte dahin, während das Kind, das ihr die Kraft entzogen hatte, sich entwickelte und sie überlebte!

Die zitierten Worte verdienen aber noch aus einem anderen Grunde Beachtung. Der Gedanke, den Tod einer geliebten Person verschuldet zu haben, begegnet uns bei den Neurotikern mit großer Häufigkeit.

Wie schon erwähnt, ist die kindliche Libido des Neurotikers durch starke Regungen des Hasses ausgezeichnet. Sie äußern sich in Phantasien vom Tode der geliebten Person, oder, wenn letztere wirklich stirbt, in Gefühlen der Genugtuung, ja in einer grausamen Lust. Entfaltet später die Verdrängung ihre Macht, so treten Gefühle der Verschuldung auf, deren der Neurotiker sich nicht zu erwehren vermag, obwohl er in seiner bewußten Erinnerung keinen Grund zu solchen Selbstvorwürfen findet. Er wirft sich vor, am Tode des Vaters oder der Mutter schuld zu sein, wenngleich das Vergehen seiner Kindheit nur in unerlaubten Phantasien und Affekten bestanden hat. Hieran schließen sich Versuche, das begangene Unrecht nachträglich gutzumachen; besonders in der Zwangsneurose nehmen sie einen breiten Raum ein. Das Andenken der geliebten Person wird nun mit überschwenglicher Liebe gepflegt, mit einem Glorienschein umgeben. Oder es wird der Versuch gemacht, die Tatsache des Todes aus dem Bewußtsein zu verdrängen, den Toten in der Phantasie wieder zum Leben zu erwecken.

Daß auch für Segantini der Kultus der Mutter ein Gegengewicht darstellte, durch das er feindliche oder grausame Regungen seiner Kindheit kompensierte, dafür spricht mit eindringlicher Deutigkeit ein Ereignis aus seiner Kindheit, von dem er selbst erzählt.[10]

»Das erste Mal, als ich einen Bleistift zur Hand nahm, um zu zeichnen, war es, weil ich eine Frau zu ihren Nachbarinnen schluchzend sagen hörte: ›Ach, wenn ich doch wenigstens ihr Bild hätte, sie war so schön!‹ Bei diesen Worten erblickte ich bewegt das schöne Gesicht einer jungen, verzweifelten Mutter. Eine der anwesenden Frauen zeigte auf mich und sprach: ›Laßt das Bild von diesem Knaben machen, er ist sehr geschickt.‹ Die schönen, tränenvollen Augen der jungen Mut-

[10] In einem Brief an die Dichterin Neera; Sammlung von Bianca Segantini [1909], S. 84f.

ter wandten sich zu mir. Sie sprach nichts, ging in die Kammer, und ich folgte ihr. In einer Wiege lag die kleine Leiche eines Mädchens, das nicht viel über ein Jahr zählen konnte; die Mutter gab mir Papier und Bleistift, und ich begann. Ich arbeitete mehrere Stunden, die Mutter wollte, daß ich das Kind lebend darstelle. Ich weiß nicht, ob die Arbeit künstlerisch ausfiel, aber ich erinnere mich, die Frau einen Augenblick so glücklich gesehen zu haben, daß sie ihren Schmerz zu vergessen schien. Doch der Bleistift blieb im Hause der armen Mutter, und ich nahm das Zeichnen erst viele Jahre später wieder auf. Dennoch war das vielleicht der Keim, aus dem sich der Gedanke entwickelte, daß ich durch dieses Mittel Gefühlen Ausdruck verleihen könne.«

Es wäre nun gar einfach, die erste zeichnerische Leistung des Knaben von einer edelmütigen, mitleidigen Regung herzuleiten, zumal da man weiß, daß Segantini als Erwachsener solchen Regungen in hervorragendem Maße zugänglich war. Man übersähe aber dann das eigentlich Bemerkenswerte an dem Vorgang.

Segantini war zu jener Zeit höchstens zwölf Jahre alt; da erscheint es mir erstaunlich, daß der Knabe stundenlang allein bei einer Leiche verweilte, ohne Angst und Grauen zu empfinden. Die seelischen Reaktionen der Angst, des Grauens, des Mitgefühls entstehen erst im Laufe der Kindheit allmählich durch Sublimierung der Grausamkeitskomponente. War diese von außergewöhnlicher Stärke, so erfolgt ein Umschlag zu besonders ausgeprägtem Mitgefühl für die Leiden anderer und zu angstvollem Grauen vor dem Tode. Diese beiden Züge waren bei Segantini im späteren Leben in seltenem Grade ausgesprochen. Zu der Zeit, als er das tote Kind zeichnete, war der Sublimierungsprozeß nach dieser Richtung noch auffallend wenig vorgeschritten, woraus sich die Folgerung ergibt, daß sich *eine sehr starke Grausamkeitskomponente über das zwölfte Lebensjahr hinaus der völligen Sublimierung mit Erfolg widersetzte.*

In der geschilderten Szene ist es die Grausamkeitskomponente, die im Betrachten der Leiche des Kindes und im Anblick des Schmerzes der Mutter Befriedigung findet. Den Mitleidsregungen aber geschieht Genüge, indem er das Bild der schönen jungen Mutter zuliebe zeichnet, um ihren Schmerz zu lindern.

Zweimal erwähnt Segantini in der Erzählung jenes Vorganges die *Schönheit* der jungen Frau, ganz ähnlich wie in der Schilderung seiner eigenen Mutter. Die da vor ihm steht, nimmt in seiner Phantasie sogleich durch »Übertragung«[11] die Stelle seiner eigenen Mutter ein und erweckt in ihm die Künstlerschaft! *Einer Mutter zuliebe wird er Künstler.* Ahnen wir nunmehr schon, daß unser Künstler – dem Neurotiker gleich – an der fremden Mutter gutzumachen versucht, was er gegenüber der eigenen durch Todeswünsche verfehlt hat, so wird es uns aus einer anderen Stelle der Erzählung zur Gewißheit. Das stundenlange Verweilen bei der Leiche motiviert Segantini damit, daß er nach dem Wunsche der trauernden Frau *das tote Kind lebend darstellen sollte.* Es gab also eine Kunst, mit der man die Toten gleichsam zum Leben zurückrufen konnte! Später hat er zu vielen Malen mit Hilfe seiner Kunst das Andenken der Mutter zum Leben erweckt. Darin lag, wie nun verständlich wird, ein Akt der Buße, den der Erwachsene sich für die Sünden seiner Kindheit auferlegt. Dieses Verhalten erinnert außerordentlich an das der Zwangsneurotiker, die – freilich in anderer Form – sich vielfach Bußhandlungen auferlegen.

Nach diesem ersten tastenden Versuch vergingen Jahre, in denen Segantini, unter dem Druck trostloser Verhältnisse, dem Zeichnen entsagen mußte. Endlich gelang es ihm, Zutritt zur Akademie der Brera in Mailand zu erhalten. Die ersten Bilder, die er jetzt aus eigener Phantasie vollendete, knüpfen an den frühesten kindlichen Zeichenversuch so unmittelbar an, als wäre seitdem kaum ein einziger Tag vergangen. Was er zur Darstellung brachte, war entweder der Tod oder die Mütterlichkeit!

Die Bilder vom Tode sollen später ihre gesonderte Besprechung finden. Hier sei zunächst desjenigen Bildes gedacht, welches Segantini als Akademieschüler zuerst vollendete und ausstellte. Es war ein *Niobekopf.* Er soll den *Schmerz der Mutter* um den Tod ihrer Kinder ergreifend dargestellt haben, so daß das Bild Aufsehen machte.

Segantini stand um diese Zeit im Alter der körperlichen und geistigen Entwicklung. Wir wissen, daß dieses Alter im Menschen alles das wieder in Aufruhr bringt, was in der zweiten Periode der Kindheit durch Verdrängung und Sublimierung zur Ruhe gekommen war. Für den heranwachsenden Menschen heißt es nun endgültig Stellung nehmen zu den Personen, auf die er seine ersten Liebesneigungen gerichtet hat. Er muß sich entscheiden, ob er jenen mit den ursprünglichen Gefühlen anhangen will oder ob er sich von ihnen ablöst, um seine

[11] Aus der Neurosen-Psychologie ist uns der Vorgang geläufig, daß die auf das ursprünglichste Sexualobjekt bezüglichen Gefühle auf eine neue Person übergehen können, indem diese letztere in der Phantasie mit ihrer Vorgängerin identifiziert wird.

Gefühle auf neue Objekte übertragen zu können. Und weiter kommt es in jener Zeit zur Entscheidung, in welchem Grade er seine Triebe verdrängen und verwandeln wird.

Bei Segantini zeigte sich die Übertragung seiner Liebesgefühle auf die Mutter – die doch längst nicht mehr am Leben war – nun erst in ihrer vollen Stärke! Eine derartige Fixierung der Libido mußte zu einer gewaltigen Sexualverdrängung führen, deren Wirken wir denn auch in Segantinis Leben und Werken überall erkennen.

Aus den Berichten über diese Zeit seines Lebens erfahren wir nichts von Liebesbeziehungen, wie die landläufige Meinung sie gerade bei einem jungen Künstler erwartet. Im Gegenteil: er war dem weiblichen Geschlechte gegenüber zurückhaltend und schüchtern. Von seinen Altersgenossen unterschied er sich durch großes Feingefühl, durch Vermeiden jedes anstößigen Wortes im Gespräch.

Wir ersehen daraus, daß Segantinis Triebleben gebunden war, und können diese Tatsache nicht anders erklären als durch die Fixierung seiner Libido an seine Mutter.

Erst als er etwa zweiundzwanzig Jahre alt war, erlebte er das, was man als die »erste Liebe« zu bezeichnen pflegt. Von der frühesten Kindheit bis zu diesem Alter hatte ihn die wirkliche *erste* Liebe – zur Mutter – gänzlich beherrscht. Auch jetzt zeigte sich noch ihre Macht. Wir finden bei Segantini eine ungewöhnliche Einschränkung in bezug auf die sexuelle Objektwahl. Es gelang ihm nicht, wie es bei anderen jungen Leuten gewöhnlich ist, Beziehungen anzuknüpfen und wieder zu lösen, sondern die einmal getroffene Wahl war für ihn die endgültige. Dieser *monogamische* Zug, den wir auch beim Neurotiker kennen[12], äußert sich bei Segantini in bemerkenswerter Weise.

In seinem dreiundzwanzigsten Lebensjahre (1881) malte Segantini das *erste Bild erotischen Inhalts*, das – wenn wir von einigen Szenen aus dem Hirtenleben absehen, die in den folgenden Jahren entstanden – das einzige seiner Art blieb! Segantini ließ durch seinen Freund Carlo Bugatti dessen Schwester Beatrice bitten, sich von ihm malen zu lassen. Er malte sie im Kostüm einer mittelalterlichen Edeldame; auf ihrer linken Hand sitzt ein Falke, den sie mit der rechten füttert. ›La Falconiera‹ heißt das Bild. Servas hebt mit Recht hervor, daß es die Verliebtheit des Malenden auf den ersten Blick verrät. Und wirklich

[12] Vgl. hierzu meinen Aufsatz: ›Die Stellung der Verwandtenehe in der Psychologie der Neurosen‹ [Bibl. Nr. 13; s. S. 14ff. in Band I der vorliegenden Ausgabe].

verliebte sich Segantini, und kurz danach heiratete er sein schönes Modell.
Seine Liebe zu Beatrice – Bice hieß sie im Familienkreise – war inbrünstig und unwandelbar wie die Liebe zur Mutter. Seine Ehe entsprach nicht im geringsten dem Begriff, den man sich von einer Künstlerehe gebildet hat. Damit soll mehr gesagt sein, als daß Segantini ein guter Hausvater war. Er hing bis zu seinem Tode mit leidenschaftlicher Verliebtheit an seiner Gefährtin. Davon legen die Briefe Zeugnis ab, die er ihr schrieb, wenn sie gelegentlich voneinander getrennt waren. Sie muten an wie die Liebesergüsse eines Jünglings. Im Gefühlston erinnern sie an die Stellen der Autobiographie, die von der Mutter des Künstlers handeln.
Wir stehen bei Segantini vor der nicht gewöhnlichen Erscheinung, daß sein gesamtes Liebesleben sich in seiner früh geschlossenen Ehe abspielte. Es ist aber klar, daß die übermächtigen Triebe des Künstlers eine solche Einschränkung nur dann ertragen konnten, wenn sie in sublimierter Form einer ganz *unbeschränkten* Zahl von Wesen zuströmen durften. Streng monogamisch in seinem Liebesleben, mußte Segantini seine vergeistigte Liebe der gesamten Menschheit, der gesamten Natur zuwenden.
Wir müssen hier einhalten. Wir stehen im Begriff, das Wirken dieser Mächte in der Kunst und im Leben des herangereiften Mannes der Analyse zu unterwerfen. Allein wir dürfen seine Jugendzeit nicht verlassen, solange wir nur die Bedeutung der Mutter, nicht jedoch die des Vaters gewürdigt haben.

II

In der Autobiographie des Künstlers lesen wir sehr wenig über seinen *Vater*. Wir erfahren, daß dieser nach dem frühen Tode von Giovannis Mutter mit dem fünfjährigen Knaben seinen Wohnort Arco verließ. Er begab sich nach Mailand zu seinen erwachsenen Kindern, die einer früheren Ehe entstammten. Als er in Mailand nicht vorwärts kam, ging er kurz entschlossen mit einem der Söhne aus erster Ehe nach Amerika und ließ Giovanni bei seiner Stiefschwester zurück. Der Künstler hat von diesem Zeitpunkt ab nie wieder etwas von seinem Vater vernommen.
Es muß auffallen, wie Segantini, der seine beiden Eltern doch kurz nacheinander verlor, von seiner Mutter ausführlich und mit hingeben-

der Liebe berichtet, von seinem Vater aber nicht viel mehr mitteilt als die oben wiedergegebenen nüchternen Daten. Und während er seine höchste Kunst aufbietet, um die Idee der Mütterlichkeit zu verherrlichen, während er in jedem seiner Werke von neuem der Mutter ein Denkmal setzt, sucht man vergeblich nach einem positiven Ausdruck derjenigen Gefühle, die ihn mit seinem Vater verbanden. Begegnet man auf einem Bilde einmal außer der Figur einer Mutter auch derjenigen eines Vaters, dann ist der letztere niemals allein in den Mittelpunkt des Bildes gerückt.

Es entsteht somit der Anschein, als sei der Vater ohne Einfluß auf des Sohnes Entwicklung und Werke geblieben, als habe dieser dem Vater gleichgültig gegenübergestanden. Aber Segantinis Schweigen ist beredt; es beruht, wie sich sogleich zeigen wird, auf der Unterdrückung der heftigsten, gegen den Vater gerichteten Feindschaft.

Es liegt in der bisexuellen Anlage des Menschen, daß die erotischen Gefühle des Knaben beiden Eltern zustreben. Frühzeitig aber macht sich eine *Bevorzugung der Mutter* bemerkbar. Regungen der *Eifersucht* und *Feindschaft gegenüber dem Vater* sind die unmittelbare Folge. Als die Mutter starb, fiel der Grund der Eifersucht fort. Die ganze Liebe des Knaben hätte sich jetzt naturgemäß dem Vater zuwenden müssen. Allein gerade in diesem Augenblick tat der Vater das, was in dem Kinde alle Liebe zu ihm ertöten, die feindseligen Gefühle aber steigern mußte: er brachte den phantasiebegabten Knaben, dessen seelische Bedürfnisse er nicht bemerkte, aus dem Paradies am Gardasee in die Öde und das Elend der Großstadt, übergab ihn der Stiefschwester, die ihm nicht Zeit noch Liebe schenken konnte, und ließ ihn dann im Stich.

So wurden die Gefühle der Zuneigung zum Vater im Keime erstickt; wir vermissen daher bei dem jungen Segantini auch diejenigen Ersatzbildungen, die unter normalen Verhältnissen durch Sublimierung der Liebe zum Vater entstehen.

In der Pubertät findet normalerweise eine mehr oder weniger weitgehende Ablösung von der väterlichen Autorität statt; aber auch hernach ist deren Wirkung in den Äußerungen kindlicher Pietät und Liebe kenntlich. Die Sublimierung einer nachhaltigen, positiven Übertragung auf den Vater macht sich in der gesamten Lebensführung geltend: als Bedürfnis nach Anlehnung an einen Stärkeren, als Neigung zur Unterordnung des eigenen Willens, als unselbständiges Festhalten am Hergebrachten. Es kommt vor, daß der Sohn auch nach der Pubertät im

völlig unveränderten Verhältnis kindlicher Abhängigkeit den Eltern gegenüber steht. Dann pflegt die konservative Tendenz besonders groß, die vorwärtsdrängende Aktivität besonders gering zu sein.
Segantini steht in schroffem Gegensatz zu diesem letzten Typus; er bildet sozusagen das andere Extrem. Der Geist der Unterordnung, der konservative Zug fehlt ihm gänzlich. Er schreibt einmal: »Jegliche Entwicklung, sei sie nun sozial oder religiös oder sonstwie, hat als erstes Ziel die Verneinung des Alten, den Nihilismus, die Zerstörung.« Segantini spricht damit geradezu revolutionäre Tendenzen aus. Er nimmt Rache an der väterlichen Macht, gegen die er sich in frühester Kindheit aufgelehnt haben muß; Rache vor allem dafür, daß der Vater ihn nach dem Tode der Mutter im Elend allein gelassen hatte. Aber Segantini begnügt sich nicht mit dem Negieren des Bestehenden; durch Niederreißen des Alten will er dem vollkommeneren Neuen Bahn brechen. Er hat das nicht nur theoretisch gefordert, sondern er hat im Sinne dieser Anschauung gehandelt, lange ehe er sie in Worten verkündete.
Wir können also bei Segantini eine *rein negative Bedeutung des Vaters feststellen.* Und wie seine Liebe zur Mutter in sublimierter Form zur gesamten Natur überströmt, so geht auch sein Haß, der ursprünglich dem Vater galt, auf alles über, was seinen Willen hemmt. Freilich sind die aggressiven Impulse, die sich gegen das Leben des Gegners richten, durch Sublimierung gemildert. Sie liefern Segantini die Energie, mit der er sich allen Gewalten gegenüber behauptet und durchsetzt. Segantinis Leben ist von seiner Kindheit an ein lebendiger Protest gegen jede Autorität, die sich anmaßte, seiner Individualität nahezutreten.
So sehr nun diese Energie sich gegen die väterliche Macht wendet, darf man doch nicht übersehen, daß Segantini sich gerade in ihr mit seinem Vater identifiziert. Denn für den Knaben ist der Vater das natürliche Vorbild durch seine überlegene Körpergröße und Kraft, durch Energie und Wissen. Die Rivalität mit dem Vater muß in besonderem Maße den Wunsch hervorrufen, ihm in allen jenen Eigenschaften gleichzukommen. Sie gibt einen wichtigen Anstoß zu den *Größenphantasien* des Kindes.
Die Auflehnung gegen die väterliche Gewalt und das Verlangen, selbständig, unabhängig, groß zu werden, finden sich bei dem jungen Segantini in ungewöhnlicher Ausprägung. Diese Züge seines Charakters lassen uns seine Entwicklung als Mensch und seine Laufbahn als Künstler verstehen.

Erschütternd liest es sich in der Lebensbeschreibung des Künstlers, wie er, sechs Jahre alt, seine Tage in einem engen, kahlen Zimmer, einsam, vom Morgen bis zum Abend eingesperrt, verbringen muß. Eine Zeitlang erträgt er dieses Schicksal, solange eben die eintönige Umgebung seiner Neugier noch Reize und seiner Phantasie Anregung bietet. Dann heißt es: »Eines Morgens, als ich stumpfsinnig zum Fenster hinaussah, ohne an irgendwas zu denken, drang das Gegacker einiger Nachbarsweiber an mein Ohr: sie schwatzten von einem, der als junger Mensch zu Fuß von Mailand weggegangen und nach Frankreich gekommen war, wo er große Taten vollbrachte... Für mich war dies wie eine Offenbarung. Man konnte also diesen Treppenflur verlassen und konnte weit hinauswandern... Ich kannte die Straße – mein Vater hatte sie mir gezeigt, als wir auf dem Schloßplatze spazierengingen. ›Dort‹, hatte er mir gesagt, ›durch diesen Bogen sind die siegreichen französischen und piemontesischen Truppen eingezogen. Den Triumphbogen und die Straße ließ Napoleon I. anlegen; die Straße sollte mitten durch die Berge direkt nach Frankreich hinführen.‹ Und die Idee, auf dieser Straße nach Frankreich zu gelangen, wollte mich nicht mehr verlassen.«[13]

Die Worte der Frauen erinnern den Knaben an eine eindrucksvolle Erzählung des Vaters, in der ebenfalls von Frankreich und den großen Taten eines Mannes die Rede war. Schon sind die kindlichen Größenwünsche erweckt; seine impulsive Energie aber verlangt sofortiges Handeln. Der Sechsjährige läuft davon, versieht sich mit einem Stück Brot, geht durch den Triumphbogen und schlägt die Straße des großen Napoleon ein.

Nicht gar lange voher war auch sein Vater, ohne viel Worte zu machen, eines Tages aus Mailand davongegangen. Der Kleine tut es ihm nach. Aber er begnügt sich nicht mit der Phantasie aller Knaben, es dem Vater gleichzutun – er will wie jener Mann werden, dessen Größe sogar dem Vater Bewunderung abnötigte.[14]

Die weitere Kindheitsgeschichte des Künstlers, wie er sie selbst erzählt, ist reich an merkwürdigen Wechselfällen – so reich, daß Zweifel aufkommen, ob denn alles das sich wirklich so zugetragen habe. Sollte hier nicht die überreiche Phantasie des Kindes und des Erwachsenen

[13] [Zitiert nach Servaes, loc. cit., S. 15.]

[14] Menschen, deren aggressive Triebregungen durch starke Verdrängung gehemmt sind, identifizieren sich in ihrer Phantasie auch heute noch gern mit Napoleon. Hier liegt die wichtigste unbewußte Quelle des Napoleonkultus.

manches, wenn nicht erfunden, so doch umgestaltet haben, was die Kritik des gleichen Menschen hernach nicht mehr von wirklich Erlebtem sondern konnte?

Die Berechtigung zu einer solchen Vermutung ergibt sich aus der Kenntnis gewisser Phantasien, die in überraschend gleichförmiger Weise von so vielen Individuen produziert werden, daß wir in ihnen etwas Typisches, allgemein Menschliches erkennen. Die nämlichen Ideen finden sich in den Massenphantasien, d. h. in den Mythen der verschiedensten Völker und Zeiten. Ich habe früher in meiner Studie *Traum und Mythus*[15] den Nachweis erbracht, daß die Mythen in Form und Inhalt mit den Kindheitsphantasien des einzelnen Menschen weitgehendste Übereinstimmung aufweisen. Rank (1909) hat dann in einer speziellen Untersuchung den *»Mythus von der Geburt des Helden«* behandelt. Jedes Volk stattet in seinen Sagen die Geburt und die Kindheit seines Helden mit wunderbaren Vorkommnissen aus, die ganz mit den Phantasien des einzelnen von seiner Kindheit übereinstimmen. Segantinis Kindheitsgeschichte, wie er sie selbst darstellt, erinnert nun in frappanter Weise an diese Heldensagen.

Die Sagen von Moses, Sargon, Cyrus, Romulus und Remus usw. stimmen alle darin überein, daß der Sohn vornehmer Eltern aus irgendeinem Grunde beseitigt werden soll. Er wird aber auf eine wunderbare Weise gerettet, etwa aus dem Wasser gezogen oder von fremden Menschen niederen Standes zufällig aufgefunden, wird als deren Sohn auferzogen und muß niedere Arbeit verichten. Schon in der Jugend, etwa im Spiel mit seinen Altersgenossen, verrät er besondere Eigenschaften, die ihn von seiner Umgebung unterscheiden und ihn zu Höherem berufen erscheinen lassen. Herangewachsen, erfährt er das Geheimnis seiner Herkunft, nimmt Rache an seinen Unterdrückern, verrichtet Heldentaten und gelangt schließlich zu den ihm gebührenden Ehren.

Hören wir nun Segantinis Bericht von seiner Kindheit weiter!

Der Knabe lief vorwärts auf der Landstraße, bis er bei Einbruch der Nacht vor Müdigkeit am Straßenrande niedersank und einschlief. Er merkte nicht, wie ein Regenschauer ihn durchnäßte. Er erwachte, als Landleute, die des Weges kamen, ihn aufrüttelten. Sie nahmen sich seiner an, hoben ihn auf ihren Wagen und fuhren ihn mit sich nach Hause. Auf der Fahrt schlief er wieder ein und erwachte erst im Hause

[15] *Traum und Mythus. Eine Studie zur Völkerpsychologie.* Bibl. Nr. 14 [s. S. 163ff. im vorliegenden Band].

seiner Retter. Als man ihn getrocknet und gewärmt hatte, begann man ihn nach seiner Geschichte auszufragen. Hier heißt es in der Autobiographie[16]: »Ich erinnere mich, wie ich eine lange Geschichte mit vielen Einzelheiten ausspann, von einem Unfall, der mir einmal begegnet ist und der sich mir ganz besonders eingeprägt hat. Eines Tages nämlich – ich mochte drei oder vier Jahre zählen – überschritt ich ein schmales Holzbrücklein, das vom Hauptwege zu einer Färberei hinüberführte – es war über einen eingedämmten Gebirgsstrom, der mit seiner Kraft viele Mühlen aller Art treibt.« Auf der Brücke, so erzählt Segantini weiter, war ihm ein größerer Knabe begegnet, der den Kleinen durch eine unvorsichtige Bewegung hinabstieß. Ein Soldat war ihm nachgesprungen und hatte ihn aus dem Wasser errettet, als er schon einer Mühle zutrieb.

Dann folgt der Schluß der Erzählung: Als die Bauersleute von dem kleinen Segantini hörten, daß er keinesfalls zu seiner Schwester zurückkehren wollte, sagten sie: »Wir werden dich bei uns behalten, armes Waisenkind; du hast Sonne nötig. Aber wir sind nicht reich; und drum, wenn du hierbleiben und dich eingewöhnen willst, mußt du dich irgendwie nützlich machen!« .... »Tags darauf schnitt mir die Frau meine langen Haare ab, die mir reich und lockig auf die Schultern niederhingen.« Eine andere Frau, die dabeistand, äußerte: *»›Von der Seite gesehen, gleicht er einem Sohne des Königs von Frankreich.‹ ...*

An jenem Tage wurde ich Schweinehirt: ich zählte vielleicht noch keine sieben Jahre!«[17]

Nur ein paar Wochen durfte der Knabe in seiner neuen Umgebung bleiben, in der ihm weit mehr Fürsorge zuteil wurde als bei seiner Schwester in Mailand. Gerade diese kurze Episode schildert Segantini mit großer Genauigkeit und mit liebevollem Eingehen auf die Details. Wir finden in dieser Erzählung alle wichtigen Züge aus dem Mythus von der Geburt des Helden wieder! Da ist die Trennung vom Elternhause – die freilich hier in anderer Weise vor sich geht als in den Sagen; es folgt die wunderbare *Rettung durch mitleidige Bauersleute,* die den Knaben bei sich erziehen wollen. In die Erzählung von dieser Rettung schaltet Segantini eine zweite Rettungsgeschichte ein: er ist als dreijähriges Kind *aus dem Wasser gezogen* worden! Bei seinen

[16] [Zitiert nach Servaes, loc. cit., S. 18 f.; auch Segantini (1909, S. 15).]

[17] [Nach Servaes, loc. cit., S. 20; auch Segantini (1909, S. 16). Hervorhebung von Abraham.]

Pflegeeltern muß er die niedere Arbeit des *Schweinehütens* verrichten, wie so viele Helden der Sage. Er, dessen Äußeres an einen königlichen Prinzen erinnert!
Es ist nicht möglich, in dieser Kindheitsgeschichte des Künstlers zwischen Dichtung und Wahrheit eine scharfe Grenze zu ziehen. Wer aber weiß, in welchem Grade die Erlebnisse der Kindheit der umgestaltenden Macht der Phantasie unterliegen, der wird die Spuren dieser Arbeit nicht verkennen. Ich verweise nur auf eine Stelle. Segantini erinnert sich, mit sechs Jahren die Bemerkung gehört zu haben, er gleiche einem Sohne des Königs von Frankreich. Es ist an sich nicht gerade wahrscheinlich, daß er den Wortlaut einer damals gefallenen Äußerung im Gedächtnis behalten habe. Der Inhalt aber ist identisch mit demjenigen der typischen *Abkunftsphantasien* des Knaben. Der Vater, als Vorbild aller Macht und Größe, wird von der Phantasie des Kindes gern zum König oder Kaiser erhoben; das wiederholt sich in den Träumen der Erwachsenen, in denen der Vater nicht selten als König auftritt. Feindselige Regungen gegen den Vater äußern sich beim Knaben darin, daß er in seiner Phantasie den Vater entthront, sich selbst zum Sohne eines imaginären Königs erhebt und seinem tatsächlichen Vater nur die Rolle eines Pflegevaters zuerteilt. Ein Prinz zu sein, gehört zu den gebräuchlichsten Größenphantasien des Kindesalters. Es ist sehr wahrscheinlich, daß der kleine Segantini diese Phantasien mit der Kunde vom König von Frankreich zu einer Vorstellung verwoben hat, die dann vermöge ihres Wunschcharakters in seinem Gedächtnis die Geltung eines wirklichen Erlebnisses erlangte.
Die ganze ergreifende Kindheitsgeschichte Segantinis gleicht einem individuellen Mythus. Menschen mit stark ausgeprägtem Ehrgeiz pflegen ihre Kindheit mit solchen Mythenbildungen zu umgeben. Daß diese sich in unserem Falle so weitgehend mit den Sagen von der Geburt des Helden decken, läßt erkennen, wie Segantini aus der Tiefe der menschlichen Seele schöpft.[18]
Wie schon angedeutet, mußte Segantini nach kurzer Zeit sein Asyl verlassen und zu seiner Schwester zurückkehren. Aus den folgenden Jahren liegen spärliche Nachrichten vor. Wir wissen nur, daß Segantini bei seinen Stiefgeschwistern herumgestoßen wurde. Eine Weile war er bei einem Stiefbruder untergebracht, der im Val Sugana einen

[18] Wir dürfen nicht annehmen, daß Segantini in seiner phantastischen Produktion durch die Kenntnis der Heldensagen beeinflußt worden sei; seine Bildung dürfte hiezu nicht ausgereicht haben.

Wursthandel betrieb, dann wieder bei der Schwester, die inzwischen einen Schankwirt geheiratet hatte. In solcher Umgebung mußte der Knabe leben; mit seiner Phantasie freilich weilte er in fernen Welten, und ein paarmal lief er auch wirklich davon, in der festen Zuversicht, daß ihm das Glück begegnen werde wie im Märchen. Als schließlich sich niemand zutraute, mit solch einem Ausreißer und Taugenichts fertigzuwerden, entledigte man sich seiner und tat ihn in eine Korrigendenanstalt in Mailand. Dort wurde er mit Schuhflicken beschäftigt.

Auch die Disziplin dieser Anstalt vermochte den Willen des erst Zwölfjährigen nicht zu brechen. Und wie gegen jede andere, so sträubte er sich auch gegen die geistliche Autorität. Als er zum erstenmal zur Kommunion gehen sollte, weigerte er sich hartnäckig. Die darob über ihn verhängte Arreststrafe verbüßte er und – lief dann fort. Er wurde aufgegriffen und wieder eingeliefert und blieb nun in der Anstalt, bis er fünfzehn Jahre alt war. Seine Vorgesetzten mußten sich bequemen, ihre Erziehungsmethode seinem Wesen anzupassen. Dadurch kamen sie besser mit ihm aus. Schließlich setzte er seinen lang gehegten Wunsch durch, daß er zu einem Malermeister in die Lehre gegeben wurde.

Der fünfzehnjährige Lehrling stand nun einem neuen Machthaber gegenüber, der als ein braver, aber auf seine geringe Kunst allzu eingebildeter Mann geschildert wird. Der brachte es ebensowenig wie seine Vorgänger fertig, dem selbstbewußten Zögling seine Meinungen aufzuzwingen.

So war hier für Segantini des Bleibens nicht allzu lange. Mit energischem Entschluß trennte er sich von seinem Meister, trat in die Kunstschule der Brera ein und versuchte, sich mit Mühe und Not seinen Unterhalt zu erwerben. Auf allerhand Art verschaffte er sich einen kärglichen Verdienst, der oft nicht reichte, seinen Hunger zu stillen.

Durch seine überlegene Begabung und seine ausgeprägte Persönlichkeit aber erwarb er sich rasch Ansehen bei seinen Kollegen. Denjenigen unter den Kunstschülern, die sich gegen Tradition und Schule auflehnten, wurde er bald zum Führer. Als solcher erregte er das Mißfallen der Lehrer. Nach einem ersten Erfolg des jungen Revolutionärs auf der Mailänder Ausstellung wies man das folgende Mal dem von ihm ausgestellten Bilde einen ganz ungünstigen Platz an. Da brach Segantinis ganze Impulsivität durch. Es kam zu einer Szene, von der Servaes (S. 34) berichtet: »Er ging hin, riß seine Arbeit herunter und zerstückelte sie. Und nicht genug damit; als er auf der Straße dem

Professor begegnete, in dem er den Veranlasser des ihm widerfahrenen Unrechts witterte, stellte er ihn heftig darüber zur Rede, und so schwer fiel es ihm, sein Temperament zu bemeistern, daß er sich an einen Laternenpfahl anklammerte und diesen so lange mit Heftigkeit rüttelte, bis die Scheiben oben zerklirrten.«

Nun konnte Segantini auch hier nicht länger bleiben, und der Zwanzigjährige, der keine Macht über sich duldete, tat den kühnen Schritt zur Selbständigkeit. Beständig mit der äußersten materiellen Not kämpfend, verfolgte er seinen Weg mit unbeugsamer Energie. Er hat das Schicksal seiner Jugend mit beredten Worten zusammengefaßt[19]: » Mit meinem Körper, in den das Schicksal meine Seele legte, hatte ich viel zu kämpfen. Er war verlassen und Waise mit sechs Jahren, so allein ohne Liebe, fern von allen wie ein toller Hund. In solchen Verhältnissen konnte ich nur verwildern, und gegenüber den bestehenden Gesetzen war ich stets von Unruhe und Aufruhr erfüllt.«

Vielleicht den stärksten Ausdruck seines Widerwillens gegen jede Unterordnung hat der junge Segantini bald danach durch eine Handlung gegeben, die Servaes schonend mit Stillschweigen übergangen hat. Segantini, der österreichischer Staatsangehöriger war, entzog sich dem Militärdienst. Daß ihn die möglichen Folgen an diesem Schritt nicht zu hindern vermochten, zeigt, wie sehr ihn der Drang nach Unabhängigkeit beherrschte. Seine Strafe war, daß er den Boden seiner Heimat auf lange Zeit hinaus nicht betreten durfte. Er hat schwer unter dieser Strafe gelitten. Als er starb, stand er nahe vor der Erfüllung seines Herzenswunsches, die geliebte Heimat wiederzusehen.

Jene Handlung scheint unvereinbar mit dem Charakter eines ethisch so stark empfindenden Menschen wie Segantini. Sie wird uns aus der Analyse seines Unbewußten verständlich. Im heimatlichen Boden liebte er seine Mutter; aber in der Staatsgewalt seines Landes haßte er den Vater.

III

Mutter, Heimat und *Natur* bilden in Segantinis Gedankenwelt und nicht minder in seinem Gefühlsleben eine unlösbare Einheit. Vermöge ihrer inneren Verwandtschaft verschmelzen sie, wie wir es auszudrükken pflegen, zu einem »gefühlsbetonten Komplex«.

[19] Seite 72 der Sammlung von Bianca Segantini [1909].

Die ungewöhnliche Macht dieses Komplexes erklärt sich aus Segantinis Kindheitsgeschichte. Als er seine Mutter verlor, mußte er auch die Heimat und die Natur verlassen. Mit einem Schlage wurde er all seiner höchsten Güter beraubt; in seiner Erinnerung blieben sie daher untrennbar verbunden.

Der Vater nahm ihn fort aus der Umgebung, die er liebte; die große Stadt, in der er einsam blieb, vermochte dem Gemüt des Knaben nichts zu geben. Da verschloß er sich gegen den Vater und gegen die Stadt. Weil sie ihn Liebe entbehren ließen, wandte er seine Gefühle für immer von beiden ab. Der Überschwang seiner Liebe zu Mutter, Heimat und Natur mußte durch diesen Kontrast noch eine besondere Verstärkung erfahren.

In der elendesten Zeit, die er als Jüngling durchleben mußte, benützte Segantini jeden freien Augenblick, um aus der Stadt hinaus in die Natur zu flüchten, die er nach dem Zeugnis seiner Freunde mit schwärmerischer Hingebung liebte. Als es ihm dann gelungen war, in seiner Bice einen Ersatz der Mutter zu finden, da duldete es ihn nicht länger in Mailand. Es zog ihn zurück zur Natur; er mußte sich auch für die früh verlorene Heimat einen Ersatz suchen. So ging er mit seiner jungen Frau nach Pusiano in der Brianza, der Gegend zwischen den beiden südlichen Armen des Comer Sees. Dort wurde er zum Maler seiner einfachen ländlichen Umgebung.

Segantini war um jene Zeit vom Höhepunkt seiner Kunst noch weit entfernt. Es war, wie Servaes zutreffend bemerkt, ein begrenztes Gebiet, in dem sich seine Kunst bewegte. Er malte Bilder aus dem Dorfleben, die nicht frei von genrehaftem Anstrich waren: einzelne darunter verrieten auch, daß er sich vom Einfluß der Schule doch nicht gänzlich emanzipiert hatte. Seinen späteren Werken näherte er sich damals am meisten, wenn er die Gemeinschaft von Mensch und Tier darstellte. Alle diese Szenen enthielten wenig Bewegung; da sind träumende Hirten, ein Hirtenmädchen, das still sein Ave Maria betet, eine Mutter, die sich trauernd über eine leere Wiege beugt. Und alle diese Bilder waren in dunklen Tönen gehalten. Segantini malte um jene Zeit das matte Licht der Innenräume, das Zwielicht der Mondnacht, den finsteren Gewitterhimmel und mit besonderer Vorliebe die matte Beleuchtung des Sonnenunterganges.

Häufig ist den Werken aus jener Zeit ein bestimmter Gefühlston eigen. Der Mensch nimmt sich mit Güte und Mitgefühl der Tiere an. Voll mütterlicher Zärtlichkeit hält das Hirtenmädchen auf dem Bildchen

›Uno di più‹ [›Das Neugeborene‹] das neugeborene Lamm in den Armen; der Hirt auf dem Gemälde ›Die Schafschur‹ beugt sich liebevoll und milde zu dem Tier hernieder, dem er die Wolle nimmt.
In erster Fassung entstand damals ein Bild, dessen Sujet der Künstler später wieder aufgenommen und zur vollen Ausgestaltung gebracht hat: ›Ave Maria a trasbordo‹ [›Ave Maria bei der Überfahrt‹]. Eine müde Ruhe liegt über diesem Bilde. Der Mann im Boot läßt die Ruder still liegen; die Frau mit dem Kinde im Arme scheint im Schlummer versunken. Die Schafherde, die das Fahrzeug füllt, drängt nach der dem Beschauer zugekehrten Seite, aber die Rücken der Tiere bilden eine nur wenig bewegte Fläche. Über dem Ganzen liegt die Beleuchtung des Sonnenunterganges, der Friede des Abends.
Dieses Bild vereinigt alle charakteristischen Züge der Brianza-Zeit in sich; vielleicht ist es das beste Werk jener Periode: ein ganzer Segantini. Damals ging in dem Künstler eine Wandlung vor sich. Er hörte auf, das rein Technische geringzuschätzen und den Gefühlsinhalt als das allein Wesentliche am Kunstwerk zu betrachten.
Servaes[20] spricht mit Bezug auf diese Zeit von einem »zwanglosen Sichausgeben« des Künstlers. Seine Produktivität war groß. Er gab dem Bedürfnis, seinen Gemütsbewegungen (»sentimenti«) einen künstlerischen Ausdruck zu verleihen, in weitem Maße nach.
In den autobiographischen Aufzeichnungen sagt Segantini: »Die Natur war für mich gleichsam ein Instrument geworden, das Töne von sich gab, die all das, was mein Herz erzählte, begleiteten. Und dieses sang die ruhigen Harmonien der Sonnenuntergänge und das innerste Wesen der Natur. *So wurde mein Geist durch eine große Melancholie genährt, die in der Seele in unendlicher Süße wiederklang.*«[21]
Wir müssen aus Segantinis Seelenleben in jener Zeit zwei Erscheinungen herausheben: die Neigung zur Schwermut und die teilnehmende Liebe, die mitleidsvolle Güte zur Kreatur. Diese Aufgabe erwächst uns besonders darum, weil Segantini in beiden Beziehungen späterhin eine bemerkenswerte Wandlung durchgemacht hat.
Wir erinnern uns, daß während der Entwicklungsjahre der Sexualtrieb des Künstlers eine weitgehende Einschränkung erfahren mußte. Wenn nun – wie dargelegt wurde – die männlich-aktive Triebkomponente in hohem Maße verdrängt wird, so pflegt daraus eine Ver-

[20] Die hier gegebene Charakteristik dieser Schaffensperiode lehnt sich eng an die Darstellung von Servaes [1907; [4] 1920, S. 66] an.
[21] [Segantini (1909, S. 19). Hervorhebung von Abraham.]

stärkung der ihr entgegengesetzten Komponente hervorzugehen. In das gesamte Seelenleben wird ein Zug von Passivität hineingetragen, der in mehr als einer Hinsicht an das psychosexuelle Verhalten des Weibes erinnert. Die Hingabe an Leiden wird der energischen Aggression vorgezogen. So entstehen die bei den Neurotikern so häufigen schwermütigen Verstimmungen, die regelmäßig – freilich nicht immer bewußtermaßen – neben der Qual eine Lust in sich bergen. Von dieser »süßen Melancholie« erzählt Segantini nicht als von einem Übel, sondern als von einer reichen Quelle der künstlerischen Inspiration. Auf den Bildern dieser Zeit findet der Zug zur Passivität, findet die Schwermut *symbolisch* Ausdruck durch die ernste Ruhe und die gedämpfte Beleuchtung. Der Sonnenuntergang, den Segantini damals so oft darstellte, weist uns auf Todesgedanken hin, wie sie jeder schwermütigen Verstimmung angehören, und zugleich auf den Mittelpunkt aller seiner Phantasien: auf die *Mutter*. »Sie war schön *wie ein Sonnenuntergang im Frühling*«, (s. oben S. 274) schrieb er später von ihr. Todesphantasien, die einstmals der Mutter gegolten und sich später auf die eigene Person des Sohnes zurückgewandt hatten, fanden ihre Sublimierung in den Werken dieser Zeit.

Die teilnehmende Liebe zur Natur, das »Mit-leiden« mit allen Wesen wurde schon früher von der Verdrängung der aggressiven Triebregungen hergeleitet. So bildeten eigenes Leiden und Mitleiden damals das Ziel der sublimierten Triebe.

Es kam die große Wandlung im Seelenleben des Künstlers. Die müde Schwermut hörte auf, die vorwaltende Stimmung zu sein; sie machte einer *enthusiastischen Schaffensfreude* Platz. Später freilich und besonders in der letzten Lebenszeit, bekam die düstere Stimmung des öfteren wieder die Oberhand.

Wir kennen diesen Vorgang sehr wohl von den Neurotikern her. Auch bei diesen pflegt die Pubertät einen über das normale hinausgehenden Verdrängungsschub mit sich zu bringen, wodurch die Sexualität des Neurotikers sich dem *weiblichen* Typus in bemerkenswertem Grade annähert. Auch die Neurotiker neigen von der beginnenden Geschlechtsreife an oft bis ins dritte Dezennium des Lebens und noch darüber hinaus zu trüber, weltschmerzlicher Stimmung und zur passiven Hingabe an ihr Leiden. Nur allmählich überwinden sie dieses Stadium und schwingen sich auf zu einer entschiedenen Lebensbejahung und zu normaler, nicht selten sogar zu übertriebener Arbeitsleistung.

Es gelang Segantini jetzt in glücklichster Weise, seine aggressiven Triebregungen, anstatt sie, wie bisher, durch Reaktion ins Gegenteil zu paralysieren, in einen mächtigen Arbeitsdrang umzusetzen. Und indem die männliche Aktivität zum herrschenden Prinzip in ihm wurde, änderten sich auch seine Auffassung der Natur und der Charakter seiner Kunst.

Von der Brianza aus zog Segantini zunächst für kurze Zeit hinauf nach Caglio, das hoch überm Comer See liegt. Dort schuf er sein erstes Gemälde in großem Format: ›Alla stanga‹ (›An der Barre‹): eine weite Landschaft in Spätnachmittagsbeleuchtung; verteilt in ihr, teils dem Beschauer nahe, teils fern, Reihen von Kühen an der Barre; dazwischen Menschen, die ihrer ländlichen Arbeit obliegen. Das war kein genrehafter Ausschnitt aus dem Hirtenleben mehr; das war ein kühner Versuch, durch die Kunst die Gesamtnatur zu umfassen.

Bald danach brach Segantini mit seiner Gattin auf, um im Hochgebirge einen Ort zur dauernden Niederlassung zu suchen. Nach langen Streifzügen wählte er das Dorf Savognin in den Graubündner Alpen (1886). Dies jungfräuliche Stück Erde schien ihm am vollkommensten seinem Naturgefühl zu entsprechen. Das stille Gebirgsdorf, das draußen in der großen Welt kaum jemand mit Namen kannte, wurde ihm zu einer neuen Heimat. Er lebte hier mit Frau und Kindern das Leben der Gebirgsbewohner.

Der Aufstieg aus dem Voralpenland der Brianza zum Hochtal von Savognin ist ein Markstein in Segantinis Entwicklung. Was ihn zur Höhe zog, das waren zunächst die Berge, die er in dieser neuen Heimat so nahe vor sich hatte wie in der alten seiner Kinderjahre. Er wünschte weiter – wie es in einem seiner Briefe heißt – zu einer restlosen Kenntnis der Natur zu gelangen. Auf das Auge des Künstlers übten die Durchsichtigkeit der Luft, die Reinheit des Sonnenlichtes, die Leuchtkraft der Farben dort oben eine mächtige Anziehung. Vor allem aber bedeutete der Aufstieg zur Höhe ihm, dem einsam Schaffenden, symbolisch das Streben nach aufwärts, nach Vollkommenheit, bedeutete die Sehnsucht, in rastlosem Schaffen beständig über sich selbst hinauszuwachsen, das Verlangen, sich als Künstler die gesamte Natur zu erobern, um wie ein König über sie zu herrschen. »In jenem Lande«, so heißt es in der Selbstbiographie, »lenkte ich kühner mein Auge auf zur Sonne, deren Strahlen ich liebte, die ich mir erobern wollte.« [22]

[22] [Ibid., S. 20.]

Die Arbeit der nun folgenden Jahre war alles andere denn ein »zwangloses Sichausgeben«. Es war ein Anspannen aller Kräfte, in dem die sublimierte Aggressionslust ihr Genügen fand. Seinem eigenen Geständnis nach war Segantini von einer Erregung ergriffen, die ihn Arbeit und Mühsal nicht fühlen ließ. Alles in ihm drängte nur nach dem Werke, das er als die »Fleischwerdung des Geistes in der Materie«, als einen *Schöpfungsakt* bezeichnete![23]
Welcher Unterschied in der Auffassung! Der gleiche Mensch, der jahrelang durch müde Schwermut das Leben verneint hatte, er sah sich jetzt in kühnem Gedankenflug als Schöpfer, als *Herrscher* der Natur. Er fand den Weg zu sich selbst zurück, indem er die Größenphantasien seiner Kindheit wieder aufnahm.
Die milde, mitfühlende Liebe zur Natur aber ging über in ein heißes Begehren, in ein heftiges Besitzenwollen. Segantini schildert es mit glühenden Worten, die hier im Auszug wiedergegeben seien[24]:
»Ja, ich bin ein leidenschaftlicher Liebhaber der Natur. An einem schönen sonnigen Frühlingstage in diesen mir zur Heimat gewordenen Bergen ..... fühle ich einen unendlichen Jubel; das Blut kocht mir in den Adern wie in der ersten Jugendliebe vor dem angebeteten Mädchen.
Ich berausche mich an dieser Liebe, die niemals sättigt, neige mich zur Erde und küsse die Grashalme, die Blumen...
Ich dürste, o Erde, und hingeneigt zu deinen reinsten und ewigen Quellen trinke ich, trinke von deinem Blute, o Erde, das Blut von meinem Blute ist.«
In die Sprache der Wissenschaft werden wir diese Gedanken so übersetzen: *Der Anblick der Natur versetzt die Sinne des Künstlers in einen Rausch, den er selbst mit der sexuellen Erregung in Parallele stellt.* Die sublimierten Triebe fordern mit Ungestüm Befriedigung; ihr Verlangen richtet sich nach keinem geringeren Objekt als nach der Gesamtnatur. In der brünstigen Liebe zur mütterlichen Natur feiert die Liebe zu jener Mutter ihre Auferstehung, die »Blut von seinem Blute« war.
Das erste Jahr des Savogniner Aufenthaltes zeitigte Werke, die zu Segantinis besten Leistungen zählen.[25] Einige davon nehmen ältere Motive der Brianza-Periode wieder auf; gerade diese Bilder aber zei-

[23] [Vgl. Segantini (1909, S. 28).]
[24] [Ibid., S. 54 f.]
[25] In Folgendem schließt sich die Darstellung wieder eng an Servaes an.

gen am deutlichsten den Zuwachs seines Könnens. Da ist an erster Stelle ›Ave Maria a trasbordo‹ zu nennen. Mit genialer Hand gab Segantini dem Bilde eine etwas veränderte *Raumeinteilung* und eine neue *Beleuchtung;* vor allem aber machte er den ersten Versuch mit einer neuen Technik, der *Farbenzerlegung*, auf die wir späterhin zurückkommen. In dieselbe Zeit fällt das entzückende Bild des »strickenden Mädchens am Zaun«. Als er in der Brianza das gleiche Motiv zum ersten Male zur Darstellung brachte, da gab es für ihn nur trübes, dämmeriges Licht. Jetzt ist alles vom blendenden *Sonnenlicht* durchflutet.

In dieser Periode der Umwälzungen gab es in Segantinis Kunst nur *einen* ruhenden Pol: den Mutterkomplex. Was an Gedanken und Gefühlen in dessen Bereich gehörte, schien keinem Wechsel und Wandel unterworfen zu sein. Das zeigte sich so recht in folgendem für Segantini charakteristischen Zug. Das junge Bauernmädchen, das er als »strikkendes Mädchen« dargestellt hatte, ließ er nicht wieder von sich gehen. »Baba« – so wurde sie genannt – mußte in sein Haus übersiedeln. Sie blieb durch alle folgenden Jahre sein *einziges* Modell, daneben war sie seine und seiner Familie treue Hausgenossin. In ihr hatte er den Typus gefunden, dessen er für die Bilder der Mütterlichkeit und der Arbeit benötigte. Hier bedurfte er keines Wechsels, und so hielt er an dem einzigen Modell fest.

Die Idee der Mütterlichkeit aber verkörperte er in der folgenden Zeit in einem großen Meisterwerk von hinreißender Kraft: *›Die beiden Mütter‹*.[26] Eine Magd sitzt im Stall auf einem Schemel; während sie ihr schlafendes Kind mit beiden Armen umfängt, ist ihr Kopf im Schlummer herabgesunken. Dicht neben ihr sieht man den massigen Körper einer Kuh, der zu Füßen ein junges Kälbchen liegt. Eine herabhängende Laterne wirft ein gedämpftes, rötliches Licht auf die Frau und das Kind und auf die hintere Körperhälfte der Kuh; im übrigen herrscht ein matter Dämmerschein. Eine feierliche Ruhe liegt über der Gruppe; man kann nur der feinsinnigen Bemerkung von Servaes zustimmen, daß der Künstler gerade durch diese allen Figuren des Bildes gemeinsame Ruhe eindringlich die Wesensgleichheit der beiden Mütter betont. Diese Wirkung wird durch ein anderes, ebenso einfaches Mittel, nämlich durch die Linienführung verstärkt. Servaes [loc. cit., S. 96] sagt in dieser Beziehung: »Mit geradem Rücken steht die Kuh und senkt den Kopf still in den Trog. Und wo der Kuh-

[26] [Vgl. die Abbildung ›Zwei Mütter‹ gegenüber von S. 338.]

rücken aufhört, erscheint der Kopf der jungen Menschenmutter, und deren Rücken nimmt die streng gezogene Horizontallinie auf und läßt sie sanft hinabgleiten. Unweit darüber schneidet das Bild ab, so daß man deutlich sieht (und doch nur dunkel empfindet), wie der Bildrand dem Kuhrücken parallel läuft. Die diskrete Feierlichkeit dieser Gliederung setzt sich beim betrachtenden Beschauer unbewußt in einen Gefühlswert um. Mit solch leiser Hand lenkt der Künstler unsere Seelen.«

Um das Jahr 1890 gelang es Segantinis unausgesetztem Bemühen, die Technik der Farbenzerlegung zu der ersehnten Vollendung zu bringen. Das herrliche Gemälde ›Die Pflüger‹ (in früherer Fassung ›Die Scholle‹ benannt) war die erste reife Frucht dieser Arbeit. Jetzt war es ihm gelungen, die durchsichtige Klarheit der Luft, das Vibrieren der Farben in jenen Höhen zur Darstellung zu bringen, wie keiner vor ihm vermocht und keiner nach ihm es erreicht hat. Er stellte den Menschen samt seinen treuen Genossen, den Haustieren, wundervoll plastisch in den Vordergrund des Gemäldes. Er führte alle Details der Landschaft mit der nur ihm eigenen Liebe aus. Die langgestreckte Alpenkette im Hintergrund strahlt in unendlich reichem Wechsel von Fels und Schnee. Über allem liegt das zitternde Blau eines leuchtend klaren Himmels.

Segantini gelangte zu dieser Vollendung der divisionistischen Technik ganz selbständig. Das gleiche Problem beschäftigte damals die Maler allerorten; auf mannigfache Art suchte man es zu lösen. Unabhängig von all diesen Versuchen ging Segantini mit ruhiger Sicherheit seines Weges, bis er sein Ziel erreicht hatte.

Es war nicht seine überragende künstlerische Begabung allein, die ihm den Weg wies. Das Suchen nach Licht und Farbe lag tief in seinem Triebleben. Nach Licht und Farbe lechzte sein Auge, und so mußte er, einem inneren Drange folgend, sein höchstes Streben nach einer vollkommenen Darstellung beider richten.

Schon in einer seiner frühesten Arbeiten als Kunstschüler hatte er sich ein Beleuchtungsproblem gestellt und es selbständig gelöst. Hernach freilich, in den Zeiten der melancholischen Stimmung, war er ganz zur Dunkelmalerei übergegangen. Als es ihn dann zu den Höhen zog und er die Natur beherrschen wollte, da fand seine Siegerstimmung ihren Ausdruck in der Sehnsucht nach dem strahlenden Sonnenlicht, das dort oben seinen vollen Glanz entfaltet.

Welche Gefühle der Anblick aller dieser Herrlichkeit in ihm erregte,

haben wir schon aus Segantinis eigenen Worten erfahren. Er betrachtete die Natur mit den Augen des Verliebten; sie versetzte ihn in einen Rausch von Seligkeit. Es bedarf also nicht erst des Beweises, daß hier eine weitgehende Sublimierung derjenigen geschlechtlichen Triebkomponente in die Erscheinung tritt, die wir die *Schaulust* benennen. Dieser Trieb dient der Anregung der Libido durch das Betrachten körperlicher Eigenschaften des Sexualobjektes, die wir schlechtweg als dessen »Reize« zu bezeichnen pflegen. Die Sublimierung des Schautriebs liefert einen Hauptbeitrag zur Konstituierung derjenigen Sexualhemmung, die wir als das Schamgefühl bezeichnen; er ist überdies in hohem Maße der künstlerisch-ästhetischen Sublimierung fähig.
Segantinis Schautrieb war, trotz seiner eminenten Stärke, vom eigentlich Sexuellen in auffälligem Grade abgewandt. Nur ganz ausnahmsweise finden wir auf einem Bilde eine nackte Figur. So auf dem der späteren Zeit angehörenden Gemälde ›Die Quelle des Übels‹. Eine nackte weibliche Gestalt, die sich im Wasser spiegelt, stellt allegorisch die Eitelkeit dar. Hier verfolgt der Künstler mit der Darstellung des Nackten einen ethischen Zweck! In einen durchsichtigen Schleier hüllt er die ›Dea pagana‹, die heidnische Göttin der Sinnlichkeit. Beide genannten Werke gehören bezeichnenderweise nicht zu den stärksten des Meisters. Eine ganz andere Kraft liegt in der ›Dea christiana‹, der gütigen Mutter mit dem Kinde; diesem Bilde – so merkt man – konnte er die ganze Kraft seiner Gefühle einhauchen. Vollends vermißt man in Segantinis Werken alles Grobsinnliche. Wo er erotische Szenen darstellt, da malt er sie zart, innig und keusch.
Der Natur wandte sich seine sublimierte Schaulust zu; Licht und Farbe waren ihm die Quelle ekstatischen Glückes. Aus seiner Kindheit erzählt Segantini, wie der Anblick eines Anstreichers, der mit Pinseln und Farben hantierte, ihn mit brennender Neugierde erfüllte. Wie gebannt betrachtete der Knabe das kunstlose Geschmier des Handwerkers. Er entdeckte in den Farbenflecken phantastische, tierische und menschliche Figuren; in buntem Wechsel lösten die Erscheinungen einander ab. Die weiteren Schilderungen seiner Kindheit zeigen, mit welcher Gier er optische Eindrücke in sich aufnahm und sie festhielt. Bemerkenswert ist die große, visuelle Lebhaftigkeit seiner Darstellung; jede Szene der Autobiographie wirkt wie ein Gemälde. Segantini war nicht nur ein liebevoller Beobachter der Natur; was sein Auge an Form und Farben in sich einsog, das gestaltete seine künstlerische Phantasie zu einem einheitlichen Ganzen.

Ihm selbst ging das Gefühl niemals verloren, daß er in dieser beobachtenden und künstlerisch gestaltenden Tätigkeit seine Erotik auslebte. Als er sich einmal darüber ausließ, warum er vor dem Gemälde nie eine Skizze anfertige, da schrieb er: »Ein Künstler aber, der zuerst eine Skizze ausführt, ist wie ein junger Mann, der, weil er beim Anblick eines schönen Weibes in Entzücken geriet, dieses nun auf der Stelle besitzen will, der gleich in Umarmungen schwelgen will, Mund und Augen mit Küssen bedecken und heftig erbeben in der Wonne der Umarmung. Nun, da hat er dann seine Skizze ... Mir hingegen sagt es zu, die Liebe reifen zu lassen und meine Einfälle in Gedanken zu liebkosen, sie in meinem Herzen zu hegen; obgleich halbtoll vor Begierde, sie gestaltet zu sehen, kasteie ich mich und begnüge mich damit, ihnen ein gutes Heim zu bereiten; inzwischen fahre ich fort, sie mit den Augen des Geistes zu betrachten, in dieser Beleuchtung, in jener Stellung, in verändertem Empfindungszusammenhang.«[27]
Sehr bezeichnend ist es hingegen, daß der Maler, der vorbereitende Skizzen verschmähte, *nach* der Vollendung des Gemäldes dessen Thema oft viele Male wieder aufnahm, ihm diese oder jene Variante zu geben, ihm neue Seiten abzugewinnen versuchte. Der Komplex, in dessen Bahnen sich das Werk bewegte, beherrschte ihn so sehr, daß ihm das Gefühl zurückblieb, er habe noch nicht jede feinste Regung seiner Seele zum Ausdruck gebracht.

IV

Mit der ganzen Kraft seiner Triebe hatte Segantini sich die Herrschaft über Licht und Farbe errungen. Da begannen sich in die Siegesfreude trübe Stimmungen zu mischen, von gleichem oder ähnlichem Charakter, wie sie ihn in der Brianza so oft befallen hatten. Die inneren Gründe für diesen abermaligen Umschlag lassen sich nicht mit Sicherheit erkennen. Immerhin darf man auf Grund allgemeiner Erfahrungen einige Vermutungen aussprechen.
Das Schwanken zwischen zwei Extremen wird verständlich aus dem Triebleben des Neurotikers. Die einander widerstreitenden Triebe gelangen zu keinem harmonischen Ausgleich. Hat der eine die Herrschaft im Bewußtsein erlangt, so gibt der ins Unbewußte verdrängte

27 [Aus einem Brief an Vittore Grubicy vom 28. Dezember 1889; zitiert nach Servaes, loc. cit., S. 89; auch Segantini (1909, S. 171 f.).]

Gegentrieb keine Ruhe. Er verschafft sich unter der Maske neurotischer Ersatzbildungen Zutritt zum Bewußtsein. Hat zum Beispiel die männliche Aktivität die Oberhand und ist sie im Begriff, sich mit der den neurotischen Trieben eigenen Impulsivität durchzusetzen, gerade dann besteht für die unterdrückte Komponente der Anreiz, sich dem Bewußtsein bemerkbar zu machen. In die Stimmung des Triumphes mischen sich schwermütige Gefühle.

Bei Segantini kommt ein weiteres Moment hinzu. Er hatte mit Anspannung aller Energie seine malerische Technik bis zur Vollendung durchgebildet, hatte der Natur die Geheimnisse der Farbe und des Lichtes abgerungen. Nach Erreichung des ersehnten Zieles läßt die Spannung plötzlich nach. Die Triebe, deren Sublimierung solche Leistungen ermöglicht hatte, sind plötzlich eines Zieles beraubt. Sie verlangen nach einem neuen Ziel, nach neuer Expansion; denn sie sind durch den Erfolg nur anspruchsvoller geworden. Läßt dieses Verlangen sich nicht sogleich erfüllen, so tritt eine Mißstimmung ein. Der Mensch fühlt sich ärmer als früher – ärmer an Hoffnungen – und die Siegesfreude weicht melancholischer Niedergeschlagenheit.

›Trübe Stunde‹ heißt das erste Gemälde, das Segantini in solcher Gemütsverfassung geschaffen hat. Es steht in starkem Kontrast zu den vorausgegangenen Werken. Zum ersten Male begegnen wir wieder der Abenddämmerung! »Vor einem kleinen rauchenden Rundkessel, unter dem ein rotes Feuer glimmt, sitzt auf steinigem Felde des Abends eine junge Bäuerin, fröstelnd, in trübe Gedanken versunken. Ihr gegenüber steht eine gescheckte Kuh, die brüllend den Hals reckt.«[28]

Die Stimmung des Bildes ist trostlose Einsamkeit. Aber mit wundervoller Meisterschaft bringt der Künstler durch die Linienführung Mensch, Tier und Landschaft in enge Beziehung zueinander. So klingt doch ein Trost aus dem Bilde: der Mensch ist nicht verlassen, wenn er sich eins mit der Natur fühlt; das war das Glaubensbekenntnis des Künstlers, der einen persönlichen, väterlich sorgenden Gott nicht kannte.

Nicht lange nach Vollendung dieses Bildes zog es ihn in die Einsamkeit. Nun zeigte es sich, wie sehr jedes Werk des Künstlers aus der Tiefe seines Gefühlslebens hervorging. Die Einsamkeit, die seiner Gemütsstimmung entsprach, fand er hoch oberhalb von Savognin in dem Dörfchen

[28] Servaes [loc. cit., S. 119].

Tusagn. Da hauste er in einer Hütte während des Sommers des Jahres 1893. Er war hier umgeben von reicher alpiner Vegetation; er hätte hier in Licht und Farbe schwelgen können; statt dessen ging er noch stundenlang weiter hinauf zu einem hochgelegenen Weideplatz, wo es keinen üppigen Graswuchs, keinen reichen Blumenflor mehr gab. Er malte diese Einöde mit einer kleinen Schar weidender Schafe. »Ein trauriger Hirte sitzt dabei, fast Knabe noch, und dennoch kraftlos und müde wie ein Greis. Das von der Sonne rot gebrannte Gesicht ist ihm im Halbschlaf vornübergefallen; die Hände ruhen schlaff und untätig auf den Schenkeln. Immer grauer und schwärzlicher zieht sich das Gelände hinauf.«[29]

Das Bild trägt den Namen ›Alpenweide‹. Jeder Zug gemahnt darin an die Melancholie der Brianza-Periode. In der jammervollen Verlassenheit der ›Alpenweide‹ findet Segantini einen einzigen Trost. Da, wo die Natur ihren Geschöpfen kaum noch ein paar dürre Grashalme spendet, da offenbart sich ihm die Mütterlichkeit in ihrer ganzen Größe. In den Vordergrund des Bildes stellt er ein Schaf, das zwei Lämmer säugt. Die Liebe der Mutter – so sagt uns dies Symbol – ist für Tier und Mensch in der Verlassenheit die sicherste Zuflucht.

In den Jahren 1890–1893 entstand eine Reihe von Werken, die man mit dem Namen *»Nirwanabilder«* belegt hat. Wie so oft, stellte Segantini die gleiche Idee in verschiedenen Variationen dar. Die erste Fassung (betitelt *›Die Hölle der Wollüstigen‹*, jetzt im Museum zu Liverpool) und die letzte (benannt *›Die schlechten Mütter‹*, in der modernen Galerie zu Wien[30]) gehören malerisch zu den bedeutendsten Schöpfungen des Künstlers. Inhaltlich aber stieß besonders die ›Hölle der Wollüstigen‹ auf großen Widerspruch. Denn man verstand sie nicht und gelangte trotz aller Versuche nicht zu einer vollkommenen aufklärenden Deutung.

Das ereignete sich zu einer Zeit, da Segantinis Künstlerschaft längst die ihr gebührende Geltung erlangt hatte. Ein Bild, das man deuten mußte? – Das hatte man bei ihm zuvor nicht erlebt. Seine früheren Werke – man denke etwa an die Bilder der Mutterliebe – sprachen in klarem und schlichtem Vortrag zum Herzen eines jeden Menschen. Das Rätsel dieser Bilder ist bis heute nicht vollkommen gelöst worden. Wird es der Psychoanalyse gelingen, das Geheimnis zu entschleiern?

[29] Ibid. [S. 121].

[30] [Vgl. die Abbildung gegenüber von S. 338. – Das Bild befindet sich im Besitz des Kunsthistorischen Museums in Wien.]

Wir wissen, daß Segantini die Anregung zur ›Hölle der Wollüstigen‹ aus der buddhistischen Mythologie geschöpft hatte. Dort fand er die Lehre, daß Frauen, die ihr Leben der Sinnlichkeit geopfert haben, anstatt ihrem Mutterberuf zu leben, dazu verurteilt sind, nach dem Tode *unstet über öden Schneefeldern dahinzuschweben*. Er malte nun ein weites Schneefeld, auf dem das Auge kaum einen Ruhepunkt findet, mit einer dunklen Bergkette im näheren, einer blendend weißen im entfernteren Hintergrund. Über der trostlosen Fläche schweben gespenstische, leichenhafte Frauenkörper regungslos dahin.

Die spätere Fassung (›Die schlechten Mütter‹) enthält im Vordergrund eine schwebende Gestalt, deren Haar sich in einem niederen Strauch verfangen hat. »Die ganze Biegung ihres Körpers ist wie eine weinende Wehklage; die ausgestreckten Arme sind wie hilflose Verzweiflung; die flatternden im Baume hangenden Haare sind wie der Schmerz einer Selbstmörderin; und das sterbensbleiche Antlitz mit dem verzogenen Mund und den eingedrückten Augen ist wie die Folterqual der Reue. Erschütternd aber wirkt das suchende, dürstende Köpfchen des verlassenen Kindes, das sich über die nackte, kalte Mutterbrust beugt, die in Lieblosigkeit verfroren ist.«[31] Die Figur des Kindes ist hinzugekommen. Statt mehrerer Frauen schwebt nur *eine* im Vordergrund. In weiter Ferne sieht man einen Zug anderer Büßender über dem Schneefeld dahingleiten.

Die lieblose Mutter und das verlassene Kind auf diesem Bilde stehen, wie Servaes bemerkt, in scharfem Kontrast zu dem Mutterschaf und den Lämmern auf der ›Alpenweide‹. Dieses letztere Bild und die ›schlechten Mütter‹ entstanden beide in Tusagn. Segantini wollte, wie er selbst später geschrieben hat, mit der ›Hölle der Wollüstigen‹ die schlechten Mütter strafen, weil nach seiner Meinung ihr Leben gegen das höchste Naturprinzip verstieß. Wir dürfen nicht zweifeln, daß ihm diese Absicht während der Arbeit vorschwebte. Dagegen läßt sich dartun, daß die innersten und eigentlichsten Motive, die ihn dieses Werk schaffen ließen, dem Bewußtsein des Künstlers entgingen.

Alle Produkte der menschlichen Phantasie, normale und krankhafte, lassen – wie Freud gezeigt hat – neben dem offensichtlichen (»manifesten«) einen latenten Inhalt unterscheiden. Das Bewußtsein kennt nur den ersteren, während ihm der latente Inhalt entgeht. Und doch ist dieser der eigentliche, bedeutsamste Inhalt eines Phantasiegebildes.

[31] Servaes [loc. cit., S. 135 f.].

Ohne ihn ist der manifeste Inhalt meist gar nicht verständlich. Zu den latenten Quellen der Phantasiegebilde gelangt man mit Hilfe der Psychoanalyse; sie deckt die verdrängten Triebregungen auf, denen der Zutritt zum Bewußtsein nur dann erlaubt ist, wenn sie durch weitgehende Entstellung unkenntlich gemacht sind.
Die mystisch-phantastischen Werke Segantinis sind bis heute nicht vollkommen verstanden worden, weil man nur ihren manifesten Inhalt ins Auge gefaßt hat. Der Psychoanalyse erwächst die Aufgabe, den verdrängten Wünschen nachzuforschen, die in den schwer deutbaren Symbolen ihren Ausdruck gefunden haben.
Es müssen tief verdrängte, dem Bewußtsein besonders anstößige Wunschregungen sein – sonst hätte sie Segantini klar und bündig zur Darstellung gebracht, wie es stets seine Art gewesen war. Den Zweck, die schlechten Mütter zu strafen, hätte er auch ohne Umschweife, und zwar besser erreichen können. Denn unverständlich wie sie sind, verfehlen die Bilder ihren Zweck, eindringlich zu den Herzen jener Frauen zu reden.
Segantini hatte – wie wir früher erfuhren – die Grausamkeitskomponente in seinem Triebleben mit großer Intensität unterdrückt. Die aggressiven, grausamen Regungen gegen seine *Mutter* waren es in erster Linie gewesen, die eine Umwandlung in entgegengesetzte Gefühle hatten erfahren müssen. In all seinen Werken war er als der Milde, Gütige, Mitfühlende erschienen. Und nun zeigte er grausame Strafen aus dem Jenseits! Und die gestraft wurden, waren Mütter! Es sind die einstmaligen feindseligen Regungen, die Todeswünsche des Kindes gegen die eigene Mutter, die wir hier aus der Verdrängung wiederkehren sehen. Die ›Hölle der Wollüstigen‹ zeigt freilich mehrere vorüberschwebende Gestalten, und der Beschauer erhält nicht den Eindruck, als wollte der Maler ganz speziell auf eine unter ihnen hinweisen. Anders in der späteren Fassung! Da lenkt er unseren Blick ganz auf die eine Büßerin in ihrer trostlosen Einsamkeit und auf das verlassene Kind. War Segantini nicht selbst verlassen gewesen wie dieses? Die Einsamkeit nach dem Tode der Mutter hatte die ersten Qualen der Angst in ihm erregt. Hinter dem Wunsche, die schlechten Mütter im allgemeinen zu strafen, erscheint nunmehr *der unbewußte Wunsch, die eigene Mutter zu strafen, Rache an ihr zu nehmen.*
Alle Angst und Schwermut, die er im Gefühl der Verlassenheit selbst erduldet hatte, projizierte Segantini aus sich selbst heraus auf die büßende Mutter. Die buddhistische Sage, die über die schlechten Müt-

ter die Qualen der Einsamkeit verhängte, hatte verwandte Gedanken in seiner Seele berührt. Keine andere Strafe konnte es jenen Müttern so deutlich fühlbar machen wie diese, was ein verlassenes Kind zu erdulden hat!

Der Knabe, der seiner Mutter mit der ganzen Leidenschaftlichkeit kindlicher Erotik anhängt und jeden ihrer Schritte mit Eifersucht bewacht, fühlt sich von ihr verlassen, wenn sie sich nur auf kurze Zeit von ihm wendet. Er wird von Angstgefühlen, von Eifersucht gegen seine Rivalen und von feindseligen Gedanken gegen die Mutter befallen. Sie mag ihm noch soviel Liebe geben, sie bleibt für ihn eine schlechte Mutter, weil sie ihm nie genug gibt. Das Unbewußte des erwachsenen Neurotikers verlangt – wie die Psychoanalyse lehrt – noch Rache zu nehmen an der Mutter, weil sie einst seinem Vater mehr Liebe gab als ihm selbst. In gewissen Symptomen der Neurose übt der Sohn Vergeltung an der Mutter wegen dieses Vergehens. Solcher Vergeltung an der eigenen Mutter dient Segantinis ›Hölle der Wollüstigen‹.

Daß die lieblosen Mütter zur Strafe für ihre Herzenskälte auf öde Schneefelder versetzt sind, ist unschwer verständlich. Dagegen bleibt aufzuklären, warum nach der buddhistischen Anschauung die schlechten Mütter über den Schneefeldern *schweben*. Eine naheliegende Erklärung lautet, die schwebenden Frauen seien zu der Qual einer dauernden Ruhelosigkeit verurteilt; gerade die endlos gleichförmige Bewegung über der öden Fläche erhöhte den Eindruck einer ewigen Strafe.

Aber das hätte der Mythus auch durch eine andere Symbolik ausdrükken können, beispielsweise durch ein endloses Wandern im Wüstensande. Die genaue Analyse eines Mythus, wie jedes anderen Phantasiegebildes, lehrt uns die strenge kausale Bedingtheit jedes Sinnbildes.[32] Auch für Segantini muß ein besonderer Grund vorgelegen haben, daß er jene Vorstellung aus dem Mythus übernahm; seine schaffende Phantasie bedurfte ja sonst keiner solchen Anleihe. Wir müssen also nach einem tieferen Zusammenhang zwischen der Schuld der Mütter und der Art ihrer Strafe suchen.

Ein Werk unseres Künstlers, das in dem gleichen Zeitraum entstand wie die Nirwanabilder, gibt uns den Schlüssel zur Lösung dieses Problems. Es ist die schon erwähnte ›Dea pagana‹. Segantini hat die Göttin der sinnlichen Liebe *schwebend* dargestellt. Ihren Kopf wohlig in den

[32] Vgl. meine oben [S. 307] zitierte Schrift *Traum und Mythus*.

eigenen Arm legend, scheint sie die süße Lust eines sanften Dahinschwebens zu genießen, während die madonnenhafte Dea christiana sich ruhig niedergelassen hat und in selige Betrachtung ihres Kindes versunken ist.

Wir stehen vor der zunächst befremdenden Tatsache, daß die gleiche Bewegung auf dem einen Bilde des Künstlers die höchste Lust, auf dem anderen die ärgste Qual versinnbildlicht. Dem Psychoanalytiker freilich ist dieses Paradoxon geläufig und erklärlich. Ihm ist es bekannt, daß auch im *Traume* das Schweben bald als ein äußerst lustbringender, bald als ein angstvoller Zustand empfunden wird.

Viele Menschen erinnern sich deutlich, die primitivsten sinnlichen Gefühle in ihrer Kindheit dann empfunden zu haben, wenn sie die Luft durchschwebten. Das geschieht beim Schaukeln, beim Sprung in die Tiefe und bei mancherlei anderen Bewegungen, die vom Kinde zum Spiel ausgeführt werden. Es handelt sich dabei um Äußerungen des kindlichen »Autoerotismus«; d. h. es werden Lustgefühle durch Körperreizungen erzeugt, ohne daß es dazu, wie bei der nomalen Sexualbetätigung des Erwachsenen, einer zweiten Person bedarf. Manche Kinder sind unersättlich in solcher Betätigung. Der Lust gesellt sich leicht ein Gefühl angstvoller Spannung bei. Wir haben durch die Forschungen Freuds gelernt, daß diese Angst von der Triebverdrängung stammt.

Den verdrängten Triebregungen bietet der *Traum* ein Asyl. Zu einer Zeit, da der Autoerotismus längst eine weitgehende Einschränkung erfahren hat, treten bei den meisten, vielleicht sogar bei allen Erwachsenen Träume auf, in welchen der Träumer durch die Luft fliegt, in eine Tiefe fällt oder eine ähnliche Bewegung durchmacht. Der Gefühlston dieser Träume wechselt – je nach dem Grade der Verdrängung – zwischen Lust und Angst, oder er ist ein Gemisch aus beiden. Wir sehen hier unmittelbar die höchste Lust in höchste Qual übergehen.[33]

Die Symbolik des Traumes ist die Symbolik des Unbewußten über-

[33] Dem Wiedererscheinen autoerotischer Wunschregungen im Traume kommt jedoch noch eine weitere Bedeutung zu. Sie bilden nämlich nicht selten die Vertretung, den symbolischen Ersatz solcher erotischer Wünsche, die im aktuellen Leben des Erwachsenen keine Erfüllung finden. Der Traum – ein Wunschgebilde wie alle Phantasmen des Menschen – stellt die Erfüllung solcher Wünsche dar; nur wird das aktuelle erotische Verlangen, das nicht genannt werden soll, ersetzt durch das kindliche, autoerotische. Das Unbewußte bewahrt die Erinnerung an jene ursprüngliche Betätigung als an das Prototyp der Lustgewinnung.

haupt und ist daher allen Phantasiegebilden gemeinsam, dem Werke eines Künstlers wie dem Mythus eines Volkes. Die Symbolik des Schwebens bei Segantini wird nun verständlich. Die Dea pagana gibt sich ungehemmt der süßen Lust des Schwebens hin. Die bösen Mütter haben nach dem Vorbild dieser »heidnischen« Göttin gehandelt, anstatt dem Ideal der Mütterlichkeit, der Dea christiana, nachzueifern. Wir wissen, daß Segantini diesen Vorwurf *unbewußt* gegen die eigene Mutter richtet. Er ruft ihr gleichsam zu: Du hast dem Vater in sinnlicher Liebe angehangen, mir aber hast du nichts gegeben! Seine verdrängten Rachegelüste befriedigt er in der grausamen Phantasie, die dem Bilde zugrunde liegt. Die höchste sinnliche Lust, die sich im Schweben verkörpert, verwandelt sich den Müttern – seiner Mutter – zur furchtbarsten Angst, deren Qualen sie nach dem Tode in der Hölle der Wollüstigen erdulden müssen. Für sie ist es eine peinvolle Strafe, dieser Bewegung ohne Ende hingegeben zu sein. Erscheinen uns im Traume doch die wenigen Sekunden, während deren wir in die Tiefe zu fallen glauben, wie eine Ewigkeit!

Während des Zeitraumes, in dem er diese symbolisch-mystischen Bilder malte, machte sich bei Segantini eine starke Nachinnenkehrung bemerkbar. Durch seine Flucht in die Einsamkeit dokumentierte sich schon äußerlich eine Tendenz zur Abwendung von der Außenwelt. Seine Kunst erhielt einen visionär-phantastischen Zug. Je mehr aber der Mensch sich von der Realität abkehrt, je mehr er die phantasierte Erfüllung seiner verdrängten Wünsche an die Stelle der Wirklichkeit setzt, desto weniger vermögen die anderen ihn zu verstehen. Seine Äußerungen vermögen in uns keine den seinigen verwandten Gefühle zum Mitschwingen zu bringen. So erging es damals Segantini.

Die Mitteilung durch Symbole wählt derjenige, welcher seine Gedanken nicht frei aussprechen darf und sie doch nicht völlig verschweigen möchte. Die Symbolik deutet an und verhüllt zugleich; bald überwiegt diese, bald jene Tendenz. Die dunkle Sprache der Nirwanabilder weist darauf hin, daß Segantinis tiefste Komplexe zwar irgendeinen Ausdruck zu finden verlangten, daß der Künstler diesem Drange nachgab, daß aber schließlich die Macht der Verdrängung doch wirksam genug war, um den innersten Sinn des Kunstwerkes zu verhüllen.

Segantini ließ das erste dieser Bilder, die ›Hölle der Wollüstigen‹, in die Welt hinausgehen, ohne sich darum zu kümmern, ob es würde verstanden werden oder nicht. Gerade dies läßt uns erkennen, wie sehr er zu jener Zeit der Wirklichkeit entfremdet und nur auf seine Komplexe eingestellt war. Noch merkwürdiger ist in dieser Beziehung, daß Segantini bei der Darstellung der schwebenden Frauenkörper gegen die Wirklichkeit, d. h. gegen die Naturgesetze verstieß. Er hat, wie Servaes [loc. cit., S. 127] sich ausdrückt, die »Wollüstigen gleichsam in der Luft liegend gemalt, fast wie auf einem Polsterbett, das man nicht sieht; und er hat sie für Spukgestalten zu schwer, zu körperlich gemalt«. Und weiter! Er, der bislang den Rat und die Kritik seines Freundes Vittore Grubicy wertgeschätzt hatte, ereiferte sich dieses Mal aufs heftigste über dessen Meinungsäußerung, die er ihm auch später nie ganz vergessen konnte.

Die Einengung auf einen bestimmten Vorstellungskomplex, die Entfremdung von der Realität hat stets eine erhöhte Reizbarkeit zur Folge. Das können wir alltäglich beim gesunden Menschen, besonders kraß aber beim Neurotiker beobachten. Bei Segantini kam diese Reizbarkeit damals noch in einem denkwürdigen Vorfall zum Ausdruck.

Er stellte die ›Hölle der Wollüstigen‹ 1891 in Berlin aus. Das Bild war ohne Frage von hervorragenden künstlerischen Qualitäten, trotz der Einwände, die sich gegen die Darstellung mit Recht erheben ließen. Die Jury würdigte es nicht der höchsten Auszeichnung, sondern ließ Segantini eine »ehrenvolle Erwähnung« zuteil werden, die für ihn eine Kränkung bedeuten mußte. Zu anderen Zeiten hätte der Meister sich über das Urteil wohl lächelnd oder achselzuckend hinweggesetzt. Aber dieses Werk nahm eine besondere Stelle ein; wer es angriff, der rührte an Segantinis empfindlichsten Punkt. So kam denn die ganze Impulsivität seiner Triebe einmal zum ungehemmten Durchbruch, als er seinen Richtern die Antwort erteilte.

Darüber berichtet er selbst in einem Brief an Vittore Grubicy, der so charakteristisch ist, daß er hier folgen möge.[34]

Savognin, den 5. August 1891.

Lieber Vittore!

Ich habe Deine Karte erhalten und danke Dir vielmals. Ich habe nicht einen Moment gezögert, die »lobende Erwähnung« zurückzuweisen. Im gleichen Augenblick, wo ich die Nachricht erhielt, es war am 29., schickte ich nach Berlin dieses Telegramm:

»Berlin. – An den Vorstand und die Jury der Internationalen Ausstellung.

[34] Vgl. S. 184 f. der Sammlung von Bianca Segantini [1909].

In keiner Ausstellung der Welt, in der ich vom ersten Tage an bis heute ausstellte, gab es jemals eine Kommission, die es nötig zu haben glaubte, mich zu beleidigen, ausgenommen diese Berliner Jury. Ich bitte Sie um einen einzigen Gefallen, löschen Sie mich öffentlich von der Liste Ihrer Prämiierten.

Giovanni Segantini.«

Nota bene habe ich das Telegramm mit bezahlter Rückantwort geschickt, aber diese ... haben es nicht einmal für nötig gehalten, mir zu antworten. Es ist um toll zu werden. Leb wohl.

Dein G. S.

Wie erwähnt, vollendete Segantini die letzte Fassung des Nirwanamotivs im Jahre 1893. Bald danach setzte ein Vorgang ein, der die gleiche Tendenz hatte wie der früher geschilderte Umschwung am Ende der Brianza-Periode. Ein Brief an Vittore Grubicy, datiert vom 21. Dezember 1893, läßt uns den Übergang aus der deprimierten Gemütsstimmung zur Lebens- und Arbeitsfreude klar erkennen. Der Künstler nimmt auf einen früheren Brief Bezug und läßt sich also vernehmen: »Mein Schreiben, das Du melancholisch nennst, wurde mir von einem jener moralischen Augenblicke diktiert, die dem Stoße eines Schienbeins gegen eine scharfe Kante ähneln und uns aufschreien lassen! Und da es meine Gewohnheit ist, nur das zu schreiben, was ich empfinde, so schrieb ich mit dem lauten Aufschrei meiner Seele.« Dann, nach einer Bemerkung über seine Arbeitspläne, fährt er fort: *»Ja, das wahre Leben ist ein einziger Traum, der Traum, sich allmählich einem Ideal zu nähern,* das möglichst fern, aber hoch ist, hoch bis zum Erlöschen der Materie.«[35]

Der hervorstechendste Zug in des Künstlers seelischer Konstitution war ohne Zweifel die ganz ungewöhnliche Fähigkeit zur Sublimierung. So nahm er denn einen abermaligen Anlauf in dieser Richtung, um wiederum der verdrängten Triebe Herr zu werden, ganz wie er es sieben Jahre zuvor mit Erfolg getan hatte. Aber es mußte auch für ihn in dieser Beziehung eine Grenze geben, die nicht ungestraft überschritten werden durfte. Es gelang ihm fürder nicht, jene Triebe dauernd zu bannen. Etwa seit dem Jahre 1891, in dem er die ›Hölle der Wollüstigen‹ schuf, drängten sie immer wieder vor, und die folgenden Jahre bis zu seinem frühen Tode wurden ausgefüllt von einem inneren Ringen, dessen Folge ein häufiger Wechsel seiner Stimmungslage war. Er,

[35] [Segantini (1909, S. 190). Hervorhebung von Abraham. Vgl. auch Servaes, loc. cit., S. 190.]

der jetzt in der Blüte seiner Jahre und auf der Höhe seines Schaffens stand, war neurotischen Stimmungsschwankungen preisgegeben, deren Sinn die Verneinung des Lebens war! Wohl überwand er sie immer wieder; aber der Sieg kostete ungeheure Opfer an psychischer Energie, und oft genug war es nur durch gewaltsame Mittel möglich, die vordringende Schwermut zu kompensieren.

Segantini suchte von dieser Zeit an mehr als je zuvor seine Zuflucht im Reiche der Phantasie; hatte er doch selbst bekannt, daß ihm das Leben in der Traumwelt als das erstrebenswerteste erschien. Neben den schon besprochenen Darstellungen der »schlechten Mütter« brachte er in den Jahren 1891–1894 mancherlei andere phantastische Leistungen hervor, die nicht auf dem Gebiete der Malerei lagen.

Dahin gehört zunächst der Entwurf eines Musikdramas, von dem Segantini seinem Freunde Vittore in einem Brief berichtet. Es ist nun von besonderem Interesse, daß sich in diesem Entwurf eine Stelle findet, welche die gleichen Grausamkeitsregungen erkennen läßt, die ich in den Nirwanabildern nachgewiesen habe. Es ist die Schilderung eines Brandes; der Künstler hat sie mit so mächtigen Affekten ausgestattet, daß wir sofort vermuten, hier spreche eine Stimme aus seinem tiefsten Unbewußten. Die Stelle lautet: »Eine Frau stürzt auf der Flucht vor dem Brande, halbnackt, die Haare wirr um die Schultern, mit zwei Kindern am Halse, von denen das eine ganz verbrannt ist, daher. Als die Frau das verbrannte Kind sieht, fängt sie fürchterlich an zu schreien, stürzt auf die Knie vor einer Betkapelle, die am Wege steht, und dort klagt und betet sie, indem sie ihre beiden Kinder zum Heiligenbild emporhebt. Danach legt sie sie wieder nieder. Das verbrannte Kind war tot! Sie betrachtet es stumpfsinnig, begreift, stößt zwei Schmerzensschreie aus, erhebt sich, streckt die Faust drohend zum Himmel und stürzt rücklings zu Boden.«[36]

Es unterliegt keinem Zweifel, daß Segantini hier eine mit starkem Affekt betonte Reminiszenz seiner frühen Kindheit verarbeitet hat. Ein vor ihm geborener Sohn seiner Eltern war bei einem Brande umgekommen. Es ist mir unbekannt, ob Giovanni ein Zeuge dieses Vorganges war; sicher aber hat er den Schmerz seiner Mutter um das tote Kind gesehen. Man wird nicht fehlgehen in der Annahme, daß dieser Eindruck in jenem frühen Alter bei dem Knaben grausame Gefühle hervorrief, die sadistische Triebkomponente befriedigte. Ich erinnere

[36] [Ibid., S. 177; vgl. auch Servaes, loc. cit., S. 145.]

daran, daß Segantinis erster zeichnerischer Versuch sich an den Tod eines Kindes und den Schmerz einer Mutter anschloß. Es wird erst jetzt in vollem Umfang begreiflich, warum dieser Vorgang so mächtig auf sein Inneres einwirkte; er brachte die verdrängte Reminiszenz an eine Befriedigungssituation der Kindheit zum Mitklingen. Und jetzt stand die Produktion des gereiften Mannes unter der Herrschaft der nämlichen verdrängten Kindheitswünsche; unter ihrem Einfluß schuf er die Bilder von den bösen Müttern und den Entwurf zu einem Musikdrama.

Andere Erzeugnisse seiner Phantasie aus dieser Zeit dienen der Überkompensierung der mühsam verdrängten Grausamkeitskomponente. Da ist der ›Traum eines Arbeiters‹, ein utopistisches Phantasiestück. Dem Träumer erscheinen zunächst Visionen, die den herrschenden Klassenkampf symbolisch darstellen. Dann stürzt er von seinem Beobachtungsposten hinab, berührt aber nicht die Erde, sondern verharrt schwebend in der Luft, schwebt weiter und kommt in ein Land, dessen Einwohner sich der glücklichsten gesellschaftlichen Zustände erfreuen. In dieser Utopie erlebt der Dichter die Verwirklichung seiner sozialistischen Ideale, welche die ursprüngliche grausam-egoistische Veranlagung ins volle Gegenteil verkehren! Bemerkenswert ist in dieser traumähnlichen Phantasie das Gefühl des Schwebens; es ist in diesem Falle ein durchaus lustvoller Vorgang.

Zu erwähnen ist ferner die phantastische Schilderung einer idealen Künstlergemeinschaft. Alle diese Produkte zeigen, wie sehr Segantini in jener Zeit dazu neigte, sich in Träumereien von fernen und hohen Idealen einzuspinnen. Aber nicht in allen Phantasien ließ er seine eigene Person so sehr in den Hintergrund treten wie in den geschilderten, utopistischen Träumen. Im Gegenteil! Ich wies schon früher darauf hin, daß aus den verdrängten Regungen der Aggression oder Herrschsucht Phantasiegebilde hervorgehen, die das Individuum weit über seine Umgebung erheben, ja in den Mittelpunkt der Welt stellen. *Größenphantasien* dieser Art trug Segantini sein Leben lang in seinem Busen. Jetzt aber rangen sie mehr denn je nach Ausdruck.

In den Abkunftsphantasien der Jugend hatte er sich einen königlichen Vater geschaffen und hatte dadurch sich selbst erhoben. Jetzt verherrlichte er seine Mutter als göttliche Idealgestalt. Ich habe Bilder wie ›Frucht der Liebe‹ und ›Dea christiana‹ zunächst nur aus dem »Mutterkomplex« zu erklären versucht, als Ausdruck der sublimierten Erotik und der überkompensierten »sadistischen« Regungen, die in früher

Kindheit der Mutter gegolten hatten. Es darf aber nicht übersehen werden, *daß die Apotheose der Mutter auch den Sohn erhöht.* Schon früher machte ich darauf aufmerksam, daß das Kind auf jenen Bildern mit dem Künstler selbst identisch sei. Segantini blieb aber nicht dabei stehen, daß er sich als Christuskind darstellte; bald nach der ›Dea christiana‹ (1895) malte er ein *Selbstportrait,* das ganz den Charakter eines Christusbildes trägt. Die träumerischen Augen sprechen von Leiden und Schwermut. Ihr Blick ist sehnsüchtig fernen Idealen zugewandt.[37]

Es liegt durchaus kein Widerspruch darin, daß Segantini, der dem religiösen Dogma gänzlich abgeneigt war, der die Existenz eines persönlichen Gottes leugnete, sich als *Christus* malte. Was ihn sich mit Christus identifizieren ließ, das war seine Ethik, seine Vergötterung der Mutterliebe und – sein Leiden. Wir sehen hier, wie in so manchem anderen Fall aus der tiefsten, bis zur Lebensverneinung gehenden Schwermut das Gefühl der Größe hervorwachsen.

Doch Segantini wurde nicht zum untätigen Phantasten. Vielmehr war es gerade die Arbeit, mit deren Hilfe er wie früher ein gut Teil der verdrängten Triebe sublimierte. Ja, es kam eine Zeit, in der er sich der Arbeit im *Übermaß* hingab. Als er im Jahre 1894 Savognin verließ und nach Maloja im Ober-Engadin übersiedelte, trat er in die letzte Periode seines Lebens ein, in der er – wie Servaes sich ausdrückt – zum *»Fanatiker der Arbeit«* wurde.

V

Acht Jahre waren vergangen, seit Segantini nach Savognin hinaufgestiegen war. Damals kam er als ein Suchender. In ständiger unmittelbarer Berührung mit der Natur war er zum Meister herangereift.

[37] Größenphantasien äußern sich bei Segantini in mancherlei kleinen Zügen, die zumeist nicht beachtet werden. Während z. B. die älteren Bilder des Künstlers mit seinen Initialen signiert sind, fehlt einer Anzahl späterer Bilder jedes derartige Zeichen. Das oben erwähnte Selbstporträt ist nur mit der Jahreszahl bezeichnet. Offenbar war sein Selbstgefühl derart gestiegen, daß er es nicht mehr für nötig hielt, dem Werke eine Note darüber beizufügen, wer es gemalt habe. Mehrere der mystischen Bilder zeigen einen sonderbar S-förmig gekrümmten Baum, dessen Form dem Beschauer auffallen muß. Ich vermute, daß Segantini diese Form, die an den Anfangsbuchstaben seines Namens erinnert, als ein Wahrzeichen auf den Bildern angebracht habe. Er stellte damit sich selbst in die Natur hinein und betonte so, wie sehr er sich mit der Natur – die ihm die Mutter bedeutete – verwachsen fühlte.

Jetzt zog es ihn wiederum zur Höhe, ganz wie damals, als er die Schwermut der Brianza-Periode von sich abschüttelte. Er zählte sechsunddreißig Jahre, als er ins Ober-Engadin übersiedelte. Er wagte sich ins Herz des Hochgebirges hinein; denn im sicheren Bewußtsein seines Könnens durfte er sich jetzt die höchsten Aufgaben stellen. Er faßte eine heiße Liebe zu dem Tale, in dem er die letzten fünf Jahre seines Lebens zubringen sollte. Den Bergen dieses Landes brachte er eine religiöse Verehrung entgegen. So schrieb er einmal einem Freunde: »An manchem Morgen, während ich minutenlang diese Berge betrachte, noch bevor ich zum Pinsel greife, fühle ich mich gedrängt, mich vor ihnen niederzuwerfen, als vor lauter unter dem Himmel aufgerichteten Altären.«[38]

Es konnte nicht fehlen, daß Segantini hier sogleich Wurzel faßte und daß er fürderhin mit dem Lande, seiner Natur, seinen Bergen und seinen Bewohnern ganz und gar verwuchs. Er genoß den schimmernden Glanz der Firne und Gletscher, das flimmernde Blau des Himmels und den Glanz der Sonne, wie sie dem Engadin eigen sind, sah mit Entzücken den reichen Blumenflor, den ein kurzer Sommer hier in einziger Farbenpracht hervorsprießen läßt. Nach all dieser Herrlichkeit des Engadins sehnte sich sein Auge. Aber nicht minder war sein Gemüt, sein Charakter auf dieses Land abgestimmt wie auf kein anderes.[39] Das Tal besitzt eine alte, selbständige Kultur; seine Bewohner haben sich in jahrhundertelanger Abgeschlossenheit ihre besondere Sprache, eigene Sitten, einen eigenen Baustil erhalten. Harter Arbeit und unbeugsamer Energie hatte es bedurft, um dieses Hochtal zu einer Wohnstätte für Menschen zu gestalten. Diesen Menschen, diesem Lande fühlte sich Segantini wesensverwandt.

Zunächst schuf er in Maloja ein Werk, auf dem noch die schmerzliche, trübsinnige Stimmung lastet. Doch es fehlt das Mystische, Visionäre. Der Künstler hat mit erschütternder Wahrheit einen Vorgang aus dem alltäglichen Leben dargestellt; er läßt die Schwermut der vergangenen Zeit gleichsam in eine Elegie ausklingen. Eine Familie führt die Leiche des Sohnes in die Heimat zurück. Eine unendliche Trauer liegt über

[38] Vgl. Servaes [1907], S. 202.

[39] Die im folgenden enthaltenen Hinweise mögen zur Erklärung der merkwürdigen Tatsache beitragen, daß unter den begeisterten Freunden der Alpenwelt die besondere Spielart der Engadinschwärmer existiert. Es scheint diese Schwärmerei mit gewissen Charakterzügen zusammenzufallen, die auch bei Segantini ungewöhnlich ausgeprägt waren. Dient schon der Alpinismus im allgemeinen häufig der Betätigung sublimierter Triebe, so scheint jene spezielle Form in besonderem Maße komplexbedingt zu sein.

dem Bilde: in ihr vereinigen sich der Vater, der gebeugten Hauptes das Pferd am Zügel führt, die zwei Frauen, die sich auf dem Sarge niedergelassen haben, das Pferd, das müde seine Last durchs Bergland fährt, und der Hund, der traurig dem Zuge nachschleicht. Das ist die ›Rückkehr ins Heimatland‹, eines der ergreifendsten Werke des Künstlers.

Wir finden hier wieder die abendliche Beleuchtung, wie auf allen Bildern des Todes. Aber Segantini hat ihr neue Seiten abgewonnen. Die Färbung des zart bewölkten Abendhimmels ist von wunderbarer Pracht; sie wirkt wie ein lindernder Trost gegenüber der Trauerstimmung, die den Zug beherrscht.

Es folgte eine Reihe großer Meisterwerke, gleich hervorragend durch die Tiefe der ihnen innewohnenden Ideen wie durch die vollendete Technik. Es seien ihrer einige genannt; sie zeigen aufs deutlichste die wechselnden Stimmungen, denen ihr Schöpfer unterworfen war. Da ist die ›Liebe an der Lebensquelle‹. Ein junges Paar schreitet der Quelle des Lebens zu, an der ein Engel Wacht hält. Das Bild gehört zu den symbolischen; aber im Gegensatz zu den früheren Werken dieser Art hält es sich frei von Angst und Trübsal. Es strahlt von Helligkeit und lichten Farben.

Von ruhiger und heiterer Gemütsstimmung spricht der ›Frühling in den Alpen‹ (1897). Segantini selbst sah dieses Werk als sein bestes an. Es ist ganz in hellsten, leuchtenden Farbentönen gehalten. Ernster ist die ›Heuernte‹. Wir sehen Frauen auf den Wiesen bei schwerer Arbeit; sie erinnern uns an Millets ›Ährenleserinnen‹. Den Himmel beginnen dunkle Wetterwolken zu überziehen; sie jagen einander gleich gespenstischen Gestalten.

›Glaubenstrost‹ nimmt wieder das Thema vom Tode auf. Ein Elternpaar weilt am Grabe des Kindes auf einem kleinen, tief verschneiten Kirchhof. In der Haltung beider hat Segantini mit großer Feinheit angedeutet, wie sie im Glauben ihren Trost finden.[40] Aber dann enthält das Bild, neben seinem realistischen Inhalt, visionäre Elemente. »Auf dem Grabeskreuz nebenan erscheint die Vision eines Veronika-Schweißtuches mit dem Haupte des Erlösers. Wenn wir aber unseren Blick emporschicken über die zackigen Berge in den klaren Äther, hoch, hoch hinauf, so gewahren wir – es ist zu diesem Zwecke ein eigenes Lünettenbild aufgesetzt – eine trostvolle himmlische Erscheinung.

[40] Vgl. hiezu Servaes' Beschreibung [1907], S. 210.

Zwei Engel mit großen Flügeln tragen den kleinen nackten Leichnam des Kindes liebevoll empor ins Reich der ewigen Freude.«[41]
Der Hang zur Mystik, zum Übersinnlichen, von dem bald noch mehr die Rede sein wird, hatte wieder einmal die Oberhand gewonnen.
Die Reihe der großen Werke der Maloja-Periode schließt ab mit dem Triptychon ›Natur, Leben, Tod‹ (auch wohl als ›Werden, Sein, Vergehen‹ bezeichnet). Diese machtvolle Schöpfung zeigt das Verlangen des Künstlers, die in ihm kämpfenden Triebe auszugleichen, zu versöhnen, Leben und Tod zu einer Harmonie zu vereinigen. Er verkündet in der Sprache der Kunst die Einheit alles Seins, und so wird sein letztes, unvollendetes Werk zu einem monistischen Glaubensbekenntnis.
Es waren Jahre der angestrengtesten Arbeit, die Segantini in Maloja verlebte. Sein Bedürfnis nach Arbeit, das wir aus dem früher Gesagten verstehen, wurde immer stärker. »Meine Seele, gierig wie ein alter Geizkragen, sehnt sich brennend, zitternd, starren Auges, die ausgebreiteten Flügel nach dem Horizont des Geistes zu erheben, wo die zukünftigen Werke geboren werden.« So hatte er in einem Brief an Vittore Grubicy geschrieben, kurz bevor er nach Maloja übersiedelte.[42]
In den folgenden Jahren hat er bewiesen, daß das keine leeren Worte waren. Sein Enthusiasmus für seine Arbeit war unbegrenzt und ließ ihn bis zur äußersten Anspannung seiner Kräfte gehen. Im Sommer begab er sich in frühester Morgenstunde ans Werk, oft weite Strecken zurücklegend, bis er an seine Arbeitsstelle kam, die er je nach dem Bedürfnis wechselte. Unermüdlich förderte er dann sein Werk bis zum Abend. Im Winter sah man ihn bei schneidender Kälte im Freien arbeiten. Und bevor er noch ein Werk vollendete, erfüllten ihn neue Entwürfe und Zukunftspläne.
Der begeisterte Schaffensdrang und im Verein mit ihm die hingebende Liebe zur Natur, die andächtige Verehrung ihrer Schönheit waren es in erster Linie, die ihn vor dem Versinken in schwermütige Stimmungen bewahren mußten, sooft solche an ihn herantraten.
Diesem erschütternden Seelenkampfe aber war ein nahes Ziel gesetzt. Von den Teilen des Triptychon war die ›Natur‹ so gut wie vollendet. An den zwei anderen Bildern arbeitete Segantini im September 1899 mit großem Eifer. Das ›Leben‹ war zum größten Teil fertiggestellt; den ›Tod‹ förderte er gerade in den letzten Tagen, die er in Maloja

41 Servaes.
42 Sammlung der Briefe [Segantini 1909], S. 191.

verweilte. Dieses Gemälde blieb in unvollendetem Zustande zurück, als er am 18. September, begleitet von Baba und seinem jüngsten Sohne Mario, den Schafberg erstieg. Dorthin wurde anderen Tages das Mittelbild gebracht, an dem er zu arbeiten beabsichtigte.

Sein ungestümer Schaffensdrang hatte ihn, ungeachtet der vorgerückten Jahreszeit, auf diese Höhe (2700 m) getrieben, wo ein bescheidenes Steinhäuschen ihm Aufenthalt bieten sollte. An einem klaren Abend langte er an dieser seiner letzten Station an.

Da stand er nun inmitten der Großen seines Reiches. Die Häupter der Bernina erstrahlten vor ihm im abendlichen Glanze und begeisterten ihn zu den Worten: *»Ich will eure Berge malen, Engadiner, daß die ganze Welt von ihrer Schönheit spricht!«*

Einen Tag lang arbeitete er am Bild des Lebens, da ergriff ihn – zeitlich zusammentreffend mit einem Umschlag der Witterung – eine fieberhafte Krankheit. Sie setzte mit großer Heftigkeit ein. Die Dachkammer des Häuschens, dessen mangelhafte Bauart nur sehr unvollkommen Schutz gegen Sturm und Kälte gewährte, wurde zum Krankenzimmer.

Seltsam mutet an, was wir über den weiteren Verlauf dieser Krankheit vernehmen. In der Nacht stand Segantini auf und ging wiederholt, nur dürftig bekleidet, trotz seines Fiebers in den Schneesturm hinaus. Am anderen Tage schleppte er sich zu dem Bilde, das in geringer Entfernung von der Hütte aufgestellt war, und versuchte zu arbeiten. Vor Schwäche schlief er ein; er wurde geweckt, und mit Mühe gelang es, ihn zum Hause zurückzugeleiten. Gänzlich erschöpft lag er nun danieder. Aber er weigerte sich, einen Arzt kommen zu lassen, obwohl ihn mit dem nächsten erreichbaren Arzt, Dr. Bernhard in Samaden, persönliche Freundschaft verband. Mario, der aus anderem Grunde nach Samaden hinuntergehen mußte, durfte dem Arzt nur von einem Unwohlsein des Vaters sprechen. Bald danach ließ der Arzt durch einen Boten sagen, daß er bereit sei, sofort auf den Schafberg zu kommen; aber Segantini lehnte ab. Als sein Zustand sich noch weiter verschlimmert hatte, mußte endlich Mario nach Pontresina hinab; er rief telephonisch den Arzt herbei, und dieser kam bei Nacht und Unwetter oben an – als nichts mehr zu retten war.

Dem Sterbenden, um den sich seine Familie versammelte, schien die drohende Gefahr nicht zum Bewußtsein zu kommen; im Gegenteil war er zeitweise zum Scherz aufgelegt. – Da klärte sich der Himmel noch einmal vor ihm auf. Er verlangte, daß man sein Bett an das

Fensterchen rücke: »Voglio vedere le mie montagne«, das waren die letzten Worte seiner Sehnsucht. »Dort lag er dann, unverwandt den Blick in die gegenüberliegende Bergkette versenkt, die gleiche, die er auf seinem Bilde hatte zu Ende malen wollen. Aber in diesem Blicke lag kein wehmütiges Abschiednehmen, in diesem Blicke lag der ganze Heißhunger des Malers und des Verliebten: er sog diese Farben, Formen, Lichter und Linien in sich hinein, weil er aus ihnen etwas zu gestalten dachte, das höchste Kunst sein sollte ...«[43]

Segantinis Verhalten in diesen letzten Tagen seines Lebens wirft ein grelles Licht auf den Zwiespalt psychischer Kräfte in seinem Innern. Im Vollbewußtsein seiner Kraft zieht er zum Schafberg hinauf. In enthusiastischen Worten verkündet er dort oben das Ziel seines Strebens. Mit Feuereifer geht er unverzüglich an die Arbeit, und gleich darauf, als ihn eine hitzige Krankheit befällt, gefährdet er sich durch das Hinaustreten in den nächtlichen Schneesturm, erschöpft seine Kraft, da er sie am notwendigsten im Kampfe gegen die Krankheit gebraucht und verweigert hartnäckig die Hilfe, die ihm angeboten wird!

Wir fragen uns: waren es nur sein Tatendrang und seine Schaffensfreude, die ihn jene Höhe aufsuchen ließen? Ging er nur hinauf, um dort zu leben und zu arbeiten, oder war es neben diesen ihm bewußten Motiven ein unbewußtes Sehnen nach dem Tode, das ihn trieb? Wir werden uns über diese Frage nur klar werden können, wenn wir uns einen möglichst vollständigen Überblick darüber verschaffen, welche Bedeutung den Gedanken an den Tod in Segantinis Seelenleben zukam.

Früh hatte er das Wirken des Todes in seiner Umgebung kennengelernt: er verlor den Bruder und dann die Mutter. Er erfuhr, daß der Tod der Mutter mit seiner Geburt zusammenhing; man erzählte, wie er selbst so schwach zur Welt gekommen war, daß man kaum glaubte, ihn am Leben erhalten zu können; er erinnerte sich, zweimal wie durch ein Wunder dem Tode entronnen zu sein. So mußte er früh zu der Einsicht gelangen, daß der Tod dem Menschen zu jeder Zeit nahe ist, und seine Lebensauffassung mußte dadurch einen ernsten Zug erhalten.

Diese trüben Erfahrungen in der Kindheit erklären aber nicht die ungeheure Macht der Todesgedanken bei Segantini. Wir müssen vielmehr auf die früher besprochenen *inneren* Motive zurückgreifen. Die sadistischen Triebregungen, die Gefühle des Hasses, die Todeswünsche

[43] Servaes [loc. cit., S. 226].

mußten von den Objekten, auf die sie vorwiegend gerichtet waren, zurückgezogen werden. Sie wurden teils als Gedanken an den eigenen Tod auf das Subjekt zurückgeworfen, teils verfielen sie der Sublimierung und machten auf dem Wege der »Reaktionsbildung« die Umwandlung in entgegengesetzte Regungen durch.

Die ganze Bedeutung, welche der Sublimierung der Todesphantasien bei Segantini zukommt, erhellt am besten daraus, daß sein erster Zeichenversuch und sein letztes, unvollendetes Gemälde *Bilder des Todes* sind.

Bald nachdem er die Schule der Brera verlassen hatte, verschaffte er sich Zutritt zur Anatomie und machte dort seine ersten Naturstudien – an Leichen. Wie er Jahre zuvor unermüdlich bei der Leiche eines Kindes ausgeharrt hatte, so reizte ihn auch jetzt der Anblick des Todes. So entstand eines seiner frühesten Bilder, ›Il prode‹ (›Der tote Held‹) benannt. Bei der Arbeit begegnete ihm damals ein Zwischenfall, der einen tiefen Eindruck hinterließ. Er hatte die Leiche, welche ihm als Modell diente, aufrecht an die Wand gestellt. Während er in seine Arbeit vertieft war, verlor der Körper, der den Sonnenstrahlen ausgesetzt war, seine Starre, geriet ins Wanken und stürzte vornüber. Der junge Segantini legte diesem Vorfall eine üble Vorbedeutung bei und konnte sich lange Zeit von der Angst vor dem Tode nicht frei machen.

Die Neigung zum Aberglauben, die bei unserem Künstler sehr ausgesprochen war, gemahnt wiederum an die seelischen Eigentümlichkeiten der Zwangsneurotiker. Die Zweifel dieser Kranken beschäftigen sich namentlich mit der Dauer ihres Lebens und mit dem Schicksal nach dem Tode. Sie sind stets bereit, an Vorbedeutungen in dieser Beziehung zu glauben. Segantini verhielt sich ganz ebenso; wir werden bald Näheres darüber erfahren. Dem ›Prode‹ folgten andere Bilder des Todes. Der frühen Zeit entstammen z. B. ›Für unsere Toten‹, ›Die leere Wiege‹, ›Die Verwaisten‹. Dann schlossen sich die weltschmerzlichen Stimmungsbilder der Brianza-Periode an. In Savognin fanden die Todesgedanken ihren Ausdruck durch die Nirwanabilder. In Maloja endlich entstanden die ›Rückkehr in die Heimat‹, ›Glaubenstrost‹ und zuletzt ›Der Tod‹ als Teil des großen Triptychons. Das alles aber sind nur Beispiele aus der großen Zahl der Bilder, die vom Tode handeln.

Die Todesahnungen verließen ihn nicht. Wohl wehrte er sie ab, aber sie kehrten wieder – kehrten wieder aus der Tiefe seines Unbe-

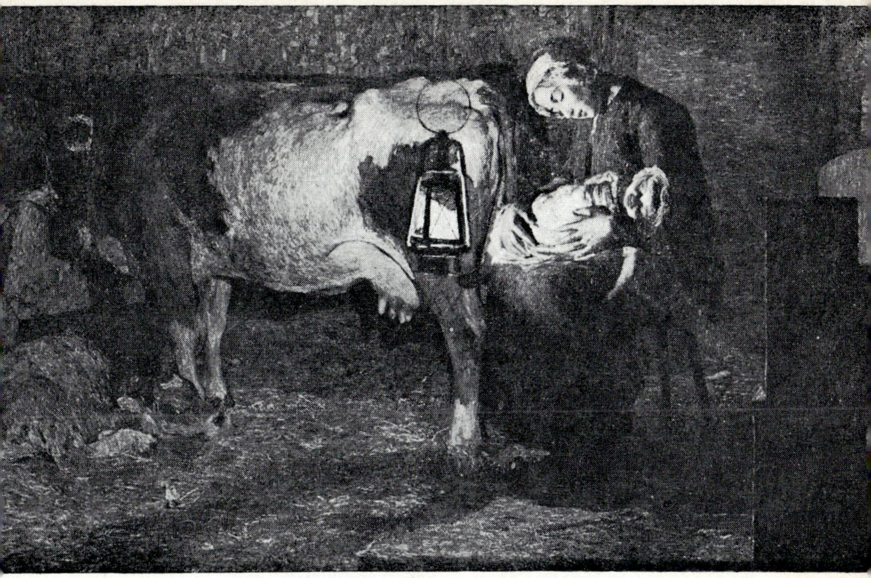

Giovanni Segantini, ›Zwei Mütter‹

Giovanni Segantini, ›Die bösen Mütter‹

Porträtkopf einer Statuette der Königin Teje,
der Mutter des ägyptischen Königs Amenhotep IV. (Echnaton)

wußten. Unter Segantinis Aufzeichnungen (S. 52 der Sammlung von Bianca Segantini [1909]) befindet sich unter der Überschrift ›Ein häßlicher Traum‹ die Erzählung eines Traumes, der uns den Kampf entgegengesetzter Triebe mit großer Lebendigkeit vor Augen führt. Ich gebe die erste Hälfte im folgenden wieder:

»Traurig saß ich an einem geheimnisvollen Orte, der Zimmer und Kirche zugleich war. Eine seltsame Figur stand mir verblödet gegenüber, ein Wesen von garstigen, abstoßenden Formen. Es hatte weiße gläserne Augen, seine Fleischtöne waren gelb, halb schien es ein Kretin und halb der Tod. Ich erhob mich, und mit gebieterischem Blicke jagte ich das Wesen fort, das sich, nachdem es mich von der Seite angeschaut, verzog. Ich verfolgte es mit dem Blicke bis zu einem dunklen Schlupfwinkel, in dem es verschwand. Bei mir dachte ich: diese Erscheinung eines Leichnams muß für mich von schlechter Vorbedeutung sein. Als ich mich umwandte, um mich hinzusetzen, ging ein Zittern über alle meine Glieder, denn jene trostlose Erscheinung stand mir wieder gegenüber. Ich erhob mich wie eine Furie, verfluchte sie unter Drohungen. Demütig verschwand sie von neuem. Zu mir sagte ich darauf: vielleicht tat ich schlecht daran, sie auf diese Art zu verjagen; sie wird sich rächen.«

Hier findet sich auf engem Raum alles zusammen: das Grausen vor dem Tode, der Versuch der Abwehr, das Wiederauftreten der kaum gebannten Gedanken, die Explosion des verhaltenen Affektes, der abermalige Sieg über die Todesgedanken und schließlich die resignierte Erkenntnis: sie werden sich rächen, und zuletzt werde ich der Überwundene sein!

Segantini legte solchen Träumen, ebenso wie gewissen anderen Vorkommnissen, eine unheilvolle Vorbedeutung bei. Je häufiger er aber durch Vorzeichen des Todes erschreckt wurde, um so mehr bedurfte er eines Gegengewichtes. Dadurch wird es verständlich, daß er allerhand Prophezeiungen ein williges Ohr lieh. Besonders klammerte er sich an eine ihm gewordene Weissagung, nach der er Tizians Alter erreichen sollte. Es wird erzählt, daß er sich auf diese Prophezeiung fest verlassen habe, gerade zu der Zeit, als in ihm selbst die trüben Gedanken mit besonderer Macht aufstiegen.

Aber er ging weiter. Er schlug auch hier den Weg ein, den wir aus der Analyse der Zwangsneurose kennen. Die wirksamste Abwehr der Todesgedanken – mögen sie sich gegen die eigene Person oder gegen andere richten – besteht in der Negation des Todes. Es gibt keinen

Tod – das ist die Wunschphantasie der Menschheit zu allen Zeiten gewesen. Am meisten aber klammern sich an das Fortleben nach dem Tode diejenigen, deren Leben durch Todesphantasien beständig beunruhigt wird: die Zwangsneurotiker. Wir kennen bei ihnen eine eigene Art von Religiosität, in der der Glaube an die Unsterblichkeit eine große Rolle spielt. Wenn es ein Fortleben gibt, dann sind die quälenden Vorwürfe, die jene Menschen sich machen, hinfällig: die, deren Tod sie verschuldet zu haben fürchten, sind gar nicht gestorben, sondern führen ein Leben an einem anderen Orte.

Schon früher einmal sahen wir Segantini die Tatsache des Todes in eigentümlicher Weise negieren. Das Bild einer sterbenden Schwindsüchtigen übermalte er und gestaltete es zu einem Bilde des blühenden Lebens! In den späteren Jahren gingen seine Bedürfnisse weiter. Es bildete sich ein Hang zum Übersinnlichen aus, und besonders war es der *Spiritismus*, dem der Künstler sich ergab. Zur selben Zeit erhielt auch ein Teil seiner Werke jenen mystischen Zug, von dem früher die Rede war.

Wie in dem ›häßlichen Traum‹, so erging es ihm in Wirklichkeit. Die Todesgedanken bemächtigten sich seiner immer mehr. Mit gewaltigem Kraftaufwand kompensierte er sie freilich. Aber während er sich bewußt neuen Plänen und Schöpfungen zuwandte, während er in enthusiastischen Worten von seinem Arbeitsprogramm erzählte, erhob sich aus seinem Unbewußten immer vernehmlicher der Ruf des Todes.

Segantini erzählte selbst einen Vorfall, der sich etwa ein Jahr vor seinem Tode zugetragen haben dürfte, als Beweis dafür, daß eine Verbindung mit den Verstorbenen bestehe. Er habe sich im Winter auf einer Wanderung verirrt, habe sich ermüdet im Schnee niedergelassen und sei eingeschlafen. Er wäre sicher dem Tode des Erfrierens preisgegeben gewesen, wenn ihn nicht im Augenblick der Gefahr eine Stimme gerufen hätte, die er als die *Stimme seiner Mutter* erkannte. Auf dieses Vorkommnis führte er selbst seinen Glauben an ein Jenseits zurück.

Durch das Studium des Unbewußten haben wir erfahren, daß mancherlei kleinen »Zufälligkeiten« des Lebens eine tiefere Bedeutung innewohnt, als man gemeinhin annimmt.[44] Nicht freilich im Sinne einer Vorbedeutung für die Zukunft. Wohl aber erweisen sie sich als determiniert durch unbewußte Einflüsse, die von den verdrängten Kom-

[44] Freud, *Zur Psychopathologie des Alltagslebens* [1901 *b*], 3. Aufl., Berlin 1910.

plexen ausgehen. Besonders sei auf die so häufigen Fehlhandlungen hingewiesen, die wir mit dem Namen der Ungeschicklichkeiten, des Sichvergreifens, des Verlegens von Gegenständen usw. bezeichnen. Jeder solche Vorfall erweckt den Anschein des Zufälligen und des Unzweckmäßigen, während er in Wirklichkeit eine Gesetzmäßigkeit in sich begreift und einen Zweck – freilich einen unbewußten – vollkommen erfüllt.

Für uns sind von besonderem Interesse die nicht seltenen Fälle von *unbewußtem* – versuchtem oder vollendetem – *Selbstmord*. Personen, die unter einer depressiven Stimmung leiden, lassen ganz gewöhnlich die einfachsten, ihnen bisher selbstverständlichen Vorsichtsmaßregeln außer acht. Sie laufen unbedachtsam einem Automobil in den Weg, nehmen versehentlich eine giftige statt einer ungiftigen Arznei, oder sie ziehen sich in ungeschickter Weise Verletzungen zu, wie es ihnen sonst nicht begegnet war. Alle solche Handlungen können ohne bewußte Absicht geschehen, also aus unbewußten Impulsen hervorgehen. In das Gebiet des unbewußten Selbstmordes gehören beispielsweise auch nicht wenige der so häufigen Unfälle im Hochgebirge.

Es ist auffällig, daß der berggewohnte Segantini, der als Maler, als Tourist und als Jäger zu jeder Zeit die Gegend durchstreifte, den Weg verlor und dann noch unvorsichtig genug war, sich bei Winterskälte im Schnee niederzulassen. Das Verirren und das Einschlafen im Schnee erregen in uns den Verdacht, hier möchte ein unbewußter Selbstmordversuch vorliegen. Zu dieser Vermutung berechtigt uns die Tatsache, daß düstere Gedanken aus Segantinis Unbewußtem besonders in jener Zeit oftmals aufstiegen, daß ein Sehnen nach dem Tode sich nur allzu deutlich bemerkbar machte. Es blieb aber bei einem Versuch. Noch gelang es dem entgegengesetzten Willen zum Leben, sich geltend zu machen in Form der Stimme, die den beginnenden Schlaf unterbrach. Die Stimme der Mutter, die aus seinem Inneren kam, die er aber nach außen projizierte, rief den Entschlummernden zum Leben zurück. Gerade das hat seine tiefe Bedeutung; war ihm doch die Mütterlichkeit das Prinzip alles Lebens.

Werden wir aus diesem Vorfall Schlüsse ableiten dürfen in bezug auf Segantinis Tod, der nicht gar lange nachher eintrat?

Hören wir, was kurz vor dem Aufstieg zum Schafberg geschah! Des Künstlers Gattin erzählte uns folgende Geschichte[45]:

[45] Servaes [1907], S. 264.

»Am letzten Sonntag, den er in Maloja verblieb, streckte er sich in seinem Arbeitszimmer auf einige Stühle aus, um auszuruhen. Ich blieb draußen und unterhielt mich mit den Kindern. Als ich eintrat, dachte ich, er schliefe und sagte: ›O, es tut mir leid, dich geweckt zu haben, du hattest den Schlaf so nötig!‹ – Darauf er sofort: ›Nein, meine Liebe, du tatest wohl daran einzutreten. Stelle dir vor, ich träumte (und glaub's mir, ich träumte mit offenen Augen, des bin ich sicher), daß ich es war, den sie auf ihrer Bahre aus jener Hütte trugen (und er deutete auf das Bild ›Der Tod‹); eine von den Frauen, die in der Nähe weilen, warst du, und ich sah, wie du weintest.‹ – Ich natürlicherweise sagte ihm, er habe geschlafen und es sei ein Traum gewesen. Er aber blieb dabei, fest überzeugt, wach gewesen zu sein und alles mit offenen Augen gesehen zu haben. Das gleiche, was er mir gesagt hatte, erzählte er kurz darauf unserer Baba. Nun, was er damals gesehen hat, in zwölf Tagen wurde es zur Wahrheit. Sein Bild vom Tode stellte sein eigenes Ende dar, aus jener Hütte haben sie seinen Sarg hinausgetragen. Die Landschaft war so, wie er sie auf seinem Bilde gemalt hat; die Frau, die man auf dem Bilde weinen sieht, nahe der Bahre, war ich. – Man beachte, daß er sich zur Zeit jener Vision durchaus wohl befand, so sehr, daß er an jenem Sonntag noch fortfuhr mit Schreiben. Tags darauf arbeitete er von vier in der Frühe bis um neun und führte alsdann das Bild, in einer Kiste verschlossen, vom Standort seiner Malerei bis nach Hause; noch am gleichen Abend vermochte er drei Stunden anstrengenden Marsches von Pontresina bis auf die Spitze des Schafberges zu machen. Er hat so fest an den Spiritismus geglaubt, daß er nach jener Vision sich ganz sicher nicht von Maloja fortbegeben hätte, hätte er sich nicht in vollkommenster Gesundheit gefühlt.«

Ich erblicke in diesem Wachtraume nicht eine Vorahnung im landläufigen Sinne, sondern einen Ausdruck des Todessehnens, das sich mit Macht ins Bewußtsein eindrängt. Ein Vergleich mit dem früher zitierten ›häßlichen Traum‹ ergibt einen bemerkenswerten Unterschied: damals im Traume eine lebhafte, ja leidenschaftliche Abwehr des Todes – jetzt nur das starre Entsetzen ob seiner Nähe.

Segantinis Gattin schildert anschaulich, wie er am Tage nach diesem Wachtraum schier Übermenschliches an Arbeit leistete. Auf dem Berge angelangt, sprach er dann die stolzen Worte, die einem uneingeschränkten Kraftgefühl zu entspringen schienen. Wir aber verstehen, daß der Drang zum Leben nur durch die äußerste Sublimierung aller

ihm dienstbaren Triebkräfte dem Ansturm der Todesgedanken standhalten konnte.
Es heißt, Segantinis Umgebung habe bis in die letzte Zeit nur gelegentlich wahrgenommen, daß er sich düsterer Stimmungen erwehren mußte. Es könnte daher als eine Übertreibung erscheinen, wenn ich diesem inneren Ringen eine so große Bedeutung beilege.
Aber der Kampf gegen die verdrängten Triebkräfte ist ein stiller Kampf, von dem ein so fein empfindender Mann wie Segantini nach außen so wenig wie möglich verlauten ließ. Bis kurz vor dem Tode war der Sieg auf seiten der Lebensbejahung gewesen. Erst als das Todessehnen die Oberhand gewann, wurden die Zeichen dieses Ringens nach außen hin bemerkbar.
So stand es um Segantini, als er den Schafberg erstieg. Und dann kam die Krankheit, die sein Verhängnis wurde. Vielleicht hätte er auf dieser Höhe im Anblick aller der Herrlichkeit neuen Lebensmut geschöpft, neue Tatkraft gewonnen, um zu erfüllen, was er den Engadinern gelobt hatte: wäre nicht die Krankheit gekommen. Aber als diese ihn überraschte, ihn, der nie zuvor von Kranksein gewußt hatte, da nutzten die unbewußten Mächte den Augenblick. Sein Verhalten, wie es bereits oben beschrieben wurde, mag freilich zunächst den Eindruck erwecken, als habe er, auf seine Gesundheit vertrauend, das körperliche Leiden nicht geachtet; und so faßte auch Segantini selbst sein Verhalten auf. Aber ist das eine Gegenwehr, die dem Feinde, der Bresche schießen will, die Tore öffnet? Wie wir es so oft erleben, sucht das Bewußtsein ein aus unbewußten Antrieben erfolgtes Handeln als sein eigen Werk in Anspruch zu nehmen und es in seinem Sinne zu motivieren, während in Wirklichkeit andere, dem Bewußtsein fremde und völlig entgegengesetzte Beweggründe am Werke waren.
Segantini erlag der tückischen Krankheit – aber nicht ihr allein. Vielleicht hätte er sie überwunden. *Aber die dunkeln Mächte seines Unbewußten kamen der Krankheit zu Hilfe, erleichterten das Zerstörungswerk und riefen selbst den Tod herbei.*
Indessen klammerte er sich in seinem Bewußtsein voll glühender Liebe an das, was ihm Leben bedeutete. Und während der Tod ihm nahte, warf er Blicke der Sehnsucht hinüber zu seinen Bergen, deren Schönheit seine Kunst noch ferner hatte rühmen wollen. Wir werden an Moses erinnert, der am Schlusse seines Lebens auf den Berg stieg, von dem er in das gelobte Land hinüberblicken durfte. Aber es war sein letzter Weg dort hinauf.

»Spenti son gli occhi umili e degni ove s'accolse l'infinita
bellezza, partita è l'anima ove l'ombra e la luce la vita
e la morte furon come una sola
preghiera, e la melodia del ruscello e il mugghio de l'armento e il tuono
de la tempesta e il grido de l'aquila e il gemito de l'uomo
furon come un sola parola« [46]

In diesen wundervollen Versen auf Segantinis Tod gedenkt Gabriele d'Annunzio der allumfassenden Liebe des Meisters, die uns an Franciscus von Assisi gemahnt.

Aber wir wissen es: derselbe Mensch, der in unendlicher Liebe alles Lebende umarmen wollte, barg in seinem Innern den Willen zur Zerstörung des eigenen Lebens.

Die psychoanalytische Betrachtung, die uns einen Einblick in den Kampf bewußter und unbewußter Kräfte gewährt, läßt uns diesen inneren Zwiespalt begreifen und mitfühlen. Sie enthüllt uns die ganze Tragik im Leben dieses Frühgestorbenen: daß ihn, den unermüdlich Schaffenden, der Schatten des Todes auf allen Wegen begleitete.

[46] [Erloschen sind die demütigen und würdigen Augen,
in denen sich Unendlichkeit und Schönheit vereinten;
entschwunden ist die Seele, in der Schatten und Licht,
Leben und Tod wie ein einziges Gebet waren,
in der die Melodie des Baches und das Gebrüll der Herde
und das Getöse des Sturms und der Schrei des Adlers
und das Wehklagen des Menschen wie ein einziges Wort waren.]

Nachtrag

Im Vorstehenden war oftmals die Rede von den seelischen Verstimmungen, denen Segantini zu verschiedenen Zeiten seines Lebens unterworfen war. Die vermehrte wissenschaftliche Erfahrung der letzten Jahre ermöglicht uns gegenwärtig tiefere Einblicke in Entstehung und Ursachen solcher Depressionszustände. Freilich bedarf es in jedem Einzelfall der eingehendsten psychoanalytischen Erforschung des Unbewußten, sofern wir zu befriedigenden Aufschlüssen gelangen wollen. Die allgemeinen Ergebnisse der seelischen Analyse solcher Zustände dürfen wir auf das Leiden eines Menschen, den wir während seines Lebens einer solchen Untersuchung nicht hatten unterziehen können, nur mit größter Vorsicht und Zurückhaltung anwenden.

Die psychologische Forschung lehrt uns nun, daß Depressionszustände, wie sie die medizinische Wissenschaft unter dem Namen melancholischer Störungen beschreibt, aus bestimmten Anlässen entstehen. Es liegt uns fern, Segantinis Leiden einem bestimmten klinischen Krankheitsbilde einordnen zu wollen. Es soll daher auch nur versucht werden, andeutungsweise zu sagen, inwieweit gewisse neuere Forschungsergebnisse mehr Licht auf den seelischen Zustand des Künstlers werfen könnten.

Melancholische Zustände schließen sich mit großer Regelmäßigkeit an ein Erlebnis an, welchem die seelische Konstitution eines Menschen nicht gewachsen ist, nämlich an einen Verlust, der sein Seelenleben in der Tiefe erschütterte und ihm völlig unerträglich und unüberwindbar erscheint, ja für den er nie mehr in seinem Leben Ersatz oder Entschädigung finden zu können vermeint. Stets handelt es sich um den Verlust derjenigen Person, die im Gefühlsleben jenes Menschen den Mittelpunkt einnahm und auf die sich seine gesamte Liebe konzentriert hatte. Sie braucht aber nicht etwa durch den Tod verloren gegangen zu sein; vielmehr handelt es sich um den Eindruck, die bisherige *seelische Beziehung* zu jener Person sei gänzlich zugrunde gegangen. Das häufigste Beispiel eines derartigen Verlustes ist eine schwere, nicht wieder gutzumachende Enttäuschung, die uns von seiten einer besonders teuern Person getroffen hat. Es ist das Gefühl gänzlicher Verlassenheit, das nunmehr die seelische Depression hervorruft.

Ein derartiges aktuelles Erlebnis ist jedoch für sich allein nicht geeignet, eine so schwere Störung des seelischen Gleichgewichts hervorzurufen, wie sie uns in einer melancholischen Depression und verwandten Zuständen entgegentritt. Die Stärke des Affekts, welcher sich mit dem Erlebnis verbindet, erklärt sich zum großen Teil aus *früheren* Eindrücken ähnlicher Art, die zu ihrer Zeit bereits eine ähnliche Erschütterung bewirkt hatten. In der Psychoanalyse eines solchen Falles gelangen wir an Hand der allmählich erwachenden Erinnerungen rückwärts bis zu Vorgängen der frühen Kindheit, welche die noch ungenügende seelische Widerstandsfähigkeit des Individuums auf die schwerste Probe gestellt hatten. Nach den bisherigen Erfahrungen pflegt es beim Manne stets die Mutter zu sein, durch die er in jener frühen Kindheitsperiode eine solche Enttäuschung erlebte.

Im Falle Segantinis sind wir freilich nicht in der Lage, den für das spätere Leben vorbildlichen Prozeß bis in alle Einzelheiten zu verfolgen. Aber wie früher nachgewiesen, muß der Künstler einen Widerstreit der Gefühle aus seiner Kindheit ins spätere Alter mit sich herübergebracht haben, der durch seelische Anlässe von Zeit zu Zeit wieder aktiviert wurde.

Noch einen weiteren Einblick vermögen uns die neueren Fortschritte der Psychoanalyse zu gewähren. Wir haben nämlich nicht nur erfahren, daß verschiedenartige seelische Zustände des reifen Alters sich nach Inhalt und Form Erlebnisse der frühen Zeit zum Vorbild nehmen, sondern daß der Mensch geradezu dem *Zwang* unterliegt, das früh Erlebte späterhin zu *wiederholen*.

Wir waren zu der Annahme gelangt, in Segantinis Leben sei einer glücklichen frühen Kindheit eine Zeit der Verlassenheit und weiterhin ein mühsam gebändigter Drang zur Vergeltung gefolgt. Dem nämlichen Wechsel verschiedener seelischer Zustände begegnen wir aber in seinem weiteren Leben. Wir erinnern uns der glücklichen, schaffensfreudigen Zeit in Savognin, auf welche eine solche der trüben Stimmung folgte. Die vom Künstler selbst gewählte Einsamkeit wiederholt jenen Zustand der Verlassenheit, den wir erwähnten; ja sie muß uns anmuten wie ein übermächtiger Drang, sich gänzlich in düstere, traurige Stimmung einzuhüllen. Und dann entstehen die Bilder, welche nach dem eigenen Zeugnis Segantinis die bösen Mütter strafen sollten. Es ist, als hätte sein Unbewußtes den Künstler genötigt, Glück, Enttäuschung, nachtragende Feindseligkeit und ihre schließliche Überwindung immer aufs neue nach dem Vorbild seiner Kindheit zu wiederholen.

Dringen wir auf psychoanalytischem Wege tiefer in das Seelenleben solcher Personen ein, welche seelischen Depressionszuständen unterworfen sind, so offenbaren sich uns nicht selten ganz ähnliche Gedankengänge, wie wir sie bei Segantini kennenlernten. Vor kurzem erst berichtete mir ein Patient einen Traum, der in überraschender Weise an Segantinis Bilder der »bösen Mütter« erinnert; dem Träumer waren weder diese Bilder noch die von Segantini benutzten indischen Quellen bekannt. Im Traum sah er eine weibliche Gestalt, welche nach und nach seiner Mutter ähnlich wurde, in der Luft schweben; sie näherte sich ihm, als wolle sie ihn zu sich locken, um alsbald wieder zu entschweben. Dieser Vorgang wiederholte sich mehrere Male.

Die seelische Störung, wegen welcher dieser Patient sich der Psychoanalyse unterzog, stand in engstem Zusammenhang mit seinem Verhältnis zu seiner Mutter, das in seiner Kindheit eine Reihe der schwersten Liebesenttäuschungen mit sich gebracht hatte. Ursprünglich liebevoll und zärtlich, hatte die Mutter dem kleinen Knaben eines Tages alle Liebkosungen verwehrt, weil er in einer offensichtlich sinnlich-erotischen Weise auf sie reagierte. Die Begründung, mit welcher die Mutter ihr verändertes Verhalten rechtfertigte, hatte aber in dem Knaben die heftigsten Affekte ausgelöst. Die Mutter hatte erklärt, sie habe einen Widerwillen gegen Zärtlichkeiten. Vorher und nachher aber hatte der Kleine Gelegenheit, die Intimitäten der Eltern zu beobachten und – wie er meinte – festzustellen, daß die Mutter aktiven Anteil an ihnen nahm, ja den Vater dazu provozierte.

Die Mutter im Traum, die sich dem Träumer nähert, um sich sogleich wieder zurückzuziehen, wird uns nunmehr leicht verständlich. Ihre schwebende Haltung deutet auf die sinnliche Lust hin; diese Symbolik ist uns aus vielen Träumen und anderen Gebieten der menschlichen Phantasie geläufig. Es wäre noch hinzuzufügen, daß gewisse Einzelheiten des Traumes die Tendenz zur Rache an der Mutter erkennen ließen. Die Übereinstimmung des Traumes mit Segantinis Bild von den bösen Müttern wird damit unabweisbar deutlich.

In Krankheitsfällen, die wir dem klinischen Bild der Melancholie zurechnen müssen, finden wir nun – überlagert von solchen Rachephantasien – in tiefster seelischer Schicht die Sehnsucht nach der Mutter im ursprünglichsten Sinne des Wortes. In bestimmten seelischen Erscheinungen wird die Sehnsucht nach der frühesten Befriedigung an der Brust der Mutter offenbar. Ein einziges Beispiel möge dies erläutern. Der Patient, dessen Traum ich berichtete, befand sich einmal in einem Depressionszustand, aus welchem es nach seinem Gefühl keinen Ausweg gab. Zu jener Zeit kam er mit einer weiblichen Person zusammen, die in seinem Seelenleben die Mutter – im guten wie im bösen Sinne – repräsentierte. Einer sexuellen Verbindung stand von ihrer Seite nichts entgegen; sie gab ihm sogar deutliche Zeichen des Begehrens. Doch von seiner Seite kam es anders. Den Kopf an ihre Brust gelehnt, schlief er ein. Als er erwachte, fühlte er sich von der seelischen Depression befreit. Vorher verzweifelt und lebensüberdrüssig, hatte er einen gewissen Zusammenhang mit dem Leben wenigstens zeitweise zurückgewonnen.

Wie ähnlich diesem Vorgang ist Segantinis Verhalten kurze Zeit vor seinem Tode! An einem Wintertag läßt er sich, von Müdigkeit überwältigt, im Schnee nieder. Nach einiger Zeit weckt ihn die Stimme seiner längstverstorbenen Mutter. Er findet den Weg zum Leben zurück und vermag – für den Augenblick wenigstens – die trübe Stimmung abzuschütteln.

Die erste und nachhaltigste seelische Bindung des Menschen an ein anderes menschliches Wesen erfolgt nach allen Erfahrungen der Psychoanalyse durch die frühesten lustvollen Eindrücke, und diese sind mit der saugenden Nahrungsaufnahme verknüpft. Die Gewalt dieser Bindung an die nährende Mutter offenbart sich im menschlichen Seelenleben in vielfacher Gestalt. Wir sahen früher die Erde, die Natur, die Alpenlandschaft in Segantinis Leben die Mutter darstellen. Die Inbrunst, mit der er den Anblick der Natur in sich einsog, war durch lange Zeiten sein stärkster Lebensantrieb, bis zu jenen letzten Worten, die noch einmal der Sehnsucht nach seinen Bergen Ausdruck gaben.

So will es uns jetzt noch einleuchtender erscheinen als schon früher, daß die ursprünglich befriedigte, später enttäuschte Sehnsucht nach der Mutter den Stimmungsschwankungen Segantinis zugrunde lag, ja daß sie es war, die ihn leben und die ihn sterben ließ.

Amenhotep IV. (Echnaton)

Psychoanalytische Beiträge zum Verständnis seiner Persönlichkeit und des monotheistischen Aton-Kultes[1]

Im Jahre 1880 wurde in der Nähe des ägyptischen Dorfes Tell-el-Amarna eine große Anzahl von Tafeln mit asiatischen Texten aufgefunden. Diese Tafeln stellten sich als wichtige historische Dokumente heraus und brachten insbesondere über König Amenhotep IV. und seine Regierungszeit die merkwürdigsten Aufschlüsse. Die aus jener Epoche erhaltenen hieroglyphischen Texte setzten in Gemeinschaft mit den »Amarna-Tafeln« die Forschung in den Stand, von der Persönlichkeit des Königs ein anschauliches Bild zu entwerfen. Wir besitzen eine Reihe von Quellenbüchern und Bearbeitungen der ägyptischen Geschichte, die eine Fülle des Interessanten über jene Epoche mitzuteilen wissen.[2] Sie lieferten die materiellen Grundlagen der nachfolgenden Untersuchung. Ich verweise namentlich auf die Werke von Breasted, dessen *Geschichte Ägyptens* vor kurzem in einer vorzüglichen deutschen Bearbeitung erschienen ist, sowie auf Weigalls ausgezeichnete Monographie über das Leben Amenhoteps IV.
Die Ägyptologen haben sich des »Ketzerkönigs«, der sich selbst den später zu erklärenden Namen *Echnaton* beilegte, mit besonderem Interesse, ja mit einer Begeisterung angenommen, die dem Uneingeweihten seltsam und unverständlich erscheinen muß. Trennen uns doch drei Jahrtausende und einige Jahrhunderte von der Amarna-Periode! Wenn aber ein so berufener Forscher wie Breasted den König als die merkwürdigste Gestalt in der älteren orientalischen Geschichte bezeichnet, ja geneigt ist, ihm in der Weltgeschichte einen ganz besonderen Platz einzuräumen, so werden wir zu erfahren wünschen, durch welche Eigenschaften oder Taten Amenhotep IV. sich eine solche Ehrenstellung verdient hat.

[1] [Bibl. Nr. 34.]
[2] Breasted (1905; 1906); Weigall (1910); Niebuhr (1899); Sethe (1906); Petrie (1896).

Amenhotep IV., welcher der achtzehnten Dynastie angehört, lebte im vierzehnten Jahrhundert vor Christo. Er war weder ein Eroberer noch ein staatskluger Herrscher wie so mancher seiner Vorfahren. Vielmehr ging unter seiner kurzen Regierung das von jenen gegründete Weltreich zugrunde, indessen der junge König der Katastrophe untätig zusah. Seine Größe liegt auf anderem, auf ideellem Gebiet. Man staunt, wenn man nur in einigen Andeutungen den Inhalt dieses kurzen Lebens erfährt.

Zehn Jahre alt, besteigt Amenhotep IV. den Thron; mit achtundzwanzig Jahren stirbt er. In den wenigen Zwischenjahren führt er auf den Gebieten der Religion, der Ethik, der Weltanschauung und der Kunst eine großartige Umwälzung herbei. Alles, was wir über diese geistige Revolution erfahren, läßt uns darauf schließen, daß der König seiner Zeit weit vorausgeeilt war. Er erscheint als der Träger von Ideen, die zum Teil erst nach mehr als tausend Jahren wieder aufgenommen wurden. Waren seine Vorfahren gewaltig in der Tat, so ist der letzte direkte Sproß der achtzehnten Dynastie ganz Träumer, ganz Denker und Idealist, ganz Ethiker und Ästhet. Er ist der erste Große im Reiche des Geistes, von dem die Geschichte der Menschheit meldet.

Wer sich gewöhnt hat, alles Seelische unter den Gesichtspunkten der Freudschen Forschungen zu betrachten, den fordert das Leben Amenhoteps IV. gleichsam dazu heraus, es psychoanalytisch zu durchdringen. Denn es läßt in einzigartiger Durchsichtigkeit erkennen, wie ein Mensch in jener weit entlegenen Kulturepoche von den gleichen »Komplexen« beherrscht wurde, wie die gleichen psychischen Mechanismen in ihm wirkten, welche die Neurosenforschung Freuds und seiner Schule bei Individuen unserer Tage aufgedeckt hat.

In die Zeit der achtzehnten Dynastie fällt die erste »Weltherrschaft« Ägyptens. Unter den direkten Vorfahren Amenhoteps IV. war es Thutmosis III. gewesen, der sie begründete. Während seiner langen Regierungszeit erweiterte er sein Reich bis zum Euphrat. Es bedurfte einer stattlichen Reihe alljährlich wiederholter Feldzüge, um die ägyptische Herrschaft zu befestigen. Aus allen diesen Unternehmungen ging der tatkräftige Thutmosis als Sieger hervor. Sein Nachfolger, Amenhotep II., hatte vollauf zu tun, um die asiatischen Völker endgiltig zu unterwerfen. An kriegerischem Geist, Wildheit und Grausamkeit übertraf er alle seine Vorgänger. Seine Körperkraft war berühmt:

Kein anderer Mann – so wird erzählt – war imstande, des Königs Bogen zu spannen. Sein Sohn, Thutmosis IV., der nur kurze Zeit regierte, war von geringer Körperkraft. Er erhielt Ägyptens politische Macht auf ihrer Höhe, jedoch nicht sowohl durch kriegerische Leistungen als durch die Heirat mit der asiatischen Prinzessin Giluchipa, der Tochter des Königs Artatama von Mitanni (Mesopotamien). Bei seinem Tode hinterließ er einen minderjährigen Sohn, für den seine Mutter die Regentschaft übernahm, bis er als Amenhotep III. selbst den Thron besteigen konnte. Diese Regentschaft ebnete dem asiatischen Einfluß den Boden am ägyptischen Hofe. Unter der Regierung Amenhoteps III. wurde der Höhepunkt der ägyptischen Macht bereits überschritten. Ihm fehlte der kriegerische Sinn noch mehr als seinem Vater. Dagegen war er ein begeisterter Jäger, der die Berichte von seinen Jagderfolgen der Nachwelt in gleicher Weise überlieferte wie seine Vorfahren ihre Kriegstaten. Er entfaltete am Hofe eine früher nicht gekannte Pracht. Die Kunst konnte in einer langen Friedenszeit erblühen. In folgenschwerster Weise wurde aber den fremden Einflüssen Raum gegeben, indem auch dieser König eine Fremde heiratete, die den Namen Teje führte. Sie war die Tochter eines anscheinend aus Asien eingewanderten Priesters, der dem Hofe nahestand. Als sie ihm keinen männlichen Thronerben gebar, nahm er sich eine zweite Gemahlin. Auch diese war keine Ägypterin, sondern eine Asiatin: Taduchipa, Prinzessin von Mitanni, eine Tochter des nunmehr dort regierenden Königs Tuschratta. Amenhotep III. wählte in ihr eine Cousine aus der mütterlichen Familie. Seine erste Gemahlin Teje gebar jedoch später noch den sehnlich erwarteten Sohn, den nachmaligen König Amenhotep IV.

Mit den Jahren ging die Regierung immer mehr vom König auf die Königin über. Die äußere Politik des Landes erfuhr dadurch keine wesentliche Veränderung. Dagegen machte sich auf religiösem Gebiete alsbald ein Umschwung bemerkbar. Die Königin und ihr Anhang versuchten den hergebrachten Kultus des *Amon* beiseite zu drängen und bevorzugten den bis dahin wenig populären Gott *Aton*.

Amon war um jene Zeit unbestritten der Hauptgott Ägyptens.[3] Die Residenz der Pharaonen – Theben – war die wichtigste Stätte seines Kultes, und die Amonpriester von Theben besaßen sowohl am Hofe als im Volke einen außerordentlichen Einfluß. Die gleiche dominie-

[3] Die Griechen indentifizierten ihn daher mit ihrem *Zeus*.

rende Rolle hatte ehedem der unterägyptische Hauptgott Ra (oder Rê) innegehabt, bis innerpolitische Veränderungen den Schwerpunkt des staatlichen und religiösen Lebens nach der jüngeren Residenzstadt Theben verlegten. Der Kultus des Ra war jedoch keineswegs völlig beseitigt – ja wir finden sogar den für die religiösen Anschauungen der Ägypter sehr charakteristischen Versuch, die beiden rivalisierenden Gottheiten zu einer einzigen – »Amon-Ra« zu verschmelzen. Solcher kombinierter Gottheiten gab es viele. Die Priesterschaft eines weniger angesehenen Gottes liebte es, dem Namen des letzteren denjenigen des Ra oder Amon hinzuzufügen, um sein Ansehen dadurch zu steigern. Die Historiker weisen nun auf die bemerkenswerte, schon oben erwähnte Tatsache hin, daß der Vater der Königin Teje Priester einer solchen kombinierten Gottheit war, nämlich des Min-Ra. Min entsprach etwa dem Pan der Griechen; Min-Ra bedeutete also eine Kombination des Gottes der Fruchtbarkeit mit dem lebenspendenden Sonnengotte. Der Kultus einer solchen Gottheit, des *Adonis,* war nun in dem benachbarten Syrien zu Hause. Der asiatische Einfluß war in jener Zeit im Zunehmen begriffen. Und da nun der Vater der Königin ein wahrscheinlich aus Asien eingewanderter Priester war, so ergibt sich die Vermutung, daß es asiatische Einflüsse waren, die sich im Kultus des Min-Ra geltend zu machen begannen.

Die Inschriften aus den späteren Regierungsjahren Amenhoteps III. enthalten mehrfach den Namen des Gottes *Aton,* der in ferner Vergangenheit neben Ra als Sonnengott im unterägyptischen Pharaonenreiche verehrt worden war. Die lautliche Ähnlichkeit der beiden Namen Aton und Adonis ist auffallend. Adonis war der Gott der untergehenden Sonne. Die Vermutung, der alte Name Aton sei zum Träger des von Asien eindringenden Adonis-Kultes geworden, ist nicht von der Hand zu weisen. Die namhaftesten Forscher tun dieser Auffassung Erwähnung.

Nach Amenhoteps III. Tode nahm der Kultus des Aton, wie bereits bemerkt, größeren Umfang an. In eine solche Zeit des Überganges fällt der Regierungsantritt des minderjährigen Königs Amenhotep IV. (1375–1358 v. Chr.).

Der junge König war von zartem, schwächlichem Körperbau, gelangte nie zu einer kernigen Gesundheit und starb schon im Alter von achtundzwanzig Jahren. Es heißt auch, er habe an »Anfällen« (über die ich freilich nirgends nähere Angaben finden konnte) sowie an visionären Zuständen gelitten. Man hat daher die Ansicht ausgesprochen, er sei epileptisch gewesen; wohl mit dem gleichen Unrecht, wie es von anderen Großen der Geschichte behauptet worden ist. Die Epilepsie bringt stets einen fortschreitenden geistigen Verfall des Erkrankten mit sich. Hat ein Mensch sich durch besondere geistige Gaben ausgezeichnet und ist er bis zu seinem Ende im Vollbesitz dieser Gaben geblieben, so kann die Annahme der Epilepsie schon aus diesem Grunde als ausgeschlossen gelten. Amenhotep IV. war, wie aus allen Quellmaterialien hervorgeht, ein Idealist und Träumer, der wichtigen Erfordernissen des Lebens rat- und tatlos gegenüberstand. Ihm eignete nicht epileptische Impulsivität; die weitgehende Verdrängung in seinem Triebleben und die ausgeprägten Reaktionsbildungen in seinem Charakter gemahnen uns vielmehr an das Wesen der Neurotiker. Erinnern wir uns daran, daß nach gesicherter Erfahrung die phantasiebegabten Menschen – Dichter und Künstler – stets eine Beimischung neurotischer Züge aufweisen, so werden wir Amenhotep IV. eher dieser Menschenklasse zurechnen.

Mag der junge König nun neurotischen Zuständen in höherem oder geringerem Maße unterworfen gewesen sein – so vereinigte er mit ihnen sicher eine ungewöhnlich frühreife und vielseitige Intelligenz, ein Gefühlsleben von seltenem Reichtum. Wir erkennen in ihm einen Typus wieder, der auch in unserer Zeit existiert. Auch heute beobachten wir oft genug, wie in einer Familie Tatkraft und körperliche Leistungsfähigkeit zurückgehen, indessen der absterbende Stamm noch den einen oder anderen Sproß hervorbringt, der in geistiger Hinsicht vielleicht einen Aufstieg bedeutet, durch neurotische Veranlagung aber gehindert wird, sich an Leib und Seele harmonisch zu entwickeln.

Ein Blick in die Geschichte so mancher Familie läßt bemerken, wie sich aus ihrer Mitte eine Persönlichkeit erhebt und sich durch ihre Aktivität Bahn bricht. Schon der Sohn eines solchen Mannes leitet oft den Abstieg der Familie ein. Häufig fehlt ihm die kraftvolle Konstitution des Vaters. Hat er sie aber auch ererbt, so wächst er doch im Schatten einer übermächtigen Persönlichkeit heran und wird dadurch in der freien Entfaltung gehindert. Er setzt das Werk des Vaters fort, ohne dessen Erfolge zu überbieten. Sein Machtbedürfnis zeigt sich mehr in seinen gesteigerten Ansprüchen an das Leben, in der Neigung zu Genuß und Luxus. Die folgende Generation pflegt dann an Energie und Tatkraft noch weiter nachzulassen, zeigt eine Tendenz zur intellektuellen Überfeinerung und zur Sentimentalität. Den Anforderungen der Realität nicht gewachsen, treibt sie der Neurose zu.

Viel Entsprechendes findet sich in dem Entwicklungsgang der achtzehnten ägyptischen Dynastie von ihren älteren machtvollen Vertretern über Amenhotep III. bis zu dessen Sohne, dem Träumer und Philosophen, dessen Persönlichkeit nunmehr in psychoanalytische Beleuchtung gerückt werden soll.

Bringen wir bei einem Neurotiker das psychoanalytische Verfahren zur Anwendung, so begnügen wir uns nicht mit der Kenntnis seiner Lebensschicksale und der Festsstellung des Krankheitsbildes, sondern wir dringen in das *Unbewußte* des Patienten ein und decken dessen Beziehungen zu den Erscheinungen der Neurose auf. Wir rekonstruieren in gemeinsamer Arbeit mit dem Patienten die Geschichte seiner Libido, d. h. ihren Zustand in der Kindheit, das Wirken der Sexualverdrängung und die Rückkehr verdrängter Wunschregungen in das Bewußtsein. Jeder Krankheitsfall, den wir in dieser Weise untersuchen, lehrt uns von neuem die Bedeutung erkennen, welche der Einstellung des Kindes den Eltern gegenüber zukommt.

Wir haben aber erfahren, daß auch der Gesunde in seinem Unbewußten die gleichen Triebkräfte birgt wie der Neurotiker, daß auch bei ihm die unbewußte Einstellung zu den Eltern den »Kernkomplex« bildet. Daß die Libido des Knaben zuerst der Mutter zustrebt, daß seine feindselig-eifersüchtigen Regungen dem Vater gelten, können wir bei jedem Individuum von neuem beobachten. Nur gelingt es dem gesunden Individuum, diejenigen Triebkräfte, deren Verdrängung aus sozialen Gründen erforderlich ist, zu sublimieren und zwischen Trieb und Verdrängung einen Ausgleich zu schaffen, während der Neurotiker zwischen den Extremen hin und her geworfen wird.

Amenhotep IV. zum Objekt einer psychoanalytischen Untersuchung zu machen, müßte als ein gänzlich phantastisches und aussichtsloses Unternehmen erscheinen, würden wir nicht gerade über den »Elternkomplex« des jungen Königs aus seiner Geschichte in einer nicht mißzuverstehenden Weise unterrichtet. Die Tatsachen aber, von welchen bald die Rede sein soll, frappieren durch ihre weitgehende Analogie mit den Erfahrungen der Psychoanalyse.

In der Ehe seiner Eltern, des Königs Amenhotep III. und der Königin Teje, hatte die letztere ohne Zweifel das Übergewicht. Eine Frau von großer Intelligenz und Regsamkeit, nahm sie mehr und mehr die Zügel der Regierung in die Hand. An Tatkraft, Initiative und praktischer Klugheit war sie ihrem Gemahl weitaus überlegen, der in seinen letzten Lebensjahren wenig Interesse für die Regierungsgeschäfte an den Tag gelegt zu haben scheint. Im Leben ihres Sohnes ist ihr Einfluß überall aufs deutlichste zu erkennen. Er muß ihr von Kindheit an besonders nahegestanden haben. Seine Libido hatte sich in ungewöhnlichem Maße an die Mutter fixiert, während im Verhältnis zum Vater eine ebenso ausgesprochene negative Einstellung hervortritt.

Für die nachhaltige Fixierung des jungen Königs an seine Mutter vermögen wir neben ihrer geistigen Bedeutung noch eine andere Ursache namhaft zu machen: das ist Tejes Schönheit. Wir sind in der Lage, uns eine lebendige Vorstellung von dem Äußeren dieser merkwürdigen Frau zu bilden. Eine kleine, in privatem Besitz befindliche Porträtbüste (von der das Berliner Museum eine Nachbildung enthält) zeigt in ihren Zügen eine seltene Vereinigung von Schönheit, Klugheit und Energie. Sie ist von so packender Lebendigkeit, daß sie ihren Eindruck auf den Beschauer auch heute nicht leicht verfehlen wird. Schon die Betrachtung einer Reproduktion[4] – siehe die beigeheftete Tafel [in diesem Band gegenüber von S. 339] – läßt es dem Kundigen begreiflich erscheinen, daß der feinsinnige, sensible Sohn sich in besonderem Grade an diese Mutter fixierte.

Eine derartig starke und nachhaltige Bindung der Libido an die Person der Mutter entfaltet in späterer Zeit ganz bestimmte Wirkungen auf die Erotik des reifenden oder erwachsenen Sohnes. Sie erschwert es ihm – wie ich dies in einem früheren Aufsatz[5] ausgeführt habe –, zur Zeit der Pubertät seine Libido von der Mutter abzulösen und sie auf neue Liebesobjekte zu übertragen; nicht selten mißlingt die Ablösung sogar völlig. Meist gelingt sie in einem unvollkommenen Grade; alsdann tritt die Neigung hervor, sich monogamisch an *eine* Person zu binden, die zum Ersatz der Mutter wird. Die einmal erfolgte Übertragung der Libido pflegt die endgiltige, unwiderrufliche zu sein.

Eben dieser monogamische Zug findet sich nun bei dem jungen König in ausgesprochener Weise. Die Schicksale seines Liebeslebens sind ein-

[4] Die Abbildung ist der im Verlag Curtius erschienenen reich illustrierten deutschen Ausgabe von Breasteds *Geschichte Ägyptens* [1905] entnommen. [Bei der Eigentumsangabe dürfte Abraham ein Irrtum unterlaufen sein. Das Original der Porträtbüste befindet sich im Besitz der Staatlichen Museen der Stiftung Preußischer Kulturbesitz, Ägyptische Abteilung, Berlin. Bei der Abbildung handelt es sich um eine Kopie der Büste.]

[5] Bibl. Nr. 13 [s. S. 14ff. in Band I der vorliegenden Ausgabe]. – Ich habe dort besonders die häufigen Cousinen-Ehen berücksichtigt. Ich verweise daher auf die zweite Ehe Amenhoteps III. mit einer Cousine aus der mütterlichen Familie.

fach erzählt. Bald nach dem Tode seines Vaters wurde er, noch nicht zehn Jahre alt, vermählt. Zur Gemahlin erhielt er eine ebenfalls noch kindliche asiatische Prinzessin. Es ist bemerkenswert, daß jetzt zum dritten Male eine Asiatin zur künftigen Königin erhoben wurde. Zur künftigen – denn einstweilen blieb die Herrschaft in den Händen der Königinmutter Teje und ihrer Berater. Als sie herangereift war, gebar die junge Königin eine Reihe von Töchtern, während der ersehnte männliche Thronerbe ausblieb. Amenhotep IV. unterließ es jedoch, wie sein Vater eine zweite Gemahlin zu nehmen; er beschränkte sich auf die von ihm über alles geliebte Nefer-Nefru-Aton. Diese Tatsache wird um so auffälliger, wenn man in Betracht zieht, daß die früheren Könige nach orientalischer Sitte einen Harem unterhalten hatten. Amenhotep IV. ist, wie Weigall richtig hervorhebt, der erste der Pharaonen, der in streng monogamischer Ehe lebte. Er beschränkte sich auf eine einzige Frau, die ihm überdies angetraut war, als er noch im Kindesalter stand. Er verzichtete also zeitlebens auf eine eigene Objektwahl. An seine Gemahlin fixierte er sich mit ähnlicher Intensität wie an seine Mutter. Auch nachdem er großjährig geworden war, zeigte er sich in der Öffentlichkeit mit Vorliebe in Begleitung der beiden Frauen, die denn auch einen bedeutenden Einfluß auf die Regierung ausübten.[6]

Unmittelbar nach dem Tode Amenhoteps III. gab die Königinwitwe deutlich zu erkennen, wie sehr sie dem Kult des Aton zuneigte und wie wichtig es ihr war, ihren unmündigen Sohn zum Werkzeug ihrer Reformpläne zu machen. Amenhotep IV. erhielt beim Regierungsantritt einen höchst bezeichnenden Titel. Seinem Namen Amenhotep, der etwa bedeutete »von Amon geliebt« wurde hinzugefügt: »Hoher Priester des Ra-Horakhti, welcher sich am Horizont erfreut seines

[6] Noch eine scheinbar geringfügige Tatsache mag hier Erwähnung finden. Unter den Liebesobjekten der Kindheit, an die der neurotisch Veranlagte sich mit Zähigkeit zu fixieren pflegt, genießt sehr häufig die *Amme* einen besonderen Vorzug. Es ist sehr gewöhnlich, daß die Amme nach der Entwöhnung des Kindes in desen Nähe bleibt. Die lustvollen Erinnerungen des Kindes an das Saugen an der Ammenbrust werden dadurch vor der Vergessenheit bewahrt, daß die Amme das Kind auch weiter mit besonderer Liebe hegt. In den Psychoanalysen neurotischer Personen habe ich oft genug die Nachwirkungen dieser Ammenliebe nachweisen können. Welche Bedeutung der Amme in den Träumen Erswachsener zukommt, hat neuerdings Stekel (1911[b]) ausführlich dargetan. Wir erfahren nun, daß am Hofe Amenhoteps IV. seine Amme und ihr Mann eine erhebliche Rolle spielten. Ein Reliefbild z. B. stellt den König und die Königin dar, wie sie von einem Balkon aus dem Priester Eje, eben dem Mann der Amme, und dieser selbst Geschenke zuwerfen. Vielleicht ist es auch nicht ohne Belang, daß sie den gleichen Namen – Teje – wie des Königs Mutter führte.

Namens: *Glut, die in Aton ist«*. So zeichnete die Mutter dem Sohne gleichsam den Weg vor, den er nach ihrem Willen gehen sollte.
Aton war nun ganz offiziell zum Rivalen Amons geworden. Noch wies nichts darauf hin, daß er wenige Jahre später zum alleinigen, einzigen Gotte erhoben werden sollte, wie es geschah, als der König die Großjährigkeit erreicht hatte. Noch ahnte niemand die neue Weltanschauung, in deren Mittelpunkt Aton treten sollte. Teje war klug und besonnen genug, einen zu raschen Übergang zu dem neuen Kult zu verhüten oder gar die Anhänger des alten Kultes anzufeinden. Es wäre auch zu jener Zeit ein aussichtsloses Unternehmen gewesen, sogleich den Kampf mit der Priesterschaft des Amon aufzunehmen. Doch ließen schon die ersten Maßregeln ihrer Regentschaft klar erkennen, wohin sie strebte.
Das erste Bauwerk, welches unter der (nominellen) Regierung Amenhoteps IV. errichtet wurde, war der Tempel des Ra-Horakhti-Aton zu Karnak. Ein hier aufgestelltes Bildwerk zeigt den König – wie es ja seinem Namen durchaus entsprach – den Gott Amon verehrend. Das gleiche Bildwerk aber enthält auch das Symbol des Aton: die am Himmel stehende Sonnenscheibe mit Strahlen, die in Hände auslaufen und den König umgeben. Wir dürfen wohl eine Art von vorsichtiger Rücksichtnahme auf die Amons-Priester darin erkennen, daß der König hier in Beziehung zu beiden Gottheiten gesetzt wurde. Theben aber, die Hauptstadt und Zentrale des Amonsdienstes, erhielt einen neuen Namen: Stadt des Glanzes Atons.
Mit etwa fünfzehn Jahren übernahm Amenhotep IV. selbst die Regierung. Er befand sich jetzt in dem Lebensalter, das sich der körperlichen Reifung anschließt. Wohl zeigte sich bald, welch starke Individualität in dem Jüngling steckte. Wohl mußte jeder mit der Zeit erkennen, daß Amenhotep seine eigenen Wege gehen werde. Dennoch blieb der Einfluß der Mutter, solange sie lebte, unverkennbar. Der Sohn setzte das von ihr begonnene Werk mit seiner ganzen jugendlichen Begeisterung fort. In ihrer vollen Stärke tritt diese seine Fixierung an die Mutter erst hervor, wenn man seine Bestrebungen, sich vom Vater zu lösen, zum Vergleich heranzieht.
Das gesamte Verhalten des jungen Königs in den nun folgenden Jahren steht im Zeichen der Auflehnung gegen seinen schon seit geraumer Zeit verstorbenen Vater. Leider sind wir gänzlich ununterrichtet darüber, in welchem Verhältnis er als Knabe zu diesem stand, aber seine Einstellung in der Pubertät und in den späteren Jahren deckt

sich völlig mit derjenigen, wie wir sie heute bei vielen Individuen beobachten können: sie hangen unbewußt dem Vater an wie in der Kindheit. Herangewachsen, suchen sie sich von dieser inneren Abhängigkeit zu befreien. Äußerlich entsteht dann der *Anschein, als kämpften sie gegen den Vater in Person.* In Wirklichkeit ist es die in ihrem Unbewußten herrschende Fixierung an den Vater, gegen die sie sich auflehnen, ist es die Imago des Vaters, deren Herrschaft sie abschütteln wollen. Nur so erklärt es sich, daß der Neurotiker oft einen Kampf führt, der sich – seiner äußeren Erscheinung nach – gegen einen Verstorbenen richtet.

In dem jungen König bestand also ein Gegensatz zweier Parteien, einer konservativen und einer revolutionären. Die Erfahrung lehrt, daß es unter solchen Umständen zu psychischen Kompromißbildungen kommt.

Nach allem, was bisher über den Jüngling berichtet wurde, wird man erwarten, daß seine Auflehnung gegen den Vaterkomplex nicht in einer stürmisch-gewaltsamen Form vor sich gegangen sei. Und tatsächlich wird sich zeigen, wie er seine Auflehnung gegen die väterliche Macht und Autorität in idealen Bestrebungen sublimierte, die freilich in entschiedenster Weise gegen die durch den Vater vermittelte *Tradition* gerichtet waren. Wenn aber trotzdem später in gewisser Hinsicht die gewalttätige, revolutionäre Tendenz offener zum Durchbruch gelangte, so werden wir gerade daraus auf die Heftigkeit des inneren Kampfes schließen, der sich in Amenhotep abspielte. Der revolutionären Tendenz wirkte, wie erwähnt, eine konservative entgegen. Wir beobachten bei Amenhotep IV. einen Vorgang, der uns von den Neurotikern wohlbekannt ist. Sie lehnen die Autorität des Vaters in religiöser, politischer oder sonstiger Beziehung ab, ersetzen sie aber durch eine andere und zeigen dem Kundigen gerade dadurch, daß sie das Bedürfnis nach einer väterlichen Autorität tatsächlich nicht verloren haben.

Für Kompromißbildungen dieser Art gibt es kaum prägnantere Beispiele, als sie die Geschichte Amenhoteps IV. bietet. Bald nach seinem Regierungsantritt bricht er vollends mit der religiösen Tradition, bricht mit Amon, dem Gotte seines Vaters, und geht zu Aton über, den er mit einer Macht und Autorität ausstattet, die kein Gott zuvor besessen hatte. Er läßt damit den uralten unterägyptischen Sonnenkultus in neuer Form wieder aufleben. Indem er aber auf den Kultus des Ra-Horakhti-Aton zurückgreift, knüpft er an das Vorbild der ältesten Könige an, die ihre Herkunft unmittelbar von Ra ableiteten. Um noch deutlicher zu dokumentieren, wie nahe er sich ihnen, wie fern seinem Vater fühlt, trägt er stets die Krone von Unterägypten, d. h. des um vieles älteren Reiches, wie er denn überhaupt von Anfang an nach Unterägypten tendiert. Andere bemerkenswerte Symptome treten hinzu.

Wir begegnen um diese Zeit den ersten Veränderungen des Kunststiles; gerade diese sind besonders charakteristisch. Dem Kenner ägyptischer Kunst fallen an den Bildern des Königs gewisse Eigentümlichkeiten auf, durch die sie sich von den Werken der vorhergehenden Zeit auf den ersten Blick unterscheiden: der in die Länge gezogene Schädel und Hals, der vorstehende Leib und die überlangen Hüften und Schenkel. Die Forscher haben diese Abweichungen auf verschiedene Art zu erklären versucht. Besonders war man zu der Annahme geneigt, bei dem Könige habe eine körperliche Deformität im Sinne jener Abbildungen und Skulpturen bestanden. Aber diese Hypothese mußte verlassen werden, als man die Mumie des Königs aufgefunden hatte. Denn Deformitäten, wie sie in den bildlichen Darstellungen Amenhoteps IV. erscheinen, fand man an den Knochen der Mumie nicht. Weigall hat nun in höchst geistreicher und überzeugender Weise den Nachweis geführt, daß die seltsamen Formen in der Kunst dieser Zeit auf *archaische Vorbilder* zurückgehen, und zwar auf solche aus der Zeit der ältesten unterägyptischen Könige. Weigall gibt auf einer Tafel eine sehr instruktive Gegenüberstellung von Darstellungen aus der Urzeit ägyptischer Kunst und aus der uns beschäftigenden Epoche. Die Anlehnung des Stiles dieser letzteren Zeit an den der archaischen ist ganz evident.[7] Der junge König stellt durch Wiederaufnahme des ältesten Stiles eine besonders innige Verbindung zwischen sich selbst und den ältesten Königen her.

Der Sinn dieser ersten von Amenhotep IV. selbst durchgeführten Veränderungen in Kultus und Kunst liegt klar zutage: der König will nicht Sohn und Nachfolger seines Vaters sein, sondern *Sohn des Gottes Ra.* Er will nicht den Gott seines wirklichen Vaters verehren, sondern seinen *imaginären* Vater Ra (Aton).

Wir werden hierdurch an geläufige Erscheinungen erinnert, die durch die psychoanalytische Erforschung der Neurosen ihre Aufklärung ge-

[7] Die neuere Kunstgeschichte bietet in den *Praerafaëliten* ein ganz analoges Beispiel für das Zurückgreifen auf primitive Vorbilder.

funden haben. Es sind die sogenannten *Abkunftsphantasien,* die sich aber auch bei nichtneurotischen Personen finden.

Der Vater ist für das Kind ursprünglich das Vorbild aller Macht und Größe. Treten feindselige Regungen gegen ihn auf, so entthront der Knabe häufig in seiner Phantasie den Vater, indem er sich selbst etwa zum Sohne eines imaginären Königs erhebt, seinem tatsächlichen Vater dagegen nur die Rolle eines Pflegevaters zuerteilt. Ein Prinz zu sein, ist eine der gebräuchlichsten Knabenphantasien. Bei Geisteskranken gehen aus solcher Ablehnung des Vaters Wahnideen hervor, welche die hohe Abkunft des Kranken zum Inhalt haben. Bekannt sind uns die gleichen Ideengänge aus den Mythen und Märchen, in denen oftmals der Held als Sohn niederer Eltern auferzogen wird, bis er später der Herrscherwürde teilhaftig wird, die ihm seiner wirklichen Abkunft gemäß zukommt. Es sind dies Mythen, die den uralten Konflikt zwischen Sohn und Vater in allerhand Verhüllungen zum Ausdruck bringen.[8]

Amenhotep IV. verfährt ganz in diesem Sinne: er verschmäht die Abkunft von seinem wirklichen Vater und setzt einen Höheren an dessen Stelle. Da er aber in Wirklichkeit ein Königssohn war, so konnte er sich durch die bei anderen übliche Phantasie von königlicher Abkunft nicht über seinen Vater erheben. Er mußte schon eine Stufe höher hinaufsteigen: zu den Göttern. Man muß in Betracht ziehen, daß zu damaliger Zeit der ägyptische König der Beherrscher eines Weltreiches war. Einen Sterblichen, der ihn an Macht übertroffen hätte, gab es nicht. Da blieb der Phantasie nur die einzige Möglichkeit, die eigene Existenz mit einem außerirdischen Wesen in Verbindung zu bringen. Dem Amon konnte die Vaterrolle nicht zufallen; er war ja der von Amenhotep III. verehrte Gott! Der Einfluß der Mutter wies auf Aton, resp. Ra hin, der überdies in der Vorzeit als Stammvater der ersten Könige gegolten hatte.

So begann die Regierung Amenhoteps IV. nicht mit kriegerischen Taten oder sonstigen Ereignissen der äußeren Politik, sondern mit Neuerungen auf ideellem Gebiet. Zunächst allerdings handelte es sich noch nicht um Neuerungen im eigentlichen Sinne, sondern eher um eine Rückkehr zu Ältestem, Vorgeschichtlichem. Je mehr der König aber zum erwachsenen Manne wurde, um so mehr Neues und Eigenes fügte er dem Alten, an das er angeknüpft hatte, hinzu. Daß die nun

[8] Vgl. hierzu meine Schrift *Traum und Mythus* [Bibl. Nr. 14], S. 40 [im vorliegenden Band S. 196f.], sowie Rank (1909).

einsetzende Umwälzung in der Kunst auf die persönliche Initiative des Königs zurückging, dafür besitzen wir wertvolle Zeugnisse in ein paar Grabschriften von Künstlern, welche die Bauten des Königs ausgeführt hatten. Es war in Ägypten allgemein Sitte, daß in der Grabschrift der Verstorbene gewissermaßen persönlich seinen Lebenslauf erzählte. Bekanntlich vedanken wir diesen in großer Zahl erhaltenen Inschriften einen nicht geringen Teil unserer Kenntnis der ägyptischen Geschichte. Der königliche Baumeister Bek, dessen Werk die sogleich zu erwähnende neue Hauptstadt war, berichtet nun in seiner Grabschrift, *daß seine Majestät ihn selbst unterwiesen habe.* Man könnte darin eine an die Adresse des Königs gerichtete, höfische Schmeichelei erblicken, doch sicher mit Unrecht! Wir sind auch ohne solche Zeugnisse in der Lage, in der bildenden Kunst jener Epoche den Geist des Königs zu erkennen. Denn die Malerei und Plastik seiner Zeit sind eine Verkörperung der Ideale, deren Pflege sich der jugendliche Schwärmer mit ganzer Hingabe gewidmet hatte. Von der beständigen Betonung der *Wahrheit* in seinen ethischen Lehren und von dem ihr entsprechenden, ganz modern anmutenden *Realismus* in der Kunst seiner Epoche wird später noch die Rede sein.

Hatten seine Vorfahren nach einer Erweiterung und Sicherung ihrer politischen Machtsphäre getrachtet, so strebte der Nachkomme nach einer stetigen Erweiterung seines geistigen Gesichtskreises. Er wandte sein Interesse der ausländischen Kunst, den fremden Religionen und Mythen zu; allem Anschein nach gelang es ihm auch, die maßgebenden Kreise der Hauptstadt für die ihn bewegenden Fragen zu interessieren.

Zwei Jahre nach seinem Regierungsantritt tat der erst Siebzehnjährige einen Schritt von größter prinzipieller Tragweite; er gründete eine neue Residenz, die den Namen »Achet-Aton« (»Horizont des Aton«) erhielt. Er ließ diese Stadt etwa 450 km nördlich von der bisherigen Hauptstadt Theben erbauen. Damit entfernte er sich demonstrativ von der alten Amonsstadt und näherte sich dem Nildelta (d. h dem ältesten Reiche). Die neue Aton-Stadt lag an der Stelle des heutigen Tell-el-Amarna; hier wurden auch die eingangs erwähnten Tafeln aufgefunden. Bald erhoben sich Paläste und Tempel von großer Pracht. Außerdem wurde auch in Nubien und in Syrien je eine neue Stadt gegründet, deren Namen ausdrückten, daß sie dem Gotte Aton geweiht seien. Zwei Jahre später – neunzehn Jahre alt – verließ Amenhotep IV. endgiltig Theben und verlegte seine Residenz nach

Achet-Aton. Zu gleicher Zeit änderte er seinen Namen und nannte sich fortan *Echnaton*, »dem Aton angenehm«.[9]
Inzwischen war es zu schweren Konflikten mit der Amonspriesterschaft gekommen, die sich den Neuerungen widersetzte. Echnaton führte aber sein Vorhaben mit eiserner Konsequenz durch. Er vertrieb die dem Aton feindlichen Priesterschaften aus ihrem Besitz, und indem er die Verehrung aller anderen Götter bekämpfte, *erhob er Aton zum einzigen Gotte des Landes*. Besonders erklärte er dem Amon den Krieg. Er richtete sein Streben darauf, die Spuren des Gottes, nach dem sein Vater und er selbst benannt waren, überall auszutilgen. Der verhaßte Name sollte nicht mehr laut werden. *Und so ließ er in gleicher Weise den Namen Amon und den Namen seines Vaters Amenhotep aus allen Inschriften und Denkmälern beseitigen*. In dieser seltsamen Reinigungsaktion kommt die alte, lange zurückgehaltene oder sublimierte Feindschaft des Sohnes in aggressiver Weise zum Durchbruch. Das Vorgehen des Königs erscheint wie die Verwirklichung eines uralten, orientalischen Fluches gegen einen schlimmen Widersacher, dem man zu wünschen pflegte, daß seiner nicht gedacht werden sollte. Echnaton suchte Amons, und damit zugleich seines Vaters Gedächtnis auszutilgen. Er hat später, als seine Mutter Teje starb, die letzten Konsequenzen nach dieser Richtung gezogen. Tejes Mumie wurde nicht neben der ihres Gemahls bestattet, sondern nahe der Atonstadt in einer neuen Gruft, in der Echnaton selbst einst ruhen wollte. In der Grabschrift wird sie als die Gemahlin »Nebmaaras« bezeichnet. Nebmaara war ein persönlicher Name Amenhoteps III., den er aber als König nicht offiziell geführt hatte. Noch bemerkenswerter ist, daß das Wort »Mutter« nicht mit dem in der Hieroglyphenschrift üblichen Zeichen des Geiers, sondern buchstabenweise geschrieben ist. Das Geierzeichen bedeutete nicht nur »Mutter«, sondern noch speziell die Göttin Mut, die aber Amons Gemahlin war. Das Zeichen würde also einen zwar indirekten, aber deutlichen Hinweis auf Amon enthalten haben, und aus diesem Grunde mußte es vermieden werden. Echnaton wollte also im Tode neben seiner Mutter ruhen, die er von ihrem Gatten getrennt hatte. Bis über das Grab hinaus sollte seine Rivalität mit dem Vater um den Besitz der Mutter sich äußern. So vollzog er an den Toten, was er an den Lebenden zu

[9] Die Töchter des Königs erhielten schon bei ihrer Geburt Namen wie »Merit-Aton« (die von Aton geliebte) oder »Beket-Aton« (Dienerin Atons).

tun nicht vermocht hatte. Er erinnert uns durch diesen Charakterzug ganz besonders an das Verhalten neurotischer Individuen.

Ebenso ostentativ, wie er die Nennung seines Vaters mied, benutzte der König fortan jede Gelegenheit, sich als *Atons Sohn* zu bezeichnen. Die Inschriften von Achet-Aton zeigen es mit größter Deutlichkeit. Da heißt es z. B. mit Bezug auf den Bezirk, welcher dem Gotte geweiht wurde: »Dieses Gebiet von ... bis ... soll meinem Vater Aton gehören.«

Mit der Errichtung der neuen Residenz und ihrer Heiligtümer ging die weitere Ausgestaltung der neuen Religion und ihres Kultes Hand in Hand.

Aton ist Echnatons Vater, doch nicht im gleichen Sinne, wie einst Ra als Vater der ersten Könige gegolten hatte. Der neue Gott ist ein idealisierter Vater, und er ist nicht nur des Königs Vater im strengen Sinne des Wortes, sondern ein Vater aller Geschöpfe, der Ursprung des Alls. Er ist nicht – wie Ra oder Amon – ein Gott neben andern oder über andern, sondern *ein einziger Gott, nicht ein Nationalgott, sondern ein Universalgott, dem alle Wesen gleich nahe stehen.*

Es ist besonders hervorzuheben, daß Echnaton nicht die Sonne als Gottheit verehrte, sondern daß er die Wärme der Sonne, als lebenspendende Kraft, in Aton personifizierte. Breasted (1905)[10] betont mit Recht: »Wenn Echnaton auch keinen Versuch machte, die Identität seiner neuen Gottheit mit dem alten Gott Rê zu verbergen, so war es doch nicht bloß Sonnenverehrung, was er erstrebte. Das Wort Aton wurde an Stelle des alten Wortes »Gott« (neter) verwendet, und der Gott selbst deutlich von dem Sonnengestirn unterschieden. Dem alten Namen des Sonnengottes fügte man den erklärenden Satz hinzu: »das heißt: die Glut, welche in der Sonne (Aton) ist«, und man nannte ihn gelegentlich auch den »Herrn der Sonne (Aton)«.

Wenn Flinders Petrie in Echnaton einen Vorläufer des Monotheismus erblickt, so darf man über dieses Urteil sehr wohl noch um ein Beträchtliches hinausgehen. Echnatons Lehre enthält nicht nur wesentliche Bestandteile des alttestamentarischen jüdischen Monotheismus, sondern eilt ihm in mancher Beziehung voraus. Ja, ganz das gleiche ergibt sich, wenn man Echnatons Ideen neben diejenigen des um dreizehn Jahrhunderte jüngeren Christentums hält. Und nicht weniges gemahnt uns an moderne, unter dem Einfluß der Naturwissenschaften entstandene Anschauungen!

[10] Deutsche Ausgabe S. 296.

Die uns erhaltenen Gebete und Hymnen, deren bedeutendster später mitgeteilt werden soll, lassen Echnatons Auffassung vom Wesen des einzigen Gottes klar erkennen. Aton ist das liebende, allgütige Wesen, das durch Raum und Zeit hindurchgeht. Den früheren ägyptischen Gottheiten war solche Güte und Milde gänzlich fremd gewesen, ganz wie den Menschen, von denen sie verehrt wurden. Aton kennt nicht Haß, nicht Eifersucht noch Strafe, wie der Gott des alten Testamentes. Er ist der *Herr des Friedens,* nicht des Krieges. Er ist frei von allen menschlichen Leidenschaften. Echnaton stellt sich ihn nicht körperlich vor – wie die alten Götter – sondern geistig und unpersönlich. *Er verbietet daher jede bildliche Darstellung des Gottes,* darin ein Vorläufer der mosaischen Gesetzgebung! Aton ist die lebenspendende Kraft, der alles Lebende seine Existenz verdankt.

Weigall weist darauf hin, daß Echnatons Gottesauffassung der christlichen mehr ähnele als der mosaischen. Besonders treffend bemerkt er (S. 117): »*The faith of the patriarchs is the lineal ancestor of the Christian faith; but the creed of Akhnaton is its isolated prototype.*«

Die ganze Anschauungswelt und das gesamte religiöse System Echnatons zeigen eine einzig dastehende Tendenz zur Vergeistigung. Nicht nur der Bilderdienst wird abgeschafft, sondern ebenso alles, was früher Beiwerk und Ballast der Religion gewesen war. Das Zeremoniell der Aton-Religion war äußerst einfach; alles war auf möglichste Verinnerlichung gerichtet. Da gab es keine verdunkelnden Mysterien, sondern der Sinn des neuen Glaubens wurde in den vom König gedichteten Hymnen in zugleich verständlicher und packender Form dargestellt. Es fehlte ferner alles, was an Weltflucht oder Askese hätte erinnern können. Abgeschafft wurden auch die Toten- und Unterweltsgötter; auch Osiris verlor seine Bedeutung. Die Höllenstrafen, die einen wesentlichen Bestandteil des alten Glaubens gebildet hatten, finden keine Erwähnung mehr. Dem Verstorbenen wurde nur ein einziger Wunsch zugeschrieben: die Sonne, d. h. Atons Glanz wiederzusehen; und lediglich darauf bezogen sich nunmehr die in den Grabmälern eingemeißelten Gebete des Toten, daß seine Seele das Licht sehen möge.

Besser als jede Beschreibung veranschaulicht der schon erwähnte große Hymnus die religiösen Ideen Echnatons. Er möge deswegen hier unverkürzt folgen. Die Übersetzung entnehme ich der deutschen Ausgabe von Breasteds Geschichte. Er lautet wie folgt:

Der Glanz des Aton.

Dein Aufleuchten ist schön am Rande des Himmels,
Du lebender Aton, der zuerst lebte!
Wenn du dich erhebst am östlichen Rande des Himmels,
So erfüllst du jedes Land mit deiner Schönheit.
Denn du bist schön, groß und funkelnd, du bist hoch über der Erde:
Deine Strahlen umarmen die Länder, ja alles, was du gemacht hast.
Du bist Ra, und du hast sie alle gefangen genommen;
Du fesselst sie durch deine Liebe.
Obwohl du fern bist, sind deine Strahlen doch auf Erden;
Obwohl du hoch droben bist, sind deine Fußstapfen der Tag!

Nacht.

Wenn du untergehst am westlichen Rande des Himmels,
So liegt die Welt im Dunkel, als wäre sie tot.
Sie schlafen in ihren Kammern,
Ihre Häupter sind verhüllt,
Ihre Nasen sind verstopft, und keiner sieht den andern.
Gestohlen wird alle ihre Habe, die unter ihren Häuptern liegt,
Ohne daß sie es wissen.
Jeder Löwe kommt aus seiner Höhle,
Alle Schlangen stechen.
Dunkel herrscht, es schweigt die Welt;
Denn der sie schuf, ist am Himmelsrande zur Ruhe gegangen.

Der Tag und der Mensch.

Hell ist die Erde,
Wenn du aufgehst am Himmelsrand,
Wenn du als Aton bei Tage scheinst.
Das Dunkel wird verbannt, wenn du deine Strahlen aussendest,
Die beiden Länder[11] feiern täglich ein Fest,
Wachend und auf ihren Füßen stehend,
Denn du hast sie aufgerichtet.
Sie waschen sich und nehmen ihre Kleider;
Ihre Arme erheben sich in Anbetung, wenn du erscheinst.
Alle Menschen tun ihre Arbeit.

[11] Ober- und Unterägypten.

Der Tag und die Tiere und Pflanzen.

Alles Vieh ist zufrieden mit seiner Weide,
Alle Bäume und Pflanzen blühen,
Die Vögel flattern über ihren Sümpfen,
Und ihre Flügel erheben sich in Anbetung zu dir.
Alle Schafe hüpfen auf ihren Füßen,
Alle Vögel, alles, was flattert –
Sie leben, wenn du über ihnen aufgegangen bist.

Der Tag und das Wasser.

Die Schiffe fahren stromauf und stromab,
Jede Straße ist offen, weil du leuchtest.
Die Fische im Strom springen vor dir,
Und deine Strahlen sind mitten im großen Meer.

Die Erschaffung des Menschen.

Du bist es, der den Knaben in den Frauen schafft,
Der Samen in den Männern gemacht hat;
Der dem Sohn Leben gibt im Leibe seiner Mutter,
Der ihn beruhigt, damit er nicht weine,
Du Amme im Mutterleibe.
Der Atem gibt, um alles zu beleben, was er gemacht hat!
Kommt er heraus aus dem Leibe,
. . . . am Tage seiner Geburt,
So öffnest du seinen Mund zum Reden,
Du schaffst ihm, wessen er bedarf.

Erschaffung der Tiere.

Das Küchlein piept schon in der Schale,
Du gibst ihm Atem darin, um es zu beleben.
Wenn du es vollkommen gemacht hast,
So daß es die Schale durchbrechen kann,
So kommt es heraus aus dem Ei,
Um zu piepen, so viel es kann;
Es läuft herum auf seinen Füßen,
Wenn es aus dem Ei herauskommt.

Die ganze Schöpfung.

Wie mannigfaltig sind alle deine Werke,
Sie sind vor uns verborgen,
O du einziger Gott, dessen Macht kein anderer hat,
Du schufst die Erde nach deinem Begehren,
Während du allein warst:
Menschen, alles Vieh, groß und klein,
Alles, was auf der Erde ist,
Was einhergeht auf seinen Füßen;
Alles, was hoch droben ist, was mit seinen Flügeln fliegt.
Die Länder Syrien und Nubien
Und das Land Ägypten; du setzest jedermann auf seinen Platz
Und gibst ihnen, was sie bedürfen.
Ein jeder hat seinen Besitz,
Und ihre Tage sind gezählt.
Ihre Zungen reden mancherlei Sprache,
Auch ihre Gestalt und Farbe sind verschieden,
Ja, du unterschiedest die Menschen.

Bewässerung der Erde.

Du schufst den Nil in der Unterwelt,
Du führtest ihn herauf nach deinem Belieben,
Um die Menschen am Leben zu erhalten,
Wie du sie dir gemacht hast,
Du, ihrer aller Herr!
Du Tagessonne, die Furcht jedes fernen Landes,
Du schaffst auch ihr Leben.
Du hast einen Nil an den Himmel gesetzt,
Damit er für sie herabfalle
Und Wellen schlage auf den Bergen wie das Meer
Und ihre Felder bewässere in ihren Städten.
Wie herrlich sind deine Pläne, du Herr der Ewigkeit!
Der Nil am Himmel ist für die Fremdländer
Und für das Wild der Wüste, das auf seinen Füßen geht;
Der (wirkliche) Nil aber quillt aus der Unterwelt hervor für
Ägypten.
So ernähren deine Strahlen jeden Garten,
Wenn du dich erhebst, so leben sie und wachsen für dich.

Die Jahreszeiten.

Du machtest die Jahreszeiten, um alle deine Werke zu schaffen.
Den Winter, um sie zu kühlen, und ebenso auch die Hitze
(des Sommers).
Du hast den fernen Himmel gemacht, um an ihm aufzugehen,
Um alles zu schauen, was du gemacht hast,
Während du allein warst,
Erstrahlend in deiner Gestalt als lebender Aton,
Aufdämmernd, strahlend, dich entfernend und wiederkehrend.

Schönheit durch das Licht.

Du hast Millionen von Gestalten gemacht aus dir allein.
In Städten, Dörfern und Ansiedlungen,
Auf der Landstraße oder am Fluß –
Alle Augen sehen dich vor sich,
Wenn du die Tagessonne über der Erde bist.

Aton und der König.

Du bist in meinem Herzen,
Kein and'rer ist, der dich kennt,
Außer deinem Sohne Echnaton.
Du hast ihn eingeweiht in deine Pläne
Und in deine Kraft.
Die Welt ist in deiner Hand,
Wie du sie gemacht hast.
Wenn du aufgegangen bist, so leben sie (die Menschen),
Gehst du unter, so sterben sie.
Denn du selbst bist die Lebenszeit,
Und man lebt durch dich.
Alle Augen schauen auf deine Schönheit,
Bis du untergehst.
Alle Arbeit wird beiseite gelegt,
Wenn du im Westen untergehst.
Wenn du dich erhebst, so werden sie gemacht,
Zu wachsen für den König.
Seit du die Erde gründetest, hast du sie aufgerichtet,
Hast du sie aufgerichtet für deinen Sohn,
Der aus dir selbst hervorging,
Den König, der von der Wahrheit lebt,

Den Herrn der beiden Länder Nefer-cheperu-Re, Ua-en-Re,
Den Sohn des Re, der von der Wahrheit lebt,
Den Herrn der Kronen Echnaton, dessen Leben lang ist;
(Und für) die große königliche Gemahlin, die von ihm geliebte,
Die Herrin der beiden Länder, Nefer-nefru-Aton.
Die lebt und blüht für immer und ewig.

Die Sprache dieser Dichtung ist so klar, daß sie keiner Erläuterung bedarf. Nur auf einige besonders charakteristische Partien mag noch hingewiesen werden.
Die einleitende Strophe weist auf Atons Liebe hin, durch die er alle Länder und alle Wesen gefangennehme. Wohl zum erstenmale im Geistesleben der Menschheit wird hier *die Liebe als welterobernde Macht* gepriesen. Hierauf wird zurückzukommen sein, wenn von Echnatons Ethik gehandelt wird.
Die Schilderung der göttlichen Güte, die allen Wesen ohne Unterschied zuteil wird, erinnert in hohem Maße an die hebräische Psalmenpoesie. Breasted und andere Autoren machen speziell auf die überraschende Ähnlichkeit aufmerksam, welche zwischen gewissen Stellen des Aton-Hymnus und dem 104. Psalm besteht. Namentlich Vers 20 bis 24 und 27 bis 30 zeigen bemerkenswerte Anklänge:

»Wirkst du Finsternis, so ist es Nacht; in ihr regen sich alle Tiere des Waldes. Die jungen Löwen brüllen nach Fraß, indem sie von Gott ihre Nahrung verlangen. Wenn die Sonne aufgeht, ziehen sie sich zurück und lagern in ihrer Behausung. Der Mensch geht an sein Werk und an seine Arbeit bis zum Abend. Wie sind deiner Werke so viel, Jahwe! Du hast sie alle in Weisheit geschaffen; die Erde ist voll von deinen Geschöpfen ....«
»Sie alle warten auf dich, daß du ihnen zu seiner Zeit ihre Speise gebest. Du gibst ihnen, sie lesen auf; du tust deine Hand auf, sie sättigen sich mit Gutem. Du verbirgst dein Antlitz, sie werden bestürzt; du ziehst ihren Odem ein und sie werden wieder zu Erde. Du entsendest deinen Odem, sie werden geschaffen; und du erneust das Angesicht der Erde.«

Es ist anzunehmen, daß der 104. Psalm unter dem direkten Einfluß der Poesie Echnatons entstanden ist.[12]

[12] Weigall vermutet, daß auch der 19. Psalm sein eigentümliches Gepräge diesem Einfluß verdankt. In Vers 6 bis 7 heißt es dort von der Sonne (deren Geschlecht in

Flinders Petrie hebt in seiner Besprechung des Aton-Hymnus hervor, daß dieser nicht nur von allem, was an den Polytheismus erinnern könnte, völlig frei sei, sondern auch alles Anthropomorphe in der Auffassung des einzigen Gottes vermissen lasse. Das trifft nun freilich nicht ganz ohne Einschränkung zu, sicherlich aber in einem höheren Maße als für irgendeine andere monotheistische Auffassung. Man muß in Betracht ziehen, daß der Aton-Kultus seinem tiefsten Sinne nach die Verehrung einer Naturkraft, eines unpersönlichen Prinzips bedeutet.

Wie schon erwähnt, wurde Aton nicht bildlich dargestellt. Ein Symbol vertritt ihn: die Sonnenscheibe, von deren Strahlen jeder in eine Hand ausläuft. Die Hände aber umgeben auf den bildlichen Darstellungen den König und mit ihm seine Gemahlin oder auch seine Kinder.

Wenn der König in Aton seinen Vater erblickte, so leitete er damit, strenggenommen, seine Herkunft von einer unpersönlichen Kraft ab. Wir werden dadurch an die Zeugung Christi durch den Heiligen Geist erinnert. Nur ist Echnaton nicht von Aton mit einem menschlichen Weibe gezeugt – wenigstens finden sich keine Hinweise auf eine solche Vorstellung –, sondern Aton ist ihm *Vater und Mutter zugleich*.

Echnatons Religion darf nicht für sich allein betrachtet werden. Sie wird in vollem Umfange erst verständlich, wenn man seine Ethik berücksichtigt, die recht eigentlich im Brennpunkt seiner gesamten Interessen, seines religiösen Empfindens und seiner Lebensführung steht.

Echnaton verwirft in seiner Ethik – ähnlich wie viele Jahrhunderte nach ihm Christus – jede Äußerung des Hasses, jede Gewalttat. Er möchte, ganz wie es im Hymnus von Aton heißt, durch Liebe herrschen. Er ist ein Gegner des Blutvergießens in jeder Form. Er läßt überall die Abbildungen von Menschenopfern austilgen. Kriegerische Gelüste sind ihm fremd. So wie er Aton als Herrn des Friedens verehrt, so will er auch in seinem eigenen Reiche nichts vom Kriege wissen. Es ist besonders interessant, Echnaton in dieser Hinsicht mit seinen Vorgängern zu vergleichen. Man denke nur an den kriegerischen und

der hebräischen Sprache männlich ist):
»Und er gehet hinaus wie ein Bräutigam aus seiner Kammer, und freuet sich wie ein Held, zu laufen seine Bahn. Er gehet auf an einem Ende des Himmels und läuft bis an sein and'res Ende, und nichts bleibt vor seiner Glut verborgen.«
Sicherlich dürfte es sich hier um Reste eines Hymnus auf den Sonnengott handeln; ob sie ägyptischen Ursprungs sind, mag dahingestellt bleiben.

grausamen Amenhotep II. Von ihm heißt es, daß er die syrischen Fürsten, die er auf einem seiner Feldzüge gefangengenommen hatte, an seinem Schiff aufhängen ließ und so sein Schiff im Triumph den Nil hinaufführte. Und Echnatons Vater, unkriegerischer als seine Vorfahren, hatte seinen aggressiven Gelüsten noch in einem gewissen Maße Raum gegeben, indem er leidenschaftlich der Jagd frönte. Der Sohn unterdrückte nahezu jede Äußerung aggressiver oder grausamer Tendenzen. Seine Ethik beruht in erster Linie auf einer ungewöhnlich weitgehenden Sublimierung der sadistischen Triebkomponente. Für ihn selbst und sein Reich sollten aus der starren Befolgung dieser ethischen Prinzipien die schwersten Folgen hervorgehen.

Besonders seit dem Tode seiner Mutter suchte Echnaton seine Ideale in die Wirklichkeit umzusetzen, ohne mit den Hindernissen zu rechnen, die ihm entgegentreten mußten. Er wollte sein Reich – d. h. im Sinne der damaligen Zeit: die ganze Welt – mit Frieden beglücken. Dabei übersah er völlig, daß seine Zeit für solche ideale Bestrebungen nicht reif war, übersah ganz und gar die Rolle, welche Haß, Habsucht usw. im Leben der einzelnen Menschen und der Völker spielen. Er stand an der Spitze eines gewaltigen Reiches, das zerfallen mußte, wenn nicht eine starke Hand es zusammenhielt. Er aber versuchte, wie er es dem Aton zuschrieb, die Welt durch seine Liebe in Fesseln zu legen.

Echnaton verschmähte es nicht nur, durch Gewalt sein Reich zu erweitern oder zu erhalten, sondern er wollte auch in Friedenszeiten von der Herrschergewalt keinen Gebrauch machen. Er bestrebte sich, dem Volke als Mensch näherzutreten. Das bedeutete einen Bruch mit aller höfischen Tradition. Die Pharaonen hatten von altersher eine fast göttliche Verehrung im Lande genossen. Echnaton tritt schlicht und einfach, ohne Herrscherpose auf. In allen bildlichen Darstellungen erscheint er in menschlich-natürlicher Attitüde. Da findet sich nichts von der heroischen Geste der alten Pharaonenbilder. Er zeigt sich – wie das auf verschiedenen Bildwerken zur Darstellung kommt – mit seiner Familie dem Volke. Er gibt dem Volke immer von neuem kund, daß er nicht der unnahbare und strenge Herrscher sei, wie ihn das Volk gewohnt war, daß er sich nicht am Herrschen und an der königlichen Machtfülle freue, sondern daß er nur ästhetische Freude kenne. Er nennt sich mit Vorliebe den König, »der in der Wahrheit lebt«.

Gerade dieses Streben nach Wahrheit bedarf einer besonderen Würdigung. Nach Echnatons Auftreten vergingen noch Jahrhunderte, ehe die bedeutendsten Kulturvölker zu einer Verurteilung der Lüge gelangten! Echnaton aber ging über die ethische Hochschätzung der Wahrheit hinaus, indem er sie sogar zum Prinzip in der Kunst erhob.

Wie Breasted sich ausdrückt, lehrte Echnaton die Künstler seines Hofes, »den Meißel und den Pinsel das erzählen zu lassen, was sie wirklich sahen«. »Der Erfolg« – so heißt es weiter – »war ein einfacher und schöner Realismus, der klarer und richtiger sah, als irgendeine Kunst es früher getan hatte. Man hielt, wie in einem Momentbilde, die Stellungen der Tiere fest: den jagenden Hund, das fliehende Wild, den springenden Wildstier; denn alles dies gehörte zu der Wahrheit, von der Echnaton lebte.«

Echnatons *sexuelle Ethik* bedarf noch einer besonderen Erwähnung, obwohl schon einige hierhergehörige Züge zur Sprache gekommen sind. Seine monogamische Fixierung wurde bereits erwähnt. Alle uns zugänglichen Quellen zeigen, mit welch inniger Liebe Echnaton an seiner Gattin hing. Er unterließ es, eine zweite Frau zu heiraten, als der männliche Thronerbe ausblieb. Er benutzte vielmehr jede Gelegenheit, sich dem Volke im Kreise seiner Familie zu zeigen. Nefernefru-Aton hatte ihm vier Töchter geboren, die er zärtlich liebte. Das Glück, welches Echnaton in seinem Familienleben fand, brachte er vor allem dadurch zum Ausdruck, daß er in allen öffentlichen Kundgebungen, Inschriften usw. seine Verehrung für die Königin besonders hervorhob. Er belegte sie mit mancherlei Beinamen, wie »Herrin seines Glückes« und ähnlichen. So suchte er im Volke für eine neue Auffassung der Ehe, für eine veränderte Stellung des Mannes zum Weibe Propaganda zu machen. Schon früher wurde darauf hingewiesen, daß unter Echnatons Regierung die Frauen am Hofe einen früher nicht gekannten Einfluß erhielten.

Die Zartheit der Beziehungen zwischen König und Königin läßt am schönsten ein Relief erkennen, welches sich im Berliner Museum befindet. Es zeigt den König in jugendlicher, fast mädchenhafter Gestalt auf einen Stab gelehnt, und ihm gegenüber die Königin, die ihn an einem Blumenstrauß riechen läßt. Nirgends in der früheren ägyptischen Kunst findet man eine Darstellung, welche dieser bezüglich des Inhaltes oder der Auffassung an die Seite gestellt werden könnte.[13]

Bezeichnend für die innigen Gefühle, die den König mit den Seinigen verbanden, ist auch eine Darstellung im Grabmale einer seiner Töch-

[13] Vgl. die Reproduktion in der deutschen Ausgabe von Breasted (1905).

ter, die früh verstarb. Nie zuvor hatte die Trauer einer Familie um ein totes Kind solchen Ausdruck gefunden.
Und welche Zartheit des Empfindens zeigt der Aton-Hymnus! Es sei nur an die Schilderung vom Ausschlüpfen des Küchleins erinnert.
In enger Verbindung mit dem Vermeiden alles Rohen steht bei Echnaton die Scheu vor dem Häßlichen, das Bedürfnis nach *Schönheit*. Der Aton-Hymnus setzt mit einer Schilderung der Schönheit des Gottes ein. Echnaton pflegte nicht nur die bildenden Künste. Er legte prächtige Gärten an und ergötzte sich an der Schönheit der Blumen und Tiere darinnen. Er wandte der Musik sein besonderes Interesse zu. So äußerte sich sein Verlangen nach veredelten Genüssen, sein Drang zur Sublimierung in mannigfachster Form.
Echnatons Religion, Weltanschauung und Ethik bilden in ihrer Gesamtheit ein Bauwerk, das uns nicht nur durch die Großartigkeit seiner Konzeption staunen macht, sondern auch durch die Konsequenz seiner inneren Ausgestaltung. Wollte der König aber solch umfassende, in das Volksleben tief eingreifende Reformpläne zur Durchführung bringen, so bedurfte er dazu der größten Tatkraft, nicht minder aber des praktischen Blickes, um bei seinem Vorgehen diejenigen Mächte zu würdigen, die ihm hindernd in den Weg treten mußten. Der Jüngling, der ein Weltreich ererbt hatte, plante ja nichts Geringeres als die Einführung einer Weltreligion mit einem einzigen Weltgott. Während er aber des Gottes Herrschaft aufzurichten begann, verlor er die eigene.
Es ist klar, daß Echnaton das Reich Atons nur dann befestigen konnte, wenn er sein eigenes Ansehen als König wahrte. Aber je mehr er, seinem Idealismus folgend, den Unterschied zwischen sich und dem Volke verwischte, je mehr er sich die Priester der alten Gottheit zu Feinden machte, je radikaler er seine Reformen zur Durchführung bringen wollte, um so mehr mußte sein Einfluß beim Volke abnehmen. Für seine Religion war außer ihm selbst allenfalls ein kleiner Teil von Auserwählten reif, während sie den Bedürfnissen der Massen in keiner Weise Rechnung trug. Weigall zieht einen Vergleich zwischen der Einführung des Aton-Kultes und derjenigen des Christentums. Er gelangt zu der Auffassung, daß das Christentum nur deswegen eine rasche und umfassende Verbreitung finden konnte, weil es dem Bedürfnis der Massen nach sinnlich greifbaren und anthropomorphen Objekten der Verehrung einen gewissen Spielraum gewährte. Da gab es neben dem einzigen Gotte die den Menschen viel nähere Gestalt

Christi, da gab es den Teufel, gab es Engel, Heilige, Geister usw. Der Glaube an ein einziges, göttliches Wesen, das den Menschen unsichtbar blieb, wäre sicherlich beim Volke nicht durchgedrungen. Aus diesem von Weigall richtig erkannten Umstand erklärt sich wohl auch die geringe Werbekraft des mosaischen Monotheismus, der zeitlich dem Aton-Kultus bald folgte.

So vieles wir aus den Quellen über die inneren Umwälzungen erfahren, welche sich unter Echnatons Regierung vollzogen, so wenig erfahren wir von Ereignissen der äußeren Politik. Es geschah nichts. Und eben weil nichts geschah, begannen räuberische Stämme die Grenzen des Reiches unsicher zu machen. Gleichzeitig lehnte ein Teil der syrischen Vasallenfürsten sich auf und griff die treu gebliebenen an. Diese wandten sich um Hilfe nach Ägypten. Aber alle ihre Bitten um Beistand blieben unerhört. Im sechzehnten Regierungsjahre Echnatons erfolgte dann der Einfall der *Hethiter* in Syrien. Der König litt um diese Zeit bereits an der Krankheit, die ihn zwei Jahre später dahinraffen sollte. Jedem gewaltsamen Eingreifen abgeneigt, überließ er die schwer bedrohten asiatischen Provinzen sich selbst. Um diese Zeit setzt nun jene merkwürdige Korrespondenz ein, die uns durch den Tafelfund von El-Amarna beinahe vollständig bekannt geworden ist. Es handelt sich um eine große Anzahl von Keilschrifttafeln, die im Laufe der nun folgenden Zeit aus Asien einliefen. Sie enthalten die immer dringlicheren Klagen der asiatischen Vasallen, die sich der aufrührerischen Gegner und der eindringenden Barbaren nicht mehr zu erwehren vermochten. Aus einem dieser Hilfegesuche, welches Breasted nach Knudtzons »Amarna-Briefen« zitiert, sei ein charakteristischer Passus hier wiedergegeben. Die Ältesten der bedrohten Stadt Tunip bitten um Hilfe gegen den abtrünnigen Fürsten Aziru mit folgenden Worten: »Wenn Aziru in Simyra eindringt, so wird er uns tun, was ihm gefällt auf dem Gebiete unseres Herrn, des Königs, und trotz alledem hält unser Herr sich von uns zurück. Und nun weint deine Stadt Tunip und ihre Tränen fließen, und es gibt keine Hilfe für uns. Seit zwanzig Jahren haben wir an unseren Herrn, den König von Ägypten, Boten gesandt, aber keine Antwort ist uns gekommen, nicht ein einziges Wort.«

Die Wirren in den Provinzen nahmen immer mehr zu, und nacheinander gingen die wichtigsten Städte und Stützpunkte ägyptischer Macht verloren, so die Städte, resp. Bezirke von Askalon, Tyrus, Sidon, Simyra, Byblos, Aschdod, Jerusalem, Kadesch, Tunip, ferner die Täler des Jordan und Orontes und viele andere Gebietsteile. Echnaton aber blieb durch das alles ungerührt, lebte weiter in seinen Idealen und ließ sein ganzes außerägyptisches Reich, das seine Vorfahren unter den größten Opfern aufgerichtet hatten, zugrunde gehen.

Wie ungerührt der Träumer auf dem Throne angesichts aller dieser Nöte seines Reiches blieb, das hat er noch in den letzten Monaten seines Lebens gezeigt. Anstatt der Gefahr zu wehren, die von außen kam, war er auf nichts anderes bedacht als auf die Beseitigung aller Spuren des früheren Polytheismus. Die letzte wichtige Maßnahme seiner Regierung, von der wir Kunde haben, war, daß er die Namen der alten Götter, soweit dies nicht schon früher geschehen war, überall austilgen ließ. Sogar die Bezeichnung »Götter« wurde ausgemerzt. Eine solche Handlung war in diesem Zeitpunkt am wenigsten angebracht. Denn da das Ansehen des Königs im Sinken war, so durfte man dem Volke oder vielmehr den Priestern, die es beeinflußten, keinen direkten Anlaß zur Empörung geben. Echnaton beging diesen Fehler gleichwohl, und es scheint, daß nur sein Tod, der kurz darnach eintrat, ihn davor bewahrte, das gewaltsame Ende seiner Herrschaft zu erleben.

Kaum war Echnaton gestorben, da setzte die Gegenreformation der Amonspriester ein. Sie erlangten ihre Macht auch äußerlich bald wieder. Denn Echnatons Schwiegersohn Smenkhara war nicht der Mann, das Werk seines Vorgängers zu schützen; auch war ihm nur eine kurze Regierungszeit beschieden. Echnaton aber wurde zum Ketzer gestempelt, und man zerstörte sein Werk mit der gleichen Gründlichkeit, mit der er selbst das Überlieferte ausgemerzt hatte. Sein Name verfiel dem gleichen Schicksal, das er selbst dem Namen seines Vaters und demjenigen des Gottes Amon bereitet hatte. Man hämmerte seinen Namen aus und drang selbst in das Grabgewölbe ein, um auch hier das verhaßte Wort, das an Aton erinnerte, zu vertilgen. Nicht zufrieden damit, entfernte man auch die Mumie der Königin Teje, die in der Nähe von Echnatons Resten ruhte, und bestattete sie an der Seite Amenhoteps III. Und wie Echnaton einst den Namen Amenhotep abgelegt hatte, so wurde einer seiner Nachfolger, die einander schnell ablösten, gezwungen, seinen Namen Tut-anch-Aton in Tut-anch-Amon zu verwandeln.

Echnaton war ein Revolutionär – nicht freilich im gewöhnlichen Sinne des Wortes. Denn seine aggressiven Triebregungen hatte er in erstaunlichem Maße sublimiert und sie in eine zu allen Wesen überströmende Liebe verwandelt, so daß er selbst den Feinden seines Reiches nicht mit Gewalt entgegentrat. Seine stärkste Feindschaft richtete sich gegen den Vater, den sie doch in Wirklichkeit nicht treffen konnte, weil dieser eben nicht mehr zu den Lebenden zählte. Wir werden hier in frappanter Weise an das Verhalten gewisser Neurotiker erinnert, die, zu schwach, um gegen Lebende aktiv vorzugehen, *ihren Haß und ihre Rachsucht an Toten auslassen*, meistens freilich nur in Phantasien oder in Form neurotischer Symptome.

Wie schon erwähnt, konnte Echnaton – trotz aller Auflehnung gegen die Macht des Vaters – einer diese Macht vertretenden Autorität nicht entraten. Und so schuf er sich eine neue, auf seine persönlichen Bedürfnisse zugeschnittene Religion mit einem väterlichen Gott als Mittelpunkt. Ihn stattete er mit einer unbeschränkten Macht aus – mit der Allmacht, die jedes Kind ursprünglich seinem Vater zumißt. Er machte ihn zum einzigen Gotte, in durchsichtiger Anlehnung an die Einzigkeit des Vaters. Er wurde damit zum Vorläufer des mosaischen Monotheismus, in welchem der einzige Gott unverkennbar die Züge des Patriarchen, des Alleinherrschers in der Familie, an sich trug. Überdies aber schrieb er dem neuen Gotte die grenzenlose Liebe und Güte zu, die ihn selbst auszeichneten. So schuf er sich einen Gott nach seinem eigenen Bilde, um hernach – wie es die Menschen so oft getan haben – seine Herkunft von ihm abzuleiten. *In Aton spiegelt sich also Echnaton selbst mit allen seinen Eigenschaften wider.* Und wenn er den Aton, der doch tatsächlich ein Kind seiner Phantasie, der doch Geist von seinem Geiste war, als seinen Vater bezeichnet, so lesen wir darin nichts anderes als Echnatons Wunsch: *von einem Vater zu stammen, der die gleichen persönlichen Eigenschaften hätte wie er selbst.*

Auch in unserer Zeit bilden sich viele Individuen – wie wir es besonders von den Neurotikern wissen – eine private Religion, manche unter ihnen auch einen privaten Kultus. Sie sind, wie die Psychoanalyse oftmals darzutun vermag, Menschen, die sich in der Tiefe ihres Unbewußten gegen den Vater empören, ihr Bedürfnis nach Abhängigkeit aber auf ein göttliches – d. h. auch dem Vater übergeordnetes – Wesen übertragen. Nicht selten fühlen sie sich berufen, die in ihrem Vaterkomplex wurzelnden Ideen zu propagieren; dann werden sie zu Religionsstiftern oder Sektenführern.

In anderen Fällen sucht der Sohn an die Stelle des wirklichen Vaters einen von seiner Phantasie geschaffenen Ideal-Vater zu setzen. Dieser trägt dann, wie nicht anders zu erwarten, alle diejenigen Eigenschaften und Charakterzüge an sich, durch welche der Sohn seinen Vater zu überragen meint. Als Kern dieser Phantasieprodukte ergibt sich *der Wunsch, sich selbst erzeugt zu haben, der eigene Vater zu sein.* Von Aton aber, der für uns nur ein mit väterlicher Allmacht versehenes, zum Gotte erhobenes Abbild Echnatons ist, heißt es in dem mitgeteilten Hymnus, *daß er sich selbst erzeugt habe!*

Erklärt es sich somit aus seiner Einstellung zum Vater, daß Echnaton zum Stifter eines monotheistischen Kultus wurde und daß er eine Religion der Liebe begründete, so bleibt noch zu beantworten, warum er gerade den Aton, und nicht einen anderen Gott in den Mittelpunkt des neuen Kultus stellt. Zwar wurden schon oben verschiedene Gründe angeführt, wie das Eindringen des asiatischen Adonis-Dienstes, die Bevorzugung Atons durch die Königinmutter und ihr Einfluß auf den minderjährigen Sohn. Allein mit diesen äußeren Gründen erklärt man weder die Inbrunst, wie sie z. B. aus dem großen Hymnus hervortritt, noch die Tatsache, daß Echnaton sein ganzes Denken, seine beste Kraft, ja sein Leben in den Dienst Atons stellte. Teils von psychoanalytischen Erfahrungen, teils von Tatsachen der Völkerpsychologie ausgehend, werde ich versuchen, dem Verhalten des Königs eine innere Begründung zu geben.

Durch neueste Forschungen[14] sind wir auf die besondere Bedeutung der Sonne als *Vatersymbol* hingewiesen worden. Belege für diese Bedeutung finden sich nicht nur in der Psychologie der Neurosen und Geistesstörungen, sonderen ebenso in den Vorstellungen der verschiedensten Völker. Als *Symbol eines einzigen Gottes* aber eignet sich die Sonne vor allem deshalb, weil sie, im Gegensatz zu den anderen Gestirnen, einsam am Himmel ihre Bahn zieht.

Echnaton verehrt nun, wie oben ausgeführt wurde, nicht eigentlich das Gestirn selbst, sondern die *Glut der Sonne.* Der Sonnenwärme kommt im Vorstellungsleben der Völker die Bedeutung einer zeugenden, *lebenspendenden Kraft* zu. So auch in Echnatons Auffassung. Aber hier tritt – zum Zeichen seiner ungewöhnlich starken Tendenz zur Sublimierung – eine zweite Bedeutung der Sonnenwärme hinzu: sie wird zum *Symbol der allumfassenden Liebe Atons.* Die ersten Verse des Hymnus lassen es deutlich erkennen. Die Strahlen der Sonne, welche alle Länder umarmen, werden mit Atons Liebe identifiziert,

[14] Ich nenne hier besonders: Freud (1911*c*) und (1912*a*).

durch die er alle Länder gefangennimmt. Diese Symbolik ist uns aus den Träumen gesunder und neurotischer Personen wohlbekannt. Ferner treten im Krankheitsbild der Neurosen abnorme Hitze- und Kältegefühle sehr häufig hervor. Sie stehen mit der Erotik der Kranken in einem meist durchsichtigen Zusammenhang, auf den an dieser Stelle nur im Vorübergehen hingewiesen werden kann.

Es wird gestattet sein, noch einen weiteren Schritt zu tun, der freilich auf das Gebiet der reinen Hypothese hinüberführt. Es wurde schon eingangs auf die Beziehungen zwischen Aton und dem syrischen Gotte Adonis hingewiesen. Adonis wurde in der Gestalt eines schönen Jünglings verehrt, der eines frühen Todes stirbt.[15] Bedenkt man nun, daß der junge König in dem von ihm verehrten Gotte nur ein Ebenbild seiner selbst geschaffen hatte, so mag die Vermutung ausgesprochen werden, er habe sich in seiner Vorstellung zunächst mit Adonis identifiziert. Schwach und kränklich von Kindheit an, das Schicksal eines frühen Todes vor Augen tragend, durfte er sich wohl mit Adonis vergleichen. Und was er erstrebte, war ja nicht mannhafte Tat, sondern ein Leben in Schönheit.

Mit seinem Gotte Aton stimmt Echnaton in einem besonderen Zuge seines Wesens überein: *auch er ist ein Einsamer.* Wohl hatte er um sich einen kleinen Anhang von Verehrern gesammelt, aber in lebendigem Kontakt mit seinem Volke stand er nicht, trotz aller Versuche der Annäherung. Eine übermäßige Sexualverdrängung stört die Gefühlsbeziehungen jedes Menschen zu den andern und beraubt ihn der Fühlung mit der Wirklichkeit. Es kommt zu der bei den Neurotikern, und oft gerade bei den Begabtesten, so häufigen autoerotischen Einengung: die eigenen Wunschphantasien werden zum ausschließlichen Gegenstand des Interesses. Der Neurotiker lebt dann nicht mehr in der Welt der wirklichen Geschehnisse, sondern in einer anderen, von seiner Phantasie geschaffenen. Er wird teilnahmslos gegenüber den realen Begebenheiten, als existierten sie für ihn überhaupt nicht. Echnatons Verhalten ist dem geschilderten völlig entsprechend. Ganz in der Welt seiner Träume und Ideale lebend, in der es nur Liebe und Schönheit gibt, hat er kein Auge für alles das, was an Haß und Feindschaft, an Unrecht und Unglück in Wirklichkeit unter den Menschen herrscht. Auch in der Natur – der Hymnus läßt es deutlich erkennen – ignoriert er die Herrschaft des Stärkeren und die Not des Schwachen;

[15] Vgl. hierzu die ähnliche Gestalt des Baldur in der germanischen Göttersage.

er sieht alle Kreaturen nur voll fröhlichen Dankes hüpfen und springen, hört sie jubeln zur Ehre ihres Schöpfers.
So verschloß er denn auch sein Ohr den Hilferufen seiner asiatischen Untertanen, so war er blind für die Greuel, die sich in seinen Provinzen abspielten. Sein Auge sah nur Schönheit und Harmonie, während sein Königreich in Trümmer ging. »In Achet-Aton, der neuen und glänzenden Hauptstadt, hallte der prächtige Tempel des Aton wider von den Lobgesängen, die dem neuen Gotte des Reiches gesungen wurden – aber dieses Reich selbst existierte nicht mehr.« (Breasted.)
Die griechische Mythologie erzählt uns von dem Jüngling Phaëton, dem Sohne des Helios, der sich vermaß, an seines Vaters Stelle den Sonnenwagen über den Himmel zu führen. Er verlor die Gewalt über seine Rosse, und aus dem Wagen stürzend, büßte er sein Leben ein. Das Schicksal dieses Sohnes der Sonne berührt uns wie ein Gleichnis zur Geschichte Echnatons. Mit kühnem Gedankenfluge trat auch dieser seine Fahrt an. Zu Sonnenhöhen strebend ließ er die Zügel fallen, die seine Väter mit starker Hand gehalten hatten, und es erfüllte sich an ihm das Schicksal so mancher Idealisten: während sie in einer Welt der Träume leben, gehen sie an der Wirklichkeit zugrunde.

Anhang

Liste der Abkürzungen

B.	Berliner Psychoanalytische Gesellschaft
Bibl.	Bibliographie der wissenschaftlichen Veröffentlichungen Karl Abrahams, im vorliegenden Band S. 396–408
C.	*Centralblatt für Nervenheilkunde und Psychiatrie*
G. W.	Sigmund Freud, *Gesammelte Werke in 18 Bänden*, Imago Publishing Co., London 1940; seit 1960 S. Fischer Verlag, Frankfurt am Main
H. A. (d)	Hilda Abraham, ›Biographische Skizze über Karl Abraham‹, unveröffentlicht
H. A. (e)	Hilda Abraham, *The Origins and Beginnings of Karl Abraham*, I. Teil, unveröffentlicht
Imago	*Imago, Zeitschrift für Anwendung der Psychoanalyse auf die Geisteswissenschaften*
I. J.	*International Journal of Psycho-Analysis*
I. Z.	*Internationale Zeitschrift für (ärztliche) Psychoanalyse*
J.	*Jahrbuch der Psychoanalyse (Jahrbuch für psychoanalytische und psychopathologische Forschungen)*
Kleine Schriften	Sigmund Freud, *Sammlung kleiner Schriften zur Neurosenlehre aus den Jahren 1893–1906* (5 Bde.), Leipzig–Wien, 1906–1922
Studienausgabe	Sigmund Freud, *Studienausgabe in 10 Bänden mit einem Ergänzungsband*, S. Fischer Verlag, Frankfurt am Main, 1969–1975; als Taschenbuch-Ausgabe in der Reihe ›Fischer Wissenschaft‹, Bde. 7301–7311, Frankfurt am Main, 1982
Werkausgabe	Sigmund Freud, *Werkausgabe in 2 Bänden*, S. Fischer Verlag, Frankfurt am Main, 1978
Z.	*Zentralblatt für Psychoanalyse*

Sonstige verwendete Abkürzungen entsprechen der *World List of Scientific Periodicals*, London, 1963–1965.

Bildnachweis

Tafel Band II, gegenüber S. 338
›Zwei Mütter‹ (›Le due Madri‹), Ölgemälde von Giovanni Segantini, 1889.
Der Abdruck dieser Tafel erfolgt hier mit freundlicher Genehmigung der Galleria d'Arte Moderna, Mailand.

Tafel Band II, gegenüber S. 338
›Die bösen Mütter‹ (›Die Kindesmörderinnen‹), Ölgemälde (105 × 200) von Giovanni Segantini, 1894
Für die Abdruckserlaubnis danken wir dem Kunsthistorischen Museum, Wien.

Tafel Band II, gegenüber S. 339
Porträtkopf einer Statuette der Königin Teje, der Mutter des ägyptischen Königs Amenhotep IV. (Echnaton).
Die Abbildung ist der deutschen Ausgabe von J. H. Breasted, *Geschichte Ägyptens*, Verlag Curtius, Berlin 1911, entnommen.
Das Original der Statuette befindet sich im Ägyptischen Museum der Staatlichen Museen Preuß. Kulturbesitz, Berlin.

Glossar*

Erläuterungen der in der Einleitung des Herausgebers und in den Schriften Karl Abrahams verwendeten Fachausdrücke

Abasie
Unfähigkeit, zu gehen und zu stehen.

Abwehrmechanismus
Automatisch und unbewußt wirkende Vorgänge im Ich, die dazu dienen, unangenehme Gefühle und Triebimpulse fernzuhalten. Hierhin gehören die Verdrängung, die Reaktionsbildung, die Projektion, die Regression u. a.

Adduktions-Kontraktur
Adduktion: Anziehung; Bewegung eines Gliedes nach der Mittellinie zu bzw. die so bewirkte Stellung.
Kontraktur: unwillkürliche, dauernde Verkürzung eines Muskels, bedingt durch Erkrankung desselben oder durch Nervenleiden, oder infolge anhaltender fehlerhafter Stellung von Skeletteilen.

Akme (Acme)
Höhepunkt, Spitze.

Ambivalenz
Emotionale Einstellung gegenüber einem Menschen, die zwischen den Gefühlen von Liebe und Haß schwankt.

Anal-sadistische Stufe
Eine der von Freud beschriebenen Entwicklungsstufen der Libido zwischen dem 1. und 2. Lebensjahr (s. S. Freud: *Drei Abhandlungen zur Sexualtheorie* (1905), *G. W. 5*, S. 27. Eine gute zusammenfassende Darstellung auf dem heutigen Stand der Forschung bietet sich in Ch. Brenner: *Grundzüge der Psychoanalyse*, S. Fischer, Frankfurt 1967, auf S. 26 ff.).

Anamnese (Anamnestisch)
Vorgeschichte einer Krankheit, d. h. die sich darauf beziehenden Angaben des Patienten oder von Personen aus seiner Umgebung. Vgl. Katamnese.

* Wer sich eingehender mit der psychoanalytischen Begriffswelt beschäftigen will, sei auf die gründliche lexikalische Bearbeitung der wesentlichen Begriffe in *Historisches Wörterbuch der Philosophie*, herausgegeben von J. Ritter, Schwabe, Basel–Stuttgart 1971, verwiesen. – Kurze, übersichtliche Darstellungen der psychoanalytischen Theorie liegen in meisterhafter Form und in preiswerten Ausgaben vor von: G. Bally, *Einführung in die Psychoanalyse Sigmund Freuds*, rde, Hamburg 1961 (297 S.); Ch. Brenner, *Grundzüge der Psychoanalyse*, Fischer Taschenbuch 6309, Frankfurt am Main 1976 (239 S.); R. Waelder, *Die Grundlagen der Psychoanalyse*, Huber-Klett, Bern–Stuttgart 1963 (249 S.).

Anthropogenie
  Lehre von der Entstehung des Menschen.
Appendicitis
  Entzündung des Wurmfortsatzes und des umgebenden Gebietes.
Arc de cercle
  Kreisbogen. Für Hysterie typische Brückenstellung des Körpers durch Aufstützen auf Hinterkopf und Füße.
Archaisch
  Ursprünglich. Psychische Inhalte werden als archaisch bezeichnet, wenn sie mit Eigenschaften der primitiven Mentalität übereinstimmen oder mythologische Parallelen aufweisen.
Astasie
  s. Abasie.
Astigmatismus
  »Brennpunktlosigkeit« der auf das Auge fallenden Strahlen infolge abnormer Wölbung der Hornhaut. Der Kranke mit A. kann in keiner Entfernung deutlich sehen.
Ätiologie
  Lehre von den Krankheitsursachen.
Autismus
  Eine Art des Denkens, in der sich das Individuum von seinen Wünschen lenken läßt, ohne seine Umwelt zu berücksichtigen. Gegensatz: realistisches Denken.
Autoretotik
  Sexuelle Betätigungen, die den eigenen Körper zum Gegenstand haben.
Autosuggestion
  Eine Form der Suggestion, die vom Individuum selbst vorgenommen wird. (Synonym: Selbstsuggestion.)

Blastophthorie
  Keimschädigung; sowohl Erbänderungen als auch nichterbliche Plasmaschädigungen.

Canalis neurentericus
  Verbindung zwischen Amnion- und Dottersackhöhle beim etwa 12 Tage alten menschlichen Keimling; wird später wieder verschlossen. Entwicklungsgeschichtliches Überbleibsel.
Chorea
  Organische Nervenkrankheit, als Veitstanz im Volk bekannt.
Coelenteraten
  Hohltiere.
Conjunctivitis neurotica
  Neurotische Entzündung der Augenbindehaut.
Conus medullaris
  Endteil des Rückenmarks unterhalb der Lendenanschwellung.
Cunnilingus
  Lecken der weiblichen Geschlechtsteile zur geschlechtlichen Erregung.

Damm
Gegend zwischen After und äußeren Geschlechtsteilen.
Dementia praecox
Geisteskrankheit, auch als Schizophrenie bezeichnet; heute ist dieser Ausdruck gebräuchlicher.
Demenz
Intelligenz- und Persönlichkeitsabbau, z. B. im Alter und bei Dementia praecox (s. dort).
Dyspareuni
Abnormer Zustand bei Frauen, wobei der Coitus ihnen kein Wollustgefühl, manchmal Schmerzen bereitet; auch erschwerter Coitus.

Ejaculatio praecox
Vorzeitiger Samenabgang beim Manne, oft schon vor der Einführung des Gliedes.
Elohistisch
von Eloah = Gott der Stärke.
Enucleatio bulbi
Ausschälung des Augapfels aus der Augenhöhle.
Enuresis nocturna
Bettnässen.
Epileptische Antezedentien
Zeichen, die dem epileptischen Anfall vorangehen und ihn ankündigen.
Erethisch
reizbar, erregbar.
Erogene Zonen
Körperregionen, bei deren Reizung »sexuelle« Empfindungen auftreten, z. B. Mund-, After-, Genitalregion.
Erythrophobie
Angst vor Erröten.
Exazerbation
Vorübergehende Steigerung von Krankheitssymptomen.
Exploration eines Patienten
Befragung im Rahmen der ärztlichen Untersuchung.
Extrauterines Leben
Leben außerhalb der Gebärmutter.

Facialiskrampf
Krampf des Gesichtsnervs.
Fellatio
Mundverkehr; Einführung des männlichen Gliedes in den Mund der Frau zur sexuellen Befriedigung.
Flatus
Darmwind, Blähung.

Ganser-Syndrom
Eine Gruppe von Symptomen, die vor allem bei Haftreaktionen zur Beobachtung kommen.
Genitale Stufe
Eine der Entwicklungsstufen (die letzte) der Libido (vgl. Anal-sadistische Stufe).
Genitalprimat
Vorherrschen der genitalen Libido über die älteren Triebformen – wie orale, anale, phallische.
Glans clitoridis
Eichel des Kitzlers.
Glans penis
Eichel des Penis.

Haematomyelie
Rückenmarksblutung; Blutung in die Substanz des Rückenmarks.
Hebephrener
Mensch mit einer bestimmten Form der Schizophrenie, die vor dem 25. Lebensjahr beginnt: Jugendirresein.
Hebephrenie
s. Hebephrener.
Hypermnesie
Abnorme Stärke des Gedächtnisses in der Hypnose.
Hypnoider Zustand
Bei Hysterien von selbst entstehende Erscheinungen der Hypnose wie Körperstarre, Lethargie und Schlafzustand.
Hypomanie
Leichte manische Erregung.
Hysterie
Psychoneurose, die durch verdrängte Konflikte entsteht. Die Symptome drücken das Verdrängte (oft in symbolischer Form) aus.

Ich-Ideal
Substruktur des Über-Ichs (s. dort); umfaßt vor allem unsere idealen Strebungen.
Identifizierung
Akt oder Prozeß, durch den man in einem oder mehreren Denk- oder Verhaltensaspekten wie etwas oder wie jemand wird. Notwendiger Vorgang in der kindlichen Entwicklung. Identifizierung wird auch zur Abwehr gebraucht (Abwehrmechanismus): ich bin wie du, um die Auseinandersetzung mit dem Du im Prozeß der Identitätsfindung zu umgehen (s. Introjektion).
Impotentia ejaculandi
Unfähigkeit, zum Samenerguß zu kommen.
Intestinale Impotenz
In Analogie zu genitaler Impotenz gebildete Formulierung. Auf den Darm bezogene Impotenz.

Intrauterine Koitus-Beobachtung
Beobachtung des Geschlechtsverkehrs von der Gebärmutter aus.
Introjektion
Einverleibung. Ich-psychologischer Begriff der Psychoanalyse. Synonym mit Identifikation.
Involutionsalter
Rückbildungsalter.

Kannibalistischer Impuls
Triebimpuls, der darauf abzielt, den anderen zu fressen, in sich aufzunehmen, zu zerstören. Typischer Impuls in der oralen Phase (s. Orale Stufe) der Libidoentwicklung.
Kastrationskomplex
Psychoanalytischer Begriff (s. Komplex). Er bezeichnet einen »Komplex«, der auf angstvolle Vorstellungen, bestimmte Gefühle, sexuelle Impulse etc., vom Vater kastriert zu werden, zurückzuführen ist.
Kasuistik
Beschreibung von Krankheitsfällen.
Katamnese
Gesamtheit der Daten, die über einen Kranken nach Abschluß der ärztlichen Beobachtung zu ermitteln sind. Vgl. Anamnese.
Katatonie
Spannungsirresein; eine besondere, 1874 von Kahlbaum beschriebene Form der Schizophrenie.
Katatonische Anfälle
Erregungszustände mit impulsiven Handlungen und plötzlichen Bewegungsentladungen bei katatonen Kranken (s. Katatonie).
Kaudal
In Richtung auf den unteren Körperteil zu liegend.
Klysma
Klistier; Darmeinlauf; Darmspülung.
Kommotion
(Gehirn)Erschütterung.
Komplex
Psychoanalytischer Begriff. Er bezieht sich auf die Wirkweise von miteinander verknüpften, affektgeladenen, triebbestimmten Vorstellungen, die vom zensurierenden Ich »verdrängt« werden.
Kongestion
Altertümliche Bezeichnung für arterielle Blutüberfüllung auf Entzündungsreize.
Kongestive Blutwelle
Blutwelle bei Kongestion (s. dort).
Konsanguinität
Blutsverwandtschaft.
Konversionshysterie
In psychoanalytischer Bedeutung bezeichnet K. die »Umwandlung« oder »Umkehrung« von verdrängten Triebimpulsen oder Affekten in den kör-

perlichen Bereich. Als Folge des Vorganges treten körperliche Krankheitszeichen auf.

Koprolalie
Explosives, zwangsartiges Ausstoßen sinnloser und meist unanständiger Worte.

Koprophagie
Kotessen.

Koprophile Riechlust
Durch die Liebe zum Kot bestimmte Riechlust.

Koprophilie
Kotliebe.

Latenzperiode
Psychoanalytischer Begriff zur Bezeichnung einer Entwicklungsphase zwischen dem 6. und 12. Lebensjahr, in der die sexuellen Interessen weitgehend ruhen.

Libido
Psychoanalytischer Fachausdruck zur Bezeichnung von Triebkräften – nicht mit genitaler Sexualität identisch.

Libidoorganisation, genitale
Die L. erfährt auf den verschiedenen Stufen ihrer Entwicklung eine jeweils andere Organisation. Die genitale O. ist die letzte – sie zeichnet den normalen Erwachsenen aus (vgl. Anal-sadistische Stufe).

Lykanthropie
Werwolf. Von griechischen Ärzten stammende Bezeichnung für Menschen, die sich zeitweise in einen Wolf verwandeln und nachts heulend umherziehen (Form des Wahnsinns).

Makropsie
Größersehen der Gegenstände infolge Reizung des Ziliar-Muskels am Auge.

Mana
(polynesisch). Außerordentliche Macht, ausgehend von einem Menschen, einem Gegenstand, einem Wesen oder von Ereignissen.

Manie
Geisteskrankheit, gekennzeichnet durch Erregung, unkontrollierte Handlungen und ein übersteigertes Selbstgefühl.

Manisch-depressiv
Zustand bei Vorliegen eines manisch-depressiven Irreseins, das sich in einem periodischen Wechsel der Grundstimmung bzw. der Affekte äußert.

Männlicher Protest
Ein von A. Adler eingeführter Begriff: die bei männlichen und weiblichen neurotischen Individuen zum Ausgleich von Minderwertigkeitsgefühlen auftretende Tendenz zu Handlungen, Wünschen und Träumen gegen weibliche oder weiblich scheinende Regungen. Charakteristische Merkmale für den männlichen Protest sind Trotz, Herrschsucht, Überempfindlichkeit, Ehrgeiz.

Masochismus
Triebeinstellung, bei der aus Schmerz, Leid und Qual Lustbefriedigung gewonnen wird. In der Regel gekoppelt mit Sadismus, bei welchem aus dem Zufügen von Schmerz und Leid Lust erzielt wird.
Masturbation, mutuelle
Wechselseitige Onanie.
Melancholie
Psychose mit traurig-schwermütiger Stimmung, Gehemmtheit, Selbstanklagen etc. (s. auch Manisch-depressiv, auch Zirkuläre Krankheitsform und Zyklothyme Kranke).
Miktion
Harnlassen.
Monideïsmus
Vorherrschen einer Idee.

Narzißmus
Selbstliebe. Frühphase der sexuellen Entwicklung, die der Objektliebe (s. dort) vorausgeht.
Nekrophagie
Verzehr von Leichen.
Nekrophile Phantasien
Phantasien, die sich auf sexuelle Befriedigung an Leichen beziehen.
Neurose
Allgemeine und umfassende Bezeichnung für seelische oder körperliche Krankheitszustände nichtpsychotischer Natur ohne körperliche Krankheitsursache.
Neurosenwahl
Es geht dabei um die Frage, welche Faktoren die Wahl der Neurose bestimmen.

Objektbeziehung, libidinöse
Triebbestimmte Beziehung zu einem Objekt.
Objektliebe
Liebe für Dinge und Personen außerhalb des Subjekts. Sie ist ein Abkömmling der narzißtischen (Selbst-)Liebe (s. Narzißmus).
Obsession
Zwangsvorstellung.
Ödipuskomplex / Ödipuswunsch
Wunsch des Kindes in der ödipalen Phase der Libidoentwicklung, den gleichgeschlechtlichen Elternteil zu beseitigen, den gegengeschlechtlichen zu lieben und für sich zu haben.
Ophthalmologe
Augenarzt.
Orale Stufe
Die erste Entwicklungsstufe der Libido, gekennzeichnet durch Lustgewinn aus Reizungen der Mundzone (vgl. Anal-sadistische Stufe).

Oral-sadistische Stufe
Hier handelt es sich um sadistische Triebimpulse, die mit dem Mund zu tun haben und sich im Zerbeißen, Verschlingen u. a. befriedigen (vgl. Anal-sadistische Stufe).

Palliativ
Lindernd.
Paranoia
Geisteskrankheit mit Entwicklung eines unerschütterlichen Wahnsystems bei erhaltener Klarheit und Ordnung des Denkens.
Paranoid
s. Paranoia.
Parästhesie
Krankhaft abnorme Empfindung wie Kribbeln, Taubsein etc.
Partialtrieb
Teiltrieb. Vorläufer des Sexualtriebes; z. B. oraler, analer, phallischer P., Schau- und Zeigetrieb u. a. Sie münden in die genitale Sexualität ein.
Patria potestas
Väterliche Gewalt.
Perennierende Träume
Wiederkehrende Träume.
Peripetie
Wendepunkt, Umschwung.
Phallische Entwicklungsstufe (Organisationsstufe)
Hier handelt es sich um die 3. Phase der Libidoentwicklung, in welcher – nach Mund und After – der Penis in den Mittelpunkt des kindlichen Interesses tritt und masturbatorisch Lust stiftet (vgl. Anal-sadistische Stufe).
Phobie
Abnorme, unkontrollierbare Angst vor Objekten oder Situationen, die aber nicht selber die Angstursache darstellen. Die Angstquelle ist ein Triebimpuls. Z. B. Straßenangst, Tierangst etc.
Pollution
Samenerguß.
Prägenitale Organisationsstufe
Die der genitalen Stufe vorausgehende Phase der Libidoentwicklung, gekennzeichnet durch die Partialtriebe (s. dort); (vgl. Anal-sadistische Stufe).
Processus vermiformis
Wurmfortsatz.
Protrahiert
Über längere Zeit andauernd.
Pruritus
Hautjucken verschiedenster Ursache.
Pseudologia phantastica
Krankhafte Lügensucht, die sich so stark in phantastische Rollen und Stellungen hineindenken kann, daß die Kranken, die Unwirklichkeit dieser Gebilde vergessend, ihr Handeln davon bestimmen lassen.

Psychose
Oberbegriff für eine Reihe von Geisteskrankheiten.

Reaktionsbildung
Ein Abwehrmechanismus, bei dem ein starker Trieb- oder Gefühlsimpuls durch sein Gegenteil ersetzt wird.
Refraktär
Unempfänglich; nicht beeinflußbar; widerspenstig.
Regression
Die Psychoanalyse versteht darunter einen Rückzug der Libido (s. dort) auf frühere Phasen der Triebentwicklung. Ursache der R. ist in der Regel eine konfliktuöse Situation, mit welcher der betreffende Mensch nicht mehr fertig wird. Demzufolge gibt es normale und pathologische R.
Remission
Vorübergehendes Zurückgehen von Krankheitszuständen.
Retentionslust
Lust am Zurückhalten (z. B. von Stuhl oder Urin).
Rezidiv
Rückfall.

Sadistisch-anale Organisationsstufe
s. Anal-sadistische Stufe.
Schizophrenie
Synonym für Dementia praecox. Bezeichnung für eine Gruppe psychotischer Erkrankungen, die sich besonders durch einen Zerfall der emotionalen und intellektuellen Aspekte des Verhaltens auszeichnen (s. auch Hebephrenie).
Scybalum
Amerikanische Schmarotzerpflanze.
Skrotum
Hodensack.
Sphincter-Kontraktion
Zusammenziehung des Afterschließmuskels.
Sphinkter
Ring- oder Schließmuskel; hier: Afterschließmuskel.
Sublimierung
Ein unbewußter Prozeß, in dessen Verlauf ein Triebimpuls in seiner Richtung so geändert wird, daß er seine ursprüngliche Triebnatur einbüßt und somit sozial akzeptabel wird. Z. B. Umwandlung des Sexualtriebes in zärtliche und fürsorgende Liebe.
Succubus
Der Darunterliegende; Alpdruck.

Talion
Gesetz der Wiedervergeltung (s. Altes Testament: Auge um Auge, Zahn um Zahn).

Totem
Bezeichnung für einen Gegenstand oder die Darstellung eines Gegenstandes, Tieres oder Menschen, der als Schutzsymbol verehrt wird und auf den Ursprung des Volksstammes, der ihn verehrt, verweist.

Totemismus
Kult zur Verehrung eines Totems (s. dort.).

Totemmahlzeit
Integrierender Bestandteil des Totemismus (s. dort). Freud hat sich in *Totem und Tabu* (1912–13, S. 161 und 169ff.) ausführlich mit der Geschichte und dem Wesen der Totemmahlzeit auseinandergesetzt und die Beziehung zum Abendmahl etc. nachgewiesen.

Trauma
Jede Art von Verletzung. Hier: seelische Verletzung; z. B. Trennung des Kleinkindes von der Mutter.

Traumatophile Diathese
Diathese: Krankheitsanlage, Krankheitsbereitschaft.
Traumatophil: zu Traumen neigend;
also hier: krankhafte Bereitschaft für das Erleiden von Traumen.

Trigeminusneuralgie
Schmerz im Ausbreitungsgebiet des Trigeminusnervs (5. Hirnnerv, der Teile des Gesichts versorgt).

Über-Ich
Eine der drei Instanzen des psychischen Apparates (Es – Ich – Über-Ich). Das Über-Ich repräsentiert die Gebote und Verbote der Eltern, ist also eine moralische, gegen das Es gerichtete Instanz. Zum Unterschied vom Gewissen ist es z. T. unbewußt und nicht Ich-integriert.

Übertragung
Subjekt-Objektbeziehung mit besonderer Gefühlsbindung. Sie gründet sich auf eine unbewußte Triebtendenz, frühkindliche Beziehungsschemata im späteren Leben auf andere Objekte zu übertragen, und spielt daher in der psychoanalytischen Behandlung wie in jeder Psychotherapie eine wichtige Rolle.

Übertragungsliebe
In der psychoanalytischen Behandlung einsetzender Prozeß, in dessen Verlauf der Patient die infantilen Gefühle, die er einmal für seine Eltern hatte, auf seinen behandelnden Analytiker überträgt.

Urethra
Harnröhre.

Urethralerotik
Harnröhrenerotik (meist masturbatorische Manipulation an oder in der Harnröhre zur sexuellen Erregung).

Urethrallust
Harnröhrenlust.

Vaginismus
Abnorm erhöhte Reizbarkeit des Scheideneingangs, oft verbunden mit krampfhaften Zusammenziehungen der entsprechenden Muskulatur, so daß Eindringen des Penis bzw. Fingers erschwert oder unmöglich wird.

Vasomotorische Begleiterscheinungen
Begleiterscheinungen von seiten der Gefäßnerven.

Vasomotorische Symptome
Symptome von seiten der Gefäßnerven.

Verbigeration
Sprachliche Stereotypie.

Verdrängung
Einer der regelhaft anzutreffenden Abwehrmechanismen, mit deren Hilfe das Ich unerträgliche, angstmachende Impulse und Triebregungen von der Bewußtwerdung fernhält.

Vis haud ingrata
»Keineswegs unerwünschte Gewalttat«.

Wiederholungszwang
Der in der psychoanalytischen Behandlung entstehende Zwang (unbewußte Impuls), infantile Gefühlseinstellungen zu Elternobjekten am Analytiker wiederholen zu müssen.

Zensur
Eine Instanz im Ich, welche zum Bewußtsein aufdrängende Impulse zensuriert, d. h. daraufhin kontrolliert, ob sie zugelassen werden dürfen. Auch Traum-Zensur.

Zirkuläre Krankheitsform
Synonym für manisch-depressives Irresein (s. dort).

Zwangsneurose
Neurose mit zwanghaften Symptomen. Das Zwanghafte äußert sich so, daß Vorstellungen, Gedanken, Gefühle, Triebimpulse sich gegen den Willen des Betroffenen durchsetzen. Die Zwangsneurose enthält viele Merkmale aus der analen Libidoentwicklung.

Zyklothyme Kranke
Kranke mit manisch-depressivem Irresein (s. dort).

Zyklothymie
Eine Form des manisch-depressiven Irreseins.

Bibliographie der wissenschaftlichen Veröffentlichungen Karl Abrahams*

1900

1. ›Normentafel zur Entwicklungsgeschichte des Huhnes‹ (mit Prof. Keibel), *Normentafeln zur Entwicklungsgeschichte der Wirbeltiere*, Heft 2, Jena.

1901

2. ›Beiträge zur Entwicklungsgeschichte des Wellensittichs‹ (Inauguraldissertation), *Anatomische Blätter* (Anatomisches Institut, Freiburg), Heft LVI/LVII. (Wiesbaden, I. F. Bergmann.)

1902

3. ›Beiträge zur Kenntnis des Delirium tremens der Morphinisten‹, *C.*, XXV, Juni, S. 369–380.

1904

4. ›Über Versuche mit »Veronal« bei Erregungszuständen der Paralytiker‹, *C.*, XXVII, März, S. 176–180.
5. ›Cytodiagnostische Untersuchungen bei Dementia paralytica‹ (mit Dr. Ziegenhagen), Psychiatrischer Verein, Berlin, 19. März. Abriß des Autors in: *C.*, XXVII, Mai, S. 323–324.
6. ›Über einige seltene Zustandsbilder bei progressiver Paralyse: Apraxie, transkortikale sensorische Aphasie, subkortikale sensorische Aphasie, sensorisch-motorische Asymbolie‹, *Allgemeine Zeitschrift für Psychiatrie*, LXI, Heft 4, Juni, S. 502–523.
7. ›Vorstellung eines Kranken mit Hemianopsie und Rotgrünblindheit im erhaltenen Gesichtsfeld‹, Psychiatrischer Verein, Berlin, 18. Juni. Abriß des Autors in: *C.*, XXVII, September, S. 578–579.

* Diese Übersicht wurde unter Zugrundelegung der Numerierung der in der englischen Abraham-Ausgabe, *Selected Papers of Karl Abraham* (The Hogarth Press, London, 6. Aufl., 1965, S. 503–510), enthaltenen Gesamtbibliographie völlig neu überarbeitet und ergänzt.

1907

8. ›Beiträge zur Kenntnis der motorischen Apraxie auf Grund eines Falles von einseitiger Apraxie‹, *C.*, N. F. XVIII, März, S. 161–176.
9. ›Über die Bedeutung sexueller Jugendtraumen für die Symptomatologie der Dementia praecox‹, Jahresversammlung des Deutschen Vereins für Psychiatrie in Frankfurt, 27. April *C.*, N. F. XVIII, Juni, S. 409–415. (Enthalten in Nr. 75, 124, 125 und 126.)
Englisch: ›On the significance of sexual trauma in childhood for the symptomatology of dementia praecox‹, enthalten in Nr. 122.
10. Das Erleiden sexueller Traumen als Form infantiler Sexualbetätigung‹, *C.*, N. F. XVIII, November, S. 855–866. (Enthalten in Nr. 75, 124, 125 und 126.)
Englisch: ›The experiencing of sexual traumas as a form of sexual activity‹, enthalten in Nr. 121.

1908

11. ›Die psychosexuellen Differenzen der Hysterie und der Dementia praecox‹, I. Internationaler Psychoanalytischer Kongreß, Salzburg, 26. April. *C.*, N. F. XIX, Juli, S. 521–533. Enthalten in Nr. 75, 124, 125 und 126.)
Englisch: ›The psycho-sexual differences between hysteria and dementia praecox‹, enthalten in Nr. 121.
Spanisch: ›Diferencias psicosexuales entre hysteria y demencia precox‹, *Revista de Psicoanálisis*, Buenos Aires 1946, IV, S. 351–364.
12. ›Die psychologischen Beziehungen zwischen Sexualität und Alkoholismus‹, *Zeitschrift für Sexualwissenschaft*, Nr. 8, August, S. 449–458. (Enthalten in Nr. 75, 124, 125 und 126.)
Englisch: ›The psychological relations between sexuality and alcoholism‹, *I. J.*, 1926, VII, S. 2–10. (Enthalten in Nr. 121.)
Spanisch: ›Relaciones psicologicas entre sexualidad y alcoholismo‹, *Revista de Psicoanálisis*, Buenos Aires 1947, IV, S. 583–592.
13. ›Die Stellung der Verwandtenehe in der Psychologie der Neurosen‹, Berliner Gesellschaft für Psychiatrie und Nervenkrankheiten, 9. November. Abriß des Autors und Diskussion in: *Neurologisches Centralblatt*, XXVII, S. 1150–1152. *J.*, I, 1909, S. 110–118. (Enthalten in Nr. 75, 124 und 126.)
Englisch: ›The significance of intermarriage between close relatives in the psychology of the neuroses‹, enthalten in Nr. 122.

1909

14. *Traum und Mythus. Eine Studie zur Völkerpsychologie*, Heft 4 der Reihe *Schriften zur angewandten Seelenkunde*, S. 1–73, Deuticke, Leipzig und Wien. (Enthalten in Nr. 123, 125 und 127.)
Englisch: ›Dreams and Myths; A Study in Race Psychology‹, *Nervous*

and Mental Diseases Monograph Series, Nr. 15, Nervous and Mental Diseases Publishing Company, New York 1913.
›Dreams and Myths; A Study in Folk Psychology‹, enthalten in Nr. 122.
Holländische Übersetzung: S. C. van Doesburgh, Leiden 1914.

15. ›Freuds Schriften aus den Jahren 1893–1909‹ (Sammelreferat), *J.*, I, S. 546 bis 574.
16. ›Bericht über die österreichische und deutsche psychoanalytische Literatur bis zum Jahre 1909‹ (Sammelreferat), *J.*, I, S. 575–594.

1910

17. ›Über hysterische Traumzustände‹, *J.*, II, S. 1–32. (Enthalten in Nr. 75, 124 und 126.)
Englisch: ›Hysterical dream states‹, enthalten in Nr. 121.
18. ›Bemerkungen zur Psychoanalyse eines Falles von Fuß- und Korsettfetischismus‹, II. Internationaler Psychoanalytischer Kongreß, Nürnberg, 30. März. (Referat in: Z., I, Heft 2, November, S. 129.) *J.*, III, 1912, S. 557 bis 567. (Enthalten in Nr. 75, 124 und 126.)
Englisch: ›Remarks on the psychoanalysis of a case of foot und corset fetishism‹, enthalten in Nr. 121.
›The man who loved corsets‹, in: Greenwald, H., *Great Cases in Psychoanalysis*, Ballentine, New York 1959, S. 39–51.
18a. ›Psychoanalyse eines Falles von Schuh- und Korsettfetischismus‹ (Vorlesung); Abriß des Autors in: *J.*, II, S. 732–733.
19. Historisches Referat über die Psychoanalyse, *B.*, 29. April.
20. ›Psychoanalyse eines Falles von Hysterie mit ungewöhnlichem Hervortreten der Inzestfixierung‹, *B.*, 7. Juni.
21. ›Über sadistische Phantasien im Kindesalter (kasuistische Beiträge)‹, *B.*, 31. August.
22. ›Inzest und Inzestphantasien in neurotischen Familien. Kasuistische Mitteilungen über wirkliche Sexualbeziehungen innerhalb neurotischer Familien und über Krankheitssymptome auf der Basis der Inzestphantasien‹, *B.*, 12. November.
23. ›Mitteilung zweier Ödipus-Träume‹, *B.*, 8. Dezember.

1911

24. ›Psychoanalyse einer Zwangsneurose‹, *B.*, 9. Februar.
25. ›Einige Bemerkungen über den Mutterkultus und seine Symbolik in der Individual- und Völkerpsychologie‹, *Z.*, I, Heft 12, September, S. 549 bis 550. (Enthalten in Nr. 124 und 126.)
Englisch: ›Observations of the cult of the mother and its symbolism in individual and folk psychology‹, enthalten in Nr. 122.
26. ›Die psychosexuelle Grundlage der Depressions- und Exaltationszustände‹, III. Internationaler Psychoanalytischer Kongreß, Weimar, 21. September. (Referat in: Z., II, Heft 2, November 1911, S. 101–102.) Veröffentlichung *in extenso* unter dem Titel ›Ansätze zur psychoanalytischen

Erforschung und Behandlung des manisch-depressiven Irreseins und verwandter Zustände‹, Z., II, Heft 6, März 1912, S. 302–315. (Enthalten in Nr. 75, 124, 125 und 126.)
Englisch: ›Notes on the psychoanalytic investigation and treatment of manic-depressive insanity and allied conditions‹, enthalten in Nr. 121.
Spanisch: ›Sobre la exploración de la psicosis maniaco-depresiva y estados analogos‹, *Revista de Psicoanálisis*, Buenos Aires 1945, III, S. 314–331.
27. ›Über die Beziehungen zwischen Perversion und Neurose‹ (Referat über die erste von Freuds *Drei Abhandlungen zur Sexualtheorie*), *B.*, 30. Oktober.
28. ›Über die determinierende Kraft des Namens‹, Z., II, Heft 3, Dezember 1911, S. 133–134. (Enthalten in Nr. 75, 123 und 126.)
Englisch: ›On the determining power of names‹, enthalten in Nr. 122.
29. ›Eine Traumanalyse bei Ovid‹, Z., II, Heft 3, Dezember 1911, S. 159 bis 160. (Enthalten in Nr. 124 und 126.)
30. *Giovanni Segantini. Ein psychoanalytischer Versuch*, Heft 11 der Reihe *Schriften zur angewandten Seelenkunde*, S. 1–65, Deuticke, Leipzig und Wien; neue, erweiterte Auflage 1925. (Enthalten in Nr. 124 und 127.)
Englisch: ›Giovanni Segantini; a psychoanalytic essay‹, *Psychoanalytic Quarterly*, 1937, VI, S. 453–512.
›Giovanni Segantini; a psychoanalytic essay‹, enthalten in Nr. 122.
Russische Übersetzung: Odessa 1913.
Italienische Übersetzung: 1926.

1912

31. ›Aus der Analyse eines Falles von Grübelzwang‹, *B.*, 14. März.
32. ›Über ein kompliziertes Zeremoniell neurotischer Frauen‹, Z., II, Heft 8, Mai, S. 421–425. (Enthalten in Nr. 75, 124 und 126.)
Englisch: ›A complicated ceremonial of neurotic women‹, enthalten in Nr. 121.
33. ›Eine besondere Form sadistischer Träume (Massenmord-Träume)‹, *B.*, 18. Mai.
34. ›Amenhotep IV. (Echnaton). Psychoanalytische Beiträge zum Verständnis seiner Persönlichkeit und des monotheistischen Aton-Kultes‹, *B.*, Juli. *Imago*, I, Heft 4, S. 334–360. (Enthalten in Nr. 124 und 127.)
Englisch: ›Amenhotep IV (Akhnaton). A psychoanalytic contribution to the understanding of his personality and the monotheistic cult of Aton‹, *Psychoanalytic Quarterly*, 1935, IV, S. 537–569.
›Amenhotep IV. Psycho-analytical contributions towards the understanding of his personality and of the monotheistic cult of Aton‹, enthalten in Nr. 122.
Spanisch: ›Amenhotep IV. Contribucion psicoanalitica a la interpretacion de su personalidad y el culto monoteistico de Aton‹, *Revista de Psicoanálisis*, Buenos Aires 1947, V, S. 226–256.
35. ›Über neurotische Lichtscheu‹, *B.*, Oktober. (Enthalten in Nr. 43.)
35a. ›Die Bedeutung Schopenhauers für die Psychiatrie‹, *Allgemeine Zeitschrift für Psychiatrie*, 1912, S. 69.

1913

36. ›Psychosexuelle Wurzeln des neurotischen Kopfschmerzes‹, *B.*, Februar und März.
37. ›Sollen wir die Patienten ihre Träume aufschreiben lassen?‹ *I. Z.*, I, Heft 2, März, S. 194–196. (Enthalten in Nr. 75, 124 und 126.)
    Englisch: ›Shall we have the patients write down their dreams?‹, in: Robert Fließ (Hrsg.), *The Psychoanalytic Reader*, I, International Universities Press, New York 1948, S. 326–328.
    ›Should patients write down their dreams?‹, enthalten in Nr. 122.
38. ›Eine Deckerinnerung, betreffend ein Kindheitserlebnis von scheinbar ätiologischer Bedeutung‹, *I. Z.*, I, Heft 3, Mai, S. 247–251. (Enthalten in Nr. 75, 124 und 126.)
    Englisch: ›A screen memory concerning a childhood event of apparently aetiological significance‹, enthalten in Nr. 122.
39. ›Zur Psychogenese der Straßenangst im Kindesalter‹, *I. Z.*, I, Heft 3, Mai, S. 256–257. *Zeitschrift für psychoanalytische Pädagogik*, 1933, VII, S. 453 bis 454. (Enthalten in Nr. 75, 123 und 126.)
    Englisch: ›On the psychogenesis of agoraphobia in childhood‹, enthalten in Nr. 122.
40. ›Einige Bemerkungen über die Rolle der Großeltern in der Psychologie der Neurosen‹, *I. Z.*, I, Heft 3, Mai, S. 224–227. (Enthalten in Nr. 75, 123 und 126.)
    Englisch: ›Some remarks on the role of grandparents in the psychology of neuroses‹, enthalten in Nr. 122.
41. ›Beobachtungen über die Beziehungen zwischen Nahrungstrieb und Sexualtrieb‹, *B.*, Juni.
42. ›Psychische Nachwirkungen der Beobachtung des elterlichen Geschlechtsverkehrs bei einem neunjährigen Kinde‹, *I. Z.*, I, Heft 4, Juli, S. 364–366. *Zeitschrift für psychoanalytische Pädagogik*, 1933, VII, S. 455–457. (Enthalten in Nr. 75, 123 und 126.)
    Englisch: ›Mental after-effects produced in a nine year old girl by the observation of sexual intercourse between her parents‹, enthalten in Nr. 121.
43. ›Über Einschränkungen und Umwandlungen der Schaulust bei den Psychoneurotikern nebst Bemerkungen über analoge Erscheinungen in der Völkerpsychologie‹ (enthält Nr. 35), IV. Internationaler Psychoanalytischer Kongreß, München, 7. September, *J.*, VI, 1914, S. 25–88. (Enthalten in Nr. 75, 123 und 127.)
    Englisch: ›Restrictions and transformations of scoptophilia in psychoneurotics; with remarks on analogous phenomena in folk psychology‹, enthalten in Nr. 121.
    Spanisch: ›Restricciones y transformaciones de la escoptofilia en psiconeuroticos. Observaciones de fenómenos analogos en la psicologia popular‹, *Revista de Psicoanálisis*, Buenos Aires 1946, IV, S. 80–134.
44. ›Über eine konstitutionelle Grundlage der lokomotorischen Angst‹, *B.*, Oktober. *I. Z.*, II, Heft 2, März 1914, S. 143–150. (Enthalten in Nr. 75, 124 und 126.)

Englisch: ›A constitutional basis of locomotor anxiety‹, enthalten in Nr. 121.

45. ›Über neurotische Exogamie. Ein Beitrag zu den Übereinstimmungen im Seelenleben der Neurotiker und der Wilden‹, *B.*, 8. November. *Imago*, 1914, III, Heft 6, S. 499–501. (Enthalten in Nr. 75, 125 und 127.)
Englisch: ›Neurotic exogamy. An essay on certain similarities between the mental processes of neurotics and those of savages‹, *American Journal of Urology*, 1916, XII, S. 422–425.
›On neurotic exogamy; a contribution to the similarities in the psychic life of neurotics and of primitive man‹, enthalten in Nr. 122.

46. ›Ohrmuschel und Gehörgang als erogene Zone‹, *B.*, Dezember. *I. Z.*, II, Heft 1, März 1914, S. 27–29. (Enthalten in Nr. 75, 124, 125 und 126.)
Englisch: ›The ear und auditory passage as erotogenic zones‹, enthalten in Nr. 121.

1914

47. ›Kritik zu C. G. Jung, »Versuch einer Darstellung der psychoanalytischen Theorie«‹, *B.*, Januar. *I. Z.*, II, Heft 1, Januar, S. 72–82. *J.*, V, 1913. (Enthalten in Nr. 75, 124 und 126.)
Englisch: ›Review of C. G. Jung's »Versuch einer Darstellung der psychoanalytischen Theorie«‹, enthalten in Nr. 122.

48. ›Zur Bedeutung der Analerotik‹, *B.*, Februar.

49. ›Zum Verständnis »suggestiver« Arzneiwirkungen bei neurotischen Zuständen‹, *I. Z.*, II, Heft 4, Juli, S. 377–478. (Enthalten in Nr. 124 und 126.)
Englisch: ›A contribution towards the understanding of the suggestive effect of medicine in the neuroses‹, enthalten in Nr. 122.

50. ›Eigentümliche Formen der Gattenwahl, besonders Inzucht und Exogamie‹, Ärztliche Gesellschaft für Sexualwissenschaft, Berlin, 3. Juli.

51. ›Spezielle Pathologie und Therapie der nervösen Zustände und der Geistesstörungen‹ (Sammelreferat über Eugen Bleuler, *Lehrbuch der Psychiatrie*), *J.*, VI, 1914, S. 343–363.

1916

52. ›Untersuchungen über die früheste prägenitale Entwicklungsstufe der Libido‹, *I. Z.*, IV, Heft 2, S. 71–97. (Enthalten in Nr. 75, 123 und 127.)
Englisch: ›The first pregenital stage of the libido‹, enthalten in Nr. 121.
Spanisch: ›Investigaciones sobre la primera fase preginital de la libido‹, *Revista de Psicoanálisis*, Buenos Aires 1946, III, S. 586–614.

1917

53. ›Einige Belege zur Gefühlseinstellung weiblicher Kinder gegenüber den Eltern‹, *I. Z.*, IV, Heft 3, S. 154–155. (Enthalten in Nr. 75, 123 und 126.)

Englisch: ›Some illustrations on the emotional relationship of little girls toward their parents‹, enthalten in Nr. 122.

54. ›Über Ejaculatio praecox‹, *I. Z.*, IV, Heft 4, S. 171–186. (Enthalten in Nr. 75, 123, 125 und 126.)
Englisch: ›Ejaculatio praecox‹, enthalten in Nr. 121.

55. ›Das Geldausgeben im Angstzustand‹, *I. Z.*, IV, Heft 5, S. 252–253. (Enthalten in Nr. 75, 123, 125 und 126.)
Englisch: ›The spending of money in anxiety states‹, enthalten in Nr. 121.

1918

56. ›Dreikäsehoch. Zur Psychoanalyse des Wortwitzes‹, *Imago*, V [1917–19], Heft 4 [1919], S. 294–295. (Enthalten in Nr. 124 und 126.)

57. ›Zur Psychoanalyse der Kriegsneurosen‹, Beitrag zur Diskussion über Kriegsneurosen, V. Internationaler Psychoanalytischer Kongreß, Budapest, 28. September. Veröffentlicht mit Beiträgen von S. Freud, S. Ferenczi, E. Simmel und E. Jones als Nr. 1 der Reihe *Internationale Psychoanalytische Bibliothek*, Internationaler Psychoanalytischer Verlag, Leipzig, Wien, Zürich 1919, S. 31–41. (Enthalten in Nr. 124 und 126.)
Englisch: ›Contribution to Psychoanalysis and the War Neuroses‹, Nr. 2 der Reihe *International Psychoanalytic Library*, International Psycho-Analytical Press, London, Wien, New York 1921, S. 22–29.
›Psychoneuroses and the war neuroses‹, enthalten in Nr. 122.

1919

58. ›Über eine besondere Form des neurotischen Widerstandes gegen die psychoanalytische Methodik‹, *B.*, 6. Februar. *I. Z.*, V, Heft 3, Oktober, S. 173–180. (Enthalten in Nr. 75, 124 und 126.)
Englisch: ›A particular form of neurotic resistance against the psychoanalytic method‹, enthalten in Nr. 121.

59. ›Tiertotemismus‹, *B.*, 16. März.

60. ›Über den weiblichen Kastrationskomplex‹, *B.*, 17. April.

61. ›Bemerkungen zu Ferenczis Mitteilung über »Sonntagsneurosen«‹, *I. Z.*, V, Heft 3, Oktober, S. 203–204. (Enthalten in Nr. 75, 124 und 126.)
Englisch: ›Observations on Ferenczi's paper on *Sunday neuroses*‹, in: Robert Fließ (Hrsg.), *The Psychoanalytic Reader*, I, International Universities Press, New York 1948, S. 349–352.
›Some remarks on Ferenczi's paper on *Sunday neuroses*‹, enthalten in Nr. 122.

62. ›Zur Prognose psychoanalytischer Behandlungen in vorgeschrittenem Lebensalter‹, *B.*, 6. November. *I. Z.*, VI, Heft 2, Juni 1920, S. 113–117. (Enthalten in Nr. 75, 124 und 126.)
Englisch: ›The applicability of psychoanalytic treatment to patients at an advanced age‹, enthalten in Nr. 121.

63. ›Zur narzißtischen Bewertung der Exkretionsvorgänge in Traum und Neu-

rose‹, *B.*, 18, Dezember. *I. Z.*, VI, Heft 1, März 1920, S. 64–67. (Enthalten in Nr. 75, 123 und 126.)
Englisch: ›The narcissistic evaluation of excretory processes in dream and neurosis‹, enthalten in Nr. 121.

1920

64. ›Der Versöhnungstag. Bemerkungen zu Reiks *Probleme der Religionspsychologie*‹, *Imago*, VI, Heft 1, S. 80–90. (Enthalten in Nr. 124 und 126.)
Englisch: ›The day of atonement: some observations on Reik's *Problems of the Psychology of Religion*‹, enthalten in Nr. 122.
65. Wissenschaftlicher Vortrag vor der Inneren Klinik (Prof. Grote) der Universitätsklinik Halle, 10. Juli.
66. ›Über die Sexualität des Kindes‹, Ärztliche Gesellschaft für Sexualwissenschaft, Berlin, 21. Mai. *Archiv für Frauenkunde* (Sexualwissenschaftliches Beiheft), VI, 1920, Heft 3/4, S. 278–279. (Enthalten in Nr. 124, 125 und 126.)
67. ›Äußerungsformen des weiblichen Kastrationskomplexes‹, VI. Internationaler Psychoanalytischer Kongreß, Den Haag, 8. September (Referat in: *I. Z.*, VI, S. 391–392). Veröffentlichung *in extenso, I. Z.*, VII, Heft 4, Dezember 1921, S. 422–452. (Enthalten in Nr. 124 und 126.)
Englisch: ›Manifestations of the female castration complex‹, *I. J.*, 1922, III, S. 1–29. (Enthalten in Nr. 121.)
68. ›Technisches zur Traumdeutung‹, *B.*, 24. September.
69. ›Die Psychoanalyse als Erkenntnisquelle für die Geisteswissenschaften‹, *Die neue Rundschau*, XXXI der *Freien Bühne*, Oktober, Heft 10, S. 1154 bis 1174. (Enthalten in Nr. 124 und 126.)
Englisch: ›The cultural significance of psycho-analysis‹, enthalten in Nr. 122.

1921

70. ›Ergänzungen zur Lehre vom Analcharakter‹, *B.*, 20. Januar. *I. Z.*, IX, Heft 1, März 1923, S. 27–47. (Enthalten in Nr. 106.)
Englisch: ›Contributions to the theory of the anal character‹, *I. J.*, 1923, IV, S. 400–418. (Enthalten in Nr. 121 und in: J. S. van Teslaar (Hrsg.), *An Outline of Psychoanalysis*, Boni & Liveright, New York 1923.)
Französisch: ›Compléments à la théorie du caractère anal‹, *Revue Française de Psychanalyse*, 1960, XXIV, S. 187–205.
71. ›Zwei Fehlhandlungen einer Hebephrenen‹, *I. Z.*, VII, Heft 2, Juni, S. 207 bis 208. (Enthalten in Nr. 124, 125 und 126.)
Englisch: ›Two mistakes of a hebephrenic patient‹, enthalten in Nr. 122.
72. ›Beitrag zur »Tic-Diskussion«‹, *B.*, 2. Juni. *I. Z.*, VII, Heft 3, Oktober, S. 393–395. (Enthalten in Nr. 123 und 126.)
Englisch: ›Contribution to a discussion on tic‹, *I. J.*, II, S. 477–480. (Enthalten in Nr. 121.)
73. ›Spezielle Pathologie und Therapie der Neurosen und Psychosen‹ (Sam-

melreferat mit Dr. J. Hárnik), in: *Bericht über die Fortschritte der Psychoanalyse in den Jahren 1914–1919*, S. 141–163, Internationaler Psychoanalytischer Verlag, Leipzig, Wien, Zürich 1921.
Englisch: ›Special pathology and therapy of the neuroses and psychoses‹, *I. J.*, 1920, I, S. 280–285.

74. ›Literatur in spanischer Sprache‹, in: *Bericht über die Fortschritte der Psychoanalyse in den Jahren 1914–1919*, S. 366–367, Internationaler Psychoanalytischer Verlag, Leipzig, Wien, Zürich 1921.
Englisch: ›Literature in the Spanish language‹, *I. J.*, 1920, I, S. 457–458.

75. *Klinische Beiträge zur Psychoanalyse aus den Jahren 1907–1920* (enthält die vorgenannten Nummern 9, 10, 11, 12, 13, 17, 18, 26, 28, 32, 37, 38, 39, 40, 42, 43, 44, 45, 46, 47, 52, 53, 54, 55, 58, 61, 62, 63), Nr. 10 der Reihe *Internationale Psychoanalytische Bibliothek*, Internationaler Psychoanalytischer Verlag, Leipzig, Wien, Zürich 1921.

1922

76. ›Vaterrettung und Vatermord in den neurotischen Phantasiegebilden‹, *I. Z.*, VIII, Heft 1, März, S. 71–77. (Enthalten in Nr. 124 und 126.)
Englisch: ›Rescue and murder of the father in neurotic fantasies‹, *I. J.*, 1922, III, S. 467–474. Nachdruck unter dem Titel ›Father-murder and father-rescue in the fantasies of neurotics‹, in: Robert Fließ (Hrsg.), *The Psychoanalytic Reader*, I, International Universities Press, New York 1948, S. 334–342.
›The rescue and murder of the father in neurotic phantasy-formations‹, enthalten in Nr. 122.

77. Wissenschaftlicher Vortrag vor einem Psychoanalytischen Kreis in Leipzig, 27. Mai.

78. ›Über Fehlleistungen mit überkompensierender Tendenz‹, *I. Z.*, VIII, Heft 3, Oktober, S. 345–348. (Enthalten in Nr. 124 und 126.)
Englisch: ›Blunders with an over-compensating tendency‹, *I. J.*, 1924, V, S. 197–200.
›On parapraxes with an over-compensating tendency‹, in: Robert Fließ (Hrsg.), *The Psychoanalytic Reader*, I, International Universities Press, New York 1948, S. 329–333.
›Mistakes with an overcompensating tendency‹, enthalten in Nr. 122.

79. ›Die Fehlleistung eines Achtzigjährigen‹, *I. Z.*, VIII, Heft 3, Oktober, S. 350. (Enthalten in Nr. 124 und 126.)
Englisch: ›An octogenarian's blunder‹, *I. J.*, 1923, IV, S. 479.
›An octogenarian's mistake‹, enthalten in Nr. 122.

80. ›Die Spinne als Traumsymbol‹, *I. Z.*, VIII, Heft 4, Dezember, S. 470–475. (Enthalten in Nr. 123 und 126.)
Englisch: ›The spider as a dream symbol‹, *I. J.*, 1923, IV, S. 313–317. (Enthalten in Nr. 121.)

81. ›Neue Untersuchungen zur Psychologie der manisch-depressiven Zustände‹, VII. Internationaler Psychoanalytischer Kongreß, Berlin, 27. Sept. (Referat in: *I. Z.*, VIII, S. 492–493.) (Enthalten in Nr. 105, Kap. VII.)

1923

82. ›Zwei Beiträge zur Symbolforschung: Zur symbolischen Bedeutung der Dreizahl; Der »Dreiweg« in der Ödipus-Sage‹, *Imago*, IX, Heft 1, S. 122–126. (Enthalten in Nr. 123 und 126.)
Englisch: ›Two contributions to the study of symbols‹, in: Sándor Lorand (Hrsg.), *The Yearbook of Psychoanalysis*, International Universities Press, New York 1947, V, S. 219–224.
›Two contributions to the study of symbols‹, in: Robert Fließ (Hrsg.), *The Psychoanalytic Reader*, I, International Universities Press, New York 1948, S. 343–348.
›Two contributions to the study of symbols‹, enthalten in Nr. 122.
83. ›Eine infantile Theorie von der Entstehung des weiblichen Geschlechtes‹, *I. Z.*, IX, Heft 1, März, S. 75–76. (Enthalten in Nr. 124, 125 und 126.)
Englisch: ›An infantile theory of the origin of the female sex‹, enthalten in Nr. 121.
84. ›Die Wiederkehr primitiver religiöser Vorstellungen im Phantasieleben des Kindes‹, Orientalisches Seminar der Universität Hamburg, 3. März.
85. ›Kastrationsphantasien bei zwei kleinen Knaben‹, *B.*, 13. März.
86. ›Der Kastrationskomplex in der Analyse eines Bisexuellen‹, *B.*, 13. März.
87. ›Anfänge und Entwicklung der Objektliebe‹, *B.*, 27. März. (Enthalten in Nr. 105, II. Teil.)
88. ›Zum Introjektionsvorgang bei Homosexualität‹, *B.*, 8. Mai.
89. (mit Dr. Helene Deutsch) ›Über Phantasien der Kastration durch Beißen‹, *B.*, 5. Juni.
90. ›Aus der Analyse eines Asthmatikers‹, *B.*, 30. Juni.
91. ›Ein Beitrag zur Psychologie der Melancholie‹, *B.*, 30. Juni. (Enthalten in Nr. 105, Kap. VII.)
92. ›Ein Beitrag zur Prüfungssituation im Traume‹, *B.*, 30. Juni.
93. ›Psycho-Analytic Views on some Characters of Early Infantile Thinking‹, VII. Internationaler Kongreß der Psychologie, Oxford, 31. Juli. *British Journal of Medical Psychology*, III, Teil 4, 1923, S. 283–287 (englisch). (Enthalten in Nr. 122.)
Deutsch: ›Psychoanalytische Gesichtspunkte zu einigen Merkmalen des frühkindlichen Denkens‹, *Proceedings and Papers of the Congress*, Cambridge University Press, 1924, S. 263–267. (Enthalten in Nr. 124 und 126.)
94. ›Zwei neue kindliche Sexualtheorien‹, *B.*, 6. November.
95. ›Die Geschichte eines Hochstaplers im Lichte psychoanalytischer Erkenntnis‹, *B.*, 13. November. *Imago*, XI, 1925, Heft 4, S. 355–370. *Almanach für das Jahr 1927*, S. 83–99. *Zeitschrift für psychoanalytische Pädagogik*, 1935, IX, S. 195–207. (Enthalten in Nr. 123, 125 und 127.)
Englisch: ›The history of an imposter in the light of psychoanalytic knowledge‹, *Psychoanalytic Quarterly*, 1935. (Enthalten in: Robert Fließ (Hrsg.), *The Psychoanalytic Reader*, I, International Universities Press, New York 1948, S. 353–368.)
›The history of an imposter in the light of psychoanalytic knowledge‹, enthalten in Nr. 122.

Französisch: ›Histoire d'un escroc à la lumière des données psychanalytiques‹, *Revue Française de Psychanalyse*, 1951, XV, S. 89–102.
96. ›Zur Symbolik des Hauses, besonders des Neubaues‹, *B.*, 4. Dezember. (Referat in: *I. Z.*, X, Heft 1, März 1924, S. 107.)
96a. ›Mitteilungen der Redaktion‹, *I. Z.*, IX, S. 120.

1924

97. ›Über unbewußte Strömungen im Verhältnis der Eltern zum Kinde‹, Vortrag in Hamburg, 5. Januar.
98. ›Umwandlungsvorgänge am Ödipuskomplex im Laufe einer Psychoanalyse‹, *B.*, 29. März.
99. ›Beiträge der Oralerotik zur Charakterbildung‹, VIII. Internationaler Psychoanalytischer Kongreß, Salzburg, 21. April. (Referat in: *I. Z.*, X, S. 214.) (Enthalten in Nr. 106, Kap. 2.)
Englisch: ›The influence of oral eroticism on character formation‹, *I. J.*, 1925, VI, S. 247–258. (Enthalten in Nr. 121.)
Französisch: ›L'érotisme orale‹, in: E. Zolla, *La Psicanalisi*, Garzanti, Mailand 1960, S. 197–207.
100. ›Über die Psychologie der modernen Kunstrichtungen‹, Vortrag vor einem Künstlerkreis in Berlin.
101. ›Zur Charakterbildung auf der »genitalen« Entwicklungsstufe‹, *B.*, 23. September. (Enthalten in Nr. 106, Kap. 3.)
Englisch: ›Character formation on the genital level of libido-development‹, *I. J.*, 1926, VII, S. 214–222. (Enthalten in Nr. 121.)
102. ›Analyse einer Zwangsneurose‹, Erste Deutsche Zusammenkunft für Psychoanalyse, Würzburg, 12. Oktober.
103. ›Über eine weitere Determinante der Vorstellung des zu kleinen Penis‹, *B.*, 21. Oktober.
104. ›Phantasien der Patienten über den Abschluß der Analyse‹, *B.*, 11. November.
105. ›Versuch einer Entwicklungsgeschichte der Libido auf Grund der Psychoanalyse seelischer Störungen‹ (Kapitel VII enthält die Nummern 81 und 91; der II. Teil entspricht Nr. 87), *Neue Arbeiten zur ärztlichen Psychoanalyse*, Heft 11, Internationaler Psychoanalytischer Verlag, Leipzig, Wien, Zürich 1924, S. 1–96. (Enthalten in Nr. 123 und 127.)
Englisch: ›A short study of the development of the libido, viewed in the light of mental disorders‹, enthalten in Nr. 121.
Spanisch: ›Breve estudio del desarrollo de la libido a la luz de los trastomos mentales‹, *Revista de Psicoanálisis*, Buenos Aires 1944, II, S. 274 bis 349.
105a. ›Berliner Psychoanalytische Vereinigung‹, *I. Z.*, X, S. 490–491.
105b. ›Aus der südamerikanischen Literatur‹, *I. Z.*, X, S. 308–309.
105c. ›Zentralsekretär: Korrespondenzblatt der Internationalen Psychoanalytischen Vereinigung‹, *I. Z.*, X, S. 105–120.

1925

106. ›Psychoanalytische Studien zur Charakterbildung‹ (enthält die Nummern 70, 99, 101, 116), Nr. 16 der Reihe *Internationale Psychoanalytische Bibliothek*, Internationaler Psychoanalytischer Verlag, Leipzig, Wien, Zürich 1925, S. 1–64. (Enthalten in Nr. 123 und 127.)
107. ›Zur Verdrängung des Ödipuskomplexes‹, *B.*, 20. Januar.
108. ›Wissenschaftlicher Vortrag vor einem Psychoanalytischen Kreis in Leipzig, 21. Februar.
109. ›Die Bedeutung von Wortbrücken für die neurotische Symptombildung‹, *B.*, 26. Februar.
110. ›Eine unbeachtete kindliche Sexualtheorie‹, *I. Z.*, XI, Heft 1, März, S. 85 bis 87. (Enthalten in Nr. 124, 125 und 126.)
Englisch: ›An infantile sexual theory not hitherto noted‹, *I. J.*, VI, S. 444 bis 446. (Enthalten in Nr. 121.)
111. ›Psychoanalyse und Gynäkologie‹, Berliner Gesellschaft für Gynäkologie und Geburtshilfe, 13. März. (Referat in: *I. Z.*, XI, S. 126.) *Zeitschrift für Geburtshilfe und Gynäkologie*, LXXXIX, S. 451–458. (Enthalten in Nr. 124 und 126.)
Englisch: ›Psychoanalysis and gynecology‹, enthalten in Nr. 122.
112. ›Koinzidierende Phantasien bei Mutter und Sohn‹, *I. Z.*, XI, Heft 2, Juni, S. 222. (Enthalten in Nr. 123 und 126.)
Englisch: ›Coincident fantasies in mother and son‹, *I. J.*, 1926, VII, S. 79. ›Concurrent fantasies in mother and son‹, enthalten in Nr. 122.
113. ›Die Psychoanalyse schizophrener Zustände‹, Leidsche Vereeniging voor Psychopathologie en Psychoanalyse, Leyden, 27. und 29. Mai.
114. ›Das hysterische Symptom‹, Nederlandsche Maatschappij ter Bevordering der Geneeskunst, Den Haag, 28. Mai.

1926

115. ›Psychoanalytische Bemerkungen zu Coués Verfahren der Selbstbemeisterung‹, *I. Z.*, XII, Heft 2, S. 131–154. Unter dem Titel ›Über Coué's Heilformel‹, in: *Almanach für das Jahr 1927*, S. 99–107. (Enthalten in Nr. 124 und 126.)
Englisch: ›Psychoanalytical notes on Coué's method of self-mastery‹, *I. J.*, 1926, VII, S. 190–213.
›Psychoanalytical notes on Coué's system of self-mastery‹, enthalten in Nr. 122.
116. ›Über Charakteranalyse‹, *Almanach für das Jahr 1926*, S. 177–180. (Enthalten in Nr. 106, Kap. 1.)
117. ›Contribution to discussion of Dr. Bernhard Hart's paper *The Conception of Dissociation*‹, *British Journal of Medical Psychology*, 1926, VI, S. 257 bis 259.
118. ›Deprivation of the senses as a castration symbol‹, Vortrag, verlesen vor der British Psychoanalytic Society im März 1926, *I. J.*, VII, S. 236–237.

119. ›The psychology of religion‹, verlesen auf dem X. Internationalen Psychoanalytischen Kongreß in Groningen, 7. September 1926, *British Journal of Medical Psychology*, VI, S. 264–269.

1929

120. ›Beobachtungen aus den ersten fünf Lebensjahren‹, *Zeitschrift für psychoanalytische Pädagogik*, 1929, III, S. 30–31.

Ferner folgende Sammelausgaben:

121. *Selected Papers of Karl Abraham, M. D.*, mit einer Einleitung von Ernest Jones, Nr. 13 der Reihe *International Psychoanalytic Library*, The Hogarth Press and the Institute of Psycho-Analysis, London 1927, 1942, 1950, 6. Aufl. 1965; Basic Books, New York 1953. Enthält die Nummern 10, 11, 12, 17, 18, 26, 32, 42, 43, 44, 46, 52, 54, 55, 58, 62, 63, 67, 70, 72, 80, 83, 99, 101, 105, 110.
122. Hilda Abraham (Hrsg.), *Clinical Papers and Essays on Psychoanalysis*, The Hogarth Press and the Institute of Psycho-Analysis, London 1955; Basic Books, New York 1955. Enthält die Nummern 9, 13, 14, 25, 28, 30, 34, 37, 38, 39, 40, 45, 47, 49, 53, 57, 61, 64, 69, 71, 76, 78, 79, 82, 93, 95, 111, 112, 115.
123. *Psychoanalytische Studien; Gesammelte Werke in zwei Bänden*, Bd. I, S. Fischer, Frankfurt am Main 1969, 1971. Enthält die Nummern 14, 28, 39, 40, 42, 43, 45, 52, 53, 54, 55, 63, 72, 80, 82, 95, 105 (einschl. 81, 87, 91), 106 (einschl. 70, 99, 101, 116), 112.
124. *Psychoanalytische Studien; Gesammelte Werke in zwei Bänden*, Bd. II, S. Fischer, Frankfurt am Main 1971. Enthält die Nummern 9, 10, 11, 12, 13, 17, 18, 25, 26, 29, 30, 32, 34, 37, 38, 44, 46, 47, 49, 56, 57, 58, 61, 62, 64, 66, 67, 69, 71, 76, 78, 79, 83, 93, 110, 111, 115.
125. *Schriften zur Theorie und Anwendung der Psychoanalyse. Eine Auswahl*, Fischer Athenäum Taschenbuch Nr. 4012, Frankfurt am Main 1972. Enthält die Nummern 9, 10, 11, 12, 14, 26, 45, 46, 54, 55, 66, 71, 83, 95, 110.
126. *Gesammelte Schriften in zwei Bänden*, Bd. I, Fischer Taschenbuch Nr. 7319, Reihe ›Fischer Wissenschaft‹, Frankfurt am Main 1982. Enthält die Nummern 9, 10, 11, 12, 13, 17, 18, 25, 26, 28, 29, 32, 37, 38, 39, 40, 42, 44, 46, 47, 49, 53, 54, 55, 56, 57, 58, 61, 62, 63, 64, 66, 67, 69, 71, 72, 76, 78, 79, 80, 82, 83, 93, 110, 111, 112, 115.
127. *Gesammelte Schriften in zwei Bänden*, Bd. II, Fischer Taschenbuch Nr. 7320, Reihe ›Fischer Wissenschaft‹, Frankfurt am Main 1982. Enthält die Nummern 14, 30, 34, 43, 45, 52, 95, 105 (einschl. 81, 87, 91), 106 (einschl. 70, 99, 101, 116).

Literaturverzeichnis

Vorbemerkung: Das Literaturverzeichnis enthält außer den von Abraham zitierten Autoren auch die in der Einleitung des Herausgebers angeführten Werke. Titel von Büchern und Zeitschriften sind kursiv, Titel von Beiträgen zu Zeitschriften oder Büchern in einfache Anführungszeichen gesetzt. Die Abkürzungen entsprechen der *World List of Scientific Periodicals* (London 1963–65). Weitere in dieser Ausgabe verwendete Abkürzungen finden sich in der ›Liste der Abkürzungen‹ auf Seite 383. Die kursivierten Kleinbuchstaben hinter den Jahreszahlen der unten aufgeführten Freud-Schriften beziehen sich auf die verbindliche Freud-Gesamtbibliographie, deren deutsche Fassung jetzt in der Broschüre *Sigmund Freud-Konkordanz und -Gesamtbibliographie* als Fischer Taschenbuch Nr. 7312 (Reihe ›Fischer Wissenschaft‹, Frankfurt am Main 1982) vorliegt; die in den Texten genannten Seitenzahlen beziehen sich auf die *Gesammelten Werke* Freuds; sofern Abraham Seiten- oder Kapitelzahlen aus anderen Ausgaben nennt, sind diese an Ort und Stelle angegeben.

Abel, K. (1884) *Über den Gegensinn der Urworte*, Leipzig.

Adler, A. (1909) ›Über neurotische Disposition‹, *J.*, I, S. 526–545.

(1912) *Über den nervösen Charakter*, Wiesbaden.

(1924) *Praxis und Theorie der Individualpsychologie*, Berlin.

Aichhorn, A. (1925) ›Verwahrloste Jugend. Die Psychoanalyse in der Fürsorgeerziehung‹, *Internationale Psychoanalytische Bibliothek*, Nr. 19, Internationaler Psychoanalytischer Verlag, Leipzig–Wien–Zürich.

Alexander, F. (1922) ›Kastrationskomplex und Charakter‹, *I. Z.*, VIII, S. 121 ff.

Aschaffenburg, A. (Hrsg.) (1912) *Handbuch der Psychiatrie*, Wien.

Baethgen, F. W. (1897) *Die Psalmen, übersetzt und erklärt*, Göttingen.

Baudouin, Ch. (1919) *Suggestion et autosuggestion*, Neuchâtel und Paris.

Bernfeld, Reich, Jurinetz, Sapir, Stoljarov (1970) *Psychoanalyse und Marxismus; Dokumentation einer Kontroverse*, Suhrkamp, Frankfurt am Main.

Binswanger, L. (1956) *Erinnerungen an Sigmund Freud*, Bern.

Bleuler, E. (1906) ›Freudsche Mechanismen in der Symptomatologie der Psychosen‹, *Psychiatrisch-neurologische Wochenschrift*.

(1912) ›Dementia praecox oder Gruppe der Schizophrenien‹, in: Aschaffenburg, A. (Hrsg.), *Handbuch der Psychiatrie*, Wien.

Breasted, J. H. (1905) *History of Egypt*, Chicago. Deutsche Ausgabe: *Geschichte Ägyptens*, deutsch von Hermann Ranke, Curtius, Berlin 1911.

(1906) *Ancient Records of Egypt*, 2 Bde., Chicago.

Breuer, J., und S. Freud (1895) *Studien über Hysterie*, F. Deuticke, Leipzig und Wien. (Siehe auch Freud, S., 1895*d*.) Taschenbuchausgabe: Bd. 6001, Fischer Taschenbuch Verlag, Frankfurt am Main.

Brill, A. A. (1911) ›Ein Fall von periodischer Depression psychogenen Ursprungs‹ (Übersetzung), Z., I, S. 158ff.

Cohen, H. (1868 und 1869) ›Mythologische Vorstellungen von Gott und Seele‹, *Zeitschrift für Völkerpsychologie und Sprachwissenschaft*, Bd. 5 und 6.

Coué, E. (1925) *Die Selbstbemeisterung durch bewußte Autosuggestion*, Basel.

Cremerius, J. (Hrsg.) (1971) *Neurose und Genialität; Psychoanalytische Biographien*, S. Fischer, Frankfurt am Main.

Delbrück, B. (1865) ›Die Entstehung des Mythus bei den indogermanischen Völkern‹, *Zeitschrift für Völkerpsychologie und Sprachwissenschaft*, Bd. 3.

Dubois, P. (1905) *Die Psychoneurosen und ihre Behandlung*, Bern.

Eder, M. D. (1913) ›Augenträume‹, *I. Z.*, I, Heft 2, S. 157 bis 158.

Eisler, M. J. (1921) ›Über Schlaflust und gestörte Schlaffähigkeit‹, *I. Z.*, VII, S. 166–178.

Eitingon, M. (1926) ›Nachruf auf Karl Abraham‹, *I. Z.*, XII, Heft 2, S. 195.

Federn, P. (1913 und 1914) ›Beiträge zur Analyse des Sadismus und Masochismus‹, Teil 1: *I. Z.*, I. S. 29ff.; Teil 2: *I. Z.*, II, S. 105–130.

Ferenczi, S. (1908) ›Analytische Deutung und Behandlung der psychosexuellen Impotenz des Mannes‹, *Psychiatrisch-neurologische Wochenschrift*, X, S. 298–301, 305–309.

(1909) ›Introjektion und Übertragung‹, *J.*, I, S. 422–457; auch in: Ferenczi, *Schriften zur Psychoanalyse I*, Auswahl in zwei Bänden, S. 12–47, S. Fischer, Frankfurt am Main 1970.

(1911) ›Reizung der analen erogenen Zone als auslösende Ursache der Paranoia‹, *Z.*, I, S. 557–559.

(1912) ›Symbolische Darstellung des Lust- und Realitätsprinzips im Ödipus-Mythos‹, *Imago*, I, S. 276–284.

(1913 [a]) ›Kritik zu C. G. Jungs »Wandlungen und Symbole der Libido«‹, *I. Z.*, I, Heft 4, S. 391–403.

(1913 [b]) ›Entwicklungsstufen des Wirklichkeitssinnes‹, *I. Z.*, I, S. 124–138; auch in: Ferenczi, *Schriften zur Psychoanalyse I*, Auswahl in zwei Bänden, S. 148–163, S. Fischer, Frankfurt am Main 1970.

(1914) ›Zur Ontogenie des Geldinteresses‹, *I. Z.*, II, S. 506–513; auch in: Ferenczi, *Schriften zur Psychoanalyse I*, Auswahl in zwei Bänden, S. 198–205, S. Fischer, Frankfurt am Main 1970.

(1919) ›Sonntagsneurosen‹, *I. Z.*, V, Heft 1, S. 46ff.; auch in: Ferenczi, *Schriften zur Psychoanalyse I*, Auswahl in zwei Bänden, S. 260 bis 264, S. Fischer, Frankfurt am Main 1970.

(1921) ›Psychoanalytische Betrachtungen über den Tic‹, *I. Z.*, VII, S. 33–62; auch in: Ferenczi, *Schriften zur Psychoanalyse II*, Auswahl in zwei Bänden, S. 39–69, S. Fischer, Frankfurt am Main 1972.

(1922) ›Freuds *Massenpsychologie und Ich-Analyse*‹, *I. Z.*, VIII, S. 206–209; auch in: Ferenczi, *Schriften zur Psychoanalyse II*, Auswahl in zwei Bänden, S. 122–126, S. Fischer, Frankfurt am Main 1972.

Flinders Petrie s. Petrie.

Forel, A. (1905) *Die sexuelle Frage. Eine naturwissen-*

Forel, A. (Forts.) *schaftliche, psychologische, hygienische und soziologische Studie für Gebildete*, München. 15. Aufl. 1923; gekürzte Volksausgabe, München 1924; 17. Aufl. 1942, bearbeitet von Oscar Louis Forel.

Forel-Yvorne, A., und O. Juliusburger (1908) ›Über Blastophthorie (Keimverderbnis)‹, *Zschr. für Sex. Wiss.* I, S. 346–350.

Freud, S. (1895*d*) und J. Breuer, *Studien über Hysterie*, Wien. *G. W.*, Bd. 1, S. 77 (ohne die Beiträge von Breuer). (S. auch Breuer und Freud, 1895.)

(1898*a*) ›Die Sexualität in der Ätiologie der Neurosen‹, *G. W.*, Bd. 1, S. 491; *Studienausgabe*, Bd. 5, S. 11–35.

(1899*a*) ›Über Deckerinnerungen‹, *G. W.*, Bd. 1, S. 531.

(1900*a*) *Die Traumdeutung*, Wien. *G. W.*, Bd. 2–3; *Studienausgabe*, Bd. 2.

(1901b) *Zur Psychopathologie des Alltagslebens*, Berlin 1904. *G. W.*, Bd. 4.

(1905*c*) *Der Witz und seine Beziehung zum Unbewußten*, Wien. *G. W.*, Bd. 6; *Studienausgabe*, Bd. 4, S. 9–219.

(1905*d*) *Drei Abhandlungen zur Sexualtheorie*, Wien. *G. W.*, Bd. 5, S. 29; *Studienausgabe*, Bd. 5, S. 37–145; *Werkausgabe*, Bd. 1, S. 235–317.

(1905*e* [1901]) ›Bruchstück einer Hysterie-Analyse‹, *G. W.*, Bd. 5, S. 163. *Studienausgabe*, Bd. 6, S. 83–186.

(1906*a* [1905]) ›Meine Ansichten über die Rolle der Sexualität in der Ätiologie der Neurosen‹, *G. W.*, Bd. 5, S. 149; *Studienausgabe*, Bd. 5, S. 147–157.

(1907*a* [1906]) *Der Wahn und die Träume in W. Jensens ›Gradiva‹*, *G. W.*, Bd. 7, S. 29; *Studienausgabe*, Bd. 10, S. 9–85; *Werkausgabe*, Bd. 2, S. 68–127.

(1907*b*) ›Zwangshandlungen und Religionsübungen‹, *G. W.*, Bd. 7, S. 129; *Studienausgabe*, Bd. 7, S. 11–21; *Werkausgabe*, Bd. 2, S. 193–200.

(1908*a*) ›Hysterische Phantasien und ihre Beziehung zur Bisexualität‹, *G. W.*, Bd. 7, S. 191; *Studienausgabe*, Bd. 6, S. 187–195.

(1908*b*) ›Charakter und Analerotik‹, *G. W.*, Bd. 7, S. 23–30.

Freud, S. (Forts.)

(1908*d*) ›Die »kulturelle« Sexualmoral und die moderne Nervosität‹, *G. W.*, Bd. 7, S. 143; *Studienausgabe*, Bd. 9, S. 9–32.

(1908*e* [1907]) ›Der Dichter und das Phantasieren‹, *G. W.*, Bd. 7, S. 211; *Studienausg.*, Bd. 10, S. 169–179, *Werkausgabe*, Bd. 2, S. 128–135.

(1909*a* [1908]) ›Allgemeines über den hysterischen Anfall‹, *G. W.*, Bd. 7, S. 235; *Studienausgabe*, Bd. 6, S. 197–203.

(1909*b*) ›Analyse der Phobie eines fünfjährigen Knaben‹, *G. W.*, Bd. 7, S. 243; *Studienausgabe*, Bd. 8, S. 9–123.

(1909*d*) ›Bemerkungen über einen Fall von Zwangsneurose‹, *G. W.*, Bd. 7, S. 381; *Studienausgabe*, Bd. 7, S. 31–103.

(1910*c*) *Eine Kindheitserinnerung des Leonardo da Vinci*, Wien. *G. W.*, Bd. 8, S. 128; *Studienausgabe*, Bd. 10, S. 87–159; *Werkausgabe*, Bd. 2, S. 136–190.

(1910*e*) ›Über den Gegensinn der Urworte‹, *G. W.*, Bd. 8, S. 213; *Studienausgabe*, Bd. 4, S. 227–234.

(1910*h*) ›Über einen besonderen Typus der Objektwahl beim Manne‹, *G. W.*, Bd. 8, S. 66; *Studienausgabe*, Bd. 5, S. 185–195.

(1910*i*) ›Die psychogene Sehstörung in psychoanalytischer Auffassung‹, *G. W.*, Bd. 8, S. 93; *Studienausgabe*, Bd. 6, S. 205–213.

(1911*b*) ›Formulierungen über die zwei Prinzipien des psychischen Geschehens‹, *G. W.*, Bd. 8, S. 230; *Studienausgabe*, Bd. 3, S. 13–24; *Werkausgabe*, Bd. 1, S. 423–429.

(1911*c* [1910]) ›Psychoanalytische Bemerkungen über einen autobiographisch beschriebenen Fall von Paranoia (Dementia paranoides)‹, *G. W.*, Bd. 8, S. 240; *Studienausgabe*, Bd. 7, S. 133–200.

(1911*e*) ›Die Handhabung der Traumdeutung in der Psychoanalyse‹, *G. W.*, Bd. 8, S. 350; *Studienausgabe*, Ergänzungsband, S. 149–156.

(1912*a* [1911]) ›Nachtrag zu dem autobiographisch beschriebenen Fall von Paranoia (Dementia paranoides)‹, *G. W.*, Bd. 8, S. 317; *Studienausgabe*, Bd. 7, S. 201–203.

(1912*c*) ›Über neurotische Erkrankungstypen‹, *G. W.*, Bd. 8, S. 322; *Studienausgabe*, Bd. 6, S. 215–226.

Freud, S. (Forts.)

(1912*d*) ›Über die allgemeinste Erniedrigung des Liebeslebens‹, *G. W.*, Bd. 8, S. 78; *Studienausgabe*, Bd. 5, S. 197–209.

(1912–13) *Totem und Tabu*, Wien. [Darin enthalten: ›Animismus, Magie und Allmacht der Gedanken‹.] *G. W.*, Bd. 9; *Studienausgabe*, Bd. 9, S. 287–444; *Werkausgabe*, Bd. 2, S. 201–328.

(1913*d*) ›Märchenstoffe in Träumen‹, *G. W.*, Bd. 10, S. 1; *Werkausgabe*, Bd. 2, S. 496–501.

(1913*i*) ›Die Disposition zur Zwangsneurose‹, *G. W.*, Bd. 8, S. 441; *Studienausgabe*, Bd. 7, S. 105–117.

(1913*j*) ›Das Interesse an der Psychoanalyse‹, *G. W.*, Bd. 8, S. 390; *Werkausgabe*, Bd. 2, S. 31–51.

(1914*c*) ›Zur Einführung des Narzißmus‹, *G. W.*, Bd. 10, S. 138; *Studienausgabe*, Bd. 3, S. 37–68.

(1915*e*) ›Das Unbewußte‹, *G. W.*, Bd. 10, S. 264; *Studienausgabe*, Bd. 3, S. 119–162; *Werkausgabe*, Bd. 1, S. 128–155.

(1915*f*) ›Mitteilung eines der psychoanalytischen Theorie widersprechenden Falles von Paranoia‹, *G. W.*, Bd. 10, S. 233; *Studienausgabe*, Bd. 7, S. 205–216.

(1916–17) *Vorlesungen zur Einführung in die Psychoanalyse*, Wien. *G. W.*, Bd. 11. *Studienausgabe*, Bd. 1, S. 33–445.

(1917*c*) ›Über Triebumsetzungen, insbesondere der Analerotik‹, *G. W.*, Bd. 10, S. 402; *Studienausgabe*, Bd. 7, S. 123–131.

(1917*e* [1915]) ›Trauer und Melancholie‹, *G. W.*, Bd. 10, S. 427; *Studienausgabe*, Bd. 3, S. 193–212.

(1918*a* [1917]) ›Das Tabu der Virginität‹, *G. W.*, Bd. 12, S. 161; *Studienausgabe*, Bd. 5, S. 211–228.

(1918*b* [1914]) ›Aus der Geschichte einer infantilen Neurose‹, *G. W.*, Bd. 12, S. 29; *Studienausgabe*, Bd. 8, S. 125–231.

(1919*g*) Vorrede zu Reik *Probleme der Religionspsychologie*, Wien. *G. W.*, Bd. 12, S. 325.

(1919*h*) ›Das Unheimliche‹, *G. W.*, Bd. 12, S. 227; *Studienausgabe*, Bd. 4, S. 241–274.

(1921*c*) *Massenpsychologie und Ich-Analyse*,

Freud, S. (Forts.) — Wien. *G. W.*, Bd. 13, S. 71–161; *Studienausgabe*, Bd. 9, S. 61–134; *Werkausgabe*, Bd. 2, S. 427–482.
(1923*b*) *Das Ich und das Es*, Wien. *G. W.*, Bd. 13, S. 235; *Studienausgabe*, Bd. 3, S. 273–330; *Werkausgabe*, Bd. 1, S. 369–401.
(1923*e*) ›Die infantile Genitalorganisation‹, *G. W.*, Bd. 13, S. 293; *Studienausgabe*, Bd. 5, S. 235–241; *Werkausgabe*, Bd. 1, S. 330–333.
(1924*f*) ›Kurzer Abriß der Psychoanalyse‹, *G. W.*, Bd. 13, S. 403.
(1926*e*) *Die Frage der Laienanalyse*, Wien. *G. W.*, Bd. 14, S. 209; *Studienausgabe*, Ergänzungsband, S. 271–349; *Werkausgabe*, Bd. 1, S. 17–69.
(1933*a* [1932]) *Neue Folge der Vorlesungen zur Einführung in die Psychoanalyse*, Wien. *G. W.*, Bd. 15; *Studienausgabe*, Bd. 1, S. 447–608.
(1965*a*) Sigmund Freud – Karl Abraham, *Briefe 1907–1926*, S. Fischer, Frankfurt am Main (2., korr. Aufl. 1980).

Fromm, E. — (1947) *Man for Himself*, New York.

Gebsattel, V. E. von — (1914) ›Der Einzelne und der Zuschauer‹, *Zeitschrift für Pathopsychologie*, II.

Glover, E. — (1924) ›The Significance of the Mouth in Psycho-Analysis‹, *British Journal of Medical Psychology*, vol. iv, part 2.
(1965) ›Vorwort‹ zu: Sigmund Freud – Karl Abraham, *Briefe 1907–1926*, S. Fischer, Frankfurt am Main (2., korr. Aufl. 1980).

Groddeck, G. — (1923) *Das Buch vom Es. Psychoanalytische Briefe an eine Freundin*, Internationaler Psychoanalytischer Verlag, Leipzig, Wien, Zürich.

Grotjahn, M. — (1966) ›Karl Abraham‹, *Psychoanalytic Pioneers*, New York.

Hárnik, J. — (1912) Psychoanalytisches aus und über Goethes »Wahlverwandtschaften«‹, in: *Imago*, I, Heft 5.

Horney, K. — (1936) *The Neurotic Personality of Our Time*. Deutsche Ausgabe: *Der neurotische Mensch unserer Zeit*, Stuttgart 1951.

Hug-Hellmuth, H. von — (1921) ›Vom »mittleren« Kinde‹, *Imago*, VII, S. 84ff.

Janet, P. — (1919) *Les médications psychologiques*, 3 Bde., Paris.

Jekels, L. (1913) ›Einige Bemerkungen zur Trieblehre‹, *I. Z.*, I, S. 439–443.

Jones, E. (1910) ›Psycho-Analytic Notes on a Case of Hypomania‹, *Bulletin of the Ontario Hospitals for the Insane.*

(1912) ›Einige Fälle von Zwangsneurose‹, 1. Teil, *J.*, IV., S. 55 ff.

(1913 [a]) ›Einige Fälle von Zwangsneurose‹, 2. Teil, *J.* V, S. 67.

(1913 [b]) ›Haß und Analerotik in der Zwangsneurose‹, *I. Z.*, I, Heft 5, S. 425–430.

(1919) ›Über analerotische Charakterzüge‹, *I. Z.*, V, S. 69–92.

(1923) ›The Nature of Auto-Suggestion‹, *The British Journal of Medical Psychology,* III, Teil 3, S. 194–212; und in: *I. J.*, 1923, S. 293 bis 312.

(1926) ›Karl Abraham, 1877-1925‹, *I. Z.*, XII, Heft 2, S. 155 ff.

(1960 und 1962) *Das Leben und Werk von Sigmund Freud*, 3 Bde., Verlag Hans Huber, Bern–Stuttgart.

Juliusburger, O. (1912) ›Zur Lehre von den Fremdheitsgefühlen‹, *Monatsschrift für Psychiatrie und Neurologie*, 36. Jahrg., S. 270–282.

Jung, C. G. (1907) *Die Psychologie der Dementia praecox*, Halle.

(1911 und 1912) ›Wandlungen und Symbole der Libido. Beiträge zur Entwicklungsgeschichte des Denkens‹, *J.*, III und IV. Buchausgabe: F. Deuticke, Wien 1912.

(1913) ›Versuch einer Darstellung der psychoanalytischen Theorie‹. Neun Vorlesungen, gehalten in New York im September 1912. *J.*, V. Buchausgabe: F. Deuticke, Wien 1913.

Kehrer, E. (1922) *Ursachen und Behandlung der Unfruchtbarkeit nach modernen Gesichtspunkten*, Steinkopff, Dresden, Leipzig.

Klein, M. (1948) Beitrag in: *Contributions to Psycho-Analysis 1921–1945*, hrsg. von Ernest Jones, London.

Kleinpaul, R. (1893) *Leben der Sprache und ihre Weltstellung*, 3 Bde., Leipzig:

(1888) Band 1: *Die Rätsel der Sprache.*

(1890) Band 2: *Sprache ohne Worte.*

(1892) Band 3: *Das Stromgebiet der Sprache.*

Kraepelin, E. (1898) *Psychiatrie, ein Lehrbuch*, 2 Bde., Leipzig.

Kuhn, A. (1859) *Die Herabkunft des Feuers und des Göttertranks*, Berlin 1859, 2. Ausg. Gütersloh.

Lampl-de Groot, J. (1963/64) ›Symptombildung und Charakterbildung‹, *Psyche*, 17, S. 1–22.

Le Bon, G. (1895) *Psychologie des foules*, Paris. Deutsche Ausgabe: *Psychologie der Massen*, übersetzt von R. Eisler, 1912.

Liepmann, W. (1904) *Über Ideenflucht*, Halle.

Lindner, S. (1879) ›Das Saugen an den Fingern, Lippen, etc. bei den Kindern (Ludeln)‹, *Jb. Kinderheilk.*, N. F., Bd. 14, S. 68.

Löwenfeld, L. (1909) ›Über traumartige und verwandte Zustände‹, *C.*, S. 539–552 und S. 587–598.

Maeder, A. E. (1910) ›Psychoanalyse bei einer melancholischen Depression‹, *C.*, S. 50–58.

Müller-Braunschweig, C. (1949) ›Kurzer Bericht über die Geschichte der »Deutschen Psychoanalytischen Gesellschaft«, 1933 bis 1949‹, *Zeitschrift für Psychoanalyse*, I, S. 92.

Niebuhr, C. (1899) ›Die Amarna-Zeit‹, *Der alte Orient*, Jahrg. I, Heft 2, Leipzig.

Ophuijsen, J. H. W. van (1917) ›Beiträge zum Männlichkeitskomplex der Frau‹, *I. Z.*, 4, S. 241–251.
(1920) ›Über die Quelle der Empfindung des Verfolgtwerdens‹, *I. Z.*, VI, S. 68f.

Oppenheim, H. (1908) *Lehrbuch der Nervenkrankheiten für Ärzte und Studierende*, 2 Bde., Berlin, 5. Aufl.

Ovidius, N. P. (1891–93) *Amores*, übersetzt von Alexander Berg, in: Ovid, *Werke*, Langenscheidt, Berlin, 2. Aufl.

Peschel, O. (1875) *Völkerkunde*, Leipzig. 6. Aufl., bearbeitet von A. Kirchhof, 1885.

Petrie, Sir W. M. Flinders (1896) *A History of Egypt*, 2 Bde., London.

Radó, S. (1926) ›Das ökonomische Prinzip der Technik. I. Hypnose und Katharsis‹, *I. Z.*, XII, Heft 1, S. 15–24.

Rank, O. (1907) *Der Künstler. Ansätze zu einer Sexualpsychologie*, Hugo Heller & Cie., Wien und Leipzig.

Rank, O. (Forts.) (1909) *Der Mythus von der Geburt des Helden (Schriften zur angewandten Seelenkunde*, Heft 5), F. Deuticke, Leipzig und Wien, 2. Aufl. 1921.
(1911) ›Belege zur Rettungsphantasie‹, Z., I, S. 331–336.
(1912) *Das Inzestmotiv in Dichtung und Sage. Grundsätze einer Psychologie des dichterischen Schaffens*, Wien.
(1913 [a]) ›Die Nacktheit in Sage und Dichtung‹, *Imago*, II, S. 267.
(1913 [b]) ›Eine noch nicht beschriebene Form des Ödipustraumes‹, *I. Z.*, I, Heft 2.
(1914) ›Die »Geburts-Rettungsphantasie« in Traum und Dichtung‹, *I. Z.*, II, S. 43 ff.

Reich, W. (1933) *Massenpsychologie des Faschismus*, Verlag für Sexualpolitik, Kopenhagen.

Reik, Th. (1914) ›Die Couvade und die Psychogenese der Vergeltungsfurcht‹, *Imago*, S. 409–455.
(1915–16) ›Die Pubertätsriten der Wilden. Über einige Übereinstimmungen im Seelenleben der Wilden und der Neurotiker‹, *Imago*, S. 125–144 und S. 189–222.
(1919) [a]) *Probleme der Religionspsychologie*, Internationaler Psychoanalytischer Verlag, Wien.
(1919 [b]) ›Kolnidre‹, in: *Probleme der Religionspsychologie*, Wien 1919.
(1919 [c]) ›Das Shofar‹, in: *ibid.*
(1925) ›Geständniszwang und Strafbedürfnis‹, *Internationale Psychoanalytische Bibliothek*, Nr. 18, Internationaler Psychoanalytischer Verlag, Wien.

Reitler, R. (1913) ›Beiträge zur Symbolik. Zur Augensymbolik‹, *I. Z.*, I, S. 159 ff.

Riklin, F. (1907) ›Psychologie und Sexualsymbolik der Märchen‹, *Psychiatrisch-neurologische Wochenschrift*, IX, S. 22–24.
(1908) *Wunscherfüllung und Symbolik im Märchen (Schriften zur angewandten Seelenkunde*, Heft 2), F. Deuticke, Leipzig und Wien.

Róheim, G. (1921) ›Ethnologie und Völkerpsychologie‹, *Bericht über die Fortschritte der Psychoanalyse 1914–1919*, Internationaler Psychoanalytischer Verlag, Wien.
(1923 [a]) ›Nach dem Tode des Urvaters‹, *Imago*, IX, Heft 1, S. 83–121.

Róheim, G. (Forts.) (1923 [b]) ›Heiliges Geld in Melanesien‹, *I. Z.*, IX, S. 384–401.

Rohleder, H. (1908) ›Über Masturbatio interrupta‹, *Zschr. für Sex. Wiss.*, I.

Sachs, H. (1923) ›Zur Genese der Perversionen‹, *I. Z.*, IX, S. 172–182.

(1926) ›Nachruf auf Karl Abraham‹, *I. Z.*, XII, Heft 2, S. 198.

Sadger, I. (1907) ›Die Bedeutung der psychoanalytischen Methode nach Freud‹, *C.*, S. 41.

(1908) *Konrad Ferdinand Meyer. Eine pathographisch-psychologische Studie (Grenzfragen des Nerven- und Seelenlebens*, Bd. 59), Bergmann, Wiesbaden.

(1910 [a]) ›Über Urethralerotik‹, *J.*, II, S. 409 bis 450.

(1910 [b]) ›Analerotik und Analcharakter‹, *Die Heilkunde*.

(1912 [a]) ›Haut-, Schleimhaut- und Muskelerotik‹, *J.*, III. 2. Hälfte, S. 525–556.

(1912 [b]) ›Über sexualsymbolische Verwertung des Kopfschmerzes‹, *Z.*, II, S. 190–197. [»1911« ist Fehlangabe bei Abraham.]

Schütz-Hartheck, O. (1911) Besprechung von Abrahams Studie über Giovanni Segantini (Bibl. Nr. 30), *Monatsschrift für Psychiatrie*, Nr. 30, S. 435.

Segantini, B. (Hrsg.) (1909) *Giovanni Segantinis Schriften und Briefe*, übersetzt von Georg Biermann, Klinkhardt & Biermann, Leipzig.

Servaes, F. (1907) *Giovanni Segantini. Sein Leben und sein Werk*, Klinkhardt & Biermann, Leipzig, 4. Aufl. 1920.

Sethe, K. (1906) *Urkunden der 18. Dynastie* (Band 4 der *Urkunden des ägyptischen Altertums*), Leipzig.

Simmel, E. (1918) *Kriegsneurosen und psychisches Trauma. Ihre gegenseitigen Beziehungen, dargestellt auf Grund psychoanalytischer, hypnotischer Studien*, O. Nemnich, Leipzig.

Spitz, R. (1946) ›Hospitalism: A Follow-up Report‹, *The Psychoanalytic Study of the Child*, II, 2, S. 113–117.

Stärcke, A. (1919) ›Die Umkehrung des Libidovorzeichens beim Verfolgungswahn‹, *I. Z.*, V, S. 258.

(1920) ›Der Kastrationskomplex‹, *I. Z.*, VII, S. 9–32.

Steiner, M. (1907) ›Die funktionelle Impotenz des Mannes und ihre Behandlung‹, *Wiener Medizinische Presse*, Nr. 42.

Steinthal, H. (1862 [a]) ›Die Prometheussage in ihrer ursprünglichen Gestalt‹, *Zeitschrift für Völkerpsychologie und Sprachwissenschaft*, Bd. 2.
(1862 [b]) ›Die Sage von Simson‹, *Ibid.*

Stekel, W. (1908) *Nervöse Angstzustände und ihre Behandlung*, Urban & Schwarzenberg, Berlin und Wien.
(1911 [a] ›Die Verpflichtung des Namens‹, *Zeitschrift für Psychotherapie und medizinische Psychologie*, III, Heft 2.
(1911 [b]) *Die Sprache des Traumes*, Bergmann, Wiesbaden.

Storfer, A. J. (1912) ›Jungfrau und Dirne‹, Z., II, S. 200ff.
(1914) *Marias jungfräuliche Mutterschaft*, Berlin.

›Symposium über Symptom- und Charakterbildung‹, *I. J.*, XLV, 1945, S. 10ff.

Tausk, V. (1919) ›Über die Entstehung des »Beeinflussungsapparates« in der Schizophrenie‹, *I. Z.*, V, S. 1–33.

Weigall, A. E. P. B. (1910) *The Life and Times of Akhnaton Pharao of Egypt*, Edinborough and London.

Weiss, E. (1914) ›Totemmaterial in einem Traume‹, *I. Z.*, II, S. 159ff.

Wernicke, C. (1900) ›Über Halluzinationen, Ratlosigkeit und Desorientierung in ihren wechselseitigen Beziehungen‹, *Neurologisches Centralblatt*, Leipzig, S. 1131ff.

Weygandt, W. (1907) ›Kritische Bemerkungen zur Psychologie der Dementia praecox‹, *Monatsschrift für Psychiatrie und Neurologie*, XXII.

Winckler, H. (1902) ›Himmels- und Weltenbild der Babylonier als Grundlage der Weltanschauung und Mythologie aller Völker‹, *Der alte Orient*, Leipzig.

Winterstein, A. von (1913) ›Psychoanalytische Anmerkungen zur Geschichte der Philosophie‹, *Imago*, II, S. 175–237.

Namen- und Sachregister der Bände I und II

Zusammengestellt von Ingeborg Meyer-Palmedo

Dieses Register enthält auch Namen von literarischen, biblischen, mythischen u. ä. Gestalten sowie die Titel einiger wichtiger Werke der Weltliteratur und Kunst. Die Angaben »f.« oder »bis« verweisen nicht unbedingt auf eine zusammenhängende Behandlung des Themas, sondern können auch bedeuten, daß der Begriff auf den folgenden Seiten erneut anzutreffen ist. Der Zusatz »u. Anm.« zu einer Seitenzahl findet sich nur dort, wo der Leser nicht automatisch durch den Text auf die Anmerkung hingelenkt wird. Die Einleitung des Herausgebers ist mit in das Register aufgenommen worden.

Alfred Adler
Werkausgabe

Herausgegeben von Oliver Brachfeld (†), Wolfgang Metzger (†), Heinz L. Ansbacher und Robert F. Antoch

Studie über Minderwertigkeit von Organen
Band 6349

Über den nervösen Charakter
Band 6174

Heilen und Bilden
Band 6220

Praxis und Theorie der Individualpsychologie
Band 6236

Menschenkenntnis
Band 6080

Die Technik der Individualpsychologie
Teil 1: Band 6260
Teil 2: Band 6261

Individualpsychologie in der Schule
Band 6199

Lebenskenntnis
Band 6392

Psychotherapie und Erziehung I (1919–1929) · Band 6746
Psychotherapie und Erziehung II (1930–1932) · Band 6747
Psychotherapie und Erziehung III (1933–1937)
(erscheint voraussichtlich April 1983)

Neurosen
Band 6735

Das Problem der Homosexualität
Band 6337

Kindererziehung
Band 6311

Das Leben gestalten
Band 6393

Wozu leben wir?
Band 6708

Der Sinn des Lebens
Band 6179

Religion und Individualpsychologie
Band 6283

Fischer Taschenbuch Verlag

C. G. Jung

Bewußtes und Unbewußtes
Band 6058

Über die Archetypen des kollektiven Unbewußten
Einleitung in die religionspsychologische Problematik der Alchemie
Zur Phänomenologie des Geistes im Märchen
Zur Psychologie östlicher Meditation

Über die Psychologie des Unbewußten
Band 6299

Die Psychoanalyse. Die Erostheorie
Der andere Gesichtspunkt. Der Wille zur Macht
Das Problem des Einstellungstypus
Das persönliche und das überpersönliche
oder kollektive Unbewußte
Die synthetische oder konstruktive Methode
Die Archetypen des kollektiven Unbewußten
Zur Auffassung des Unbewußten/Allgemeines zur Therapie

Über Grundlagen der Analytischen Psychologie
Band 6302

Im Jahre 1935 hielt C. G. Jung in der Tavistock Clinic in London vor ungefähr 200 Psychiatern, Psychotherapeuten und Medizinern fünf Vorlesungen mit jeweils anschließenden Diskussionsveranstaltungen. Die Mitschriften der Vorlesungen und Diskussionsbeiträge erschienen dann in Buchform und gelten bis heute als ausgezeichnete Einführung in die Grundlagen der Analytischen Psychologie. Die Darstellung ist systematisch und doch unformell, wobei die Lebendigkeit des Vortrages einen bleibenden Eindruck der Persönlichkeit Jungs vermittelt.

Jolande Jacobi
Die Psychologie von C. G. Jung
Eine Einführung in das Gesamtwerk
Band 6365

Arthur Janov

Arthur Janov, zunächst Psychotherapeut Freudscher Richtung, entwickelte 1967 seine als revolutionär geltende Primärtherapie. Sein erstes Buch, »Der Urschrei«, war ein internationaler Bestseller. Seither hat Janov eine Reihe von vielbeachteten Büchern geschrieben. In seinen Instituten in Los Angeles und New York behandelt Janov Patienten aus vielen Teilen der Welt und bildet Therapeuten aus vielen Ländern aus.